Nanban Trade Era

The History of Early Modern Japanese and European Intercourse, 1542—1650

顾卫民 著

南蛮贸易时代

近代早期日本与欧洲交流史
(1542—1650)

上海社会科学院出版社
SHANGHAI ACADEMY OF SOCIAL SCIENCES PRESS

17世纪南蛮屏风上描绘的抵达长崎的南蛮船及其货物

原城遗址上的三座小雕像，自左至右为圣沙勿略、天草四郎和圣母玛利亚，他们在向外海眺望

在明治初年席卷日本的欧化浪潮之前，还有一个先例，那就是在16世纪下半叶，耶稣会的传教士以及葡萄牙的商人在日本所受到的热忱的接纳。当然，明治时代日本西方化的程度要比它与卢济塔尼亚人建立短暂交流时期的大得多，但是如果从时间以及空间的角度考虑，两者之间的悬殊就大大地减少了。在明治初年，日本对所有的西方世界包括美国的人民在商业以及文化的影响持开放的态度，商品和观念搭乘着更加快速的蒸汽轮船定期来到无数的港口。

在16世纪的时候，外来的影响实际上是受到限制的——每年由澳门的大帆船带来的那些来自欧洲的信件、商品以及消息，这些都需要一年半至两年的时间才能抵达。……然而，葡萄牙人在日本的影响实际上要比人们想象的大得多，它渗入日本社会和文化的各个方面。由于织田信长的鼓励和培养，还有丰臣秀吉一定程度的支持，它受到日本人的热烈欢迎，但是最后被专制暴虐的德川家族镇压了，因为他们担心这种影响在宗教方面会对国家政体产生有害的影响。

不过，毋庸置疑的是，葡萄牙人以如此柔弱的手段，在短时间内就取得如此之大（尽管是昙花一现）的影响，足以有效地证明了普通的日本人民在本质上并不排外，也不本能地反对外来的文化与传统。相反，它还证明了只要日本当局允许，他们会欢迎或者至少愿意尝试接纳外来的文化和传统。

——C.R. 博克塞（C.R. Boxer，1904—2000）

目 录

第一章

波澜壮阔的果阿—马六甲—澳门—长崎航线
（1542—1640）

引言 / 1

一、"日出之国"被"发现" / 10

二、季风、信风、航线与加比丹·莫尔 / 19

三、葡萄牙船只及其所载的货物 / 41

四、荷兰人、英国人、西班牙人与"朱印船" / 66

五、航线的最后关闭 / 94

六、白银的环流 / 111

第二章

"天主"与"玛门"：耶稣会与葡日贸易以及教会内部的争议
（1560—1640）

一、日本耶稣会的传教事业 / 116

二、财政上的困难 / 128

三、耶稣会士参与澳门与长崎之间的海上贸易 / 136

四、耶稣会内部的争议及其与托钵僧会士的争议 / 151

五、"天主"与"玛门"之间的张力 / 164

第三章

"天正使团"访问葡萄牙、西班牙、意大利、教宗国以及文艺复兴时期的欧洲文化输入日本

（1582—1590）

　　一、"天正使团"出访的动因及其在亚洲的行程 / 168

　　二、使团抵达葡萄牙、西班牙、意大利及罗马教廷 / 182

　　三、欧洲文艺复兴文化输入日本 / 227

　　四、使团成员的肖像画及其最后的结局 / 245

　　附录：米额尔（千千石）、利奥以及利诺的对话——"天正使团"与世界地理知识传入日本 / 256

第四章

"南蛮艺术"的光与影：耶稣会与欧洲艺术在日本

　　一、日本耶稣会的艺术学校 / 270

　　二、尼格劳及其学生的绘画 / 279

　　三、圣母像、耶稣像以及圣徒像 / 290

　　四、南蛮漆器、金属器、"踏绘"以及陶瓷器皿 / 307

　　五、"南蛮寺"以及教会住院建筑 / 318

　　六、日本耶稣会艺术家在澳门、北京等地的活动 / 327

　　七、玛利亚观音像 / 335

第五章

南蛮绘画屏风和地图屏风

（1568—1650）

一、南蛮屏风 / 345

二、地图以及地志画屏风 / 352

三、南蛮时代日欧交流的忠实记录 / 361

第六章

近代早期长崎城市的开港以及闭关的始末

（1570—1640）

一、大村纯忠的皈依和捐赠 / 374

二、从丰臣秀吉统一九州至德川家康时代的长崎
（1587—1614）/ 396

三、"南蛮文化"的氛围 / 420

四、从禁教迈向锁国（1613—1637）/ 437

五、"岛原之乱"与最后的闭关（1638—1640）/ 455

六、1640年后的出岛、"唐人""唐船"与"唐人屋敷"
"漂流人" / 480

主要参考书目 / 534

后　记 / 555

第一章
波澜壮阔的果阿—马六甲—澳门—长崎航线
（1542—1640）

引 言

"**发现的世纪**" "卢济塔尼亚在西部的海岸，那是陆地结束海洋开始的地方"，这是地理大发现时代葡萄牙最著名的诗人贾梅士（Camões，1520/1524—1580）的著名诗句。

从公元711年开始，今天葡萄牙所在的土地经历了来自北非的信仰伊斯兰教的摩尔人的长期统治。不过，摩尔人的统治并没有完全囊括北部的一些基督教小王国。9世纪中叶的时候，隶属于莱昂王国的波图卡莱（Portucalense）的维玛拉·皮列斯伯爵（Vimara Peres，c.820—973）已经开始起兵驱逐摩尔人。1087年，大量的法国骑士军队进入伊比利亚半岛，勃艮第公爵的亲戚恩立克（Henrique，1066—1112）在军队中表现优秀，成为波图卡莱的伯爵。他的儿子阿方索·恩立克（Afonso Henrique, 1109—1185）继承了父亲的爵位，1128年，阿方索·恩立克取得了领地的实际权力，摆脱了莱昂王国的约束。1139年7月25日，他在著名的奥立克战役（Battle of Qurique）中击败摩尔人，据说圣迪亚戈显灵（后来又传说是基督显灵）护佑葡萄牙人取得了胜利。1147年7月至10月，恩立克的基督教军队联合从英格兰渡海而来的第二次东征的十字军攻占了里斯本，使得这座城市成为永久的基督教城市。从1139年至1185年，恩立克是葡萄牙阿维斯王朝的第一代国王。

葡萄牙基督教军队在后来历任国王的率领下向南方步步推进，1249年，葡萄牙的军队攻克南方阿尔加维的西尔维斯（Silves），这是摩尔人在这个国家最后的要塞，葡萄牙人达到了统一全境的目的，获得了它作为近代国家拥有的边界。葡萄牙不仅是欧洲大陆第一个近代民族国家，而且它从自己领土上驱逐摩尔人的行动，比阿拉贡和卡斯蒂尔于1492年最后征服摩尔人统治的格拉那达，确立卡斯蒂尔人对于伊比利亚的统治足足早了两个世纪。①

1415年8月，葡萄牙国王若奥一世（João I, 1385—1433年在位）在经过3年的精心准备以后，率领7万大军以及200多艘战舰一举攻占了由摩尔人统治的北非城市休达，此举揭开葡萄牙海洋帝国扩张的序幕。②葡萄牙人由此控制了北非靠近地中海区域的奴隶、黄金、稻米、牛群、糖、纺织品、鱼类、兽皮和蜂蜡等。若奥一世的第二个儿子即"航海者"亨利王子（Henry the Navigator, 1394—1460），也兼任基督骑士团的统领。据说他在南部的萨格里斯设立航海学校，发展制图事业以及造就航海家。③虽然他本人没有亲自加入过任何航海探险活动，但是他一生的工作对于葡萄牙和欧洲都有重大的意义，每一个

---

① C.R. Boxer, *The Portuguese Seaborne Empire, 1415–1825*, Alfred·A·Knopf, 1969. p.3.
② Ibid., pp.18–19.
③ Peter Russell, *Prince Henry, the Navigator, A Life*, Yale University Press, 2001, pp.291–294, p.321.

由陆路和海路出发从事探险的人,或多或少都是沿着他派出的探险者的足迹前进的。从那时起,葡萄牙人沿着非洲西部沿海地区不断地往南推进,去"发现"新的土地。

英国历史学家C.R.博克塞(C.R. Boxer, 1904—2000)指出,在"发现的世纪"背后的动力很明显地来自宗教的、经济的、战略的和政治的因素。这些因素不是以相同的比例混合在一起的,即使是由财神玛门(Mammon)所激发的动机也是经常与国王和天主(Caesar and God)的事业纠缠在一起的。他以中世纪意大利普拉多的一个商人在自己的账本开头的地方写的祈祷的话作为概括,即"以天主和利益的名义"。他还认为大致有四个主要的动机对葡萄牙人的扩张产生过激励和推动,它们可以按照时间的顺序排列但又不同程度地交互重叠,那就是十字军式的远征热忱、对几内亚黄金的渴求、寻找东方长老约翰王并与之联合击败穆斯林的使命感以及寻找印度的香料。[①]

在葡萄牙国王若奥二世(João II, 1481—1495年在位)时代,葡萄牙人的海外探险事业迈出了决定性的步伐。在1481—1495年,他们已经在非洲西海岸的加纳沿海建立米纳要塞(the Fortrss of Mina),贩卖奴隶、象牙和黄金。1480年代后期,若奥二世同时派遣人员从陆路和海路去往印度寻找香料。1487年5月,若奥二世派出会说阿拉伯语的绅士科维良(Pero da Covilhâ, 1460—?)和派瓦(Afonso de Paiva, 1460—1490)从陆地出发去近东和印度西海岸打探关于香料贸易的情况。科维良最后抵达印度西海岸的卡利卡特,看到当地盛产肉桂和胡椒,他请犹太人将其报告带回葡萄牙。海路方面,在1488年的某日,巴塞寥莫·迪亚斯(Bartolomeu Diaz, 1450—1500)率领舰队抵达并绕过风暴角,此地后来被命名为"好望角"。若奥二世可能因为保密的原因,没有立即宣布这个发现,但是他内心是高兴的,因为从海路通往印度香料之地的航线终于证明是可以建立的。

上述所有的探险活动在"幸运者"曼努埃尔一世(Manuel I,

[①] C.R. Boxer, *The Portuguese Seaborne Empire, 1415–1825*, Alfred A.Knopf, 1969, pp.17–18.

3

里斯本特茹河入海口贝伦塔（The Tower of Belem），贝伦就是伯利恒的意思，这是从葡萄牙出发前往印度的东方航线的起点。

1495—1521年在位）时代见到了成效。1497年7月8日，瓦斯科·达·伽马（Vasco da Gama，1460—1524）率领4艘船舰170名船员从里斯本特茹河出海口的贝伦出发前往印度。舰队绕过好望角，抵达莫桑比克、蒙巴萨，次年5月20日抵达印度西海岸卡利卡特，葡萄牙人的登陆地点是卡利卡特稍北的卡帕卡达维（Kappakadavu）。一个很著名的故事就是葡萄牙船员在离开海岸线的时候在内陆遇到两名会说卡斯蒂尔语的突尼斯人，他们问船员："是什么样的魔鬼把你们带到这里的？"船员们回答说："我们寻找基督徒和香料。"1500年3月，卡布拉尔（Pedro Álvres Cabral，1467—1520）率领舰队前往印度，中途偏离航线，抵达今天的巴西（Porto Seguro），然后舰队驶离今南美洲的海岸，前往科钦（印度西海岸出产胡椒和香料的另一个重要港口）。1502年，达·伽马第二次率领14艘船的舰队前往印度，以后则不断有舰队前往印度。

果阿的建立与葡人的东扩 1510年11月25日，葡萄牙人在葡属印度第二任总督阿方索·德·阿尔伯奎克（Afonso de Albuqerque，1453—1515）的率领之下，第二度攻占了印度西海岸的重要港口城市果阿。阿尔伯奎克鼓励葡萄牙殖民者与当地的妇女通婚，让这些殖民者定居下来，强迫当地的穆斯林改宗，不从者则被驱逐；对于印度教徒则适当地予以宽容，以便维持当地的贸易和秩序。葡萄牙人还从果阿出发，控制了临近地方的内陆贸易以及沿海地区的海上贸易。葡萄牙王室则垄断了当地的香料贸易，王室控制了胡椒、姜、肉桂、肉豆蔻、豆蔻、虫胶、天然硼砂等货物，胡椒则是最大宗的由王室经营的货品。葡萄牙人还从波斯、阿拉伯进口良马，与印度内陆的商队进行贸易。他们还在果阿沿着曼多维河建立了多座要塞和堡垒，保障海上的贸易和航线。不久，"金色的果阿"就取代了卡利卡特成为从坎贝直到印度次大陆南端的科摩林角（Cape Comorin）之间最重要的通商港口。阿尔伯奎克在赢得本地印度居民的支持以后逐渐将果阿建设成为葡属印度国（Estado da Índia）的统治中心。

果阿是由里斯本通向印度西海岸航线的终点，但是在整个欧洲

南蛮贸易时代：近代早期日本与欧洲交流史（1542—1650）

贝伦塔建筑的细部，葡萄牙国王曼努埃尔的浑天仪纹章圆雕

贝伦塔的城垛，上刻有基督骑士团的十字架徽号

到远东的航线上，它又处在一个关键的中间位置。当时的果阿与莫桑比克、赞比西亚、索法拉、斯瓦西里海岸、波斯湾、利摩林角、锡兰、马尔代夫、小巽他群岛维持着非常广泛的贸易联系。① 从 1500 年至 1635 年，每年至少有 916 艘葡萄牙的大帆船离开里斯本前往以果阿为中心的葡属印度各大口岸。在整个 16 世纪，果阿是连接东西方贸易的最重要的港口城市。葡萄牙国王曼努埃尔一世声称自己是"埃塞俄比亚、印度、阿拉伯和波斯地区的征服的、航海的以及贸易的主人"（Lord of the Conquest, Navigation and Commerce of Ethiopia, Arabia, Persia, and India），以后历代的葡萄牙国王都延续拥有这一称号。② 然而，正如博克塞所指出的，虽然葡萄牙国王拥有的头衔中"征服的"与"航海的"在前面，实际上"贸易的"则是最为重要的。

1511 年 8 月，阿尔伯奎克又从果阿出发，率领葡萄牙军队往东行进占领了马六甲。不久，葡萄牙人就占领了这个当时是印度尼西亚群岛香料的集散中心，并在此地建立了海军的基地和要塞，由此控制了进出印度洋、爪哇海以及南中国海的瓶

---

① C.R. Boxer, *Portuguese India in the Mid-Seventeenth Century*, Oxford University Press, 1980, pp.45–46.
② Ibid., p.1.

颈，因为当时的人们很少绕道远走巽他海峡的海路。①

在短短的十几年时间里，葡萄牙人以强制的手段从海上征服东方，派遣出几十艘装备有上百门大炮以及上千人的探险和贸易的船只，迫使亚洲各地的统治者签订一些条约，规定他们每年必须上缴一定数额的货物。到 1515 年，葡萄牙人几乎完成了向东方扩张的行动，他们建立的以商站以及筑有要塞的港口为核心的贸易链从大西洋两岸的摩洛哥、巴西、安哥拉延伸到印度洋的莫桑比克、霍尔木兹、果阿、科钦直至马六甲和摩洛加群岛的广大海域的沿海地区。从马六甲出发，葡萄牙人有多条航线通往远东，它们是由达·伽马开辟的从里斯本到印度的航线向更远的东方的延伸。其中，葡萄牙人由果阿出发通过马六甲前往澳门，再从澳门出发到日本九州各地（最后是长崎）的航线是最为重要的。

从里斯本出海口远眺大西洋

---

① C.R. Boxer, *The Portuguese Seaborne Empire, 1415–1825*, p.46.

18世纪葡萄牙画家所绘制的果阿地志画,描绘从印度洋进入曼多维河再进入果阿的航线以及该城市周围的地区(局部)。原图保存于里斯本国立古代艺术博物馆

  葡萄牙人最先在1542年或1543年抵达日本的九州南端的种子岛,此前他们在南中国海上的几个岛屿已经建立了与中国南方沿海地区人民的贸易联系,他们还想进一步与日本人建立更加稳定的贸易关系。由于从马六甲到九州的一次性航程过于遥远,葡萄牙人要在南中国海上建立一个固定长期的通商地点作为中转站,1557年,澳门作为中转站就这样慢慢形成了。到1570年,葡萄牙人在日本的通商地点从九州的几个港口最后收缩到了长崎。葡萄牙人在这条航线上频繁的贸易活动是与澳门和长崎这两个葡萄牙殖民地城市的兴衰密切相关的。这条航线从16世纪早期起始、形成、发展,一直到1639年因为日本的严厉的"锁国"政策而终止,其波澜壮阔的海事活动的历史揭示了地理大发现时代葡萄牙人来到东方以后,印度洋和太平洋之间贸易网络的相互联系,同时也展现了近代早期日本与欧洲的贸易以及丰富多彩的文化交流。

第一章　波澜壮阔的果阿—马六甲—澳门—长崎航线（1542—1640）

旧果阿港口，1510 年 12 月葡萄牙人登陆的地点

果阿的总督拱门，1599 年建于通往果阿旧城的道路上，门上有瓦斯科·达·伽马的雕像

一、"日出之国"被"发现"

"印度之路"航线 根据 M.N. 皮尔森（M.N. Pearson）指出，从 15 世纪的上半叶开始，葡萄牙人以果阿为中心，向东方扩张，主要想实现三个目标：第一，垄断香料贸易。葡萄牙王室以及葡属印度当局发布的一系列指令，旨在垄断这片广大海域的香料贸易。当时，在果阿、科钦以及印度西海岸的所有葡萄牙占领的殖民地，香料贸易是由王室及其代理人专营的，他们用最便宜的价格从亚洲买进各种香料，运回本国并以高昂的价格卖给欧洲各地的消费者。为此，葡萄牙人的军舰在海上拦截印度本地人的船只，掠夺他们的物资，占为己有；同时葡萄牙人也扶植一些当地的傀儡政权，允许他们从事较小规模的胡椒贸易。第二，垄断特定区域贸易。葡萄牙人要垄断在亚洲沿海陆地的一些特定的地点，即由葡萄牙人建立的居留地以及建有要塞的商站周边的贸易活动，只有葡萄牙王室指定的船只才能够经营这些港口之间的贸易。第三，建立并维护海上贸易体系。从果阿和科钦出发的葡萄牙军舰为航行在印度洋上的葡萄牙武装商船以及其他参与葡萄牙船队的印度本地小船提供护航，接受护航的船队必须从葡萄牙人那里获得通行证，葡萄牙人以颁发通行证作为他们在印度洋和太平洋建立贸易体系的法理基础，至少这是他们自己认为的所谓的法理基础。[①]

在 16 世纪早期，从里斯本出发到印度果阿，再从果阿回到里斯本的航线被称为"印度之路"（Carreira da Índia）。这条航线是 1499 年瓦斯科·达·伽马从卡利卡特回到葡萄牙以后建立的。从那时起，葡萄牙人往返于这条航线上的船只络绎不绝。17 世纪早期，葡萄牙人在这条航线上的航运活动达到了辉煌的顶点，到 17 世纪中叶以后，由于荷兰人、英国人以及法国人的竞争，他们的航运逐渐走向衰落，但

[①] M.N. Person, *The New Cambridge History, The Portuguese in India*, Cambridge University Press, 1987, pp.37–38.

第一章　波澜壮阔的果阿—马六甲—澳门—长崎航线（1542—1640）

是到18世纪甚至19世纪的时候仍然在运作。1574年，一位经历"印度之路"航行的耶稣会士曾经说，这是当时世界上最伟大的和最艰辛的航行之一。印度洋上的风浪以及与之有密切关联的赤道上的季风都是影响航行的决定性因素，当时的船只遭遇海难的比例很高。①

里斯本是这条航线的起点，果阿则是终点。每年从里斯本出发的航船，在3月和4月之间从面向贝伦的拉斯托（Restelo）港口出发，沿着这条航线在7月绕过好望角抵达印度洋，船队必须及时赶上西南季风，在9月或者10月抵达果阿。此外，葡萄牙人以果阿为中心，还建立了到非洲东部沿海的莫桑比克、索法拉（Sofala）、斯瓦希里海岸、波斯湾地区、印度最南端的科摩林角、锡兰、孟加拉湾以及马尔代夫的航线。②在1511年葡属印度果阿第二任总督阿尔伯奎克率领军队攻占了马六甲，从那时起，由达·伽马开辟的"印度之路"航线再次向着太平洋方向的马六甲、摩洛加群岛、日本的九州以及中国的澳门等地延伸。

日本的"发现"　大约就是在阿尔伯奎克占领马六甲期间，葡萄牙人第一次听到了在今天的日本附近岛屿有居民存在。由阿方索·德·阿尔伯奎克的亲生儿子布拉兹·德·阿尔伯奎克（Braz D'Albuquerque）在1576年在里斯本出了《东印度的舰长——伟大的阿方索·德·阿尔伯奎克评注》(*Commentarios do grande Afonso D'Albuquerque, Capitam Geral que foy das Indias Orientaes*)，该书中详细地描绘了阿尔伯奎克在马六甲遇到的戈斯人（Gores）："当时的戈斯人（根据阿尔伯奎克抵达马六甲以后得到的讯息）说他们的家乡是在大陆上的，不过人们普遍的看法是他们的家乡是在一个岛屿上，他们每年要乘坐两至三艘船来到马六甲。他们带来的商品主要是丝、丝织品、锦缎、瓷器、大量的小麦、铜、明矾、金砂和白银，他们还带

---

① C.R. Boxer, "The Carreira da India: Ships, Men, Cargoes, Voyages", in *From Lisbon to Goa, 1500–1700: Studies in Portuguese Maritime Enterprise*, Variorum Reprints, London, 1984, p.55.
② C.R. Boxer, *Portuguese India in the Mid-Seventeenth Century*, Oxford University Press, 1980, pp.45–46.

11

来许多金锭，上面盖有其国主的印章，不知道是因为这些金锭本来就是他们家乡的钱币，还是他们离开港口的时候才盖上印章以作为凭证。这些人少言寡语，不与任何人提及他们国家的事情。这些金子来自附近的一个名叫皮里约科（Perioco）的岛屿，那里藏有大量的黄金。戈斯人的家乡名叫琉球。① 他们是皮肤白皙的人，他们身穿的长衣就像是没有兜帽的长袍，还佩戴像土耳其短刀那样的长刀，不过他们的刀是直的，另外，还佩戴那种两掌长的匕首。这些人胆子很大，当地的人都害怕他们。他们在抵达港口以后，不把货物全部卸下来，而是一点一点地卸下。他们说实话，也要求别人对他们说实话。如果马六甲的商人违约，他们就会立即将他扣押起来。他们尽快做好生意以便尽快离开。他们不在陆地上建立仓库，因为不想在异地耽搁太久。他们在每年1月间来到马六甲，8月至9月离开，每次往返必经过塞拉群岛（islands of Cêláte）以及新加坡之间的海峡。就在阿方索·阿尔伯奎克攻占马六甲以后将离开回印度的时候，他们的两艘船只来到新加坡。在咨询了马六甲国王的海军上将拉萨曼尼（Lassamane）的意见以后，得知马六甲已经被葡萄牙人占领，所以有些犹豫是否再来这里。当地的葡萄牙总督在听到这个消息以后，就派人送给他们保证书以及旗帜，于是他们就马上来了。"②

上面所描绘的戈斯人是否琉球人或是居住在琉球的日本人，已经很难确切地证明了。还有人说他们可能是朝鲜人，因为当时有朝鲜人乘船到琉球，并在南中国海一带从事贸易活动。不过，无论如何，他们是欧洲人第一次遇到的居住在琉球群岛上的居民。

另一位早期在远东活动的葡萄牙人即王室在1512年至1515年派驻马六甲的代理人皮列斯（Tomé Pires），曾经记录他在远东贸易

---

① 原文为 Lequea，即 Ryukyu 或者 Luchu Islands。
② C.R. Boxer, "Some Aspects of Portuguese Influence in Japan, 1542–1640", in C.R. Boxer, *Portuguese Merchants and Missionaries in Feudal Japan, 1543–1640*, Variorum Reprints, 1986, III, pp.14–15. C.R. Boxer, *The Christian Century in Japan, 1549–1650*, Carcanet Press Limited, 1993, pp.9–11.

的经历，其记录的文本在巴黎被阿尔曼多·科尔特桑教授（Professor Armando Cortesão）发现，其中有关于琉球以及日本的描写。他记载琉球说："琉球也被称为 Gores，这两个都是它的名称，琉球是主要的。其国主以及所有的人民都是异教徒，其国主是中国皇帝的封臣，他的岛屿很大，人民众多。他们拥有一些自己的小船，并且不断地从中国购入三四艘船只，其他就没有更多了。他们去中国和马六甲贸易，有时与中国人结伴而去，有时他们自己去那里。在中国，他们去的港口在福建（在广州附近，一天一夜的海路）。马来人说琉球人与葡萄牙人没有分别，只是葡萄牙人买卖妇女，琉球人则不这样做。琉球人在自己的地盘里只拥有小麦、稻米以及经过酿制的酒，肉和鱼则十分丰富。他们是伟大的制图员和军械制造者，他们制作镀金的板以及繁复优美的扇子，还有宝剑等各种武器。……他们是很诚实的人，从不买卖奴隶。"

这篇记录还提到琉球人带出的主要商品是黄金、铜、各种武器、木板、有着金叶装饰的盒子、扇子、小麦、大量的纸张以及各种颜色的丝绸等。皮列斯关于日本的记载比较简单，但却是欧洲人最早用"日本"这个名字称呼当地事物的记录之一："根据所有的中国人的说法，日本岛比琉球要大，国王更加强大和伟大，他不热衷于贸易，他的臣民也不热衷于贸易。他也是一位异教徒国王，也是中国国王的臣民。他们不太与中国进行贸易，因为路途遥远，他们也没有远洋航海的海员。带着上述的商品，从琉球到日本需要七至八天，主要是去交易黄金和铜。所有来自琉球的东西都是他们从日本带来的。琉球人则以布匹、渔网以及其他商品与日本人交易。"皮列斯对于琉球和日本在商品贸易上的划分似乎非常清楚，他列出的琉球的出口商品（剑、铜、黄金和漆器）都是来自日本的，而丝绸、瓷器、麝香以及锦缎则是来自中国的。琉球以及附近岛屿在当时以及后来在自然资源上都是比较贫瘠的，当地的居民主要充当中国人、朝鲜人以及日本人的贸易中介。[①]

---

① C.R. Boxer, *The Christian Century in Japan, 1549–1650*, pp.10–13.

费尔南·门德斯·平托（Fernão Mendes Pinto, 1514—1583）的《远游记》(*Peregrinaçam de Fernam Mendez Pinto*)是另一部早期欧洲人对于日本有所记载的书籍。不过，至今仍然有人认为作者是一名说谎者，但是也有人说他的游记所记载的事情部分是真实的。平托于1514年出生于旧蒙特莫尔（Montemor-Velho）。他的冒险生涯在童年时代就已经开始，当时，他逃出里斯本，他所乘坐的船只被摩尔人海盗掳去。这些海盗自有打算，他们没有把他在摩洛哥卖掉，而是让他在葡萄牙登岸。1537年，平托在二十三岁的时候，航行去了东方，他四处流浪直至1558年，达二十一年之久。据他自己说，他经常以印度为旅行的出发地，游历了红海、埃塞俄比亚、霍尔木兹、马六甲、苏门答腊、暹罗，以及中国沿海地区、西藏地区和蒙古地区，他可能是第一批到达日本的欧洲人之一。平托自称他是第一个到远东许多地方的人。他在游历期间约于1553年至1556年间加入了耶稣会，但是不久就因为不适合做神职人员而离开了耶稣会。

1558年9月，他回到葡萄牙以后，感到自己来日无多，开始凭着记忆写了《远游记》，记叙他经历的许多地方和名胜，说自己在二十一年的周游中，曾经有过十三次被俘，十六次被卖的非同寻常的历险。《远游记》的手稿完成于1576年，但是此书却是在他去世很久以后的1614年出版的。① 博克塞指出，任何不持偏见的读者都会认为，即使他不是发现日本的欧洲人，至少他也到过那个国家，对当地的人民有所了解，所以他对于该国人民的叙述也有一定的价值。据他说，他在日本受到热忱的接待："日本人民非常好客，喜欢交往"，"天生热衷于军事操练，比已经发现的所有其他民族都乐于习武"，"善于狩

---

① 平托《远游记》的中文版已经由金国平教授翻译出版。见平托：《远游记》，（上、下），金国平译，该书由葡萄牙大发现纪念澳门地区委员会、澳门基金会、澳门文化司署与葡萄牙东方学会1999年出版。有关平托生平亦可见金国平所撰写"中译者序言"。平托的手稿完成于1576年，1603年5月提交宗教裁判所审查，直至1613年6月才获印刷令，次年正式出版葡萄牙语版。以后又有多种欧洲国家语言的译本。有关他加入耶稣会的事情亦有不同的看法。译者称《远游记》在"总体上说，它被归为海外发现文学游记类，但其历史价值亦不容忽视"。

第一章 波澜壮阔的果阿—马六甲—澳门—长崎航线（1542—1640）

猎和捕鱼","喜欢开玩笑和玩弄词句","这些日本人比任何其他地方的人都更热衷于声望"。他在丰后出席一个宴会，女侍者对于欧洲人用手抓饭吃大大地嘲笑了一番，"因为那里的人习惯于用两根小棍子吃饭，认为我们用手抓饭吃太肮脏了"。① 书中记载日本人喜欢葡萄牙人的枪支，"一些商人一再向我们强调说，整个日本岛有三十万支枪，全日本岛到处是火器，无论是村庄还是再小的地方，都有百支以上"。书中还谈到日本人的商业活动以及在日本的商机，"日本盛产白银，中国货在那里可以赚大钱"。葡萄牙人"载着生丝，怀着发财的欲望"，去往日本。② 费尔南·门德斯·平托自称是日本的发现者，但是许多人对于他叙述的真实性一直表示怀疑。

葡萄牙人抵达九州 在 1542 年或者 1543 年，有三名葡萄牙人方济各·莫塔（Francisco Mota）、方济各·泽莫托（Francisco Zeimoto）以及奥东尼奥·佩肖托（António Peixoto）在暹罗的一个港口进行贸易，并准备前往中国，想获得更大的牟利机会。他们在一条中国的平底船上装了许多货物，乘着当时南中国海上的好天气，航行到了广州，但是他们没能进入广州，于是准备前往泉州，却又遇到了台风，经过十五天的漂流，大约在 1543 年的某一天，他们的平底帆船抵达一个新的未知的岛屿，当地人划着小船来接援他们。这个岛屿就是日本九州外海的种子岛，他们也被称为所谓的真正的日本的"发现者"。

葡萄牙官方编年历史学家迪奥多·德·库托（Diogo do Couto, 1542—1616）简略地描述了他们初到新地方的情形："一些小船从陆地出发前来迎接他们，这些人看上去与中国人不大一样，比中国人皮肤要白，眼睛更小，胡子也短，他们听说这些新的岛屿名叫日本（Nipongi）。他们发现当地人非常友好，与他们厮混在一起，并受到当地人的热忱接待。葡萄牙人把船只重新修理好了以后，用自己

---

① C.R. Boxer, "Some Aspects of Portuguese Influence in Japan, 1542–1640", in C.R. Boxer, *Portuguese Merchants and Missionaries in Feudal Japan, 1543–1640*, III, pp.17–18.
② 费尔南·门德斯·平托：《远游记》（二），金国平译注，第 390—409 页。

南蛮贸易时代：近代早期日本与欧洲交流史（1542—1650）

的货物交换了当地的白银，因为这个地方没有什么其他的东西。然后正好遇到了季风的季节，他们便乘船回到了马六甲。"关于日本名称的起源，库托这样写道："这些岛屿的名称叫日本，马可·波罗称之为 Zipango，中国人称之为'日本'（Gipon, Jipen），两者更为相似，葡萄牙人与那些岛屿上的人交往以后，以讹传讹，称之为'日本 Japan'。"库托还写道，"至于这些岛屿上的人们是如此傲慢，以至于他们自认为是世界第一等民族，为此编造了许多可笑的故事"。库托还对于日本的贵族阶层（公家，Kuge）的起源做了一番描绘，他认为日本人是中国人的后代，但是他补充说："关于这一点，无论如何无法使日本人同意，因为他们认为中国人比他们低下得多，甚至他们最厉害的骂人话就是'你是中国人！'同样，中国人也自认比他们高级得多，最厉害的侮辱莫过于称呼别人是日本人。"①

比较确切的记载是 1555 年有两艘葡萄牙船只来到平户贸易，它们在当地的贸易情况并不清楚，但是当年 11 月 23 日，有耶稣会的神

种子岛

---

① C.R. Boxer, "Some Aspects of Portuguese Influence in Japan, 1542–1640", in C.R. Boxer, *Portuguese Merchants and Missionaries in Feudal Japan, 1543–1640*, III, pp.17–18.

父记载,有一艘船在"十天或者二十天以前"回到了"中国的港口(可能是澳门)",带回了丰富的货物,这使得当时所有在中国的葡萄牙船只都想去日本从事贸易。① 以后,葡萄牙人带到当地的火枪、烟草和肥皂等物品使得日本人大感惊讶,特别是火器。当时的葡萄牙人是精于军事技术和火器的,根据葡萄牙历史学家索萨(Faria y Sousa)的看法,葡萄牙人在亚洲赢得胜利的原因就是在精神以及军备上的优越性。在当时的亚洲,每一个未婚的葡萄牙男子差不多就是一名士兵。②

当葡萄牙人来到种子岛的时候,日本处于战国时期,葡萄牙人带来的火绳枪普遍受到各地大名的欢迎。除了上文提及的平托的记载以外,各种文献都记录了日本人自从与葡萄牙人建立联系以后,火绳枪和火炮便一直是从葡萄牙人手中得到的重要的进口物品。火绳枪的有效射程大约是100米,其射击范围、威力以及命中率都非常好。从50米的距离射击可以射穿厚度达1—2毫米的钢制铁板,日本战国时期武士所穿的"胴丸"即步兵专用铠甲的厚度为0.8毫米,子弹很轻易地就可以将其射穿。在战国时期各大名相互之间的战争中,战斗的双方会在阵前摆放"竹束"(竹盾)来防弹,当在28米左右距离射击的时候,"竹束"也难以抵挡火绳枪子弹的威力;如果在50米之内射

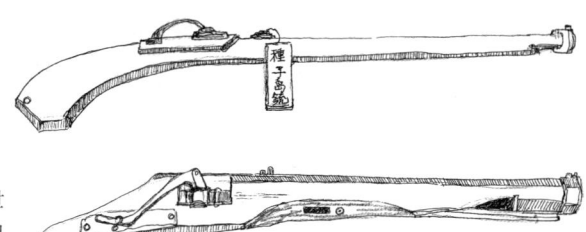

种子岛火绳枪(16世纪)和大火绳枪(江户时代)

---

① C.R. Boxer, *The Great Ship from Amacon, Annals of Macao and the Old Japan Trade, 1555–1640*, Centro de Estudos Históricos Ultramarinos, 1963, pp.21–22.
② C.R. Boxer, "Note on Early European Military Influence in Japan" in C.R. Boxer, *Dutch Merchants and Mariners in Asia, 1602–1795*, VI, Ashgate Publishing Limited, 1988, p.69.

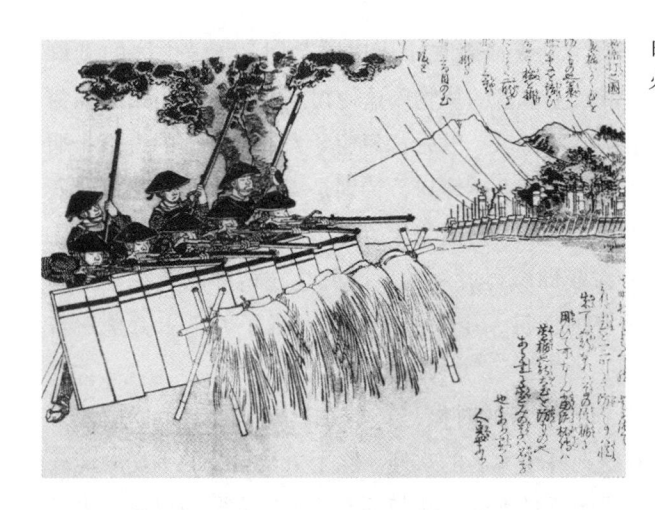

日本人所绘的士兵与火绳枪

击，命中率可以达到80%。火绳枪是一种必须以弹丸以及火药从枪口充填的前装滑膛枪，充填火药需要时间。即便是熟练的射击手，一分钟最多也只能发射三至四发子弹。以第二发子弹射出前要花15至20秒来计算，如果第一发子弹没有发挥足够的威力，那么在迎战中就可能处于劣势。因此，很可能被日本人称为"早合"的装备也随着火绳枪传入日本。"早合"是指将子弹和火药装在木筒或者纸筒的小包裹。使用方法简单，只要将小包裹放入枪口中，枪口接触部分的纸就破了，火药与弹丸就会进入枪身，接着开火射击就可以了。在一幅16世纪欧洲的版画里，绘有手拿"早合"的士兵，可知这是欧洲士兵必备的装备。如果只有洋枪传入日本，"早合"却没有传入日本似乎并不合理。更加合理的推断是火绳枪与"早合"可能是在同一时期或者先后传入日本的。如果士兵使用"早合"，可以在一分钟内发射5—7发子弹。①

不久，葡萄牙人使用的大炮也传入了日本九州。1551年，葡萄牙人赠送丰后的领主大友宗麟一门大炮，葡萄牙人还教授他的家臣铸造

---

① 武光诚：《图解日本战国时代》，黄琳雅译，城邦文化事业股份有限公司2009年版，第178—179页。

大炮的技术。① 葡萄牙人还从中国沿海地区带来了日本人喜爱的中国丝绸和瓷器，而从日本运回大量的银条。②

根据许多历史学家的记叙，这三位葡萄牙人搭乘的中国船只是当时中国海盗王直所有。根据传说，王直曾经引介日本人参与与双屿港的走私贸易，他通过与葡萄牙人、日本人进行贸易建立了自己的地盘，通过与这些走私者的激烈竞争与不断周旋，成为风云一时的海上巨寇。王直被东南沿海地区官府追剿和驱逐的时候，他逃到长崎外海五岛福江的唐人街或者平户居住，当时有2 000余个中国人寓居于平户和五岛，其中很多人是王直带来的。据说他乘坐的大船有300余名水手，他自己身穿绫罗绸缎，使用的旗帜也有王者的气派。他与中国官府一直保持着若即若离、反复无常的联系，最后在1559年被总督胡宗宪诱捕处死。

二、季风、信风、航线与加比丹·莫尔

季风与信风 葡萄牙船只从印度洋到太平洋的来回航行完全依赖季风。"季风"（monsoon）这个词汇源于阿拉伯词汇"mausim"，其原意是"季节"。在六个月里，季风朝着一个方向吹拂，给南亚次大陆带来丰沛的雨水，在接着的六个月里，它又朝着相反的方向吹拂。每年季风的轮回吹拂始于冬季，来自北方的亚洲内陆喜马拉雅山脉的干冷的风会吹向印度南部温暖低压的地区。由于向西移动的科利奥里力（Coriolis force，即在运动中出现的惯性力量）的作用，这股风向西劲吹直达非洲的西海岸，风速虽然减慢但是并不停止。然后亚洲内

---

① C.R. Boxer, "Note on Early European Military Influence in Japan" in C.R. Boxer, *Dutch Merchants and Mariners in Asia, 1602–1795*, VI, p.70.
② C.R. Boxer, *Fidalgos in the Far East, 1550–1770: Facts and Fancy of History of Macao*, Oxford University Press, 1968, pp.5–6.

陆逐渐地变暖，陆地和海洋的气温大致相等，于是风就停了。干热的气温在每年4月达到高峰，在此期间印度次大陆的上空艳阳高照，万里无云，大地干燥龟裂，炎热无比。到了5月，从西南方向吹过来的微风告诉印度当地的人们，夏天的季风已经到来。此时，季风带来的云层因为低气压而聚集在大陆的空气层下接近地面的空中，并一直吹到马拉巴沿海，与位于印度西南面的高止山脉相遇。由于这座山脉的阻挡，风向上而行，空气变冷，由此形成的湿气变成倾盆大雨自天而降。这股冷湿的气流向北吹去穿越整个印度大陆，形成的雨水浇灌大地并淹没村庄。到了9月至10月，陆地和海洋的温度重新达到平衡，西南风就停止了，同时降雨量也逐渐地减少。秋季来临以后，位于喜马拉雅北部的亚洲最靠近内陆的地方又开始变冷，风又开始从北方向东吹拂。

在公元前2世纪的时候，有一位希腊的航海家伊帕鲁斯（Ippalus）已经注意到了这种有规律的季风现象，于是人们也称呼这种风为"伊帕鲁斯风"（Wind of Ippalus），这也就是季风的古代名称。在地理大发现时代，印度洋周边地区的族群以及葡萄牙人的航行全部是依靠季风的，因此掌握季风的运行规律对于西方人在印度洋上的航行就变得非常重要。尤其是在冬季和夏季的三个月里，不断劲吹的狂风以及汹涌澎湃的巨浪会裹挟着大量的泥沙聚集在岸边，堵塞南亚次大陆各个港口进进出出的航道。①

当时海上的航运所依赖的，除了季风以外，还有信风（trade wind，即"贸易风"）的影响以及作用。信风是恒定地吹拂于大西洋和东部太平洋的风，其方向是从热带回归线吹向赤道。主宰季风吹拂的因素非常简单：赤道是地球表面受太阳照射最强烈的地区，所以它的气温也最高。与地面接触的空气因为不断加热而上升，由此形成一条低压带而吸引来自极地的冷空气。如此形成的空气流动照理应该是

---

① Aldo Caterino, "Transoceanic Navigation in Seventeenth Century, The Portuguese Route to the Indies", in Franco Demarchi and Riccardo Scartezzini, ed., *Martino Martini, A Humanist and Scientist in Seventeenth Century China*, Università degli Studi di Trento, 1996, pp.85–87.

第一章　波澜壮阔的果阿—马六甲—澳门—长崎航线（1542—1640）

沿着子午线行进的，但是地球是自西向东自转的，在科利奥里力的影响之下，风就朝着西面吹拂了。北半球的风则由东北方向吹来，南半球的风就由东南方向吹来，这两股风在赤道相遇汇合，形成一股上升到几千米高的强大的气流，在那里变冷。然后它们重新分开继续向着相反的方向移动，这样就形成信风的阻流或者逆转的风。在赤道附近有一条250公里至1 000公里宽的潮湿、低气压的中间地带，即赤道无风带。古代的航海家称它为"无风带"是因为那里水流平静，有时船只不得不许多天地停留，而天气又是那样令人窒息的炎热，所以航海家们对于这一区域的航行非常惧怕。除了赤道无风带以外，还有两个被称为热带无风带或回归线无风带的地区，那里干燥并且气压较高，是由来自不同方向、不规则的气流造成的。①

由于季风和信风的关系，从果阿经过马六甲出发前往日本的葡萄牙人船只必须在中国南方沿海某地作较长时期的停泊。每年从马六甲出发的葡萄牙船只在4月至8月离开当地，航行近一个月抵达广东外海的岛屿，中途必须停泊，带上大批中国的丝绸和别的货品，继续前往日本列岛，否则在日本就没有货物可以卖出了。但是，从南中国海朝着日本的季风是在5月底至7月底之间吹拂，因此从马六甲到日本的长途航行无法在同一年内完成。葡萄牙的船只，往往要在南中国海某地停泊十个月左右，所以葡萄牙人一直想在果阿、马六甲和日本之间寻找一个贸易居留地。澳门作为葡萄牙人的居留地，大概就是在这个大的背景之下形成的。②

另一种更为具体的记载则是，在果阿，除了每年5月至8月这段时间，天气一般都不会影响到船只的航行，但是也不是总能找到船只出航。从果阿到马六甲的船只必须在4月1日至15日出发，最迟至20日开航（5月10日以后则完全不可以启航了），大约5月14日抵

---

① Aldo Caterino, "Transoceanic Navigation in Seventeenth Century, The Portuguese Route to the Indies", in Franco Demarchi and Riccardo Scartezzini, ed., *Martino Martini, A Humanist and Scientist in Seventeenth Century China*, p.86.
② 罗理路：《澳门寻根——文献汇编、导言、解读与注释》，陈用仪译，澳门海事博物馆内部资料，1997年，第22页。

达马六甲；另一种安排是船只最好在9月10日至20日从果阿启航，延至9月24日至25日启航的船只抵达目的地的前景就并不乐观，如10月上旬才出发则太晚了，一般抵达马六甲的时间是10月16日。从马六甲到澳门的船只，如果在5月至7月启航，大约在8月至9月上旬可以抵达澳门。从澳门至日本的船只，通常在次年7月启航，不过也有在5月下旬或者8月启航的，抵达日本的时间是7月或者8月。回程的船只一般从每年9月至次年3月之间启航，二至三周以后就可以抵达澳门。从澳门至马六甲的船只，每年在9月，有时晚至次年1月启航，于12月或者次年1月到马六甲。从马六甲回葡属印度的船只，每年11月至12月启航，通常迟至次年1月或者2月上旬回到科钦，至3月或者4月回到果阿。①

葡萄牙人从果阿出发来到马六甲，再从马六甲前往日本的航线中有一个重要的环节就是作为贸易中转港崛起的澳门。关于澳门贸易港的形成和崛起，历来都有很多不同的看法，笔者无法在有限的篇幅中加以叙述。综合博克塞、布拉加（J.M. Braga）以及尤塞利斯（W. Robert Uselis）等西方学者传统的论述，大致可以说，早在1520年代，葡萄牙的走私商人已经频繁地出现在南部中国的沿海，他们用胡椒、苏木、檀香木、沉香以及象牙等与中国人交

若热·奥维士雕像：据传于1513年6月第一个登陆大芒岛的葡萄牙人

---

① Joseph Franz Schutte, S.J., translated by John J.Goyne, S.J., *Valignano's Mission Principles for Japan, Vol.1, From His Appointment as Visitor until His First Departure from Japan, 1573–1582, Part I: The Problem, 1573–1580*, (Anand-India: Gujarat Sahitya Prakash, 1980), pp.384–386.

第一章　波澜壮阔的果阿—马六甲—澳门—长崎航线（1542—1640）

换稻米、面粉、丝绸以及其他物品。①1513 年，葡萄牙人设在马六甲商站的财务主管若热·奥维士（Jorge Alvares）登上了当时葡萄牙人所称呼的大芒岛（Tamang island），树立了一块刻有葡萄牙盾形徽章的柱石，作为他发现新地的见证。中国人称大芒岛为屯门岛，即今天香港的大屿山。博克塞认为奥维士登陆的地点是屯门，另一位富于学识的英国历史学家以及古董商人布拉加认为奥维士到的地方是在澳门东北方向的伶仃岛（island of Lintin）。从 14 世纪开始，该岛一直是海盗储存鸦片的地方。②

1517 年，葡萄牙使节皮列斯来到广州，试图与中国建立长期和稳定的贸易关系，这是葡萄牙人与中国官方往来的开始。1537 年，葡萄牙人在距离澳门西南 50 英里的圣约翰岛即上川岛（island of St. John or Sanchuan）上已经十分活跃，著名的耶稣会士沙勿略（Francis Xavier, 1506—1552）即于 1552 年 12 月逝世于该岛。不过，上川岛不是葡萄牙人永久的居留地，葡萄牙人每年在 8 月至 12 月来此地贸易，在岛上搭建一些草棚，在贸易结束以后即付之一炬。③直到 1555 年，上川岛一直有葡萄牙船只到来，每年都有一艘葡萄牙船只从日本回到这里停泊，带来 3 万公担（quintal）的胡椒和 10 万两的白银，葡萄牙人要用这些货物和资本去广州购买中国的生丝、瓷器、樟脑、铜、明矾以及中国出产的木材等货物。④

从 1554 年至 1555 年，广东的地方官员又允许葡萄牙人将更东面的一个名叫浪白滘（island of Lampacau）的小岛作为他们与日本人贸易的基地，葡萄牙人在与当地人交易时向中国地方官吏缴纳 20% 的贸易税。这是前一年葡萄牙舰长索萨（Leonel de Sousa）与中国地方官吏达成口头协议的结果。直到 1558 年，浪白滘一直有一年一度的贸

---

① C.R. Boxer, *South China in the Seventeenth Century*, The Hakluyt Society, 1953, xxi–xxiv.
② J.M. Braga, *China Land Fall, 1513*, K.Weiss, 1956, p.x.
③ C.R. Boxer, *Introduction, Macao Three Hundred Years Ago*, Fundação Oriente, 1993, pp.15–16.
④ C.R. Boxer, *The Great Ship from Amacon, Annals of Macao and the Old Japan Trade, 1555–1640*, p.22.

中国瓷器（明朝嘉靖年间制作1506—1566）上的葡萄牙国王曼努埃尔的天球仪纹章，该瓷碗在"中西交汇：中欧陶瓷与文化交流展"上展出

易集市。① 但是，由于该岛的水域常常被淤泥堵塞，不适合海上贸易，约在10年以后，葡萄牙人逐渐移往东面约30英里的一个半岛，此即澳门。② 博克塞指出，澳门一开始与浪白滘一样也是葡萄牙人的临时居留地，它何时成为葡萄牙人的永久居留地，至今也有不同的看法。但是，有一个事实是清楚的，浪白滘是一个岛，交通不便，但澳门却是半岛，生活必需品可以依赖于香山县的居民，还可以雇佣大批工人从事各种劳务。大多数学者传统的看法是：从1557年开始，广东的官吏不再命令葡萄牙人离开这个临时居留地，从此，这个居留地也就渐渐地扩大起来。但是，葡萄牙人一时间并没有放弃浪白滘，因为在1560年的时候，浪白滘还有500至600名葡萄牙人。③ 大约从那时起，从果阿出发的葡萄牙船只就开始停泊在澳门从事起了果阿—澳门—日本九州各港口之间的转运贸易。

加比丹·莫尔制度 葡萄牙王室对于从印度洋到远东的海上贸易从一开始就采取垄断管理的办法，王室将这一地区属于葡萄牙海

---

① C.R. Boxer, *Introduction, Macao Three Hundred Years Ago*, pp.15–16. 尤塞利斯（W. Robert Uselis）:《澳门的起源》，周卓兰等译，澳门海事博物馆，1997年，第42—43页。该书引用了索萨（Leonel de Sousa）于1556年1月15日在印度科钦致葡萄牙国王若奥三世的兄弟刘易斯亲王的信件。

② 1英里约1.61千米。Nicolas Standaert, *Handbook of Christianity in China*, Vol.1, Brill, 2001, p.295.

③ C.R. Boxer, "Introduction", in *Macao Three Hundred Years Ago*, p.16.

洋帝国的事务分为行政、财政、司法以及宗教（即葡萄牙王家保教权，Padroado, or Royal Patronage）四个方面加以管理。王室对于从果阿到澳门以及日本的海上贸易管理主要就是设立所谓加比丹·莫尔（Captão-mor, Captain-major of the Royal Fleet）制度，即由王家舰队的大舰长负责；王室司库（vedor da fazenda, or Royal Treasurer）以及设在果阿的王室司库议会（Conselho da Fazenda, or the Council of the Royal Treasury）开始的时候负责王室在这些地区殖民地城市的税收，17世纪30年代以后延伸到殖民地当地的财政事务以及对荷兰人的宣战、议和等；王室的司法方面的代表被称为法官（ouvidor or judge），他要对设在果阿的由高级法官（ouvidor geral）和高等法院法官（desembargadors）组成的高等法院（Relação, or High Court）负责；至于葡萄牙的保教权在东方的代理者或执行者就是果阿的总督以及总主教。①

17世纪日本"南蛮屏风"上所绘的葡萄牙王家舰队的大舰长加比丹·莫尔

---

① George Bryan Souza, *The Survival of Empire, Portuguese Trade and Society in China and the South China Sea, 1630–1754*, Cambridge University Press, 1986, p.18.

25

根据上述分工，从果阿到马六甲再到澳门和长崎的葡萄牙船只就是由加比丹·莫尔（王家舰队的大舰长）率领的，同时也在果阿的葡萄牙殖民地政府的管理之下。在1542年"发现"日本的最初岁月，这种贸易活动向各种各样的人开放。但是在1550年以后，根据当时的经济以及政治观念，此种贸易活动被置于王室垄断的基础之上——在中国海的贸易活动的权力交给"中国与日本的加比丹·莫尔"(Capitão-mor da Viagem da China e Japão, or the Commander of the Voyage of China and Japan)，这个职位是通过果阿的总督以国王的名义每年颁授的。在理论上，他是王室在马六甲以东地区和海域的最高代表，这一区域所有的葡萄牙船只以及殖民地都应该接受他的权威与辖治。从那时起，担任加比丹·莫尔的都是具有纯粹血统的葡萄牙贵族绅士，而非饱经风霜的一般海员。开始时王室授予这种职位是出于对被授权人提供服务的一种回报，但是没过多久，该职位就不再需要原先贵族的身份而需要用钱去购买。出售这个职位的地点在果阿，每年都出售给出价最高的竞标者。在16世纪的时候，担任一次大舰长的价格是约16 000至40 000歇拉芬（xerafines）[①]，大多数竞标者用大约20 000至30 000歇拉芬就能买到这个职位。

在17世纪早期，虽然当时日本的德川幕府已经全面禁止天主教会的活动，但是加比丹·莫尔的出售依然在进行。有一位出生在阿伦卡的富有的葡萄牙贵族杰罗尼姆·德·马塞多·德·卡瓦略（Jerónimo de Macedo de Carvalho）于1615年来到印度的果阿，又于1616年至1617年前往马六甲和中国从事贸易活动，当他回到果阿以后出资48 000歇拉芬买下了担任三次去日本航行的加比丹·莫尔的职务。1632年他去世的时候，已经是一个很富有的人了。[②]1620年，洛波·萨尔门托·德·卡瓦略（Lopo Sarmento de Carvalho）在果阿买下了三次去日本航行的加比丹·莫尔职务，价格是68 000歇拉芬，航行所获的利润

[①] 原葡属果阿旧币名。
[②] C.R. Boxer, *The Great Ship from Amacon, Annals of Macao and the Old Japan Trade, 1555–1640*, p.97.

用于西班牙王后所钟爱的马德里道成肉身女修道院的建筑工程。①

1629年4月，果阿的总督诺罗尼亚（Dom Miguel de Noronha, Conde de Linhares）下达了一个秘密指令，要求从那时起澳门—长崎航线以及澳门—马尼拉航线将直接由王室监督和管理，这两条航线产生的利润将留出用于修建果阿的王家码头以及维持在亚洲海域航行的葡萄牙舰队，但是这个指令并没有被地方当局严格执行。直到1635年，果阿总督宣布从今以后所有这样的航行都要由王室直接执行，以长崎为终点的航行所产生的一部分利润要拨给澳门的议事会（市政厅）修缮炮台。航行过程仍然由加比丹·莫尔以及常驻澳门的管理人负责，这些职位仍然出售给出价最高的竞标者，但是人选由总督指定并由总督给予固定的工资——加比丹·莫尔是2000两白银，澳门的管理人是1500两（除了保养费和其他津贴以外）。这个澳门管理人的职位是新的，他拥有特殊的权力和全权筹集资金、建立炮兵部队并调集这些部队卫戍果阿的权力，他还代表王室组建去长崎的海上航行活动。第一任的王室管理人是曼努埃尔·拉莫斯（Manuel Ramos）。②

加比丹·莫尔的职位是很赚钱的。一生大部分时间都生活在葡属印度的历史学家库托（Diogo do Couto，1542—1616）在他所著的《军人对话》（*Dialogo do Soldado Pratico*）中指出，在16世纪末叶，从澳门去日本的葡萄牙船只上所有的货物都换成银条，价值超过100万两黄金；③他还估计加比丹·莫尔从一次来回果阿至日本的航行可以赚取70 000至80 000帕道尔（pardaus）；④荷兰人林斯霍顿（Jan Huyghen

---

① C.R. Boxer, *The Great Ship from Amacon, Annals of Macao and the Old Japan Trade, 1555–1640*, p.101.
② Ibid., p.117, p.140.
③ C.R. Boxer, *Fidalgos in the Far East, 1550–1770*, p.6.
④ 帕道尔（pardaus）葡属印度旧币。金帕尔道（Pardau of gold），原为南印度毗奢耶那伽罗王国使用的金币，相当于6个银坦加斯或者360雷亚尔（reis）。欧洲人来到印度以后，也使用这种货币进行贸易。银帕尔道（Pardau of silver）：相当于5个银坦加斯或者300个雷亚尔。C.R. Boxer, *The Great Ship from Amacon, Annals of Macao and the Old Japan Trade, 1555–1640*, p.8.

van Linschoten，1563—1611）在1598年指出，指挥去日本航行的舰长会获得很大的利益，通常一艘1 400吨至1 600吨的大船所载的货物可以赚取150 000或2 000 000达克特（ducat）。① 约40年以后，洛伦佐·德·利斯（Lourenzo de Liz Velho）则说可以赚取150 000克鲁扎多。② 总之，加比丹·莫尔的每次航行都能够获得很高的利润，足以使他在退休以后过上富裕的生活。

  从澳门建立港口直至1623年，除了一些不重要的间断之外，去往日本的加比丹·莫尔在他逗留澳门港口等待季风再去日本的期间，一直担任澳门临时总督的角色，时间总是在十个月至一年之间。一般他从果阿经由马六甲来到澳门的时间大约在8月至9月，然后去广州购买丝绸等货品。如果来的时候或是去的时候他在马六甲过冬，那么整个环航就需要三年的时间，如果省略在马六甲的停留，那么整个航行可以缩短一半的时间。船只在日本停留时间的长短有很大的不同，有时船只会在日本过冬（尽管葡萄牙王室是禁止这样做的），但是在通常情况之下船只在7月或者8月抵达，在11月、12月或者次年的1月离开。在1633年，日本的幕府规定了一个固定的阴历日期（大概在10月下旬或者11月上旬）要求葡萄牙的船只离开。

  在中国和日本，加比丹·莫尔都是所在地的葡萄牙人的高级长官，可以对葡萄牙的同胞行使行政管理权以及司法权，就如同他在葡萄牙国内一样。除了他本人的投资以外，他要征收船上货物1/10的税，这些货物中丝绸是最昂贵的大宗。③ 澳门加比丹·莫尔的职权及其与议事会议员之间的关系已经有许多讨论。总的来说，作为临时总

---

① C.R. Boxer, *Fidalgos in the Far East, 1550–1770*, p.6.
② C.R. Boxer, *The Great Ship from Amacon, Annals of Macao and the Old Japan Trade, 1555–1640*, pp.9–10. 克鲁扎多（cruzado），葡萄牙古钱币，开始的时候以黄金制作。1517年时一个克鲁扎多相当于400雷亚尔；后来又以白银制作成银币，16世纪的时候，一个克鲁扎多大致相当于4先令。
③ C.R. Boxer, *The Great Ship from Amacon, Annals of Macao and the Old Japan Trade, 1555–1640*, pp.9–10. C.R. Boxer, *The Portuguese Seaborne Empire, 1415–1825*, p.64. C.R. Boxer, *The Christian Century in Japan, 1545–1650*, p.106.

督的加比丹·莫尔在澳门经常与当地强大的议事会议员发生冲突,澳门以及巴西圣保罗市政厅议员的权力要比一些更大的葡萄牙海外殖民地如果阿以及巴伊亚议员更为强大。①

另一个著名的例子便是洛波·萨门托·德·卡瓦略的事迹。萨门托是一位在军事和商业上都十分成功的舰长,他出身于葡萄牙塔拉斯高地省(Tras-os-Montes)富有的布拉干萨(Branganza)家族。1607年,他来到东方,直至四十年后在澳门去世,一直以在东亚海域极为成功的商业活动闻名于世。1614年,他率领一支由6艘舰船组成的舰队来到马六甲和中国沿海,次年,他在澳门结婚并居住下来。他早年在印度西海岸经常与土著以及荷兰人作战,常常获胜。从1617年开始,他作为加比丹·莫尔初次主持去日本的航行,同年,他甚至率领一个葡萄牙使团出使日本,觐见幕府将军德川家光,请求幕府收回驱逐传教士的成命并进而要求幕府驱逐异教徒荷兰人。当然,此次使命只能以失败告终。从1621年至1623年,萨门托成功购得三任加比丹·莫尔的职位,经营去日本以及马尼拉的贸易,他主持的贸易活动极为成功。根据1629年11月16日萨门托与果阿总督利尼亚雷斯(Viceroy Conde de Linhares)主持的当局达成的协议规定:(1)萨门托在每次航行结束的时候,必须将价值1 200皮科的日本产的铜运到澳门,约合24 000歇拉芬;这笔钱是从日本与马尼拉之间航行获利的102 000歇拉芬中扣除的,余下的78 000歇拉芬须交给在果阿的王家司库,其中30 000歇拉芬则须支付给每次参与王家舰队航行的人员,另外还要交纳48 000歇拉芬给由果阿指定的负责此次航行的舰长,其中一半以日本的铜支付,另一半以现金支付。(2)在每次航行以前,萨门托要事先支付给在果阿的王家司库奥门(Duarte da Costa Homem)50 000歇拉芬,其中48 000歇拉芬是第一次航行的保证金,余下2 000歇拉芬是第二次航行的税金。(3)无论发生何种情况,萨

---

① C.R. Boxer, *Fidalgos in the Far East, 1550–1770*, p.9. 张廷茂:《澳门总督制的缘起》,《文化杂志》,2006年春季刊,第96页。

门托都要以固定的价格即每皮科①（担）20 歇拉芬将日本的铜卖给澳门当局。(4) 他拥有经营和销售日本铜的专有权，其他任何葡萄牙人都不可以经营此项业务，另一方面他也必须以固定的价格将所有的铜卖给澳门。(5) 萨门托还要保证他的继任人完全履行此项协议，他必须对在澳门的保证人费雷拉（António Fialho Ferreira）、奥门（Gaspar Homem）以及在果阿的萨皮科（Manoel de Moraes Sapico）负责，履行完毕合同。费雷拉是萨门托的堂兄弟，是当时澳门有影响力的市民，他在 1641 年至 1643 年葡萄牙复国以后，领导澳门市民向葡萄牙新国王若奥四世宣誓效忠的过程中发挥了很大的作用；奥门也是一位重要的市民；萨皮科则是果阿最富有的市民。(6) 如果发生船只失事事件，所交纳的钱则可以按比例减少。在这段合同履行期间，萨门托主持的日本航线上的船只有 13 艘，而在马尼拉航线上则有 9 艘，可谓规模庞大。这种不平凡的经历使得萨门托成为他的同胞当中极为少见的人物，以致当时有许多人由羡慕转为嫉恨，暗指他有犹太人的血统，说只因他本人是基督骑士团的成员才免于官府的怀疑和猜测。即便如此，澳门议事会的议员还是极其反对他出任加比丹·莫尔的职务，指责他的出身和性格不适合担任舰队的指挥官，甚至有人指责他系统地骗取王室的收入。早在 1627 年，即萨门托于 1632 年至 1634 年主持日本贸易之前，澳门议事会就想由议员们来控制对日本的贸易，由他们决定出任每年去日本的舰长人选，其名单将在航行开始前数周张贴在街角的告示栏里。其实按照规定，王家舰队的舰长应该是由国王任命的，他可以自己组织航队，也可以以最好的价格将这个职位卖掉。但是，澳门议事会偏偏在这个事情上想显示自己的权威，表示议事会才是主持贸易的主体而不是加比丹·莫尔。

澳门议事会的议员认为自己有权任命去长崎航行的舰长、官员以及船员。他们认为这个制度固然有缺点，但是与葡属印度由王室垄断的其他贸易制度相比要民主得多，任何冒犯议事会的人以及有寡头

---

① 皮科（picul）：1 皮科等于 60.4 公斤，也相当于中国的"担"。

独裁倾向的人都不应该获得去日本贸易的机会。此外,议事会的议员们还认为,议事会已经从日本商人那里借来许多钱,但是又被澳门的海关官员敲诈勒索,所以商业活动理应转到澳门的市民手中而不是由果阿的王家司库管理。于是,澳门议事会逐渐地否认萨门托的航行资格,准备由议事会自己主持对日本的贸易,以其盈利来支付澳门的城市防卫和果阿派士兵前来保卫澳门的费用;而澳门的王家大法官和多明我会士则支持萨门托,双方的意见被提交给果阿当局。澳门议事会驻果阿的代表请求王室和果阿总督派一名与加比丹·莫尔职位相当的总督来澳门,并不许萨门托再回到澳门。以上的事实充分反映了澳门议事会的权力意识以及与加比丹·莫尔的冲突。①

加比丹·莫尔在日本的地位,是由当时的亚洲国家允许的外国经商团体在本国政府中的领袖人物监督之下,行使其自身管理、司法的习惯性做法决定的,实际上可以说是一种治外法权体制(a system of extra-territoriality)。不过,葡萄牙人在长崎在某些方面比他们在澳门享有更多的特权:(1)加比丹·莫尔被认为在长崎的葡萄牙人团体中唯一的负责人;(2)所有的有过失的欧洲人都要交给加比丹·莫尔罚金,甚至在一些有日本人牵涉的案子里的外国人也是如此,直到1614年德川幕府全面禁止日本的罗马天主教为止。从那以后,那些偷运传教士进入日本的葡萄牙商人以及海员要受到日本法律的处罚并受火刑。到1633年,那些拖欠债务不还的负债人以及破产者不是被日本人监禁,而是交由加比丹·莫尔驱逐出境到澳门。在通常情况之下,加比丹·莫尔受到长崎地方当局的尊敬和优待,如果他造访幕府官邸,他会受到相当于大名一样的款待,就像是后来荷兰商馆的馆长访问江户受到的礼遇一样。只是日本的加比丹·莫尔驻扎在长崎,他会派出他个人的代表作为使节按照惯例出使京都或者江户,呈上每年必须赠送的礼物。加比丹·莫尔在长崎的街道上出现或者造访当地的地

---

① C.R. Boxer, *Portuguese Merchants and Missionaries in Feudal Japan, 1543–1640*, pp.52–53, pp.60–61.

方官员，会有一批武装随员、一队吹鼓手以及一群黑人奴隶跟随，16世纪后半叶的狩野画派和土佐画派的画家所绘制的南蛮屏风上经常出现这样热闹的画面。①

澳门在16世纪晚期至17世纪中期由于葡萄牙人与日本的贸易而趋繁荣，大致上由以下几个原因促成：第一，明朝官府为防范倭寇骚扰沿海地区，禁止其臣民与日本人有任何贸易和交往，尽管两个国家民间的海上私人贸易一直存在，有时还会达到一定的规模。同时，中国南方沿海地区的人民也不顾朝廷的意愿和禁令，愿意在私底下与葡萄牙人进行贸易，因为葡萄牙人愿意付出的钱较多。于是，葡萄牙人利用澳门从事其中的转运贸易，并获取其中最富有价值的那部分利润。②第二，葡萄牙人将中国的生丝、丝织品以及瓷器等物品运往日本，再从日本运出白银（当时日本许多地方发现了银矿），所以从日本运往澳门的白银数量相当可观；葡萄牙人充当起白银银条经纪人的角色，他们将日本的白银用来交换中国的黄金，由此获得丰厚的利润。当时日本国内战乱频仍，各地的大名急需囤积中国的黄金。在16世纪的最后二十年，丰臣秀吉要发动对朝鲜的侵略战争，也急切地需要储备黄金。第三，尽管日本是一个产丝的国家，但是日本人更喜欢中国优质的丝绸（生丝与丝织品），远胜本国的丝产品。③另一位英国历史学家寇特斯（Coates）指出：葡萄牙人垄断了整个中国近海贸易是因为中国内地的人民被禁止出海，日本人也无法进入中国的沿海地区。曾经在中世纪的泉州以及广州居住过的在海上贸易中具有重要居间作用的阿拉伯人，由于葡萄牙人对于穆斯林的遏制，也被逐出这条从西南部印度通往远东的海上贸易路线，暹罗人以及其他东南亚临近的民族的船只太小，不能从事任何国际性的贸易活动，而葡萄牙人拥有的大型海上贸易船只是当时远东别的民族和国家所没有的，由此他们取

---

① C.R. Boxer, *The Great Ship from Amacon, Annals of Macao and the Old Japan Trade, 1555-1640*, pp.10—11.
② 张天泽：《早期中葡通商史》，姚楠、钱江译，香港中华书局1988年版，第109—111页。
③ C.R. Boxer, *The Great Ship from Amacao, Annals of Macao and Old Japan Trade, 1550–1640*, p.2.

第一章　波澜壮阔的果阿—马六甲—澳门—长崎航线（1542—1640）

得了不易受到攻击的垄断国际贸易的特殊地位。[①] 正是上述原因，博克塞将 1557 年至 1640 年视为澳门的繁荣时期或是黄金时期，当时的澳门是连接印度的果阿、广州与长崎之间贸易的中转站和货品集散地。

葡萄牙人最初来到日本的地方是种子岛。但是，自 1571 年葡萄牙舰长韦加（Veiga）率领大船来到长崎以后，葡萄牙人终于发现这个有着绵延四公里长海湾的壮丽优美的深水港口正是他们想要寻找的理想驻泊地，远比平户、横须贺、口之津町等暴露在外的锚地更加适合那些大而笨重的葡萄牙商船碇泊。从那时起，长崎的开港终于成为葡萄牙商船来到日本的终点站。于是，葡萄牙人与日本的贸易就固定在澳门与长崎两个港口。1580 年，当时统治长崎的基督徒大名大村纯忠（Omura Sumitada，1533—1587）出于种种目的将这块原本是一小群渔民居住的沿海小村庄奉献给耶稣会。一方面躲避另一位大名龙造寺隆信吞并其领地的企图；另一方面也作为葡萄牙人与日本贸易的中心以获得税收之利，并作为当时九州地方基督徒避难的场所。[②]

由此，长崎取代了日本九州沿海地区别的港口成为以后日本对外贸易的主要港口。同年，葡萄牙神父罗伦佐·梅希亚（Padre Lourenço Mexia）在年度报告里这样写道："这些日本的领主，尽管他们拥有许多的土地，但是税收很少，也缺乏现钱，当葡萄牙的船只进入他们港口的时候，由于能够从贸易中获得利益，人们很难形容他们是多么高兴。"[③] 1583 年，耶稣会报告中说葡萄牙人在该城市已经建有要塞，其中有 400 多栋房子和一所耶稣会会院。[④] 到 1614 年，长崎已经

[①] Austin Coates, *A Macao Narrative,* Oxford University Press, 1987, pp.4–5.
[②] Diego Pacheco, *The Founding of the Port of Nagasaki and its Cession to the Society of Jesus*, Centro de Estudos Marítimo de Macao, 1989, p.37.
[③] C.R. Boxer, *The Great Ship from Amacao, Annals of Macao and Old Japan Trade, 1550–1640*, pp.40–41.
[④] C.R. Boxer, *The Christian Century in Japan, 1549–1650*, pp.100–101. Diego Pacheco, S.J., "The Founding of the Port of Nagasaki and its Cession to the Society of Jesus", *Monumenta Nipponica*, 1970, pp.303–323. J.S.A. Elison, "Nagasaki: The Early Years of an Early Modern Japanese City", in Liam Matthew Brockey, ed, *Portuguese Colonial Cities in the Early Modern World*, Ashgate Publishing Company, 2008, p.93.

长崎港口的景色

有25 000余人,其中大部分为天主教徒,有许多人从事与葡萄牙人有关的贸易活动,或者充当译员。① 每年都有葡萄牙人的商船来到这里,正是这种对于双方都有利的贸易,使得澳门与长崎都从默默无闻的小渔村崛起为繁荣的海港城市。葡萄牙人在日本的对外贸易中占据了重要地位,博克塞指出:"在半个世纪的时间里,葡萄牙人作为唯一的授权进口外国商品者所占的独特地位(直至明朝灭亡以后中国官方还正式禁止中国人与日本进行贸易),必然对那个时期的经济结构产生重大的影响。日本商人冒险到中南半岛和其他地方,这进一步在很大程度上应当归功于他们仿效了葡萄牙人的做法并且掌握了葡萄牙人传授给他们的技术和航海知识。在这一时期,日本的对外贸易组织受到葡萄牙人很大的影响。每年从澳门开出的大帆船到达长崎,在很长的时间里都是日本对外贸易中最重大的事件。日本许多重要的商业组织

---

① J.S.A. Elison, "Nagasaki: The Early Years of an Early Modern Japanese City", in Liam Matthew Brockey, ed., *Portuguese Colonial Cities in the Early Modern World*, p.93.

和富豪都是从与葡萄牙人的贸易中发财起家的,例如住本家族的财富来自一位在堺市从葡萄牙人那里学习到炼铜技术的成员。在17世纪末,日本社会经济中赫赫有名的人物都与葡萄牙—日本贸易有关,因为他们都因投资于这种贸易而发了财。葡萄牙在这一时期对日本经济结构的影响——尤其在日本九州的南部——有一个重要的佐证,那就是日本人向葡萄牙借巨额资金的收据,葡萄牙人用这些钱来资助其在国外的贸易活动。"①

西班牙人来到远东　在那个时代的太平洋上从事海上航行的欧洲人,除了葡萄牙人以外,还有从中美洲来到菲律宾的西班牙人。

西班牙的殖民者来到美洲的内陆以后发现了两大土著帝国——阿兹特克王国和印加王国,其面积的广大以及人口的众多超过当时欧洲

---

① C.R. Boxer, "Some Aspects of Portuguese Influence in Japan, 1542–1640", *Transactions of the Japan Society*, Vol.XXXIII, London, 1936, pp.62–64.

任何国家。1519—1521 年，西班牙殖民者科尔特斯（Hernán Cortés, 1485—1547）率领军队征服阿兹特克王国，最后占领特诺奇蒂特兰，并且在此建立了墨西哥城。1532 年，弗朗西斯科·皮萨罗（Franciso Pizarro, 1471—1541）率领 169 名殖民者以及土著盟邦军队征服印加王国。西班牙人以坚船利炮以及无意间带来的病毒征服并毁灭了这两个土著王国，并随之在当地输入了基督教，以取代土著人的宗教信仰。

1510 年，瓦斯科·努涅斯·德巴尔沃亚（Vasco Núñez de Balboa, 1475—1519）在美洲大陆建立了第一个殖民地。1513 年 9 月，他目睹了太平洋的海域。1521 年，斐迪南·麦哲伦（Ferdinand Magellan, 1480—1521）在环球航行时已经抵达菲律宾群岛，他宣称这片土地是属于西班牙国王的，同年 4 月，他与土著发生冲突被杀，但是他的余部完成了环球的航行。①

1535 年以后，西班牙王国在新征服地建立西班牙总督管辖区（Virreinato de Nueva España），由西班牙国王指定总督管理，首府设在墨西哥城，此地也被称为"新西班牙"，其范围包括今墨西哥、中美洲、美国的加利福尼亚州、内华达州、犹他州、科罗拉多州、新墨西哥州、得克萨斯州、加拿大英属哥伦比亚部分地区、危地马拉、古巴以及亚洲的菲律宾。西班牙的殖民者以内陆统治为主，同时也在海洋上从事征服与贸易的事业。他们拥有广大的殖民地以及复杂的经济与社会组织。②

西班牙人的贸易据点中，波多西（Potosí）是一个重要的地方，它位于今玻利维亚的山地高原上，也是世界上最高的城市之一，平均海拔 4 090 米，旧城区中有许多西班牙殖民地时代的旧建筑。1544 年，西班牙人在这里发现了大量的银矿矿脉。1545 年，西班牙人在此建

---

① C.R. Boxer, "Some Aspects of Portuguese Influence in Japan, 1542–1640", *Transactions of the Japan Society*, Vol.XXXIII, London, 1936, pp.60–61, pp.442–445.

② J.H. Parry, *The Spanish Seaborne Empire*, The University of California Press, 1990, pp.182–185, pp.277–278.

成城镇，发掘极为丰富的银矿，不久以后，当地的人口就超过20万。从波多西的城镇就可以看到银矿山"丰饶之山"（Cerro Rico），殖民者从矿山的表层就能开采出优质的矿石。① 此地的银矿对于确立西班牙银元在国际贸易中的地位有重要作用。

位于墨西哥西海岸太平洋沿岸，距离墨西哥城约380公里的港口阿卡普尔科（Acapulco）是西班牙人的另一个贸易据点，这是一个水深而且半封闭的良港。科尔特斯在征服阿兹特克王国以后，派人往西寻找黄金，于1526年12月发现了此地，两年以后就在此建立了居留地。到16世纪30年代以后它已经成为西班牙人在太平洋沿海重要的贸易据点。西班牙人在墨西哥城与阿卡普尔科港口之间修筑了一条简易的商道，以利于太平洋沿海地区与墨西哥城之间的货物流通。1572年，当地总督致信西班牙国王菲律甫二世说："阿卡普尔科将成为与菲律宾贸易的首选港口，这里距墨西哥城最近。"②

1565年，西班牙军人黎牙实比（Legazpi，1502—1572）奉新西班牙总督拉斯科（Luís de Velasco）之命率领舰队远航太平洋寻找香料群岛。2月13日，他们在宿务岛（Cebu）登陆，以后又在班乃岛（Panay）建立定居点。随同黎牙实比来到菲律宾的奥斯定会士中有一位名叫乌坦内特（Fray Andrés Urdaneta，1498—1568）的神父，他在1565年陪同黎牙实比的孙子菲律普·萨塞尔塞

第一个到达菲律宾的西班牙殖民者黎牙实比

---

① 网野彻哉：《印加与西班牙的交错》，廖怡铮译，八旗文化/远足文化事业有限公司2018年版，第225页。
② W.L. Schurz, *The Manila Galleon*, E.P. Dutton & Co., Inc. New York, 1959, pp.371–373.

多（Felipe de Salcedo）乘船回墨西哥。这艘船带了王室购买的一些肉桂。

最初的时候，西班牙人不太清楚如何回到美洲的航线，后来乌达内特神父首次发现了在太平洋北部的海面上有经常吹拂的西风，可以帮助西班牙人的船只先驶往北方，然后掉头东航回到美洲，航程大约花费三个半月的时间，比伊比利亚到东方的航线要短很多，并且更加平稳和顺利。这条航线后来也被称为"乌达内特航线"（Urdaneta's route）。[1]

1571年5月，西班牙殖民者抵达吕宋的马尼拉，建立要塞，此地逐渐形成城市，它的北边是一条河流，东边是沼泽地，易于防守。黎牙实比把总督的驻地移到了马尼拉湾的边上，开始了西班牙人对当地的殖民统治。不久，西班牙的天主教传教士也跟随着士兵的足迹来到

1734年西班牙人所绘制的马尼拉城地志画，该城市按照西班牙帝国法律所规定的市镇建筑方案建造，由城墙围绕

---

[1] W.L. Schurz, *The Manila Galleon*, p.24.

第一章　波澜壮阔的果阿—马六甲—澳门—长崎航线（1542—1640）

马尼拉主教座堂圣奥斯定堂，最初建于1571年，是墨西哥总主教区下属的一个教区教堂。1579年升格为主教座堂，后多次毁于火山爆发与地震，多次重建和增建。这是1879年重建以后的样子

这里，开始传播基督教。吕宋岛上几乎所有的原住民酋长都屈从了西班牙人的殖民统治。[①] 随着时间的推移，西班牙人将马尼拉建成该国在远东最大的殖民地和传教基地。（中国人称西班牙人为大吕宋，吕宋为小吕宋。）吕宋岛盛产黄金、铜、蜡和蜂蜜，西班牙人通过此地还控制了暹罗的木材、香料群岛的丁香、占城的柚木以及万达的肉豆蔻。

西班牙人占领了马尼拉以后，也参与了与中国人以及日本人的海上贸易活动。早在1573年，就有2艘马尼拉大帆船载着712卷中国的生丝和22 300件精美的中国镀金瓷器以及其他各类瓷器前往阿卡普尔科。从1573年至1815年墨西哥独立为止，其间来回于马尼拉与

---

① W.L. Schurz, *The Manila Galleon*, p.25.

39

"新西班牙"港口阿卡普尔科之间的太平洋航线上的大帆船,也被称为"马尼拉大帆船"(Galeón de Manila or Manila Galleons)。这是继葡萄牙人的大帆船以后当时世界上最大吨位的船只,由菲律宾出产的柚木和橡木(硬木)制造,从300吨至600吨直至1 000吨左右,可以搭乘数百名乘客。"马尼拉大帆船"参与到太平洋两岸的贸易活动中。根据1586年马尼拉市政厅的报告,当时每年大约有20艘来自福建的中国人的平底船载着香料、瓷器、丝绸、茶叶,此外还有面粉、食糖、干饼、火腿、咸肉、水果和活的牛,前一部分被西班牙人再装船运往美洲,后一部分则用来满足马尼拉殖民地当地人的消费。在"马尼拉大帆船"运载的香料、瓷器、丝绸以及茶叶等中国货物抵达阿卡普尔科时,该港口的当地人就称"马尼拉大帆船"为"中国船"(La Nao de la China or The China Ship)。"马尼拉大帆船"抵达阿卡普尔科以后,其货物就被卸下,流入每年从1月中旬到2月底的集市。各色人等特别是墨西哥城和秘鲁的商人就会来到这里。当时通往阿卡普尔科的道路还没有铺设石条,道路泥泞,肮脏不堪,而且盗匪横行,但是仍然熙来攘往,人流如织。冬天的时候,商人和旅行者必须坐在用空心的南瓜做成的筏子上让印第安人拉过河。这些商人不仅对于来自马尼拉的大帆船有兴趣,甚至想直接与中国福建的商人做买卖。[1]西班牙的商人再将中国货物从陆路穿越墨西哥大陆抵达墨西哥湾附近的维拉克鲁斯港(Veracruz),然后加上当地的货物(金银、珠宝、香料、糖和烟草)一起装运到"珍宝舰队"(Spanish Treasure Fleet)上运回西班牙的塞维利亚港口。在少数情况下,西班牙人也不顾葡萄牙人的反对,向西走从太平洋至印度洋再到大西洋回到伊比利亚半岛的传统航线。[2]

从新西班牙回到菲律宾的大帆船也将美洲诸多货物或者物种带到亚洲,其中有玉米、靛蓝、龙舌兰、可可豆、木瓜、菠萝、花生、茄

---

[1] 阿图罗·吉拉尔德斯(Arturo Giraldez):《马尼拉大帆船与全球化的黎明》,李文远译,中国工人出版社2021年版,第200页。

[2] H. de la Costa, S.J. *The Jesuits in the Philippines, Filippines, 1581–1768*, Harvard University Press, 1967, pp.111–114, pp.415–416.

子、木薯、西红柿、甘薯和其他许多物品。

1565 年，第一批"马尼拉大帆船"从菲律宾驶往阿卡普尔科，在随后的二百五十年间，菲律宾与新西班牙之间的帆船畅通往来。一直持续到 1811 年，墨西哥的反叛者劫持了马尼拉大帆船所载的白银。同年晚些时候，最后一批来自马尼拉的大帆船进入阿卡普尔科港口。在欧洲，拿破仑战败以后，1813 年 10 月，恢复王位的西班牙国王菲律普七世下令取消该航线。1815 年，最后一艘"圣费尔南多号"（San Fernando）离开墨西哥前往马尼拉，从此以后这条航线就停航了。[①]

三、葡萄牙船只及其所载的货物

"克拉克船" 从葡萄牙首都里斯本到果阿之间的"印度之路"的航船被称为"克拉克船"（carrack, Náo）和大帆船（galleons），只有在极少数的情况之下，才使用更小一些的帆船。carrack 这个词可能起源于阿拉伯语中的 quaraquir（复数为 qurqur），原意是指商船，这种船还有一个显著的特征就是有艉楼，里面含有三重或者四重甲板，被称为"后甲板"（quarter-deck），葡萄牙人称之为"nau"，西班牙人则称之为"nao"，法国人称之为"carraque"，法兰德斯人称之为"kraeck or kreak"，英国人则称之为"carrack"，所有这些不同的词汇其实是指同一类型的船，只是在不同的地区有一些微小的不同而已。北欧的船只与地中海海域行驶的船只最大的不同之处就是它的甲板是重叠铺设而不是成对铺设，船桅的侧支索装备有绳梯横索，这种绳梯横索在南欧是在 15 世纪末叶才出现的。[②]

---

① W.L. Schurz, *The Manila Galleon*, p.60.
② Aldo Caterino, "Transoceanic Navigation in Seventeenth Century, The Portuguese Route to the Indies", in Franco Demarchi and Riccardo Scartezzini, ed., *Martino Martini, A Humanist and Scientist in Seventeenth Century China*, pp.81–82.

葡萄牙人用于远洋航行的克拉克船起源于航行于地中海的笨重的商船，在中世纪晚期，热那亚、威尼斯以及杜布洛夫克（Dubrovnik，古称，在今克罗地亚境内）的商船队都是由此种船只组成的。它们有着圆形和凸肚的船体，以便增加运载货物的容量，船舷的两侧向高处凸起，这样攻击船只的敌人就难以登船。如前所述，它还有着三层或者四层重叠的甲板，在船头和船尾处都有一个高高的像碉堡一样的船楼（在尾部的叫艉楼），船一般为30至40米长，根据已知中世纪的造船术的规矩，船的宽度为长度的三分之一。船帆是由3根竖直的桅杆以及船头的斜桁互相连接的。前桅和主桅装备有两组重叠的方帆，还加上第三组顶桅帆。在后桅还有第三张帆，一般是拉丁式样的三角帆，以便在船后部的海员们操纵。在比较大的船上，还有第四种桅杆，被称为第四桅帆，它也是拉丁式样的帆，后来则变为方帆，随着时间的推移，它逐渐地被顶帆以及后桅帆所取代。

在大航海时代初期，葡萄牙本国的造船厂设在里斯本、波尔图和阿尔加维。造船使用的木材取自里斯本附近的王家林场以及从斯堪的纳维亚半岛运来的木材，也从巴西进口一些原木。但是当葡萄牙人征服印度西海岸的果阿等地以后，他们发现当地出产的柚木更加适合造船，同时那里也不缺乏制造帆索和缆绳所需要的高强度的植物纤维，还有低廉的劳动力可供驱使，于是，葡萄牙的造船工程师就在印度监督和指导当地的工人造船。这些船的外形与欧洲制造的相似，但是质量要比欧洲的好，而且更加耐用——亚洲制造的船要比欧洲的耐用二至三倍的时间，大约为60年和20年之比。至于葡萄牙船只的吨位，根据1570年葡萄牙国王塞巴斯蒂安（King Sebastão，1557—1578年在位）的命令，一般在300至450吨之间，当时葡萄牙人的航海经验表明这样的船只在海上航行经得起海浪的颠簸并且易于操纵。后来船的吨位增加到800吨至900吨。1580年葡萄牙被西班牙合并之后，王室法律才允许建造小一点的或者更大的船只，其中最大的船只甚至达到了2 000吨。1592年，有一艘葡萄牙船只"天主之母号"（La Madre de Deus）被英国人俘获，停泊在达特茅斯港口，它的到来引起了当地英国居民的喧哗,因为人们从来也没有见到过如此巨大的船只——"它就像是一座漂浮在大海上的城堡"。但是葡萄牙人常用的船只还是在 800 吨至 900 吨之间。① 后来,为了减少造船和配备各种设施的费用,加上葡萄牙本国木材的缺乏,制造 2 000 吨大船的趋势有所纠正。人们认为拥有巨大外形但是武器装备较少的船只在海上航行的时候容易成为敌人攻击的目标。葡萄牙人的船上一般安置有 30 至 40 门青铜的大炮,它们被安装在两舷的炮台、甲板以及高层甲板上,往往隐藏在舷门内,炮身从舷门的门洞里微微露出。由于青铜大炮的产量不敷供应,葡萄牙人还在船上使用铁炮。船上往往还配有 10 至 15 支长筒枪,它们被安置在船舷上并带有叉形瞄准器,有时它们射出的霰弹可以杀伤大批敌人。

葡萄牙大帆船与后来的荷兰、英国和法国的船只相比,有一个特点就是没有公用的厨房,每一个人都要为自己煮饭。船上有 80 至 100 个煮饭锅,还有必须小心翼翼地保存着的炉火。病人和伤残的人经常要挨饿,除非有人特别照顾他们。每天船上要分发定额的水和葡萄酒,但是食物则是按月进行小额分发。腌肉经常因为赤道上炎热的天气腐败发臭,飘出难闻的气味。不仅食物难吃,而且因为天气炎热船上储存的水也会发臭,所以有记载说船员们在喝水的时候也会把鼻子捏起来。当时的恶劣条件使得船上的死亡率特别高。②

由果阿到马六甲,再由澳门航行去长崎的葡萄牙船只与里斯本驶往果阿的船只一样,也被称为克拉克船,而当时在日本的英国商馆里的英国人则称之为"来自阿妈港的大船"(Great Ship from Amacon),葡萄牙人则称之为"Nao do trato",也是指大型的商船。它们有着宽阔的横梁,三层甚至四层甲板,体积虽然很大,但是装备的炮是轻型

---

① J.F. Moran, translated by, Derek Massarella, edited and annotated by, *Japanese Travellers in Sixteenth-Century Europe, A Dialogue Concerning the Mission of the Japanese Ambassadors to Roman Curia, (1590)*, The Hakluyt Society, 2012, p.55.

② Michael Cooper, S.J., *Rodrigues, the Interpreter, An Early Jesuit in Japan and China*, Weatherhill, 1974, p.29.

16世纪葡萄牙古地图上的"克拉克"大帆船,这是当时欧洲人从事远洋贸易时乘坐的最大的船只

的,在葡萄牙人初到日本的时候只有约 300 至 400 吨,一般小于 600 吨。到 16 世纪末叶的时候,出现了能够装载 1 200 至 1 600 吨货物的葡萄牙船只。体积巨大的达到 2 000 吨的海上巨怪则没有记载。葡萄牙人的这种船只在当时世界上是最大型的船,与之匹敌的只有航行于西班牙人统治下的马尼拉与墨西哥阿卡普尔科之间海域的平底大帆船。"大船"这个词汇有时还指来到日本的不属于商船的大型帆船,它们的体积接近那些笨重的海上巨怪,船只在建造上更加坚固,配备的大炮更加精良。① 由于这种葡萄牙的大型商船从日本带出的货物主要是银条,所以有时又被称为"银船"(não de prata),这使人想起西

---

① C.R. Boxer, *The Great Ship from Amacon, Annals of Macao and Old Japan Trade, 1550–1640*, pp.7–13. 这里的"吨"是指容积而非重量,当时欧洲作家所用的航运的"吨",每吨相当于 60 立方米的货物。2 000 吨大约相当于 120 000 立方米的货物。

17 世纪铜版画的葡萄牙大帆船

班牙人从墨西哥以及玻利维亚的银矿里带白银回欧洲的"珍宝舰队"的船只。

从 1609 年至 1612 年，为了应对荷兰人的拦截与攻击，果阿的总督罗伦佐（Rui Lournço de Tavora，1609—1612 年在任）下令组建一支战舰护航队，对果阿与澳门之间的船队进行护航，这种办法有效地避免了荷兰人在上述两个城市之间的航路上对葡萄牙船队进行骚扰。但是，葡萄牙战舰无法为从中国到日本的航线提供护航，因为这条从澳门到长崎的航线路途遥远，葡萄牙人的军事力量鞭长莫及。还有一个原因就是，日本当局也禁止在平户的荷兰以及英国的船只骚扰和干预从澳门驶往长崎的葡萄牙船只，如果葡萄牙人再派战舰护航，只会引起日本当局的疑虑。同时，葡萄牙人停泊在澳门的战舰也引起了中国官吏的疑虑，因为舰上士兵的行为野蛮粗鲁，经常与澳门市民发生冲突。由于上述种种情况，葡萄牙人停止每年派遣大的舰船在果阿与澳门之间护航，将大船改为小一点但航速较快的快艇，这种快艇在葡萄牙文里称为"galeote",在日本九州的方言里本土化为"加莱奥塔"(kareuta)这个词汇。① 当时海上航行使用的船只还有轻型帆船或大舢板(pinnace),这基本上也是载货的商船,还有小帆船(naveta)以及三桅船(fragata),它们主要是快速传递公文的船只,尽管有时小帆船也会达到300至400吨。②

随着时间的推移,还有一些船只被投入使用于澳门至日本的航线。比如中国的平底帆船,它们的载重量也相当大,经常也要达到400至500吨,葡萄牙人称这种来自广东和福建的大型海船为"somas"。不过,关于这种船只具体的样子如何则没有留下太多的记录。在16世纪的时候,除了每年从澳门去日本的葡萄牙船只以外,至少有两三艘中国平底船也从澳门去日本。在葡萄牙人控制下的中南半岛某些地方,还有一种类似三桅船的船只也去日本贸易。从现存留下的历史图片、海图以及航海日志中可以看到此类船只相当多。

从果阿出发、经由澳门再前往日本长崎的船只上的人员除了加比丹·莫尔以外,还有领航员、经纪人和耶稣会士。③ 一般来说,贵族出身的加比丹·莫尔是不太懂航海技术的,所以首席领航员(pilotor-mor, chief pilot)就负起指挥航行的重责大任,他们一般也都是葡萄牙人,会使用航海图、罗盘以及其他航海仪器,专门负责引领从果阿以及澳门出发的大帆船航行,是决定航行是否成功的关键。这些大领航员在船上的重要性有时要超过后来荷兰与英国船只上的领航员。1622年,有一位英国人记叙说:从指挥航行的角度而言,伊比利亚的领航员是他在当时所见到的最优秀的,我们(英国人)应该学习他们。在当时的每一艘葡萄牙船只的前甲板或者后甲板上,都设有一个让领航员坐的椅子,领航员日日夜夜都坐在上面,眼睛一刻也不

---

① C.R. Boxer, "Portuguese Commercial Voyage to Japan Three Hundred Years Ago, 1630–1639", in C.R. Boxer, *Portuguese Merchants and Missionaries in Feudal Japan, 1543–1640*, p.30.
② C.R. Boxer, *The Great Ship from Amacon, Annals of Macao and Old Japan Trade, 1550–1640*, p.14.
③ 有关耶稣会士在葡萄牙—日本贸易中的作用将另文讨论。

第一章 波澜壮阔的果阿—马六甲—澳门—长崎航线（1542—1640）

离开前面的罗盘以及在甲板上忙忙碌碌的海员。当时船上的航海仪器比较少也比较简陋，主要是罗盘、星盘、直角十字杆，还没有六分仪和望远镜。船上一般各有两架罗盘，一架是给舵手的，另一架则给领航员。还有一架定位罗盘，根据固定的参照点来确定船只的方位。领航员的口袋里面总是带着磁铁，因为磁针是软铁制作的，常常需要使用磁铁重新磁化。在缺少水文图以及大型地图的情况之下，领航员和海员不可避免地要依靠当地人的知识以及已经写就的航海指南，葡萄牙人称这种航海指南为"航海日志（roteiro or Rutter）"，里面除了一些固定的航海规则和表格以外，还有对于海岸线的描绘、锚位的标注、水位深浅的标注以及对于风向和水流非常详细的观察，它们有助于海员对自己在海上所处实际位置的认识。① 在船上，中国人以及印度的古吉拉特人则经常充当副领航员。这些领航员中有文化知识的人不太多，许多人是凭借着经验如使用肉眼来观察自然现象如鱼和海里哺乳动物的习性、海潮的涨落、水的颜色深浅以及流向等来指导船只的行进。除此以外，还有大副和领班，他们负责指挥船员以及见习船员。船员中有一部分人是葡萄牙人，但是大部分是亚洲人。船上还有一些专业人士，如书记员、木匠、修理工、理发师和医生等，他们通常是葡萄牙人或者是其他国家的欧洲人；书记员是负责管理账目的，木匠和修理工是负责修理船只并且填补船只的漏洞和缝隙的，医生非常少，而且医疗水平低下，在船员生病的时候常常采用让他们吃泻药以及放血的疗法治疗他们，医生还要负责照料在海上战斗中受伤的海员和士兵。当船上有耶稣会的神父的时候（他们经常搭乘葡萄牙人的船只来远东各地），船上人们的精神生活就会显得丰富一点。神父可以帮助和照顾病人，他们主持的宗教活动给予海上航行的人们以精神的安慰，维持人们相互之间的道德规范。每天早上，神父们都要主持弥撒，有时没有圣餐（圣饼和葡萄酒），人们称呼这样的弥撒为"干的弥撒"。如果海上起了风浪，他们就吟诵

---

① C.R. Boxer, *The Christian Century in Japan, 1549–1650*, pp.123–124.

圣母玛利亚经或者玫瑰经。在晚上的时候还有晚祷,每当宗教节日来临,庆祝活动就会组织得隆重一些,有神秘的宗教仪式或者表演,神父们还会在甲板上安置一座祭坛,并放置美丽的圣像。另外还有军人以及炮手等,因为这些船只上配有大炮,当时的南中国海经常有海盗出没。

　　在驶往日本的葡萄牙大船上,澳门的经纪人担任的职务非常重要。在"潘卡达"(pancada)即批发交易和大宗交易制度建立以后,澳门经纪人的地位显得越发重要,正是通过他们,从中国大陆转运到澳门的丝可以销往日本的长崎。经纪人是葡萄牙人方面的主要商业代表,所有的个体商人的丝交易都要通过他来进行。在去日本航行的为葡萄牙王家舰队服务的人很乐意以经纪人的身份于次年回到澳门,在许多人看来,这个职位既荣耀又赚钱。跟随葡萄牙的大帆船以及后来的快艇去日本的葡萄牙商人必须得到澳门议事会和加比丹·莫尔的同意才能登船,但是每年有多少人前往日本并没有具体的统计数字,1610年有一个荷兰人估计有两百人或更多一点。船上的欧洲海员相对较少,大部分的海员是欧亚混血儿、东印度的水手(大部分是古吉拉特人)以及黑人奴隶。1630年代日本的"朱印船"也一度雇用葡萄牙人当领航员,从京都清水寺留下的信徒用于还愿的图片上所画的内容来看,这些船只上都绘有葡萄牙人以及黑人海员。

　　日本人对于这种当时最大的在四大洋的海面上航行自如的葡萄牙大帆船深感好奇和敬畏,葡萄牙船只成为16—17世纪日本人的"南蛮屏风"中一再表现的主题。那时的日本人称葡萄牙人的船为"黑船"(Kurofune),很可能因为它们的船壳是黑的。当1583年西方列强强迫日本重新开港的时候,"黑船"也被用来称呼美国的战舰。① 也有一些历史著作将葡萄牙人与日本人的贸易称为"黑船贸易"。在日本战国初期,人们还称葡萄牙人为"南蛮人"(Southern Barbarians, Nambanjin),将与葡萄牙人的贸易称为"南蛮贸易"(Namban-trade),

---

① C.R. Boxer, *The Christian Century in Japan, 1549–1650*, p.93.

将葡萄牙人带来的物品称为"南蛮器物"。①

"南蛮贸易" 根据《日本天正使团访问欧洲记》(此书于1590年在澳门出版),使团成员之一米额尔·千千石(Michael Chijiwa Seizaemon,1567—1633)在当时叙述,那时葡萄牙人从本国带到印度的物品主要是由葡萄酿成的葡萄酒、由橄榄榨成的橄榄油,这些产自欧洲的液体产品在印度深受欢迎。除此以外,葡萄牙人带到印度的还有各种不同的布、亚麻、羊毛、绣金的花边以及其他一些小东西。从印度带回的则是各种香料如胡椒、姜、肉桂、丁香等香料以及大量的面布。② 同时,这条贸易的航线还从果阿向远东延伸,在上述1543年葡萄牙人来到日本的九州以后,一些不定期的贸易已经开始了。1557年,葡萄牙人在澳门长久地居住下来了,1570年,长崎也向外国商人(主要是葡萄牙商人)开放,从那时起,葡萄牙人与日本的贸易主要就限定在澳门与长崎两个港口。自16世纪下半叶至17世纪30年代,每年的4月至5月,一艘艘装载着毛织品、红布、水晶、玻璃制品、钟表、葡萄酒、印度布、棉布的葡萄牙大帆船就会从果阿启航,它们一般都会在马六甲停靠,把部分货物换上香料、檀木、苏木、产自暹罗的鲨鱼皮以及鹿皮,然后再航行到澳门。《日本天正使团访问欧洲记》还记叙葡萄牙的船只从中国带往日本的货物中有大量的黄金,有一年有一艘葡萄牙船只带有2 000块金块,每一块金块价值100达克特。在当时日本人的心目中,中国是一个黄金极多的国度,中国人用黄金装饰在床、桌子、图画、宗教圣像、轿子等许多东西的上面。葡萄牙人不仅购买中国的金块,而且购买中国人制作的金盘以及金叶。该书还提到中国出产极为丰富的生丝,说每年从印度来到澳门的船只有三艘,至少有一艘去到日本,它们带去生丝等各种各样的货物。日本人还说中国人的丝织工艺极高,可以与欧洲的织工相

---

① 坂本太郎:《日本史》,汪向荣等译,中国社会科学出版社2008年版,第269页。
② J.F. Moran, translated by, Derek Massarella, edited and annotated by, *Japanese Travellers in Sixteenth-Century Europe, A Dialogue Concerning the Mission of the Japanese Ambassadors to Roman Curia, (1590)*, pp.73–74.

媲美。①

　　葡萄牙船只在澳门停留的长短以不错过季风并视天气的好坏而定，通常它们要在澳门等待十至十二个月。在此期间，葡萄牙人要在中国购买大宗的丝绸准备带往日本，他们视中国的丝绸为最具有价值的商品。当他们从日本回到澳门的时候所带的主要货物就是银条，他们再用一部分银条去购买中国的生丝以及其他小商品，其余的银条则同船带回果阿。他们在中国购买生丝的地方是广州。② 当时的广州，是中国大陆唯一每年有两次对外国人的交易会的城市，这两次交易会分别在12月至次年1月以及5月至6月。葡萄牙人去冬天的交易会是为了采办去印度的货物，而去夏天的交易会则是为采办去日本的货物。③ 广州的中国地方官吏从每个葡萄牙舰长那里征收驻泊税，商人除支付他们货物的运费以外不需要缴纳任何其他税收。由于澳门本城不出产任何加工产品和纺织品，所有葡萄牙商人所需的商品都必须以平底帆船和其他船只从广州运出。并不是每一个商人都可以去澳门的，有几个在澳门的葡萄牙商人经过特别的挑选被指定前往广州的集市采购商品，他们既是为自己采购，有时也是替别人前去采购，还要为下一次交易会订购商品。一般他们要在广州住四至五个月的时间。他们乘坐的是一种叫 Lantea 的大船，它的桁梁很宽，驳舱也很大，是一个大统舱，约在600至800吨，没有任何平甲板和底层甲板，所有的货物都装在里面，上面覆盖着稻草席。这种草席是在广东当地制作的，可以防止潮湿的气候。船的中间有一条像长条板一样的桥，供工人装运货物。它们定期往返于澳门和广州之间的水面上。由于当时的葡萄

---

① C.R. Boxer, *The Great Ship from Amacon, Annals of Macao and Old Japan Trade, 1550–1640*, p.55.

② C.R. Boxer, *Portuguese Merchants and Missionaries in Feudal Japan, 1543–1640*, 1986, III, p.30.

③ C.R. Boxer, *The Great Ship from Amacon, Annals of Macao and Old Japan Trade, 1550–1640*, pp.7–13. 有关澳门与广州的贸易集市，可以参见戚印平教授《早期澳门贸易》中《广州贸易集市大致形成》一节，载澳门基金会编：《澳门史新编》，第2册，2008年，第413—417页。另见戚印平《澳门圣保禄学院研究》，社会科学文献出版社2013年版，第205—206页注释。

第一章　波澜壮阔的果阿—马六甲—澳门—长崎航线（1542—1640）

牙人感到中国人自负和排外，那些前往采购的商人愿意住在船头的客舱里，即便到了广州以后仍然如此，而不愿意在当地租房。

　　葡萄牙的船只从澳门出发，乘着 6 月底至 8 月初之间的西南季风（8 月中旬至 9 月末的航行十分危险，因为有飓风），用十二三天的时间就可到日本南部的九州各地（1570 年以后主要停泊在长崎）。但是如果他们在出发时遇到了台风，那么航行的时间则完全要看天气的情况了。① 这些船只所载的货物有时超过 1 000 吨。从澳门前往长崎的葡萄牙船只每年的数目都有所不同，但是从来没有超过 8 艘，平均在 3 至 4 艘。②

　　博克塞提到葡萄牙人从广州运到他们停泊在澳门并驶往长崎的每艘商船上的主要商品大致为：500 至 600 皮科（担）白色的生丝，从广州运往澳门时价值 80 银两一皮科，在日本卖出时价值 140 至 150 银两一皮科；400 至 500 皮科的染色丝原料，根据它们不同的质量，每皮科价值 40 至 140 银两，在日本可以分别以每皮科 100 至 400 银两的价格卖掉；17 000 至 20 000 捆的染色丝，在长崎可以以三至四倍于广州和澳门的价格卖掉。3 000 至 4 000 两未作精细加工的黄金，在广州每两的价值略低于 5.5 银两，在长崎可以以略高于 7.5 银两的价格卖掉；在广州，经过精加工的 1 两黄金相当于 6.6 银两，在长崎可以以 8.3 银两的价格卖掉。船上还有其他的物品如棉布和各种不同类型的纺织品、水银、胭脂（这是日本妇女极其钟爱的物品）、铅、锡、大黄、黄杨木、糖以及大约 2 000 包瓷器，其中大部分的商品都按一定的比价出售，唯有大黄是以两倍的价格出售。从长崎回来的船只上所带的主要是大宗的银条，葡萄牙人用它们来购买在广州出售的粗丝和上述物品，这些物品都能在日本赚到利润，如此循环往复。不过，其中有一部分货物被重新出口至印度，如樟脑和上过漆的家具。还有一些丝和瓷器，它们被运往果阿和欧洲。③

---

① C.R. Boxer, *The Christian Century in Japan, 1549–1650*, p.123.
② C.R. Boxer, *Portuguese Merchants and Missionaries in Feudal Japan, 1543–1640*, Ⅲ, p.31.
③ C.R. Boxer, *The Christian Century in Japan, 1549–1650*, pp.109–110.

博克塞还在其著作中谈到约在 1600 年左右葡萄牙人从中国广州运送到澳门再输往日本的一些主要的货物以及买进和卖出的价格差：

货物品种	重量/数量	在广州买进的价格（每单位以两计算）	在长崎卖出的价格（每单位以两计算）
生丝	500—600piculs	80	145
染色精纺丝	450piculs	140	385
锦缎	1 850pieces	1	2.5
粗色黄金	4 000taels	5.4	7.8
精致金条	—	7	8
麝香	2 000catties	6.5	12
白铅粉	500piculs	2.7	6.5—7
棉线	250piculs	7	17
棉布	3 000pieces	0.5	1
汞	200piculs	40	90
铅	2 000piculs	3	6
锡	550piculs	—	—
土茯苓	550piculs	1	4.5
大黄	100piculs	2.5	5
甘草	150piculs	3	10
白糖	65piculs	1.5	4.5
红糖	200piculs	0.5	5

注：1picul（担）=100catties（斤）=1 600teal（两）=60.4kilograms（公斤）；1catty（斤）=ca.0.604kilograms（千克）；1tael=ca.37.75grams（克）。[1]

---

[1] C.R. Boxer, *The Great Ship from Amacon, Annals of Macao and the Old Japan Trade, 1555–1640*, appendix. B., pp.179–182. C.R. Boxer, *The Christian Century in Japan, 1549–1650*, pp.109–110. R.D. Cremer, "From Portuguese to Japan: Macao's Place in the History of World Trade", in R.D. Cremer, *Macau, City of Commerce and Culture*, UEA Press, 1987, p.33.

葡属印度首席编年历史学家博卡罗（António Bocarro）于 1635 年所著《中国天主圣名之城的描述》(Descrição da Cidade do Nome Dus da China）中说当时每年有 4 艘快船带着生丝、黄金和因具有医治梅毒功效而广受当时日本人欢迎的土茯苓（China root, Pau da China）等货物去往日本。中国经由葡萄牙人中介出口到日本的最大宗的出口货物就是生丝。在近代早期东亚海域的贸易中最受日本人欢迎的就是中国出产的丝、绢和棉布。中国生丝和绢的出产地是位于江南地区三角洲中心的水田地带，棉布的出产地则是长江三角洲东部沿海稍微隆起的高地。湖州的生丝、苏州或者杭州精致的纺织品，松江的高级棉织物，是日本和其他周边国家的人们极为欢迎的商品。在 16 世纪末年，从澳门抵达长崎的葡萄牙船只，每年要各自运载 60 吨的生丝。[①]据博卡罗估计，在葡萄牙—日本贸易的全盛时期，当时中国每年出产的优质生丝总量为 36 000 至 37 000 皮科，其中 24 000 皮科至 25 000 皮科在本国被消费，另外有 12 000 皮科出口销往印度。在 1635 年的时候，其中一般约 6 000 皮科是被运往日本和马尼拉。[②]历史学家索萨（George Bryan Souza）认为这 6 000 皮科的数字接近中国人、葡萄牙人、日本人以及荷兰人带到日本并在当地出售的生丝的总量。[③]在此前的一段时间里，由葡萄牙人带往日本的生丝平均在 1 000 至 1 600 皮科，扣除在马尼拉出售的中国生丝，由葡萄牙人从海路带出中国的生丝约占总量的三分之一或者一半。在 1620 年代葡萄牙人停止向果阿出口大宗的生丝（改为优先出口黄金）以后，他们每年至少还是要在广州购买 2 000 皮科的生丝。[④]博克塞《来自阿妈港的大帆船》记载 1635 年的时候，当时由于荷兰人的封锁，从澳门驶往日本的船只已

[①] 羽田正（编）、小岛毅（监修）：《从海洋看历史》，张雅婷译，台湾广场出版社 2017 年版，第 138 页。
[②] António Bocarro, "Descrição da Cidade do Nome de Dus da China", in C.R. Boxer, ed., *Macao Three Hundred Years Ago*, pp.40–41.
[③] George Bryan Souza, *The Survival of Empire, Portuguese Trade and South China Sea, 1630–1754*, Cambridge University Press, 1986, pp.46–48.
[④] Ibid., p.48.

葡萄牙船上的舰长与船员，16世纪"南蛮屏风"画（局部）

经改为快艇，每一艘快艇上装载的货物包括 700 至 940 包的丝，每包相当于 1 皮科，在日本出售的价格是根据丝绸的不同质地每包 600 至 1 000 两白银。尽管当年丝绸的价格比较低廉，但是葡萄牙人仍然获利颇丰，这年 10 月有 3 艘葡萄牙船只离开长崎回到澳门时，带回了 1 500 箱的银条。[①]

另外，陶瓷器是除了丝制品以外从中国运往日本的另一种类的大宗货物。在日本的丰后与府内出土了大量的产自中国的陶瓷器皿。15 至 16 世纪，中国的陶瓷生产，发生了一些重要的变化趋向。原先占

---

① C.R. Boxer, *The Great Ship from Amacon, Annals of Macao and the Old Japan Trade, 1555–1640*, p.144.

抵达长崎的葡萄牙人搬着货物行走在街上

主流的是青瓷和白瓷，后来改为大量生产青花瓷，日本人称之为"染付"。元代的瓷器上流行刚劲有力的纹样，明朝景德镇官窑烧制的瓷器上的纹样则强调优美的曲线与柔和的风格。由于明朝瓷器上的纹样是以西亚输入的优质的含钴颜料绘制而成，因此可以依据各个不同年代的花色来判定当时的贸易情况。在日本，人们看到的中国瓷器以万历年间使用的"浙清"为主流。元代出产的青花瓷以宫廷或者一部分富裕的贵族家庭为使用对象，15世纪以后，中国民间开始使用由民窑出产的瓷器（有时官府也委托民窑烧造瓷器），除景德镇以外，福建漳州的民窑也出产瓷器，输出到日本、东南亚以及欧洲。当时欧洲人称此种瓷器为"Swatou ware"（汕头瓷器）。它在日本则被称为"吴州手"。在16世纪后半叶还有一种带有纹样的瓷器，日本人称之为"芙蓉手"。^① 在 1600 年左右，从澳门开出的葡萄牙船只每船约载有 2 000 包瓷器，它们大部分是葡萄牙人在广州购买的，然后运到日本以三倍或者更高的价格卖掉。^②

如前所述，葡萄牙船只在日本停泊的时间长短不尽相同，一般来说，船只总是在 7 月或 8 月进入长崎等港口，然后在 11 月、12 月或者次年的 1 月离开。1633 年，日本幕府规定了一个阴历的日期，相当于 10 月下旬或 11 月上旬，那时葡萄牙船只必须离开。^③ 葡萄牙船只乘着东北风，载着日本的银条、漆器、樟脑、家具、古玩、屏风、和服、武器如刀和长矛（直到 1612 年日本禁止所有的武器出口为止）离开长崎回澳门。博卡罗在《中国天主圣名之城的描述》中说，在上述从日本带出的物品中，樟脑和镀金的漆器柜子的品质较高于中国和其他地方，其中有一种用于书写的桌子，特别受人们的欢迎。^④

在葡萄牙人从日本带出的诸多货物中，银条是最重要的一项。在 16 世纪早期，日本人在国内不时就发现并开采出一些新的银矿，最有名的地方如甲斐（Kai）、伊豆岛（Iduz，又称大岛）、石见国（Iwami）和佐渡岛（Sado）等地。石见的银山位于今天岛根县大田市的大森。最早于 1526 年由博多的商人神屋寿祯发现。1533 年，神屋寿祯从博多将朝鲜懂得开采矿产技术的工人带到当地，引进了从朝鲜传来的被称为吹灰法的白银精炼法，其方法之一是将含银矿石加上铅完全熔化以后，取出含银的铅，再把含银的铅加热，熔点低的铅渗入灰吹床的灰，使得白银分离出来。16 世纪上半叶，石见银山正式被开发出来，据说当时的产量占世界白银产量的 1/15。各地的诸侯大名如大

---

① 羽田正（编）、小岛毅（监修）:《从海洋看历史》，张雅婷译，第 150—151 页。
② C.R. Boxer, *The Great Ship from Amacon, Annals of Macao and the Old Japan Trade, 1555–1640*, p.180. C.R. Boxer, "Some Aspects of Portuguese Influence in Japan, 1542–1640", *Transactions of the Japan Society*, Vol.3, 1936, London, pp.13–64.
③ C.R. Boxer, "Some Aspects of Portuguese Influence in Japan, 1542–1640", *Transactions of the Japan Society*, Vol.3, pp.9–10.
④ António Bocarro, "Descrição da Cidade do Nome de Dus da China", in C.R. Boxer, ed., *Macao Three Hundred Years Ago*, p.40.

内氏、尼子氏、毛利氏等纷纷争夺这里的矿产，最终毛利氏获得了胜利。在丰臣秀吉统一日本以后，白银的产量有了更进一步增长。石见银山的成功开发，使得日本的白银贸易在东亚海域的交易中占据了重要地位。当时日本国内对于白银的需求比较低，很多数量是靠着商品输入的结算或者作为输出品流到海外的。1538年以后，白银取代了一直以来的出口商品——铜，被日本人大量运输到朝鲜。1542年，对马藩主派出的冒称日本天皇的使节团带了8万两白银进入朝鲜，引起朝鲜政府的恐慌，因为这批白银足以使得朝鲜国库储备的用于官方贸易的白银告罄。[①] 在1602年，石见国的银矿出口的白银成为日本地方大名以及幕府中央政府的财源。在1613年至1648年，佐渡岛的银矿出产量也相当高，每年可以达到50万银两。在织田信长以及丰臣秀吉时期，日本已经朝着制造标准的白银货币迈出了一步，直到后来日本依靠中国进口的白银货币为止，不过日本国内铸造的白银货币也同时在流通。[②] 从16世纪中叶起，欧洲和中国的商人都已经听说日本出产白银，这是他们对日本产生浓厚兴趣的原因之一。在葡萄牙人初来远东的时代，他们在马六甲已经从当地人那里获知日本可能出产黄金这种令人垂涎欲滴的东西，但30年以后日本人才终于发现真正的金矿和银矿。早在1552年，沙勿略就已经提及黄金与日本之间的联系。葡萄牙诗人贾梅士（Luís de Camões, 1520/1524—1584）在他的史诗《卢济塔尼亚人》(Lusíades) 中也提到"这里是出产精美白银的日本（Iapão, onde naçe a prate fina）"。[③] 至于葡萄牙人从日本到底输出了多少白银并无非常确切的统计，但是人们认为葡萄牙人从每年输出的白银中获利很高，不过也没有达到天文数字的程度。根据耶稣会士塞巴斯蒂奥·贡萨尔维斯（Sebastião Gonsalves）当时的估计，葡萄牙人每

[①] 羽田正（编）、小岛毅（监修）:《从海洋看历史》, 张雅婷译, 第125—126页。
[②] J.F. Moran, translated by, Derek Massarella, edited and annotated by, *Japanese Travellers in Sixteenth-Century Europe, A Dialogue Concerning the Mission of the Japanese Ambassadors to Roman Curia,(1590)*, p.354.
[③] 卡蒙斯（贾梅士）:《卢济塔尼亚人之歌》, 张维民译, 中国文联出版公司1998年版, 第453页。

年出口价值400万至500万银两（约15 000至18 700公斤）的白银，另一个估计则是从1546年至1579年，葡萄牙人共出口大约12.4百万至15.5百万银两。有学者统计从1598年至1638年间的40年中，由葡萄牙人从日本出口的白银保守估计至少有16.7百万银两，每年平均417 500银两（约合12 525公斤）。①

除了以上从日本带出的货物以外，在葡萄牙—日本贸易的后期，铜也是一项重要的出口品，葡萄牙人将日本的铜带到澳门以及果阿以后，主要在这两个地方用于铸造青铜大炮。在16世纪末叶至17世纪初年，葡属亚洲殖民地的青铜铸炮技术达到一个高峰，特别是澳门博卡罗制炮厂（Manuel Tavares Bocarro's gun-foundry）出产的青铜大炮在整个东方是闻名遐迩的。有关该兵工厂的情况人们知之甚少，从马尼拉以及果阿可以看到一些资料。大概从1587年开始，方济各·迪亚斯·博卡罗（Francisco Dias Boccaro）已经监督制造大炮。在印度西海岸葡萄牙人的曹尔（Chaul）要塞中有一门制造于1594年的大炮，上面可以看到刻有方济各的儿子佩德罗·迪亚斯·博卡罗（Pedro Dias Bocarro）的名字，这尊大炮现在保存在尼尔逊要塞（Nelson Fort）。可以推断，佩德罗当时在印度并且是葡萄牙人在印度的铸炮厂的创立者。1622年荷兰人进攻澳门失败以后，澳门当局决定建立一个铸造大炮的工厂以生产防卫新要塞的武器。开始时，这个工厂是由两名西班牙人负责的，但是因为运作不良，于1625年改由曼努埃尔·塔瓦雷斯·博卡罗（Manual Tavares Bocarro）接管，他是佩德罗的儿子。曼努埃尔取得了很大的成功，他指挥工人铸造了许多精良的青铜大炮以及教堂的大钟。该工厂铸造的大炮甚至在1621年被送往北京。1641年，葡萄牙复国以后，该工厂铸造了200门大炮作为礼物献给若奥四世（João IV，1640—1656年在位）。它于17世纪末叶停产。②

---

① George Bryan Souza, *The Survival of Empire: Portuguese Trade and Society in China and the South China Sea, 1630–1754*, Cambridge University Press, 1986, pp.56–57.

② Richard J. Garrett, *The Defences of Macau, Forts, Ships and Weapons over 450 Years*, Hong Kong University Press, 2010, pp.146–147.

1634年，舰长萨门托从日本带到澳门的4 000皮科铜，大部分在澳门被用来铸成了大炮，由于当时荷兰人对马六甲海峡的封锁，这些大炮很难被运往果阿。在澳门有葡萄牙人建议把这些铜运往中国交易，换取黄金，而黄金是可以汇到果阿的，葡萄牙人在遇到荷兰人袭击的时候，小批量的黄金也容易被藏起来。但是果阿的总督拒绝了这个建议，无论是遇到什么样的危险情况，他坚持要把铜和大炮装船运往果阿。

最后，在1635年1月，萨门托舰长利用英国人的船只将这批军火运往果阿。① 历史学家博卡罗记载，当时澳门的博卡罗兵工厂是世界上最好的兵工厂之一，长期以来一直使用青铜铸造大炮，有时也用铁铸炮。根据果阿总督利尼亚雷斯（Conde de Linhares）的命令，该兵工厂要不断地为整个葡属印度铸造武器，才能够满足各地的需求。当然条件就是要保证在季风时节新加坡海峡必须是保持开放的，而不是被荷兰人封锁的。当时澳门的城墙和要塞上配备有博卡罗兵工厂铸造的青铜旋转小炮、青铜大炮、铁炮、铁质的大炮以及铁质的旋转小炮。② 1650年，一位荷兰的历史学家写道，澳门博卡罗铸炮厂出产的大炮是整个亚洲地区最便宜的和最好的。此工业对于葡萄牙殖民地是如此重要，以至于到1647年即日本闭关锁国以后八年，葡萄牙人还想派遣使节前往日本谋求恢复贸易。除了白银以外，铜是葡萄牙人想要从日本获得的一项重要产品。③

还有一项从日本出口的特殊"商品"就是奴隶，其中有日本人，也有日本进攻朝鲜以后俘获的朝鲜人。丰臣秀吉在发动入侵朝鲜的战争以后，进入朝鲜的日本各大名的军队绑架了为数不少的朝鲜人带回

---

① C.R. Boxer, *The Great Ship from Amacon, Annals of Macao and the Old Japan Trade, 1555–1640*, pp.139–140.
② António Bocarro, "Descrição da Cidade do Nome de Dus da China", in C.R. Boxer, ed., *Macao Three Hundred Years Ago*, p.34.
③ C.R. Boxer, "Note on Early European Military Influence in Japan" in C.R. Boxer, *Dutch Merchants and Mariners in Asia, 1602–1795*, VI, p.72.

自己的领地，卖给在长崎的葡萄牙商人。当时，在长崎的意大利佛罗伦萨商人佛朗西斯科·卡莱蒂（Francesco Carletti）在长崎买了5个朝鲜奴隶，让他们改信了基督教，到了果阿以后，他释放了其中的4个，让他们成为自由人。在回欧洲的途中，他带了一个叫安东尼奥的朝鲜人和另一个日本人，后者在大西洋上遭到荷兰船只袭击时死亡。卡莱蒂与安东尼奥被荷兰人带到荷兰，卡莱蒂回到故乡佛罗伦萨，安东尼奥则移居罗马。

佛兰德斯的大画家鲁本斯（Peter Paul Rubens）1617年在安特卫普曾为回到欧洲的耶稣会士金尼阁（Nicolas Trigault）画过一张素描画像。他还另外画了一张穿戴朝鲜冠服的朝鲜人素描像。这是一个被日本军队绑架，卖给在长崎的葡萄牙人的朝鲜奴隶，很可能他在长崎或者澳门改信了基督教，与耶稣会士金尼阁一同回到了欧洲。[①]当时的日本处在纷乱的战国时代，丰臣秀吉为统一事业进行的战争以及各地不断的内战使得日本社会民不聊生，痛苦不堪，许多社会底层的日本人把儿女甚至自己卖给九州的葡萄牙人当奴隶。

对于日本人沦为奴隶被卖掉的情况，日本当局当然要禁止，他们甚至对耶稣会士施加压力，要求他们出面阻止或约束世俗的葡萄牙人不要从事这类奴隶贸易。虽然葡萄牙奴隶贩子不听耶稣会士的劝告，但是耶稣会士还是尽力满足日本当局的要求。早在1555年，当时一些教会人士已经批评葡萄牙的商人从事奴隶的买卖，特别是使一些日本的女孩沦为奴隶，然后将她们带回葡萄牙。[②]当时甚至有一些葡萄牙人的黑人奴仆也购买日本的女孩与她们同居。印度—葡萄牙殖民地当局对于这种与自身密切相关的有重大殖民利益的事情装聋作哑，从王室谕旨颁布之始就故意加以忽略，直到17世纪初年也没有认真执行。

直到1603年日本当局再度向耶稣会士施加压力，他们再次促使

---

① 羽田正（编）、小岛毅（监修）：《从海洋看历史》，张雅婷译，第144页。
② Thomas Nelson, "Slavery in Medieval Japan", in *Monumenta Nipponica*, 2004, p.463.

王室下令，要求严格执行在三十三年以前就已经颁布的王室谕令。果阿市政厅的官员还是强烈反对执行这个命令，他们指出印度当地到处是日本的奴隶，"他们随时准备保护自己的主人，因为葡萄牙人还不足以卫戍这个岛屿上最小的要塞；在战争的时候，一个葡萄牙人带领五六个持着滑膛枪的日本年轻奴隶就能抵挡进攻，因为这些人骁勇善战。如果解放他们，这些人势必造反，与敌人勾结，最后杀死我们，一个不留，因为他们的人数比我们多得多"。一年以后，果阿的市政厅再度强烈反对解放奴隶的命令，议员们指出一些人在奴隶贸易上投资很多，一旦执行这个命令，有些人将要损失 1 000 至 2 000 达克特。① 他们还指出在印度的日本奴隶比其他任何国家的奴隶更加善于作战，在对付荷兰人封锁的时候非常有用。博克塞认为当时王室的命令可能还是没有认真执行。从 1612 年起，马六甲的总督就有一个由日本奴隶组成的卫队。十年以后或者更晚些时候，有人提到有为葡萄牙人效力的日本奴隶或者雇佣军在缅甸、暹罗以及安南这些遥远的地方作战。从这些事实可以想象当时规模并不太小的奴隶贸易活动。② 1571 年葡萄牙国王塞巴斯蒂安在里斯本下达一项命令，禁止这种不人道的肮脏交易，并指出奴隶贸易已经阻碍了天主教传教士在九州的传教事业。但是仍有许多葡萄牙人不肯放弃这种获利颇丰的交易。③

有关奴隶贸易的具体规模和人数，没有具体的统计数字（有些耶稣会士也可能卷入此中贸易，这是丰臣秀吉于 1587 年驱逐耶稣会

---

① 达克特（ducat）：中世纪晚期至近代早期欧洲人使用的货币。在 1584 年的果阿，1 达克特相当于 9.5 坦加斯（tanga，印度流行货币），1 坦加斯由 10.76 克金银铸成。
② C.R Boxer, "A Note on the Triangular Trade between Macao, Manila and Nagasaki, 1580–1640", in *Terrae Incognitae*, 1985, pp.52–53. Michael Cooper, *They Came to Japan, An Anthology on European Reports on Japan, 1543–1640*, Ann Arbor, Center for Japanese Studies, The University of Michigan, 1995, pp.64–65.
③ C.R. Boxer, "Some Aspects of Portuguese Influence in Japan, 1542–1640" in C. R. Boxer, *Portuguese Merchants and Missionaries in Feudal Japan, 1543–1640*, Variorum, Ashgate Publishing Limited, 1986, V, pp.21–22.

士的理由之一，当然耶稣会士自身是极力否认的）。① 除了葡属印度以外，葡萄牙人还向西班牙人统治下的马尼拉输出奴隶，1610年，王室发布谕令禁止马尼拉当局扩大奴隶贸易，认为这会损害殖民地的利益。②1613年，广东的地方官吏在巡视澳门时发现，当地有太多的日本人，他们告诉葡萄牙人，已经有足够的黑人奴隶充当葡萄牙人的仆人，所以那些日本人应当离开，当年被驱逐的日本人多达98人。③

葡萄牙人与日本人之间另一项主要的贸易物品就是黄金。早在室町时代（1336—1573）日本是从中国进口这种名贵金属的。随着时间的推移，日本本国也发现了一些金矿，16世纪末叶的时候，日本已经有50座金矿在运作。④ 尽管如此，当时日本的许多大名（包括基督徒大名）都想隐藏日本发现金矿的事实，他们希望从外国向日本输入黄金，因为当时的内战以及后来丰臣秀吉侵略朝鲜的战争都需要黄金作为资金。

1548年，葡萄牙传教士的报告中列举的进口货物中有硝石、硫磺、瓷器、丝绸和麝香，但是没有提及黄金。1580年的时候，黄金已经成为一种比较重要的从外国进口到日本的货物。1585年，葡萄牙耶稣会士弗洛伊斯（Luís Frois，1532—1597）在其年度报告里已经提到黄金与丝绸、锦缎和麝香一起成为主要的进口到日本的货物。另一位在1583年至1591年在东方旅行的英国商人拉尔菲·菲兹（Ralph Fitch）提及葡萄牙人从澳门带到日本的主要货物中有黄金。1589年6月1日，在长崎的日本官员要求，葡萄牙船只的加比丹·莫尔以后要携带黄金来日本，后来丰臣秀吉在给葡萄牙船只的指示中也要求舰长

---

① C.R.Boxer, *The Great Ship from Amacon, Annals of Macao and the Old Japan Trade, 1555–1640*, pp.7–8.
② George Bryan Souza, *The Survival of Empire: Portuguese Trade and Society in China and the South China Sea, 1630–1754*, p.76.
③ C.R. Boxer, *The Great Ship from Amacon, Annals of Macao and the Old Japan Trade, 1555–1640*, pp.82–83.
④ George Bryan Souza, *The Survival of Empire: Portuguese Trade and Society in China and the South China Sea, 1630–1754*, p.53.

从海外携带黄金来日本。弗洛伊斯后来提到这件事情的时候说，日本的商人竞相争购黄金，3 天里面葡萄牙人就售出 2 000 块黄金，重约 24 000 盎司。

当 1592 年丰臣秀吉开始侵略朝鲜的时候，日本对于黄金的需求达到顶峰。许多地方大名渴望得到黄金。到 1594 年的时候，一名葡萄牙耶稣会士说，葡萄牙人在出售黄金这件事情上已经获利不多，因为日本本国已经开采出许多金矿。但是在 1600 年以后黄金的进口仍然在继续，1607 年日本方面的记载说黄金的需求并没有衰退。据估计，从 1580 年到 1600 年，一艘葡萄牙船只带入日本的黄金至少有 20 000 盎司，平均每年至少有 2 艘葡萄牙船只来到日本，另外还要加上中国船只带来日本的黄金，估计在 16 世纪的最后 20 年大约每年有 50 000 盎司的黄金输入日本。①

丰臣秀吉将黄金作为赏赐家臣以及发动战争的重要经费来源。1585 年，丰臣秀吉将 5 000 金币（一个金币重量为 5.4 盎司）赏赐给他的家臣们；1589 年，他发动对东部日本战役的时候，筹集到 10 000 金币；3 年以后，他从九州回到大坂的时候带回 10 000 金币和 30 000 银币。当时的幕府还用金币作为贸易交换和支付税金的硬通货，这样就聚敛到更多的黄金。② 德川家康在 1603 年建立幕府以后，继续维持大量从外国进口黄金的政策，除了葡萄牙人以外，日本人还通过葡萄牙人与中国大陆的商人、在马尼拉的中国商人、越南会安的当地商人以及南中国海周边其他地方的商人进行黄金交易。直到 1620 年代，葡萄牙人带入日本的黄金才逐渐减少。

当时日本需要黄金的另一个原因是艺术装饰上的需求。桃山时代（1573—1603）日本的各类艺术品中都大量使用壮丽华美以及明亮光鲜的色彩，当时建筑物的内壁装饰、屏风上的图案如飞鸟、云彩、花卉、树木和人物的服饰上都大量地使用金箔、金粉以及金叶，甚至在

---

① Delmer M. Brown, "The Importation of Gold into Japan by the Portuguese during the Sixteenth Century", in *The Pacific Historical Review*, 1947, pp.126–127, p.129.
② Ibid., pp.132–133.

一些漆器上也有繁复的镀金花饰。有一位访问者曾经到过丰臣秀吉在大坂的屋子,他记录了里面的一些房间在天花板、墙壁、窗户以及拉门的框条上都覆盖着金箔或者镀了金。所有这些艺术作品以及建筑装饰都需要大量的黄金。①

果阿、澳门和长崎之间的转运货物都要在葡属亚洲殖民地的港口征税。在果阿,所有货物的税收为8%,在马六甲为7.5%。不过,1570年以后,从中国来的商船不在马六甲停靠。有时葡萄牙的船只在科伦坡停靠,当地的葡萄牙舰长要勒索他们2 000至3 000克鲁扎多,美其名曰要去维修当地和锡兰的炮台。在澳门,葡萄牙人每艘船都要向广东的地方官吏缴纳税金,但其税率可以通过贿赂地方官员以一种特别的方式加以调整。最后,在长崎,由于大村纯忠的庇护,每艘葡萄牙船只只要向当地的耶稣会士缴纳1 000达克特。博克塞指出,在丰臣秀吉统治期间,长崎的官员是否征收这笔钱史无明文记载。但是,他说尽管有这些税收,澳门与长崎之间的贸易获利仍然十分可观。"这些税收没有从姜饼上刮下多少糖衣,澳门大帆船上产生的利润只有同时期马尼拉大帆船上的利润可以媲美。"②

果阿—澳门—长崎航线的环航贸易为澳门带来巨大的财富。长崎与澳门之间的丝绸和白银贸易(加上其他的贸易)所产生的利润也是耶稣会在日本传教事业的主要财政来源,从事白银转运贸易的葡萄牙商人也大获其利。在葡萄牙人与中国人贸易的初期,胡椒以及象牙是葡萄牙人向广州出口的大宗货物,但是不久以后白银就成为输入中国的最大宗的货物了。葡萄牙人带到中国的白银一部分是从美洲经由里斯本再经过好望角流向东方的,但是大部分的白银则是葡萄牙人从日本带出用于购买中国丝绸的。在澳门,葡萄牙人将大部分来自长崎的银条卸下来,用于下一年去广州购买中国的生丝、黄金、麝香、珍珠

---

① Teresa Canepa, *Silk, Porcelain and Lacquer: China and Japan and their Trade with Western Europe and New World: 1500–1644*, Paul Holberton Publishing, 2016, pp.340–347.
② C.R.Boxer, *The Christian Century in Japan, 1549–1650*, p.110.

和瓷器，最后运回果阿。① 在葡萄牙人与日本贸易的黄金时代，据说每年从日本流入澳门的白银约达 300 吨左右。② 葡萄牙历史学家库托（Diogo do Couto）则认为 16 世纪最后 25 年中葡萄牙人每年从日本出口的白银价值 100 万克鲁扎多黄金（可能指金克鲁扎多）；当时的人则估计大约为 1 800 万至 2 000 万克（grams），超过 643 000 盎司。在此阶段，日本白银出口总量的一半都是由在澳门的葡萄牙人带出的。③ 自澳门的崛起直到葡萄牙人于 1639 年被德川幕府彻底地驱逐出日本为止，这条航线一直是澳门最为重要的经济支柱，也是葡萄牙人从印度洋到太平洋海域中最为重要的国际贸易航线。

在这段时间，澳门的那些已婚葡萄牙商人是居住在亚洲的最为富有的欧洲商人。从 1630 年代开始，澳门已经超过果阿成为葡萄牙海洋帝国在亚洲最富庶的殖民地。④ 在此期间，澳门的葡萄牙人声称他们每年与中国和日本的贸易高达 400 万克鲁扎多，这一贸易额是 16 世纪晚期的两倍，也超过了 17 世纪初的规模。⑤ 就澳门运往果阿的货物来说，在 1620 年代，还是有不少从澳门出发的快船通过或是绕过马六甲海峡外荷兰人的封锁与拦截抵达科钦和果阿。果阿的葡萄牙商人主要从澳门得到黄金、麝香、丝绸和宝石等。果阿的商人最喜爱的货品就是通过澳门以及其他地方运来的中国货物如丝绸和瓷器。即便到了这条航线关闭前夕的 1635 年，在由果阿造币厂铸造的 65 万金克鲁扎多中，用于铸币的黄金中有 10 万金克鲁扎多来自莫桑比克，15 万金克鲁扎多来自马六甲，5 万金克鲁扎多来自葡萄牙本国，余下的 35 万金克鲁扎多来自与中国及日本的贸易。⑥

---

① C.R. Boxer, *The Portuguese Seaborne Empire, 1415–1825*, pp.179–181.
② C.R. Boxer, *The Great Ship from Amacon, Annals of Macao and the Old Japan Trade, 1555–1640*, p.4.
③ Ibid., p.7.
④ James C. Boyajian, *Portuguese Trade in Asia under the Habsburgs, 1580–1640*, The John Hopkins University Press, 1993, p.232.
⑤ Ibid.
⑥ Ibid., p.233.

四、荷兰人、英国人、西班牙人与"朱印船"

由葡萄牙人主导的果阿、澳门与长崎的贸易航线上的运输活动在16世纪下半叶遇到了很大的危机和挑战，到17世纪上半叶则有增无减。首先，新兴的荷兰海洋帝国以及英国人在这条传统的航线上处处与葡萄牙为敌，他们试图将自己的势力伸入日本，与葡萄牙人在与日本人的传统贸易方面展开激烈的竞争。

荷兰人和英国人来到日本。1579年1月23日，尼德兰北方七省组成"乌特勒支同盟"（Union of Utrecht or Unie van Utrecht）以对抗长久以来统治这一地区的西班牙哈布斯堡王朝以及信奉天主教的南方诸省份，这七个省决定在政治、经济和军事方面联合行动。到1581年7月26日，尼德兰北方七省在海牙宣布了《断绝法案》（Act of Abjuration or Plakkaat van Verlating），标志着荷兰联省共和国作为一个联邦国家基本上创立与形成了。几乎与此同时，1580年，葡萄牙被西班牙合并，两国合并的时间从1580年开始至1640年，长达60年。[1] 荷兰反抗西班牙人的主要原因大致有三个方面：第一，他们不能忍受西班牙中央集权式的统治，尼德兰长期以来就有地方分治的传统；第二，他们不能忍受西班牙人加诸当地的极为严重的苛捐杂税；第三，他们绝对不能接受西班牙人在这一地区引进宗教裁判所，极为残暴地镇压新教势力，荷兰人要争取宗教信仰自由。[2]

荷兰反抗西班牙哈布斯堡王朝的斗争从一开始就与他们和葡萄牙人、西班牙人争夺东西印度航线控制权的斗争纠集在一起了。荷兰人很早就想开辟前往东方的航线。早在1594年，设在阿姆斯特丹的私人公司"长途贸易公司"（Compagnie van Verre or Long-Distance

---

[1] Edward Grierson, *King of Tow Worlds, Philip II of Spain*, G.P. Putnam's, 1974, pp.160–162.
[2] Jonathan I. Israel, *The Dutch Republic, Its Rise, Greatness, and Fall, 1477–1806*, Glarendon Press, 1995, pp.209–211.

Company）开始了建立荷兰在东方的贸易帝国的尝试。[1] 这个机构由 9 名精英商人组成，其中两位是阿姆斯特丹市政厅成员，与政府关系密切。该公司拥有 4 艘船舰以及 240 名海员与士兵，政府为他们提供了 100 门大炮。开始时，他们想寻找从北冰洋抵达中国和日本的航线，这样可以避开葡萄牙人与西班牙人的拦截，但是没有成功。于是，他们转而走从大西洋到印度洋的传统航线。这一年的 4 月，由霍特曼（Cornelis de Houtman）率领的 4 艘船舰启程前往东方，次年抵达爪哇的万丹港。他们与葡萄牙人和土著居民发生冲突，多人伤亡，回航时又有舰船沉没。但这是荷兰人第一次真正的向亚洲远东地区进行的探险活动。在 1599 年的 5 次航行中，荷兰共有 22 艘武装商船前往南亚和东亚的海域进行探险活动。[2]

同时，荷兰人对于东印度航线的知识也在积累之中。1593 年，出生于哈勒姆讲卡斯蒂尔语和葡萄牙语的荷兰人林斯霍顿（Jan Huyghen van Linschoten，1563—1611）从果阿回到祖国。他曾经在 1583 年

荷兰东印度公司设于阿姆斯特丹附近赞河上的大船坞，于 1726 年由 Joseph Mulder 所绘

---

[1] Jonathan I. Israel, *The Dutch Republic, Its Rise, Greatness, and Fall, 1477–1806*, p.319. C.R. Boxer, *Jan Compagnie in War and Peace, 1602–1799*, Heinemann Educational Books (Asia) Ltd., 1979, pp.1–2.
[2] C.R. Boxer, *The Dutch Seaborne Empire, 1600–1800*, Penguin Books Ltd., London, 1965, p.25.

至 1589 年之间担任果阿总主教的秘书，其间利用职务之便记录了被葡萄牙人视为最高机密的由里斯本前往果阿的航线资料，撰写了《葡萄牙航海东方旅行记事》（*Rey-gheschrift vande navigation der Portugaloyers in Orienten*）以及《巡回：东方和葡萄牙、印度以及对于土地和海洋的叙述》（*Itinerario: Voyage ofte schipvaert near Oost ofte Portugaels Indien inhoudenda een corte beschryvinghe der selver landen ende zeecusten*），前者于 1595 年出版，详细记录了葡萄牙人从本国前往印度以及印度以东海域"所有的航线、港口、岛屿、海水的深浅、沙滩、山崖、历年季风吹拂的记录，潮水以及洋流"的讯息，还提供了地图以及相关水域特性的描绘。尽管林斯霍顿从来也没有到过科摩林角以东的地方，但是他写的书籍对于每一个想要猎取葡萄牙人在东方的"发现"成果的荷兰人、英国人以及法国人来说都是最佳的参考手册。他在书中高度赞扬日本，将它的银矿财富与墨西哥以及秘鲁相提并论。他对于葡萄牙人在日本和中国从事贸易获取的利润描绘为"轻而易举获得的金钱"，由此引起了阿姆斯特丹商人们的艳羡。荷兰人以及英国人在阅读了林斯霍顿的书以后都明白了，接近中国丝绸市场的最佳办法就是与日本建立稳固的贸易联系。①

17 世纪初年，荷兰人的航海活动范围终于扩张到了日本的海域。

1598 年，来自鹿特丹的一群荷兰商人自己组建了一支小型的舰队准备去亚洲探险。舰队由 5 艘船只组成。它们是"希望号"（Hoop/Hope）、"仁慈号"（de Liefde/Charity）、"信念号"（Geloo/Faith）、"忠贞号"（Trouwe/Fedelity）以及"佳音号"（Boodschap/Good Tiding），舰队由雅克·马于（Jacques Machu）和科德斯（Simon de Cordes）指挥，它们沿着向西的航线通过麦哲伦海峡进入太平洋，但是，沿途一直遇到坏的天气和风暴，在茫茫大海中彼此之间失去了联系。

1600 年 4 月 19 日，由雅各布·奎克内克（Jacob Quaeckerneck）

---

① Kenneth Nebenzahl, *Mapping the Silk Road and Beyond, 2000 years of Exploring the East*, Phaiden Press Limited, 2005, pp.84–85. C.R. Boxer, *The Great Ship from Amacon, Annals of Macao and the Old Japan Trade, 1555–1640*, pp.291–293.

舰长指挥的"仁慈号"（de Liefde）漂流至臼杵附近的海岸。当时，该船只原来出发时的 100 多名水手只剩下 24 人，其中一些人还濒临死亡。船上的英国籍领航员威廉·亚当斯（William Adams，1564—1620）代表生病的舰长前往大坂觐见了德川家康，后者终于知道欧洲除了葡萄牙人以外还有信奉新教的英国人以及荷兰人。当时，由于荷兰人在亚洲没有什么影响，船上的水手与海员大部分都在生病，所以日本与荷兰之间没有可能进一步联系和交往。船上的荷兰幸存者也没有办法离开日本，他们被安排长期停留在日本。船上的两位船员杨·约斯藤·范洛登斯坦恩（Jan Joosten van Lodenstein）和威廉·亚当斯留了下来，他们成为德川家康的临时顾问。还有一位司库梅歇尔·凡·桑乌特（Melchior van Santvoort）留在日本成为独立的商人。次年，鹿特丹方面也知道了日本的情况。[①]

1602 年 3 月，荷兰联省共和国促成各自为政的自由贸易商人组成荷兰联合东印度公司（Verenigde Ootindisch Companie，V.O.C），公司的董事会由 76 人组成，但是在平时，一般事务由 17 人组成的理事会处理，他们被称为"17 绅士"（Heren XVII）。该公司的两个总部分别设在阿姆斯特丹和米德尔堡。由联省议会颁发的特许状赋予公司从成立至以后 21 年的时间里拥有从好望角到麦哲伦海峡的贸易垄断权，还有在海外设立法庭、缔结条约、修筑要塞和据点、武装舰队以及铸造硬币的特权。公司还可以征集平民入伍，加入陆军和海军，他们必须同时向公司以及联省议会宣誓效忠，公司在亚洲的雇员也是同时向雇主以及联省议会效忠。研究荷兰史的著名历史学家伊斯列尔（Jonathan I. Israel）指出："东印度公司是一个综合政治和商业的机构，在世界上任何别的地方都是难以仿效的。因为联省国家是当时世界上唯一的联邦国家，它是城镇政府的综合体，由此来推进商业、工业以及航海业，同时也扩大了陆军和海军的力量。"[②]

---

① C.R. Boxer, *The Christian Century in Japan, 1549–1650*, p.236, pp.285–290.
② Jonathan I. Israel, The Dutch Republic, Its Rise, Greatness, and Fall, 1477–1806, pp.321–322.

荷兰人在向东印度海域扩张的过程中，仿效先前的葡萄牙人，在其所到之处建立"商站"，这些商站有的建有要塞，有的没有。他们的目标是要在亚洲的海域夺取摩洛加群岛（或称香料群岛），垄断亚洲的香料贸易。1605年，荷兰人击败葡萄牙人占领安汶岛。1606年，荷兰人击败了西班牙人，夺取了特尔纳多岛以及蒂多雷岛。他们试图夺取马六甲的行动没有得逞。同年，东印度公司鉴于海外属地相距遥远，联系不易。决定设立总督一职以及东印度公司在远东的"评议会"，以便更加有效地管理贸易和征服。开始的时候，荷兰东印度公司在亚洲的总督驻地设在万丹。

1605年，刚刚成立了三年的荷属东印度公司在马来半岛的北大年（Patani）建立了贸易基地。消息传到日本，"仁慈号"上的幸存者请求幕府同意，允许他们与自己的同胞取得联系。当时，留在日本的原"仁慈号"船长奎克内克获得了德川家康颁布的贸易许可证书，也就是说幕府同意荷兰人与日本人建立正式的贸易联系。当时，平户的藩主松浦镇信希望将荷兰的商人吸引到自己的领地上进行贸易，所以他为荷兰人提供了一艘船只，奎克内克和桑乌特带了幕府的贸易许可证，于同年12月抵达北大年，见到了自己的同胞，转达了幕府方面的意见。荷兰人也表达了同样的愿望，桑乌特选择跟日本人的船只返回日本继续做生意，他对于在北大年的荷属东印度公司里当一名小职员没有兴趣。奎克内克则留在北大年，等待下一次荷兰东印度公司船只的到来。1607年7月，奎克内克得知荷兰舰队正在由科内利斯·马泰利夫·德·容格（Cornelis Matelief de Jonge）率领进攻葡萄牙人统治下的马六甲，一个月以后，奎克内克乘船找到了荷兰的舰队，把幕府的贸易许可证交给了马泰利夫舰长。[①]

荷兰东印度公司的董事会"17绅士"在完全不了解上述情况的情形之下，也准备自行与日本当局建立联系。1606年2月，他们请求

---

① 亚当·克卢洛（Adam Clulow）：《公司与将军：荷兰人与德川时代日本人的相遇》，朱新屋、董丽琼译，中信出版集团，2019年7月，第47—48页。

荷兰联省共和国执政官莫里斯亲王（Prince Maurice of Orange，1567—1625）写信给"日本的国王"，请求建立正式的通商关系。这封信交给了保卢斯·凡·卡尔登（Paulus van Caarden）指挥的前往亚洲的荷兰舰队。卡尔登后来将此信转交给1607年9月由荷兰海军上将皮特·威廉姆斯·维霍芬（Pieter Williamsz Verhoeven）率领的一支由13艘舰船、1 900名官兵以及377门大炮组成的前往远东的庞大舰队。维霍芬曾经接到荷兰政府的指令，要求他在抵达远东以后至少要派遣一艘船只前往日本通聘。在舰队抵达远东以后，他派遣阿伯拉罕·凡·德·布罗克（Abraham van den Brock）和尼可拉斯·普克（Nicolas Puyck）为荷兰商务使团的团长，于1609年7月底率领两艘舰船——"带箭的红狮号"（Roode Leeuw met Pijlen, or Red Lion with Arrow）以及"狮身鹰首号"（Griffoen，Griffin）抵达平户，他们带来了荷兰联省共和国执政官莫里斯亲王致德川家康的信，请求在平户建立一个永久的商站。他们向日本人解释，荷兰是一个从信奉天主教的西班牙和葡萄牙人统治下获得解放的国家。幕府官员获得的印象是，荷兰似乎不是一个基督教国家，至少不是一个像葡萄牙那样的天主教国家。

平户的荷兰商馆

德川家康对于荷兰人的印象似乎不错,他声称荷兰是日本"最受欢迎"的通商国家。德川家康在接到荷兰人提交的荷兰联省共和国执政官莫里斯亲王的信以后,也写了回信,并且将回信和贸易许可证一起交给了来访的荷兰人。他做出的让荷兰人在平户建立商站的决定很可能受到了当时在他身边服务的外国顾问英国人威廉·亚当斯的影响。亚当斯怀有强烈的新教信仰,他运用自己的影响让日本人加深了对于葡萄牙天主教传教士在日本活动的疑虑。[①] 这年秋天,由荷兰人雅克·斯佩科斯(Jacques Specx)担任馆长的荷兰平户商馆建立了,由此,荷兰得以与日本建立正式的通商关系。[②] 同年,荷兰人还交给日本当局一封信,声称是在好望角附近截获的葡萄牙船只上发现的,该信是名叫多明戈斯·若热(Domingos Jorge)的侨居日本的葡萄牙人领袖所写,信中提到要联合当时在西班牙统治下的葡萄牙人颠覆日本的图谋。[③] 尽管此信来历可疑,但肯定挑拨了幕府与葡萄牙人之间

17 世纪初期来日本的荷兰船只

---

① C.R. Boxer, *The Great Ship from Amacon, Annals of Macao and the Old Japan Trade, 1555–1640*, p.82.
② Dirk. J. Barreveld, *The Dutch Discover of Japan: The True Story Behind James Clavell's*, Writers Club Press, 2001, pp.41–44.
③ Dauril Alden, *The Making of an Enterprise, The Society of Jesus in Portugal and Its Empire, and Beyond, 1540–1750*, Stanford University Press, 1996, p.135.

的关系，并强化了幕府禁止天主教会活动的决心。

1608年2月，在北大年新上任的荷兰商馆馆长维克多·斯普林克尔（Victor Sprinckel）也决定尝试与日本幕府建立正式的联系。他的信件由经常与北大年从事贸易的桑乌特带到日本，并由经常在德川家康身边服务的威廉·亚当斯转呈幕府将军。①

最初的时候，英国人与荷兰人一样，试图从北方去往远东。他们想经由地中海与莫斯科的陆路取得东方的货物。为此他们成立了"黎凡特公司"专门处理与地中海东岸及以外地区的贸易活动。英国的王室也想赋予这家公司贸易垄断权。但是，这家公司的领导人后来发现了荷兰人在海上取得的惊人成就，放弃了陆路贸易的想法，他们联合了其他一些商人，向当时在位的英国女王伊丽莎白一世（Elizabeth I，1558—1603年在位）提出请求。女王于1601年1月10日授予该公司贸易特许状，由此成立英国东印度公司（East India Company，EIC）。

1601年3月，英国东印度公司派出由4艘船舰组成的武装舰队驶往东印度海域。该舰队有500多人、111门大炮，目的地是出产香料的东南亚地区。舰队在抵达苏门答腊岛的亚齐时，受到当地统治者的礼遇。接着，舰队访问了爪哇岛西部的万丹，当地人也允许一些英国人留下来购买下一次航船抵达时所需的货物。英国舰队在马六甲还袭击了葡萄牙人运输香料的船只，最后，这4艘舰船平安地回到英国。紧接着在1604年，他们就开始了第二次航海探险活动，再派遣船只去往远东。以后，公司经营逐步地走上轨道，据说最初10年的利润达到150%之多。②

1613年6月，英国人的商船"丁香号"（Clove）抵达日本，舰长为萨里斯（John Saris），此时威廉·亚当斯已经在日本了，照理说他

---

① 亚当·克卢洛（Adam Clulow）：《公司与将军：荷兰人与德川时代日本人的相遇》，朱新屋、董丽琼译，第48—49页。
② 羽田正：《东印度公司与亚洲的海洋》，林咏纯译、陈国栋审定，远足文化事业有限公司，2018年版，第77—78页。

73

们应该很好地合作，但是两人个性不合，萨里斯和另外一些英国人认为亚当斯已经完全"日本化"了，他们不太相信亚当斯会从英国人的利益出发考虑问题。萨里斯拒绝了威廉·亚当斯的建议以及常识上的判断，没有选择在距离当时幕府所在地江户城很近的浦贺，而是在平户建立了英国人的商站。平户在当时是一个小渔村，通往那里的路况特别差，去关西和关东的商业中心交通都不便利，与有着广阔深水的长崎港口相比也黯然失色。① 事实上，1613年1月12日，威廉·亚当斯曾经写信给他在万丹的同胞说："一旦英国的商人能够接受与中国人的贸易，我们的国家就能够获得巨大的利益。可敬的伦敦东印度公司不应该将钱带出英国，因为日本就有丰富的黄金与白银。"② 亚当斯的这些建议对于英国人来说是非常中肯的，因为他熟悉远东的具体情况。

当时，英国人还想通过大量使用贿赂手段让在平户和长崎的中国商人（其实是中国商人的中介人）与他们进行贸易，但是在中国本土的商人是通过在日本的中介人进行贸易的，所以落入这些中介人口袋中的钱没有办法说服中国本土的商人改变他们的主意。同时，英国人也想取代葡萄牙人在长崎的贸易地位，英国驻长崎人员写信到印度，希望在印度的英国人将当地出产的印花布运输到日本销售，说可以产生四倍于印度的利润。但是，英国人没有足够的资本将此项贸易扩大到一定的规模。③ 由于各种原因，英国东印度公司设在平户的商站在1623年关闭了。

1620年以后，荷兰人投入更大的资本与日本人进行贸易，从1621年至1624年，荷兰人投入到与日本贸易中的资本达到5万克鲁扎多。当时的荷兰人苦于没有办法找到像澳门这样的基地储存日本市场所需要的中国丝绸，后来则找到了澎湖列岛建立了商站，直到1624

---

① C.R. Boxer, *The Christian Century in Japan, 1549–1650*, pp.291–292.
② C.R. Boxer, *The Great Ship from Amacon, Annals of Macao and the Old Japan Trade, 1555–1640*, p.3.
③ James C. Boyajian, *Portuguese Trade in Asia under the Habsburgs, 1580–1640*, p.234.

年侵占中国的台湾。尽管如此,荷兰人在日本的贸易额与葡萄牙人仍然不可以相提并论。到 1627 年,荷兰人从日本输出的白银为 22 万克鲁扎多,相比葡萄牙人从日本带出的每年 100 万克鲁扎多白银,是一个很小的数目。1637 年,荷兰人与日本的贸易额达到最高峰时才 90 万克鲁扎多,而同年,葡萄牙人的贸易额达到 210 万克鲁扎多。[①]

虽然荷兰人和英国人都在日本建立了商馆,但是,荷兰、英国与日本之间的贸易额并没有很大的提升,因为荷兰人与英国人并不拥有太多的货物,他们只能依靠抢劫中国人的平底帆船以及中国商人设在北大年等地的商站来获得中国的生丝,同时从海上攻击、抢劫葡萄牙和西班牙的武装商船,掠夺它们所运载的货物,并不断地宣传葡萄牙和西班牙的传教士是征服者的先遣队,挑动包括日本在内的亚洲各地统治者反对和镇压伊比利亚人。比较著名的例子是:1603 年 2 月 25 日,由黑姆斯凯尔克(Jacob van Heemskerck)指挥的荷兰舰队在马六甲海域附近袭击了从澳门出发的葡萄牙大型武装商船"圣卡特琳娜号"(Santa Catearina),截获了大量丝绸、彩缎、漆器、家具、香料以及 70 吨黄金矿砂和 60 吨瓷器。这笔战利品被送到阿姆斯特丹出售,为荷兰东印度公司带来高达 340 万荷兰盾的收入,约占刚刚成立不久的公司总资本的 54%。[②]1603 年 7 月,瓦尔维伊克(Wijbrand van Waerwijck)的荷兰舰队在澳门外海袭击了一艘驶往日本的葡萄牙大帆船,劫获生丝 2 800 包,每包的价值为 500 荷兰盾,总价值达 140 万荷兰盾。1609 年荷兰人在平户开设商馆以后,这类海上抢劫活动还是没有停止。即便荷兰人在平户开设了商馆,短期里抵达平户的荷兰船还是很少。直到 1615 年以后,来航的荷兰船只才开始增多,所携带的货物也多了起来。不过,这些货物大部分也都是从葡萄牙或者中国的船只上劫掠而来的,而且其中相当大的一部分也不在日本售出,而

[①] James C. Boyajian, *Portuguese Trade in Asia under the Habsburgs, 1580–1640*, p.234.
[②] Peter Borschberg, "The Santa Catarina Incident of 1603, Dutch Freebooting, The Portuguese Estado India and Intra-Asia Trade at the Dawn of 17th Century", *Review of Culture*, International Edition, 2004, pp.13–14.

是直接运往荷兰在东亚的殖民地如摩洛加群岛、安汶岛以及巴达维亚等地。同时，荷兰人与英国人也还有一些其他交易，他们从日本获取白银、铁、火枪、刀剑等军需物资，也运往上述地区。

荷兰东印度公司总督的驻地开始时设在万丹，1619 年移到了雅加达，这是荷兰人击败万丹王国以后取得的一个新的地方，他们将此地改名为"巴达维亚"，它是古代罗马帝国统治低地地区时一个反抗罗马人的当地部族的名称，荷兰人自豪地将此部族视为自己的祖先。1612 年的统计显示：巴达维亚的人口为 873 名，其中日本人有 71 名，比例甚高，渡海来到此地的日本人大多是荷兰的雇佣兵。著名的荷兰殖民者杨·皮特松·科恩（Jan Pieterszoon Coen）于 1619 年至 1623 年以及 1627 年至 1629 年两度出任荷属东印度公司的总督，他以巴达维亚为中心建成了强大的海外殖民事业。巴达维亚的要塞也被认为是欧洲人在远东最坚固的要塞之一。当时的耶稣会士记载说："巴达维亚的要塞有四座城堡，两两相对而立，安装了大量的火炮，防备精良，不仅用来对抗印度尼西亚人和欧洲人，而且向东印度群岛所有地方的人们宣示荷兰东印度公司的伟大和强权。"在 17 世纪中叶，荷兰人的势力已经扩张至摩洛加群岛的大部分地区、马来西亚和锡兰，并且吞并和重创了葡萄牙人在印度西海岸的许多殖民地。①

在 1618 年至 1619 年的时候，荷兰人与英国人为进一步联合对付在伊比利亚半岛的共同敌人，进一步联合行动，两国于 1619 年 6 月在伦敦订立《防卫条约》(Treaty of Defence)。荷兰人与英国人组成了联合舰队一起对付伊比利亚人，并且将远东舰队的出发地点安排在平户，这样一来，平户便成为荷兰与英国联合舰队的母港。1620 年 4 月，该条约订立的消息传到巴达维亚，英国与荷兰两个东印度公司达成协议，将香料群岛 2/3 的香料贸易额转给荷兰，1/3 转给英国人，两个公司在东方的水域各维持 12 艘战舰加入"防卫舰队"，如果遇到葡萄

---

① C.R. Boxer, *The Dutch Seaborne Empire, 1600–1800*, pp.107–111. C.R. Boxer, *Jan Compagnie in War and Peace, 1602–1799*, Heinemann Asia, 1979, pp.15–16, p.32, p.59.

牙人及其战舰就立即开火或者拦截阻吓它们。① 从平户出港的荷兰和英国舰船，不仅载有被卖为奴隶的男男女女，还有很多被雇佣为水手和雇佣兵的日本人。在太平洋海域和东南亚地区与伊比利亚人的对抗中，他们成为不可或缺的武装力量。此外，这些船只中还储备了大量的刀剑、火枪、火药等军需物资，就像海盗的船只。平户的荷兰商馆馆长还派遣了两名英国人和两名荷兰人觐见在江户的幕府将军德川秀忠，他们向德川秀忠描绘了所谓罗马天主教传教士们的野心，还请求幕府将军撤回派往澳门和菲律宾的"朱印船"贸易。

"朱印船"贸易　日本幕府中央政府鼓励本国商人进行海外贸易，与葡萄牙人和西班牙人展开竞争，加速日本国内财富的积累。

丰臣秀吉一贯重视海外贸易。在其统治晚期，他想由幕府来主导并直接控制海外贸易，于是开始派遣军队清剿日本近海海盗，他清楚地认识到海盗行为危害了中国与日本的关系。中国的海禁给了葡萄牙人可乘之机，使得他们担当了中日之间海上贸易中介人的角色。同时，清剿海盗还可以让日本本国的商船在太平洋海域自由航行。1593

日本的"朱印船"1

---

① C.R. Boxer, *The Great Ship from Amacon, Annals of Macao and the Old Japan Trade, 1555–1640*, p.98.

年，丰臣秀吉将长崎改为"直辖领"，即由幕府中央政府直接管辖，派"长崎奉行"驻扎在当地。第一任长崎奉行为志泽寺摩，他将官邸设在博多，同年制定并颁布"朱印船"制度。所谓"朱印船"，是幕府政府鼓励（至少是允许）日本本国商人的船只以合法的名义去东南亚进行贸易。这些船主持有一张很大的盖有红色官印的护照（朱印状），这是他们获得幕府同意进行海外贸易的文书，他们的船只由此也被称为"朱印船"。[1]

当时，荷兰人和英国人以各种手段打击或削弱葡萄牙人和西班牙人在日本的影响。他们明目张胆的劫掠行为，引起了葡萄牙人、西班牙人以及中国人极大的不满。他们极其强烈地向幕府控告，要求幕府把荷兰人与英国人驱逐出日本。事态的发展迫使幕府不得不做出决断，因为幕府也不愿意看到葡萄牙人、中国人与日本的贸易规模缩小或者发生问题。1621年7月28日，幕府命令平户的藩主松浦隆信向荷兰与英国商馆的馆长传达了三条命令：（一）禁止两国舰队购买任何日本人雇佣兵、侍从或奴隶带出国外；（二）禁止从日本带出铠甲、刀剑、火枪、火药等军需物品；（三）禁止劫掠在日本近海的葡萄牙、中国和日本的船只。此外，幕府还以老中奉书的形式向九州地区诸大名传达了上述命令。[2] 当澳门的议事会向幕府写信申述和抱怨荷兰人与英国人的劫掠行为时，幕府回信明确地告诉葡萄牙人，在日本附近海域袭击任何国家船只的行为都是日本幕府不允许的。

幕府的命令实际上禁止了荷兰人和英国人将平户变成军事基地的企图，逼迫两国改变在日本的贸易形态。1623年，英国人看到在日本无利可图以后，便从平户撤离了。

上述在1621年幕府发布的三项命令，逼迫荷兰人必须改变以掠夺为主的贸易方式，此举产生的影响之一就是荷兰人试图在1622年

---

[1] 坂本太郎：《日本史》，汪向荣、武寅、韩铁英译，中国社会科学出版社2008年版，第285—286页。
[2] 藤井让治：《江户开幕》，刘晨译，社会科学文献出版社2018年版，第157页。C.R. Boxer, *The Great Ship from Amacon, Annals of Macao and the Old Japan Trade, 1555–1640*, p.101.

第一章　波澜壮阔的果阿—马六甲—澳门—长崎航线（1542—1640）

通过大举进攻来占领澳门。早在 1601 年，荷兰舰长范·内克（Van Neck）指挥的舰队就已经开始进攻澳门，但是没有成功。[①] 1622 年 6 月 24 日，由 17 艘战舰和 1 300 名荷兰士兵组成的舰队向澳门发起进攻，企图一举占领这个由葡萄牙人长期经营的海外殖民地。不过，荷兰人的舰队遭到葡萄牙人的反击，损失惨重。葡萄牙人估计此次战役有 300 多名荷兰军人阵亡，荷兰方面则记载：损失 7 名舰长、4 名中尉和少尉，136 名士兵阵亡，并丧失了所有的大炮。这是葡萄牙人维护他们在远东的利益所做的最后努力，也是荷兰人在远东极为懊丧的一次失败。[②]

　　进攻澳门失败以后不久，同年 7 月，荷兰舰队流窜到澎湖列岛，8 月开始在岛上建立要塞，这也是确保他们与中国大陆之间进行中转贸易的据点。但在 9 月，明朝官府就派人强烈要求荷兰人撤离该岛，在明朝军队的监视下，荷兰人被迫放弃岛上的要塞。1623 年 9 月，荷兰人改为在中国台湾南部的安平建立要塞，这就是后来的"热兰遮城"（Zeelandia）以及赤崁楼，并将其作为与中国进行中转贸易的据点。在平户设立过据点的中国人李旦成为荷兰人与中国人贸易的中介人，但是因为他欠债不还以及不履行契约等问题，其贸易活动不像荷兰人想象的那样顺利。尽管如此，1624 年以后，平户荷兰商馆的主要贸易活动还是从军需品转向了生丝。1625 年李旦去世，贸易的事务由其部下许心素继承，通过他与大陆的贸易，荷兰人终于获得了大量的中国生丝。然而，就在此时，郑芝龙的势力崛起了，于 1628 年进攻了许心在厦门的据点并将其杀死，这样一来，荷兰人与大陆的交易再次中断。

　　荷兰人向进入安平港口的"朱印船"征收进出口关税，因此与一

[①] H. Harison, *International Rivalries Outside Europe, Asia and Africa*, New Cambridge Modern History, Cambridge, 1968, pp.556–558.
[②] 有关此次著名战役，可以参见 C.R. Boxer, *Fidalgos in the Far East, 1550–1770*, pp.74–79；程绍刚译注：《荷兰人在福尔摩沙：1624—1662》，联经出版事业公司 2000 年版，第 13—14 页。

直从事中国大陆与中国台湾贸易的"朱印船"发生了冲突。1627年，荷兰驻扎台湾的殖民总督奴易兹（Pieter Nuyts）为了说明该冲突的情况并想谋求暂停"朱印船"来航台湾的命令而来到日本。但是，长崎代官末次平藏本人也从事"朱印船"贸易，于是阻挠了他的使命，使得奴易兹的交涉工作变得十分困难。奴易兹去江户的交涉也没有成功，荷兰人所提交的书信也不合幕府规定的相应外交礼仪。奴易兹没有得到拜见幕府将军的许可，他与幕府的交涉以失败告终。

1628年，回到台湾的奴易兹企图扣留来当地贸易的末次平藏的"朱印船"，平藏船的船长滨田弥兵卫虎口脱险，回到日本后将此事上报幕府，幕府于是将当年秋天进入平户港口的荷兰船只全部扣留，并且下令荷兰人关闭商馆。此后五年间，荷兰人与日本的贸易一度中断，直到1632年才重新恢复。①

荷兰人在进攻澳门失败以后，极力封锁马六甲海峡以及澳门西部的外海，1622年，荷兰人缴获葡萄牙人9艘舰船，其中6艘属于澳门。荷兰人的攻势使得葡萄牙人在整个东印度的殖民地情况变得非常窘迫。②荷兰人在澳门—果阿航线上布有重兵，但从总体上看，1620年代至1630年代，在东部的澳门—长崎航线上，荷兰人对于葡萄牙人的海上攻击仍然没有奏效。另一方面，葡萄牙人与西班牙人也准备联合抵抗荷兰人的封锁和拦截，1610年，果阿的总督派遣瓦斯康塞罗斯（Dom Diogo de Vasconcellos）率领一支由8艘战舰组成的舰队前往澳门，想与马尼拉联合袭击荷兰人，但是指挥官不敢轻举妄动。五年后，果阿总督与马尼拉再次合作组建联合舰队，此次马尼拉当局派出16艘战舰和2 000名士兵，但舰队抵达马六甲以后因指挥官去世再度失败。③

---

① 藤井让治：《江户开幕》，刘晨译，第161—162页。
② 程绍刚译注：《荷兰人在福尔摩沙：1624—1662》，第6页。
③ C.R. Boxer, "War and Trade in the Indian Ocean and South China Sea, 1600–1650", in *Portuguese Conquest and Commerce in South Asia, 1500–1750*, pp.5–6.

自 1617 年起，果阿与远东的定期通航结束了。为了应对荷兰人的攻击，澳门的葡萄牙人化整为零，将行动缓慢的大帆船改为小型的航速较快的快船，以便躲过或者突破荷兰人的拦截，将黄金和丝绸等货物运往长崎。有些快船则从中国台湾东面的太平洋外侧航行，绕过荷兰舰队频繁出没的台湾海峡前往日本。这些快船一般都比较小，通常只有一层甲板，一些较大的中型快艇则有 300 至 400 吨，备有足够的划桨手，并配有一些炮和足够的士兵，从理论上来说可以抵抗荷兰人的小船攻击，当然一旦遇到荷兰海军的大型战舰，只能快速逃离。葡萄牙人使用这些快船一直到 1640 年澳门与长崎贸易结束，这只能说明当时在远东海域，荷兰人在海军力量上已经占了绝对的优势。① 当时，每年至少有 5 至 6 艘小型快船往来于澳门和长崎。② 在 1620 年代，澳门的葡萄牙人组织了七次成功的航行，共有 36 艘快船驶往长崎。在葡萄牙与日本贸易的最后阶段——1630 年至 1638 年的八年间，葡萄牙人一共组织了九次成功的航行。

随着时间的推移，荷兰人逐渐认识到拦截和打击澳门—长崎航线上的葡萄牙船只不一定会给他们带来多大的好处，反而会引起日本势力较大的商人以及幕府官员对于荷兰人的不信任。③

1633 年以后，荷兰人加紧封锁果阿与澳门之间的咽喉要地马六甲。1640 年 6 月，荷兰人与柔佛王国的军队经过六个月的围困，终于攻陷了葡萄牙人在马六甲的坚固要塞。④ 可以说，荷兰人基本上切断了葡萄牙人从果阿驶往澳门、长崎的航线，不过此时，澳门至长崎航线上的葡萄牙船只也已经因为日本的锁国停止了航行。

1635 年以后，荷兰人每年都在果阿港口外面封锁和袭击在里斯本和果阿之间来回的葡萄牙船只，有效地阻断和瓦解了以果阿为中心的

---

① C.R. Boxer, *The Great Ship from Amacon, Annals of Macao and the Old Japan Trade, 1555–1640*, pp.95–96.
② James C. Boyajian, *Portuguese Trade in Asia under the Habsburgs, 1580–1640*, p.233.
③ Ibid.
④ Laura Jamagin, *Portuguese and Luso-Asia Legacies in South East Asia, 1511–2011*, Institute of Southeast Asia Studies, 2012, pp.259–260.

贸易活动。1638年至1644年以及1656年至1663年，荷兰人两次封锁果阿港口，给葡萄牙人造成重大的打击。仅在雷尼亚雷斯担任总督期间（Miguel de Noronha, conde de Linhares, 1629—1635年），葡萄牙人共损失1 500名兵员和150艘战舰。1600年至1630年间，果阿的海关税收减少了将近一半，从270万减少到140万克鲁扎多。①

西班牙人的介入　除了荷兰人与英国人以外，西班牙人也介入了葡萄牙人与日本人之间的贸易联系，这使得葡萄牙人十分烦恼。事实上，在菲律宾的西班牙人一直想要在传教事业和通商事务两方面插足日本，但是幕府对于马尼拉当局一直抱着怀疑的态度，使得双方的关系没有正常发展。

1596年10月19日，从马尼拉驶向新西班牙（墨西哥）的"圣菲律普号"（San Felipe）因风暴停泊在日本土佐，那时丰臣秀吉正在准备远征朝鲜及近畿地区，因当地发生地震，需要资金支持救济民众，在一些反基督教顾问的劝说下，他下令没收船上的财产。当日本官员准备充公这批物资的时候，他们与船上的舰长发生了冲突，这位舰长竟然向日本官员夸耀西班牙人的武力，他说西班牙人征服土著的方法是先派传教士皈化当地居民的宗教信仰，然后再派军队前来，与本地的基督徒里应外合，迫使当地人就范。他的说法引起了日本当局的警觉。②12月8日，京都的奉行下令逮捕以佩德罗·包蒂斯塔（Pedro Bautista）为首的一批从马尼拉来的方济各会士及其信徒，最后当局决定将他们处决，地点则选在长崎，以震慑当地人数众多的天主教徒。2月4日，在长崎西坂的一座面临大海的山坡上，共有26名天主教传教士及信徒被处以死刑，史称"二十六圣徒"。③许多"圣菲律普号"上的西班牙幸存者认为丰臣秀吉的决定受到了葡萄牙耶稣会士以及在

---

① M.N. Pearson, *The New Cambridge History of India*, Vol.1. Cambridge University Press, 1988, p.137, p.142.
② C.R. Boxer, *The Christian Century in Japan, 1549–1640*, pp.163–167.
③ Diogo Yuuki, *The Twenty Six Martyrs of Nagasaki*, Enderle Book Co. Ltd, 2006, pp.72–83.

澳门的与菲律宾的西班牙商人有利益冲突的葡萄牙商人的影响。他们还认为是葡萄牙人在不断地警告丰臣秀吉,西班牙人有扩张的倾向。而且认为葡萄牙人有意否认西班牙国王菲律普二世是当时两国合并以后的合法君主。另一方面,葡萄牙人以及耶稣会士也在不断地抱怨方济各会士在传教事业上过于激进,干扰了耶稣会士迂回曲折的策略,给他们带来了麻烦。他们公开地相互嘲讽和指责,促使丰臣秀吉决定禁止天主教。①

1598年8月,丰臣秀吉去世。德川家康对于西班牙人的态度发生了一些变化。同年12月,德川家康在伏见接见了西班牙方济各会传教士杰罗尼姆·德·耶稣斯(Jerónimo de Jesús)。耶稣斯是以菲律宾市政厅派遣特使的名义觐见德川家康的,他在丰臣秀吉宣布禁止信仰基督教后仍然留在日本,遭到逮捕,并且被带往伏见

日本画家狩野光信所绘的丰臣秀吉像

接受召见。德川家康没有惩罚耶稣斯,反而向他提出,希望通过他与菲律宾总督交涉,让从菲律宾前往"新西班牙"(墨西哥)阿卡普尔科的船只在浦贺停靠贸易,还希望菲律宾方面向日本派遣开采矿产的技师和领航员等。同时,德川家康允许耶稣斯居住在江户。可见,幕府成立之初,德川家康重视日本的对外贸易,并且允许传播基督教。②

1601年10月,德川家康再次向菲律宾方面表示,此前菲律宾方面要求惩罚马尼拉近海的明朝及日本海盗的事情已经得到执行,同时希望菲律宾方面明令禁止没有持"朱印状"的船只在马尼拉贸易,并

---

① C.R. Boxer, *The Great Ship from Amacon, Annals of Macao and the Old Japan Trade, 1555–1640*, p.59. Neil S. Fujita, *Japan's Encounter with Christianity, The Catholic Mission in Pre-Modern Japan*, Paulist Press, 1991, pp.140–142.
② 藤井让治:《江户开幕》,刘晨译,第127页。

且表示希望与西班牙统治下的墨西哥展开友好交往。在 1602 年的 8 月和 10 月，德川家康两次向菲律宾总督提出与墨西哥方面建立贸易联系并且在日本关东地区设置停泊港口的建议。在上述交往的过程中，菲律宾方面向德川家康提出保护传教士的要求，后者未置可否。但在这一时期日本幕府颁发的"朱印状"中去除了禁止信仰基督教的内容，同时发出的国书中也不再提及此事。这也表明了德川家康不再明确表示禁止基督教的官方态度。①

1602 年，由菲律宾去往墨西哥的马尼拉大帆船"圣灵号"（Santo Espiritu）由于恶劣天气被迫驶入土佐（这个港口也是"圣菲律普号"曾经停靠的地方），德川家康采取了与丰臣秀吉不同的做法，他让属下官员向西班牙人表示允许他们来日本贸易的意愿。

1605 年，尽管幕府对于西班牙人仍心存芥蒂，马尼拉的西班牙商人还是得到了日本官方的允许，每年派遣 4 艘船只以"朱印船"的名义与日本进行贸易活动。②

从此以后，西班牙人经常以"送礼"的方式将货物海运到日本进行试探性贸易活动。日本学者高濑弘一路曾经发现一份马尼拉财政官员在 1607 年所写的文件，说当时从马尼拉载着"礼物"前往日本的船只甚多，已经成为惯常的做法。一名西班牙使节赠送给日本统治者的礼物价值很高，有时在 800 至 1 000 比索之间。礼物包括中国的丝绸、卡斯蒂尔的布料、葡萄酒、玻璃、蜂蜡、吕宋的陶器等。德川家康第一次派往马尼拉的日本船只带去的物品则有象征性的礼物以及实用的货物，包括 500 把日本剑、不同种类的金属、10 500 条毯子、2 把梳妆镜子以及 30 面镀金的屏风。③

葡萄牙人非常担心和反对西班牙人与日本人建立直接的贸易关系，而且特别反对西班牙人插足中国的市场，因为西班牙人拥有产自

---

① 藤井让治：《江户开幕》，刘晨译，第 130—131 页。
② Birgit Tremml-Werner, *Spain, China, and Japan in Manila, 1571–1644*, Amsterdam University Press, 2015, p.202.
③ Ibid., pp.151–152.

第一章 波澜壮阔的果阿—马六甲—澳门—长崎航线（1542—1640）

德川家康像

新墨西哥以及秘鲁的大量白银，他们可以比澳门的葡萄牙人付出更高的价格。澳门的资金主要来自日本人购买由葡萄牙人运到当地的中国货物时所付出的白银，葡萄牙人当然不愿意马尼拉方面有中国的货物（特别是生丝）流入日本。但是，事情并不会完全按照葡萄牙人的意志发展，当时有多少生丝从马尼拉流入日本难以估算，一直有报告说有不少船只从马尼拉去日本。1607年，印度果阿的国务会议向马德里报告，说在德川家康的要求下，每年都有西班牙人的船只从马尼拉去日本关东，它们带到日本的货物最主要的就是中国的丝绸，带出的则有白银、面粉、干牛肉、麻、铁、钢、火药以及有柄的武器。另一份文件则说每年从马尼拉到日本的航行要花费6 000比索，但并没有提到所产生的利润。① 在1609年左右，每年有30至40艘福建的平底帆船去马尼拉，它们每年大约从马尼拉带出价值350万雷亚尔（reales）的银币，其中大部分的银币都要用来购买中国的生丝以及丝织品，这些丝绸有一部分是流入日本的。②

就在1609年8月，也就是荷兰人抵达平户以后两个月，一艘从马尼拉回航阿卡普尔科的大帆船"圣弗朗西斯号"（San Francisco）载着已经卸任的西班牙前菲律宾总督罗德里格·德·比韦罗·贝拉斯科（Don Rodrigo de Vivero y Velasco）前往阿卡普尔科，途中在日本关东海岸的上总国岩和田（今千叶县御宿町）附近搁浅，不过大部分船员和货物获救。德川家康对于荷兰人和西班牙人都表示了热忱的欢迎，并与这位马尼拉的总督讨论了扩大日本与菲律宾之间贸易的可能性。③就在此前一年，比韦罗还将一些在马尼拉寻衅滋事的日本人赶了出去，并且向德川家康提交过书信，要求将每年前往马尼拉的船只限制在4艘之内，因此他与德川家康是有过交往的。

比韦罗等西班牙人在船只失事以后，一度居住在大多喜城，在城

---

① C.R. Boxer, *The Christian Century in Japan, 1549–1650*, p.301.
② C.R. Boxer, *The Great Ship from Amacon, Annals of Macao and the Old Japan Trade, 1555–1640*, p.74.
③ Ibid., p.72.

主本多忠朝的监护之下生活。不久以后，德川家康派威廉·亚当斯作为他的私人代表来见比韦罗，他们于10月2日在骏府觐见了德川家康，后者请比韦罗直抒己见，不必顾虑。比韦罗向德川家康提出三项要求：允许西班牙人在日本传教并保护传教士、驱逐海盗荷兰人、厚待来自马尼拉的大帆船。德川家康则约定会保护从马尼拉去墨西哥途中失事的西班牙船只，并且写下"朱印状"为证，但是对于他提出的其他要求，没有给予正面的答复。德川家康还希望能够开通日本与"新西班牙"之间的贸易并且引进西班牙人的开矿技术。对此，比韦罗则派西班牙方济各会士索特罗（Sotelo）为代表与日本人洽谈，希望进一步细化和落实先前他提出的那些要求。不过，德川家康和之前一样，仍然没有明确的答复。

但是到了1610年6月，德川家康将威廉·亚当斯指导日本人建造的一艘船赠送给了比韦罗，将他们送回墨西哥。同船的人员中还包括京都的日本商人田中胜介等二十多人。很明显，德川家康希望开通日本与西班牙人统治下的墨西哥之间的贸易，他也希望将浦贺作为与西班牙人通商的港口。

1611年4月，为了答谢日本人对于失事船只上西班牙人的照顾，"新西班牙"（墨西哥）的总督派遣使节塞巴斯蒂安·比斯凯诺（Sebastián Vizcaíno）来浦贺，同船回来的还有上一次去美洲的那些日本人。塞巴斯蒂安前往骏府，向德川家康转达了"新西班牙"总督的谢忱。他也向日本当局提出，为了方便西班牙船只进港，需要对海岸线和港口的水深进行测量，还提出为进行测量而建造小型船只以及自由地出售西班牙大帆船运载而来的罗纱等要求，德川家康都同意了这些请求。9月，塞巴斯蒂安在仙台的伊达领地进行测量期间，遇到了大海啸，船只沉没，人员获救，测量活动不得不终止。他心灰意冷地回到浦贺后，又费时三周去寻找传说中的金银岛（当时在欧洲人中一直流传着太平洋中有金银岛漂浮的传说，塞巴斯蒂安此行的目的之一也有寻找金银岛）结果一无所获，而且再次来临的暴风雨又导致其船体破损。威廉·亚当斯与荷兰商馆的人员在得知塞巴斯蒂安的这一举动以后，告诉了德川家康。对于塞巴斯蒂安的使命本来就持有怀疑态度的德川家康于是不再许可他提出的任何请求，也不让他轻易回国。事实上，在日本人的心目中一直对西班牙人测绘海岸线的事情抱有很大的疑虑，他们总是怀疑西班牙人有先传教后征服的动机。直到 1613 年，德川家康派遣伊达政宗的使节支仓常长取道"新西班牙"前往罗马教廷的时候，塞巴斯蒂安才作为他的船客一同搭船返回墨西哥。[1]

到了德川秀忠时代，幕府对基督教已经完全持负面的看法，基本上认为从马尼拉来的外国传教士就是西班牙征服者的急先锋。1622 年，马尼拉派出使节来到日本，当局对使团非常冷淡，连礼物也没有接受。1624 年，马尼拉向日本派出的使团再一次受到极端无礼的对待，日本官员对马尼拉的使节说，如果使团提出有关传播基督教的要求将会被驱逐。使团成员则说他们的使命与基督教没有任何关系，只是为了加强两个帝国之间的商业贸易关系并通知西班牙国王菲律普四世（Philip IV，1621—1665 年在位）即位的消息。日本幕府则说使团不是正式的，并申明绝不可以再传基督教。使团在受尽屈辱之后回到马尼拉。[2]

虽然西班牙人与日本人之间的交往没有取得太多的实质性进展，但是葡萄牙人却感到非常不安和气愤。1622 年，有一位葡萄牙犹太人杜亚尔特·戈梅斯·德·索利斯（Duarte Gomes de Solis）激烈地抱怨马尼拉以牺牲澳门的利益为代价将自身扩大成为中国生丝贸易中心，这种做法其实损害的是整体伊比利亚人的利益，无异于拿自己出气，因为从海外进口到日本的丝绸价格由此比葡萄牙人单独从事此项贸易时升高了一倍多，更有甚者，许多日本人还跑到马尼拉来购买生丝。这种三角竞争关系使得生丝的价格从 1 皮科 140 比索上升到 260

---

[1] William Lytle Schurz, *The Manila Galleon*, Historial Conservation Society, 1985, pp.125–126. 藤井让治：《江户开幕》，刘晨译，第 148—149 页。
[2] James Murdoch and Isoh Yamagata, *A History of Japan, During the Century of Early Foreign Intercourse, 1542–1651*, Kobe, the office of Chronicle, 1903, pp.623–624.

比索。①

马尼拉与日本之间的贸易没有持续很长时间，其规模与果阿—澳门—长崎航线上葡萄牙人的贸易活动相比，也没有变得更大更重要。其主要原因首先是西班牙人并不十分需要日本的白银，因为他们能够从墨西哥和秘鲁的银矿中获取白银。第二个原因是日本人和西班牙人在政治和宗教上互不信任，日本幕府对于在马尼拉信奉天主教的西班牙人一直持有疑虑的态度，就像他们对葡萄牙人所持的怀疑心态一样。第三个原因则是托马尔协定。1580年西班牙与葡萄牙两国合并以后，在马德里的哈布斯堡中央政府总体上接受了托马尔协定中规定的关于在海外的原西班牙以及葡萄牙殖民地分开管理的原则——澳门与日本的贸易应当留在葡萄牙人的控制范围之内。在1580年西班牙与葡萄牙合并以后，哈布斯堡王朝的国王菲律普（卡斯蒂尔的菲律普二世，葡萄牙的菲律普一世）向那些新皈依葡萄牙的臣民声称，他本人血管里，葡萄牙人的血液多于西班牙人的血液。至少在这位菲律普二世在位期间，哈布斯堡王朝还是严格地执行了托马尔会议的决议，在大多数西班牙人看来，葡萄牙人在东方与日本的贸易还是应当由澳门当局来专营和垄断。②

德川家康在取得对日本的实际统治权以后，大力提倡和扩展日本本国的"朱印船"贸易。1601年，德川家康向安南（今越南）统兵元帅瑞国公阮湟致信，要求他保护日本来航的船只，并希望安南与持有"朱印状"的日本船只进行贸易。此后不久，德川家康还致书暹罗、柬埔寨、太泥（今泰国的南部）等东南亚国家与地区的统治者，希望他们接纳来自日本的"朱印船"，并确立友好睦邻和通商关系。

"朱印船"在制造上吸取了欧洲国家的造船经验，部分参考了葡萄牙大帆船的造船法。并且在初期日本当局还规定"朱印船"必须携带葡萄牙人的领航员，但是这个规定没有严格地加以执行。早期有

---

① C.R. Boxer, *The Christian Century in Japan, 1549–1650*, p.302.
② C.R. Boxer, *The Great Ship from Amacao, Annals of Macao and Old Japan Trade, 1550–1640*, p.3.

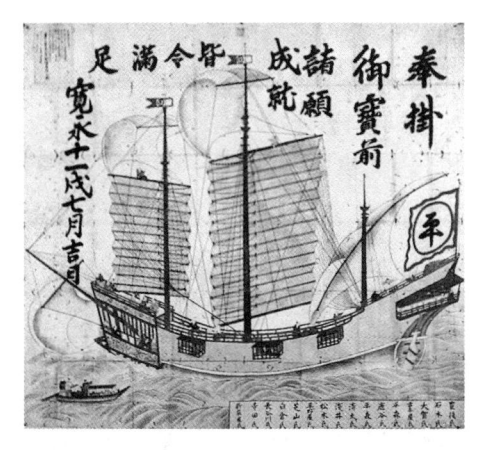

日本的"朱印船"2

一些葡萄牙人充当了领航员，指导日本人从事远洋航行，随着时间的推移，日本人自己也能够充当领航员带领船只前往马来亚和菲律宾等地，这些远洋领航员从葡萄牙人那里学到了远洋航行的技术。一些绘制于17世纪上半叶葡萄牙—日本的海图被保存了下来，这些海图都画在羊皮纸上，非常具有人文气息，绘制和装饰着典型的葡萄牙纹章，如王家的五盾、基督骑士团的十字架等。尽管这些海图上标示风向和坐标的风玫瑰图、罗盘线、里格的计算法以及装饰物都来源于葡萄牙的地图，但是日本人在海图上的加工痕迹也非常明显，上面的命名法都是日文的假名，很少使用欧洲的文字。并且，海图上绘制的日本及其邻国的海岸线比同一时期欧洲地图上的更加精确。这些海图是日本本地的制图员向葡萄牙领航员和耶稣会士学习域外知识后而形成的成果。在京都大学的图书馆保存着这类海图的手稿以及航海日志，它们大约是在1622年左右由长崎的日本制图员绘制而成。①

"朱印船"贸易的本质就是日本中央政府幕府控制之下的对外贸易活动。最初它对于葡萄牙人和西班牙人而言，显然是新的贸易竞争对手。博多的商人受幕府支持最后成为主持"朱印船"贸易的主要商人阶层。同时，一些大名、官员、寺庙以及居住在日本的外国人都可以拥有"朱印船"贸易的许可。1607年，至少有23艘日本船只在从事这种远洋贸易。派遣"朱印船"的人不仅有京都的茶屋、角仓，大坂的末吉，长崎的末次等65名商人，还有岛津忠恒、松浦镇信、有

---

① C.R. Boxer, *The Christian Century in Japan, 1549–1650*, p.265.

第一章　波澜壮阔的果阿—马六甲—澳门—长崎航线（1542—1640）

马晴信（Arima Harunobu，1567—1612）、锅岛胜茂、龟井兹矩、加藤清正、松仓重政、细川忠信等10位大名和4位武士以及在平户设立据点的李旦等中国人，还有在日本居住的欧洲人威廉·亚当斯、杨约斯滕（Jan Joosten）等12名欧洲人以及一名琉球人，甚至还包括德川家康的妾室阿夏等2位贵族女性。

从1604年至1635年的三十一年间，幕府共颁发了356张"朱印状"，分别给日本人（259名）、中国人（43名）、欧洲人（38名）从事日本与东南亚之间的贸易。在1613年以前，马尼拉是日本船只去得最多的地方。①"朱印船"按照排水量大小从一百吨至六七百吨不等，一般在200—300吨。1604年，加藤清正制造的"朱印船"长36米，宽10米，预计吨位在650吨左右。派出的"朱印船"上有中国人和欧洲人，可以推测部分"朱印船"采取了欧洲"黑船"和中国平底船的式样，不过大多数的造型估计都是根据以往的日本船再结合黑船和平底戎克船的优点而制造出来的折衷式样。②"朱印船"的日本海员在从事海上航行的时候，最初也带了葡萄牙人领航员一起航行，也使用葡萄牙人的海图和航海仪器。后来，日本人在航海方面的知识变得越来越丰富，他们就不再需要依赖葡萄牙人了。③

这些持有"朱印状"的船只到达过中国台湾、澎湖列岛，以及吕宋，交趾（今越南中部）、东京（今越南北部），柬埔寨，婆罗洲，马来半岛，安南和暹罗等地，它们带到当地的货物主要以小麦、腌制的鱼肉、鹿皮、鲛皮、苏木和砂糖为主，从当地输出的主要有中国的生丝、铜、铁、硫磺、扇子以及描金的画等，中国和中南半岛的生丝是这些"朱印船"带回日本最多的货物。④在日本庆长年间，"朱印船"主要活跃于暹罗、吕宋、柬埔寨和交趾、安南、东京（今越南北部）

---

① Birgit Tremml-Werner, *Spain, China, and Japan in Manila, 1571–1644*, Amsterdam University Press, 2015, p.81.
② 藤井让治：《江户开幕》，刘晨译，第132—133页。
③ C.R. Boxer, *The Great Ship from Amacon, Annals of Macao and the Old Japan Trade, 1555–1640*, pp.75–76.
④ Ibid., p.76.

91

等十几个地方。但是到了日本元和、宽永年间,"朱印船"就主要集中航行于交趾、暹罗、吕宋、柬埔寨等七个便于展开贸易活动的地方了。

1608 年,有马晴信管辖地区的一些"朱印船"首次来到澳门进行贸易。17 世纪初年德川家康一度鼓励与马尼拉通商,越来越多的日本"朱印船"抵达马尼拉,这些日本商人受到马尼拉当局的热烈欢迎,他们带来的大宗面粉供马尼拉当地人消费,还有大量的腌肉和腌鱼,丝织品和色彩艳丽的纺织品,用黄金装饰的屏风、漆器、箱子,以及各类铠甲、长矛、刀剑、盾牌等武器。这些从日本进口的货物大部分在当地被消费,还有一部分货物如腌肉和腌鱼等则装在马尼拉大帆船上运往美洲的墨西哥。西班牙人经常使用美洲的白银来购买日本的货物,日本人不像其他国家的人那样艳羡美洲的白银,因为日本本国也有丰富的银矿资源,他们有时还会带一些白银到菲律宾作为商品以合理的价格抛售。日本的商人经常利用季风于 6 月至 7 月回到日本,他们带回来的最大宗的货物就是中国的生丝,还有黄金、鹿皮、做染料用的巴西红木、棕榈酒、西班牙红葡萄酒、玻璃器皿以及其他欧洲的珍奇。日本人带回来的货品中有很特别的东西,就是古旧的中国陶瓷器,这些陶瓷器是西班牙人从埋在菲律宾的华人的墓地里发掘出来的,日本人喜欢用它们喝茶,认为有益健康,这些陶瓷器皿居然卖出极其高昂的价格。① 博卡罗曾经记载,当时日本人非常喜欢使用这种陶瓷做的器皿,称之为"茶碗"(Chawan),在日本传统茶道中经常被用来盛"茶汤"(Cha-no-Yu)。在丰臣秀吉时代,这种茶碗的价格已经非常昂贵,除菲律宾以外,中南半岛的暹罗以及勃固出产的茶碗也广受欢迎,日本人会花许多白银购买这种陶瓷器。② 当时的日本人似乎

---

① C.R. Boxer, *The Great Ship from Amacon, Annals of Macao and the Old Japan Trade, 1555–1640*, p.73.
② Robert R. Reed, *Colonial Manila, The Context of Hispanic Urbanism and Process of Morphogenesis*, University of California Press, 1978, p.53. António Bocarro, "Descrição da Cidade do Nome de Dus da China" in C.R. Boxer, ed., *Macao Three Hundred Years Ago*, p.40.

第一章　波澜壮阔的果阿—马六甲—澳门—长崎航线（1542—1640）

比中国人更喜欢去马尼拉从事贸易活动。

在"朱印船"经常往来的地方，出现了日本人居住的社区——日本町，其中以交趾会安、暹罗阿瑜陀耶以及吕宋的马尼拉最为繁荣和具有代表性。元和年间，马尼拉大约有300名日本人，而阿瑜陀耶则大约有1 600名日本人。

"朱印船"的贸易削弱了葡萄牙人在上述地方的贸易影响，引发了葡萄牙人的担心。澳门的葡萄牙商人最为担忧的是日本商人会将马尼拉的中国生丝带回到日本，他们相信如果马尼拉的大量丝绸流到日本，就会影响澳门对长崎的生丝出口额，也会降低澳门与日本的通商价值。1606年，果阿的市政厅写信给王室，指出如果不及时制止此种贸易，马尼拉将会在不久的将来完全取代澳门的地位。葡萄牙人一直反对西班牙人与日本、中国进行贸易活动，他们认为西班牙人拥有大量的墨西哥白银，所以在中国和日本市场上，他们可以支付更高的价格与澳门的葡萄牙人竞争。当时从马尼拉重新出口的生丝有多少数量难以估计，不过有一位名叫佩德罗·德·巴萨（Pedro de Baeza）的葡萄牙人曾估计，每年平均有30至40艘福建平底船从马尼拉带出250万至300万两白银用来购买中国的生丝和丝织品。①

澳门的葡萄牙人尽管不愿意见到西班牙人与中国人、日本人贸易，但是却希望维持与马尼拉的贸易，即便马德里的哈布斯堡王室反对这样做。1608年，王室公布谕旨允许澳门的葡萄牙人每年派1艘船前往马尼拉，主要是购买船具和军火，但是仍然禁止这两个伊比利亚海外殖民地之间进行正常的贸易活动。不过，这份谕旨与之前在1586年和在1638年公布的谕旨一样，只是一纸空文。学者莫加（Morga）指出澳门与马尼拉之间的贸易是非常繁荣的。葡萄牙人的船只通常在每年6月或7月抵达马尼拉，在次年1月回到澳门。这些船只带到马尼拉的货物主要是香料、各类印度棉花织品、产自孟加拉的床帷、琥

---

① C.R. Boxer, *The Great Ship from Amacon, Annals of Macao and the Old Japan Trade, 1555–1640*, p.74.

珀、象牙、珠宝和各类宝石；还有来自印度、波斯、土耳其的地毯、床、文具盒，澳门的镀金家具以及其他奇珍异宝。澳门当局一直向马德里抱怨西班牙人与日本、中国的贸易活动威胁到澳门的生存，但绝口不提澳门与马德里之间的繁荣贸易。①

五、航线的最后关闭

"恩宠圣母号"事件 果阿—澳门—长崎航线上葡萄牙—日本贸易的跌宕起伏，还与日本国内的形势特别是在丰臣秀吉以及德川家康结束战国分裂时代以后，幕府对于天主教在日本迅速传播的负面看法有极大的关系。1549年沙勿略进入日本以后，以耶稣会为主体的天主教会在葡萄牙保教权庇护之下，在日本迅速发展，并且耶稣会与九州基督教大名的关系密切，这些与丰臣秀吉、德川家康主导的统一日本的趋势是背道而驰的。

早在1587年丰臣秀吉统一九州以后，他就发现九州当地天主教会势力非常强大，信徒人数众多，顿起疑心。他于同年7月25日，颁布《伴天连追放令》，宣布天主教为"邪法"，要求外国神父要在二十天内回国，但是也规定日本人不可以危害神父。虽然这个谕令没有禁止日本人与葡萄牙人通商，但是丰臣秀吉对于天主教的查禁有增无减，他下令收缴军队中的十字架、念珠以及圣物盒，没收大坂、堺、京都的传教士住院以及领地，捣毁大村纯忠和有马晴信等奉教大名领地上的教堂。② 而葡萄牙人与西班牙人在商业以及宗教上的竞争与内斗也使得日本当局对于天主教传播的忧虑更重。

---

① W.L. Schurz, *The Manila Galleon*, pp.130–134. C.R. Boxer, *The Great Ship from Amacon, Annals of Macao and the Old Japan Trade, 1555–1640*, pp.74–75.
② 戚印平：《日本早期耶稣会士研究》，商务印书馆2003年版，第94—96页。"伴天连"即"神父（Padre）"的意思，"追放"即"放逐"的意思。

1609 年至 1610 年，在葡萄牙与日本贸易的航线上，已经发生了问题。1609 年 6 月，来自澳门的葡萄牙船只"恩宠圣母号"（Nossa Senhora da Graça）在长崎的外港遇到了很大的麻烦。最后，它还遭到了肥前日野江城（今长崎县南部岛原城）藩主有马晴信军队的攻击。在以往的研究中，这艘船一度被认为是"天主之母号"（Madre de Deus）。这一事件的起因，是前一年发生在澳门的另一事件。

　　1608 年，有马晴信受德川家康之命向占城（今越南南部）派出"朱印船"，该船所携带的资金包括德川家康为购买香木伽罗（沉香中的最上品）的白银。受季风影响，日本船只中途漂流停靠到了澳门，在此期间，日本船员发生了骚乱。澳门议事会要求约束这些日本人并把他们驱逐出境。在双方的武装冲突中，澳门王室大法官受伤，教堂敲响了钟声以示警戒。正在澳门的加比丹·莫尔安德烈·比索阿（André Pessoa, ca.1560—1610）率领士兵前往弹压，他们将日本人逼进了一所房子团团围住，有数十名日本人被葡萄牙人扔出的火球和燃烧瓶活活烧死，另一些人则选择了投降，他们签署了自认过错的誓约书后于次年回国。日本人船上的货物也被收缴。

　　1609 年 6 月 29 日，比索阿指挥的船只在躲过台湾海峡两艘荷兰船只的袭击之后，驶入长崎的港口。船还没有下锚，大约已经得知上文所述事件的长崎奉行长谷川藤广就派出武装船只阻止葡萄牙人及其货物登岸。比索阿与日本人发生争执，后来被允许登岸，将货物卸下。长谷川藤广派人将葡萄牙人包围，检查所有的货物，并且以德川家康要购买这批货物为借口，制定了一个压低的价格，迫使葡萄牙人屈服。比索阿本打算向德川家康说明上述澳门发生的事情，但是长谷川藤广加以阻拦。比索阿只得派使节前往骏府觐见德川家康。就在使节出发前往骏府的时候，比索阿与长谷川藤广发生了剧烈的冲突。后者大概害怕私下压低葡萄牙人货价一事败露，便将澳门士兵杀害日本人一事添油加醋地告诉了有马晴信，并且鼓动后者向德川家康作出申述。德川家康此时已经了解到上一年澳门发生的事件，同时在听完有马晴信的申述以后，虽然担心葡萄牙—日本贸易的断绝，但是仍然命令有马晴信惩处比索阿。德川家康作出这个强硬决定的时候，很可能考虑到荷兰—日本贸易已经开通，并且此前与漂流到日本的西班牙菲律宾临时总督也有了良好的沟通。

比索阿得知自己处于十分危险的境地，从岸上回到大帆船上，随时准备离开。1610年1月3日星期日凌晨，天明以前，有马晴信集结了1200名武士乘坐小船向葡萄牙大船发起攻击。比索阿在小船进入射程以后发炮还击，使得日本人不能得逞。葡萄牙人的大船此时虽然漂离了港口，但是因为无风只得在另一处水域下锚。在以后的三天中，白天都在无谓的谈判中度过，日本人企图诱使比索阿登岸，只是后者并不上当。1月6日，比索阿的船只移动到了福田海域，有马晴信的部队再一次发起猛攻，日本人发出的炮弹，引燃了葡萄牙船只的甲板，火势蔓延到了甲板以及船体。比索阿看到大势已去，决定不让日本人活捉自己后俘获船上的货物。于是他一手举着十字架，一手举着火把，点燃了火药库，大帆船爆炸了，沉入海底。荷兰人估计船上货物的价值为800万金币（包括许多白银以及3 000担生丝）。① 比索阿的举动与日本的武士道精神有许多相似之处，所以在日本人中留下了很深的印象，直到200多年以后英国舰船驶入长崎港口的时候，仍然有居民与英国人谈到此事。1928年至1933年，日本人曾经组织过打捞行动，潜水员从沉船地点打捞出导航的星盘、一架铜炮和一些船舱窗格子上的云母片（这是葡萄牙人在当时安装窗户的普遍方式，既可以透光，又可以挡风）。②

这一年，再也没有澳门的船只来到长崎。

1611年，澳门方面在得知"恩宠圣母号"事件以后，派葡萄牙

---

① 亚当·克卢洛（Adam Clulow）:《公司与将军：荷兰人与德川时代日本人的相遇》，朱新屋、董丽琼译，中信出版社2019年版，第167页。
② 关于比索阿舰长的在澳门和长崎的经历可以参考：博克塞《葡萄牙贵族在远东：澳门历史中的事实和逸闻（1550—1770）》，李庆译，澳门大学出版社2016年版，第38—44页。藤井让治：《江户开幕》，刘晨译，第145—146页。C.R. Boxer, *The Great Ship from Amacon, Annals of Macao and the Old Japan Trade, 1555–1640*, pp.78–79. C.R. Boxer, *The Christian Century in Japan, 1549–1650*, pp.269–285.

贵族努诺·索托马约尔（Dom Nuno de Souto-Maior）为使节，出使日本，希望重开葡萄牙—日本的贸易，并且表示接受日本人对于比索阿船长的惩罚。德川家康此时也觉得依赖与荷兰人、西班牙人的贸易获得生丝等商品的可能性暂时还不大，所以也同意了葡萄牙人的请求。努诺·索托马约尔完成了使命。不久以后，大批葡萄牙人在日本登陆，展开贸易活动。

1601年1月6日沉没的葡萄牙舰长指挥的"恩宠圣母号"上的云母做的窗户片，由博克塞教授捐赠给"长崎二十六圣徒纪念馆"

1612年，佩德罗·马丁斯·盖奥（Pedro Martins Gaio）指挥"圣菲律浦—圣地亚哥号"抵达长崎，重开葡萄牙—日本贸易。船上有参加1600年澳门—日本航行的加比丹·莫尔霍雷肖·内雷蒂（Horatio Nereti），他作为葡萄牙人的使节前往骏府觐见德川家康，确认了索托马约尔从德川家康那里获得通商的权利。后者接受了葡萄牙使节的请求，并且颁布法令，将葡萄牙—日本的贸易恢复到"恩宠圣母号"事件以前的状态，并且给葡萄牙舰长颁发了贸易特许状。①

1613年，没有葡萄牙船只来到长崎，因为从科钦出发的葡萄牙大帆船在抵达澳门以后，再次出发前往长崎时触礁搁浅，虽然船只没有危险，也没有沉没，但是因为耽误了时间，天气和风向阻碍了它的航行。②

1614年，葡萄牙舰长若奥·萨若·达·库尼亚（João Serrão da Cunha）指挥一艘大帆船抵达长崎。他听到消息说幕府已经发布禁教令，要驱逐所有外国和日本的天主教传教士，但是继续欢迎葡萄牙商人来到长崎贸易；幕府明确表示将会善待加比丹·莫尔和葡萄牙商人。这给了传教士们一个错觉，他们要求库尼亚舰长向幕府当局请求

---

① C.R. Boxer, *The Great Ship from Amacon, Annals of Macao and the Old Japan Trade, 1555–1640*, p.80
② Ibid., p.82.

至少在长崎保留一座固定的教堂,只是为了给葡萄牙人使用。库尼亚舰长为他们做了请求,但是被长崎奉行驳回。同年11月7日至8日,葡萄牙大帆船以及另一艘船只带着110名传教士和日本基督徒离开长崎回到澳门,另外一艘船只带着45名传教士与基督徒驶往马尼拉。① 尽管库尼亚舰长的大帆船贸易赚了不少钱,但是因为负债和纠纷,他回到印度时还是破产了。他的申诉直到1638年才获得解决,他被王室授予威特岛的总督职位。

1615年8月,上一年的那艘葡萄牙大帆船再度来到长崎,不过舰长则是由马丁·达·库尼亚(Martim da Cunha)担任。幕府对葡萄牙人甚为冷淡,葡萄牙人在幕府的驻地待了40天,希望觐见将军,呈上礼物。最后,幕府接受了礼物,但是没有安排觐见。英国人认为似乎幕府不再欢迎葡萄牙人来到长崎了。

1616年,由于在印度的葡萄牙加比丹·莫尔之间发生了纠纷,所以这一年没有葡萄牙船只抵达长崎。

1617年,葡萄牙舰长洛波·萨门托·德·卡瓦略指挥的葡萄牙大帆船首次抵达长崎。他率领使团前往幕府的驻地,抗议日本人给予"海盗"荷兰人的庇护,并且为葡萄牙耶稣会士重返日本求情。他的两项请求都遭到新的将军德川秀忠的断然拒绝。在长崎获得一座仓库的请求也被拒绝,理由是葡萄牙人来长崎进行的贸易活动是季节性的,根本不需要仓库。② 尽管有荷兰人和英国人的激烈竞争,澳门的葡萄牙人仍然能从与长崎的贸易中获得丰厚的利润。葡属印度的官方编年历史学家奥东尼奥·博卡罗记载:此时,与日本贸易获得的利益以及澳门的葡萄牙人的财富日见增多。澳门的葡萄牙人除了从对日贸易中获利以外,还从日本借到或获得资本从事与别的地方如菲律宾等地的贸易活动。③

---

① C.R. Boxer, *The Great Ship from Amacon, Annals of Macao and the Old Japan Trade, 1555–1640*, pp.83–85.
② Ibid., pp.90–94.
③ Ibid., p.94.

1618 年，从澳门抵达长崎的葡萄牙人不再使用大帆船，而是改用行驶速度较快的小型快船，这样可以躲过荷兰人在海上的拦截。这种快船只有一层甲板，有 300—400 吨，有更多的船桨和划船者，便于驾驶。而且在葡属印度有大量的上乘木材可以建造这样的快船，他们一直使用这种类型的快船，直到 1640 年幕府关闭日本与葡萄牙人的贸易为止。这一年，葡萄牙舰长安东尼奥·德·奥利维拉（António de Oliveira）率领六艘装满货物的快船浩浩荡荡地离开澳门前往长崎，其中一艘快船遭遇台风消失在海上，另一艘则被迫折返澳门，其余四艘在海上遭遇从东京驶往平户的荷兰"雅加达号"的袭击，在接踵而至的战斗中被击中爆炸或是沉没。①

1619 年，有一位葡萄牙富裕的贵族杰罗尼姆·德·马切多·德·卡瓦略（Jerónimo de Macedo de Carvalho）从果阿来到远东，他于 1615 年从印度西海岸出发，1616 年至 1617 年在马六甲与中国从事贸易。他以 48 000 歇拉芬购得三次去日本航行的权利，成为加比丹·莫尔。在这一年，他率领 8 艘快船去日本从事贸易，获利颇丰，尽管当时海上荷兰人的拦截十分猖獗。②

1620 年，卡瓦略再度率领 6 艘船前往日本，其中有一艘"圣巴塞罗缪欧号"（São Bartolomeu）在台湾海峡奇迹般地逃脱了荷兰战舰的拦截。就在这一年，这位舰长在日本被长崎当局逮捕，当局指控他偷偷地帮助和教唆葡萄牙的天主教传教士从澳门潜入日本。当局对于他的指控是符合事实的。从 1615 年至 1618 年，大约有 20 名天主教传教士化装成葡萄牙商人跟随葡萄牙的船只进入日本，他帮助他们，还企图解救 2 名被羁押在平户的西班牙托钵僧会士逃脱，不过没有成功。这位船长被长崎奉行关押在大村的监狱里面，他曾经通过贿赂得以自由行走，不过最终还是于十年后在狱中去世。③

---

① C.R. Boxer, *The Great Ship from Amacon, Annals of Macao and the Old Japan Trade, 1555–1640*, pp.95–96.
② Ibid., p.97.
③ Ibid., p.98.

1621年，荷兰人的海上拦截并不成功，还是有伊比利亚人的船只从澳门和马尼拉驶往长崎贸易。从7月至8月，有六艘葡萄牙快船在不同的时间从澳门抵达长崎，它们带来了许多生丝和别的货物。幕府则以统购的方式将这批货物买了下来。这一年，澳门与长崎之间的贸易额相当可观，心怀嫉妒的荷兰人说葡萄牙人进口到长崎的货物价值超过300万佛罗林。①

1622年未见记录。

1623年，葡萄牙人舰长卡多索·德·米洛（Domingo or Cardoso de Melo）率领7艘快船来到长崎贸易。此次，葡萄牙人出其不意，从中国台湾的东面靠近太平洋的外海绕过荷兰战舰的拦截抵达日本。这些快船装载了大量的生丝和丝织品。幕府在允许葡萄牙人经营生意的时候，对葡萄牙人的接待则十分冷淡。当局命令居住在长崎的葡萄牙人在季风结束以后不得再居住在当地，他们必须全部跟随葡萄牙船只回到澳门。与日本妇女结婚的葡萄牙人可以带着儿子离开日本，但是妻子和女儿则要留在日本。葡萄牙人记载："当局公布的严酷的谕旨使得那些家庭痛哭哀号，不能自已，丈夫和妻子、父亲和孩子，必须永久分离了。"长崎当局还规定，今后葡萄牙人来日本贸易，不得再与日本的基督徒居住在一起，他们必须与不信基督教的日本人居住在一起。当局还禁止日本的商船以后再雇佣葡萄牙人当领航员。②

1624年，奥古斯蒂诺·罗伯（Agostinho Lobo）率领5艘葡萄牙快船由果阿经澳门来到长崎。尽管荷兰人拼命从马六甲海峡的海面上拦截它们，但是没能成功。它们带到长崎的货物价值很高，果阿的总督和市政厅企图派遣2艘船恢复以前的海上护航活动，但是后来果阿方面放弃了这个想法，主要原因是果阿没有合适的船只，还有他们也担心一旦遇到荷兰人的袭击，葡萄牙船只上胆小怕事的商人们会惊慌失措，难以维持船上的秩序。

---

① C.R. Boxer, *The Great Ship from Amacon, Annals of Macao and the Old Japan Trade, 1555-1640*, pp.100–101.

② Ibid., p.109.

1625年，奥古斯蒂诺·罗伯再次率领5艘快船来到长崎贸易。长崎奉行想把以前充公的葡萄牙传教士的五所房子给平户的荷兰人，让他们居住到长崎，但是荷兰人拒绝了。

1626年，路易斯·帕伊斯·帕切科（Luís Pais Pacheco）率领6艘葡萄牙快船抵达长崎贸易。长崎葡萄牙商人的情况非常糟糕，新任的长崎奉行比前任更加严厉地镇压本地的基督徒。在长崎的葡萄牙人被迫签署保证书，承诺绝不携带传教士进入日本。

1627年，没有葡萄牙船只来到长崎，因为在夏季荷兰人在海上的封锁和拦截非常严厉，使得葡萄牙人的快船无法航行，只有一艘小船安全抵达长崎，但是没有带来货物。①

1628年，安东尼奥·蒙特罗·平托（António Monteiro Pinto）率领5艘葡萄牙快船在不同时间抵达长崎，但是遇到了很大的麻烦。这年5月，日本商人的"朱印船"在暹罗阿瑜陀耶港口外遭到西班牙舰队的劫掠，它们所持有的"朱印状"被抢走，西班牙人还抓获了42名日本人作为俘虏回到马尼拉。幕府认为西班牙人的这个举动是挑战幕府的权威，所以决定扣押前来长崎港口的葡萄牙船只作为报复。葡萄牙人向幕府申述说他们不应该为此事负责，但是幕府认为之所以扣押葡萄牙的船只，是因为当时葡萄牙与西班牙合并为一个国家，并且葡萄牙实际上是由西班牙统治和控制的。幕府的举动导致葡萄牙—日本的贸易中断了两年，直到1630年才恢复。②

上述事件也对幕府的"朱印船"制度造成了一定的影响。幕府认为任何人抢劫"朱印状"就是对幕府权威的挑战，有必要防止类似事件再度发生。于是幕府对此制度作出了一些改变，即在发出"朱印状"的同时向长崎奉行发出老中奉书，长崎奉行再根据老中奉书的指示发出航行的许可状。改良以后的制度也被称为"奉书船

---

① C.R. Boxer, *The Great Ship from Amacon, Annals of Macao and the Old Japan Trade, 1555–1640*, pp.110–114.
② 藤井治让：《江户开幕》，刘晨译，第162页。C.R. Boxer, *The Great Ship from Amacon, Annals of Macao and the Old Japan Trade, 1555–1640*, pp.115–116.

制度"。①

1629年，澳门议事会鉴于不能够失去葡日贸易的考量，特别向马尼拉当局请求保护被俘日本人的生命与财产，指出马尼拉方面劫掠日本"朱印船"是非法的举动，要求西班牙人释放日本人。马尼拉当局表示同意，让那些日本人乘坐一艘中国的船漂洋过海回日本。但是据信这艘船最后没有回到日本，而是在马尼拉的海湾里沉没了。日本民众普遍相信这艘船是被西班牙人故意凿沉的。②

1631年，葡萄牙人有5艘快船组成舰队再来长崎贸易。不过，荷兰方面记载只有3艘葡萄牙船只于8月16日和20日抵达长崎。另外2艘直到11月仍然没有到。

在葡萄牙—日本贸易的后期，有一个比较突出的问题就是澳门的葡萄牙商人经常赊欠日本人的钱。大约从1617年开始，日本的投资者已经预付白银给在长崎的葡萄牙人，让他们在次年归还。澳门的葡萄牙人一直有利用日本人的资本举债经营的事情。葡萄牙商人认为让日本人参与投资会使荷兰人在进攻从澳门驶往长崎的船只时有所顾忌，不敢轻举妄动。同时，日本人也愿意借钱给葡萄牙人，这样可以减少他们自己在投资经营时所遇到的风险。葡萄牙商人用货物支付给日本投资者一定比例的收益作为回报。虽然自然灾害、荷兰人以及其他海盗的攻击会让葡萄牙人的航行充满危险，但澳门至日本的贸易获利确实颇丰。日本的投资者要的回报率是极高的——通常为28%—35%，有时竟然为50%。而在葡属印度，一般投资的回报率只为6%—16%。葡萄牙人在次年无论是带着中国的货物来到日本，还是在海上遇到风险丧失资本都必须归还这笔借款。③在1620年代，当时的形势使得这种借款方式能够进行下去并得以发展。由于荷兰人的海上封锁以及葡属印度经济不景气等原因，果阿的商人已经很难将资

---

① 藤井治让：《江户开幕》，刘晨译，第163页。
② C.R. Boxer, *The Great Ship from Amacon, Annals of Macao and the Old Japan Trade, 1555–1640*, p.116.
③ James C. Boyajian, *Portuguese Trade in Asia under the Habsburgs, 1580–1640*, p.235.

本转到澳门投资于与日本人的贸易，所以澳门的葡萄牙绅士以及户主不得不向日本人举债。1630 年，在日本的葡萄牙商人已经负债达 20 万至 30 万克鲁扎多，日本人则估计澳门议事会另外还欠 30 万克鲁扎多。① 在 1630 年代，葡萄牙人年复一年地赊欠日本人的钱款，他们还冒险将这些钱投资于商业以外的活动。最后，在 1632 年，澳门市又向日本人借了 66 000 银两，尽管此前葡萄牙商站代理人在 1631 年所借的 150 000 银两还没有还清。②1633 年，日本的官员介入此事，他们要求葡萄牙人一次性将数年的钱款付清，导致数名澳门的主要市民破产，其中有 4 名澳门商人在许多年内累计欠款分别为 20 万、30 万、35 万以及 40 万银两，他们答应以次年到日本的货物出售后的获利还贷，但是仍远远不够。最后他们被交给加比丹·莫尔押解回澳门，并严令他们卖掉所有的房屋、货物等动产以及不动产，再将出售的钱款带来日本，满足或者部分满足日本债主的索求。③ 澳门的市民还筹款一次性还清了整个城市的欠款 30 万克鲁扎多。④ 不过这些问题似乎并没有完全解决，果阿当局一再要求澳门的葡萄牙人不要向日本人借款，但是在 1635 年 2 月，澳门议事会承认澳门市民总共又欠日本人 60 万克鲁扎多，次年，议事会单独又欠了日本人 7 万银两。⑤

澳门—长崎航线的前后关闭 1632 年，日本的天主教会遇到了严厉的镇压，并且波及居住在长崎的葡萄牙人。有一位葡萄牙籍奥斯定会士伪装成商人在这一年 6 月乘一艘中国船从马尼拉来到长崎，船上还带着几位方济各会士。在他居住的主人家里，遇到了日本士兵的搜查，虽然他本人惊慌失措地逃跑了，但是却留下了一封信，上面有所有帮助过他们的人的名字。其中主要人物有葡萄牙人在长崎商馆

---

① James C. Boyajian, *Portuguese Trade in Asia under the Habsburgs, 1580–1640*, p.235.
② C.R. Boxer, *The Great Ship from Amacon, Annals of Macao and the Old Japan Trade, 1555–1640*, p.131.
③ Ibid.
④ James C. Boyajian, *Portuguese Trade in Asia under the Habsburgs, 1580–1640*, p.235.
⑤ C.R. Boxer, *The Great Ship from Amacon, Annals of Macao and the Old Japan Trade, 1555–1640*, p.147.

的馆长，还有自 1623 年就已经被拘押在大村监狱的葡萄牙舰长杰罗尼姆·德·马切多·德·卡瓦略（当时他通过贿赂已经被允许自由走动）。按照幕府的法令，所有这些人都应该被烧死，葡萄牙人花费了一笔巨额贿赂才使这些人没有被烧死，改为关押在监狱。①

1633 年，根据平户商馆荷兰人的报告，这一年的 10 月 23 日，有几艘葡萄牙快船离开长崎回澳门，但是它们带回的银条很少。因为日本的商人和借贷者不再相信来自澳门的葡萄牙人了。不过，这一年的 12 月，有一位在澳门的葡萄牙人记叙，从长崎和马尼拉回到澳门的船只还是携带了许多银条和铜。②

1634 年 8 月 1 日，葡萄牙舰长洛波·萨门托·德·卡瓦略率领 5 艘装满货物的船只从澳门前往长崎，出发不久就遇到台风，其中 3 艘被迫折返澳门，另一艘受到福建海盗的袭击。只有旗舰"圣安东尼号"在月底抵达长崎。这艘唯一抵达的葡萄牙船一进港就遇到了麻烦。有一名葡萄牙商人果维阿（Jerónimo Luís de Gouveia）不够谨慎，帮澳门的神父保禄·多斯·桑托斯（Fr. Paulo dos Santos）带了一封信，信是给一名在长崎的日本人的，催促他赶快还债。这封信被港口的官员查获。果维阿被逮捕并投入监狱，最后在次年 10 月被钉在火刑柱上烧死。长崎当局严厉警告澳门的议事会，绝不可以再发生此类事情，澳门的一些关注葡萄牙—日本贸易的商人也坚决支持日本当局的立场。③

1635 年，尽管幕府的禁教越来越趋向极端，但是葡萄牙人与日本人的贸易仍然产生了很大的利润。10 月底，由贡萨洛·达·西尔维拉（Dom Gonçalo da Silveira）舰长率领的 3 艘快船离开长崎回澳门的时候，船上携带了 1 500 箱的银条。④

---

① C.R. Boxer, *The Great Ship from Amacon, Annals of Macao and the Old Japan Trade, 1555–1640*, pp.128–129.
② Ibid., p.132.
③ Ibid., p.137.
④ Ibid., p.144.

1636年10月,有4艘葡萄牙人的快船离开长崎回澳门,它们带走了2 350箱银条,荷兰人估计价值6 697 500弗罗林,[①]这笔钱是荷兰进口船只贸易量的两倍多(荷兰人的贸易量为3 192 815弗罗林)。博克塞指出,葡萄牙人带出的这批银条中有一大部分是赊账购买的,葡萄牙人欠日本人多少钱并无明文记载,澳门的葡萄牙商人欠钱甚多,因为日本人的借款利率很高,如前所述,通常达到28%至35%。相比之下印度人的利息率在6%至16%之间,在科罗曼德尔沿海附近,一般在18%左右。[②]但是另一方面,幕府对于葡萄牙人传播天主教的疑虑与日俱增,在长崎的葡萄牙人的日子越来越艰难了。同年10月,幕府下令离开长崎的葡萄牙快船要带走278名男子、妇女与儿童,他们中一些人是葡萄牙人先前来到长崎定居时带来的亲戚或者侍从,现在根据幕府的命令被驱逐到澳门。当时有人看到他们登船驶离港口,十分凄凉。

这一年,葡萄牙人还遇到别的困难,有26名在出岛的葡萄牙管理员因为被指控走私而被逮捕和拷打,另有68名日本人被查出与这件事情有关而被幕府投入监狱。[③]

1637年,葡萄牙人来到长崎的船只与日本人的交易再度获得了很大的利润,但是日本当地的形势对于葡萄牙人来说已经变得非常严峻。在葡萄牙船只驶离长崎以后不久,11月底,留在长崎的葡萄牙舰长卡斯特尔布兰科(Dom Francisco de Castelbranco)离开长崎去江户拜会幕府的领袖。此次前往江户的葡萄牙使团非常低调,除了几名日本官员以及译员陪同以外,卡斯特尔布兰科只带了2名助手、4名士兵、2名侍从以及2名黑人。就在他抵达江户的12月初,在九州的天草以及岛原信奉天主教的日本农民因不堪忍受当地大名的重税盘剥以及宗教迫害,爆发了大规模起义,多次击败前来镇压的官军,起义

---

① 弗罗林(florins),金币名,1252年首先在佛罗伦萨制造,后来被欧洲若干国家仿造。
② C.R. Boxer, *The Great Ship from Amacon, Annals of Macao and the Old Japan Trade, 1555–1640*, p.147.
③ Ibid., p.148.

军最后聚集在九州东北部面对有明海的原城，极力抵抗官府军队的镇压，史称"岛原之乱"。幕府措手不及，从全国各地共调动12万大军才将2.7万起义者镇压下去。随后，幕府军队对起义的民众进行了惨烈的大屠杀，此一事件由此成为日本最血腥的一段历史。[1] 当时，信奉天主教的起义者挥舞着画有圣体与天使的军旗，高呼伊比利亚人的战斗口号"圣地亚哥与我们同在！"在所到之处焚毁日本本土的神道教以及佛教寺庙。虽然那时澳门的议事会已经严禁天主教传教士搭乘葡萄牙的商船去日本，在岛原以及原城中也没发现有任何外国传教士参与其事，幕府当局还是理所当然地怀疑这场叛乱不是由葡萄牙人鼓动的就是由他们支持的。所以，当卡斯特尔布兰科抵达江户的时候，幕府以及老中会议非常犹豫是否要接见他们。最后在2月6日（此时幕府的军队正与起义者决一死战），幕府决定接受葡萄牙人带来的礼物，但是拒绝接见他们，并通知他们立即回长崎。卡斯特尔布兰科在回程途中，几乎被当成指使叛乱的罪犯。有记载说当他的小船抵达长崎海岸的时候，日本人将他的轿舆用绳子捆绑起来，使他不能登岸，也不能与任何人交谈。[2]

同年11月9日，加比丹·莫尔唐·贡萨洛·达·西尔维拉（Dom Gonçalo da Silveria）带领4艘快艇离开长崎回到澳门，它们运载了价值等于80吨黄金的2600箱银条，在那时极不景气的市场上，这是一笔很大的资本。1638年1月，有人向果阿的总督报告，葡萄牙人在日本航线上获利超过16万两白银。[3]

1638年3月，澳门议事会的议长指出："根据日本人加给在当地的葡萄牙人的种种苛待和不公正来推论，可以判断他们已经既不要我们再派人员去，也不要与我们贸易了。"8月2日，两艘葡萄牙快船在

---

[1] Otis Cary, *A History of Christianity in Japan, Vol.1, Roman Catholic and Greek Orthodox Mission*, Curzon, Press, 1996, pp.225–229.
[2] C.R. Boxer, *The Great Ship from Amacon, Annals of Macao and the Old Japan Trade, 1555–1640*, pp.153–154.
[3] Ibid., p.153.

佩雷拉（Dom João Pereira）舰长的率领之下离开澳门驶往日本，它们在3个星期以后抵达长崎。这两艘船上共载有90名葡萄牙白人，150名混血儿、黑人以及其他有色人种的船员，所有人在登上出岛前都要经过严格的搜查。尽管当年葡萄牙—日本贸易带给双方的利润仍然很高，幕府当局还是下决心要关闭日本与葡萄牙的贸易，驱逐所有在日本的葡萄牙人。在佩雷拉的船只抵达的时候，卡斯特尔布兰科从囚室中被释放，押到出岛。日本人告诉他可以在10月份与葡萄牙船只一同回澳门，但是就在船只离开前几天，从江户来的信使带来幕府的命令让两位葡萄牙舰长都留下。10月20日，2艘快船在葡萄牙商馆馆长佩罗·费尔南德斯·德·卡瓦略（Pêro Fernandez de Carvalho）的指挥下离开长崎，日本人还禁止葡萄牙人在离港的时候按照惯例鸣放礼炮。留在长崎的两位葡萄牙舰长不久收到通知准备一起去江户，但是因为圣诞节来临而推迟。最后，他们被羁押在长崎。回到澳门的葡萄牙快船带去长崎奉行的命令——如果在明年（1639年）再有从菲律宾或者澳门的传教士搭乘葡萄牙船只进入日本的话，船只以及所载的货物都要被烧掉。日本人还明确指出所谓的马尼拉不属于澳门管辖的借口是狡猾的，因为西班牙人与葡萄牙人同属一个国王，任何马尼拉的西班牙人违反日本的法律都要连带澳门的葡萄牙商人受到惩罚。[①]即便如此，在1638年，葡萄牙人与长崎的通商仍然使他们获利200万两白银。

事实上，直到葡萄牙与日本贸易终止前的最后几年，葡萄牙人与日本人之间的贸易额还是很高。只是此时生丝的贸易量已经大大减少，更加精美的丝织品的交易却增加了。澳门议事会在1639年写给教宗的报告中指出，在16世纪末年，"来自澳门的大帆船"每年带出的银条价值约100万克鲁扎多，40年以后，则达到了300万克鲁扎多。1640年，澳门议事会写报告给王室，说当时葡萄牙与日本之间的

---

① C.R. Boxer, *The Great Ship from Amacon, Annals of Macao and the Old Japan Trade, 1555–1640*, p.157.

贸易量达到 400 万克鲁扎多。①

但是，长崎严酷的环境使得葡萄牙人觉得这座城市实在不适合再居住下去了。澳门议事会的官员指出，在长崎的葡萄牙人在人道和贸易两方面都受到日本人极不公平的、恶劣的和非人的对待，葡萄牙人不能再回到那里去了。同年，明朝广州的地方官吏借口一名中国船员在葡萄牙船上遇害，烧毁了停泊在澳门港口的一艘葡萄牙大帆船，没有留下任何货物。葡萄牙人引用日本人的格言"蜜蜂叮在流泪的脸上"或者引用中国人的格言"祸不单行"，哀叹不已。这就是当时葡萄牙人面临的极为严峻的形势。②

"岛原之乱"以后，德川家光的上使松平信刚视察了天草和长崎，在他没有回到江户以前，幕府高级官僚中已经产生了要完全关闭与澳门的葡萄牙人贸易，切断与葡萄牙人一切联系的想法，并且似乎他们已经达成了共识。不过，在实施这一政策以前，他们还是想到一旦完全驱逐葡萄牙人，进口的生丝以及绢织品也会完全消失。他们曾经想过要恢复"朱印船"制度，但是这样日本人还是会出海，仍然有接触基督教并且成为基督徒的危险，所以恢复"朱印船"制度似乎也不是良策。

江户幕府第三代将军德川家光像

---

① C.R. Boxer, *The Great Ship from Amacon, Annals of Macao and the Old Japan Trade, 1555–1640*, p.169.
② Ibid., p.154.

1638年4月，幕府私下询问荷兰商馆的馆长库克巴尔克，要求他们回答荷兰人是否能够彻底取代葡萄牙人进出口相关货物的问题。荷兰人表示完全没有问题。当时，荷兰人已经通过与中国台湾的贸易，取得相当数量的生丝。1639年4月，幕府官员再次召见新的荷兰商馆的馆长弗朗索瓦·卡隆（François Caron），要求他回答：（1）一旦日本驱逐葡萄牙人，海外的葡萄牙人和西班牙人是否会阻止荷兰人来日本贸易；（2）荷兰人能否像葡萄牙人一样为日本提供生丝、绢织品、药物以及脱水的食材。卡隆表示，荷兰人在军事上远胜过葡萄牙人和西班牙人，"我方并不惧怕他们，反而是他们惧怕我们"。同时，卡隆还表示，荷兰人能够从中国人那里获得生丝。幕府官员还询问日本的船只是否有可能去中国贸易，荷兰人则回答说明朝政府对日本人怀有很大的戒心，因此日本的船只不能去中国。几个月以后，德川家光终于决定彻底地将葡萄牙人从日本驱逐出去。①

1639年春天，幕府朝着彻底闭关锁国的路线再进一步，决定完全禁止葡萄牙人再来日本。当时德川家光最大的担心就是那些流窜在社会上的没有大名主人的浪人武士与在澳门葡萄牙人暗中支持下隐秘的日本基督徒联合起来，以武力反抗幕府的统治。他甚至担忧日本与和暹罗的贸易也不安全，因为当地人有可能把西班牙或者葡萄牙的天主教传教士带入日本。5月28日，被关押在大村监狱备受折磨达两年之久的科雷亚（Correia）在长崎被活活烧死。②8月17日和26日，当加比丹·莫尔阿尔梅达（Vasco Palha de Almeida）指挥的2艘葡萄牙船只再来长崎的时候，所有的葡萄牙人都被带到出岛，日本人对他们进行了从未有过的严厉搜查，同时不允许他们卸下任何商品，也不允许他们向当局缴纳任何的货物清单，佩雷拉在上一年带来的货物也没有被接受，现在日本人允许他们卖掉一点作为他们日常生活用品（水、食物和日用品）的开销。日本人还不允许葡萄牙人与日本人有

---

① 井藤让治：《江户开幕》，刘晨译，第283—284页。
② C.R. Boxer, *The Great Ship from Amacon, Annals of Macao and the Old Japan Trade, 1555–1640*, pp.158–159.

任何接触。当时葡萄牙船只带来的货物价值 50 万银两，出售以后可以归还他们欠日本债主的债款，但是幕府严格禁止后者接受。8 月的最后一天，从江户赶来的一名幕府官员太田资宗（Ota Bitchú-no-Kami Sukemune）带来了幕府最新的谕令。9 月 2 日，卡斯特尔布兰科以及佩雷拉两名舰长从牢里被释放，与阿尔梅达一同被带到长崎奉行官邸，日本幕府向他们宣读了一份签署于同年 7 月 5 日的谕令抄本，其要点为：（1）葡萄牙人的船只被用于偷运传教士，故意违反禁令；（2）葡萄牙船只被用来输送给传教士及其信徒的给养，帮助他们完成自己的计划；（3）他们的行为造成了许多日本的臣民抛弃了自己应尽的职责，也造成了许多人员的死亡；（4）所有来日本的葡萄牙人本应该被处死，但是将军开恩饶了他们的性命，葡萄牙人及其船只必须在顺风的情形之下离开，禁止再来日本贸易，并将此通知传达到果阿与澳门，[①] 如有再来者毫无例外地将被处以死刑。根据荷兰人的报告，当时葡萄牙人在听了日本人宣读的命令以后，泪流满面。他们回答说，将军的命令是应该遵从的，那些违反命令的葡萄牙人也是应该被处死的，但是那些无辜的人从事的贸易活动应该被允许进行下去，因为澳门的繁荣依赖于日本，如果被剥夺了贸易，葡萄牙人将陷入极端的贫困中。但是日本人完全不理会他们的苦苦请求。在第二和第三天，这一命令也被传达给中国人以及荷兰人。[②] 10 月 17 日，葡萄牙船只载着三位舰长启程离开长崎回到澳门，从那时起，长达一个世纪的葡萄牙—日本贸易成为历史。

至此，持续运作了一个世纪之久的由果阿通过马六甲到澳门再到长崎的正式的或者说官方的贸易航线终于结束了。日本也从此走上了长达两百多年的"锁国"之路。

[①] C.R. Boxer, *The Christian Century in Japan, 1549–1650*, pp.383–386, p.448. C.R. Boxer, *The Great Ship from Amacon, Annals of Macao and the Old Japan Trade, 1555–1640*, pp.160–161.

[②] C.R. Boxer, *The Great Ship from Amacon, Annals of Macao and the Old Japan Trade, 1555–1640*, p.161.

六、白银的环流

从果阿至马六甲再经过澳门抵达长崎的航线是 1540 年代至 1630 年代环球贸易中白银流通的主要渠道。同时，它还是葡萄牙本国的白银流向亚洲，特别是流向中国澳门和大陆的主要途径。1565 年以后，葡萄牙人就是用这些白银购买中国的生丝、黄金、瓷器等货物。其结果就是相当一部分白银会流入中国。

根据著名的葡萄牙经济史学家戈迪尼奥（Vitorino Barbosa de Magalhâes Godinho，1918—2011）和博克塞的看法，在 1550 年代至 1560 年代，西班牙人抱怨太多的白银流入葡萄牙人手中，而此时，葡萄牙人也在抱怨大部分流入葡萄牙的白银很快离开了本国，被用于购买北欧的货物，或是又流回到东方去购买印度的香料和中国的丝绸。经过果阿流入印度的白银很快就在莫卧儿帝国设在古吉拉特和孟加拉的铸币厂熔化铸造成印度的白银卢比；那些流入中国的白银，不管是经过果阿、澳门，还是马尼拉、福建，也被熔化铸造成银条和银锭，因为中国人在交易中不使用银币或者金币。葡萄牙人在澳门或者西班牙人在马尼拉的利润就是这样产生的。博克塞指出："这一时期的远东是世界上价格便宜的白银以及价格较贵的白银相汇聚的地方。在中国，黄金与白银的相对价格比在同时期的欧洲、美洲以及印度更为接近，中国人对于白银的需求就变得明显地更加无法满足，'它们（白银）一旦被中国人拥有，就变成他们血液的一部分'。这是 1636 年英国东印度公司商馆馆长写的话，在前一个世纪里这段话同样也是真实的。因为中国人拒绝以白银支付购买任何进口的货物，这些货物是用来交换丝绸（生丝或丝织品的），有时少量的也用来交换黄金的。"[1]
从 1580 年到 1630 年，中国黄金与白银的比价在 1∶5.5 至 1∶8 之间震

---

[1] C.R. Boxer, *The Great Ship from Amacon, Annals of Macao and the Old Japan Trade, 1555–1640*, p.1.

荡；日本到1592年固定为1∶10；而在莫卧儿帝国统治下的印度为1∶9——这就是一个基本的原因：为什么在一个相当长的时间里中国就像是一个吸入泵，将全世界的白银都吸入到那里。① 有一位名叫佩德罗·德·巴埃扎（Pedro de Baeza）的人，曾经在摩洛加群岛、菲律宾、日本和中国澳门地区为葡萄牙-西班牙王国的贸易事务服务了30多年，他在1609年的时候在马德里写道，在中国，日用商品的价格是根据需求波动的，与卡斯蒂尔的固定商品价格有所不同。在中国，1比索的黄金相当于5.5比索的白银，有时比价会上升到6.5比索的白银。他在广州看到的最贵的是以7.5比索的白银换1比索的黄金，此外他再也没有看到比这更高的比价了。但是在西班牙，1比索的黄金要相当于12.5比索的白银，因此以白银与中国的黄金交易可以获得70%至80%的利润。西班牙的国王乐意看到本国的臣民将新西班牙的白银带到菲律宾，再将这些白银一半用于交换中国的商品，另一半用于以市场价购买黄金。②

另一位印度历史学家曹德胡里（K.H. Chaudhuri）指出，在当时亚洲的大部分地区，白银是流通的货币，它的价格比欧洲要高出许多，从纯粹经济的观点来看，将白银带到亚洲购买欧洲需要的货币所赚取的利润是很高的。由于白银在亚洲被视为非常珍贵的和被人们所渴求的，所以欧洲的商人，无论是果阿与澳门的葡萄牙人、马尼拉的西班牙人，还是苏拉特、巴达维亚和万丹的英国人及荷兰人，一旦他们拥有充裕的西班牙银元比索的时候，就能够低价地买进和高价地卖出。③ 杰纳特（J.Gernet）、索鲁（Pierre Chaunu）、博克塞以及全汉昇

---

① C.R. Boxer, "Plata es Sangre: Sidelight on the Drain of Spain-American Silver in the Far East, 1550–1700", in Dennis O. Flynn, Arturo Giráldez and James Sobredo, edt., *European Entry into the Pacific, Spain and the Acapulco-Manila Galleons*, Ashgate Publishing Limited, 2001, pp.168–169. Vitorino Magalhaes Godinho, *Os Descobrimentos e a Economia Mundial*, Lisboa, 1963, pp.401–464, p.432, p.465.

② C.R. Boxer, *The Christian Century in Japan, 1549–1650*, p.426.

③ C.R. Boxer, "Plata es Sangre: Sidelight on the Drain of Spain-American Silver in the Far East, 1550–1700", in Dennis O. Flynn, Arturo Giráldez and James Sobredo, edt., *European Entry into the Pacific, Spain and the Acapulco-Manila Galleons*, p.463.

第一章　波澜壮阔的果阿—马六甲—澳门—长崎航线（1542—1640）

研究以后都指出，在 16 世纪末至 17 世纪，西班牙从美洲殖民地运回的大量白银因购买葡萄牙从东方运回的胡椒以及奴隶又流入葡萄牙。葡萄牙的商人又带着这些巨额的白银前往印度果阿，其中大部分又运往澳门。英国人富歇说葡萄牙人每年从印度运白银 20 万克鲁扎多（约 6 000 至 7 000 公斤）去澳门。全汉昇认为可能这个估计偏低，他根据其他西方学者的研究指出，在 16 世纪 80 年代，葡萄牙人每年运往远东的白银可能多达 100 万达克特。1601 年，有三艘葡萄牙船只由印度启程前往澳门，其中一艘在广东附近海岸失事，船上有香料以及 30 万克鲁扎多的银币，约合白银 9 000 公斤至 121 250 公斤。[①]

除此之外，在 1571 年马尼拉建城以后，美洲的白银也通过另外几条渠道流入亚洲：第一条航路是每年 2 月至 3 月从阿卡普尔科出发的马尼拉大帆船，它们载着西属美洲（西班牙美洲殖民地）的白银来到菲律宾，然后载着大量的中国生丝跨越太平洋回到中美洲；第二条更长的航线是西班牙人每年从波多贝洛（Puerto Bello）以及维拉克鲁斯（Vera Cruz）跨越大西洋抵达塞维利亚和加的斯的舰队航线，这些船只载回欧洲的白银在 16 世纪下半叶大量地出现在里斯本，然后从里斯本经海路流入"金色的果阿"，再被葡萄牙人带到远东的澳门；第三条渠道则是部分白银通过欧洲大陆从陆路流入奥斯曼土耳其帝国，通过阿勒颇、巴士拉和波斯湾或者通过埃及流向印度。如上所述，葡萄牙人在澳门用来与中国人贸易的白银大部分来自日本，同时也有一部分是从里斯本运到印度的美洲白银。从大约 1550 年至 1750 年的两个世纪里，西属美洲的白银也是葡萄牙及其海外殖民地主要的流通货币之一，葡萄牙人经常称之为"帕塔卡"（patacas），有时它比葡萄牙本国铸造的银币在流通领域里更加流行。葡萄牙人获取西属美

[①] William S. Atwell, "Note on Silver, Foreign Trade and Late Ming Economy", in *Ching-Shih Wen Ti*, 1977, p.3; Geoffrey Parker, "The Emergence of Modern Finance in Europe, 1500–1730," in Carlo M. Cipolla, ed., *The Fontona Economic History of Europe: The Sixteenth and Seventeenth Centuries*, Glasgow, 1974, p.258; 全汉昇：《明清间美洲白银输入的估计》，《史语所集刊》第 66 本，1995 年。转引自龚缨晏主编：《20 世纪中国"海上丝绸之路"研究集萃》，第 436—465 页。

洲白银的另一条途径是将非洲西部的黑人奴隶贩卖到西班牙人统治下的美洲，这是能够产生大额利润的交易。在17世纪中后期，荷兰人以及英国东印度公司也能够获取西班牙的白银以资助他们各自在亚洲的贸易。1648年《明斯特条约》签订，八十年战争结束，荷兰赢得独立，荷兰人通过贸易可以直接从加的斯以及塞维利亚获得白银了。①

除了从印度和日本流入澳门大量白银以外，葡萄牙人还通过澳门与马尼拉之间的贸易从马尼拉源源不断地获得白银，这种不合法的时断时续的贸易有时会有剧烈的起伏波动。不过在1630年代每年从马尼拉出口到澳门的白银平均价值150万比索。② 所以，上述由葡萄牙人主导的这种环球海上贸易的结果就是白银通过印度的果阿和中国的澳门又回流到中国大陆。约在1570年代，明朝在全国施行一条鞭法，民间大部分的租税或者劳役改为缴纳白银，这当然与外国白银的流入有着密切的关系。以输出商品得来的外国白银从中国东南沿海地区流入，被长江下游的国内市场吸收。流入中国的白银，有很大的一部分作为租税缴纳给明朝政府，其中有很大的份额沿着万里长城被运到北方用于明军抵御女真的军费，或是用作与女真或者蒙古人互市的货币。1600年前后，明朝政府每年用于边境地区的军费或者互市的费用，大约150吨白银，几乎与从海外流入的白银数量不相上下。③

在17世纪初年欧洲各国在亚洲的贸易中，葡萄牙人通过澳门与日本的贸易额是非常引人注目的。在同一时期，从阿卡普尔科出发的平底船每年平均带往菲律宾的白银价值约100万比索，而每年马尼拉大帆船带往中美洲的中国丝绸的价值大约在200万至300万比索之间。④ 这可能是当时另一条最繁荣的国际贸易线路了。不过与果阿一

---

① C.R. Boxer, "Plata es Sangre: Sidelights on the Drain of Spanish-American Silver in the Far East, 1550–1700", in Dennis O. Flynn, Arturo Giráldez and James Sobredo, ed., *European Entry into the Pacific, Spain and the Acapulco-Manila Galleons*, pp.165–166.

② C.R. Boxer, *The Great Ship from Amacon, Annals of Macao and the Old Japan Trade, 1555–1640*, p.7.

③ 羽田正（编）、小岛毅（监修）:《从海洋看历史》，张雅婷译，第139—140页。

④ W.L. Schurz, *The Manila Galleon*, pp.189–190.

澳门—长崎航线所产生的利润相比就相形见绌了。后来更为强大的荷兰东印度公司最初的资本大约 650 万荷兰盾，大致上与 1637 年 11 月葡萄牙人从长崎出口的货物价值相等。在 1640 年的时候，荷兰人在亚洲从波斯湾到日本的广大地区贸易总利润估计在 1 198 530 弗罗林，而他们的总资产只有 9 488 175 弗罗林。即便到了这条航线关闭前夕的 1635 年，在由果阿造币厂铸造的 65 万金克鲁扎多的金币中，其中有 10 万来自莫桑比克，15 万来自马六甲，5 万来自葡萄牙本国，余下的 35 万来自通过澳门与中国内地以及日本的贸易。[①]

1640 年，澳门议事会声称正是澳门这个在葡萄牙与西班牙合并时期仍然对"祖国"表现出"无比忠贞"的城市，以及它与日本进行贸易所产生的利润支撑着在荷兰进攻之下备受压迫与攻击的葡属"印度国"屹立不倒，这似乎并不是夸大其词。[②]

[①] W.L. Schurz, *The Manila Galleon*, p.233.
[②] C.R. Boxer, *The Great Ship from Amacon, Annals of Macao and the Old Japan Trade, 1555–1640*, pp.170–171.

第二章
"天主"与"玛门":耶稣会与葡日贸易以及教会内部的争议（1560—1640）

一、日本耶稣会的传教事业

沙勿略开教日本 1547年9月，耶稣会远东传教事业的开创者方济各·沙勿略（Francis Xavier, 1506—1552）从摩洛加群岛回到马六甲的时候第一次听到有关日本的讯息。1549年8月15日，他与日本的天主教徒池端弥次郎以及另外两名耶稣会士和两名仆人来到九州西南端的鹿儿岛，由此拉开了耶稣会日本传教历史的序幕。

不久以后，他从鹿儿岛去了京都，希望日本的统治者能够允许天主教在日本传播。他在九州以及京都临近地区待了26个月，得到一些地方大名的欢迎，有时也受到一些本地人士的排斥。耶稣会士对于当时的日本以及基督教传播的机遇有几点观察：第

第二章 "天主"与"玛门":耶稣会与葡日贸易以及教会内部的争议(1560—1640)

一,日本处于战国末年,全国分裂成 66 个小国,彼此征战,时局不靖,社会动荡,人心惶惶,民不聊生。① 在京都的朝廷事实上已经被架空,主宰各个地方事务的是大名而不是天皇。这种分裂的局面为天主教的传播提供了一定的空间。耶稣会士认识到,一旦有众多的大名加入教会,风行草偃,普通民众如商人、手工艺者以及农民就会起而仿效,逐渐接受天主教的教义。第二,当时日本的佛教处于衰败之中,各宗派的领袖在社会上并不太受人尊敬,许多当地的宗教流派,关注的是世俗的利益,而非默想和灵修,佛教僧侣不断卷入现实政治活动,疏于宗教上的修行。第三,耶稣会士听说日本人因为社会的贫穷而急于从事与海外的贸易活动以增进财富。他们看到,日本在地理上多山、土地贫瘠,没有足够的牛群或是其他手段来耕作或利用土地资源,即便是缙绅也是十分贫寒,日本可以说是东方最为贫穷的国家。② 就在沙勿略抵达鹿儿岛时候,中国的明朝皇帝为了防止倭寇入侵,关闭了中国沿海地区的对外贸易(特别是与日本的贸易),这对本身资源就十分贫乏的日本造成了很大的震荡,日本人急需以各种手段获取中国出产的更为优质的生丝和黄金。同时,日本各地的大名也十分欢迎葡萄牙人带来欧洲的火器,因为这可以增加他们在内战中的军事实力。这些大名还知道耶稣会的传教士可以充当他们海外贸易活动中的译员。第四,日本列岛不同于印度、非洲以及巴西,日本人只用一种语言,只要掌握了日语,就会极大地便于基督教

沙勿略像,作于 17 世纪初期,保存在神户市立博物馆

---

① Michael Cooper, *They Came to Japan, An Anthology of European Reports on Japan, 1543–1640*, pp.1–2.
② Ibid., p.2

南蛮贸易时代：近代早期日本与欧洲交流史（1542—1650）

果阿圣保禄学院教堂的拱门，建于 1560 年。该学院原属于教区，后来由耶稣会接管，沙勿略一直是该学院的精神导师，他就是在这里认识和归化池端弥次郎的

果阿圣保禄学院拱门上用于装饰的古典科林斯式样的柱子

传播。①

  1550 年代，耶稣会士在日本的传教事业发展比较缓慢，但是后来则逐渐加快。1560 年代后期，他们从九州进入本州南部。从 1552 年至 1570 年，日本耶稣会的领导人是科斯莫·德·托雷斯（Cosme de Torres，1510—1570）神父，他是由沙勿略亲自征召并陪同一起来到日本的两位耶稣会士之一。托雷斯出生在西班牙的巴伦西亚，原先是一位教区神父，他在巴伦西亚、马略卡岛等地从事拉丁文的教学。1538 年，在一位方济各会士朋友的劝说之下去了墨西哥，成为西班牙在墨西哥的第一任总督门安东尼奥·德·门

---

① Dauril Alden, *The Making of an Enterprise, The Society of Jesus in Portugal, Its Empire, and Beyond, 1540–1750*, Stanford University Press, 1996, pp.59–60.

第二章 "天主"与"玛门":耶稣会与葡日贸易以及教会内部的争议(1560—1640)

多萨(Don António de Mendoza)私人小教堂的神父,不过在以后三年半的时间里,他积极参加罗德里格·罗佩斯·德·维拉罗伯斯(Rodrigo López de Villalobos)从墨西哥到菲律宾以及摩洛加群岛的军事远征。1546年,他在安汶岛遇到海难获救后,遇到了沙勿略。两年以后,他在果阿加入耶稣会,1549年他陪同沙勿略来到日本。① 在此期间,来日本的耶稣会士至多不过13名,其中只有7人是神父。托雷斯健康欠佳,其视野也有一定的局限,但是他努力工作,赢得了一些大名如丰后国领主的信任,并在1556年在府内建立了日本列岛第一所教会医院。他也与另一位领主如大村纯忠建立了密切的联系,并使后者于1563年受洗加入天主教会。托雷斯神父还努力与大村纯忠建立良好的友谊,最终耶稣会士在大村纯忠的领地长崎建立了基地(这是在托雷斯去世以后的事情)。他还成功地劝说当时在军事上最强大的大名织田信长在他所控制的一些省份以及京都允许耶稣会士进行传教活动。当托雷斯去世的时候,耶稣会下辖的信徒达到3万名之众。②

1573年7月,耶稣会第三任总会长方济各·波尔杰亚(Francis Borgia,1565—1572年在任)派遣第一任视察员贡萨洛·阿尔瓦雷斯(Gonçalo Alvarez)去往日本,阿尔瓦雷斯原为里斯本耶稣会圣洛克会院(the Professed House of São Roque)的院长,在此以前很长的时间又担任科因布拉耶稣会学院的院长。他被总会长选为耶稣会亚洲视察员,于

耶稣会第三任总会长方济各·波尔杰亚的帽子,保存于长崎二十六圣徒纪念馆

---

① M. Joseph Costelloe, S.J., translated and introduced by, *The Letter and Instructions of Francis Xavier*, The Institute of Jesuit Sources, 1992, p.220.
② Dauril Alden, *The Making of an Enterprise, The Society of Jesus in Portugal, Its Empire, and Beyond, 1540–1750*, p.61.

119

1568年4月6日从里斯本出发，抵达印度以后一直居住到1572年。然后，他从果阿出发视察远东教务，次年他从中国澳门出发去往日本。1573年7月21日，他与另外4名会士在船只将要抵达日本时遇到台风的袭击，船只沉没，人员罹难。很久以后欧洲才得知他遇难的消息。①

但是后来的十年直至1580年代早期却是日本耶稣会传教事业飞速发展的时期。在此期间，耶稣会先是由具有贵族气派的令人敬畏的方济各·卡布拉尔（Francico Cabral，1533—1609）领导，后来又有著名的耶稣会东方视察员范礼安（Alessandro Valignano，1539—1606）强有力的指挥。虽然他们在许多问题上见解相左（卡布拉尔因为与范礼安不和，于16世纪90年代回国，成为耶稣会葡萄牙省的省会长），但都是极有影响力的领袖人物。卡布拉尔出身于从西班牙移民到葡萄牙的贵族家庭，其家族历史可以追溯到葡萄牙早期追求独立的时期。葡萄牙第三位国王阿方索二世（Alfonso II，1212—1223年在位）的贵族名册上已经有了他祖先的名字。其家族居住在科维尼亚（Covilhã）附近的贝尔蒙特（Belmonte）。1533年，他出生于圣米格尔岛，早年在里斯本和科英布拉接受教育。1550年，他跟随阿方索·德·诺罗尼亚总督（Dom Affonso de Noronha）来到印度；1552年10月，参加过葡萄牙军队解救被奥斯曼土耳其军队围困的霍尔木兹战役；1554年12月，他在果阿选择做一名耶稣会士而非军人。他努力学习哲学、人文学以及

16—17世纪来日本的耶稣会传教士戴的帽子，保存于长崎二十六圣徒纪念馆

---

① Joseph Franz Schutte, S.J., translated by John J. Coyne, S.J., *Valigano's Mission Principles, Vol.1, From His Appointment as Visitor until His First Departure from Japan, 1573–1582*, Gujarat Sahitya Prakash Anand, 1985, p.45.

神学，1559年11月成为耶稣会的神父。他虽然身体不太好（经常头痛），但个性倔强，有坚定的意志，智力超群，并喜欢与人争论。他于1570年6月抵达日本以后，极力主张以特兰托大公会议的强硬路线在日本推进传教事业。[①] 范礼安则出身意大利中部阿布鲁佐的切蒂（Theatina）的贵族世家。该家族与罗马教廷关系非常密切。1566年27岁的时候，他进入耶稣会，主要学习教义和教会法；1573年8月被招去罗马；9月8日就发第四愿，立即被总会长指定为耶稣会远东视察员，管理耶稣会从好望角直到日本广大地区的传教事务，等于总会长在东方的长臂。1574年3月21日，他离开里斯本，六个月以后抵达果阿。他在1579年至1582年从澳门来到日本，后来对日本列岛展开了三次广泛的巡查，主张以温和的迂回曲折的传教方式来推进耶稣会在日本的传教事业。

日本教会的发展　在此期间，耶稣会士以及该会的见习修士人数急剧增加，九州的天主教信徒以及信教的大名也日渐增多，特别是耶稣会通过他们的努力，皈化了一批早期的日本基督教大名，成为九州地区有力的亲耶稣会的地方势力，对于耶稣会传教事业的发展具有重大的推动作用。这些信奉基督教的大名主要有：

大友宗麟（Otomo Sōrin of Bengo，1530—1587），原名大友义镇，曾经是领有丰前、丰后、筑前、筑后、肥前、肥后等多地的藩主。沙勿略初来日本的时候，22岁的大友宗麟已经与他结识，但是当时没有受洗。直到27年以后的1578年才由葡萄牙耶稣会士弗洛伊斯领洗，取教名方济各（Francis）。他领地内的臼杵和府内是天然的良港。1545年以后一直有葡萄牙船只到来，许多传教士也随着葡萄牙的船只来到这里，在当地民众中传教，受到他的庇护。1579年，耶稣会在府内设立了神学院，是一座十分著名的神学院，培养了不少日本早期的教会人士。

[①] Joseph Franz Schutte, S.J., translated by John J. Coyne, S.J., *Valigano's Mission Principles, for Japan, Vol.1, From His Appointment as Visitor until His First Departure from Japan, 1573–1582*, pp.188–198.

南蛮贸易时代：近代早期日本与欧洲交流史（1542—1650）

范礼安像

　　有马晴信，他于1579年在范礼安手中受洗加入天主教会，取教名珀罗大削（Protásio），他是有马义贞的次子，有马义纯的弟弟。他所在的肥前是当时九州与海外交通非常频繁的地区。1587年，丰臣秀吉统一九州的时候，他与岛津氏断绝了关系，投靠丰臣秀吉。后来丰臣秀吉禁止基督教，他庇护了不少基督徒。他曾经跟随小西行长参加入侵朝鲜的战争；在关原之战中，支持西军，但是没有出战，在得知东军胜利以后，又支持东军，攻击小西行长，由此保住了领地。德川家康时代，他成为岛原藩的初代藩主，利用"朱印状"保持与海外的贸易。1610年，他曾经率领军队攻击葡萄牙"恩宠圣母号"，后来受冈本八大事件的牵连被流放甲斐国。1612年，因为庇护基督徒等事，幕府命他自尽，但是他是基督徒，不能自杀，于是令家臣杀死了自己。

第二章 "天主"与"玛门":耶稣会与葡日贸易以及教会内部的争议(1560—1640)

　　大村纯忠,他原是有马镇纯的次子大村纯前的养子,也是肥前、大村、三城的藩主。1563年,在耶稣会神父托雷斯手中领洗,取教名圣巴托罗米欧。1565年在福田建立港口,与松浦氏的平户港对峙。1570年开长崎港口,欢迎葡萄牙船只与传教士到当地从事贸易和传教活动。1580年,为摆脱邻近大名龙造寺隆信的压迫,将茂木和长崎两地献给耶稣会(后详)。

　　蒲生氏乡(1556—1595),他最初是近江日野城藩主,后来是伊势的松坂城藩主,最后转封陆奥的黑川城藩主。1587年受洗入教,取教名利奥(Leo)。他也曾经是织田信长的部下。信长死后跟从丰臣秀吉。由于他信奉基督教,所以是战国时代大名中少有的没有侧室的人。他和著名的基督教大名高山右近和另一位亲基督教的大名细川忠兴过从甚密。又据说他每月举行家臣的聚会,让大家在"不怨"和"不怒"的前提下自由发言,亲自烧水让家臣沐浴洗澡并准备宴会,深得家臣的爱戴。1591年,范礼安第二次来到日本的时候,他到大坂迎接新来的耶稣会视察员,约定等待形势转好以后开始传教工作。他反对丰臣秀吉禁教,对侵略朝鲜的战争持保留态度。据说在他临终时高山右近在侧(关于此人的具体介绍详见后文)。

　　黑田孝高(1546—1604),他是丰前中津的藩主。1583年,在高山右近和蒲生氏乡劝说下受洗,教名西默盎(Simeon)。他曾经是丰臣秀吉的心腹武将,以智谋出众深得主公信任,参与丰臣秀吉统一九州的战争,在与岛津氏的战争中表现出色,战后被封为丰前的中津城藩主。丰臣秀吉发动侵略朝鲜的战争时,他与石田成三等不和,丰臣秀吉令他出家当和尚。关原之战时他参加东军,为德川家康效力,但是后来又退居不问政事。他在京都病逝,死后举行天主教葬礼,在下葬十五至二十日以后,家人又为他举行佛教的葬礼。

　　小西行长(Konishi Yukinaga, 1557—1600),其幼名为弥九郎,父亲小西隆佐为商人。其教名为奥斯定(Agostinho)。早年被父亲派往备前的大名宇喜多家做家臣,学习火枪技术以及水军战法。后又投入织田信长的阵营。织田信长死后,他得到丰臣秀吉的重用,也负责

123

管理小豆岛以及濑户一带的水上运输工作，被赐予丰臣姓氏，担任水军将领。他也协助丰臣秀吉筹集粮食以及从水上运输粮食。1582年，在随丰臣秀吉统一九州的战事中屡立战功，并且得到肥前宇土郡、益城郡和八代郡，他以宇土郡为据点，在境内庇护基督教徒以及传教士的传教活动，据说其领地内曾经有过十万教民。由于小西行长早年曾经与朝鲜贸易，了解朝鲜的情况和当地语言，在丰臣秀吉侵略朝鲜的战争中他被命为先锋，在釜山登陆，进攻平壤，但是被明朝和朝鲜的联军击败。丰臣秀吉死后，他率领侵朝日军撤回国内。在1600年的关原之战中，他站在石田成三一边，与德川家康军队对峙，兵败逃亡后被捕，与石田成三一起在京都被游街示众。由于他是天主教徒，不可以自杀，所以在京都六条河原被斩首。次年，耶稣会士发现了他衣服中给妻子的遗书，其中有"汝今后的所有热忱与紧张，待天神与吾留意和感动。理由是，世界上的一切都是善变的，唯独真心是不变的"。据说罗马教宗克莱门八世（Clement VIII，1592—1605年在位）在听到小西行长的死讯以后感到难过，在罗马教堂献弥撒一台以示祭奠。

内藤如安（Naitō Tadatoshi，1550—1626），其教名为若奥（João）。"如安"是其教名日本语的汉译。他于1564年在葡萄牙耶稣会士弗洛伊斯的引荐下加入天主教。1585年，他成为小西行长的部下。他是日本侵略朝鲜时日军的指挥官之一，曾经协助小西行长与明朝谈判。1600年，小西行长在关原之战后被杀，他逃亡平户，投奔有马晴信和加藤清正，又有高山右近斡旋，成为前田利长的客将。1613年，德川家康禁教时，他不愿背弃自己的信仰，故自我流放至马尼拉。

高山右近（Takayama Ukon，1552—1615），教名犹斯托（Don Justo），意思是"正义的人"。高山右近家族的高山氏原为摄津国三岛郡高山庄的领主。父亲高山友照很早就受洗成为基督徒。高山右近在1564年12岁的时候已经受洗。后高山父子相继为高规城的藩主，他们非常热心地在领地建筑教堂，让传教士在当地传教。由于高槻城是战略要地，织田信长要围攻此城，高山右近为庇护境内传教士和信徒

第二章 "天主"与"玛门":耶稣会与葡日贸易以及教会内部的争议(1560—1640)

的安全而投诚,得到织田信长的信任,高槻城也得以保全,后来耶稣会把神学院迁到此地。根据教会方面的记载,他并不强迫境内的民众信天主教,但是当地民众差不多都是基督徒。据说当地的基督徒平民死后,他还主动担任抬棺木的工作,深得领内民众爱戴。他一度得到丰臣秀吉的信任,也得到小西行长的庇护。但是在后来的"伴天连追放令"颁布期间,他不愿意放弃信仰,抛弃了全部的领地和财产。1613年德川家康禁止天主教以后,他选择自我流放,与家人一同登上去马尼拉的大帆船。

三箇圣巧(生卒年不详),他是以河内饭盛为据点的三好长庆的家臣。1564年在耶稣会神父维莱拉手中领洗,取教名圣巧(Sancho)。不久,他的妻子也信奉基督教。他们把三箇地方的三个异教的小神祠改为教堂。后来京都发生了战乱,外国传教士纷纷来到这个地方避难。"本能寺之变"以后,丰臣秀吉讨伐明智光秀,三箇圣巧偏袒后者,1582年,三箇被攻陷,他与儿子三箇曼肖逃亡大和,当地的仅次于京都南蛮寺的教堂毁于战火。1587年,他在大坂的时候,遇"伴天连追放令"发布,他帮助一些传教士避入小西行长的领地小豆岛,并且在京都地方秘密传教,当时他已经七十多岁,后下落不明。[1]

除了这些基督徒大名和武士之外,还有一些佛教的和尚和有名的学者也放弃了他们原来的宗教信仰,加入了教会。当耶稣会在九州广泛吸引人们入教的同时,这些热忱的奉教大名还驱逐那些不愿意接受天主教信仰的百姓,并在自己的领地摧毁了许多佛教庙宇以及神道教的神龛,卡布拉尔在担任耶稣会领袖的时候特别鼓励这种强势的做法。

葡萄牙海外殖民地在宗教事务上最早是隶属于基督骑士团以及托马尔监牧区管理的,这个安排是由罗马教宗卡利斯图斯三世(Callixtus III,1455—1458年在位)在1455年3月14日发布的通谕中规定的。1514年6月12日,罗马教宗利奥十世(Leo X,1513—

---
[1] 郑彭年:《日本崛起的历史思考》,人民出版社2008年版,第79页。

1521 年在位）又发布通谕取消了这个监牧区，另外成立丰沙尔主教区（bishopric of Funchal），该教区总管所有葡萄牙海外殖民地的宗教事务。1533 年 1 月 31 日，此教区之下又成立阿格拉、佛得角、圣多美和果阿副主教区，丰沙尔则保留为总主教区直到 1550 年，以后该教区则隶属于里斯本总主教区。果阿主教区则包括从好望角到远东所有葡萄牙人建立殖民地的广大地区。1558 年 2 月 4 日，罗马教宗保禄四世（Paul IV，1555—1559 年在位）将葡属印度的首都果阿升格为都主教区（a metropolitan see），其总主教的权力可以管辖科钦以及马六甲主教区。以后，又从果阿分出埃塞俄比亚宗主教区。当时的中南半岛、摩洛加群岛以及中国教区相应的宗教活动都隶属于马六甲主教区。随着天主教传教事务的发展，1576 年 1 月 23 日，罗马教廷又成立澳门主教区，中国和日本的教务是在澳门主教区的管辖之下。1588 年 2 月 19 日，罗马教宗西克斯图斯五世（Sixtus V，1585—1590 年在位）宣布建立独立的日本主教区，开始的时候，主教驻地在府内，后来则迁往长崎。堂·佩德罗·马丁斯主教（Bishop Dom Pedro Martins, S.J., 1591—1598 年在任）是日本天主教会的第一任主教，他是一位耶稣会士，于 1591 年来到日本，于 1597 年 3 月离开日本去澳门，后在从马六甲去果阿的航行途中去世。他的继任者堂·路易斯·塞凯拉主教（Bishop Dom Luís Cerqueira, 1598—1614 年在任）也是一名耶稣会士，他于 1598 年 8 月 5 日抵达长崎视事，以后的十五年中，他一直是日本天主教会的领袖，直到 1614 年去世。①

从耶稣会的管理体制上看，1575 年的时候，远东的传教事务由耶稣会在果阿的第二任省会长加斯帕（Dom Gaspar de Leão Pereira）负责。1588 年 6 月至 11 月，加斯帕的继任者维森特（Dom João Vicente de Fonseca）召开了省会议，范礼安（后来的省会长）以及果阿圣保

---

① Joseph Franz Schutte, S.J., translated by John J. Coyne, S.J., *Valigano's Mission Principles, Vol.1, From His Appointment as Visitor until His First Departure from Japan, 1573–1582*, pp.110–111.

第二章 "天主"与"玛门"：耶稣会与葡日贸易以及教会内部的争议（1560—1640）

禄学院的院长瓦雷里奥（Valerio de Parada）参与了领导工作。根据耶稣会的章程，直到 1605 年范礼安去世前一年，日本和中国教务是划归在一个单独的传教区的，但事实上自 17 世纪初开始，它们各自由副省会长管理，这两位副省会长向远东视察员范礼安作报告，范礼安自 1575 年至 1606 年一直实际负责远东耶稣会传教区的工作。1608 年，罗马耶稣会总会将耶稣会日本副会省升格为会省，但它直到 1611 年才正式开始运作，中国则继续由另一位副省会长管理，整个 17 世纪都是如此。

耶稣会在中国和日本发展的规模是完全不同的，日本耶稣会的传教事业在规模上远远超过中国，由此，它在整个东方传教历史上的地位也要超过中国。中国澳门在 17 世纪初年的时候，常驻的耶稣会士仅 30 名左右。① 相比之下，耶稣会士在日本的传教活动成绩卓著，进展迅速。根据葡萄牙耶稣会士加斯帕·维莱拉（Padre Gaspar Vilela，1525—1572）在 1571 年 11 月 3 日致总会长的信，他估计当时日本约有 20 000 名基督徒，他们以每一群大约 2 000 至 3 000 人的规模分布在日本各个地区。在同一时期的另一份文件中，他估计日本各地区的基督徒加起来可以达到 30 000 多人。② 到 1578 年的时候，日本有 44 名耶稣会士；1579 年底，信徒人数达到 100 000 名，比 1571 年时增加了三倍。③ 另一种统计则是，1580 年，耶稣会在日本拥有 150 000 名信徒，共有 200 座教堂，85 名传教士，其中 20 名日本籍修士，另外还有 100 名传道员（dōjuko, lay catechist）。④ 1582 年更为具体的统计数字是：在日本的外国籍耶稣会士有神父 32 名、外国修士 33 名、日本籍修士 20 名，共计 85 名神职人员；此外还有约 100 名传道员以及仆人约 300 名。耶稣会在九州下部拥有会院或者学院的地方有长崎、

---

① Donald F. Lach, *Asia in the Making of Europe*, Vol. 3. Chicago University Press, 1965, p.168.
② Joseph Franz Schutte, S.J., translated by John J. Coyne, S.J., *Valigano's Mission Principles, Vol.1, From His Appointment as Visitor until His First Departure from Japan, 1573–1582*, p.201.
③ Dauril Alden, *The Making of an Enterprise, The Society of Jesus in Portugal, Its Empire, and Beyond, 1540–1750*, p.62.
④ C.R. Boxer, *The Christian Century in Japan, 1549–1650*, pp.114–115.

大村、有马（神学院）、有家、平户、天草；在丰后则在臼杵有见习修士会院，在府内有神学院，在野津也有会院；还有在宫古、安土（神学院）、高槻、若江也有耶稣会的建筑物。耶稣会还准备在大村建立一所语言学校，在宫古建立一所学院，在丰后为年龄较大的男孩建立一所神学院，在大坂、博多和鹿儿岛等地建立更大的会院。当年统计耶稣会属下的基督徒人数为 150 000 名，其中九州南部地区最多，达到 14.2 万余名。其中大村 70 000 名、有马 20 000 名、平户 15 000 名、五岛 400 名、志木 1 000 名、博多 1 000 名、丰后 10 000 名，北部靠近本州的地方有 25 000 名。此外，还有长崎以及茂木两个港口都是在耶稣会的控制之下。① 到 1592 年，在日本共有 136 名欧洲和日本籍的耶稣会士、180 名传教员、380 名平信徒工作人员，他们要照顾分布在各地的会院以及 200 多座教堂。

二、财政上的困难

耶稣会的财政困难 耶稣会不断扩大的人员和传教事业都是需要经费支撑的，因为除了维持日常的运作以外，耶稣会士还要从事社会救济事业，他们要分发食物给穷人，照顾无依无靠的寡妇及孤儿。在 1595 年，仅长崎一个会院就照顾了 670 名难民，他们中有许多人是在各地的乡村里因信奉基督教而受到迫害逃到长崎来的，完全需要依靠耶稣会本身的基金来供养。另外，因飓风、海难、战乱和火灾等原因造成的损失也需要经费来弥补。如 1563 年有一座教堂刚刚落成即发生火灾而焚毁；1605 年猛烈的飓风毁坏了 50 座教堂。当时的耶稣会士还需要维持和负担日本九州各地神学院学生的教育以及训练、教

---

① Joseph Franz Schutte, S.J., translated by John J. Coyne, S.J., *Valigano's Mission Principles, for Japan, Vol.1, From His Appointment as Visitor until His First Departure from Japan, 1573–1582*, p.277.

堂和修道院的保养维修以及非常活跃的出版印刷事业的费用。综上所述，在日本的耶稣会面临很大的财政压力。

耶稣会士面临的另一个困扰就是为了拓展传教事务，他们还要向日本各地的大名、武士以及社会各阶层赠送礼物。在日本，送礼和还礼是一个重要的社交方式，这对于西方人是很不习惯的，但为了拓展传教事业，耶稣会士不得不适应日本的风俗。博学的耶稣会士路易斯·弗洛伊斯（Padre Luis Froís，1532？—1597）[①]指出："如果每年要访问某个贵族三十次，你必须每次都带上礼物。"如果回礼不得当或不等值，有时还会惹麻烦。戚印平教授的著作中对耶稣会士向日本贵族送礼的情形多有描绘：如1549年沙勿略的信中记载他向鹿儿岛领主岛津贵久赠圣母像，1551年向山口领主大内义隆赠送了13件贵重的礼品，有时钟、燧石枪、缎子、玻璃器皿、镜子、眼镜等；1581年3月范礼安觐见织田信长时进呈了镀金烛台、天鹅绒料子和欧洲式样的椅子；1591年范礼安率领"天正使团"成员觐见丰臣秀吉时带了两副在意大利米兰制作的华丽铠甲、两把带有黄金饰物的银剑、数把火枪、四幅珍贵的油画、一顶野战帐篷和一头高大的阿拉伯战马。范礼安在给埃武拉主教的信中说："为了得到基督教大人的庇护，并使异教徒大人不反对改宗，必须赠送无数的礼物。"[②]为了适应日本的风俗，同时又保持耶稣会本身信仰上的立场并顾及本会的财政开支，范礼安曾经费尽心思地对耶稣会士赠送礼物一事做出极为细致的

[①] 弗洛伊斯（Luís Frois, 1532？-1597）是葡萄牙籍耶稣会士，出生于里斯本，早年担任里斯本王室的书记员，1548年加入耶稣会，不久以后就出发来到东方的印度。在印度，他作为一名见习修士学习各种知识。1554年4月，他告别果阿准备去日本，但是因为各种原因留在了马六甲，不久以后又回到了果阿，又学习了几年。其间，他担任耶稣会印度省会长的秘书。最后，在1562年，他终于再次出发前往远东并于次年6月抵达日本。从1565年2月1日至1576年12月31日，他先在九州北部后在丰后从事传教工作。1582年，他作为译员陪同范礼安前往宫古。1592年10月9日，他又作为范礼安的助手陪同他前往澳门。三年以后，他又回到日本，于1597年7月8日在长崎去世。根据耶稣会长上的命令，他从1583年开始撰写《日本教会历史》。Joseph Franz Schutte, S.J., translated by John J. Coyne, S.J., *Valigano's Mission Principles*, Vol.1, *From His Appointment as Visitor until His First Departure from Japan, 1573–1582*, pp.11–12.

[②] Ibid., p.240.

规定。

他将礼物分为两大类：一是食品礼物。从社会阶层的角度来看，神父们在去访问别人的时候不可以先赠送礼物，但是在另一种场合，如访问居住在其领地的异教徒领主的时候，还有当各地领主派人访问耶稣会传教站的时候，神父们应当赠送适当的礼物。范礼安将这样的礼物分为五等，小瓶的酒、鱼干和水果，小的米糕饼和酒，两小桶酒、几盒家禽肉和鱼，四小桶酒、几盒果酱和豆饼，再加上腌制的菜以及欧洲风味的"南蛮食品"。前面几种是赠送给与神父们熟悉的基督徒的，后两种是赠送给不信教的领主的。

二是关于赠送其他各种礼物，范礼安制定了八项原则：第一，这些礼物看上去不应该像商店里的货品。第二，送礼时不要给人一种印象，就像是在按照程式布施似的。第三，不需要一次性赠送许多礼物。耶稣会的长上在拜访日本当地的领主的时候一般只赠送一匹锦缎或者丝绸，价值2两银子；神父们赠送的礼物则要更少。第四，最主要的耶稣会长上拜会重要的大人物的时候应当表现出慷慨大方，要赠送价值高的礼物（珍贵物品）。对于一般的基督徒，视察员则赠送有宗教意义的物品如念珠、玫瑰经以及小圣像等。第五，对于非基督徒的领主，一般赠送的物品不要超过三件。第六，传教士不要向妇女赠送和服等衣服，这样的礼物应当赠送给小孩和穷人。第七，礼品要按照日本的礼仪包装以后赠送。第八，在日本的新年，为了表示对于居住地领主的尊敬，在向他们赠送贵重的礼物时要用一种水原出产的纸张包装并配以一把镀金的扇子。如果礼物是普通的，包装的纸张也要用好的品质，另配一把不镀金的扇子。范礼安一再告诫传教士不要被过度的和不合理的慷慨所束缚。①

日本的耶稣会还为严重的债务问题所困扰，由于经营上的困难，他们必须向葡萄牙本国、长崎和澳门的葡萄牙人以及中国商人借

---

① Joseph Franz Schutte, S.J., translated by John J. Coyne, S.J., *Valigano's Mission Principles, for Japan, Vol.2, The Solution, 1580–1582*, pp.185–186.

第二章 "天主"与"玛门":耶稣会与葡日贸易以及教会内部的争议(1560—1640)

钱。1611年耶稣会已欠葡萄牙本国40 000比索的债务,1617年则为35 000比索;1615年欠日本人12 000银两,欠澳门的葡萄牙人6 000银两。1618年视察员方济各·维埃拉(Padre Francisco Viera, d.1619)前来日本检查财务状况时,发现日本耶稣会负债达3万银两。对范礼安等耶稣会的负责人来说,这真是挥之不去的梦魇。①

以日本当地的情况而言,尽管有些基督徒大名慷慨捐赠,甚至有些不信教的大名如细川忠兴(1563—1646)等人也会不定时地资助耶稣会士,赠予耶稣会士土地以及财物。但总体上来说,日本的奉教大名大多数都很贫穷,他们的主要收入就是农民缴纳的稻米,手头没有什么现钱,他们也将农民缴纳的大米作为金钱的替代品支付给为他们效力的武士。一名有50万石大米收入的大名只能留给自己4万至5万石,其余的都要留作其麾下武士的生活费用。一个普通的武士则需要维持他自己、妻儿以及8至9名仆人的生活费用,他们每年的生活费约需120石至150石,外加一些蔬菜、水果、咸鱼以及腌制的萝卜等度日。这是当时九州真实的生活情形。一般的日本基督徒平民或农民则更加贫穷,许多人都是被反基督教的大名赶出封邑的身无分文的流民,以教会布施的救济为生,还有一些日本本地的传道员,因为年事已高不能再进行传教工作,也需要教会的赡养。

因此,耶稣会士远东的传教事业在财政上捉襟见肘,亟须支援。据耶稣会远东视察员范礼安神父的估计,仅当时日本教会每年就需要10 000至12 000克鲁扎多的经费。② 这笔费用对于当时的远东教会数目不算小,但同比当时的欧洲,只相当于维持一所耶稣会神学院的开销而已。

教廷与王室捐助的不足　在此情形之下,耶稣会不可避免地需要外部帮助。开始的时候,这些资助是非常稀少的,仅限于一些对耶稣会士非常友好的葡萄牙绅士的馈赠,如1549年,一位马六甲的舰长

---

① Michael Cooper, *Rodrigues,The Interpreter, An Early Jesuit in Japan and China*, John Weatherhill Inc, 1974, p.242.
② C.R. Boxer, *The Christian Century in Japan, 1549–1650*, pp.114–115.

曾经慷慨地资助过沙勿略。还有一些富有的见习修士如费尔南·门德斯·平托也资助过耶稣会士。沙勿略初来远东传教时就已经注意到传教经费的问题，他呼吁本会的会士要从各种渠道争取资金，甚至认为商业的手段也可以辅佐传教事业。1552年7月21日，就在沙勿略离世前数月，他在新加坡海峡时致信果阿的加斯帕尔（Gaspar Barzaeus）神父，提到要以各种手段向葡萄牙海外殖民地的仁慈堂、各类善心人士、国王等为日本传教事业募集资金；在7月22日的信中他再次提及要为日本募款，并向加斯帕尔要求送到日本的钱款必须是黄金。同一天，他致信自己最信任的朋友迪奥戈·佩雷拉（Diogo Pereira），建议他向葡萄牙国王和果阿总督写信通报与中国建立商业联系甚至建立商站的可能性。

迪奥戈·佩雷拉是沙勿略最亲密和信任的朋友，一直生活在果阿。在1548年的时候，他已经在果阿生活了许多年，是一名著名的富有商人。1548年，他曾经航海去暹罗，1551年又航行去了中国。1552年，他本来要与沙勿略一同作为葡萄牙的使节去见中国的皇帝，后来因为马六甲的舰长阿尔维罗·德·阿太德（Alvaro de Ataide）从中作梗而没有成功。1553年，他在马六甲迎接了从上川岛运回的沙勿略的遗体。1554年，他在果阿再度迎接了沙勿略的遗体，并在果阿对沙勿略的生平与事业做了见证。从1562年至1570年，他担任澳门的加比丹·莫尔职务。① 沙勿略离开日本以后，耶稣会士财政上十分困难，他们生活在贫困之中，只是依靠不定期来日本的葡萄牙船只带来少量的补助，维持最基本的开销。

直到1556年，一位在与日本人贸易中取得成功的葡萄牙富商兼外科医生路易斯·德·阿尔梅达（Luis de Almeida，1525—？）在长崎加入耶稣会，并捐出4 000或5 000克鲁扎多，此举彻底改变了耶稣会士入不敷出的窘况。阿尔梅达1525年出身于里斯本一个有着犹太

---

① M. Joseph Costelloe, S.J., translated and introduced by, *The Letter and Instructions of Francis Xavier*, pp.432–437, p.188.

血统的"新基督徒"家庭。当时葡萄牙许多被迫改宗的有犹太血统的"新基督徒"从事医疗或者经商。早年的阿尔梅达是学医的,1546年3月3日,葡萄牙国王的国务会议(Secretariat)颁发给他外科医生证书。两年以后,他离开葡萄牙去往印度。有记录说他于1552年8月14日已经初次来到日本的种子岛了。后来他取道萨摩前往平户,以后又抵达山口。1555年,他在府内加入了当地耶稣会的传教事业;又过了一年,托雷斯接纳他成为耶稣会的一名修士。他捐出了多年行医和经商所获得的大笔金钱。① 从那时起,耶稣会士开始用这笔钱中的一部分投资于生丝贸易。根据日本耶稣会领导人卡布拉尔的说法,阿尔梅达的善举结束了日本耶稣会经费拮据的时代。②

从理论上来说,整个耶稣会乃至其他修会的传教经费都是由罗马教廷、葡萄牙王室以及修会各自在欧洲的总会来负担的,远东除马尼拉以外的所有传教区都是在葡萄牙王家保教权的庇护之下的。③ 在1574年以前,耶稣会能够得到的官方资助只有葡萄牙王室通过马六甲海关送来的每年500克鲁扎多的金钱。从1574年以后,葡萄牙国王塞巴斯蒂安(King Sebastião,1557—1578年在位)承诺每年提供1 000克鲁扎多的财政资助给耶稣会,并由设在马六甲的海关支付,但是事实上这笔资金总是不能按期支付或者迟迟没有支付。④ 后来的葡萄牙-西班牙王国国王菲律普二世(Philip II,1556—1598年在位)才对此加以确认,同时另外追加1 000达克特,但是也因为种种原因在许多情况下无法按时兑现。⑤ 范礼安在1583年很悲观地指出:"在

---

① Reinier H. Hesselink, *The Dream of Christian Nagasaki, World Trade and the Clash of Cultures, 1560–1640*, McFarland & Company Inc., 2016, p.19.
② Joseph Franz Schutte, S.J., translated by John J. Coyne, S.J., *Valigano's Mission Principles, Vol.1, From His Appointment as Visitor until His First Departure from Japan, 1573–1582*, p.208.
③ C.R. Boxer, *The Portuguese Padroado in East Asia and Problem of the Chinese Rites, 1576–1773*, Boletim do Instituto Portugues de HongKong Vol.I, 1948, pp.190–226.
④ C.R. Boxer, *The Great Ship from Amacom, Annals of Macao and the Old Japan Trade, 1555–1640*, p.39.
⑤ C.R. Boxer, *The Christian Century in Japan, 1549–1650*, p.117.

过去的九年当中几乎没有任何金钱派发过来。"① 按葡萄牙保教权的规定，葡属印度巴辛（Bassein）当局每年要向日本耶稣会提供 1 000 斯库多（Scudi）的资助，其中一部分金钱来自耶稣会在巴辛的房产租金（当时耶稣会在葡属印度除了巴辛以外，在果阿和科钦也有房产出租）。但是这笔钱不足以维持耶稣会在日本的传教事业，除非耶稣会在印度购买更多的土地用于出租，即便每年有 2 000 斯库多也不能满足该会在日本每年的资金所需，日本传教会每年需要 6 000 多斯库多才能支撑。② 在罗马教廷方面，教宗格里高利十三世（Gregroy XIII，1572—1585 年在位）和西克斯图斯五世（Sixtus V，1585—1590 年在位）也曾经表示要向日本耶稣会提供金钱帮助，格里高利十三世对于耶稣会特别眷顾，是一位特别热心资助耶稣会东方传教事业的教宗，他曾经在一段时间里每年资助日本耶稣会 4 000 斯库多，③ 但是日本传教事业需要更多的资金，特别是开办神学院需要费用。日本耶稣会曾经通过罗马的总会长请求教宗每年拨款 2 000 或者 3 000 斯库多支持日本耶稣会神学院，并说这笔钱可以先汇到葡萄牙，然后从那里将现款送到印度。但是这一计划没有得到回应，因为罗马教宗首先将资金用于资助设在罗马的耶稣会日耳曼学院，向该学院每年提供 10 000 斯库多的财政支持。该学院设在罗马郊外，专门培养日耳曼以及北部欧洲的年轻耶稣会士，以对抗新教迫在眉睫的威胁。但是，日本耶稣会当局则认为，教廷完全应该拨出一部分钱款支持日本的耶稣会神学院，因为日本地处遥远的东方，传教事业的建立更为艰难，培养年轻的修士刻不容缓，远远要比在德意志的传教事业更为重要。④ 1617 年，日本的耶稣会抱怨说葡萄牙王室答应的每年从马六

---

① Micheal Cooper, *Rodrigues, The Interpreter, An Early Jesuit in Japan and China*, p.241.
② Joseph Franz Schutte, S.J., translated by John J. Coyne, S.J., *Valigano's Mission Principles, Vol.1, From His Appointment as Visitor until His First Departure from Japan, 1573–1582*, Gujarat Sahitya Prakash Anand, 1985, p.316. 斯库多（Scudo，复数为 scudi），16 至 17 世纪意大利流行的金币或者银币，原意是"盾"，指货币上铸有盾形的图案。
③ Ibid., p.317.
④ Ibid., pp.316–317.

第二章 "天主"与"玛门"：耶稣会与葡日贸易以及教会内部的争议（1560—1640）

甲海关拨给他们的 1 000 克鲁扎多的款项已经有十年没有支付了。为了回应耶稣会的诉求，王室颁布了一项谕旨说这笔款项将由从澳门驶往马六甲的船只支付，不过这件事情以后也没有了下文。① 从欧洲来的资助都是要通过果阿转送的，由于路途遥远，一些钱款因为航路的不畅、飓风、海盗的抢劫、荷兰舰队的拦截而延误或不到。即便这些资助最后到达日本，也因为日本当地的征税和汇率的变动减值近 1/3。②

当时教会的人们经常嘲笑说：在葡萄牙统治的亚洲地区，来自王室的支持不是太少，就是没有。而总督、兵头和舰长们则抱怨说，国王总是把金钱优先送给教区和修会（事实上国王经常这样做），而不是给海军、陆军和民事当局。而王室则说自己的金库常常空空如也，似乎每个人都缺钱花。③

海难也是造成日本耶稣会补给不畅的一个重要原因。1573 年，有一艘从澳门驶往日本的葡萄牙船只，载着耶稣会东方视察员贡萨洛·阿尔瓦雷斯等 4 名耶稣会士，当船只快驶抵日本海岸，人们已经远远望见日本大陆的时候，突然一阵飓风袭击了这艘笨重的大帆船，使得船体倾斜下沉，许多人溺水身亡，只有两名古吉拉特领航员得以逃生。该船只载有阿尔瓦雷斯从印度带来的许多"珍贵的礼物"，以及日本耶稣会"几乎所有未来所需的资本"。④

为了维持日本耶稣会的传教事业，需要远东的耶稣会士自行筹措经费。在此情形之下，当时在澳门和长崎之间崛起的由葡萄牙人从事的获利颇丰的贸易活动正好为耶稣会士解决财政危机提供了契机。

---

① C.R. Boxer, *The Great Ship from Amacom, Annals of Macao and the Old Japan Trade, 1555–1640*, pp.94–95.
② Luis de Guzman S.J, *Historia de las Misiones de la Compañia de Jesús en la India Oriental, en la China y Japón desde 1540 hasta 1600*. Bilbo, 1891, pp.647–650.
③ C.R. Boxer. *The Portuguese Seaborne Empire, 1415–1825*, p.77.
④ Joseph Franz Schutte, S.J., translated by John J. Coyne, S.J., *Valigano's Mission Principles, Vol.1, From His Appointment as Visitor until His First Departure from Japan, 1573–1582*, p.315.

三、耶稣会士参与澳门与长崎之间的海上贸易

耶稣会士与九州的大名 耶稣会士参与澳门和长崎之间的海上贸易是当时整个澳门对外贸易的一个重要组成部分。[①] 根据博克塞的看法，16 至 17 世纪耶稣会士的贸易绝不仅仅局限于亚洲，他们的经济活动是全世界性的。耶稣会士在巴西和安哥拉的传教事业需要出售糖、奴隶及家畜的收入来维持。当地的耶稣会士拥有庄园、农场、土地等不动产。在西班牙殖民帝国中如墨西哥、秘鲁和菲律宾，也有同样的经济活动。因此，他们的贸易活动在规模上远远超过后来的荷兰及英国东印度公司，甚至可以称它为最早的国际贸易团体。耶稣会由在罗马的总会长，在各省会的省会长、会长以及海外事业的负责人组成一个真正的国际性团体。只是在某一固定传教区，某一国的耶稣会士才会占主导地位，如葡萄牙耶稣会士在澳门和马六甲；西班牙耶稣会士在菲律宾和墨西哥等。耶稣会在澳门与长崎之间的海上贸易可以看作他们全球贸易中的一部分或者一个环节。[②]

博克塞进而指出，包括耶稣会在内的各大宗教修会团体都纷纷从事贸易活动，"向玛门（Mammon，财神）妥协，其目的都是为了弄到支持修会团体传教事业的金钱"。在 16 世纪中下半叶至 17 世纪上半叶，远东耶稣会从事贸易活动的方式就是参与澳门与长崎之间的以生丝为主要货物的转运贸易。当时的明朝政府奉行闭关锁国政策，但

[①] 此一方面的研究可以参考戚印平：《关于东亚耶稣会士商业活动的若干问题》《耶稣会澳门管区代表及其商业活动的相关问题》，见其著《东亚近世耶稣会史论集》，台湾大学出版中心 2004 年版，第 127—256 页；及其《范礼安与澳门当局签订的生丝贸易签约及相关问题》，见其著《远东耶稣会史研究》，中华书局 2007 年版，第 405—433 页；及其《耶稣会士与晚明海上贸易》，社会科学文献出版社 2017 年版。张廷茂：《明清时期海上贸易史》，澳亚周刊出版有限公司 2004 年版，第 86—100 页；及其《耶稣会士与海上贸易》，澳门《文化杂志》第 40、41 期，2001 年。安娜·玛利亚·莱唐：《耶稣会士与对日贸易》，澳门《文化杂志》第 17 期，1993 年。

[②] C.R. Boxer. *Portuguese India in Seventeenth Century*, p.50. Duaril Alden, *The Making of an Enterprise, the Society of Jesus in Portugal, Its Empire, and Beyond, 1540–1750*, pp.168–171, p.306, pp.479–501, p.538.

第二章 "天主"与"玛门":耶稣会与葡日贸易以及教会内部的争议(1560—1640)

是却默认澳门的葡萄牙人从事将中国货物销往海外的转运贸易,并允许他们每年在固定的时间来到广州从事丝绸和其他货物的交易,澳门的葡萄牙人则将中国的生丝运往日本换取中国所需的日本白银和铜。① 当时,每年用船运往日本的生丝多达1 600皮科,船只由王家舰队舰长加比丹·莫尔统领,澳门议事会有时也会组织这样的贸易活动;② 当地的商人则根据自己的财力拿出一定份额(份额时大时小)的货物。整船的货物运到长崎以后由澳门的代理商负责运上岸并在市场上卖掉,回到澳门以后再将所获得的总利润按比例分配给托运人(即货主)。由于整船的货物不可能在船到长崎以后的第一个季节即时卖掉,在很多情形之下只能等待船离开长崎以后才能完成交易。在澳门的葡萄牙商人固然是主要的货主,他们是从事海上贸易的主体;但是澳门的教会团体为维持自己的生计,也往往投资其中,成为托运货物的货主。这些包括耶稣会在内的教会团体经常与议事会达成协议,在大船运输的货物中占有自己的份额,以此形式参与当时的国际贸易活动。③ 由于耶稣会士精通中国和日本两种不同的语言,尽管当时亚洲这两个国家因为"倭寇"问题处于敌对状态,但是耶稣会士却与两国的上层权贵都维持着友好的关系,这为他们参与和从事当时的国际贸易提供了得天独厚的条件。④

在相当长的一段时期里,以耶稣会为主体的澳门教会靠着垄断中国大陆与日本之间的转运贸易而使其教会事业得到强大的支持。当时明朝政府虽奉行闭关政策,但却需要得到日本的白银,而日本则需要中国的生丝,因此耶稣会士成为这两个亚洲敌对国家之间的"商业中介"。

早在1560年代,耶稣会积极争取与日本九州南部的奉教大名进

---

① C.R. Boxer, *The Great Ship from Amaco: Annals of Macao and the old Japan Trade*, Lisbon, pp.9–11.
② Ibid.
③ C.R. Boxer, *The Christian Century in Japan, 1549–1650*, pp.111–121.
④ Michael Cooper, *Rodrigues the Interpreter: an Early Jesuits in Japan and China*, pp.23–71.

137

南蛮贸易时代：近代早期日本与欧洲交流史（1542—1650）

去往日本的葡萄牙黑船，模型，澳门海事博物馆

行贸易。在那个时代，几乎每年都有从澳门到日本九州的商船，当地的日本大名很穷，葡萄牙的船只进入他们的港口与之交易，使他们大获其利，所以他们努力吸引商船去他们各自的封地。这些大名对耶稣会神父表示欢迎，部分原因就是随同神父一起来到日本的葡萄牙大帆船会给他们带来商机，再加上他们自己宗教信仰上的原因，他们中有许多人会成为虔诚的天主教皈依者。他们也进而相信，葡萄牙的船只一定会驶入有基督徒和教会的地方，所以他们也力求使自己的本乡拥有基督徒和教堂，这样就可争取葡萄牙商船到来，还可以从神父那里得到其他的好处。那时，葡萄牙人带到日本的火绳枪广受欢迎，九州的一些大名竞相建立自己的火枪手部队，有日本方面的记载说，有一些大名竟然让自己信任的家臣转而皈依天主教，由此获得机会向葡萄牙人学习制造"南蛮火器"的秘诀，耶稣会士也由此赢得了忠诚的信徒。[①] 到1571年以后，来自澳门的载有耶稣会货物的商船频繁地往返于澳门与长崎之间。如前所述，在澳门、长崎和果阿之间转运的货物都要在葡萄牙的亚洲领地上缴税。不过，1570年以后，从中国来的商船就不在马六甲靠岸或处理货物。如果葡萄牙的商船有时不够明智，在科隆坡停泊，当地的舰长要勒索他们交纳两三千克鲁扎多。在

---

① C.R. Boxer, "Notes on Early European Military Influence in Japan", in *Dutch Merchants and Mariners in Asia, 1602–1795*, VI, p.70.

澳门，葡萄牙人每艘船都要向广东的地方官吏交纳税金。在日本的长崎，在大村纯忠的鼓励下，每艘船只要向当地的耶稣会士交纳1 000达克特。博克塞说他不清楚在丰臣秀吉统治时期，在长崎的日本税吏是否还征收这笔钱。尽管有这些税收，澳门与长崎之间的贸易获利仍然十分可观，因为"这些税收并没有从姜饼上刮下多少糖衣，澳门大帆船上产生的利润只有同时期马尼拉大帆船上的利润可以比美"。

17世纪的船形的香炉，保存于澳门大三巴天主教艺术博物馆

"来自阿妈港的大帆船" 1578年7月下旬至8月上旬，范礼安离开马六甲，9月6日，他来到澳门以后，就以耶稣会东方视察员的身份检视了当时整个传教形势，他决定以固定投资这项贸易的方式来巩固耶稣会在日本传教的经济基础。他在《申辩》(*Apologia*) 中写道："当我在1578年抵达澳门以后，调查了当时的形势，我很清楚地知道在当时不可能放弃这项（葡萄牙—日本贸易）收入的来源。我很明了在日本的耶稣会神父们以及那里的基督徒团体们处于危险的处境，因为没有有保障的和充裕的经费来源，他们沉重而持久的消费就难以为继。因为这个原因，我努力地通过总会长神父从罗马教廷以及他本人那里获取帮助。我也与这里的澳门当局进行谈判以保证从（与日本的）丝绸贸易中获得份额。在获得当局的同意以后，我们达成协议，保证从丝绸贸易中获得一笔稳定而固定的收入。这笔交易被限定在一个适当的份额以使得公众满意。在澳门，大家都知道日本的耶稣会士的不懈努力，大家都认为这是有助于基督教王国的且有助于皈依的事业的。"同年12月，范礼安在澳门再次写信给罗马的耶稣会总会长对

139

澳门圣保禄学院附属教堂"天主之母"教堂（大三巴）的正立面，约 1640 年代竣工

这件事情加以说明。① 根据范礼安与澳门议事会的商议，议事会同意从每年 1 600 皮科的生丝货物总额中划出 90 皮科（后减为 50 皮科）给耶稣会以参与此项贸易，这 50 皮科的生丝由耶稣会神父自己出资购买，其价格根据与日本商人共同议定的批发价格的第一次喊价。这 50 皮科通常能够产生大约 1 600 达克特的利润。当时在中国购买一皮科的生丝需要 90 达克特，在日本可以以 140 达克特的价格出售，扣除 10% 的运费以及 3% 的其他费用，从澳门输出抵达日本的生丝每皮科大约可以获利颇丰。②1579 年 12 月，范礼安再次向罗马报告了日本耶稣会的财政形势，他指出如果采取更好的方法，日本耶稣会的财

---

① Joseph Franz Schutte, S.J., translated by John J. Coyne, S.J., *Valigano's Mission Principles, Vol.1, From His Appointment as Visitor until His First Departure from Japan, 1573–1582*, pp.184–185.

② C.R. Boxer, *The Great Ship From Amacon:Annals of Macao and the Old Japan Trade, 1555–1640*, p.39.

第二章 "天主"与"玛门":耶稣会与葡日贸易以及教会内部的争议(1560—1640)

政情况是会有所改善的。他指出截至当年 12 月 5 日,日本耶稣会共拥有资本 20 000 两白银,等于 30 000 斯库多意大利现金,他估计这笔资金的 15 000 斯库多已经永久地投入到葡萄牙人的生丝贸易中去了。其中 8 000 斯库多的现金每年要从日本送到澳门购买生丝,然后由葡萄牙人的船只将这些货物带到日本,澳门议事会还作出了一个有利于耶稣会的规定:如果货物没有卖掉,耶稣会也能得到如同卖掉以后同样的报酬。这是因为范礼安通过一个聪明的协议附录使得澳门议

1736 年在澳门铸造的铜钟,用于圣保禄学院的钟楼。钟上以拉丁文刻有"你的声音在我的耳边回响"

事会同意,假如生丝在日本不能卖掉,耶稣会将不承担由此所致的任何损失,葡萄牙船只的代理人会将船只停留在日本港口期间没有卖出的生丝交给耶稣会士。如果可能,这些生丝可以在来年葡萄牙船只再来日本以前被处理掉,如果处理不掉,也可以将这些生丝运到葡萄牙船只不经常到的如平户等地的港口。耶稣会士尽量不让葡萄牙的商人感到失望或者产生抱怨,尽一切可能与葡萄牙的商人保持友好关系。每年这些生丝和其他托运的货物卖掉以后,耶稣会大约可以赚取净利 2 000 斯库多。这样,耶稣会士们的收入就相当稳定了,还省下将货物运回澳门的费用。① 范礼安并不满足于澳门当局的同意,他还在 1584 年 3 月申请果阿总督马士加路也(Franciso Mascarenhas)的同意。最后,在范礼安于 1589 年 4 月 29 日第二次访问澳门的时候,他

---

① Joseph Franz Schutte, S.J., translated by John J. Coyne, S.J., *Valigano's Mission Principles, Vol.1, From His Appointment as Visitor until His First Departure from Japan, 1573–1582*, p.314, p.344.

澳门圣保禄学院的遗址，该学院主要是培养去往日本的传教士人才

终于得到了果阿总督的确认。[1]1580年，范礼安在九州写给罗马总会长的报告书中这样说：

> 尊敬的陛下必须知道除了天主的圣宠和眷爱以外，这里在庇护基督教徒方面给予我们最大帮助的就是葡萄牙大帆船了。我在这篇报告中指的是整个九州南部地区而不是指京都地区的丰后，因为大船不去那个地方。不同的领主因为所获得的利益不同，情形就是如此。因为只有在九州南部地区才获益最多，每年都有葡萄牙船以及中国的平底帆船去往那里。我已经说过，日本的领主很穷，这些船只去往他们的港口给他们带来很大的利润，他们千方百计怂恿和诱使大船去往他们自己的封邑。因为他们相信葡萄牙大帆船会去有教堂和基督徒的地方，那里的神父们希望他们去，因此就会有很多船去那里。即便这些人是异教徒，他们也很

---

[1] Joseph Franz Schutte, S.J., translated by John J. Coyne, S.J., *Valigano's Mission Principles, Vol.1, From His Appointment as Visitor until His First Departure from Japan, 1573–1582*, pp.197–200.

第二章 "天主"与"玛门":耶稣会与葡日贸易以及教会内部的争议(1560—1640)

希望神父们去他们的封邑里,这样教堂和基督徒就会得到很好的照顾和保护,葡萄牙的船只也会接踵而至,而他们会从神父那里得到好处。日本人完全是处于他们的领主控制之下的,领主对他们怎么说,他们就怎么信。这也是在刚开始的时候许多人受洗入教,进入信仰之门的原因。也因为这个原因我们开始受到日本人的欢迎,并在许多不同的地方皈化基督徒。①

"来自阿妈港的大帆船"带到日本的另一项主要物品就是黄金,尽管在室町时代(1336—1573)日本是向中国出口这种名贵金属的。在16世纪的时候,日本不时发现和开采金银矿,如甲斐、伊豆岛、石见町和佐渡岛等地,从那时起,欧洲和中国的商人对日本产生了浓厚的兴趣。如前所述,在葡萄牙人初来远东的时代,他们在马六甲已经获知日本可能出产黄金,但三十年以后日本人才发现真正的金矿和银矿。尽管如此,地方上的一些大名经常隐瞒当地出产黄金的消息,而且这些大名还想用日本出产的白银去中国换取更多的黄金,他们不希望引起织田信长或是丰臣秀吉的注意,因为这些强大的大名往往会因此消灭他们以夺取金矿。耶稣会对于从事这样的金银贸易也怀有很大的兴趣。②

然而,即使日本本国出产黄金,日本的基督教大名仍希望耶稣会士帮助他们从海外获得更多的黄金。范礼安于1592年在他写的附加报告中指出:耶稣会士在日本的一个主要烦恼便是奉教大名千方百计地说服甚至是恳求他们去充当金银贸易的经纪人。他观察到,开始时有一些职位较低的基督徒大名如大村纯忠、有马晴信等以少量的白银换取中国的黄金,神父们总是充当中介人的角色,这样就不会招致人们太大的反对,因为当时日本社会很多人不喜欢基督徒大名。丰后的

---

① C.R. Boxer. *The Christian Century in Japan, 1549–1650*, p.93, p.101. Fujita, Neil S., *Japan's Encounter with Christianity, the Catholic Mission in Pre-modern Japan*, Paulist Press, 1991, p.9, p.152.
② James C. Boyajian, *Portuguese Trade in Asia under the Habsburgs, 1580–1640*, p.51, p.233.

基督徒大名大友义镇就经常从事这种交易，他的交易额比较大，在他1578年皈信基督教之前，每年投资达3 000达克特。[①] 这种金银贸易开始时犹如涓涓细流，但不久即如百川汇聚的江河。范礼安曾经记录了1590年至1592年他在日本的经历，据他说耶稣会曾经为一位非基督徒大名购买3 000达克特的黄金，但是一些大名仍然不满足，还在要求耶稣会为他们购买更多黄金。[②] 葡萄牙商人对于耶稣会神父从事的这种私人交易是极为不满的。

范礼安在1592年的报告中指出：造成这种局面的原因是九州的这些大名在征收赋税和租金时都使用黄金为单位，而其他各地的大名也在疯狂地聚敛黄金，他们深知自己的命运变化无常，只有黄金是最轻便和便于携带的资本。当时每个大名都明了在丰臣秀吉死后，一场可怕的内战将不可避免，那时黄金将是每个大名的必备之物，所以当时无论是信基督教的或不信基督教的大名都胡搅蛮缠地要求耶稣会的神父充当广州、澳门以及长崎之间的金银贸易经纪人，至少希望用白银换取中国的丝绸，但他们最想要的是中国的黄金。

九州诸大名的请求使耶稣会的神父陷入两难境地。范礼安指出：澳门的商人以怀疑和艳羡的目光看待耶稣会士的贸易活动。事实上范礼安要求耶稣会士每年从事的贸易额不超过6 000达克特，这只是那些日本大名所要求的贸易额的一半。尽管如此，澳门的商人们仍然很难相信耶稣会士贸易的规模仅限于此。更严重的是那些日本基督徒大名的态度：当耶稣会士表示他们不愿意再当金银贸易的经纪人时，大村纯忠、有马晴信以及其他人就会变得很狂躁，他们声称自己是冒着封邑、荣誉以及身家性命毁于一旦的危险皈依基督教的，如果不投资进行这类贸易，他们就不可能获得财力去抵抗太阁丰臣秀吉的吞并，一旦他们的封邑落入异教徒手中，就不可能再传播基督教了。在此情形之下耶稣会士很难拒绝这些大名的要求，否则这些人对教会的态度

---

① C.R. Boxer. *The Christian Century in Japan, 1549–1650*, pp.111–113.
② Delmer M. Brown, "The Importation of Gold into Japan by the Portuguese during the Sixteenth Century", in *The Pacific Historical Review*, 1947, p.128.

第二章 "天主"与"玛门":耶稣会与葡日贸易以及教会内部的争议(1560—1640)

南蛮屏风上所绘耶稣会士与基督徒大名(局部)

南蛮屏风上所绘的葡萄牙商人,右边站立者为耶稣会士

会从友好或中立转向敌视和仇恨。但是，耶稣会士也都希望将贸易额限定在合理的份额之内。①

尽管耶稣会士从海上贸易中获得不少利润以维持其在日本的传教事业，但是他们自己也深知此种贸易在道义上可能有问题，在实际操作上也会有困难甚至风险。范礼安曾经在其陈述中指出：一，出于需要以及爱邻人的原因，从事丝绸的贸易是被许可的，不过，它毕竟有不好的地方，因为它有违宗教上的圣召。二，它也不能完全满足传教事业的需要，耶稣会实际上需要更多的收入。耶稣会不能再增加更多的份额，因为没有所需的资本，同时葡萄牙的商人也不会答应。一艘船所带的生丝总额是固定的（价值大约50万达克特），神父们所占的份额越多，留给商人的份额就越少。三，它还有一定的风险。在当时，短短8年时间里，有2艘船只在海上遇难，这使得进口的生丝总量降低了，包括耶稣会在内的团体收益也就相应地下降了。这两次海难都发生在范礼安在日本的时期，他目睹了收入损失达3 000达克特；在他抵达日本的时候，日本耶稣会的资产大约是30 000达克特。在损失2 000至3 000达克特以后，还要去掉6 000达克特的现金消费，再加上耶稣会建了一栋新的房子，花去4 000达克特。在他准备离开日本的时候，耶稣会的总资产只剩下约20 000达克特了。如果再发生一次海难，日本传教会的资金就差不多要用光了。因为一艘船上所载的货物可以使耶稣会的成本以及预期产生的利润都损失掉，而支出却没有停止，这就意味着所有的资金可能都会被耗尽。②当时，范礼安的行动经常受到这些形势的影响或是制约。1582年，当他准备登船离开日本的时候，心中感到十分不安，对于是否回去印度或是继续留在日本难以做出决断："尽管有无数次的讨论，到了应该登船的时候我还是不能做出决定。我被一种不能回去的意志所逼迫，仅仅一个麻烦

---

① Delmer M. Brown, "The Importation of Gold into Japan by the Portuguese during the Sixteenth Century", in *The Pacific Historical Review*, 1947, p.128.

② Josef Franz Schutte, S.J., translated by John J. Coyne, S.J., *Valignano's Mission Principles for Japan, Vol.2, The Solution*, 1580–1582, pp.308–309.

第二章 "天主"与"玛门":耶稣会与葡日贸易以及教会内部的争议(1560—1640)

的财政问题就足以让我放弃其他一切的决定。"[①] 这一年(1582年)果真有一艘船只又沉没了(这是本年从澳门驶往长崎的两艘船只中的一艘),损失了8 000达克特,再加上4 000达克特的利润。耶稣会余下的资本已经不够投资下一趟船的贸易额度了。范礼安在离开澳门前往印度的时候,从澳门朋友那里筹集了6 000达克特的资金,另外还有一笔3 000多达克特的资金从马六甲送来。但是他心中仍然无比担心,如果下一艘船再失事,那将如何是好呢?[②]

17世纪中叶,耶稣会士被驱逐出日本,并且被排除出丝绸和日本列岛的金银贸易市场,迫使他们更加依赖于澳门,并极力将澳门这个贸易小站转变成一个耶稣会在中国副会省以及日本会省(重建中)传教事业上的大贸易中转站。在整个17世纪,耶稣会极度重视东方海上贸易带来的利润,因为他们从葡萄牙、西班牙以及教廷那边接受资助都产生了困难,从葡属印度也很少能得到有力的财政支持。因此,耶稣会在澳门的海外贸易中获取利润就变得特别重要,这是维持他们在远东传教事业的基础。虽然详细、连贯的海上贸易统计很难做到,但某些数字仍然说明了问题。如1600年、1611年,耶稣会从海上贸易获得的利润不超过4 000克鲁扎多,1621年时达到3 000—5 000克鲁扎多。[③] 英国旅行者蒙迪(Peter Mundy,1600—1667)在1637年12月指出:耶稣会士的领袖们完全依赖于"海船的贸易、商品的运输以及他们在澳门本城及郊区的房屋不动产。他们急需这些资金,因为他们向其驻有会院的许多别的地方派遣自己的传教弟兄,直到北京"。[④]

耶稣会士除了单独从事贸易活动之外,还经常与澳门的商人合作进行商业活动。他们的贸易对象除日本以外还包括小巽他群岛,

[①] Josef Franz Schutte, S.J., translated by John J. Coyne, S.J., *Valignano's Mission Principles for Japan, Vol.2, The Solution, 1580–1582*, p.309.
[②] Ibid., p.309.
[③] 张廷茂:《耶稣会士与海上贸易》,澳门《文化杂志》第40—41期,2000年,第110页。
[④] Sir Richand Carnac ed, *The Travels of Peter Mundy in Europe and Asia, 1608–1667*, pp.292–293.

147

南蛮贸易时代：近代早期日本与欧洲交流史（1542—1650）

上下安南和暹罗等地，还包括帝汶岛、索罗岛（solor）和弗洛里斯岛（Island of Flores，今印度尼西亚东部岛屿）上的拉郎土卡半岛（Larantuca Peninsula），葡萄牙人获得了属于檀香的一种香料，一种带芳香味的木材，它的香味融合了丁香和肉桂两种味道。檀香木只是澳门与东南亚以及印尼群岛贸易货物的一个品种，其他的物品还包括象牙、大米、胡椒、盐、锡、铅、汞、硫磺、珍珠、珊瑚、琥珀、燕窝和鱼翅。除此以外，澳门耶稣会学院的货仓以及那些商人的货仓还为耶稣会的神父们提供贮藏的设施，他们的存货种类繁多，应有尽有：如大量的丝绸、棉布、各类镜子和铜钟、花边毛巾、精致的手帕和围巾、肥皂、银制的大浅盘、酒杯和烛台等。① 早在1615年，耶稣会就已经进入安南，当时正逢内战，耶稣会士将西洋的炮术带入当地，受到安南统治者的欢迎，1651年，阮氏王朝与澳门的耶稣会建立了稳定的贸易关系，耶稣会士则充当贸易的中介，并伺机传教。

耶稣会士在商业活动中的另一个重要角色就是从事商业谈判。1602年，葡萄牙人在长崎的生丝贸易陷入很大的困境。在长崎的日本商人抱怨葡萄牙人在出售生丝时定价太高，而澳门的葡萄牙商人则认为当时生丝的市场价格太低。长崎的代官（daikwan）将此事报告给幕府，德川家康听说以后下令调查此事。著名的葡萄牙籍耶稣会士陆若汉（Padre João Rodrigues，1561—1634）在当时的外国传教士中是一位卓越的语言学家（他的诨名是"译员"——Tçuzzu, or Interpreter），因而受到德川家康的重用，得以介入这件事情的调查。一开始局面对葡萄牙人以及耶稣会士不利，后来多亏陆若汉的外交技巧以及妥善安排，事情就有了转机。德川家康公布了一份谕旨，要求当时大坂府主要的中国丝、绸进口商以一个固定的价格买下大宗的中

---

① C.R. Boxer, *The Great Ship from Amaco: Annals of Macao and the Old Japan Trade, 1555–1640*, pp.84–85. Scott W. Sunquist, ed, *A Dictionary of Asia Christianity*, Wm B. Eerdmans Publishing Co, 2001, pp.779–782. Dauril Alden, *The Making of an Enterprise, The Society of Jesus in Portugal, Its Empire, and Beyond, 1540–1750*, p.537, p.538.

第二章 "天主"与"玛门":耶稣会与葡日贸易以及教会内部的争议(1560—1640)

国生丝以及一些特定种类的丝织品,然后再转卖给其他的日本丝、绸商人。这种安排被称为"丝线分配(ito-wappu or yarn-allotment)"。不久它就被推广到京都以及长崎的丝、绸交易商中去了,以后又被推广到江户和大坂。幕府在当地的代表首先对进口的丝、绸进行评估,买下其中一批最好的生丝和丝织品。后来陆若汉被德川家康指定为这项贸易的代理人,从那时起,除了一批最佳的丝织品保留给幕府以外,丝、绸的进口贸易实际上是由幕府直辖下的五个城市——江户、京都、大坂、大坂府以及长崎的主要丝绸商人垄断。他们先在长崎将大宗的丝、绸购买下来,然后分为生丝以及加工过的丝织品,再按照不同的比例分配,大坂府的商人最初得到其中最大的份额。葡萄牙人称这种大宗贸易的方式为"潘卡达"(pancada)交易,也就是批发交易。①

耶稣会士在澳门和长崎之间的贸易活动大部分是由该会驻长崎的庶务员经营的,他的工作经常陷入棘手的利益冲突之中:他不仅要负责进口传教事业所需要的一切供给,而且还要在葡萄牙和日本商人之间担任仲裁者和译员。他要为从澳门来到日本从事贸易活动的耶稣会士的复杂的良心问题提供咨询,还要经常研究中国的丝、绸出口行情,因为耶稣会士要投资这项贸易。作为幕府的商业经纪人,幕府要委托他购买大宗货物,为了确定大宗货物的价格,他要经常在长崎的耶稣会会院里举行复杂和激烈的商业谈判。②

尽管贸易和投资的收入部分地维持了耶稣会在远东传教的事业,耶稣会仍不时地派庶务员前往罗马参加在那里举行的会议,为传教事业筹款,并征召新的传教士来远东服务,而征召和劝募本身是需要金钱支持的。比如,在1636年,曾德昭神父(Fr. Alvaro Semedo)就执行过这类使命,在澳门的耶稣会庶务员向他提供了价值1 796 100雷

---

① C.R. Boxer, *The Great Ship From Amacon, Annals of Macao and Old Japan, 1555–1640*, pp.65–66.
② Michael Cooper, *Rodrigues the Interpreter, An Early Jesuit in Japan and China*, pp.246–247.

149

亚尔①的珍珠、钻石、少量的麝香以及 285 000 里尔斯的现金。曾德昭将这笔钱交给里斯本的庶务员，以平衡他大概的花费。

与日本会省相比，耶稣会中国副省在欧洲本地缺乏可以获得收益和利润的地产，因此中国副省的领导者必须寻求精明且灵巧的办法来支付其在欧洲的费用。例如，在 1642 年日本和中国的视察员寄了一箱物品到欧洲，其中包括 202 件染色的塔夫绸以及 39 件锦缎，这批物品经由里斯本运往荷兰以支付耶稣会中国副省的费用。二十年以后，法博洛神父（Fr. Fabro）被任命为中国副省会驻罗马的庶务员，澳门的耶稣会账房给了他各种各样的布料以及价值 459 520 里尔斯的银子带到里斯本以充作他在那里的开支。但是，当另一位西西里籍耶稣会士殷铎泽（Prospero Intorcetta）被选为下一任驻罗马的庶务员时，视察员罗伯（Luis Lobo）遇到了困难，因为中国发生了反教事件，殷铎泽被拘押在广州的一间房子里。情急之下，视察员只得要了一个计谋，他从澳门调了一个神父顶替殷神父坐牢，并让殷铎泽神父去罗马报告中国教会的情况。②殷铎泽带的货物清单上有一个装满货物的货箱，里面有银币、檀香木、布匹、铅、胡椒、香料、犀牛角以及鲜红色的染料。

大海对于耶稣会远东传教事业的生存具有至关重要的意义。正如葡萄牙旅行者路易斯·达·伽马（Luis da Gama，1609—1671）于 1664 年写的："澳门的财富就是依赖于大海，整个城市的生活也依赖于它。没有什么比海风和潮水带来的财源更为可靠了。如果海上贸易失去了，那么其他的一切都完了。这个会省的传教事业除了依靠海洋贸易维持以外别无他法。"③

---

① 雷亚尔（Ries, Real 的复数形式），葡萄牙小铜币，价值低，16 世纪被废除，但是因为其发行量大仍然在贸易中使用。
② Daurial Alden, *The Making of an Enterprise, the Society of Jesus in Portugal, Its Empire, and Beyond, 1540–1750*, p.539. 有关殷铎泽的事迹见费赖之著：《明清间在华耶稣会士列传（1552–1773）》，梅乘骥译，天主教上海教区光启社 1997 年版，第 365—375 页。
③ Michael Cooper, *Rodrigues the Interpreter, An Early Jesuit in Japan and China*, p.244.

四、耶稣会内部的争议及其与托钵僧会士的争议

耶稣会内部的不同看法 尽管耶稣会士参与贸易活动,是出于时势所迫,不可避免,但它仍然招来托钵僧会士的批评,特别是在菲律宾的托钵僧会士对他们的行为提出强烈指责。罗马耶稣会历任总会长以及在总会中工作的高级神职人员对此也持有不同态度,其中一些人并不喜欢"将天主和财神同置一处"。但是不论是他们或是其他任何人都没有提出更令人满意和有效的财务解决办法,所以在远东的耶稣会士从事贸易的行为虽然后来在细节上有不同的变化和修改,但是仍以这种或那种方式继续存在下去,并与该会在日本的传教事业相始终。

从很早的时候起,首先在耶稣会内部对于该会是否可以从事生丝或其他贸易活动就有不同的看法和争论。1570年6月18日,卡布拉尔在抵达日本以后不久,就从口之津旅行到长崎,与当时负责教务的托雷斯以及加斯帕·维莱拉等耶稣会士讨论有关教会在未来如何发展的事情。7月底,日本各地的传教士来到志歧,他们聚集在一起开会达三十天之久,有关此次讨论的内容现在并没有留下太多的记录。从后来的信件可以看到,卡布拉尔以印度会省的省会长安东尼奥·夸德罗斯(António Quadros)以及印度会省视察员贡萨洛·阿尔瓦雷斯的名义要求全体会士不要再穿丝绸的衣服,也不要使用奢侈的物品,他要求神职人员实行《会宪》所规定的神贫的原则,并终止在传教站里进行私人的贸易。1571年9月5日,他致信总会长波尔杰亚,首先叙述了日本的自然地理状况、当地人民的生活方式以及宗教信仰,然后又谈到当时日本的政治和封建制度运作。他认为只有让日本的封建领主首先皈依基督教,才能够使生活在这片土地上的人民追随他们信仰天主教的教义,他指出"封建领主自己才是真正的使徒"。9月6日,他又亲笔写了一封信给总会长,追溯了沙勿略的开教之功勋,并说在他离开以后,在日本的耶稣会士是以一种最谦卑和最贫困的方式生存

并传播基督教信仰的,他们中只有一名仆人,还要忍受异教徒的误解和迫害。不过,自从阿尔梅达捐赠了一大笔钱款以后,虽然耶稣会经费短缺的问题暂时解决了,但是新的问题也随之产生了——最主要的就是纪律的松懈——传教士们开始穿戴丝绸的衣物,使用丝绸的床褥,享用充裕的食物以及雇佣更多的仆人。耶稣会士在当地的生活就像是一个世俗的缙绅而非贫寒的宗教人士,他们这种行为引发了一些从事海外贸易的葡萄牙人的抱怨,甚至这些抱怨传到了遥远的印度。正是这个原因,在贡萨洛·阿尔瓦雷斯来日本的前一年,省会长派卡布拉尔视察日本,不久以后,阿尔瓦雷斯也寄给他一封快信,命令取缔丝绸和其他一切过度的剩余物资,将"贸易"降低到绝对最低的水平。[1]卡布拉尔进而自夸他推行的新措施是如何取得成功的,不过也指出除了托雷斯和乔瓦尼·巴蒂斯塔·德·蒙特(Giovanni Battista de Monte)等少数传教士以外,大部分耶稣会士强烈反对他的举措。卡布拉尔则指责他们"过度的自爱和宗教纪律的松懈"。反对他的传教士则指出日本人民的风俗习惯是非常看重外表事物的,如果他们现在就穿上黑色的袍服而非丝绸的和服,异教徒和基督徒将来都不会来找他们了,皈依的大门就会关闭。卡布拉尔则强调福音的传播有赖于服从和祈祷,谦卑和神贫才是通向基督的道路,人类的心灵掌握在基督的手中。他进而指出要仿效初期教会使徒以及其他教会圣徒的做法,他们将数以千计的灵魂带入基督教的信仰,依靠的不是丝绸的衣服而是信仰的热忱。传教士最适合的服装应该是用黑色的棉布做成的,丝绸的长袍应该丢弃。[2]

有关跟卡布拉尔见解不同的范礼安的看法上文已有所叙述,由于范礼安后来掌握了日本耶稣会的领导权,所以耶稣会在贸易问题上的做法没有朝着卡布拉尔的意志发展。耶稣会在澳门与长崎之间的贸易

---

[1] Joseph Franz Schutte, S.J., translated by John J. Coyne, S.J., *Valigano's Mission Principles, for Japan, Vol.1, From His Appointment as Visitor until His First Departure from Japan, 1573–1582*, pp.203–208.

[2] Ibid., pp.208–209.

第二章 "天主"与"玛门":耶稣会与葡日贸易以及教会内部的争议(1560—1640)

于 1584 年 4 月得到葡属印度总督的批准,五年以后,澳门议事会也加以批准;1581 至 1583 年间,耶稣会的总会长、葡萄牙-西班牙王国的国王以及教宗也加以批准和认可。尽管教宗格里高利十三世曾经在正式的通谕当中禁止神职人员从事贸易,但教宗将耶稣会士的这项事业视为慈善行为而非商业活动,他是在 1582 年同意耶稣会在澳门与长崎之间的这种贸易安排的。① 耶稣会第五任总会长克劳蒂乌·阿奎维瓦(Claudio Aquavive,1581—1615 年在任)于 1582 年 2 月写信给范礼安说:"教宗明白无误地告诉我他不认为这事(指耶稣会从事贸易)是商业贸易,因为这样做是出于纯粹的需要。"所以罗马在一定程度上同意耶稣会在经费拮据和形势急迫的情形下投资澳门与长崎之间的贸易。②

然而,教廷并不是完全没有担心的。因为有一些怨言从澳门经由果阿再到里斯本传到了罗马教廷,尽管范礼安已经向他的总会长报告说 1578 年达成的协议完全是出于澳门市民自愿,他们深知舍此以外没有别的办法可以使耶稣会获得财源以维持其传教活动。由于对耶稣会的抱怨后来变得非常强烈,1585 年,教宗下令立即中止这样的活动,同时教宗和菲律普二世答应大大增加对传教事业的补助金。③ 对于耶稣会士的贸易活动,甚至葡萄牙-西班牙王国王室的态度也是有一定保留的。1609—1610 年,在西班牙-葡萄牙国王菲律普三世(Philip III,1598—1621 年在位)于 1611 年公布谕令正式承认耶稣会士在澳门与长崎之间的贸易之前,国王一直禁止这类商业买卖,他要求葡属印度果阿的总督从固定的租金以及海关税收中拨出相应的金钱给耶稣会,尽管这些命令从未真正实施过。即便在 1611 年以后,王室也常以怀疑的态度审视耶稣会的贸易

---

① H.de la Costa, S.J., *The Jesuits in the Philippines, 1581–1768*, p.56.
② Luis de Guzman, S.J., *Historia de las Misiones de la Compañia de Jesús en la India Oriental, en la China y Japón desde 1540, hasta 1600*, Bilbo,1891, p.648. Michael Cooper, *Rodrigues the Interpreter: an Early Jesuits Japan and China*, p.244.
③ C.R. Boxer, *The Christian Century in Japan, 1549–1650*, pp.117–118. Micheal Cooper, *Rodrigues the Interpreter: an Early Jesuits Japan and China*, p.244.

活动。①

事实上，远东传教区从葡萄牙得到的资助不是来得太晚，便是完全没有；而教宗提供的资助也不比平时更多。于是，范礼安只得我行我素，继续让他的会士从事贸易活动，同时一边再向罗马提出请求，最后总会长只得同意远东耶稣会士的贸易继续进行下去。国王和教宗则假装看不见，默许纵容，但旁人看来似乎他们并没有再作正式的授权。耶稣会总会长阿奎维瓦敦促范礼安将贸易限定在原来的范围之内，并尽量不要冒昧唐突，授人以柄，但从后来耶稣会总部以及澳门圣保禄学院之间的通信来看，阿奎维瓦的指令似乎没有被严格执行，耶稣会日本省会的贸易规模很大，由此招致了大量的批评。

在16世纪的最后十年，中日之间的丝、绸贸易发生了很大的变化，在大船上面所装的大宗货物中既有粗的生丝，也有许多锦缎和丝织品。更有甚者，澳门方面组织的丝、绸贸易方式也有了很大的改变，个人如果自愿也可以驾船进行类似的贸易活动，不必由加比丹·莫尔垄断。由于这些原因，1578年耶稣会与澳门当局所订的协议不再生效，但日本省会却仍然拥有每年销售100皮科货物的权利。1598年，范礼安规避了原来与澳门人达成的协议，私自送了一批黄金去印度进行投资贸易活动。耶稣会的总会长严词训斥他的这种行为，称这样做是不道德的，不仅是一种罪过而且会铸成大祸，因为葡属印度的总督已经风闻这件事并将耶稣会置于一个非常难堪的境地。阿奎维瓦提醒范礼安说："耶稣会所从事的澳门与长崎之间的生丝贸易是教宗和国王在特殊的条件之下授权准允的，这种贸易活动只能限于生丝以及在日本的范围之内，本人为此已经写了正式的书面誓言保证。如果罗马教廷以及马德里朝廷得知范礼安的行动超过了指定的范围，会给他们双方都造成最坏的影响。"②

不仅澳门的商人们反对耶稣会士的贸易活动，中国传教区的耶稣

---

① C.R. Boxer, *Fidalgos in the Far East, 1550–1770*, p.169.
② C.R. Boxer, *The Christian Century in Japan, 1549–1650*, pp.120–121.

第二章 "天主"与"玛门":耶稣会与葡日贸易以及教会内部的争议(1560—1640)

会士同事们也嫉妒他们在日本的同会同事,其实他们自己也同样从事一些商业活动,只是规模更小一点而已。方济各会士出于与耶稣会士竞争的目的,对于耶稣会这些行为大加指责。范礼安解释说:只要耶稣会士能够获得每年 12 000 达克特的最低收入,他们就可以消减生丝贸易活动,并致力于获得更加体面的收入。他指出放弃生丝贸易即等于放弃了在日本的传教事业。只要日本的传教事业还想继续繁荣和扩张,那么不是葡萄牙国王和教宗每年要增加固定的资助,就是耶稣会士必须维持海上的生丝贸易。同时,他也指出:既然澳门的商人坚决反对耶稣会士的贸易活动,耶稣会士只能将从事贸易所获的收益降低到最小的范围。他也建议教宗和葡萄牙国王应在日本某地建立起不动产的收入,甚至在日本买下一块地,这样就有利于耶稣会的自给自足,至少可以解决粮食供应的问题,日本省会也可以从不动产收益中获利,以备不时之需,并扩大现存的神学院,建立医院和教理学校。①

托钵僧会士的批评 在菲律宾马尼拉的与耶稣会在传教事业上有竞争的托钵僧会士(方济各会士以及多明我会士)对耶稣会士从事商业贸易活动一直持严厉的批评态度。方济各会会士胡安·坡伯勒(Fray Juan Pobre of Zamora, O.F.M., ? —1615)② 声称丝、绸贸易会给耶稣会士带来 20 万达克特的年收入(范礼安反驳说本会的收入不到他所说的 1/20)。坡伯勒原来是一位精力充沛的弗拉芒退伍军人,后来成为一名方济各会士并于 1594 年来到菲律宾。他于 1595 年至 1596 年来到日本的方济各会士传教站巡视工作。回到马尼拉以后,又登上去墨西哥的马尼拉大帆船"圣菲律普号",这艘船在 10 月遇到风暴在日本土佐搁浅。他侥幸躲过了 1597 年 2 月在长崎由丰臣秀吉下令的对于传教士以及日本信徒的屠杀,乘坐葡萄牙的"圣安东尼号"回到澳门,于 1598 年 1 月回到马尼拉。又过一年,他被派往西班牙,于 1602 年带领一帮传教士回到远东,中途在关岛又逗留了 7 个月,同年

---

① C.R. Boxer, *The Christian Century in Japan, 1549–1650*, pp.120–121.
② Ibid., pp.480–481.

10月被另一艘环球航行的马尼拉大帆船接走。1603年至1604年,他又回到西班牙,以后的三年他一直居住在巴利阿多利德(Valladolid),极力向西班牙王室以及罗马教廷进言,要修改1585年罗马教宗格里高利十三世发布的有利于耶稣会的决议,最后经过不断努力于1608年取得成功。就在这一年,他回到了菲律宾。1611年,他第三次回欧洲,不过走的是葡属印度的路线,经由波斯湾以及美索不达米亚回国。以后五年,他一直居住在马德里。国王菲律普三世对于他的远游留下深刻的印象,在他去世以后命令画家画了他的肖像。

另一些方济各会士则将长崎的耶稣会学院比作熙熙攘攘的塞维利亚商埠,这种说法显然夸大其词。比较实在的且会引发人们联想的则是多明我会士迪奥戈·阿杜尔特(Fray Diego Aduarte,1570—1636)①的评论,他这样写道:"他们(耶稣会士)在中国澳门有一座神学院,在它的大门旁边不远处有一间仓库与学院直接相连,那些神父都是相当精明的生意人,他们可以方便地在两个地方来来去去。"②他进一步指出:"耶稣会过着体面的生活,人们知道有一个神父出入都乘轿子,有六个马夫相伴;他们说自己吃的是萝卜干,为此他们耗尽了身体里所有的营养,但却绝口不提下一道美味的烤鸡。"③阿杜尔特的经历也颇富传奇色彩,他是一位具有冒险精神的多明我会士,早在1595年,他就与西班牙人和一批日本的浪人一起远征柬埔寨。由于西班牙人的野蛮行为激起了高棉人的反抗,他们被迫从湄公河退到了沿海地区。1599年,他又参加了西班牙人对于广东沿海地区的远征,失败以后被捕,并被投入广州的监狱,受尽折磨,回到澳门与马尼拉以后才慢慢恢复。不久以后,他又在新加坡与马来人海盗的战斗中负伤。总的来说,在他1601年至1603年经由葡属印度的航线回到欧洲以前,他一直过着一种冒险的传教生涯,既像军人,又像传教士。他后来

---

① C.R. Boxer, *The Christian Century in Japan, 1549–1650*, p.482. H.de la Costa, S.J., *The Jesuits in the Philippines, 1581–1768*, p.378.
② C.R. Boxer, *Fidalgos in the Far East, 1550–1770*, pp.169–172.
③ Ibid.

被任命为西班牙新塞戈维亚（Nueva Segovia）的主教，于 1636 年在菲律宾去世，著有《圣玫瑰省的修会在菲律宾、日本、中国的历史》（*Historia de la Provincia del Sancto Rosario de la Orden de Predicadores en Philippina, Iapon, y China*），此书于 1640 年在马尼拉印行。

坡伯勒以及阿杜尔特在他们回到欧洲以后，坚持不懈地在巴利阿多利德的葡萄牙-西班牙王室以及罗马教廷中散布对于耶稣会不利的言论。另一方面，耶稣会士也运用他们自己的影响在欧洲不断地为他们在远东的行为辩解，双方在巴利阿多利德和罗马都有自己强有力的朋友，他们之间的斗争漫长而且激烈。在菲律宾的托钵僧会士攻击耶稣会从事商业活动的另一个目的是想挤入原先由葡萄牙保教权庇护下的由耶稣会垄断的日本传教区。1603 年，罗马教宗克莱门八世（Pope Clement VIII, 1592—1605 年在位）发布了一个妥协性的谕旨，允许托钵僧会士进入日本，但是必须取道里斯本和葡属印度，那些已经在日本的托钵僧会士必须回到马尼拉，如果要再来日本，必须走葡萄牙人的由里斯本至果阿再到澳门的路线。[①] 当时，耶稣会士对于原葡萄牙海外殖民地的民事当局仍然有很大的影响力，他们有办法让葡萄牙人在印度的民事当局设置障碍，不让西班牙的托钵僧修士通过里斯本和果阿来到东方的目的地，他们使用种种官僚主义的手段和做法拖延办理此事，使得那些急不可待的西班牙托钵僧不能如愿以偿。另一方面，1604 年 8 月，在长崎的日本主教、葡萄牙耶稣会士塞凯拉正式公布了罗马教宗的通谕，要求居住在日本的托钵僧会士立即离开。无须说，他们中没有人会这样做，他们抱怨说圣父的话语一定是被误传了，他们将继续留在日本等待事情的发展。远在欧洲的坡伯勒和阿杜尔特及其忠实的拥护者在巴利阿多利德听到这个消息以后，就轮番轰炸式地向国王菲律普三世及其顾问进言，他们最终说服了行动迟缓的国务会议于 1607 年 12 月向国王报告，建议让托钵僧会士从菲律宾直接进入日本。他们还说葡萄牙人的商业利益将会由托钵僧会士的加

[①] C.R. Boxer, *The Christian Century in Japan, 1549–1650*, pp.239–240.

入而得到保证,只有这样,澳门与长崎之间的大帆船贸易才不会被西班牙竞争者所挤占和困扰。身兼葡萄牙-西班牙国王的菲律普三世听不进葡萄牙封臣的劝说,他命令国务会议秘密写信给罗马教廷,要求教廷修改以前的通谕。[①]1608年6月,罗马教宗保禄五世(Paul V,1605—1621年在位)发布了通谕,驳回了耶稣会士的反对,授权菲律宾的托钵僧会士可以进入日本进行传教活动,菲律宾的托钵僧会士与耶稣会的"长期不断的、残酷无情的"战争终于取得了胜利。不仅如此,在此6个月以前,马德里的王室公布了一项王室谕旨,宣布禁止在日本的任何宗教修会"从事商业和贸易活动",谕旨没有提到耶稣会的名称,然而就是专门针对耶稣会的。坡伯勒以及阿杜尔特的另一项胜利就是在他们不断攻击之下,巴利阿多利德的王室指责了耶稣会士参与长崎与澳门之间的生丝贸易,耶稣会士则拒绝这项裁定,理由是该会从来也没有收到王室和教廷许诺的资助。这项禁令在数年以后才被取消。[②]直到许多年以后,另一位多明我会士闵明我(Fray Domingo Fernandez Navarrete,1610—1689)还在不遗余力、尖酸刻薄地批评耶稣会士。当耶稣会士迪奥戈·莫拉雷斯(Diego Morales)自诩澳门的圣保禄学院是"知识的屋子、圣洁的花园以及使徒的学校"的时候,闵明我则反唇相讥,尖酸刻薄地说:"的确,这所使徒的学校存货丰富,因为里面至少不下三名犹太人。但是莫拉雷斯对于这所学校的描绘还远远不够,他应该说这是一个贸易的商场或囤货的仓库、一个超级的市场以及一个交易的中心。"[③]

耶稣会士的贸易活动还引发了澳门本地商人的怨恨和妒忌,他们中有一位名叫本托·佩雷拉·法里亚(Bento Pereira de Faria)的商人向闵明我出示了1669年7月议事会的一封信上的话:"只要耶稣连队

[①] C.R. Boxer, *The Christian Century in Japan, 1549–1650*, pp.239–241.

[②] C.R. Boxer, *The Great Ship from Amacon, Annals of Macao and the Old Japan Trade, 1555–1640*, p.71.

[③] J.S. Cummins, *A Question of Rites, Friar Domingo Navarrete and the Jesuits in China*, Scholar Press, 1993, p.222. C.R. Boxer, *Fidalgos in the Far East, 1550–1770*, p.170.

还被圣依纳爵的精神所鼓励，那么它就是一个真正的连队；但现在这种精神已经死亡了，它只是充斥着商品、商业和贸易，它已不再是一个连队。"① 早在 1666 年，葡属印度的总督安东尼奥·德·梅罗·卡斯特罗（Antonio de Melo de Castro）也说："在葡萄牙以及卡斯蒂尔的耶稣会还像是耶稣连队的神父，但是印度的耶稣会神父更像荷属东印度公司的职员，他们除了私利以外不关心任何别的东西，也完全不理会真理以及布道台上他们自己讲的东西。"② 闵明我在欧洲除了对耶稣会在中国礼仪问题上的态度大加指责以外，对耶稣会在远东从事贸易活动也同样不遗余力地加以批评，引起了在西班牙的多明我会高级神职人员对耶稣会的极大反感，在西班牙巴利阿多利德的多明我会长上巴尔塔萨·纳瓦雷特（Baltasar Navarrete）在听了他的汇报以后，指责耶稣会士"将神圣的神贫与世俗的财富结合，以贸易的手段摧毁了教会的美丽"。③

在当时，从遥远的巴西到太平洋上的菲律宾再到印度、日本和中国，举凡有耶稣会士活动的地方，都有反对耶稣会士从事商业贸易的声浪。最典型的是，1683 年 3 月 28 日，当时马尼拉的一些有影响的西班牙市民鼓动民事当局逮捕总主教菲律普·帕尔多（Archbishop Felipe Pardo）并将他驱逐出城，放逐到巴布延群岛的一个岛屿上去，理由是他怂恿和姑息耶稣会士在马尼拉大帆船"桑塔罗萨号"（Santa Rosa）上从事丝绸和蜂蜡的贸易而不加制止，当局还决定将船上所有的货物充公，放置到王家码头仓库中去。④

其实，托钵僧会士在批评耶稣会从事贸易活动的同时自己也在

---

① C.R. Boxer, *Fidalgos in the Far East, 1550–1770*, p.170.
② Ibid., p.171.
③ J.S. Cummins, *A Question of Rites, Friar Domingo Navarrete and the Jesuits in China*, pp.221–222.
④ H.de la Costa, *The Jesuits in the Philippines, 1581–1768*, pp.494–497. 耶稣会总会长维特里契（Mucio Vitellesch, 1615–1645）曾写过一封信给远东视察员，暗示罗马方面得到许多不利于耶稣会士的报告，他命令视察员在一个更加隐蔽的地方找一个安置货物的仓库。C.R. Boxer, *The Christian Century in Japan, 1549–1640*, p.243.

从事贸易。另外，有一位在拉朗土卡半岛上的多明我会士曾经自吹自擂，在17世纪50年代，仅他一个人就已挣了14匡托（Conto）。[①]20年以后，又有一名叫卡里（Abbe Carne）的多明我会士遇到了在波斯湾卡哈格岛（Island of Kharg）居住的另一位多明我会士。后者告诉他说，他在中国居住了22年，回欧洲时他带了价值60 000埃居（ecus）的宝石。更为夸张的例子是特琳达特神父（Fr. Pedro da Trindade），他曾在1726年至1751年在莫桑比克的宗博（Zumbo）任大舰长，他一个人所聚敛的财富达30匡托，几乎要接近当时耶稣会整个中国副省每年收入的3倍。[②]

范礼安的反驳　即便在耶稣会内部对待此事也有不同的意见和分歧。在范礼安动身到亚洲前不久结束的特兰托公会议上，教会的高级人士曾强烈要求对那些专心于这些贸易活动的教会人士给予暂停教会成员资格甚或取消教会成员资格的惩罚。1567年，耶稣会第三任总会长波尔杰亚写信给果阿的省会长说他从内心不喜欢日本的耶稣会士那种以赚钱支持传教的办法（他与卡布拉尔持有相同的观点），并热切地希望他们找到更加完全的和有益于灵魂的选择。他对于美洲耶稣会士从事贸易也持有同样的态度。从1565年至1572年，在巴西的耶稣会士通过养牛养羊，制作奶酪，出售肉类、牛奶、奶酪和皮革轻而易举地获得金钱以资助传教事业。葡萄牙王室也赞成这一举动。1552年，葡萄牙国王若奥三世从威特岛用船运牛去巴西，耶稣会由此赚了一大笔钱。但波尔杰亚认为这种举动并不符合宪章。1526年，甘蔗种植被引进巴西，到1549年已经成为殖民地主要产业。开始时耶稣会从他们的施主那里接受一些甘蔗作为礼物。王室给巴伊亚、奥林达以及里约热内卢的耶稣会学院的资助也以蔗糖支付。后来耶稣会士发现他们自

---

① 匡托（Conto，复数 Contos）葡萄牙记账货币单位。1匡托等于1 000埃斯库多（escudos）。16—17世纪葡萄牙及其海外殖民地使用的一种货币，一个埃斯库多价值16银雷亚尔。上刻盾与十字架。

② Daurial Alden, *The Making of an Enterprise, The Role of Jesuies in Portugal its Empires, and Beyond, 1510–1750*, p.647.

第二章 "天主"与"玛门":耶稣会与葡日贸易以及教会内部的争议(1560—1640)

己也可以种植甘蔗,便开始自己种植,并将蔗糖运回葡萄牙出售,以所获利润资助巴西的传教事业,但波尔杰亚还是认为这种行为不符合耶稣会宪章,因而加以反对。耶稣会第五任总会长阿奎维瓦(Claudio Acquavia,1581—1615 年在任)对待贸易问题的态度与前任波尔杰亚有所不同。1590 年,他得知巴西的耶稣会陷于财政困难,而同时期也在巴西传教的本笃会和加尔默罗会已经种植甘蔗,并从中获利颇丰,巴西的耶稣会士请求允许他们在当地种植甘蔗。1594 年,在几经劝说之下,阿奎维瓦终于宣布种植甘蔗既不违反宪章,也不违反会规。[①]

然而,在中国和日本的耶稣会会士既没有像拉丁美洲那样的大地产带来的丰厚收入,又没有像果阿那样的由造船业和各种税费支撑的主要商业基地。他们感到,假如他们要继续他们的慈善和传教活动,除了投资于这样的贸易之外,别无选择。他们继续将他们的金钱投向往返澳门和长崎的葡萄牙武装帆船,就像他们把资金投向每年来往于阿卡普尔科和马尼拉之间的西班牙大帆船一样。他们总是貌似有理地说,只要不去接触正在被装运的丝、绸就不算贸易,或者只要不涉足中国的市场,就不算做生意。[②] 范礼安早在 16 世纪 70 年代他来到远东的开始阶段,就认为有必要就此向第四任耶稣会总会长迈居里安(Everard Mercurian,1573—1580 年在任)核询。他指出,所有贸易从严格意义上讲都完全是由中间人操作的,耶稣会士本身都很贫穷。在回答范礼安的问题之前,迈居里安转而和教宗格里高利十三世取得了联系,在征询罗马教宗的同意以后,这位总会长才正式同意范礼安所提出的步骤。当然,从最初决议的做出到这项特许最终到达澳门,三年多的时间已经过去了。尽管有教宗的这项特许,澳门和日本的耶稣会会士们有的仍然对从事商业活动而良心上感到不安,有些人甚至要求禁止耶稣会卷入这项商业活动。直到 16 世纪 80 年代后期,耶稣会总会长阿奎维瓦才重申了迈居里安的立场,指令耶稣会可以继续他们

[①] C.R. Boxer, *The Christian Century in Japan, 1549–1650*, p.117. Alden, Daurial, *The Making of an Enterprise*, p.416. *The Role of Jesuies in Portugal, its Empires, and Beyond, 1510–1750*, p.40.
[②] Jonathan D. Spence, *The Memory Palace of Matteo Ricci*, Penguin Books, 1985, pp.176–177.

的贸易投资。

范礼安以及米额尔·卡鲁奥（Padre Miguel Carualho S.J., 1579—1624）神父在他们所写的《申辩》中曾经大量地反驳托钵僧侣们对于耶稣会士在长崎贸易的指控。无疑地，托钵会的僧侣对耶稣会士的许多指责是夸大其词的，但耶稣会士为自己所做的许多辩护也远非可信。卡鲁奥力图说明发生在耶稣会澳门圣保禄学院附近忙忙碌碌的商业活动不是耶稣会自己在做生意，这些去往日本的大船上的货物是由世俗的商人带到这里，其中的一些商品在价格上发生了争执，所以必须在这个地方仲裁。他解释说：中国和日本的商人都急切地希望通过耶稣会士作为中介、译员来做生意，因为只有耶稣会的神父们充分地掌握这两种语言，从而可以顺利地进行复杂的商业谈判；更有甚者，这两个国家的人相信耶稣会士甚于其他修会人士，因此他们紧紧抓住耶稣会士参与他们在商业上的讨价还价。这种辩护听起来令人信服，但绝不是故事的全部。卡鲁奥否认耶稣会士作为中介人从这种贸易中获得什么利益，但是他承认大部分人都会认为他们从中分得利益。每年来到的大船都会大宗地出售丝、绸，而出售的价格是葡萄牙人与京都、大坂以及长崎等地的商业团体的代表们议定的，这种制度被称为"潘卡达"（Pancada），耶稣会士也参与其中。卡鲁奥承认有时候他们"会在大船离开之前以高于'潘卡达'议定的价格出售掉若干皮科的丝、绸"。博克塞认为这就是疑点所在。真正的问题不是他们是否存在着"黑市"交易（很明显他们是从事黑市交易的），而是他们是否以很大的规模进行。这是一个很难确定的议题，但从达·伽马神父（Padre Luis da Gama, 1609—1671）于1664年初所写的报告来看，耶稣会的确从事大规模的秘密贸易，而不是像他们公开声称的那样小规模进行。[①]

总之，面对人们的广泛批评，耶稣会当局仍然不肯放弃这种贸易，只是采取折中的办法，即减少贸易量。同时，耶稣会当局还使澳

[①] C.R. Boxer, *The Christian Century in Japan*, pp.243–244.

第二章 "天主"与"玛门"：耶稣会与葡日贸易以及教会内部的争议（1560—1640）

门的商人同意下列条件：一是优先出售教会的货物，之后商人们再以"低价"或货物运抵日本以后的第一次开价售货；二是多余货物留给教会；三是固定此前变化无常的收入。① 范礼安还给日本耶稣会的庶务员制定了一份长达34条的规定，其中很多内容，尤其是第17条，是关于限制耶稣会士过分热心地参与商业活动的。但是，这一切都不能阻止人们对耶稣会的批评。1599年，当时果阿教会当局中有人对耶稣会士用中国的黄金和丝、绸与葡属印度贸易提出严厉的指控，范礼安从日本教区写信愤怒地反驳说：

> 只要天主没有给我们其他的帮助，我就看不出为什么我们就不能把从日本正常途径得到的资金投资于印度。在那些还没有葡日贸易航行的岁月里，日本没有其他任何的资源，如果我们能从一些可靠的朋友那里找到一些商品和丝、绸，那么十分容易获利，在印度没有人能知道如此聪明的办法。毫无疑问，我们中没有任何人会对此大惊小怪。看在天主圣宠的份上，我不是生下来就是商人的儿子，我也绝不是商人。但为了日本的缘故我很高兴地做这件事（贸易）。我相信天主认为这样做是对的，为此他给了我们并将会给我们许多回报。因为如果天主没有鼓励我去做那些在日本做的事情，那么日本现在的情况将处在一个更加险恶的危机之中而无法救治。因此，我的朋友，那些养尊处优什么都不缺的人，对那些因极度匮乏而将饿死的人所遭受的困难是很难做出正确的判断的。如果阁下能够亲自来到这里或是在一个更近的地方来观察这些会省的话，你就会看到这些会省所需的巨大开支以及它们可怜的微薄的收入和资本，这都是因为危险的和不稳定的情势造成的……因此阁下应该在这件事上支持我们，而不是与我们争辩、反对我们。②

---

① C.R. Boxer, *Portuguese India in Seventeenth Century*, pp. 50–51.
② C.R. Boxer, *The Christian Century in Japan, 1549–1650*, p.363.

早在 1607 年，塞凯拉主教表达了与范礼安相近的看法，他说："在（葡萄牙与日本贸易）这件事情上大名们和太阁利用了耶稣会士的商船。的确，耶稣会士也被他们利用了。大名们不认为天主教的神父们是来传播我们神圣的宗教的，只是将神父视为对他们贸易有用的人。人们一时间看不到更好的和更富于人性的维持传教事业的方法，而只认为满足那些领主的要求对于灵魂的益处以及维持和扩张传教事业是至关重要的，天主的每一件事情都要依赖于这些人。只要天主还没有向我们显示出更好的方法，我认为放弃目前这种方法无助于耶稣会对于天主的侍奉，继续进行下去似乎是更好的事情。"①

五、"天主"与"玛门"之间的张力

如果说在 19 世纪的时候，在大英帝国的扩张征服过程中，贸易是跟随着军旗的话，那么，在 17 世纪的葡萄牙海洋帝国向东方的扩张事业中，传教士就是紧随商人之后的。著名的葡萄牙耶稣会士安东尼奥·维埃拉（Padre António Vieira, 1608—1697）神父在其名著《将来的历史》(*Historia do Futuro*) 中这样写道："如果没有商人去东印度以及西印度追求尘世的财富的话，谁会将那些追求天国财富的布道者运输到那里去呢？布道者带着福音书，而商人们则带着布道者。"这话道出了历史的真实。在大航海时代，"天主"和财神"玛门"的联系就更加紧密了，无论如何，耶稣会在日本的传教事业中就是这样的。澳门与长崎的贸易一旦确立以后，耶稣会在葡萄牙人以中国的丝、绸与日本的白银交易中就得到了正式的份额。1613 年，当日本幕府以死刑相威胁将伊比利亚所有派别的修会传教士驱逐出境的时候，

---

① Micheal Cooper, *Rodrigues, The Interpreter, An Early Jesuit in Japan and China*, pp.246–247.

第二章 "天主"与"玛门"：耶稣会与葡日贸易以及教会内部的争议（1560—1640）

澳门的葡萄牙人则继续将传教士假扮成商人和海员秘密偷运进入长崎，耶稣会士也以其他的名义托人代售其货物以维持他们在丝绸贸易中所占的份额。

博克塞承认耶稣会士参与贸易是维持其自身传教事业的需要，也是维持澳门城市生计的必要，耶稣会士的确"广泛而持久地卷入了葡萄牙人在亚洲的贸易"。他还认为事实上这种联系比维埃拉的表达"更深和更密切"。① 有一个例子，1644年，一支荷兰的舰队袭击了望加锡的港口，他们一连破坏了4艘装着许多货物的葡萄牙船只，并俘虏了其中的2艘，西班牙的罗马天主教会当局以及荷兰新教的加尔文派教徒从不同立场猛烈地抨击了耶稣会，并称此为"天主的审判"，因为耶稣会士拥有船上货物的份额实在是太大了。② 但与此同时，博克塞也客观地认为，并不能说耶稣会通过这种手段变得富裕了，甚至是为富不仁，因为他们将所获得的利润立刻投入到传教工作中去，并不时地陷入"坏债"的商业损失中去，在1664年，仅日本会省即负债达22 000银元，中国副会省竟然没有任何资本多余，仅澳门圣保禄学院就需花去4 000银元。③ 1759年，葡萄牙实际执政的蓬巴尔侯爵（Sebastião José de Carvalho e Melo or Marquis of Pombal，1699—1782）开始全面地取缔和镇压耶稣会士。从那时起，反耶稣会的行动从国内波及几乎所有的葡萄牙海外殖民地，三年以后，王室的代理人查封并没收了澳门圣保禄学院，他们没有发现里面藏有人们所说的所谓的大量财宝，在学院通往圣保禄山上的要塞的通道里也没有找到任何宝藏，所有在立即通知之下被集中关押并送回国内的耶稣会传教士除了日课经和念珠以外身无长物。④ 还是信奉新教的但时常为耶稣会士辩护的英国旅行家蒙迪道出了他们必须从事贸易和赚钱活动的苦

---

① C.R. Boxer, *Portuguese India in the Mid-Seventeenth Century*, pp.48–51.
② Ibid., pp.49–50. J.S. Cummins, *Jesuits and Firiars in the Spanish Expansion in the East*, Variorum reprints, 1986, pp.30–36, pp.395–403。
③ C.R. Boxer, *The Christian Century in Japan, 1549–1650*, p.121.
④ C.R. Boxer, *Fidalgos in the Far East (1550–1770: Fact and Fancy in the History of Macao)*, p.173.

衷："神父们用船来运载各种货物进行贸易，声称必须得这样做。他们将同会兄弟送到各个货运站，在那里他们建有自己的房子，也有自己的给养，每年都要向北京的皇帝进贡礼品，有时他们还借钱给别人。"他还补充说："说真的，他们既不吝惜花费金钱，投入劳动，也不回避身体力行、冒险犯难去实现他们心中所怀的目标——更大地荣耀天主。"① 最后，诚如博克塞所指出的：在整个 16 世纪晚期和 17 世纪早期，正是"天主和财神"的联盟，为耶稣会乃至整个教会提供了他们在东方活动的物质基础：

> 有时人们竭力而为，但也有的不是这样；有时人们融洽地在一起工作，有时则会发生冲突，在更多的情形之下人们会相互妥协；但是，天主和财神在人们的思想和行为中是很少分开的，对于长崎和澳门的商人们来说是如此，对于北京和东京朝廷里的耶稣会士来说也是一样的。②

这段评论充分说明了耶稣会当时面临的复杂和两难的处境。在远东近代早期的历史上，耶稣会士从事海上贸易活动以及引发的争议还与其他的问题纠结在一起——主要是耶稣会士与葡萄牙王家保教权的关系以及与西班牙托钵僧会士的矛盾、耶稣会士在中国礼仪之争中的地位和作用及其在欧洲的影响——这三个问题或多或少是相互重叠或互为交织在一起的。但如果将它们综合地加以考量，或更加有利于对整个耶稣会远东传教历史的客观的认识。③

---

① C.R. Boxer, *The Christian Century in Japan, 1549–1650*, p.121.
② 阿尔登（Dauril Alden）：《博克塞，澳门，与耶稣会》，顾卫民译，《文化杂志》第 47 期，2003 年第 123 页。原文 Dauril Alden. *Charles R. Boxer, Macau, and Jesuits, Religion and Culture*, in *Past Approaches, Present Globalisation, Future Challenges*, p.19。
③ C.R. Boxer, *Fidalgos in the Far East (1550–1770: Fact and Fancy in the History of Macao)*, p.159.

第三章
"天正使团"访问葡萄牙、西班牙、意大利、教宗国以及文艺复兴时期的欧洲文化输入日本
（1582—1590）

1582年，由日本耶稣会士策划、九州地区三位信奉基督教的大名即大友宗麟、有马晴信和大村纯忠派遣的四位日本贵族少年男子作为使节，从日本长崎出发，取海道前往欧洲，他们访问了葡萄牙、西班牙、意大利以及教宗国，经过波澜壮阔的海上以及陆地旅行，历时8年有余，于1590年回到祖国。由于使团访问欧洲的时间正在1573年至1591年间，处于日本"天正"年间——"天正"为日本正亲町天皇（1557—1586年在位）以及后阳成天皇（1586—1611）使用的年号——史称"日本天正遣欧使团"，他们是近代早期日本乃至东亚第一批访问欧洲的人士。他们记录下来的沿途所见所闻以及从欧洲带回日本的文物、古籍，还有回国以后的活动，构成了近代早期日本与欧洲文

化交流的重要篇章。①

一、"天正使团"出访的动因及其在亚洲的行程

派使的缘起及使团的组成 "天正使团"访问欧洲的想法是由耶稣会远东视察员范礼安提议的,产生这种想法的确切时间已经不可考,但是在1581年12月至1582年1月之间肯定已经作出了决定。当时,为了赶上季风,每年从日本回印度和欧洲的葡萄牙船只必须在春天启航,如果在长崎延误了出发时间,赴澳门的第一段航程就会变得不安全,所以,范礼安必须快速做出决定。根据范礼安原意,他将一直陪同使团前往欧洲,但是,后来他与使团抵达印度果阿以后,接到罗马总会长的指示,必须留在果阿指挥耶稣会在东方的传教事务。

---

① 有关日本使团出使葡萄牙、西班牙以及罗马教廷的早期原始记录有:Alessandro Valignano, S.J., *De Missione Legatorum Iaponnensium ad Romanam curiam, rebusq; in Europa, ac toto itinere antmadversis dialogus ex ephemeride ipsorum legatorum collectus, & in sermonem latinum versus ab Eduardo de Sacerdote Societatis IESV*, Macao, 1590, Facsimile edition, Tōyō Bunkō, 1935; Luis Fróis, S.J., *La Première Ambassade du Japon en Europe, 1582–1592*。关于上文提及的第一部《天正使团访问欧洲旅行记(1582—1590)》(1589年版,原书在科英布拉大学图书馆,共92页)的真正的作者是有不同的意见的。耶稣会士裴化行(Henri Bernard S.J.)神父认为是范礼安(Alessandro Valignano)是其作者,见其"Valignani ou Valignano, l'auteur véritable du récit de la première ambassade japonaise en Europe, 1582–1580", *Monumenta Nipponica*, Vol.1, Toky, 1938, pp.86–93。但是当代的葡萄牙科英布拉大学教授拉马略(Américo da Costa Ramalho)经过繁密的考证认为是葡萄牙耶稣会士孟三德(Eduardo de Sande)神父,见《天正遣欧使节团旅行记之真正作者——孟三德神父》,《文化杂志》,澳门文化司署,1997年春季,总第30期,第60—61页。本文主要是根据耶稣会历史学家库帕尔(Michael Cooper)所著的《日本去往欧洲的使节:1582—1590,四位大名的男孩穿越葡萄牙、西班牙和意大利的旅行》(*The Japanese Mission to Europe, 1582–1590, the Journey of Four Samurai Boys Through Portugal, Spain and Italy*, Global Oriental, 2005)以及由莫兰(J.F. Moran)翻译的以及由德雷克·马萨雷拉(Derek Massarella)注释并作导论的《16世纪欧洲的日本旅行者:有关去往罗马教廷的日本使节的对话》(*Japanese Travelers in Sixteenth-Century Europe: A Dialogue Concerning the Mission of the Japanese Ambassadors to the Roman Curia*, London: The Hakluyt Society, 2012)的英译本写成。

第三章 "天正使团"访问葡萄牙、西班牙、意大利、教宗国以及文艺复兴时期的欧洲文化输入日本(1582—1590)

于是他将陪伴使团继续前往欧洲的任务交给另一位在果阿的葡萄牙耶稣会士努诺·罗德里格斯(Nuño Rodrigues)去完成。

关于派遣使团出访欧洲的目的,范礼安在1583年9月13日给罗德里格斯的指令中指出:使团的目的一是为日本天主教会特别是耶稣会在日本的传教事业寻求精神和实际上的益处,特别希望得到罗马教宗的祝福;二是向日本的基督教青年贵族展示欧洲天主教国家以及罗马教廷的辉煌与壮丽,使他们对欧洲基督教信仰的源头以及由此种信仰所带来的荣耀和权力产生深刻的印象,由此加深日本人的宗教信仰,使他们在返回日本以后可以向日本人叙述他们的所见所闻,从而有利于加快耶稣会在日本的传教事业;三是不要让他们看到和知道会给他们带来相反印象的东西。[1]

范礼安选择的使团成员代表了九州的三位主要的基督教大名:一是丰后国的大友宗麟,如前所述,他出生于丰后国府内城,又名大友义镇。他于1551年认识在丰后传教的耶稣会士沙勿略,但是在最初的时候,他是敌视基督教的。然而在1578年,他失去了原来的领地,逃到了丰后,同年皈依了天主教,取圣名方济各。此时离他初次遇见沙勿略已经有二十七年了。后来,他在丰后的领地内保护天主教的传教事业,并鼓励当地人发展与澳门以及果阿的贸易,并与中国以及朝鲜通商。二是有马国的有马晴信,他是肥前国领主,1579年从范礼安受洗成为天主教徒,取圣名珀罗大削。1587年丰臣秀吉征伐九州,他与岛津断交,得以自保。后跟随小西行长参加两次入侵朝鲜的战争,并成为岛原的初代藩主,积极鼓励与海外通商。晚年被德川家康赐死。三是大村国的大村纯忠,他于1563年受洗,取圣名巴托罗米欧(Bartholomew)。大村纯忠为日本战国时期著名的基督教大

---

[1] Derek Massarella, "Envoys and Illusions: The Japanese Embassy to Europe, 1582–90", in *De Missione Legatorvm Iaponensium, and Portuguese Viceregal Embassy to Toyotomi Hideyoshi, 1591*, Journal of the Royal Asiatic Society, Third Series, Vol.15, No.3, Nov.2005, pp.330–331. Donald F. Lach, *Asia in the Making of Europe, The Century of Discovery, Book 2*, The University of Chicago Press,1965, pp.690–691.

名，由于面临毗邻的另一位大名竜造寺隆信的军事压力，他于1580年将长崎以及附近的茂木堡（fortress of Mogi）献给耶稣会，只保留收税的权利，他只要求耶稣会每年交给他 1 000 达克特（ducats）的金钱。①

最初，大友宗麟推荐他的侄子杰罗姆·伊东（Jerome Itõ Yoshikatsu）作为他的代表，这是他姐姐的儿子，也是日向国②的领主。但是当时杰罗姆是设在安土的耶稣会学校里的一名就读神学生，安土在京都附近，而长崎在九州的西段，两地相距甚远，没有足够的时间通知他接受这项任命并将他带到长崎的葡萄牙船只上，因为葡萄牙船只必须在季风合适的情形下尽早开船。结果，范礼安与大友宗麟商定派遣如下四位少年担任出使日本的使臣：一是曼西奥·伊东（Mancio Itõ, 1569—1612），他出生于1569年，是大友宗麟的亲戚日向国大名伊东义祐（1512—1585）的孙子，他个人的日本名字是祐益（Sukemasu），时年十五岁；二是前文所说的基督徒大名有马晴信的亲戚米额尔·千千石，他同时是大村纯忠和有马晴信的侄子；三是马丁·原氏（Martin Hara, 1568—1639），他出生于1568年，是大村纯忠家族的亲戚，有关他的家庭人们知之不详；四是朱利安·中浦（Julian Nakaura, c.1568—1633），1568年出身中浦（nakaura）的一个基督教家庭，人们只知道他的父亲是平户以及大村之间的一个山寨的寨主，在当时纷乱的内战中失去了自己的领地。他们四位都是当时在耶稣会神学院中学习的神学生。③范礼安在他书写的文献以及书信中称这四位年轻人为"贵族青年"（jovenes nobres, "noble youths"）。另外，范礼安还

---

① Joseph Jannes, *A History of the Catholic Church in Japan, From its Beginnings to the Early Meiji Era (1549–1873)*, Oriens Institute for Religious Research, 1973, pp.14–16, pp.34–36.

② 日向国（Hyūga），日本战国时代地名，又称日九或向州，属西海道，其领域大约等于今天的宫崎县。

③ Michael Copper, *The Japanese Mission to Europe, 1582–1590, The Journey of Four Samurai Boys Through Portugal, Spain and Italy*, pp.13–14. J.F. Moran, translated by, Derek Massarella, edited and annotated by, *Japanese Travellers in Sixteenth-Century Europe: A Dialogue Concerning the Mission of the Japanese Ambassadors to the Roman Curia*, The Hakluyt Society, 2012, pp.8–9.

第三章 "天正使团"访问葡萄牙、西班牙、意大利、教宗国以及文艺复兴时期的欧洲文化输入日本(1582—1590)

选择了葡萄牙耶稣会士梅斯基塔(Diogo de Mesquita, 1553—1614)神父作为译员一同随行。梅斯基塔出生于拉梅戈(Lamego)教区的梅桑佛里乌(Meiaofrio), 1570年成为见习修士, 1573年到果阿, 后去日本传教, 他陪同使团出发时才二十九岁, 专门负责少年们的宗教教育。此外, 还有日本籍耶稣会修士若热·罗耀拉(Jorge Loyola, c.1562—1589), 他出生于九州西北部的谏早, 1580年12月成为一名耶稣会士。他陪同使团出访时才二十岁, 主要负责教授四位贵族少年学习日本语言和文学。[①]

使团成员米额尔·千千石在《天正使团遣欧记》中叙述了耶稣会派遣此次使团出使的原因, 他列举了三个方面的理由:

> 第一个原因是耶稣会视察员范礼安神父规划了此次远行, 他从欧洲航行到达日本以后, 从经验得知日本的风俗习惯在许多方面与欧洲不同, 还因为欧洲与日本之间路途遥远, 对于他所来到的日本列岛的人们来说, 欧洲的面积、各个不同地方以及王国的宏伟壮丽、他们精英人物的高贵与权力以及另外一些可敬的事物, 似乎都是遥远不可及的传言。他还认识到, 当耶稣会的神父们将这些事物讲给日本人听的时候, 人们完全不相信, 由此产生了许多不幸的后果, 削弱了皈依人们灵魂的工作, 期望得到的收获也由此减少。上述的那位神父, 在与他的同事充分讨论以后, 认为有必要让我们国家的一些亲王和贵族去欧洲亲眼看看、亲自交谈、亲自用手去触摸这块土地上所有的事物, 而这些事物直到现在还只是从外国人那里道听途说的。当这些贵族回到他们自己国家的时候, 带给他们人民的是无可争议的亲眼看见的东西, 他们可作为见证, 这样, 我国人民就不会再怀疑他们是在说谎, 而他们的思想也就会从他们所以为的欧洲事物的错误观念中解脱

[①] J.F. Moran, translated by, Derek Massarella, edited and annotated by, *Japanese Travellers in Sixteenth-Century Europe: A Dialogue Concerning the Mission of the Japanese Ambassadors to the Roman Curia*, p.14, p.184.

出来。①

千千石列举的第二个理由是,当耶稣会的神父们来到日本的时候,发现绝大部分的日本人民相信的是神道教以及从中国传来的佛教,神父们发现很难去除他们关于神道教以及佛教的观念,劝说他们接受基督教。尽管他们能够从知识层面很快地接受神父们宣扬的基督教的信条,但是长期以来形成的习惯和思想方式还是阻碍了他们真正地接受基督教的信仰。他说:

> 从神父们来到日本直到他们以一种正常的方式生活在日本人民当中,他们的生活方式是谦卑的和低调的,他们在公众事务中也没有权威和权力,他们的外貌以及生活方式也没有表明我们人民的伟大以及基督教的高贵。他们不应想到,也确实没有想到从外部去表现这些东西,他们宣扬的律法总是与一种较为低调的生活方式联系在一起的。他们总是怀疑另外一些事物。结果是,他们的思想总是被其他所有的观念改变了,这对于基督教的传播是一个不小的障碍。这就是为什么必须有一些在我们这片土地上出生的贵族去基督教繁荣的世界旅行的原因。他们应该亲自体验——而不再是靠着遥远的道听途说——通过看、听、日常接触以及个人经验领会神圣的真理之光的色泽以及殊荣如何会被带到人类的心灵之中,基督教对于良善的和神圣的生活是做出了何等之大的贡献,以及那些被基督光明照亮的人们和仍然生活在黑暗中的人们之间的区别是如何之大。然后,他们带着这些确切的知识以及第一手的经验回到自己的祖国并与同胞分享这些知识。②

---

① J.F. Moran, translated by, Derek Massarella, edited and annotated by, *Japanese Travellers in Sixteenth-Century Europe, A Dialogue Concerning the Mission of the Japanese Ambassadors to Roman Curia (1590)*, pp.45–46.
② Ibid., p.48.

第三章 "天正使团"访问葡萄牙、西班牙、意大利、教宗国以及文艺复兴时期的欧洲文化输入日本(1582—1590)

千千石谈到的第三个理由就是日本的基督徒渴望觐见罗马教宗:

基督是真正的神和基督教信仰的创立者,在尘世和整个基督教世界人民的最高统治者是罗马教宗。数世纪以来,他一直坐镇罗马——这座欧洲最高贵的和最著名的城市。他还统治着世界上更大的部分,从这里,就像发自一种最确定的神谕一样,至高无上的宗座制定法律,对于举足轻重的问题做出回答,作为最高的牧者仲裁全体基督教国家的事务。许多最著名的人物、最高级的神职人员,不,有时甚至国王本人都要来拜访他,他们臣服于教宗并恳求他,如同他是一位父亲……由于我们这里与欧洲之间路途遥远,罗马和罗马的至高圣座只能听到关于日本的一些模糊的故事,他所知道的日本以及日本的领导人只是最微弱的谣言,对于日本人民是什么样的人也没有任何概念……除了从欧洲神父们的信中选择一些内容看以外,他对于其他的事情也不甚了解;而日本的那些信奉基督教的国主,他们不能够旅行前来面见教宗,却渴望匍匐在圣座脚跟前亲吻他的脚,另外一些信奉同样宗教的亲王们也想这样做。因此,他们感到似乎绝对有必要派遣一些与他们有血缘关系的年轻亲戚,以日本国主的名义组成使团,使日本至今仍然不为人所知的名声可以在罗马这个世界上最有名的地方被听到;至高圣父也可以拥抱他最近出生的孩子们,尽管他们并不在场,但是也让他们沐浴在父爱和仁慈当中。同时,爱和仁慈的表示也可以被带到那些尚未被基督教信仰照亮的人们中去,并让他们尽快地接受基督教信仰。①

最初的航程:澳门与果阿 1582年2月20日,使团成员乘坐葡

---

① J.F. Moran, translated by, Derek Massarella, edited and annotated by, *Japanese Travellers in Sixteenth-Century Europe, A Dialogue Concerning the Mission of the Japanese Ambassadors to Roman Curia (1590)*, p.49.

萄牙船只从长崎的港口出发。负责从长崎到果阿航行的葡萄牙舰长是依纳爵·德·利马（Ignacio de Lima），他是一名葡萄牙贵族，与范礼安和耶稣会士的关系非常密切，一路上对于这些日本的孩子照顾有加，为他们安排了很好的船舱和床铺。除了四名日本男孩、梅斯基塔神父和若热·罗耀拉修士以外，还有几名日本籍的传教员，他们的葡萄牙文名字是康斯坦丁诺·多拉多（Constantino Dourado）和阿戈斯蒂纽（Agostinho）。多拉多与若热一样，是谏早地方的人。很可能他的父亲是葡萄牙人，母亲是日本人，因此他能够流利地书写葡萄牙文，但是日语讲得不太好。同行者还有范礼安的秘书罗伦佐·梅西亚（Lourenço Mexia，1539—1599）神父，是一位出生在奥利文萨（Olivença）的葡萄牙耶稣会士。他并没有陪同使团去欧洲，船只抵达澳门以后他就留下了。还有一位是出生于马切拉塔的意大利耶稣会修士奥利弗·托斯卡内罗（Oliverio Toscanelo，1542—1601），他在使团回程途中在澳门去世了。

使团成员乘船离开长崎港口出发的那天，天气晴朗、万里无云，海面上碧波荡漾，从那时起，他们开始了长达八年多的波澜壮阔的长途旅行生涯。

航程的第一段是从长崎到澳门。即便在波涛汹涌的大海上，耶稣会士们也没有忽略和中止少年们的宗教教育和知识教育。梅斯基塔继续教授他们学习拉丁文，而若热修士则辅导他们学习日本语的阅读和书写。只要天气允许，在周日和其他宗教节日都要举行弥

1582年2月20日，天正使团离开长崎

第三章 "天正使团"访问葡萄牙、西班牙、意大利、教宗国以及文艺复兴时期的欧洲文化输入日本(1582—1590)

撒,少年们每天都要背诵诸圣连祷文以及其他经文。总之,耶稣会士们尽量不中断他们在九州耶稣会神学院里的课程。每天也有轻松的时刻,少年们在船只的平台上欣赏海员们钓鱼、下日本棋,偶尔,他们也会演奏西洋乐器。船上的其他神父则按例举行清晨的祈祷和晚间的日课。

3月9日,在他们离开日本的第十七天,船到达了澳门。少年们受到澳门总督阿尔梅达(João de Almeida)和澳门莱昂纳多·德·萨主教(Leonard de Sá, 1576—1597年在任)的欢迎。德·萨主教是一位基督骑士团的成员,他在接受主教任命以后于1581年来到澳门。澳门教区建立于1576年,是隶属于果阿教区的副主教区,它们都在葡萄牙王家保教权的庇护之下。当时的日本并没有成立独立的主教区,是属于澳门副主教区管辖的。根据范礼安的指示,这些日本少年由当地的耶稣会团体特别是后来成为耶稣会长的佩德罗·戈梅斯(Pedro Gómez)照顾。尽管从日本到澳门的航行持续了不到三个星期,但是使团却在澳门逗留了近十个月的时间。他们在澳门逗留期间,梅斯基塔和若热·罗耀拉修士继续教授他们拉丁文课程以及欧洲音乐。同时他们也参观了澳门全城的要塞、教堂和修道院。(那年8月7日,利玛窦来到澳门,很可能他也遇见了这几位日本少年使者)。千千石在《天正使团遣欧记》中是如此描绘澳门及其居民的:

> 这里的居民大部分是葡萄牙人,每年乘船来到这里的也是葡萄牙人。在过去的这些年中他们来到中国的这个港口,开始进行的贸易多多少少仅限于在他们自己的船上。最初,中国人极端多疑,他们生活在巨大的恐惧之中,害怕失去自己的帝国。然而,逐渐地,中国人也习惯了葡萄牙人,他们的惧怕消失了,并且划出一块特别的地方让葡萄牙人居住下来。随着时间的推移,它逐渐发展成为一座中型的城镇,这里不仅有葡萄牙人,还有许多皈化基督教的中国居民。许多这个国家不同省份的信奉异教的商人带着货物也来到澳门,以至这座城市成了著名的葡萄牙人的市

17世纪铜版画上的澳门"天主之母"教堂正立面

场,整个东方的许多商人经常到访此地。①

1582年的最后一天,他们启程离开澳门,驶向南方海域。

1583年1月27日,他们抵达马六甲,使团受到马六甲主教若奥·里贝罗·加亚(João Ribeiro Gayo)和城市总督的欢迎。不过,他们在马六甲只住了一个星期。为了赶上季风,2月4日,他们又踏上了征途。千千石记载了他对于马六甲城市的印象:"这座城市的居民都是本地的马来人,整个地区的语言叫作马来语,但是现在许多居民接受了基督教的信仰,他们与葡萄牙人和睦地生活在一起。"②

使团的船只在接近赤道的地方遇上了热带风暴,船只极度颠簸,

---

① J.F. Moran, translated by, Derek Massarella, edited and annotated by, *Japanese Travellers in Sixteenth-Century Europe, A Dialogue Concerning the Mission of the Japanese Ambassadors to Roman Curia (1590)*, p.56.
② Ibid., p.63.

第三章 "天正使团"访问葡萄牙、西班牙、意大利、教宗国以及文艺复兴时期的欧洲文化输入日本（1582—1590）

梅斯基塔神父和伊东祐益都得了重病，范礼安则极力照顾这几位日本少年。在范礼安的坚持之下，船长没有采取绕过印度最南端科摩林角抵达印度西海岸的传统航线，而是在印度东南部的渔夫海岸（Fishery Coast）登陆。1583 年 3 月 31 日，他们在渔夫海岸的陆地上举行了复活节弥撒。范礼安决定从陆地取道前往西海岸的科钦①，梅斯基塔神父以及其他一些人病得太重，留在图提廓林（Tuticorin）养病，不久以后才前往科钦与使团会合。由于气候过于炎热，使团只得昼息夜行。经历种种艰辛，他们终于在 4 月 7 日抵达科钦。四位日本少年住在科钦的耶稣会会院中，重新恢复学习拉丁文、葡萄牙文以及西洋音乐。由于当时正值印度的夏季，不适合旅行前往果阿，他们在当地逗留了十个月之久。千千石后来在回忆科钦的耶稣会传教事业时指出：在科钦有建得很好的耶稣会会院，里面居住有 25 名耶稣会士以及许多其他人，除此以外他们在科钦王国也有许多小的会院。耶稣会士居住在科钦当地古老的印度本土的圣多默基督徒中间，这些基督徒认为自己的信仰是公元 1 世纪耶稣基督的门徒圣多默来到印度以后传给他们的。耶稣会士致力于将他们从所谓"错误"的信仰中带回到拉丁的罗马教会传统中来。从科钦到奎隆再到科摩林角渔夫海岸，漫长的海岸线上都居住着耶稣会士，他们还建立了一所专门教育孩子的耶稣会学院。② 日本使团的成员在科钦也看到了自古代以来就居住在当地的所谓圣多默基督徒，这些日本少年的看法受到了葡萄牙耶稣会士的影响，他们认为这些古代的印度基督徒随着时间的推移，纪律越来越松懈，应该接受葡萄牙耶稣会办的神学院的教育。③ 在使团逗留科钦期间，范礼安于 10 月 28 日完成了他的一部关于日本传教的重要著作《日本巡察记》(*Sumario de las Cosas de Japon*)。

---

① J.F. Moran, translated by, Derek Massarella, edited and annotated by, *Japanese Travellers in Sixteenth-Century Europe, A Dialogue Concerning the Mission of the Japanese Ambassadors to Roman Curia (1590)*, pp.32–33.
② Ibid., pp.89–90.
③ Ibid., p.90.

范礼安从印度西海岸的陆地派遣一名信使前往果阿，通知葡属印度的总督方济各·德·马士加路也（Francisco de Mascarenhas）日本使团的到来。马士加路也于1581年至1584年出任果阿的总督，他出身于显赫的贵族，该家族在葡萄牙海外扩张中发挥着重要作用。在16世纪，他的家族中有两人出任葡属印度的总督，在17世纪另外还有一人是澳门的总督。在马达加斯加东面的马士加路也群岛（Mascarenhas Archipelago）是以其家族中的佩罗·马士加路也（Pero Mascarenhas, ?—1535）和另一名家族同名人士马士加路也的名字命名的。后者是葡萄牙国王若奥三世派驻罗马教廷的使节，耶稣会的创立者罗耀拉是他私人的忏悔神父，他为耶稣会士去往印度果阿提供了许多方便。他本人于1554年至1555年出任果阿的总督。方济各·德·马士加路也总督在接到日本使团来到的消息之后，立即派一艘快速帆船前来科钦迎接，并通知沿途各个商站须给予日本使团以帮助。11月28日，日本使团终于来到果阿。这四位日本少年住在果阿的耶稣会圣保禄学院。在果阿期间，他们正式以使团成员的身份觐见了果阿总督以及多明我会士出身的果阿总主教丰塞卡（Vicente de Fonseca）。在觐见时，使团成员向总督和主教呈上了他们所代表的三位日本基督教大名的祝愿和问候的信件。他们已经能够用葡萄牙语讲话，偶尔需要由梅斯基塔神父翻译。千千石回忆果阿这座城市时说：

它是葡萄牙人在亚洲统治的中心，耶稣会神父在当地拥有三幢大房子，有160名神父居住在里面。第一幢房子称为"神父会院"（professed house），是新建的，还没有完工，但是从建筑的外形来看已经可以与千千石后来在欧洲看到的房子相媲美，里面住了四十名耶稣会士；第二座房子是圣保禄学院，它是一座古老而壮丽的建筑物，它有一个附属的教堂，闻名于整个印度，也比其他任何印度的教堂要大，当时使团成员看到有80名学生在学院中学习；第三座房子是见习修士的会院，是培养耶稣会新成员的地方，他们将来会到圣保禄学院学习。果阿的"神父会院"在

果阿"好耶稣教堂"以及耶稣会会院。这是耶稣会在东方的总部，1583年11月，使团抵达果阿，曾经到此地访问，当时范礼安居住在这里

1584年10月21日落成。果阿的圣保禄学院最初建于1541年，是教区的神学院，1551年交给耶稣会管理。果阿还是一个中转站，所有的耶稣会士在这里得到休整和教育之后，并不是永久地留在果阿，他们都被派往摩洛加群岛、中国、日本以及其他东方地区，还有一部分被派往印度的北方。这些日本少年还看到，当地居民中的大部分人都是葡萄牙人，不是商人就是士兵，他们不被认为是本地人，许多葡萄牙人与当地人结婚。在葡萄牙人来到以前，还有许多印度各地来的不同民族的人，他们的肤色多多少少有点黑，其中有曾经与葡萄牙人打仗的萨拉逊人，他们不是出自印度，而是先从波斯和阿拉伯来到印度的。①

此次使团来果阿时，范礼安神父一同陪伴他们前来，不过再次启程时，范礼安则留在果阿，因为他在11月接到罗马总会长的信件，

---

① J.F. Moran, translated, Derek Massarella, edited and annotated, *Japanese Travellers in Sixteenth-Century Europe, A Dialogue Concerning the Mission of the Japanese Ambassadors to the Roman Curia(1590)*, p.81.

要他留在印度担任省会长，负责指挥东方的耶稣会传教事务。如上文所述，范礼安只得委托罗德里格斯陪同使团继续前往欧洲。[①] 罗德里格斯于1538年出生，1559年加入耶稣会，1577年发第四愿。他在耶稣会印度会省担任庶务员，并作为庶务员的代表去罗马参加庶务员代表会议，此次会议计划于1584年11月15日在罗马召开。范礼安给罗德里格斯的另一个使命就是特别要求罗德里格斯在途中照顾这四位日本少年。1583年12月25日，少年们动情地与范礼安神父告别，在果阿港口登上了"圣地亚戈号"启程。不过，这艘船先要南下驶向科钦装运香料等货物。1584年2月19日至20日，这艘船终于从科钦正式启航了。

3月9日，"圣地亚戈号"穿越赤道，经历了风暴之后越过马达加斯加海岭；5月10日，绕过好望角，航船遇到了很大的风暴。千千石后来回忆，海上的航行有时真的极度难受，有时就像在监狱里面，但

果阿耶稣会会院的回廊内院

---

① Michael Cooper, *The Japanese Mission to Europe, 1580–1590, The Journey of Four Boys Through Portugal, Spain and Italy*, p.38.

第三章 "天正使团"访问葡萄牙、西班牙、意大利、教宗国以及文艺复兴时期的欧洲文化输入日本（1582—1590）

是在风平浪静的时候，也有快乐，他们抓紧时间跟梅斯基塔神父学习拉丁文，有时也演奏乐器，有时与别的旅客一起钓鱼，让自己放松。他们也跟葡萄牙海员学习海上航行的知识，学习如何使用航海仪器如星盘、天球仪、海图和罗盘等。他们懂得了星盘是用来确定船的位置与太阳之间的距离，还可以用来确定南极与赤道之间的距离，海图是用来描绘所有的陆地与海洋交界处的海岸线。他们使用圆规来绘制所抵达的陆地，并运用罗盘来测定北方和南方。千千石说，他

果阿"好耶稣教堂"中的安放沙勿略遗体棺木以及大理石底座

把这些仪器用线挂在房间的墙壁上，看到这些仪器，他感到心灵上的安宁。[1]27日，他们抵达圣海伦娜岛（island of St. Helena），这是葡萄牙人从葡属印度前往里斯本航线上的一个中转站。该岛屿于1502年5月21日由葡萄牙人若奥·德·诺瓦·卡斯特拉（João da Nova Casttella）发现，那天正好是圣海伦娜节（the feast of St. Helena），葡萄牙人就命名它为圣海伦娜岛。该岛气候良好，淡水丰沛，果蔬新鲜是长期航行中理想的中途停留地，也是从好望角到欧洲西部海岸之间唯一可以让航船停靠补充给养的地方。当时岛上的居民很少，只有一些隐居者住在那里，因为葡萄牙王室禁止过多的人们居住在那里，这

---

[1] J.F. Moran, translated, Derek Massarella, edited and annotated, *Japanese Travellers in Sixteenth-Century Europe, A Dialogue Concerning the Mission of the Japanese Ambassadors to the Roman Curia(1590)*, p.100.

样会消耗掉许多的资源。该岛盛产橙子、柠檬、无花果和石榴等水果，有取之不尽的淡水资源，还有许多小动物如山羊、鸡，各种野味如山鹑等，葡萄牙人视此地为天主赐予他们的福地，可以使他们的体力得以恢复。使团在当地逗留了十一天，休整以后，在6月6日再度启航，同年8月10日，船只终于到达里斯本外的港口。

二、使团抵达葡萄牙、西班牙、意大利及罗马教廷

使团抵达里斯本 1584年8月11日晚上，日本使团的四位少年以及神父们进入里斯本的港口。此时他们的心中异常激动，他们所看见的景物与日本是那么的不同，首先映入他们眼帘的就是港口里停泊着的许多船只，他们数了数，大约有300多艘，船只的类型也很不一样，有些有着尖尖的喙，有些则没有；有的船很长，有的船则比较短；有些是货船，有些是快艇，有些是战舰，有些是内河航运的船只。城市的规模看上去也很大，有壮丽高耸的建筑物，也有城墙和塔楼，还有规模巨大的教堂以及无数的人群。当大船的锚刚刚下到港里，对岸的许多神父已经划着小艇来迎接远道而来的客人了。使团

里斯本圣洛克教堂以及耶稣会会院。使团于1584年8月11日抵达里斯本以后就居住在这里

第三章 "天正使团"访问葡萄牙、西班牙、意大利、教宗国以及文艺复兴时期的欧洲文化输入日本(1582—1590)

成员被接纳入住比邻耶稣会圣罗克教堂(the Church of St. Roque)的会院中,受到当地耶稣会士的热烈欢迎。该会院为耶稣会葡萄牙会省的大本营,始建于1542年1月,1552年成为里斯本耶稣会学院。圣罗克教堂则为耶稣会在葡萄牙建立的第一座教堂。它由意大利建筑师特佐(Felippe Tezo)设计,1566年始建,位于里斯本城市西北角的一个高地上,外表庄严朴素,内部装饰华丽,有八个小教堂。①

圣罗克教堂中的圣器室。保存有描绘沙勿略去往东方的油画

当时葡萄牙与西班牙两国合并,② 菲律普二世(Philip II,1556—1598年在位;又兼任葡萄牙国王,1580—1598年在位,称菲律普一世)驻葡萄牙的代表枢机主教兼总督阿尔伯特(Cardinal Albert, 1559—1621)在里斯本三次接见了日本使团。阿尔伯特原为奥地利大公(Albert VII, Archduke of Austia)、神圣罗马帝国皇帝马克西米利安二世(Emperor Maximilian II, 1564—1576年在位)的儿子、查理五世(Charles V, 1519—1556年在位)的外孙以及菲律普二世的侄子,曾经出任托雷多的主教,1583年至1593年出任西班牙国王在葡萄牙的总督。当时西班牙与葡萄牙合并不久,有一半葡萄牙血统的菲律普

---

① Dauril Alden, *The Making of an Enterprise, The Role of Jesuits in Portugal, its Empire, and Beyond, 1540–1750*, pp.11–17.
② 葡萄牙国王塞巴斯蒂安(Dom Sebastian, 1557—1578年在位)于1583年远征北非,于8月4日在卡萨—阿尔—卡比(Kasar-el-kebir)中了摩尔人军队伏击阵亡,1579年,监国亨利枢机主教去世。西班牙的菲律普二世接管葡萄牙政权,开始了两国合并的历史(1580—1640)。C.R. Boxer, *The Portuguese Seaborne Empire, 1415–1825*, p.369.

183

二世在里斯本住了两年，向葡萄牙民众表示亲和之后，回到马德里，留下阿尔伯特枢机主教作为总督以国王的名义治理葡萄牙。阿尔伯特从 1596 年至 1598 年又出任哈布斯堡王室驻尼德兰总督。[①] 第一次觐见时，总督派出有四匹白马拉着的带有包厢的马车将四位日本少年以及梅斯基塔神父接到宫殿。他向使团表示热忱的欢迎，伊东祐益和千千石则向总督进呈了三位日本基督教大名的信件，在信中他们请求总督在使团在葡萄牙期间给予他们照顾。使团还向总督进呈了一只用犀牛角做成的镶银的杯子作为礼物。总督则当众询问了日本少年们的年龄、家庭、健康状况和其他事情，而梅斯基塔神父则作为译员在一旁。阿尔伯特枢机主教兼总督热忱地接见了他们，使团成员亲吻了他的手（这是当时葡萄牙重要的贵族向总督致敬的礼仪），他在使团逗留里斯本期间，派出了自己的马车供使团成员使用，他们坐着这辆马

里斯本港口前方为商业广场以及船坞。藏里斯本国立古代艺术博物馆

---

① Luc Duerloo, *Dynasty and Piety: Archduke Albert(1598–1612) and Habsburg Dynastic Culture in an Age of Religious Wars*, Ashgate Publishing, 2012, pp.18–23. Edward Grierson, *King of Two Worlds, Philip II of Spain*, G.P. Putnam' Sons, 1974, p.166, p.190, p.208.

第三章 "天正使团"访问葡萄牙、西班牙、意大利、教宗国以及文艺复兴时期的欧洲文化输入日本（1582—1590）

车访问了里斯本城市中的许多著名的地方。

几天以后，他们又拜访了里斯本总主教若热·阿尔梅达（Dom Jorge Almeida），总主教亲切地接待了他们，带领他们参观了总主教宫殿。告别总主教以后，他们还参观了王家医院，探访了医院中许多病房里的病人。

这是使团成员到达的第一个欧洲本土著名的城市，他们看到了许多古老的建筑以及新造的建筑物，还对当时里斯本城市丰富的供水系统留下了深刻的印象。他们看到了城外有古老的水道将清水引入到城市中来，这些水道的建筑很特别，有些城外的水道最初的时候是埋藏在地底下的，后来逐渐地攀升，从不同方向延伸导入城市中。他们所见到的水道中有一条著名的"自由之水引水道"(the Aqueduto da Água de Prata)，由建筑师阿茹达（Francisco de Arruda）设计，最初建于1531年至1537年间，葡萄牙著名的大诗人贾梅士在《卢济塔尼亚人之歌》的第三章第63节中有描绘，它至今仍然存在。[1]

他们还拜访了里斯本本地重要的教堂圣维森特教堂（Igreja de S. Vincente），该教堂供奉着当地三位著名的圣徒即主保圣徒圣维森特和他的姐妹们萨比纳（Sabina）、克里斯特塔（Cristeta）。不过，最重要的是在8月14日，他们拜访了里斯本耶稣会圣安唐学院（the College of St. Antâo），这所耶稣会的学院可以说是所有去往东方的葡萄牙甚至欧洲耶稣会士的家。使团成员记载说，当时这所学院不仅属于耶稣会本会，而且向公众开放，神父们向来自各个地方的年轻人教授宗教教义和人文知识，特别是讲授拉丁语，还有哲学以及两种神学课程——一种是关于神本身的学问，另一种则是关于道德的学问，这些课程当时特别受欢迎。为了吸引更多的学生，学院还增设了艺术人文课程。使团成员还描绘了这所学院优美的建筑结构：它大而宽敞、呈四方形，有着柱子和回廊，中间的空地上有一座喷泉，两边有许多小教

---

[1] J.F. Moran, translated, Derek Massarella, edited and annotated, *Japanese Travellers in Sixteenth-Century Europe, A Dialogue Concerning the Mission of the Japanese Ambassadors to the Roman Curia(1590)*, p.225.

堂，在左边和右边的墙上还画了许多圣徒的圣像，平时这些圣像都用布覆盖着，在宗教节日和其他庄严的时刻人们就将布拉下来供人们瞻仰。学院教堂的金银祭器也十分精美，都是手艺高超的匠人制作的。神父们居住在学院里面另一个更小一点的四方形建筑物里，那里的房间舒适合宜，有丰富的供水。①

这里的学生很想看到日本民族的服装，于是使团的少年们将最好的日本和服穿起来，并为葡萄牙学生表演了日本传统的敬酒（sakazuki）礼仪。② 在第二次觐见总督的时候，他们也穿着了日本的和服，再次受到隆重的接待，总督对于他们的和服称赞有加。日本的少年们还按照武士的阶级佩戴了上面有东方装饰图案的长剑和短刀，使在场的人们惊异不止。总督要他们将剑取下给他看，他把剑拿在手中，端详良久。

在那些日子，日本的少年们住在长岩修道院（Penha Longa monastery），他们访问了就在附近的著名的辛特拉宫殿。在回首都的途中，他们去了一所多明我会修道院，访问了享有盛名的多明我会士学者西班牙人路易斯·德·格拉那达（Fray Luis de Granada, 1504—1588）。他出身贫寒，19岁时加入格拉那达神圣十字架小修道院学习神学和哲学，在他完成学业以后，进入巴利阿多利德的圣格里高利学院（the College of St. Gregory）学习，这里是多明我会培养优秀学生的学校。他后来成为一名布道家。在葡萄牙恩利克枢机（Dom Henrique, 1512—1580）的极力邀请之下，他去了葡萄牙，于1557年成为葡萄牙多明我会的省会长，因为博学、勤奋与虔敬曾经被选为葡萄牙维塞乌（Viseu）教区的主教和布拉加（Braga）教区的总主教，然而他坚辞。甚至教宗西克斯图斯五世任命他为枢机主教时，他也婉拒。他坚持写作三十五年，对于神学以及教会历史有极大的兴趣，

---

① J.F. Moran, translated, Derek Massarella, edited and annotated, *Japanese Travellers in Sixteenth-Century Europe, A Dialogue Concerning the Mission of the Japanese Ambassadors to the Roman Curia(1590)*, p.227.
② 范礼安曾经在1581年10月的一篇专论中以整个一章的篇幅讨论了这种日本礼仪。

第三章 "天正使团"访问葡萄牙、西班牙、意大利、教宗国以及文艺复兴时期的欧洲文化输入日本（1582—1590）

出版著作四十九种。他在 1555 年出版的《罪人的指引》(La Guia de Decadores or The Sinner's Guide) 为当时之名著。其多种著作被译成意大利文、拉丁文、法文、日耳曼语以及波兰文和日文等多种语言。84 岁时他在里斯本逝世。使团成员在拜访他的时候，他已经是八十岁高龄的老人了。使团成员向这位学问僧出示了他的那些已经翻译成日语的著作，这使得这位学者非常高兴。

在以后的一段时日，使团前往光明圣母教堂（Church of Nossa Senhora da Luz）朝圣，又泛舟特茹河，驶往河口远观贝伦塔要塞、圣热罗尼姆教堂以及修道院等历史建筑。

1584 年 9 月 5 日，日本使团在离开里斯本前往马德里以前，正式的也是第三次觐见葡萄牙总督兼枢机主教阿尔伯特，向他辞行。总督赠送了 300 克朗作为旅费并向他们颁发了一张特别的通行证，这样，他们在过关口的时候就不必付税了。使团在离开葡萄牙以前，顺道访问了埃武拉。因为埃武拉的总主教也就是范礼安的朋友特唐·奥托尼奥·德·布朗加萨（Archbishop Dom Theotonio de Bragança）邀请使团访问他的城市。耶稣会在该城市设有著名的学院。当使团到访该学院的时候，那里大约有 120 名师生。9 月 8 日早晨十点，使团抵达埃武拉。总主教希望他们住在主教宫殿，但是日本的少年们记得范礼安的嘱咐，坚持住在耶稣会学院宿舍。不久，总主教就接见了他们，带领他们参观宫殿、图书馆以及圣物收藏。14 日是"高举十字架节"，总主教率领日本使团成员举行了公开的弥撒，在弥撒过后的宗教游行中，总主教让日本的少年们走在本城的贵族之前，以便居民一睹风采。使团还与主教座堂的诗班一同演唱了圣歌。伊东与千千石两人还演奏了管风琴。离别之前，总主教还独自与日本少年们见面，欣赏了他们的拉丁文书写。少年们赠送给总主教许多日本礼物，总主教只接受了一个日本套盒作为纪念。[1]

---

[1] Michael Cooper, *The Japanese Mission to Europe, 1582–1590, The Journal of Four Samurai Boys through Portugal, Spain and Italy*, pp.49–50.

使团在西班牙 9月18日，他们离开埃尔瓦什（Elvas）进入今天的西班牙境内。当天晚上，他们决定前往瓜达鲁佩圣母教堂（the shrine of Our Lady of Guadalupe）朝圣，因为当时他们距离这个重要的圣地不远。24日，他们参加了该圣母大殿的弥撒，向这尊著名的黑色圣母像敬拜。① 瓜达鲁佩修道院（Santa María de Guadalupe Monastery）位于西部卡塞雷斯省（Cáceres）拉维柳埃尔卡斯山脉（Sierra de Villuercas）的山脚下。13世纪时，有一名当地牧童在瓜达鲁佩（Guadalupe）发现了一尊黑色的圣母像，据说是由使徒路加亲自雕刻的，还说它还时有神迹发生，该圣像可能是在714年摩尔人入侵当地时由当地人隐藏起来的。后来人们在发现圣像的地方建造了一座小教堂，奉献给瓜达鲁佩圣母（Our Lady of Guadalupe）。卡斯蒂尔国王阿方索十一世（King Alfonso XI, 1311—1350）常来此地朝圣，并将他于1340年10月23日击败摩尔人的萨拉多战役（the Battle of Rio Salado）的胜利归功于瓜达鲁佩圣母的护佑。1389年，圣热罗尼姆修道会（the Order St. Hieronymite）的僧侣接管该教堂，重建雄伟的教堂以及修道院，其工程持续了一个多世纪。瓜达鲁佩圣母后来成为西班牙王室的主保，并且被西班牙人带到美洲的新世界普及开来。哥伦布在1492年发现新大陆以后曾经来此地朝圣。在1809年半岛战争的时候，这座修道院受到法国军队的劫掠，1835年被废弃。但是自1908年以后又有部分方济各会士居住在里面。在"天正使团"抵达的第二天，当地教会向他们展示了一本手写的关于该圣母像奇迹的书。

下一站他们到了特拉维拉（Talavera），当地有耶稣会学院，是托雷多主教在两年以前建成的。他们于29日晚间到达托雷多，一辆四匹马拉着的马车停在城外等候他们，并将他们拉到耶稣会会院。10月1日，他们访问了耶稣会学院，受到全体师生的欢迎。他们还在主教

---

① Linda B.Hall, Marry, *Mother and Warrior: The Virgin in Spain and Americas*, University of Texas Press, 2004, pp.51–53. Amy G.Remensnyder, La Conquistadora: *The Virgin Mary at War and Peace in the Old and New Worlds*, Oxford University Press, 2014, pp.61–67.

第三章 "天正使团"访问葡萄牙、西班牙、意大利、教宗国以及文艺复兴时期的欧洲文化输入日本（1582—1590）

座堂参加了为纪念十三年以前的 10 月 7 日著名的 "勒班陀海战"（the Battle of Lepanto）胜利的庄严的宗教仪式。① 勒班陀海战是在 1571 年 10 月 7 日，由西班牙王国、威尼斯共和国、萨伏依王国、热那亚共和国、马耳他骑士团以及教宗国组成的神圣同盟（The Holy League）的联军，共 5 万名士兵以及 300 艘战舰，在希腊西部的科林斯湾击败了从勒班陀（今希腊诺帕克都，Naupactus）出发的奥斯曼帝国海军的海上战争。欧洲联军获得大胜，约有 3 万名土耳其士兵阵亡或者被俘，117 多艘土耳其战舰沉没或被缴获；欧洲军队有 9 000 名士兵阵亡，有 15 000 名在土耳其军舰上被迫服役的基督徒奴隶获得解放。在勒班陀海战胜利以后，天主教会在欧洲对此大加宣传，声称这场战争的胜利是由圣母庇佑的结果。当时还有多幅艺术作品表现这一主题。

10 月 3 日，当使团应该出发前往马德里的时候，千千石患了水痘并伴有发烧，当时这是一种很危险的疾病。医生用欧洲传统的放血疗法将他治愈。在他脱离危险并逐渐康复时，使团于 19 日从托雷多出发前往马德里。西班牙贵族堂·方济各·德·门多萨（Don Francisco de Mendoza）派了一支仪仗队并用自己的马车将他们一路护送去首都。②

当使团抵达马德里的时候，国王菲律普二世的权力正如日中天。他被称为 "基督教世界最强大的君主"（most potent Monarch of Christendom）。他于 1556 年继承王位，在使团抵达以前的四年，他又兼并了葡萄牙，成为葡萄牙的国王，由此，他所统治的伊比利亚的海外殖民地遍布亚洲、非洲和美洲，是名副其实的世界上第一个日不落帝国。此外，他还统治那不勒斯和西西里，还拥有米兰大公称号。③ 那时，他居住在离马德里 2 里格的普拉多宫（Prado Palace）。梅斯基塔神父和另一名耶稣会士前往普拉多宫觐见国王，询问日本使团何时觐见为宜。当时正值即将举行全国性的宣誓效忠仪式，国王希望将觐

---

① Edward Grierson, *King of Two Worlds, Philip II of Spain*, pp.129–132.
② Michael Cooper, *The Japanese Mission to Europe, 1582–1590, The Journal of Four Samurai Boys through Portugal, Spain and Italy*, pp.53–54.
③ Edward Grierson, *King of the Tow World, Philip II of Spain*, pp.160–162, p.128, p.225, p.132.

见推迟到宣誓大典之后。11月11日，国王在首都举行了隆重的宣誓效忠仪式，共有29名高级的贵族以及神职人员宣誓效忠，典礼长达5个小时。次日，国王派遣宫廷内侍前来耶稣会会院讨论觐见事宜。耶稣会士向国王的官员解释了日本使团的使命：首要的是向罗马教宗表示崇敬之意；觐见基督教君主和亲王；见证欧洲的基督教会。

14日，国王派出两辆装饰华丽的马车和军人仪仗队，将日本使团接入宫内。少年们穿着和服，带着长剑和短刀，于下午1点钟出发前往王宫。马德里大街上的民众观者如潮。使团进宫以后，被引导穿过十二间大厅，进入内室。国王和他的两位王子以及两位公主在等候他们进来。一见面，他询问了使团成员的身体情况，关照他们要注意气候的变化和健康，他还仔细地端详了日本少年们的和服。梅斯基塔神父告诉国王，他们不会讲西班牙语，但是他们能够讲拉丁语。但是国王要求少年们讲日语，他还询问他们日本以及从日本旅行至欧洲一路上的见闻。使团向国王进献了一张用竹子做成的书桌，带有制作机巧的抽屉的；一个配有金饰的漆底木碗；一个里面有许多机巧格子的盒子；以及一个精巧的、里外都光滑并仔细上过漆的箱子，最后这件礼品尤其使国王赞叹不已。国王对于使团从如此遥远的地方带礼品到欧洲表示感谢。接着，伊东祐益和千千石代表九州的基督教大名以日语发表了演说，大意为感谢天主恩典，让耶稣会的神父将基督教的教义带入日本。他们都听说国王的名声和事业，但因为路途遥远，不能亲自前来，只能派自己的侄辈前来通聘，他们会将日本的情况以及基督教在日本的传播详情告诉陛下。日本的基督教大名请求国王照顾在欧洲的日本使团。大友宗麟的信写于1582年1月11日，有马晴信的信写于1582年2月8日，大村纯忠的信则写于1582年1月27日。①

---

① 这三封日本基督教大名的书信的葡萄牙文译本见 Luis Frós, S.J., *La Première Ambassade du Japon en Europe: 1582–1592*; Première Partie, La traité Père Frois., ed. J.A. Abranches Pinto, Yoshitomo Okamoto, & Henri Bernard, S.J., *Monumenta Nipponica Monography*, Sophia University, 1942, pp.90–92. Michael Cooper, *The Japanese Mission to Europe, 1582–1590, The Journey of Four Samurai Boys through Portugal, Spain and Italy*, pp.62–63。

第三章 "天正使团"访问葡萄牙、西班牙、意大利、教宗国以及文艺复兴时期的欧洲文化输入日本(1582—1590)

整个觐见过程持续了一个多小时,有一位耶稣会士询问国王是否允许他将日本使团的少年们带去见国王的姐姐,国王表示同意。但是他要求使团成员先到王家私人小教堂中作晚祷,那里有许多人等待着他们的到来。国王的姐姐韦罗公爵夫人(the duchess of Veiro)和侍女以及其他夫人都在那里等候,晚祷伴以诗班的演唱以及管风琴的演奏。晚祷结束以后,少年们还想去拜访王后,但天色已晚,王后传出话来,说她更愿意改日特地邀请他们入宫。次日,即 15 日,少年们觐见了王后,王后拥抱了他们并仔细查看了他们的"和服"和"剑",并要求他们写了日本字以及拉丁文。他们还拜访了王后的管家博尔杰亚(Don Juan de Borja),后者向他们展示了许多圣徒的遗骨,有二十八个装在银制盒子里的圣徒的头骨和耶稣基督戴过的荆上的刺等。

国王还指示官员陪同日本使团访问了刚刚建成、规模巨大的埃斯高里亚尔宫(San Lorenzo de El Escorial),集王宫、修道院、教堂、图书馆和王家陵墓于一体,位于马德里西北 45 公里,于 1563 年 4 月 28 日奠基,最后落成于 1584 年 9 月 13 日,即日本使团抵达欧洲前的一个月。该王宫像一个极为巨大的四方形要塞,中央庭院中高耸着圆顶大教堂,体现了菲律普二世想仿造耶路撒冷圣山上所罗门建造的敬拜上帝的圣殿,而他则以新所罗门自居。该建筑群由菲律普二世亲自监工,他本人毗邻大教堂的房间则非常简朴,从那里,他可以看见教堂中举行的宏大辉煌的仪式。这座巨大的建筑群奉献给圣劳伦佐(San Lorenzo, d.258)。这位圣徒是罗马主教西克斯图斯二世(Sixtus II, 257—258 年在任)期间罗马教区的七位执事之一,在罗马皇帝瓦勒里安(Valerian, 253—260 年在位)统治时期殉道。根据米兰主教安布罗斯(St. Ambrose, c.340—397)等人记载的传说,罗马的市政官要他交出教会的财产,他却将教会的财产分给了穷人。于是,他就被市政官放在烤架上烤死了。虽然这个殉道故事在近代受到学者的质疑,人们认为他是与罗马主教西克斯图斯二世一样被砍头的。他是罗马教会最重要的圣徒之一,在君士坦丁大帝统治时期就有一座教堂建在西里阿卡地下墓窟(the Catacomb of Cyriaca)以纪念他的殉道。

191

1557年8月10日，西班牙军队在佛兰德斯的圣昆廷战役（the Battle of St. Quentin）中击败了法国军队。这一天正是圣劳伦佐的主保节日，由此菲律普二世将此次战役的胜利归功于圣徒劳伦佐的庇佑，这是西班牙王室决定建立这座宏大建筑物的缘由。王室聘请了当时西班牙最负盛名的建筑师胡安·包蒂斯塔·德·托雷多（Juan Bautista de Toledo, c.1515—1567）主持建造工程，其建筑格局被设计成圣劳伦斯殉道的铁格烤架形状。设计师包蒂斯塔没有活着见到这个建筑群的完成，他的徒弟西班牙著名的建筑师和数学家胡安·德·埃雷拉（Juan de Herrera, 1530—1597）继续完成了这个巨大的工程。由于其规模宏大，当时就有人称它为"世界第八大奇迹"。同时这个巨大的工程也耗尽了西班牙从美洲运回本国的黄金和白银。[①] 日本使团成员在这里居住了两天，看到王宫修道院是由国王特别钟爱的圣热罗尼莫修会的修道士管理的。他们对此建筑群的宏大留下了深刻的印象——它的中央除了王宫和教堂以外，还有14个庭院和回廊，其中有两个大的庭院，还有喷泉。建筑群有6层楼高，每一层楼有20至30掌的高度，还有9座钟楼，每一座钟楼都可以容纳8至10人，其中一座钟楼里就有42个大小不同的钟。人们还告诉使团成员，这里有1.1万扇门和窗户。

他们特别膜拜了一座小教堂里保存的圣物，这座小教堂毗邻王宫教堂，据说这里保存了7000多件圣物，其中有《圣经》里记载的耶稣基督为门徒倒酒的六个水罐、耶稣荆冠上的九根刺以及"一万一千童贞女"中二十四个童贞女的头骨，他们还看到保存在十一个箱子里的许多圣徒的遗物。他们参观了教堂以及图书馆，当时接待他们的图书馆的馆长是蒙塔诺（Benito Arias Montano, 1527—1598）——一位人文主义学者和圣经学者。他主持编订过多种语言排列的《圣经》

[①] Pedro Navascués Palacio, Félix Lorrio, *El Real Monasterio de San Lorenzo de el Escorial*, Editorial Patrimonio Nacional, 1994, pp.176–191. 1602年，西班牙人 Fray José de Siguenza 估计整个建筑费用为5 701 955达克特。George Kuber, *Building the Escorial*, Princeton University Press, 1982, pp.147–153.

第三章 "天正使团"访问葡萄牙、西班牙、意大利、教宗国以及文艺复兴时期的欧洲文化输入日本(1582—1590)

(*Biblia sacra, hebraice chaldaice, graece et latine, 8 vols*),此多卷本的《圣经》注释本于1569年至1573年在安特卫普出版。在馆长的引导之下,他们看到了各种不同的大大小小的珍贵图书,其中一些图书的开本巨大,并由彩色烫金作为装饰。这些书籍以各种不同语言写成,包括中文,但是没有日文。参观结束,图书馆的管理员要求使团成员写一篇短短的访问王宫以及图书馆的见闻。于是他们就以日文在日本产的纸张上写了一篇短文,记录了此次访问的所见所闻以及其他各种"欧洲的事物"。这样,图书馆就有了日文的文献保存。西班牙人还询问梅斯基塔神父等,在日本是否能够建造如此宏大的建筑物,孩子们则回答如果要建造此类雄伟的建筑,必须从很远的地方如京都等地将石料运往九州。回到马德里以后,孩子们还参观了王家兵工厂以及王家司库。

在离开马德里以前,耶稣会士派梅斯基塔神父单独面见国王。国王询问了耶稣会在日本是否教授美术,神父则答日本已经有两个耶稣会学校教授西方的艺术。国王再次向日本少年表示关心,赠送他们500克朗作为使团去罗马的旅费,另外又赠送200克朗资助耶稣会在日本的教育事业。他为使团签署了一张特别通行证以免除他们在边关的行李检查和关税。11月24日,国王致信西班牙驻罗马教廷使节古兹曼(Don Enrique de Guzman,1540—1607),他是第二任奥利瓦雷斯伯爵,西班牙驻罗马教廷的大使(1582—1591在任),是后来的西班牙国王菲律普四世的首相、第三任奥利瓦雷斯伯爵古兹曼(Gaspar de Guzmán)的父亲。国王写信通知这位西班牙驻罗马的使节,日本使团即将到来教宗国,国王还特别为使团成员提供了护照。

11月25日早晨,使团离开马德里启程。26日抵达埃纳雷斯堡(Alcalá)。次日,他们访问了当地著名的埃纳雷斯堡大学(University of Alcalá),该大学由西班牙历史上著名的政治家、托雷多的枢机主教方济各·耶梅内兹·德·希内洛(Francisco Jiménez de Cisneros,1436—1517)于1499年创立,这位枢机主教曾经强力执行逼迫摩尔人改宗的政策并向北非发动十字军的远征。该校是欧洲最古老的大学之一,后来成为西班牙文艺复兴学术的中心,1836年迁到马德里。耶稣会的创立者罗耀拉曾经于1526年至1527年的夏天在这所大学学习,另外两名耶稣会的创立者莱纳兹(Diego Laínez)以及萨梅隆(Alfonso Salmerón)也曾经在这里学习过。日本使团成员听说该大学的全盛时期有4 000名来自各地的学生前来学习人文学术,其中也有100名耶稣会士。在使团成员抵达的第二天,大学校长对他们的到来表示热烈欢迎,大学里的博士、硕士以及其他同学都来到大门前迎接日本的少年,他们以甜美的嗓音唱着赞美诗,将少年们迎进教堂,参观圣徒的遗物,又将他们带到图书馆,然后他们一起来到大学的剧场,大家济济一堂,校长发表了热情的欢迎演说。

29日,使团离开当地,12月1日抵达比利亚雷霍德丰特斯(Villarejo de Fuentes)。当天晚上,他们听说有一艘船停泊在阿利坎特(Alicante)港口准备带他们从海上去意大利。几天以后,他们出发前往贝尔蒙特(Belmonte),当地耶稣会神学院的创立者弗朗西斯(Francisca)派学生到城外二里格处迎接,院长古兹曼(Guzman)则在离学院一里格处迎接。这位古兹曼神父对于耶稣会在日本的历史甚感兴趣,他后来曾经写过两卷本耶稣会亚洲传教史,其中包括1582年使团从日本出发至9年以后他们在京都觐见丰臣秀吉的经过。古兹曼的这部书是用西班牙文写的,而且他是真正遇见过日本使团的这些少年的。[①]众所周知,葡萄牙耶稣会士路易斯·弗洛伊斯(Luís Fróis,1532—1597)曾经以葡萄牙文写过一部关于日本历史和文化的著作,提到日本使团访问欧洲。12月10日,使团抵达穆尔西亚(Murcia),他们在当地度过了圣诞节。

次年即1585年的1月3日,他们抵达巴伦西亚(Valencia)的奥里维拉(Orihuela),4日,前往埃尔切(Elche),5日,前往阿利坎特,总督和官员出来迎接他们,军队鸣礼炮致敬。18日,他们在该港

[①] 古兹曼的书名:Luis Guzman, *Historia de las mission que han hecho los religiosos de la Compañia Iesus, Para predicar el Sancto Euangelio en la India Oriental, y en los reynos de China y Iapon* (Alcalá de Henares, 1601).

第三章 "天正使团"访问葡萄牙、西班牙、意大利、教宗国以及文艺复兴时期的欧洲文化输入日本（1582—1590）

口乘坐一艘载重500吨并拥有34门大炮以及众多士兵的船只前往意大利。①

使团进入意大利 2月7日，船只在位于地中海西部的马略卡岛临时停靠，总督率领有400名士兵的仪仗队前往迎接。19日，使团从此地出发，3月1日抵达意大利港口里窝那，它是意大利西北部港口城市，在托斯卡纳地区的西岸，建筑有保卫比萨的要塞，当时由美第奇家族大公统治，1580年被美第奇大公宣布为免税的"自由港"。该城市在文艺复兴时期负有盛名，当时著名的人文主义学者阿尔贝蒂（Leon Battista Alberti，1404—1472）称之为"理想的城市"。当天，使团就参观了守卫港口的坚固的要塞，该要塞由建筑师贝尔纳多·博塔伦梯（Bernardo Buontalenti）设计，旁边还有建于1304年的灯塔。托斯卡尼大公美第奇家族的弗朗西斯科一世（Francisco I de' Medici，Grand Duke of Tuscany，1574—1587年在位）是美第奇家族第二代托斯卡尼大公，性格与其父相似，处世专横。他极力在哈布斯堡王朝、教宗国以及法国之间寻找权力的平衡，维护自己的利益。他对于制造业和科学很感兴趣，曾经建立制瓷工厂以及粗陶加工厂，对于化学以及炼金术也很有兴趣。他还是文学和艺术的热心赞助者。"大公"的头衔是罗马教宗赏赐给他父亲科斯莫一世的，以此对抗神圣罗马帝国的皇帝马克西米利安一世，这表明当时哈布斯堡王朝在意大利的影响是有一定限度的。

该城市的代表福塞塔尼（Matteo Forsetani）向使团表示欢迎，并派信使通知当时正在当地的大公。大公弗朗西斯科一世派宫廷官员以及仪仗队前来迎接，还派两辆马车将使团以及行李送往他的驻地比萨，使团一行中午时分就抵达比萨。晚上，大公派日耳曼贵族以及仪仗队将身着和服的使团成员接到他的夫人比安卡（Bianca，1548—1587）的宫殿。比安卡是大公的第二任夫人，后来她和其夫在同一天

---

① Michael Cooper, *The Japanese Mission to Europe, 1582–1590, The Journal of Four Samurai Boys through Portagal, Spain and Italy*, pp.76–77.

的一个神秘事件中死去。在使团抵达的时候,大公和贵族亲自走下台阶迎接,并通知在晚上举行宴会。晚宴会中,大公让伊东祐益坐在自己的身旁,其他的日本少年则坐在他兄弟佩德罗的身边。由于宴会是在大公夫人的府邸举行,所以所有的年轻贵族女眷都被通知参加。席间,大公询问了许多日本的情况。

在晚宴中发生了一件很特别的事情,大公夫人突然托着伊东的袖子,邀请他起身跳舞。伊东十分踌躇,因为欧洲的舞蹈与日本完全不同,而且在日本的耶稣会学院里没有这样的课程,所以他只得与梅斯基塔神父商量。神父仔细考虑了以后,勉强允许伊东与大公夫人跳舞,其理由是:大公夫人是此次晚会的主人,不应该使她不快,在此欢宴的时刻,应该使每一个人高兴,并且,舞者之间并不发生身体上的接触。于是,伊东祐益与大公夫人跳了舞,他甚至邀请了另一位年轻的女士跳舞,而这位女士则邀请了千千石跳舞,接着便是中浦邀请了一位比他年长的女士跳舞,结果,在场的所有的人士都笑了。大公邀请使团一直住到3月6日,即四旬斋的第一天。尽管使团此时非常急切地想前往罗马觐见教宗,但是为了不让大公失望,他们还是答应了。在此期间,大公还率领他们猎鹰,在圣灰星期三,使团成员参观了由大公父亲科西莫·美第奇一世(Cosimo I de'Medici, Grand Duke of Tuscany, 1537—1569)创立的圣斯蒂法诺骑士团(the order of Santo Stefano)的所在地,该骑士团的主要任务是抵抗土耳其人的入侵以及清剿海盗。该军事性的修会尊崇本尼迪克修会的会规,在他们的教堂中保存着勒班陀海战时缴获的土耳其军队的旗帜。

使团下一站抵达佛罗伦萨,入住该城耶稣会会院。但是佛罗伦萨大公的代表不建议他们住在耶稣会会院,坚持要求他们住在宽敞的大公宫殿。在以后的几天,他们拜访了该城市的总主教美第奇(Alessandro Ottaviano de' Medici, 1535—1605)。总主教赠送给他们一个由象牙雕刻的有耶稣蒙难苦像的十字架以及一幅圣母升天的油画。使团还访问了主教座堂、美第奇图书馆(Medici Library, Biblioteca Laurenziana)、大公的兵器库以及动物园。他们还敬拜了佛罗伦萨著

第三章 "天正使团"访问葡萄牙、西班牙、意大利、教宗国以及文艺复兴时期的欧洲文化输入日本(1582—1590)

名的圣母领报教堂(the Church of Santissima Annunziata)中的圣母升天像。该教堂是一座天主教次级圣殿,由圣母忠仆会(Servite Order)于1205年创立,教堂中有修士创作的《圣母领报图》,据说修士当时只画到一半,天使在他睡觉的时候助他完成此画。该圣母像只在每年一次的特殊宗教节日向公众展示。根据教会的传说,这幅画的作者在祈祷着领完圣事的时候尚未完成圣母的脸,但是次日作者奇迹般地发现圣母的脸已经由天使完成。使团第一次瞻仰时因人数众多挤不进去,于是教会在3月9日特别安排了使团参观这幅圣像。当时的佛罗伦萨充满着宗教的气氛,约有50座教区教堂,超过70座男女修道院,超过30座慈善机构如旅舍、医院、护理院,还有9所男子学院。使团于3月13日离开佛罗伦萨,在锡耶纳受到当地教会和贵族的欢迎。

17日,使团动身赴罗马。18日,使团抵达维特博(Viterbo),只逗留了一天,瞻仰了主教座堂的圣物即施洗约翰的颔骨以及耶稣荆冠上的刺。

使团成员觐见教宗　当时在位的罗马教宗为格里高利十三世(原名Ugo Buoncompagni),1530年以前他一直在博洛尼亚学习并教授法律,早年就已经显示出法律专家的才干以及行政管理的才能。1539年,被教宗保禄三世召往罗马,担任教廷的法官。几年以后,他又作为教宗的法律顾问参加特兰托大公会议,帮助起草了一些重要的大公会议文件。1564年,他成为枢机司铎,1572年当选为教宗,他非常关注在罗马教会中贯彻特兰托大公会议的决议和信条,并成为新近成立的耶稣会的有力支持者。他也十分注重天主教特别是耶稣会在亚洲地区如日本、中国和菲律宾等地的传教事业,于1576年颁布通谕成立澳门主教区。他还关心耶稣会在欧洲的学术教育事业,支持耶稣会的罗马学院,又委托耶稣会成立日耳曼学院(German College)等,他将这些耶稣会的教育机构的建设视为贯彻特兰托大公会议信条的重要手段,罗马由此成为一个新的天主教教育中心,吸引了从世界各地来到罗马学习的学生,其中有许多学生出身贵族家庭。他还致力于营建和

197

改造罗马城市,在奎里内尔山(Quirinal Hill)上修建了新的教宗宫殿(今为意大利共和国总统官邸),并在万神庙附近修建了许多宏大的建筑物。他关注天主教世界反对奥斯曼土耳其帝国的战争,支持西班牙的菲律普二世推翻英格兰的伊丽莎白一世(Elizabeth I of England, 1558—1603年在位),试图在英格兰恢复天主教的事业。他还支持西班牙对于低地国家尼德兰的战争。在法国,他支持"天主教同盟"对于胡格诺派的军事行动。1582年,他改革了历法,创立了著名的以他的名字命名的格里高利历法(该历法在创立之后立即被天主教国家使用,在其他地方则遭到抵制。1752年以后被英国以及北美殖民地采用,1918年被俄国采用,1923年被希腊采用)。①

由于意识到自己的健康状况日益恶化,格里高利十三世急切地等待使团到来,一再派信使催促使团尽快来到罗马。日本使团一进入教宗国,就看到由300名火枪手组成的仪仗队等待着他们并要将他们护送到罗马。教宗甚至认为这批卫队人数不够,他另外又派遣两队轻骑兵在罗马以外两天的路程的地方等候迎迓。1585年3月22日,使团终于抵达罗马郊外,在长达三年的旅程之后,他们终于抵达了最终的目的地。

当天午夜时分,使团到达罗马的耶稣会总部,这里住着200名耶稣会的神父和修士。② 当时任耶稣会第五任总会长的克劳蒂乌·阿奎维瓦(Claudio Acquaviva,1581—1615年在任)神父亲自出门迎接。他出生于1543年,其家族为意大利那不勒斯朝廷富有人文主义气息的贵族世家,早年接受希腊文、拉丁文、希伯来文以及数学训练。他是意大利耶稣会士,1581年2月当选为第五任总会长。在任期间,耶稣会的传教事业在印度、日本发展迅速,并在中国建立了传教区,在

---

① F.L. Cross, ed., *The Oxford Dictionary of the Christian Church*, second edition, Oxford University Press, 1988, p.597. John W.O'Malley, *A History of the Popes, From Peter to the Present*, Rowman & Littlefield Publishers, Inc.2010, pp.213–214. John W.O'Malley, *The First Jesuits*, Harvard University Press, 1993, pp.232–233.

② Judith C. Brown, "Courtier and Christians: The First Japanese Emissaries to Europe", in *Renaissance Quarterly*, Vol.47, No.4, pp.892–893.

罗马耶稣会总堂"耶稣堂"。1585年3月22日，使团成员抵达这里

巴拉圭和北美地区也建立了传教区，他还致力于在欧洲的新教国家和地区恢复耶稣会的活动。他注重耶稣会的文化教育，1586年公布著名的《耶稣会教育大纲》(*Ratio Studiorum*)，规定了耶稣会士必须学习的课程如神学、哲学、拉丁文、希腊文、传教区本地的语言、数学、地理和自然科学等。该教育大纲成为耶稣会在世界各地的神学院的课程指导。他还积极推行罗耀拉倡导的灵修和默想。他对远道而来的贵客极端重视，当使团抵达时，亲自到总会院的大门口迎接。使团成员被举着火把和蜡烛的耶稣会士们带到教堂，神学院的学生们在大门口齐声唱着《教会之歌》(Te Deum)，对于他们安全地来到罗马表示感恩。《教会之歌》是一首古老而著名的圣歌，是奉献给圣父和圣子的拉丁文赞美诗。自9世纪以来，教会中就有传说它是由4世纪时米兰总主教及拉丁教父安博罗修斯（Ambrosius，c.340—397）为奥古斯丁（St. Augustine of Hippo，354—430）施洗时而创作的。起始句为"我们赞美你，啊，上主"(Te Deum laudamus)。可以想象，在烛光与歌声中，

千里迢迢来到这里的日本使团成员进入会院的场面必定十分感人。

按照范礼安的意见，使团本来只是以私人觐见的方式面见教宗。但是教宗却决定日本使团的觐见必须以隆重庄严的公开仪式进行，将有十二位枢机主教和主教、欧洲天主教国家在教廷的代表以及罗马的贵族参加，教宗深信此方式能够"有助于教廷的声望和荣耀，教化日本的天主教会以及使异端感到恐慌与困惑"。[1] 总会长对于这样的安排十分勉强，因为他担心给予耶稣会如此之大的荣耀将会使许多人不快，由此引发不必要的争议。但是教宗本人坚持这样做，他指出："耶稣会不应将它自己的感受置于全体教会的荣耀之上。"[2]

"耶稣堂"的中堂

1585年3月23日早晨，在日本使团出发以后的三年零一个月，罗马教宗格里高利十三世终于接见了他们。西班牙驻教廷大使奥利维拉专门派了一辆精致的马车前往耶稣会会院，接日本使团至罗马城北面奥勒利安城墙（Aurelian Wall）上的佛拉米那门（Porta Flaminia）外。这是罗马城的北面入口，在传统上，各国驻教廷使节以及枢机

---

[1] Jean Crasset, S.J., *The History of the Church in Japan, Written Originally in French and now Translated into English, 1705–1707*, Gale Ecco, 1705–1707, Vol.I, p.377. Michael Cooper, *The Japanese Mission to Europe, 1582–1590, The Journal of Four Samurai Boys through Portugal, Spain and Italy*, p.85.

[2] J.A. Abranches Pinto, Yoshitomo Okamoto and Henri Bernard S.J., eds, *La Première ambassade du Japon en Europe, 1582–1592*, pp.145–147.

第三章 "天正使团"访问葡萄牙、西班牙、意大利、教宗国以及文艺复兴时期的欧洲文化输入日本(1582—1590)

主教们就是这样随排列游行队伍入城的。此时朱利安·中浦得了严重的感冒,按理他不能够参加觐见,但是他却一再坚持,也乘车来到这里。教宗得知此事以后,专门带他到书房里个别接见了他,并为他降福,并嘱咐他不要参加长时间的典礼,于是马车又将中浦带回耶稣会会院。另外三位日本少年受到教廷的宫廷主管穆索迪主教(Musotti)的迎接,他代表教宗向使团的到来表示感谢。然后使团和枢机主教在一队穿着华丽的教廷轻骑兵和另一队瑞士卫队的引导下沿着罗马的街道向教宗的宫殿前进,伊东祐益、千千石和原氏三个日本少年骑在索拉公爵(the duke of Sora)提供的高头大马上,由男侍引导前行。马上披挂着黑色镶着金边的几乎要拖到地上的天鹅绒,少年们穿着日本和服,佩挂着长剑和短刀,戴着灰色的插着白色羽毛的帽子。由于伊东最为年长,所以他走在前面,身旁有两位总主教和主教;稍后的千千石和原氏的身旁也有两名主教,再后面则是译员梅斯基塔神父。在这些主角的后面是一队宫廷侍从骑在装饰华丽的骡上举着代表不同枢机主教的纹章跟随前进,再后面则是枢机主教们的亲戚以及西班牙、法国和威尼斯外交使团的家属。为了增加节日的气氛,还有一队乐师不时吹奏着响亮的号角。游行队伍中还有穿着红色衣服的教宗侍从以及教廷的官员,在他们的后面则是罗马骑兵(Roman Cavalry),整个游行队伍大约有半里格长。当游行队伍穿过台伯河上的古桥来到天使堡(Castlel Sant. Angelo)和兵器库要塞时,士兵鸣

"耶稣堂"中保存的沙勿略遗体手臂部分的骨骸,耶稣会视其为圣物

炮致敬，在进入圣彼得广场时，火枪手又鸣枪致敬，在圣彼得广场的中央，又有十二门小炮鸣炮致敬。在他们穿过罗马街道的时候，万人空巷，观者如堵。① 使团成员千千石描绘了这个隆重、动人的欢迎场面：

> 第一排是所有的受命护卫教宗的骑士，有一百人或者更多，全副武装就像开赴战场一样；接踵而至的是瑞士卫队，他们握着双面战斧，其中部分人是教宗的步兵卫队，他们穿着色彩华丽的丝织制服；再后面的是枢机主教的仆人们，他们骑着骡扛着枢机主教的徽章，背上背着主人的红帽子，代表着不在队伍中的枢机主教们，而此时枢机主教们正与等待着的教宗在一起；在他们的后面则是各国使节的仆人，这些使节都是由不同地方的国王以及亲王们派到罗马来的；还有许多人在演奏乐器，大部分都是吹鼓手和号角手，还有许多人在表演华丽的节目；再后面则是罗马教宗的总管家，他骑在马背上；还有穿着红色长袍的宫廷官员；紧接着的是一批高级神职人员，他们被称为宫廷神职人员；曼西奥紧随其后，他是丰后国王方济各的代表，在他的两边各有一位总主教陪同；我则跟在他的后面，也有两位主教陪同；再后面就是马丁，也有两名高级官员陪同；只有朱利安生病缺席没有出现。然后，我们被带着骑上马，这马披着华丽的绣有金色丝线与黑色天鹅绒纹章的一直拖到地上的马衣。在我们身后，有这个城市中的无数的骑士和贵族，他们人数众多。整个游行队伍长达一个半里格，这样的场面与罗马的名声是完全吻合的。
> 我再说一说那些因为各种原因不能离家的人，还有那些因为要表现出谦恭和端庄而不能抛头露面的妇女们，他们中的许多人从窗口向外张望，房子的外墙和窗户都经过了装饰，这是一种最

---

① Michael Cooper, *The Japanese Mission to Europe, 1582–1590, The Journal of Four Samurai Boys through Portugal, Spain and Italy*, pp.86–87.

第三章 "天正使团"访问葡萄牙、西班牙、意大利、教宗国以及文艺复兴时期的欧洲文化输入日本（1582—1590）

大的欢乐场面，就像那些罗马的贵族妇女最乐意看到的那样，他们对我们的到来表现出慷慨与幸福的欢呼雀跃。随着游行队伍我们行进到天使堡前面的一座跨越台伯河的美丽而著名的桥。一看到我们的游行队伍抵达了，城堡（天使堡）上的人们以不同的乐器吹奏出和谐的乐曲欢迎我们，最初是音乐，然后就是各种不同的炮声以及火绳枪的枪声，从这里我们被带到最著名的和经过装饰的街道抵达神圣的宫殿。到了这里，前面的炮声和枪声又响了，令人印象极为深刻。

当进入宫殿的通道"君王楼梯"（Sala Regia）的时候，我们极为幸福地看到所有的枢机主教以及高级神职人员都庄严地聚集在整个大厅里；不过最令我们感动无比和虔敬无比的则是最尊贵的至高圣座（教宗）单独一人坐在令人敬畏的宝座之上，他代表着耶稣基督在天庭之上的至高权威，引领我们的灵魂去爱那完美的神，去藐视尘世和人类。尽管他的地位如此尊贵，但是完全不缺乏非凡的和不可思议的人性。他一见到我们就移动脚步以最富有爱心的父亲的样子最热忱地拥抱我们。他的全部灵魂是如此感动以至于他泪流满面，无法掩饰他最深厚的感情。他表现出如此的爱有助于让我们克服面对一位如此尊贵的人物时自然而然产生的畏惧。我们向他呈上了丰后、有马以及大村国国主的信件。有关这些信件的内容，简而言之，就是那些国主和亲王们表示，他们感受到了基督教信仰的神圣召唤，摆脱了过往错误的偶像崇拜，从而具有了基督徒的敬虔，并意识到基督在尘世的牧者的完全的权威。他们都一致表示没有什么比派遣使者以他们的名义从这世界上最遥远的地方来到圣父那里，亲吻他最尊贵的脚更加重要和有价值的了。[①]

[①] J.F. Moran, translated, Derek Massarella, edited and annotated, *Japanese Travellers in Sixteenth-Century Europe, A Dialogue Concerning the Mission of the Japanese Ambassadors to the Roman Curia(1590)*, pp.274–276.

南蛮贸易时代：近代早期日本与欧洲交流史（1542—1650）

罗马教宗格里高利十三世（1572—1585年在位）

在进入教廷宫廷稍事休息以后，宫廷长引导他们进入接见大厅，他们的两边各有两位主教，还有译员梅斯基塔神父。当日本少年们一出现在大厅的时候，教宗禁不住热泪盈眶。少年们在教宗的座位前跪下。然后，伊东祐益、千千石和原氏爬上通往教宗御座的阶梯，按照教会传统，亲吻教宗的脚和他的手。教宗则拥抱了他们每一个人，亲吻了他们的脖子。然后，伊东祐益和千千石则当众以日文朗读了三位日本基督教大名致教宗的信。[1] 教宗则降福给使团的每一名成员。日本的少年们简单地向教宗报告了长途旅行的经过，教宗秘书说，教宗从来也没有遇见过如此彬彬有礼的少年并且如此喜爱他们。然后，礼仪官引导使团走上接见大厅上面的宫殿，这样，少年们就能够看到所有的在场者，他们站在那里，教宗秘书又宣读了日本基督徒大名的信，在信中，大友宗麟表示，约在三十至四十年以前，耶稣会神父已经来到他居住的地方传教，他们所播下的种子已经深深地埋在了他的心里，他将此归功于教宗的祈祷与恩典，要不是因为他年事已高和疾病缠身，他会亲自前来罗马朝圣。现在他派自己姐姐的孩子前来罗马向教宗和罗马教会表示效忠。其他两封大名的信的内容则是大同小异。[2]

接着，葡萄牙著名的耶稣会士、人文主义者和埃武拉大学的教授加斯帕·贡萨尔维斯（Gaspar Gonçalves，1540—1590）用拉丁文朗读

---

[1] 有关这三封信的内容有拉丁文、西班牙文和葡萄牙文的译本。英文的译本见：Adriana Boscaro: *Sixteenth Century European Printed Works on the First Japanese Mission to Europe: A Descriptive Biliography*, Leiden, 1973, p.4。

[2] Samuel Purchas, ed, *Hakluytus Posthumus or Purchas His Pilgrimes, Contayning a History of the World in Sea Voyages and Lande Travells by Englishmen and others*, James Maclehose & Sons, 1907, p.254.

第三章 "天正使团"访问葡萄牙、西班牙、意大利、教宗国以及文艺复兴时期的欧洲文化输入日本(1582—1590)

了一篇长达三十分钟的充满修辞意味的答词。他精通文法以及拉丁文、希腊文和希伯来文,以富有感情和修辞的手法写出并朗读了这篇讲辞。他指出虽然日本列岛如此遥远,人们对于它古老悠久的历史和文化知之甚少,但是它的人民具有自然的天赋和理解力,并精于军事的技艺。欧洲人到达日本比到亚洲其他一些国家更早。与欧洲人相比,日本人什么都不缺,除了基督教的信仰。但是最近基督教传入日本,不仅普通民众,而且亲王与贵族也接受了这个新的信仰。圣父对于基

罗马教宗格里高利十三世接见使团成员

督教在如此遥远的地方广为传播深感欣慰。他还特别提到第一位拥抱基督教信仰的日本大名大村纯忠。他在演说中富于深意地指出,历史上伟大的教宗大格里高利(即格里高利一世)曾经特别关爱英格兰的传教事业,派圣安德烈修道院的院长奥古斯丁前往那里开教。不久以前,由于英国王室背弃了罗马教会,教会失去了那个宝贵的牧区,但是在当今,同名同姓的教宗格里高利(十三世)时代,教会在英伦三岛失去的牧区因为另一个岛国日本的皈依而得到了弥补。他还指出教宗有意在不同的国家建立神学院以培养年轻的男孩接受基督教教育,等等。除了贡萨尔维斯神父以外,教宗的秘书博卡帕度里(Boccapaduli)也代表教宗致答谢辞,他特别对日本的三位基督教大名表示了感谢。[①] 接见完毕以后,教宗的侄子费利波(Felippo

---

① Michael Cooper, *The Japanese Mission to Europe, 1582–1590, The Journal of Four Samurai Boys through Portugal, Spain and Italy*, pp.89–90. D. Lach, *Asia in the Making of Europe*, Vol.I, Book, 1, pp.294–295.

205

Boncompagni）枢机主教宴请了全体使团的成员。

第二天，教宗派人邀请使团成员参加他主持的弥撒，与他一同共祭。弥撒举行的地点不在圣彼得大教堂，也不在教宗的私人小教堂（西斯廷教堂），而在圣母玛利亚教堂（Santa Maria sopra Minerva），这是一座由多明我会士管理的教堂，奉献给天使报喜圣母玛利亚。该教堂当时还经常举行婚礼弥撒，安排贫寒出身的女性孤儿与体面的男人结婚，费用全部由教宗本人承担。在共祭的时候，使团成员此次全部穿上了日本的和服，他们就像助祭一样侍候在教宗的身边，枢机主教则两两一对紧随在他们的后面。按当时罗马教会的习俗，教宗经常在宗教节日来这座教堂主持弥撒。①

使团成员在罗马期间还访问了耶稣会在罗马的一些重要机构。

一是罗马耶稣会总会院（House of Professed），当时总会长及其顾问和助手等 70 余人都居住在这里，他们都依靠教会的善款以及乞求为生。这所房子毗邻著名而辉煌的罗马耶稣会的总堂（the Church of Gesù），该教堂由法内塞枢机主教（Cardinal Alessandro Farnese，1520—1589）②的家族资助建造，是罗马当时最辉煌壮丽和规模宏大的教堂之一。它有着宽阔的单一中堂结构和带有胜利气势的巴洛克式样的正立面。

罗马教宗格里高利十三世为使团抵达罗马发行的纪念章

---

① J.F. Moran, translated, Derek Massarella, edited and annotated, *Japanese Travellers in Sixteenth-Century Europe, A Dialogue Concerning the Mission of the Japanese Ambassadors to the Roman Curia(1590)*, pp.284—285.
② 法内塞（Alessandro Farnese，1520—1589），他是罗马教宗保禄三世的孙子。从 1534 年起就开始担任枢机主教，从 1580 年起成为枢机主教团的团长。保禄三世曾经赞助耶稣会的成立，法内塞枢机主教也是耶稣会热心的赞助者以及庇护人。他还极为热心地赞助耶稣会以及其他修会的艺术创作活动，是这一时期意大利文艺复兴以及巴洛克视觉艺术的重要赞助人。

二是罗马学院（The Collegio Romano or the Roman College），它是耶稣会最重要的文化教育机构，由罗耀拉于 1551 年初创，新建筑的基石则是在 1582 年 1 月由罗马教宗格里高利十三世祝圣奠定的，学生不仅来自罗马和意大利，而且来自整个天主教世界。根据使团的记载，当时教宗花费 13 万达克特兴建这座宏大的四方形的多层楼建筑物，以后还不断增加费用。当时里面从事各种教学工作的耶稣会士也从 150 名增加到 300 名。一批新的建筑物也在 1584 年 10 月 28 日落成启用。当时日本使团刚刚抵达欧洲不久，使团成员记载在这里遇到从欧洲和世界各地前来求学的学生，可以听到 18 至 20 种不同的语言。

三是圣安德烈见习修士会院（the House of Probation or Novitiate, San Andrea al Quirinale），它位于罗马的一座名叫奎里纳尔（Quirinale）的山坡之上，由公爵夫人乔瓦娜·德·阿拉贡纳（Giovanna d'Aragona, 1502—1572）创建，她是帕拉诺公爵阿斯坎尼奥·科隆纳（Ascanio Colonna, duke of Paliano, 1500—1557）的妻子，他们的儿子马科安托尼奥（Macoantonio, 1535—1584）是勒班陀战役的主要指挥者之一。该家族具有阿拉贡王室的血统。当使团成员来到这里的时候，他们看到在餐厅外的回廊上悬挂着许多关于耶稣会和其他修会殉道者的壁画，其中包括沙勿略访问丰后的领主大友宗麟的油画，这些油画在 1610 年以前一直挂在长廊上。耶稣会的见习修士可以在这些画像前默想祈祷。当时里面居住的见习修士有 70 人，还有十几位高年级的修士。

四是"悔过之屋"（the House of Penance），该建筑物最初由一位枢机主教洛弗勒（Cardinal Domenic della Rovere）于 1480 年至 1490 年建成，位于圣彼得大教堂后面（今天这座房子仍然存在，是耶路撒冷骑士团总部〈the headquarter of the Equestrian Order of the Holy Sepulchre of Jerusalem〉所在地），当时耶稣会士在这所房子里为各地前来罗马朝圣的人们办告解，前任教宗庇护五世（Pius V, 1566—1572 年在位）认为为信徒办告解圣事是耶稣会士的重要任务。教宗格里高利十三世则增加了这座建筑物的维修费用。

五是耶稣会日耳曼学院（The Collegium Germanicum or German College），它由罗马教宗朱利乌斯三世（Pope Julius III，1550—1555年在位）于1552年建立，专门用来挑选和训练来自日耳曼和北欧的年轻传教士，以便他们在回日耳曼以后与新教徒对抗，教宗格里高利十三世极力在财政上和道义上支持这所学院。据日本使团的记载，教宗曾经一次性给予它2万达克特的额外资助。

罗马圣依纳爵教堂

当时学院中居住了200名学生。

六是罗马神学院（The Seminario Romano or Roman Seminary），这是根据特兰托大公会议决议以及教宗的决议设立的，主要目的是有益于罗马教区，在欧洲的其他教区也设立有类似的学院。当时有60名学生在该学院接受教育，到了成熟的年龄以后其中一些人会晋升为神父。后来耶稣会对于这所学院没有投入更多的精力，它被改为交给教区管理。

七是英格兰学院（the English College），它原来是圣多默救济院（St. Thomas Hospice），初建于1362年，是专门给从英格兰到罗马朝圣的人们住宿用的。1576年，教宗格里高利十三世将它改建为一所专门培养英国天主教神职人员的学院。1579年，由于英格兰和威尔士的学生发生争执，该学院转交给耶稣会管理。

八是马龙学院（the College of the Maronites），该学院的学生都是来自希腊和叙利亚迦勒底的学生，还有一些是来自奥斯曼土耳其帝国

第三章 "天正使团"访问葡萄牙、西班牙、意大利、教宗国以及文艺复兴时期的欧洲文化输入日本（1582—1590）

统治下的东方地区的非基督徒家庭，但是他们怀有愿望来罗马了解基督教的信仰。①

4月3日，教宗再度以私人接见的方式与三位日本少年见面，询问了有关日本的许多问题，如有多少城市，有多少教堂，有多少欧洲的传教士在那里从事传教工作，日本有多少基督徒，神父们是如何履行圣事的，传教事业的前景以及少年们的学习情况等。教宗还亲自带着少年们参观了教廷里的房间，给他们看他自己睡的床。4月9日，少年们开始参

罗马耶稣会学院，使团在罗马期间访问过这里

观罗马教会传统上的七大圣殿，当时，朱利安·中浦已经康复，可以与其他三名少年一起活动了。②

但是，早在5日，教宗突然感染了鼻黏膜炎，感觉不适，后来几天他也曾出席会议，但是到9日上午，他已经不能出席一个文件的签字仪式，晚上则患了重感冒并且发烧。4月10日下午3点，就在日本使团到达罗马觐见教宗以后的第18天，教宗去世了。12日，教廷举行教宗的遗体瞻仰仪式，15日，圣彼得教堂举行了公开的葬礼。在此期间，少年们听到教宗去世的消息极为震惊，他们终止了参观活动，回到耶稣会总会院。

---

① J.F. Moran, translated, Derek Massarella, edited and annotated, *by Japanese Travellers in Sixteenth-Century Europe, A Dialogue Concerning the Mission of the Japanese Ambassadors to the Roman Curia(1590)*, pp.289–292.
② Michael Cooper, *The Japanese Mission to Europe, 1582–1590, The Journal of Four Samurai Boys through Portugal, Spain and Italy*, p.95.

罗马耶稣会学院的回廊内院

4月21日复活节，在罗马的42名枢机主教举行选举教宗的闭门选举会议。3天以后即24日，枢机主教蒙塔尔多（Cardinal Montalto）被选举为教宗，称为西克斯图司五世（Sixtus V，1585—1590年在位）。他原名佩雷蒂（Felice Peretti），出生于教宗国的格罗塔姆马雷（Grottammare），是一名园艺匠的儿子，早年受到方济各会的教育，12岁的时候就已经穿上方济各会的袍服，1547年正式成为一名方济各会士神父。他也是罗耀拉和圣菲律普·内里（St. Philip Neri，1515—1595）的朋友。1560年，他被任命为宗教裁判所的总裁判官以及罗马大学的教授。1566年成为方济各会的总会长以及圣阿格塔（S. Agata）的主教。1570年被教宗庇护五世升任为枢机主教。他即位以后大刀阔斧地改革教廷和教宗国的朝政，特别是整顿罗马城市的治安，下令将盗匪的首级砍下来，吊在天使堡前的桥上示众。他还将枢机团的名额限制在70人以内，并在教廷中增设了一些圣部，还扩建了梵蒂冈图书馆并建立了梵蒂冈出版社。他还致力于改革和提高教宗国的财政收入，规范教宗国国内的食物价格，抽干沼泽地，鼓励农业以及纺丝手工业。他在位期间大力改善罗马城市的道路交通，在拉特兰大教堂以及圣母大教堂区域开辟大道，并将这些道路与传统的七大朝圣教堂连接起来。同时，他扩大和整顿罗马城市的中心地带，包括圣彼得大教堂前的广场，并在罗马的一些广场树立古埃及的方尖碑，他还修

第三章 "天正使团"访问葡萄牙、西班牙、意大利、教宗国以及文艺复兴时期的欧洲文化输入日本(1582—1590)

复了古老的水道;将罗马城市人口稀少的地方与人口密集的地方连接起来。

新教宗不太喜欢耶稣会,倾向于方济各会以及多明我会等古老的修会。他曾经要求耶稣会修改他们的会宪,但是因为后来他去世了,耶稣会并没有执行。他对于传统的拉丁文《圣经》修订缓慢感到不满。1589年,他下令修改《圣经》的"武加大本"成为"西克斯图司版本"(*Editio Sixtina*)。在对外关系上,他很有野心,一直想联合欧洲各基督教国家消灭奥斯曼帝国,征服埃及,并将耶路撒冷的耶稣圣墓搬迁到意大利来。对于西班牙国王菲律普二世,他并不是十分信任,因而注重在西班牙与法国之间平衡利益。①

当时罗马的耶稣会有些担心新教宗将如何处置日本使团的问题。不过,新教宗对于日本使团仍然表现出十分尊重。26日,在新教宗当选的第三天,使团拜访了他。教宗询问了他们在罗马的生活,伊东祐

罗马圣彼得大教堂设计图纸。绘制于1564年,当使团抵达罗马的时候,由米开朗琪罗设计的圆顶尚没有完成

---

① F.L. Cross, ed., *The Oxford Dictionary of the Christian Church*, second edition, pp.1281–1282. John W.O'Malley, *A History of the Popes, From Peter to the Present*, pp.215–217.

南蛮贸易时代：近代早期日本与欧洲交流史（1542—1650）

罗马教宗西克斯图斯五世

益对于新教宗的当选表示祝贺，并请求他的降福，他还请求教宗帮助在日本的天主教传教事业。在离开以前，伊东向教宗进呈了一份备忘录，再度请求教宗帮助日本的传教事业。教宗答应他将与耶稣会总会长阿奎维瓦讨论此事。①

5月1日，新教宗西克斯图斯五世从他所居住的宫殿出发，前往罗马圣彼得大教堂举行加冕典礼。日本使团的少年们不仅受到邀请，而且位于一个非常显著的地方。中浦因为身体尚未痊愈仍然没有参加典礼，但是其他三位少年被邀请在教宗进入大殿时在其身后为教宗撑华盖，在日本使团的后面才是法国与威尼斯的大使以及罗马贵族。威尼斯的大使对于这样的安排感到不满，提出抗议，认为威尼斯共和国的特权没有受到尊重，他认为这些日本少年并不是大使。由于他的抗议，他与法国的大使被并排安置在一起。根据教会古老的传统，枢机主教团的团长法内塞枢机主教以及另外两位主教要在一系列烦琐的礼仪之后，为新的教宗抹圣油。在这个礼仪之后，伊东则要为新教宗倒水洗脚。这在当时被认为是很大的荣耀，还有两位贵族则站在伊东的两侧，给伊东递上干的毛巾为新教宗擦干脚。然后，枢机主教、宗主教以及主教们再为新教宗穿上宗座的祭披，最后则是另外一些穿着白色袍服的神职人员以及教廷官员簇拥陪伴教宗坐上他的御座。

---

① Michael Cooper, *The Japanese Mission to Europe, 1582–1590, The Journey of Four Samurai Boys Through Portugal, Spain and Italy*, p.99.

第三章 "天正使团"访问葡萄牙、西班牙、意大利、教宗国以及文艺复兴时期的欧洲文化输入日本(1582—1590)

后来,千千石提到当时有一项很特别的礼仪,主持礼仪的官员一手握住一根棍棒,上面有一根线拖下来,另一只手握住一根小蜡烛,点燃蜡烛以后插入另一根棍棒中,再用这根小蜡烛点燃另一根棍棒上的那条线,当线开始燃烧,火光亮起的时候,主礼的官员弯下腰向新教宗连着说三遍:"圣父,传递这世界的荣耀"(sic transit Gloria mundi)。[1]5日,新教宗率领游行队伍前往拉特兰教堂,这是教宗作为罗马主教的座堂,他也邀请了日本使团参加传统的礼仪。27日,使团成员再次参加了在方济各会主持的圣母玛利亚教堂(the Church of Santa Maria in Aracoeli)举行的宗教游行以及弥撒。

在以后的一个月中,教宗还邀请使团与他一起进餐,罗马城市议会还授予使团成员以罗马市民以及罗马贵族称号。29日,教宗再次与使团成员一起进餐,在他的私人小教堂中,教宗授予使团成员以"圣彼得骑士团的骑士"称号,此次,日本使团成员穿着罗马古代宽松的托加袍服并佩剑,就像是欧洲的骑士一样。在场的有枢机主教和主教,在使团成员跪下以后,教宗为四柄出鞘的宝剑以及四副黄金的马刺降福,并将宝剑交给四位日本少年,要他们以三位一体的名义捍卫教会。[2]在使团回日本的日期越来越近的时候,耶稣会的总会长希望教宗能够再关注日本教会的事业,在总会长的好朋友加拉法枢机主教(Cardinal Antonio Carafa, 1538—1595)的建议之下,新教宗不仅确认了前任教宗答应的每年赠送4 000达克特给日本耶稣会神学院的承诺,还另外加了2 000达克特。加拉法从1568年开始担任枢机主教。他出身那不勒斯贵族世家,从15世纪至19世纪,家族中有许多人担任枢机主教。他也是罗马教宗保禄四世的侄子,后者与范礼安一样出生在意大利的切蒂(Chieti)。在天正使团回到日本以后,范礼安曾经

---

[1] J.F. Moran, translated, Derek Massarella, edited and annotated, *Japanese Travellers in Sixteenth-Century Europe, A Dialogue Concerning the Mission of the Japanese Ambassadors to the Roman Curia(1590)*, p.315.

[2] Ibid., p.321. G. Tucci, "Japanese Ambassadors as Roman Patricians" in *East and West*, Vol.II, 1952, p.68.

写信给加拉法枢机主教，报告此消息。1590 年，有马晴信也致信加拉法，感谢他接待使团成员。教宗还赠送给日本耶稣会神父三套贵重的祭披，赠送给三位日本国主每人一柄有银质镶金剑鞘的宝剑、每人一顶王家无檐帽，每人一个十字架形状的盒子（里面有一些圣徒遗骨和耶稣被钉的真十字架的小小木片）。新教宗特别为使团的回程再赠送 3 000 达克特以为资助。①6 月 2 日，使团前往教宗宫殿辞行。②

使团离开罗马返国 使团在罗马住了两个月零十天以后，于 6 月 3 日启程离开罗马。原本他们有意前往那不勒斯，但因为天气炎热改道北方，于 7 日访问阿西西，瞻仰了阿西西的圣方济各（St. Francis of Assisi，1182—1226）的遗骨。在经过卡里梅诺（Camerino）、特伦蒂诺（Tolentino）、马切拉塔（Macerata）、雷卡那蒂（Recanati）诸城市以后，12 日，他们前往洛雷托（Loreto）的圣屋大殿（The Basilica della Santa Casa）朝圣。该大殿（Basilica della Santa Casa）由麦阿诺（Giuliano da Maiano）、桑加利奥（Giuliano da Sangalio）以及布拉曼特（Donato Brament）等著名艺术家以及建筑师设计，保存有据说是原先在巴勒斯坦耶稣家乡纳匝勒斯的圣母玛利亚的圣家石屋，根据教会传统说法，该石屋在 1291 年十字军被逐出巴勒斯坦以前，由四位天使奇迹般地从原地搬到了伊尔利亚（Illyria），三年以后，又被天使搬运到这里。石屋高 4.1 米、长 8.5 米、宽 3.8 米，其中还有一尊以黎巴嫩的香柏木制成装饰有繁复珍珠的黑色圣母像。自 13 世纪以后，这里就是著名的教会朝圣地，耶稣会特别提倡对于洛雷托圣母的崇拜。在日本使团访问这里的时候，该大殿的正立面正在兴建之中。洛雷托朝圣是当时耶稣会特别推崇的朝圣活动，有一位耶稣会士雷尼（Alessandro Leni）特别陪同使团成员前往那里，少年们日夜兼程赶

---

① J.F. Moran, translated, Derek Massarella, edited and annotated, *Japanese Travellers in Sixteenth-Century Europe, A Dialogue Concerning the Mission of the Japanese Ambassadors to the Roman Curia(1590)*, p.322.

② Michael Cooper, *The Japanese Mission to Europe, 1582–1590, The Journey of Four Samurai Boys through Portugal, Spain and Italy*, pp.99–100.

第三章 "天正使团"访问葡萄牙、西班牙、意大利、教宗国以及文艺复兴时期的欧洲文化输入日本(1582—1590)

到那里,每天只睡四个小时。他们在这里看到洛雷托的圣屋以及圣母像。在当时的基督教世界,其已经被人们广为崇拜,吸引了很多朝圣者。他们还看到,这是一座由砖头砌成的小屋,被安放在教堂至圣所的中央,上面覆盖着用美丽的石头砌成的圆形穹顶。屋子的墙壁和屋顶都完好无损。根据教会的传说,圣母玛利亚就是在这座小屋里升天的。同一座祭坛上还供奉着据说是由使徒路加雕刻的一座圣母像。教堂的祭坛上有教宗派发的免罚券,祭坛的背后有一座火炉,里面有一个火钵,根据教会的传说,圣母玛利亚就是用这个火炉和火钵为全家煮饭的。在教堂的墙壁上还悬挂着一些物品,如沉船的木板、捆绑俘虏的铁链等,都是一些自称由于洛雷托圣母显灵而获救的人放置在那里的。①

14日,使团抵达安科那(Ancona)。以后几天又经过里米尼(Rimini)、佩萨罗(Pesaro)、切塞那(Cesena)、佛利(Forli)和伊莫拉(Imola),19日抵达博洛尼亚,22日抵达费拉拉。

26日,使团到达威尼斯共和国。他们在抵达城市以前,在一座奉献给圣乔治的岛上受到热烈隆重的欢迎,士兵们在战舰上欢呼并鸣礼炮致敬。身穿红色天鹅绒以及丝绸长袍的威尼斯共和国元老院的议员们也前来欢迎,领头的贵族为利坡曼诺(Hieronimo Lippomano),他以威尼斯元老院的名义向日本使团表示欢迎。他们被接到一种叫"皮阿塔"(piatta)的船上驶入威尼斯城,这种船是专门用来迎接尊贵的客人的。

威尼斯共和国原为意大利北方亚德里亚海上一个强大的国家,并管辖着附近的一些城市如维罗纳以及帕多瓦等地。在1410年,威尼斯拥有3 300艘船只,配备有3.6万名海军。在15世纪中叶,威尼斯共和国控制了意大利的洛迪、皮亚琴察、布雷西亚、维琴察以及拉文纳等地,达到其领土以及权力的顶峰。但是不久以后,情况就发生了

---

① J.F. Moran, translated, Derek Massarella, edited and annotated, *Japanese Travellers in Sixteenth-Century Europe, A Dialogue Concerning the Mission of the Japanese Ambassadors to the Roman Curia(1590)*, pp.326–327.

改变。1453年，奥斯曼土耳其帝国攻占了君士坦丁堡，土耳其人步步紧逼，威尼斯人被迫放弃了在爱琴海以及希腊的一些据点。1500年以后，土耳其人控制的海岸线向北可以延伸至科林斯湾。威尼斯人被迫与土耳其人达成停战协定。但是威尼斯在东方贸易中的地位已经改变，奴隶贸易以及其他地中海的贸易（如酒和皮毛）都不再由威尼斯人掌握，他们只得用原先西欧的产品如羊毛纺织品以及金属与土耳其人交易。15世纪早期，葡萄牙人也开辟了从海上直接抵达印度的航线，他们将大批量的香料从海上直接运抵里斯本，再通过他们设在欧洲法兰德斯的商站运输到北欧各地。从1502年开始以后的十年间，从陆路运抵威尼斯的东方香料变得零星而且稀少。尽管如此，威尼斯人仍然努力扭转不利的局面，因为从东方至威尼斯的商路毕竟比较短而且海上的风险较小，他们也在意大利内陆扩大粮食种植以满足人口增长的需要。1509年，威尼斯人口为11.5万；1563年为16.8万；1581年，受到严重的瘟疫的袭击，当时人口仅为13.4万。

　　日本使团在抵达威尼斯共和国的次日就拜访了威尼斯宗主教，接着，又去总督府拜访了88岁高龄的第78任威尼斯总督尼格劳·达·篷特（Nicoló da Ponte，1578—1585年在任）和元老院的诸位议员。威尼斯的元老院又称为"四十人议会"（Pregadi, or Quarantia or Forty or Senete），实际上为贵族和商人寡头统治集团。25日，他们度过了城市的主保圣人圣马可的节日。威尼斯在耶稣会的历史上是一个很重要的地方，罗耀拉和他的同伴们曾经想从这里渡海前往圣地耶路撒冷，他们还在威尼斯的一所医院里为病人服务（其中许多病人身患梅毒绝症），罗耀拉以及沙勿略等早期耶稣会的创立者也是在威尼斯晋升为神父的。不过，耶稣会后来在这个城市并没有取得很大的发展，也没有在这座城市设立学院，该地市民更喜欢商业教育机构。1573年以后，威尼斯与教宗国的关系也比较紧张，因为教宗格里高利十三世对威尼斯为了商业利益与奥斯曼土耳其帝国签订和平协议深感不满。在新教宗即位以后，威尼斯共和国试图改善与教廷的关系，所以，当日本使团的成员作为教廷的客人来到这里的时候受到了热情的

第三章 "天正使团"访问葡萄牙、西班牙、意大利、教宗国以及文艺复兴时期的欧洲文化输入日本(1582—1590)

欢迎。威尼斯当局还请这些日本少年以日文记载了他们此次来欧洲旅行的目的以及行程。这段文字书写在日本传统的纸张上面,并保存在威尼斯图书馆中。

使团成员看到当时的威尼斯有 8 英里长。城中有 14 家医院,医治患有各种不同疾病的病人;还有 70 个牧区,里面的神职人员都服从宗主教的管辖。该城市拥有 59 座宗教会院,其中 31 座中居住有神职人员,有 28 座会院是奉献给圣母玛利亚的,大大小小的教堂加起来有 150 座,其中最大的教堂则是圣马可教堂。理所当然,他们去了教堂中供奉圣马可遗骨的祭坛朝拜,那里的主祭坛以金叶装饰,上面有多幅圣像,圣像与圣像之间以大理石、绿宝石、翡翠和其他宝石及小柱子隔开,还有由青铜铸就的四使徒雕像。祭坛中供奉的据说就是圣马可的遗骸。根据传说,圣马可的遗骸于 827 年被带到威尼斯,但是后来就遗失了。1490 年,人们在这座教堂祝圣时发现了这位圣徒的遗骨。① 该城市还有 87 座蔚为壮观的高塔耸立,主宰着城市的天际线。令日本使团印象尤其深刻的是圣马可教堂的钟楼,它始建于 12 世纪下半叶,1511 年地震的时候损坏,其最上层的钟塔是经过修复的(这座钟塔在 1902 年倒塌,今天人们看到的钟塔是 1912 年再度复原修复的)。使团成员记载,由于钟塔高达 90 余米,所以航行在 35 里格以外海面上的船只都能够看到它。离别之际,威尼斯共和国当局赠送给使团两大箱的礼物,其中有 500 件玻璃器皿、布匹、天鹅绒、由金银镶嵌的器皿、透明的薄纱、金线、8 面大镜子(其中有 4 面镜子是由乌木框边,另外 4 面则是由镀金的画作为框边)等贵重礼物。②

7 月 6 日,使团离开威尼斯,经维琴察(Vicenza)、曼托瓦(Mantua,13 日至 18 日)、皮齐盖托内(Pizzighitone,21 日),于 25 日抵达意大利北方大城市米兰。使团成员在贵族、骑士和枪兵的引

---

① J.F. Moran, translated, Derek Massarella, edited and annotated, *Japanese Travellers in Sixteenth-Century Europe, A Dialogue Concerning the Mission of the Japanese Ambassadors to the Roman Curia(1590)*, p.338.
② Ibid., p.335, p.360.

导下庄严地进入这座城市。次日，他们拜访了米兰总主教加斯巴尔（Archbishop Gaspare Visconti, 1584—1595年在任）和米兰大公。28日，他们参加了总主教主持的弥撒，从总主教手中领取了圣体。以后几天，他们还参观了米兰的兵器厂。当时的米兰为意大利北方一个强大的公国，城市的范围很大，原先的城墙已经不敷使用，城市得到再次扩建。城市中手工制造业非常发达，拥有极多装饰品工艺制作作坊以及商店，当时意大利有谚语云"要装点整个意大利，就会毁了米兰"。9月3日，使团离开这座城市。6日，抵达热那亚，受到当地议会和市民的热烈欢迎，当他们抵达由200名日耳曼雇佣兵守护的城市中央宫殿时，鼓乐齐鸣。他们参观了当地的许多地方，包括供奉在圣巴托洛莫教堂（San Bartolomeo degli Armeni）里的一块有耶稣圣像的亚麻布手巾，这是拜占庭帝国皇帝约翰五世（John V Palaeologus, 1341—1391年在位）为弥补东西方教会的分裂以共同应对迫在眉睫的奥斯曼土耳其帝国而访问意大利，从罗马转道威尼斯访问的时候赠送给该市的珍贵礼物。他们还看到一只由绿色的翡翠石制成的盘子，据说是耶稣在逾越节的时候与门徒一起吃饭时用的。8日晚上8点，在热那亚士兵的喇叭声以及鸣炮致敬声中，他们离开意大利乘船去往西班牙。

8月16日，船抵达西班牙的巴塞罗那港口，这里是卡泰隆尼亚最著名的城市。他们参观了该城市以西48公里处著名的位于高山上的蒙特塞拉特本笃会修道院（Benedictine Monastery of Santa Mariá de Monteserrat），该修道院小教堂以供奉"黑色圣母抱圣婴像"（Black Madonna）而闻名遐迩，据说这是由使徒路加（St. Luke）于1世纪50年代雕刻的，自13世纪被一名牧童发现以后，这里成为重要的朝圣地。山上有著名的洞窟（Santa Cova, Holy Grotto），据说这里就是发现圣母像的地方。耶稣会的创立者罗耀拉在军中服役受伤康复以后曾经来到此地朝圣。根据他的自传，罗耀拉当时与一名摩尔人发生争执，后者极力否认圣母玛利亚。在一条大路的十字路口，罗耀拉让自己骑着的骡子做决定，是回去与摩尔人决斗，还是去蒙特塞拉特朝圣，骡子选择了后者。在圣母像的面前，他脱下了军人的袍服和刀

第三章 "天正使团"访问葡萄牙、西班牙、意大利、教宗国以及文艺复兴时期的欧洲文化输入日本（1582—1590）

剑，换上了乞丐的衣服，拿起了朝圣者的棍子，对自己的前半生做了一个总的忏悔，寓意与前半生告别，在见习修士指导司铎的指导下开始自己崭新的宗教生涯。

在日本使团访问这里的时候，山上正在修建规模巨大的圣母大殿，至1592年方才完工。该修道院在18世纪的半岛战争中被毁，后被修复。[①] 使团成员在山上的修道院里居住了一天，他们看到了这座在山峰和险崖环抱中的胜迹，膜拜了本笃会供奉的历代圣徒的遗骨，看到供奉圣母像以及圣体的小教堂前面点着五十盏银质的长明灯，它们都是由欧洲各地的国王和亲王们供奉的。9月9日，他们在蒙松（Monzón）再度觐见了在此地度暑假的西班牙和葡萄牙国王菲律普二世，国王指示里斯本总督阿尔伯特以及果阿总督必须照顾使团的回程。[②] 以后数天，他们访问了阿拉贡的首府萨拉戈撒（Saragossa）、阿卡拉（Alcalá）和马德里。

10月，日本使团成员进入葡萄牙，11月初至12日，他们住在埃武拉。其间，他们受到耶稣会学院学生的欢迎，还受到前任葡萄牙驻果阿总督马士加路也的接待，当使团先前抵达果阿时，这位总督曾经欢迎过他们，此时他已经退休回到葡萄牙。几天以后，使团渡过特茹河到了里斯本，仍然住在耶稣会圣罗克会院。此时他们知道回东方的船要到明年3月才能够启航，所以决定去科英布拉访问。科英布拉从1139年至1255年曾经是葡萄牙基督教王国的首都，具有悠久的历史。葡萄牙国王正是从这里出发向摩尔人占领的土地发动进攻，此地也成为兵家必争之地。在使团入城的时候，他们看到这座城市的城徽：在一个花瓶上站立着一个少女，她的头上戴着花冠，一头狮子从右边、一条蟒蛇从左边向她发起攻击。它意味着古代的科英布拉地方狭小，

[①] John W. O'Malley, *The First Jesuits*, p.24. Milán de la Cogolla, *Christian Monasteries in Spain*, General Books, LLC., 2010, p.63.

[②] J.F. Moran, translated, Derek Massarella, edited and annotated, *Japanese Travellers in Sixteenth-Century Europe, A Dialogue Concerning the Mission of the Japanese Ambassadors to the Roman Curia(1590)*, p.381.

经常受到异教徒的攻击，并极力保护自己不受侵犯和赢得胜利。这个城徽是在1516年铸造的，一直使用到1930年。使团在科英布拉参观了圣十字架修道院（the monastery of Santa Cruz），这个古老的修道院创立于1131年，在使团访问之前重修过一次，由奥斯定会修道士管理。使团礼敬了该修道院埋葬的五位方济各会士殉道者的遗骨，他们是贝尔拉德（Berard）、彼得（Peter）、阿德尤图斯（Adjutus）、阿济西乌斯（Accursius）以及奥托（Otho），他们是被圣方济各于1219年派到北非摩洛哥传教的，在当地苏丹尤素夫二世（Yusuf II，1213—1224年在位）统治时期遇害，他们的遗骸由葡萄牙国王阿方索二世（Afonso II，1211—1223年在位）的弟弟佩德罗（Pedro）从北非运回科英布拉，埋葬在这所修道院。这五位殉道者在1481年被罗马教会封为圣徒。这所修道院还因埋葬着葡萄牙第一代国王恩里克（Afonso Henriques，1139—1185年在位）以及他的儿子桑舒（Sancho，1185—1211年在位）而闻名遐迩，又因里斯本的圣徒安东尼（St. Anthony of Lisbon）曾经在这里居住而为人所知。使团成员还参观了主教座堂以及横跨在蜿蜒流过城市的蒙德古河上的大桥（他们经过的大桥已经在19世纪的时候倒塌了，目前横跨在河上的圣克拉拉大桥是在1954年重建的。）他们还参观了修筑有许多要塞的古老的科英布拉城墙。

当然，使团在科英布拉访问的最重要的地方是科英布拉大学，这里是耶稣会在葡萄牙和欧洲的教育事业中心。在历史上，这所大学一直在里斯本以及科英布拉两个城市之间搬来搬去，大约在使团抵达以前的五十年，终于从里斯本迁回到科英布拉。这所大学的人文学院完全是由耶稣会掌管的。使团成员在这里看到，学生们在学习民法、教会法、神学、医学和数学。这些学生都穿着不同颜色的校服，披着不同颜色表示不同专业的天鹅绒的披肩——神学生披白色的、学习医学的学生披番红花色的、学习民法的学生披大红色的、学习教会法的学生披绿色的、学习哲学的学生披紫罗兰色的。他们还戴着美丽的由丝绸做成的颜色统一的学生帽，另戴有一条精美的丝带。科英布拉大学拥有一个辉煌的供学生聚会的大厅，是由王室出资建造的。学生来到

第三章 "天正使团"访问葡萄牙、西班牙、意大利、教宗国以及文艺复兴时期的欧洲文化输入日本(1582—1590)

这里聚会的时候,要穿着拖到踝关节的长袍和短上衣,在举行仪式的时候还要奏乐。当时葡萄牙本国的许多神职人员都是在这里毕业的,在葡萄牙保教权的庇护之下,欧洲的许多国家特别是意大利的耶稣会士取道里斯本去印度的时候也经常在这里居住一段时间。大学拥有自己的教堂,奉献给天使长米额尔,每天都要在这里举行弥撒,学生和教师都要参加。在日本使团来到这里访问的时候,当时的校长是努诺·德·诺罗尼亚(Nuno de Noronha,1540—c.1608),他也是维塞乌的主教,他拥有一个顾问团帮助他管理整个学校。使团成员来到一个挂着壁毯的高年级课室,学生们穿着盛装欢迎他们到来。学生们还表演了"守护天使"(Guardian Angels)的戏剧,在当时耶稣会的崇拜学中,"天使"是年轻人以及纯洁的象征,所以这个戏剧是非常适合主题的。他们表演了在"守护天使"的庇护之下欧洲的年轻人与日本的年轻人之间的对话。欧洲人询问日本人的情况,日本人则回答基督教在日本的传播,并且将此业绩归为十字架的奇迹。欧洲人则讲述了使团在欧洲的旅行以及受到罗马教宗接见的场面,最后,"守护天使"则要庇护使团平安回到日本,并祝愿日本的传教事业繁荣昌盛。随后,校长在发表的演说中表示,日本使团的来访,是整个科英布拉城市的荣幸,这一事件的意义就像葡萄牙基督教王国第一代国王恩里克在1139年奥立克战役中击败摩尔人后来到这座城市是一样伟大的。日本使团成员在科英布拉住了20天的时间,其间他们还拜访了科英布拉的主教,主教邀请他们参加了一个豪华精致的宴会;在"主受割礼节"(the Day of Circumcision of God)的那一天,主教还邀请他们参加了在科英布拉大学教堂举行的弥撒,参观了坐落在蒙德古河畔果园附近的耶稣会会院。在圣诞节的当天,他们还参加了主教座堂的弥撒。①

在离开科英布拉回到里斯本的途中,使团拜访了巴塔利亚修道院(the Convent of Batalha),"巴塔利亚(Batalha)"在葡萄牙文中就

---

① J.F. Moran, translated, Derek Massarella, edited and annotated, *Japanese Travellers in Sixteenth-Century Europe, A Dialogue Concerning the Mission of the Japanese Ambassadors to the Roman Curia(1590)*, pp.397–340.

是战役（Battle）的意思。这是葡萄牙国王若奥一世（João I, 1385—1433年在位）于1386年4月14日在阿尔儒巴洛塔战役中战胜西班牙人获得国家独立以后建立的一座还愿的修道院，是葡萄牙的国家纪念碑。在回到里斯本以后，他们就准备回航的行程了。阿尔伯特总督兼枢机主教赠送了4 000杜卡特作为使团回印度的旅费，另外，他还赠送了3 400杜卡特给护送他们回国的神职人员，他还给印度果阿的总督写了推荐信，嘱咐果阿当局要为他们提供4匹良好的马匹。阿尔伯特总督兼枢机主教特别在5艘前往印度的船只中选了体积较大且坚固的"圣菲律普号"作为使团的座舰。

1586年4月12日，"圣菲律普号"从里斯本启航，载着4名日本使者，还有耶稣会士罗德里格斯、梅斯基塔以及其他17名前往亚洲传教的耶稣会士。同时出发的还有28艘舰船，这是一支庞大的舰队，这些船只分别驶往印度、巴西、圣多美和几内亚等地。

在回航途中，舰队遇到强大的风暴。5月27日，舰队驶过赤道，海上的风浪渐渐地变得越来越大。有些船只的风帆也被吹到了大海里，航行的艰难是难以形容的。船员们有的在整理船帆、有的在清理甲板上的碎片，有的在使劲掌握船舵，以免发生沉船事故。7月7日，船只终于绕过好望角，风势似乎渐趋平稳。但是不久，他们再一次遇到巨大的风暴，他们不得不放低主桅杆上的大帆，只使用顶帆。船在大浪中被一会儿抛上，一会儿抛下，仿佛要沉到海底的深渊。当时，全体船员都知道已经直面死亡的威胁，但是他们仍然渡过了难关。风暴渐渐地平静，在以后的18天中，海上风平浪静。不久，他们的船只通过犹地亚礁石（the rocks of Judea），以前许多葡萄牙的船只在这里触礁沉没。几天以后，他们看到海面上的海水已经变得浑浊，知道已经抵达索法拉浅滩（the Sallow of Sofala），索法拉要塞已经在望了。从7世纪开始的时候，这里已经是阿拉伯商人将非洲内陆盛产的黄金向外出口的地方，葡萄牙人已经在1510年来到这里。8月31日，他们抵达莫桑比克，那里有葡萄牙人修筑的要塞。由于气候极度炎热，他们在当地等了近六个月的时间。当时范礼安正在印度果阿焦急地等

第三章 "天正使团"访问葡萄牙、西班牙、意大利、教宗国以及文艺复兴时期的欧洲文化输入日本（1582—1590）

待他们的到来。

1587年3月15日，使团在换乘船只以后启航，但是猛烈的风暴将他们吹到了马林底王国沿海，最后，历经种种艰难困苦，终于在5月28日到达离果阿二十里格的一个岛屿。当时，葡属印度总督是杜亚尔特·德·梅内塞斯（Duarte de Meneses，1537—1588年在任），他曾经担任过葡萄牙驻扎在北非丹吉尔的军事长官，参加过1587年葡萄牙国王塞巴斯蒂安率领的失败的北非远征，回国以后又担任阿尔加维的总督。他受到当时的葡萄牙-西班牙国王菲律普二世的器重，被任命为葡属印度的总督。在使团抵达果阿的时候，所有神职人员以及全城市民为之欢欣鼓舞。范礼安与耶稣会士们亲自到码头迎接。6月4日，原氏在果阿耶稣会圣保禄学院以拉丁文发表了演说，叙述了他们欧洲之行的经过。在他们抵达果阿之时，日本的传教形势尚称乐观，在1585年至1586年，有15 000名信徒受洗，另有40 000名信徒准备接受圣事。但是在1587年丰臣秀吉视察了九州以后，他突然发布了禁教令，形势发生急剧的逆转。1588年4月22日，范礼安与日本使团以及16名耶稣会士离开果阿前往澳门。此时，果阿总督梅内塞斯命令范礼安作为他本人的代表和使节，前往日本觐见日本实际的统治者丰臣秀吉，表达维持葡萄牙与日本贸易的愿望。总督让使团带上两匹阿拉伯的种马和其他礼物赠送给丰臣秀吉。8月17日，使团抵达澳门。在澳门，他们听说了两位基督教大名大友宗麟和大村纯忠已经去世的消息，① 而日本的实际统治者丰臣秀吉已经开始迫害基督教。尽管使团的成员对于日本的形势感到不安，但是他们仍然一如既往跟随梅斯基塔神父等学习拉丁文和西洋音乐，他们也给对日本有兴趣的欧洲神父们上日语课程，甚至范礼安本人也参加了他们的课程。梅斯基塔写信告诉总会长阿奎维瓦说，原氏对于欧洲的人文学术以及音乐表现出特别的天赋。在1589年1月1日的"主受割礼日"那天，他们四位日本使者还为澳门耶稣会学院的师生表演了西洋乐器演奏，

---

① 大村纯忠于1587年5月25日去世；大友宗麟于一个月以后的6月28日去世。

223

其中一人弹奏竖琴、一人弹奏古钢琴、两人拉小提琴，师生们大饱耳福。① 直到 1590 年 6 月 23 日，范礼安、梅斯基塔神父以及其他十四名耶稣会士与使团的四名使者从澳门出发回日本。但是乔治修士已经于前一年的 8 月在澳门去世。

1590 年 7 月 21 日，日本使团的船只终于回到长崎的港口。伊东祐益、千千石、原氏和中浦此时离开祖国已有八年零五个月的时间，他们已经从少年成长为青年了。

当使团的孩子们回家时，伊东祐益的母亲、原氏的双亲以及中浦的姐妹都已经不认得他们了。一天以后，有马晴信的兄弟利奥（Leo）特地赶到长崎探望他们，他与伊东祐益畅谈了数个小时。不能前来的其他一些基督教大名，都派信使们前来祝贺。

使团成员前往京都觐见丰臣秀吉 本来，至此，使团的使命应该已经结束了。但是，为了向日本各界展示此次出访的成就，完成果阿总督遣使通聘丰臣秀吉的目的，范礼安又策划了使团前往京都觐见丰臣秀吉的计划。此次范礼安和使团成员是以葡萄牙果阿总督代表的名义带了果阿总督的礼物去觐见丰臣秀吉的，范礼安还让葡萄牙耶稣会士陆若汉和费南德斯充当译员。使团于 1590 年 12 月底从长崎出发，丰臣秀吉则派他的将军也是著名的基督教大名小西行长在使团到京都的途中迎迓。②

1591 年 3 月 3 日，使团在京都丰臣秀吉新建的"聚乐第宫殿"（Jurakutei）③ 觐见了这位当时日本的实际统治者。使团成员在欧洲觐见国王和教宗时是穿典型的日本和服，然而在觐见丰臣秀吉的时候，

---

① Diogo Yuuki, S.J., "The College of St.Paul of Macau and the Church of Japan", in *Religion and Culture, An International Symposium Commemorating the Fourth Centenary of the University College of St. Paul*, Instituto Cultural de Macau, 1999, p.283.

② J.F. Moran, *The Japanese and the Jesuits, Alessandro Valignano in Sixteenth-Century Japan*, Routedge, 1993, p.16.

③ 聚乐第（Jurakutei），丰臣秀吉于 1586 年正式动工，次年建成。1587 年 10 月他从大坂迁居于此处理政务。1588 年 5 月 9 日至 13 日，在此迎接天皇巡幸。1592 年丰臣秀吉将关白位让给外孙丰臣秀赖，并将聚乐第赏给他居住。1595 年，秀赖失势败亡，切腹自杀，不久其建筑也被拆毁。部分建筑构建被移建伏见城。

第三章 "天正使团"访问葡萄牙、西班牙、意大利、教宗国以及文艺复兴时期的欧洲文化输入日本(1582—1590)

他们是以欧洲文化宣传者的面貌出现的,四名日本青年穿着由教宗赠送的有华丽黑丝绸镶着金边的葡萄牙式的服装。他们骑在马上,由7名印度仆役护送着进入京都。在他们的前面,有两名衣着华丽的葡萄牙人骑在马背上,护送着阿拉伯种马。在四名日本青年的后面,则是范礼安坐在一顶大轿里,陪同的有梅斯基塔神父以及洛佩斯神父(António Lopes),他们穿着黑色的长袍,也坐在轿子里;再后面则是两名译员陆若汉以及费南德斯,整个参加觐见人员的气派以及装扮看上去就像是一个欧洲的使团。①

虽然此时丰臣秀吉已经在数年以前发布了禁教令,但是对于使团的到来仍然待之以礼。在觐见中,举行了日本传统的祝酒礼,使团成员向丰臣秀吉三次行屈膝礼。双方还互赠了礼品。使团赠送给丰臣秀吉的礼品包括欧洲的钱币、两套精美的在意大利米兰制作的铠甲、两柄长剑、数支毛瑟枪、一座欧洲自鸣钟、一顶军用帐篷、一条绣金的挂毯以及由果阿总督赠送的阿拉伯种马等,一位葡萄牙驯马师还当场为丰臣秀吉表演了驯马;使团成员还为丰臣秀吉演奏了西方音乐,丰臣秀吉对于他们的演奏表现得很高兴。使团也得到了丰臣秀吉赏赐的礼物,在仆役给范礼安的两个盘子里,各有100根银条,第三个盘子里则有四件丝袍,梅斯基塔和洛佩斯神父各得到100根银条和两件丝袍,陆若汉与费南德斯两位译员各得到30根银条和一件丝袍。耶稣会士弗洛伊斯估计这些银条价值2 494银两。除了范礼安率领的代表果阿总督的使团以外,在场的还有高丽的使团。② 觐见仪式结束以后,丰臣秀吉设宴款待了使团。席间,丰臣秀吉对四名日本青年产生了好感,他邀请伊东祐益留在他的麾下,为他即将发动的远征朝鲜的战争服务,但是后者有礼貌地拒绝了。③ 伊东对丰臣秀吉说,他与同伴们都是由视察员神父一手抚养长大的,神父待他们如同亲生的儿子,如

---

① Michael Cooper, *Rodrigues the Interpreter, An Early Jesuit in Japan and China*, John Weatherhill Inc.1974, p.76.
② Michael Cooper, *Rodrigues the Interpreter, An Early Jesuit in Japan and China*, pp.79–80.
③ Alfons Kleiser, "P. Alexander Valignanis Gesandschftsreise nach Japan zum Quambacudono Toyotomi Hidyoshi, 1588–1591", *in Monumenta Nipponica, I, 1938*, p.97.

果他现在就为了高官厚禄离开神父，他会被人指责为不义。据说丰臣秀吉对于他的回答表示满意。①

在觐见仪式结束时，丰臣秀吉微笑着与范礼安等告别。他告诉范礼安，说他可以留在京都一段时间，并邀请他们再度访问他的宫殿。他还表示会给果阿总督梅内塞斯写回信。第二天，陆若汉与伊东祐益再度被招进聚乐第，丰臣秀吉要他们帮助演示葡萄牙人带来的欧洲自鸣钟。他们被留宿在宫殿里，丰臣秀吉详细地询问了欧洲以及印度的事情，他甚至向客人透露了要远征中国的勃勃野心。②

使团在回到长崎以后，同年5月，他们又去了有马，将罗马教宗托付带给有马晴信的礼物呈送给他本人。当他们抵达有马的城堡时，人们举行了一台唱诗的音乐弥撒。伊东祐益将教宗的礼物——一个安放真十字架木并环有圣徒遗骨的银盒子、一顶公爵的帽子、一把宝剑和一封教宗的信呈送给有马晴信。该真十字架木以及环有圣徒遗骨的银盒子现在保存在长崎二十六圣徒纪念馆。范礼安在宴会结束以后离开了有马，伊东等四名年轻人则又住了一个星期。至此，使团的使命算是彻底完成了。

就日本使团出使欧洲的影响来说，此一历史事件提高了耶稣会在欧洲和东方的地位。作为16世纪反宗教改革运动中出现的新兴修会，耶稣会从一开始就自觉地有别于其他古老的修会。除了所有其他修会的修士都要遵守的服从、神贫和贞洁以外，它还有第四个誓愿即绝对服从教宗，由此它与扩张教宗的权力有着密切的关系。③ 由耶稣会组织的日本使团的成功出使雄辩地证明了这一点。而罗马教宗格里高利十三世也适时地给予耶稣会在包括日本在内的整个亚洲地区传教事业上的优先权。同时，耶稣会也极为注重培植与强大的天主教世俗君主的关系，使团在葡萄牙和西班牙与总督和国王的通聘也说明了这

---

① J.F. Moran, *The Japanese and the Jesuits, Alexssandro Valignano in Sixteenth-Century Japan*, p.17.
② Michael Cooper, *Rodrigues the Interpreter, An Early Jesuit in Japan and China*, pp.83–84.
③ John O'Malley, *First Jesuits*, pp.296–310.

一点。葡萄牙与西班牙的王家保教权对于耶稣会在亚洲和美洲的传教至关重要。① 正如第六任耶稣会总会长维特里契（Muzio Vitlleschi, 1615—1645年在任）指出的："没有他们（君主们）的支持，我们在许多地方无法施展，甚至一筹莫展。"② 最后，耶稣会还要借此向自16世纪中叶分裂出罗马教会的新教国家炫耀：天主教会在欧洲以外的地区获得了胜利，它在欧洲以外的遥远的地方夺回了在欧洲失去的宗教版图。无论是耶稣会组织日本使团来到教廷觐见教宗，还是教宗以如此恢宏壮丽的场面接待使团，都有这样的用意。如上所述，正如葡萄牙耶稣会人文主义学者贡萨尔维斯在为教宗致答词时指出的那样："日本人对于天主教信仰的拥抱，弥补了英伦诸岛脱离天主教会的损失，正如教宗大格里高利使英伦诸岛皈依天主教一样，现在，另一位教宗格里高利（十三世）使得日本人接纳了天主教。"③ 与此同时，耶稣会也小心翼翼地在日本人面前绝口不提欧洲天主教和新教分裂的事实，使团行进的路线都经过刻意的安排，绕过一切可能会有新教教会或是新教和旧教争战的地区，让使团看到的都是欧洲南部天主教会势力最为强大的地区和国家。使团全程都有耶稣会士陪同，绝无任何外人的参与。④

三、欧洲文艺复兴文化输入日本

"天正使团"访问欧洲的时候，时值欧洲文艺复兴的晚期以及巴

---

① C.R. Boxer, *Four Centuries of Portuguese Expansion, 1415–1825, A Succinct Survey*, University of California Press and Witwatersrand University Press, 1972, pp.63–66.
② Robert Bireley, *The Jesuits and Thirty Years War: Kings, Courts, and Confessor*, Cambridge University Press, 2003, p.273.
③ Michael Cooper, *The Japanese Mission to Europe, 1582–1590, The Journey of Four Samurai Boys through Portugal, Spain and Italy*, p.90.
④ Danald F. Lach, *Asia in the Making of Europe, The Century of Discovery*, II, p.691.

南蛮贸易时代：近代早期日本与欧洲交流史（1542—1650）

洛克时代刚刚开始，日本青年们记录了当时南部欧洲国家的文化和器物，并转述给他们国内的同胞。他们还通过从欧洲带回的礼物和器皿向日本基督教和非基督教大名、将军展示文艺复兴时期的欧洲文明。这些日本青年可能是当时亚洲东部国家最深刻地了解欧洲特别是南欧国家文化的人士，他们的活动堪称近代早期日本乃至东亚与欧洲文化交流的重要篇章。现分别叙述之。

绘画艺术　使团成员与欧洲的艺术品和艺术家有直接的接触。比如他们在埃斯高里亚王宫修道院的一间房间里看到有60幅宗教圣像画，画了基督生平中的许多奥迹，还有一些油画是关于圣母、使徒和圣徒的，还有关于教宗的、枢机主教的和贵族的。他们还看到有插图的书籍，其中有手抄的祈祷经文和宗教礼仪说明，插图中涂有金粉和各种绚丽的色彩，书籍的封面则由金和银的纹饰和珍珠装饰。[1] 他们访问威尼斯共和国时，威尼斯元老院的官员想留下关于他们访问欧洲和本城的珍贵故事，所以请当时威尼斯著名的文艺复兴时期威尼斯画派大艺术家丁托雷托（Jacopo Tintoretto, c.1518—1594）创办的画坊的画家为他们绘制肖像。当时该画坊经常接受官方的委托。为此，威尼斯当局支付给丁托雷托2 000达克特。这些肖像将被悬挂在元老院的宫殿（Sale dei Pregadi）里，使团成员还要在自己的肖像上亲自签名。不过，由于时间紧迫，最后只有伊东祐益的肖像完成了，另外三人只留下了素描肖像。丁托雷托在此过程中所起的作用没有留下文字记录。[2] 意大利的贵族也将欧洲的绘画作品作为礼品赠送给使团成员。这些礼物中有油画：比如一幅托斯卡尼大公夫人的肖像，一幅描绘菲律普二世的父亲查理五世葬礼的油画。他们还向日本人展示了从罗马以及蒙特塞拉特修道院带回的有插图的16世纪欧洲的图书，其中大部分是有关神学的著作。这些油画的逼真以及插图的精美在日本人中

---

[1] J.F. Moran, translated, Derek Massarella, edited and annotated, *Japanese Travellers in Sixteenth-Century Europe, A Dialogue Concerning the Mission of the Japanese Ambassadors to the Roman Curia(1590)*, p.247.

[2] Ibid., p.360.

第三章 "天正使团"访问葡萄牙、西班牙、意大利、教宗国以及文艺复兴时期的欧洲文化输入日本(1582—1590)

间引发了很大反响。①

音乐、乐器和舞蹈 使团成员在整个行程中一直坚持在耶稣会士的辅导下用西方乐器练习西方音乐。在西班牙和意大利,他们看到当时欧洲最佳的音乐表演并遇到一些最上乘的音乐家。例如,他们在访问西班牙埃斯高里亚王宫的时候,就参观了乐器制作家马克·莫尔(Mar Moors of Liège)为查理五世制作的精美的击弦古钢琴;在宫中,他们还听到由舌簧敲击出来的簧管小风琴演奏,这是在16世纪非常流行的一种音乐形式。在威尼斯,他们看到所有的教堂都配备了乐器,特别是装饰有黄金和白银花饰的管风琴乐器,有150件之多。②在访问当时属于威尼斯共和国统治下的维琴察时,当地的市民以音乐会的形式欢迎他们,音乐会在刚刚落成的奥林匹科(Olimpico)剧院举行,它由建筑师帕拉蒂奥(Andrea Palladio)于1580年至1584年建成,于落成之年的3月3日举行开幕典礼。千千石记载,在该剧院中"我们欣赏了最令人愉悦的和与众不同的音乐会,使我们感到精神上的极大欢乐。从这里和其他一些地方的音乐会中我们对音乐艺术中各种不同乐器演奏时所表现出来的杰出、多样以及卓越的和谐留下了深刻印象,这些音乐会在欧洲人中非常流行"。③在帕多瓦、维罗纳和曼图亚,他们与意大利的音乐家都有接触。在曼图亚,他们欣赏了一台当时最著名的意大利古典管风琴(Antegnati)的演奏会,这些乐器可能是巴托洛梅欧(Bartolomeo)在1486年或是格拉西多(Graziado)在1565年制作的。通过对欧洲的访问,他们对文艺复兴时期欧洲的乐理和乐器的知识有了明显增加。当年,他们离开日本的时候,对于欧洲的管乐器和有键的琴只有一般的了解,到了意大利等地以后,目睹了欧洲当地的多种乐器以及音乐演奏,他们的好奇心和

---

① Michael Cooper, ed, *They Came to Japan: an Anthology of European Reports on Japan, 1543–1640*, University of California Press 1965, pp.120–121.
② J.F. Moran, translated, Derek Massarella, edited and annotated, *Japanese Travellers in Sixteenth-Century Europe, A Dialogue Concerning the Mission of the Japanese Ambassadors to the Roman Curia(1590)*, p.338.
③ Ibid., pp.363–364.

学习的愿望有了很大的增加。当时的欧洲人亲眼看见这些日本少年"能够很好地演奏各种乐器,特别是演奏大键琴"。[①] 回程途中在澳门逗留期间,他们也进行过公开的音乐表演。在他们回到日本以后,仍然坚持不断地用欧洲的乐器演奏。在京都的时候,在主受割礼日的那天,他们也进行了公开的音乐表演。在丰臣秀吉举行的官方宴会上,他们也用欧洲的乐器进行了表演。在加入耶稣会以后,他们还教别人学习欧洲的音乐,并且带回了欧洲的乐理书籍。[②]

千千石曾经向他的同胞大村纯忠的兄弟利诺(Lino)介绍中世纪和文艺复兴时期欧洲的音乐和乐器,并且曾在前一天的晚上为利诺演奏欧洲音乐,但是后者表示他还不能理解欧洲音乐的美妙之处。[③]千千石谈到在欧洲看到的乐器如下。

萨泰里琴(psaltery),这是一种拨弦乐器,弦月形状,羊肠衣弦,有时琴弦以马尾毛或者金属制成,张在扁平的音板上,琴身常为梯形,但亦有矩形、三角形或者翼形的。弦为空弦,不用手指按弦就可以发出不同的声音。它可能在古典时期末已经出现在近东地区,为12世纪阿拉伯梯形的萨泰里琴的一个变种传入欧洲诸国,直到15至16世纪仍然在欧洲流行。其中比较富有特色的是一种"野猪头"型的琴,用手指和两根羽毛管拨奏。

诗琴又称为鲁特琴(lute),16至17世纪流行于欧洲的拨弦乐器,在文艺复兴之前欧洲的大众音乐中占有重要地位。它源于阿拉伯的厄乌德琴,13世纪十字军东征以后从西班牙流入欧洲。它有一个梨形的琴体和带有后弯的轸斗形的琴颈,弦张在一个粘贴在面板上的琴马上,面板上有一个大的圆形音孔,饰有穿孔的花纹。它最初仿造阿拉伯的式样,有4弦;在16世纪,欧洲古典的诗琴已经定型,有6道

---

① Eta Harich Schneider, "Renaissance Europe through Japanese Eyes: Record of a Strange Triumphal Journey", in *Early Music*, 1973, p.21.

② J.F. Moran, translated, Derek Massarella, edited and annotated, *Japanese Travellers in Sixteenth-Century Europe, A Dialogue Concerning the Mission of the Japanese Ambassadors to the Roman Curia(1590)*, p.155.

③ Ibid., p.154.

第三章 "天正使团"访问葡萄牙、西班牙、意大利、教宗国以及文艺复兴时期的欧洲文化输入日本(1582—1590)

弦。音乐用"奏法记谱法"编写。

齐特琴(zither),在16世纪,欧洲的齐特琴在扁平的音箱上张以肠衣或者金属弦,离演奏者最近的弦张在纸板上,左手按弦以奏出旋律。演奏时琴放在桌子或者演奏者的膝盖上,用套在右手拇指上的拨子演奏。

舌簧八孔竖笛(recorder),此种乐器是根据14世纪同类的乐器改进制成,巴洛克时代的竖笛大多是中音竖笛,也称为普通笛,在16至17世纪多用象牙制成。

小号(trumpet),即以唇顶住杯形号而颤动发音的铜管乐器,统称为喇叭(古埃及以及罗马的军队中就已经开始使用),16至18世纪的欧洲称为"自然小号"。

此外还有一些其他乐器。日本使团成员目睹欧洲人娴熟和谐地合奏这些乐器。对于欧洲长久以来的音乐传统,千千石等人感到非常震撼,同时他们也欣赏欧洲人在乐器伴奏下的合唱,这与日本的音乐传统是完全不同的。由于他们与教会和西方一直保持着联系,所以对于欧洲的音乐已经感到习惯与悦耳。他们还注意到欧洲人唱歌的时候用不同的声部发音,但是演唱的效果非常和谐。他还指出,欧洲人有从小就学习音乐的传统,他们视音乐为一种富有价值的生活方式;欧洲人还善于制作乐器以及撰写乐理书籍。当时,他们还从欧洲带回一些乐器,那时伊比利亚半岛的管风琴为短八度音阶,有42个键,很可能日本使团带回的就是这种乐器。[①]

与音乐有关的就是舞蹈。在千千石回国以后的报道中讨论了欧洲的舞蹈。利奥对于欧洲的男人与女人一起跳舞的事情,大感讶异。他问道,在欧洲,男女一起跳舞是否会有伤风化。千千石向他解释说,欧洲的舞蹈是严格地按照礼仪进行的,是体面和优雅的,注重的是心灵的沟通,而不是引诱好色邪荡的思绪。[②] 他还向日本的同胞指出,欧

[①] Eta Harich Schneider, "Renaissance Europe through Japanese Eyes: Record of a Strange Triumphal Journey", in *Early Music*, Vol.1, No.1, Jan, 1973, p.21.

[②] Ibid., pp.22—25.

日本画家所绘
《西洋妇女弹琴图》

洲人的舞蹈是根据里拉琴（lyre）演奏出来的不同的音乐来跳的，其风格也是根据人们不同的年龄和类型编制的——有适合无忧无虑的年轻人的，也有适合男士与男士的，女士与女士的，男士与女士的；有些是庄重的和富于皇家气息的，也有一些是适合在欢庆的节日期间的。千千石还指出欧洲有一种舞蹈有两个重要的特点：其一就是在公开场合进行的戴面具的化装舞会，这些面具所带有的表情有些像故去的妇女或男子脸上流露的悲伤，这种戴面具的化装舞会所要引起的是舞者的悲伤和悲悼的情绪。其二就是一些舞者会在跳舞的过程中间停顿下来，发出一阵哀伤的呼喊声，另一些人则以同样的呼声回应。这是一种混杂着哀伤情绪的舞蹈，而不是具有节日气息的欢乐的舞蹈。①

尽管耶稣会在传教事业中一再使用音乐作为重要手段，可开始的时候罗耀拉是不同意在耶稣会机构中设立音乐教育的，他的继任者则对此持有不同的看法。反对在礼仪中使用音乐的人士认为音乐不能产生虔敬，并有可能导致道德的松懈，赞成者则认为音乐具有激励人心的效果。在范礼安管理远东耶稣会事业的时候，他对于音乐持宽容的态度，他本人热爱音乐，认为教会经常使用音乐的语言可以吸引信徒

---

① J.F. Moran, translated, Derek Massarella, edited and annotated, *Japanese Travellers in Sixteenth-Century Europe, A Dialogue Concerning the Mission of the Japanese Ambassadors to the Roman Curia(1590)*, pp.156–157.

第三章 "天正使团"访问葡萄牙、西班牙、意大利、教宗国以及文艺复兴时期的欧洲文化输入日本(1582—1590)

参加教会活动。

地图和地理知识 使团的青年还通过从欧洲带回的世界地图集向日本人展示了一个全面和崭新的世界形象,有助于当时的日本人了解世界的真实面貌。他们在访问意大利帕度瓦的时候,来到当时一座著名的花园即奥尔托植物园(Orto Botanico or botanical gardens in Padua)参观,它由公共集资建成于1545年,威尼斯共和国投入了大量的人力和物力种植了多种植物和花草,其中有许多是用于医学的草药。一位名叫米歇尔·谷拉蒂诺(Melchior Ghiladino,1520—1589)的日耳曼物理学家和植物学家,从1561年开始担任植物园的主管。他赠送给使团一些当时在欧洲出版的重要的地图集。其中有阿伯拉罕·奥特里乌斯(Abraham Ortelius,1527—1598)编撰的著名的《世界概览》(*Theatrum Orbis Terrarum*)。

奥特里乌斯是出生于佛拉芒城市安特卫普的著名地理学家和制图学家,也是一名从事地图、书籍和古玩买卖的商人。约在1554年,他在安特卫普开设古籍书店。约1560年,他在前辈制图学家G.墨卡托(Gerardus Mercator,1512—1594)的影响之下,对制图学产生了兴趣。在以后的十年中他编辑了心形投影《世界地图》(1564)、《埃及地图》(1565)和《亚洲地图》(1567)等地图集。1570年5月安特卫普出版了《世界概览》第一版,有53张地图和87位作者的原作,大部分地图为13.5厘米宽、19.5厘米长,以拉丁文注释地图的历史、来由以及地理学的知识内容,并且配有详细的注释,它们以统一的风格以蚀刻画制成,制作者是八十余位制图学家以及蚀刻画家。1571年出版了荷兰文版,以后又出版了法文以及德文版。1575年,奥特里乌斯被任命为西班牙国王菲律普二世的皇家地图制图师。1575年,他被委任为西班牙国王菲律普二世的王家御用制图家。到1598年他去世时为止,《世界概览》已经印行了不同语言的25个版本,为16世纪制图学的总集之作,也被认为是第一部近代意义上的世界地图集,深受当时欧洲文化界和知识界的欢迎,对16世纪欧洲北方文艺复兴时期地理知识的传播产生了深远的影响。

233

使团成员所带回的地图集中还有佛朗兹·洪根贝格（Frans Hogenberg，c.1538—1590）和乔治·布劳主编的《世界城市概览》（*Civitates Orbis Terrarum*），① 洪根贝格大约在 1538 年出生于尼德兰的梅赫伦，父亲是生活在慕尼黑的蚀刻画家。洪根贝格是一名新教徒，所以他离开了天主教会统治下的南部德国前往北方的莱茵兰。1562 年，他来到维塞尔，1565 年定居科隆。他在科隆开设了一家非常成功的专门印刷地图的印刷所，除了印刷单张的地图以外，也印刷附有插图的书籍以及插图本的当代历史书。布劳是科隆教堂的一名执事，也是一位神学家、人文主义者、地志画和地图制作家。他为《世界城市概览》作文字说明。他主持编撰的《世界城市概览》一书在 1572 年至 1617 年之间出版，持续了很长时间。一共有 6 卷 543 张蚀刻画。1572 年第一卷在科隆出版，第二和第三卷分别出版于 1575 年和 1581 年，其余的是日本使团离开欧洲以后出版的。因此，日本使团带回的是该书的前三卷。尽管它属于尼德兰北方制图学派的作品，但具有生动的和色彩丰富的佛拉芒艺术特色。

使团带回的这些地图对当时日本人世界知识的扩充产生了很重要的影响。使团成员在回国以后，曾经与日本的天主教信徒有过多次讨论与对话，谈及他们旅行的见闻，《天正使团遣欧记》其中第三十四场对话题名为《对于整个世界的总体描绘，以及对于主要的和最高贵的部分的叙述》。谈话的参加者为使团成员千千石·米额尔以及圣名为利奥（Leo）和利诺（Lino）的两名青年天主教信徒。利奥被称为"有马国主的兄弟"，利诺被称为"大村国王的兄弟"，"他们都没有出过国"，也是米额尔父系的侄子。利奥的日本名字为 Arima Sumizane，利诺的日本名字为 Ōmura Suminobu。在此次谈话中，千千石·米额尔现身说法，向同伴们描绘了自己长途旅行的经历。那时日本人虽然对于毗邻的朝鲜和中国是了解的，至于印度，只是听闻而已，只知道佛陀居住在那里。日本的商人和浪人也去菲律宾的马尼拉等地贸易和

---

① Kenneth Nebenzahl, *Mapping the Silk Road and Beyond, 2000 Years of Exploring the East*, Phaidon Press Limited, 2004, p.12, p.70, p.82.

第三章 "天正使团"访问葡萄牙、西班牙、意大利、教宗国以及文艺复兴时期的欧洲文化输入日本（1582—1590）

旅行，对于中国台湾地区以及东南亚有所了解，但是他们对于世界其他地方如非洲、欧洲和美洲知之甚少。同时，日本人将自己的国家与毗邻的中国相比，觉得本国的国土面积是如此之小。因此，日本使团带回的地图对于启发后来的日本人了解世界无疑有着重要意义。更有甚者，通过这些地图和自己的旅行，日本人知道了世界五大洲的分布，即欧洲、亚洲、非洲、美洲和未知的南方土地（据米额尔讲述，很可能葡萄牙的海员航行经过了这片土地）。从这些地图中，日本人还知道地图制作中标出的经度和纬度的意义，知道了赤道、南北回归线以及赤道两边与赤道中央气候的不同——这是近代早期东亚国家的人第一次接受欧洲制图学中的经度和纬度等知识。米额尔向他的同胞展示了从欧洲带回来的地图集，他特别指出欧洲地图上经度和纬度的标示对于人们从地图上认识世界的重要性："为了测量的目的，世界是以度数来划分的，从南到北的纬度每一度以17.5里格计算。现在这个里格的长度已经绝对地确定下来，所以不管你画的地图的大小，测量方法总是一样的。尽管在大的地图或海图上经度之间的空间较大，在小的上面度数之间的空间较小，但是这个空间总是应该被理解为17.5里格。因此，在下一幅所画的单独的欧洲地图上，同样的度数之间空间与在整个世界地图上所代表的意义是一样的。这样就不会产生错误。在两张地图上度数之间的空间不同只是意味着分配给它们的空间不同，但它们（代表的意义）是相同的，这两张地图上度数的名称和标志总是代表着我所具体说明的同样的里格数……""如果你想从这本书的学习中获益的话，这是你必须理解的基本点。你经常看到一个很大的地区被画成一片很小的区域，就像整个世界可以在一张地图上被表现出来一样。它仅仅表示图画的尺幅有时大，有时小，并不意味着事务的本身有任何变动或者变化。"（见本章附录）他的同胞在听完他的解释以后明白，尽管在地图上度数之间的空间各有不同，但是测量的精确度总是一样的，有时整个世界可以展现在一张大的地图上，有时可以展现在一张小的地图上。由此，他们对于日本在整个世界上确切的地理位置也有了清晰的认知。他们看到，日本与世界上的许多大国比较起来，还是一个小小的岛国，于是对于本国那些夜郎自大的"门外汉的胡说八道"感到可笑。但是，日本与马达加斯加、苏门答腊、不列颠和爱尔兰相比并不太小。并且他们也了解到欧洲的里格与日本的里格之间的不同。

日本的艺术家在他们制作的南蛮屏风上面模仿了《世界概览》以及《世界城市概览》等地图集中的铜版画，在保存于神户的17世纪早期的南蛮屏风上，日本艺术家精细和优美地画出了欧洲一些主要城市中的景观，如罗马的圣彼得大教堂、天使堡、斗兽场以及台伯和上面的桥梁。除了罗马以外，还有葡萄牙的里斯本、西班牙的塞维利亚以及奥斯曼帝国的首都伊斯坦布尔等。这些日本艺术家从来没有离开过本国，却制作出如此精确的地志画，完全是由于他们模仿了欧洲的地志画。[1] 另一方面，日本人对于欧洲的访问也刺激了当时欧洲人在制图学方面对于东方以及日本的兴趣，1589年，欧洲出现了乌尔班诺·蒙特（Urbano Monte）绘制的日本地图，虽然他所绘制的地图很不准确。[2]

使团回国以后，米额尔、利奥以及利诺就欧洲和世界地理知识展开了一场对话（详细的内容见本节的附录）。米额尔作为此次旅行的亲历者，以目睹的事实讲述了当时世界的地理知识，对话是近代早期亚洲人对于作为整体的世界最早的和最准确的描绘之一。主讲者千千石·米额尔亲自经历了从日本绕过印度和非洲好望角再到葡萄牙、西班牙和罗马教廷的漫长旅行，绕过了半个地球，亲眼见到这条地理大发现时代东方航线上一些最为重要的地方，如澳门、马六甲、科钦、果阿、好望角、圣劳伦佐岛、里斯本、马德里、罗马等，懂得经度和纬度的划分及其意义，地图上的地带如赤道、热带地区以及温带和寒带的划分；对于美洲和非洲有所了解，知道它们所处的地理位置，也

---

[1] Yukiko Shirahara, ed., *Japan Envisions the West: 16th–19th Century Japanese Art from Kobe City Museum*, Seattle Museum of Art, 2007, p.58.

[2] J.F. Moran, translated, Derek Massarella, edited and annotated, *Japanese Travellers in Sixteenth-Century Europe, A Dialogue Concerning the Mission of the Japanese Ambassadors to the Roman Curia(1590)*, p.363.

知道如果从欧洲再到美洲,越过太平洋就可以回到亚洲的环球航线。他还注意到世界各个大洲不同肤色的人种和族群。他亲眼所见的描绘当然是出于他个人的特殊经历,也是同时代其他日本人甚至是亚洲人所无法比拟的。

当然,使团成员的见解也有一定局限性。由于米额尔是天主教徒,使团去欧洲的航行在耶稣会的特别安排之下,其目的是请求罗马教宗的降福,觐见当时统治葡萄牙和西班牙的西班牙国王菲律普二世。当时的西班牙是欧洲最强大的天主教国家,与包括日本在内的亚洲国家有着密切的贸易和传教上的联系;同时,使团在欧洲的旅行也要向欧洲的新教国家和地区展示天主教远播东方,特别是在日本颇有成就,并通过使团向日本的天主教徒展示欧洲的天主教国家和罗马教廷的辉煌和壮丽,从而有利于天主教在日本和亚洲的传播。使团成员在航行的途中不断接受耶稣会士传授的宗教教义和人文教育。因此,他们对于世界的观念带有耶稣会教育的深刻痕迹,或者说在本质上是以欧洲的基督教文明为中心的。在耶稣会的刻意安排之下,他们所见到的都是当时欧洲最强大的天主教国家如西班牙以及意大利的重要城市和城邦,伟大的巴洛克教堂建筑、壮丽的王宫、著名的朝圣地以及辉煌的罗马教廷,他们理所当然地由衷地崇尚欧洲的天主教文明,对于当时欧洲发生的激烈的宗教改革和反宗教改革的冲突、欧洲深刻的社会矛盾和文化危机则一无所知。他们的世界观中带有对非洲以及美洲文明和民族的深刻歧视,甚至认为亚洲的中国以及日本本国的文明也较低于欧洲的文明,并将人种的肤色和宗教信仰作为解释所谓文明之间高低的内在原因。以现代的和批判的观点来看,这显然是一种由历史环境造成的局限。

使团成员所见的欧洲工艺以及玻璃制造　　使团成员也看到了当时欧洲的军事以及民用的工艺技术。例如,千千石留下了关于他们在回国途中参观威尼斯共和国兵工厂及其造船工业的记录。该兵工厂最初建于1104年,由城墙围绕,最初它兼有船坞以及兵器制造厂的功能,前者的功能显得特别重要。当时的工人主要集中在船坞劳作,那里还建有码头，另外还建有回廊以及兵器库，主要存放各类铠甲、圆木、长凳和其他设备。从 1303 年至 1325 年其规模扩建为原来的两倍，其建筑面积扩大了四倍，并筑有长墙围护。它原先仅仅维修船只的功能发生了变化：在长墙内建了一些商铺，在濒海的地方还增建了一些巨大的木桩以及码头、船台、屋篷和许多回廊，被称为"新兵工厂"（Arsenale Nuovo）。当时威尼斯城市中几乎所有的手工艺作坊都为兵工厂提供服务。① 到 16 世纪早期最终建成"最新兵工厂"（Arsenale Nuovissimo）。它为建成的船只提供了一个保护区，以免船只遭受海面上突然出现的奥斯曼帝国海军舰队的袭击；保护区中的舰艇从原来的 25 艘逐渐增加到 50 艘。在 1537 年至 1540 年威尼斯与奥斯曼帝国的战争之后，再度增加到 100 艘轻型舰艇、10 艘大战舰以及 10 艘古式战舰。所有这些战舰都能够快速投入海面作战。② 当日本使团访问这座兵工厂的时候，它是当时欧洲最大的工业企业和船坞。有人说它占地 60 亩或者 0.24 平方公里，也有人说它的周长有 2 英里。千千石后来向他的同胞说，使团成员看到这个兵工厂的长度大约有 1 里格，三面都被长墙以及坚固的塔楼围了起来，面向大海的一面则是开放的，当时威尼斯共和国所有的船只都在这里制造，所有船上用于航海与军事远征的军备也都在这里装配，所有在海上因为风暴或海战损坏的船只都被拖到岸上，在完成修复并涂上沥青以后再被拖入海中重新使用。这些船只并不是在露天修复的，整个船坞的上面覆盖着巨大的屋顶，通常有 150 艘或者 200 艘三列桨船停在这些屋顶下修理，他们还看到有 25 艘更大的帆船碇泊在那里。除此以外，还有 30 至 40 艘战舰在外海巡弋。成员们还看到这里存储有大量的舰船设备，有桨、帆、锚、绳、粗绳、大炮、炮弹等一切舰船所需的用品——一支伟大的舰队顷刻之间就可以组建起来，以应对奥斯曼土耳其帝国海军的进攻。

他们还访问了离船坞有一段距离的大军械库，那里有七个大房

---

① Frederic C. Lane, *Venice, A Maritime Republic*, The John Hopkins University Press, 1973, pp.14–15.
② Ibid., pp.362–363.

第三章 "天正使团"访问葡萄牙、西班牙、意大利、教宗国以及文艺复兴时期的欧洲文化输入日本（1582—1590）

子，分门别类储存了所有种类的武器，有些武器是供步兵使用的，有些是供骑兵使用的，还有一些其他种类的武器，足以立即装备一支拥有 6 万至 7 万名士兵的大军。在另一个储存点，他们还看到各种不同类型的大炮以及用铁和石头做成的炮弹。他们数了数，那里大约储存有 2 500 门大炮以及 20 万枚炮弹，在一些塔楼里面还存有大量的火药。当时约有 1 600 名工人为海军提供各种服务。这个兵工厂的全盛时代在 16 世纪 60 年代，日本使团参观这个地方的时候，它已经渐渐地衰落了，但是仍然给他们留下了很深的印象。千千石说这是一个雄伟壮丽的兵工厂，展示了当时威尼斯共和国的权力和财富。[①]

在访问威尼斯的时候，他们还记录了在当地非常著名同时也是日本人非常陌生的玻璃制造工艺——这是威尼斯闻名遐迩的手工艺制造业。威尼斯的这项制造业起源很早，在 1291 年，为了防止火灾，威尼斯政府命令将玻璃加工作坊迁到城市以北 1.6 公里的莫拉诺（Murano），后来这里成为威尼斯玻璃加工业的中心。使团成员记载，玻璃"这种东西是我们完全不了解的物质。玻璃是一种非常灿烂夺目的物质。它是由砂石和铄石合在一起制成的，其中没有任何黑色的东西。它极端易碎，如果有任何东西触碰它或者它自己掉在地上，就会摔成小小的碎片。每年都会有大量的玻璃被制造出来，人们购买它们用于日常生活。玻璃的制品不完全由玻璃制成，有时也用很伟大的技术将黄金加入其中，这就意味着这些器皿具有不小的价值"。[②]

使团还记录了威尼斯人制作玻璃的过程："最初他们将这种物质放在火上加热使它软化，然后将铁钩钩住中空的铁器的底端将它取出，这种器具是中空的，他们吹气进去使得玻璃膨胀，里面变空，以这种方法他们制作玻璃杯以及一些小的玻璃器皿。之后，他们用另外一些器具如有韧性的蜡来磨平和抛光这些器皿，再加上金色以及其他

[①] J.F. Moran, translated, Derek Massarella, edited and annotated, *Japanese Travellers in Sixteenth-Century Europe, A Dialogue Concerning the Mission of the Japanese Ambassadors to the Roman Curia(1590)*, pp.357–358.
[②] Ibid., p.359.

239

各种色彩。他们将完工以后的器皿放在一个合适的地方使得它们硬化。于是它们就变出了马、狮子、人物和其他各种形状。"[①]威尼斯共和国当局赠送给使团两箱装得满满的玻璃器皿作为礼物带回日本。使团成员不仅在威尼斯,还在意大利全境看到了林林总总的玻璃制作出来的宝塔、人物等,它们用于装饰不同的建筑物如花园、别墅,而且他们也看到在教堂、宫殿以及其他建筑物中可以挡风防雨的玻璃窗户。威尼斯共和国还赠送给使团一面玻璃镜带回日本。日本早在弥生时代(C.300BCE—300CE)就从中国进口过玻璃珠子,它们被用于宗教和装饰。在古坟时代(C.300—710)玻璃珠的制作十分兴盛,到平安时代(794—1185)衰落下去。1543年葡萄牙人来到日本的时候,玻璃制造业已经消失,成为一门失传的手艺。葡萄牙人带来了欧洲新的吹制器皿。在江户时代,日本重新出现了玻璃制造业,19世纪初萨摩藩统治下的鹿儿岛地区的玻璃制造业办得很成功。

引入近代欧洲的活字印刷术 日本耶稣会在很早的时候就已经在日本当地印刷天主教的书籍。如上文所述,在1584年8月11日,日

16世纪西洋活字印刷机模型,珍藏澳门历史博物馆

[①] J.F. Moran, translated, Derek Massarella, edited and annotated, *Japanese Travellers in Sixteenth-Century Europe, A Dialogue Concerning the Mission of the Japanese Ambassadors to the Roman Curia(1590)*, pp.359–360.

第三章 "天正使团"访问葡萄牙、西班牙、意大利、教宗国以及文艺复兴时期的欧洲文化输入日本（1582—1590）

本使团在拜访西班牙学者格拉纳达的时候，就已经将在日本翻译和印刷的他的著作赠送给他本人。总的来说，由于当时耶稣会士在日本的人数很少，不足以在全日本境内推进传教事业，因此，文字和印刷事业就显得十分重要。早在葡萄牙人抵达印度以后，他们就想借鉴东方的活字印刷术来印刷书籍，但是西文的字母在数量上极不确定，在排印上有很大的困难，他们便用木头和青铜的字母排印，结果取得一定的成功，印刷出一批书籍。在澳

西洋活字印刷机上的铜板模型，珍藏澳门历史博物馆

门，范礼安曾经想用中国的木版印刷术去印刷日文的书籍，但是没有取得令人满意的结果。① 使团对于欧洲的访问，也间接地促进了欧洲的印刷术在日本的发展。日本一直缺少传教士，信徒的数量又很大，因此在信徒中普及教理问答等读物以及分发圣像的印刷品就显得十分重要。早在1579年范礼安第一次抵达日本前，他就想向日本进口一台能够移动的印刷机。到了日本以后，他更加坚定了自己的想法。1584年他陪同使团成员到达果阿的时候，接到总会长的命令，要他留在果阿。此时，他吩咐梅斯基塔等葡萄牙耶稣会神父到欧洲以后，设法运送一台印刷机来亚洲。

使团抵达欧洲以后一直没有忘记这件事情，梅斯基塔神父于1586年早些时候在里斯本获得了一台印刷机。使团在从欧洲回东方的时候将这台印刷机带在船上一同回到果阿。1597年5月，使团成员之一原氏在果阿圣保禄学院向印度与东方的神学生发表了拉丁文的演说，该

---

① J.F. Moran, translated, Derek Massarella, edited and annotated, *Japanese Travellers in Sixteenth-Century Europe, A Dialogue Concerning the Mission of the Japanese Ambassadors to the Roman Curia(1590)*, p.424.

演说辞后来就是用那台印刷机于同年在果阿印刷出版的，那本小册子名叫《日本神父马丁的演说辞》(*Oratio habita a Fara D. Martino Iaponio, Goa,* 1588）。当使团从果阿出发回澳门的时候，范礼安神父与他们以及印刷机同行。使团在澳门逗留期间，又再次印刷了天主教的图书。康斯坦丁·多拉多（Constantine Dourado）和若热是两位陪同使团成员从欧洲回到日本的耶稣会修士，在里斯本的时候，他们就按照耶稣会的命令学习印刷术。若热修士在回日本的途中死于澳门，但是多拉多回到了日本，印刷机最后也被带到了日本。多拉多于1595年在日本成为一名耶稣会的神父，他一直在日本从事印刷事业。

1590年印刷出版的拉丁文版《天正使团访欧记》

当时的耶稣会印刷机有铜版印刷和油印两种。耶稣会在日本的印刷事业全盛期是1596年至1614年，正是使团回到日本以后到德川幕府开始大规模禁教之前。为了降低印刷的成本，耶稣会士与长崎的一位主要基督徒后藤宗印（Gotõ Thome Sõin）达成了一项协议，将这台印刷机交给他，专门用来印刷拉丁字母的书籍。这台印刷机放置在长崎圣地亚哥医院的一间房间里，后藤宗印一直被委任负责印刷事务。[1]

耶稣会在日本的印刷品大致可以分为三类：第一类是从欧洲语言翻译成日语的作品，除了《伊索寓言》(*Aesop's Fables*) 以外，绝大部分是宗教书籍，如神学著作、教理问答和教会日历之类。天正使团成员原氏于1599年在长崎翻译出版了《罪人指引》，1611年又在长崎翻译出版了《信仰的象征》(*Símbolo de la Fe*)，这两部神学作品都是

---

[1] Diego Pacheco, "Diogo de Mesquita, S.J. and Jesuit Mission Press", in *Monumenta Nipponica*, XXVI, 3–4, p.441.

第三章 "天正使团"访问葡萄牙、西班牙、意大利、教宗国以及文艺复兴时期的欧洲文化输入日本（1582—1590）

生活在葡萄牙的西班牙著名神学家路易斯·德·格拉纳达的名著。在翻译和出版方面，原氏发挥了重要的作用。第二类是日语的原作如史诗《平家物语》（Heike Monogatari）等。第三类是语言学方面的书籍，如语法书和词典，以便耶稣会士学习日本的语言。1573年由耶稣会士曼努埃尔·阿尔瓦雷斯（Manuel Álvares）于里斯本编撰的拉丁文语法书《论语法》（De Institutione Grammatica），于1594年在日本的天草由葡萄牙人带来的印刷机印刷出版。以后许多年中它一直是日本耶稣会学校中学生学习拉丁语的标准课本。1603年，在长崎出版的《日语—葡萄牙语词典》（Vocabulario da Lingoa de Japam com a declaração em Portugues），以后数年之中不断增订。这本词典是一部杰作，收录了不同类型的3万多个日本词汇，其中有日本佛教和文学的专门词汇，还包含了许多丰富的口语表达，并将各地的方言与日本中部本洲的语言做出了区别。该词典的编撰者之一就是葡萄牙著名的耶稣会士陆若汉。1604—1608年，陆若汉编撰的《日本大文典》（Arte da Lingoa de Iapam）也在长崎印刷出版，它是以科学的、语言学的方法研究日语的开端。该著作分为三个部分：第一部分日语的基础，对于日语口语以及经典的用法都做出了解释，特别惊人的就是陆若汉还做了注解，给出了日语口语的准确发音；第二部分是关于日语的句法，它区分了各省的方言以及首都京都语言的不同之处；第三部分是关于日语诗词的专题论文，举出了许多的例子，包含了丰富的历史背景知识以及日本历朝历代编年史的内容，还有日本古代的度量衡、货币、商品价格的记录。根据郑彭年教授所著的《日本崛起的历史考察》中的统计，耶稣会印刷出版的西文以及日文的图书多达100余种，其中现存的有23种，如《圣徒传》（Sanctos no Gosagvco no vchi Nvqigaqi，1591，加津佐）、《教理问答》（假名，天草，年代不明）、《圣教要理》（Doctrina Christian，罗马字注音，天草，1591）、《平家物语》（罗马字注音，天草，1592）、《伊索寓言》（罗马字注音，天草，1593）、《金句集》（Qincuxû，罗马字注音，天草，1593）、《拉丁文典》（De Instivtione Grammatica，罗马字，天草，1595）、《拉葡日对译辞典》（拉丁语、葡

243

语、日语，罗马字，天草，1595）、《落叶集》（*Racvyxv*，假名，长崎，1598）、《劝善抄》（*Salvator Mvndi*，假名，长崎，1599）、《倭汗朗咏集》（*Royei Zafit*，假名，长崎，1600）、《天主教教义》（*Doctrina Christianac*，假名，长崎，1600）、《日葡辞典》（*Vocabvlario da Lingoa de Japam*，日语与葡语，罗马字，长崎，1604）、《日本大文典》（日语与葡语，罗马字，长崎，1604—1608）、《基督教子弟的教育》（*Christiani I'veri Instittio*，罗马字，澳门，1588）、《天正遣欧使节对话录》（*De Missione Legatorum*，拉丁语，罗马字，1590，澳门）、《日本小文典》（*Arte Breve da Lingoa Japaoa*，葡语与日语，罗马字，澳门，1620年）、《日西辞典》（*Vocabvlaria de Japon*，日语与西班牙语，罗马字，马尼拉，1630），等等。[1]1614年幕府颁布禁教令，驱逐传教士，耶稣会将这台印刷机包装以后用船再运到澳门，1620年，在澳门又印刷出版了修订版的陆若汉的日语语法书籍，不过印刷量很少，只有100部，但是修订版在学术上更加准确。所有这些书籍都是用使团从里斯本带回日本的印刷机印刷出版的。[2]

"天正使团"对于欧洲的访问无疑提高了教廷和欧洲天主教国家对天主教在日本传播的重视程度，尤其使得耶稣会在日本的传教区更加巩固。使团从欧洲不同捐助者那里得到的捐款在经济和财政上支持了日本传教区。1588年，在使团还在回国途中时，罗马教宗西克斯图斯五世建立了府内教区，任命莫拉伊斯（Sebastian de Morais）为第一任日本的主教。[3]正如著名的研究耶稣会历史的学者阿尔登（Dauril Alden）指出："使团取得了很大的成功，欧洲主要的领袖对于耶稣会在日本的传教工作有了新的认识；使团带回日本的报告以及欧洲人赠送的礼物也给日本人留下了深刻的印象。耶稣会在日本列岛传教事业上的地位比以往更加巩固。到1592年，在日本有136名耶稣会传教

---

[1] 郑彭年：日本崛起的历史考察，人民出版社2008年版，第164—167页。
[2] C.R. Boxer, *The Christian Century in Japan, 1549–1650*, pp.194–197.
[3] Joseph Jennes, *A History of the Catholic Church in Japan, From its Beginning to the Early Meiji Era: 1549–1873*, Oriens Institute for Religious Research, 1973, p.51.

第三章 "天正使团"访问葡萄牙、西班牙、意大利、教宗国以及文艺复兴时期的欧洲文化输入日本(1582—1590)

士,180 名传教员以及 380 名仆人。在日本 1 500 万至 2 000 万的人口中,约有 30 万基督徒。"①

四、使团成员的肖像画及其最后的结局

使团成员的肖像画　日本使团成员在欧洲的访问也留下了图像的史料,可以帮助我们了解那一段生动的历史。如上所述,使团成员在威尼斯共和国访问的时候,当地著名画家丁托雷托的画坊曾为他们绘制肖像,以留下他们的踪迹。但是相关的画作原件后人并没有找到,只有一份威尼斯元老院敦促画坊尽快完成画作的文件保留了下来。现在,使团成员最好的一幅肖像画是在一份写于 1585 年至 1587 年间的手稿上,目前保留在米兰。另外一幅印在一份德文的单张上,1586 年它在奥格斯堡印刷,目前保存在东京大学。

有两幅壁画记录了他们在欧洲的活动。一幅壁画在梵蒂冈图书馆,名为《1585 年 5 月 5 日罗马教宗西克斯图斯五世前往拉特兰圣约翰大教堂的游行队伍》(*Mural in the Vatican Library of Sixtus V's procession to St. John Lateran, 5 May, 1585*);另一幅则在维琴察的奥林匹科剧院(Teatro Olimpico)。另外还有一些不太重要的蚀刻画。

1938 年,由乌尔班诺·蒙特(Urbano Monte)撰写的关于使团成员访问米兰的一份不为人知的手稿之部分内容出版了,②它里面有 5 整页的肖像:4 位使团成员的肖像各一张,还有一张是陪同使团访问欧洲的梅斯基塔神父的肖像。这些单张图画色彩非常明亮鲜艳,每一幅都标明了主人公的名字,在下面还有 8 行拉丁文的颂词。

---

① Dauril Alden, *The Making of an Enterprise, The Society of Jesus in Portugal, Its Empire, and Beyond, 1540–1750*, p.64.
② Beniamino Gutierrez, *La Prima Ambascieria Giapponese in Italia Dall'ignorata cronaca di un diarista e cosmografo milanese della fine del XVI secolo*, privately printed, 1938.

245

1939年，印有使团4名成员和梅斯基塔神父肖像的图画单张在东京展出。这份图画单张于1586年在德意志印刷，并附有较长注解描述使团的此次行程。日本学者幸田成友（Kôda Shigetomo, 1873—1954）指出这份单张图画是由当时在海牙的日本教授浜田耕作（Hamada Kôsaku, 1881—1938）于1930年从荷兰的奈霍夫出版社（Nijhoff Publishers）以高昂的价格购买下来带到日本的。这幅画与乌尔班诺·蒙特手稿中的那一幅画有着惊人的相似之处。他还指出德意志手稿中的那幅画日期在1586年7月25日至8月3日之间，地点在米兰。当时日本使团成员已经访问了欧洲的许多地方，它似乎表明日耳曼的那一幅单张图画是模仿乌尔班诺·蒙特手稿中的图画绘制的，而当时画家就居住在米兰。从画面上来看，乌尔班诺·蒙特的肖像画显得粗犷和自然，在德意志印刷的画则更加精致、富有光泽和图案化。当时意大利方面的文献对于使团成员的描绘都没有使用颂词，在叙述中从未称赞他们长得漂亮优雅。因此学者阿德里纳·博斯卡洛（Adrina Boscaro）认为尽管有人认为德意志的单张图画在乌尔班诺·蒙特手稿之前，但是他还是断定乌尔班诺·蒙特手稿的画家是见到使团成员本人的，手稿更加接近于主人公的真实面貌。无论如何，研究者对于在德意志印刷的图画仍然是饶有兴味的，因为这是第一次在欧洲印刷和流行的有关日本使团署名的图画。①

　　以下是1585年乌尔班诺·蒙特撰写的米兰手稿中附录的5幅单张图画上的铭文以及颂词的译文：

　　米兰手稿上第一幅画像就是伊东祐益，下面的颂词这样写道：

　　　　堂·曼西奥，年方二十岁，是府内国王的侄子，由丰后国王方济各派遣

　　　　这个手里拿着王冠的年轻人，是国王曼西奥，

---

① Adrina Boscaro, *Sixteenth Century European Printed Works on The First Japanese Mission to Europe, A Descriptive Bibliography*, E.J. Brill, 1973, pp.172–173.

第三章 "天正使团"访问葡萄牙、西班牙、意大利、教宗国以及文艺复兴时期的欧洲文化输入日本(1582—1590)

> 他来自如此遥远的国度,
> 在路途上用了三年的时间,
> 但是他从未说在文雅的意大利国,
> 在罗马、西班牙以及温和庄重的米兰
> 所见、所交谈的都是在荒废光阴。

堂·米额尔,年方十八岁,有马国王堂·普罗塔西乌斯的侄子,大村的巴托洛梅乌亲王的堂弟,他是由他们派遣的。

颂词写道:

> 这是另一位堂·米额尔,堂·曼西奥忠诚的伙伴,
> 他的风采总是甜美如蜜;
> 他是值得赞美的,
> 他的胸中住着一颗忠诚的心,自他接受洗礼以后,
> 就已经奉献给了天堂;
> 当他抵达故乡的时候,
> 他的名声已经远播世界。

> 堂·马丁,年方十七岁,府内的贵族
> 您看到的这个人就是堂·马丁,
> 他一点都不比别人差!
> 自从他皈依了神圣的信仰,
> 他的心中常怀基督的荣耀;
> 他拥有美好的、珍贵的和奇特的天赋,
> 充满了谦卑,充满了爱,
> 只有这样的人才会拥有明辨的心思,
> 并成为信仰的真正的骑士。

> 堂·朱利安,年方十七岁,菲根(Figen)国的贵族

247

你在这一页看到的这个人，
是拥有珍贵美德的朱利安；
当他回到祖国的时候，
他的许多作品是受到杰出的灵魂激励写出的；
他和其他的人们，离开了自己的祖国，
为的是要看那举世无双的基督宗教；
然后他从米兰离开，
比任何别的人都赞扬我们的礼仪。

耶稣会士梅斯基塔神父
最后您在这张纸上看到的是一位神父，
正是他夜以继日，带给他们基督教的信仰；
他陪同他们从遥远的地方，
从贵族的家园来到这里；
他的名字叫作梅斯基塔神父，
是属于耶稣会的教士。

以下是由奥古斯堡印刷的有4位日本使团成员以及梅斯基塔神父在一起的图画中央下方的铭文：

这四个长得很像的年轻的日本使节的名字是曼西奥、朱利安、马丁和米额尔，1583年3月23日，他们奉丰后的国王方济各、有马的国王普罗塔西乌斯以及大村的大公巴托洛梅乌之名来到此地。他们谦恭地觐见了教宗陛下以及上主的神圣教会，又造访了那不勒斯、威尼斯和米兰，然后离开这些地方取道前往西班牙，陪同他们的还有一位耶稣会士梅斯基塔神父，他教导他们基督教的信仰，三年来他们从陆地和海洋自日本来到罗马，沿途一直陪着他们。在他们中间，前面的两个人是来自大村国的，其他两个人都出自古老的贵族家族。所有四个人都本性善良，都是典

第三章 "天正使团"访问葡萄牙、西班牙、意大利、教宗国以及文艺复兴时期的欧洲文化输入日本(1582—1590)

型的日本人,聪明而有智慧,温柔而有教养,他们在许多地方和这里都写下了关于他们国家的总的情况。1586年。①

使团成员的结局　使团的四位成员以及梅斯基塔神父的结局如下:伊东祐益与其他三名同伴于1591年7月25日在天草被范礼安接纳为耶稣会的初学修士,尽管他的母亲反对他成为一名教士。1593年7月25日,他们都发了初愿。次年6月,伊东写信给罗马的耶稣会总会长,报告他们四位都发了愿,进入了耶稣会。1597年,由于禁教,天草的耶稣会学校被迫关闭,这四名学生被分散到各个不同的地方。1601年,伊东和中浦与其他十五名耶稣会学生乘船去澳门圣保禄

在德意志奥古斯堡印刷出版的天正使团成员四少年和梅斯基塔神父像以及铭文

---

① Adrina Boscaro, *Sixteenth Century European Printed Works on The First Japanese Mission to Europe, A Descriptive Bibliography*, pp.174–184.

249

学院，在那里继续学习神学。1603年澳门耶稣会学院的名录中登记了26位学生的名字，伊东和中浦记录在册，① 他们于1604年回到日本。尽管当时教会内部许多外籍人士极力反对提拔日本本地的神职人员，但是塞凯拉主教仍然力排众议，于1608年9月在长崎将伊东、中浦以及原氏升为神父，梅斯基塔神父参加了弥撒和祝圣仪式。伊东后来一直在丰前的小仓、山口县和宫崎县的日向等地传教，在当地的大名于1611年驱逐传教士以后，他退隐到长崎，于1612年11月13日去世，时年四十三岁。弥留之际，梅斯基塔神父一直守护在侧。

千千石后来的命运是比较特别的。他成为早期日本教会的一名弃教者。1593年1月，在日本耶稣会士的名录上，记录他身体很"消瘦和孱弱"，很可能是去欧洲的长途旅行劳累的结果。同年7月，他发了初愿，一直在天草学习。在以后的十年时间里，千千石慢慢地失去了基督教的信仰。但是由于缺乏史料，人们对于他的情况并不是十分清楚。很可能因为当时教会不愿意提拔本地神职人员的方策或是他在学习拉丁文方面的困难，他没有随同伊东祐益等在1601年去澳门学习神学，从1603年开始，他在耶稣会的记录上消失了。1606年，在大村纯忠的儿子大村喜前弃教以后，他成为大村喜前的一名属下，此时他已经离开教会，并且结婚成家，生了四个孩子，并放弃了基督教的信仰。根据《大村秘史》的记载，"他在青年时代就已经加入了这个教门（天主教），并且一路去了罗马，在那里凭着聪明他学习到了这个宗教最内在的教义。回国以后，他告诉他的主人大村喜前：'这个信仰极端有害险恶。从外面看，它似乎关注的是人类生后的拯救；但是实际上却代表了一种攫取外在土地的阴谋。'"② 有传言说他1619年被一名仆人所杀，后来人们在一所佛教寺院里发现了他的墓。

原氏一直是耶稣会一名非常活跃的传教员。1596年，当方济各

---

① J.F. Moran, *The Japanese and the Jesuits, Alessandro Valignano in Sixteenth-Century Japan*, Routedge, 1993, p.18.

② Reinier H. Hesselink, *The Dream of Christian Nagasaki, World Trade and the Clash of Cultures, 1560–1640*, McFarland, 2016, pp.163–165.

第三章 "天正使团"访问葡萄牙、西班牙、意大利、教宗国以及文艺复兴时期的欧洲文化输入日本（1582—1590）

会士前往觐见基督教大名小西行长时，他在一旁充当译员。在他还没有被升为神父时，在1600年2月在长崎举行的追思耶稣会会长佩德罗·戈梅兹（Pedro Gómez）的葬礼上，他就担任了布道的工作。1614年，在塞凯拉主教的葬礼上，他也发表了一篇颂词。与伊东和中浦不同，他没有再回到澳门继续深造。可能是因为他在教会服务的工作能力卓越，无法从其中抽身去澳门学习。梅斯基塔神父在给罗马耶稣会的信中一再提到他的贡献。他在长崎工作了六年，出任教会的公证员，负责签署教会的文件。在长崎的时候，他还负责将耶稣会出版机构的小册子翻译成日文。他将1599年在长崎出版的《罪人指引》以及1611年出版的《信仰的象征》翻译成为日文，这两本书都是由上文提及的使团在葡萄牙遇到的西班牙著名天主教学者路易斯·德·格拉纳达写的。原氏还修订了1612年至1613年在日本出版的肯佩斯（Thomas à Kempis, C.1380—1471）所著的《师主篇》（*The Imitation of Christ*）。《师主篇》又名《效法基督》，由肯佩斯所著，是一部教诲人们如何通过效法基督完成精神升华的灵修著作。共分为四卷，第一卷讨论精神的灵修，第二、第三卷讨论内在灵魂的安顿，第四卷讨论圣体圣事。1611年，他被任命为日本耶稣会会长的秘书，一些欧洲的耶稣会士对此任命很不满意，他们认为这个职位应该由欧洲人充当。1614年10月，德川幕府下令驱逐传教士，原氏和其他六十五名传教士离开日本前往澳门，他在澳门度过了余生，一直在教会布道、听告解，与耶稣会的神父们生活在一起。其间，他为葡萄牙耶稣会士陆若汉写作关于日本历史的书籍收集史料。[1] 他的健康一直欠佳，1629年10月23日，在澳门去世，时年七十岁。

中浦回国以后与其他三位同伴于1591年7月成为耶稣会的见习修士，两年以后他们发了初愿。1600年他回到日本，在京都附近的八桥从事传教工作。后去澳门学习神学三年，1604年回到日本，1608

---

[1] J.F. Moran, *The Japanese and the Jesuits, Alessandro Valignano in Sixteenth-Century Japan* p.19.

南蛮贸易时代：近代早期日本与欧洲交流史（1542—1650）

年被祝圣为神父，在有马和福冈传教。德川幕府禁教令颁布以后，他决定，或者说是被命令与其他27名耶稣会士一起留下，继续潜伏在日本的乡间从事地下传教工作。有一份耶稣会士的报告这样形容他："他四十七岁，健康良好，在会已经二十三年；他很有才华，传教能力强，一直在听告解，与各个社会阶层的人都能够往来。他的性格镇静而非易怒。"[1] 在德川幕府迫害基督教期间，他常常在九州各地夜间步行巡回，秘密布道，从一个偏远的乡村潜行到另一个偏远的乡村，安慰那些处境危险的隐秘的基督徒。1621年9月21日，他在收到罗马耶稣会总会长助理奴诺·马士加路也神父的信件以后，在高津（Kuchinotsu）写了一封回信：

朱利安·中浦像，藏于长崎二十六圣徒纪念馆

  最尊敬的神父：

    您从罗马的来信，我的长上于1621年6月在口之津町的港口收到并转给了我。这信给了我极大的喜悦。自大迫害开始以后，当局使尽所有的努力逼迫和劝使信徒放弃基督教的信仰，所有的神父都被驱逐出日本，从那时起我一直躲藏至今。我待在这里试图帮助基督徒们。阁下必定听说今年在这里和其他不同的地方发生的悲壮的殉道，大部分的殉道者是来自岛原的高津，仅在口之津町就有21名殉道者，还有一些人因为伤势严重而不久死去。有些人幸免于难，因为行刑者不想毁灭整个村庄的人口。我向尊敬的神父保证，这里所有的人都是热忱的基督徒，他们为了

---

[1] Yūki Ryōgo, S.J., *Julian Nakarura, Legado, Jesuita, Martir, 1568–1633*, Nagasaki, 1997, p.11.

第三章 "天正使团"访问葡萄牙、西班牙、意大利、教宗国以及文艺复兴时期的欧洲文化输入日本（1582—1590）

朱利安·中浦于1621年9月21日致罗马的信原件1，保存在长崎二十六圣徒纪念馆

自己的信仰面对着无数的考验。在接奉您的信以后，我们所有的人都无比高兴，将它视为最尊贵的宗教文献，您使我们的信仰更加坚定。这些礼物能够使我们体会到阁下的仁爱。从您的信里我们得知您心中记念着日本的民众，我们感到安慰与感恩。您的来信将我带回到对于圣城罗马、圣父教宗、枢机主教、亲王们的美好回忆之中，正是他们，在我访问欧洲的时候给了我关心和慈爱。我感谢您亲爱的神父的来信，并向您保证您的仁慈将永远留在我们的记忆之中。

感谢天主，我身体健康、体魄健壮，能够履行耶稣会的工作。我照顾着4 000名信徒，听他们的告解，访问这个地区不同的传教站。大迫害仍然在继续，年度报告无疑会提到这些事情。我没有时间可以停留，就在我写这封信的时候，基督徒们前来告诉我应该转移到更加安全的地方去。因为有消息说当地的领主将要开始新的迫害，目的是要扫除高津地区的基督教。我们坚信我主将赐予我们坚韧和勇气。最后，我请求阁下在祈祷中代我们向

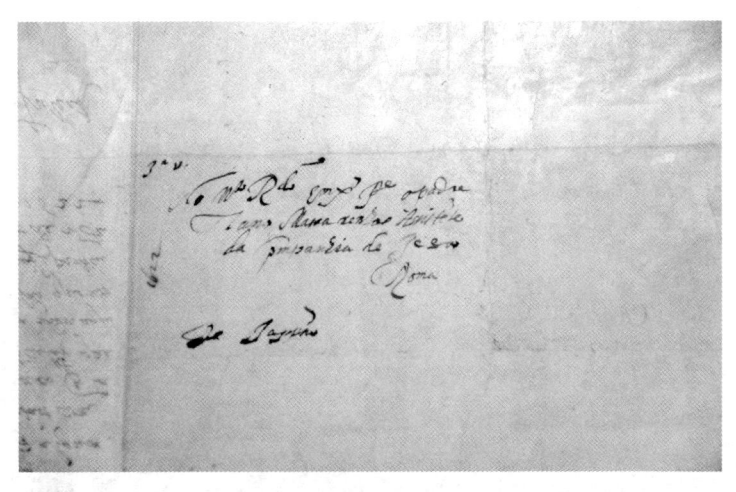

朱利安·中浦于1621年9月21日致罗马的信原件2，保存在长崎二十六圣徒纪念馆

上主求情，我将自己托付给你的弥撒。

您的卑微的仆人

朱利安·中浦

1621年9月21日 [1]

1622年9月10日在长崎的"元和大殉教"中，有50余名传教士和基督徒在同一天被杀；同年11月1日，传教士彼得罗·那瓦罗（Pietro Navarro）在岛原被处以火刑。中浦逃过一劫，继续在九州各地秘密传教，但是此时他已经年老多病走不动了，由信徒抬着轿子将他从一地送往另一地，为信徒施行圣事。1632年，他终于被捕，受尽拷问和折磨，却始终不肯放弃信仰。于是，他父亲的土地也被充公。1633年10月18日，他受到酷刑，身体被紧紧捆绑倒吊，头被浸入充满人和动物粪便的地洞中。21日，在最后遇难的时候，他仍然从容地称："我就是到过罗马的中浦神父。"[2] 他的遗体被火化以后撒入长崎湾

---

[1] 原信以拉丁文写成，现保存在日本长崎二十六圣徒纪念馆中。
[2] Michael Cooper, *The Japanese Mission to Europe, 1582–1590, The Journey of Four Samurai Boys through Portugal, Spain and Italy*, pp.191–192.

第三章 "天正使团"访问葡萄牙、西班牙、意大利、教宗国以及文艺复兴时期的欧洲文化输入日本(1582—1590)

蔚蓝的大海中。①

梅斯基塔神父在1598年至1611年一直担任长崎耶稣会学院的院长。在担任院长期间,他热心传教事业,一直修缮教会的产业,增加学院的建筑物,扩建教堂。他还参与建设长崎城市内的教会医院圣地亚哥医院。1605年,有一位同事对他提出婉转的批评,说他太热心于增建新的建筑物,还在花园里面种树、养鹅和山羊。其实,他用这些山羊挤出来的奶喂养病人,这些事情都是为医院里的病人做的。梅斯基塔神父热爱日本民族和日本文化。他极力提倡培养日本本地的神职人员。他曾经说:"我们在长崎的教会以及学院,是全日本规模最大和人数最多的,但是登上布道台布道的通常都是日本的修士,他们所做的和所获得的成果和我们(欧洲的)的神父是一样的,这些日本的修士与欧洲的神父留下了一样好的记录,他们有足够的拉丁文知识,其中有些人已经从事布道长达十年至十五年了,他们表现出与我们一样的甚至更充分的宗教精神以满足每一个人的需要,我不理解为什么他们被否决了(指被升为神父)而那些来自欧洲和印度的神职人员没有被否决。他们理应被升为神父。"② 德川幕府发布禁教令之后,梅斯基塔神父试图劝说当局收回禁教令,他迈着年老的身躯前往大坂想面见德川幕府的官员,请求他们收回成命。但是,他的请求被驳回,并被责令回到长崎。不过,他仍然希望留在日本而不是去澳门。年老多病的梅斯基塔神父最后的时光是在长崎海边的一间茅草屋里度过的。1614年11月4日,在流放日本基督徒去往澳门的船只出发前三天,他在长崎去世,时年六十一岁。③

---

① Diogo Yuuki, S.J., "The College of St.Paul of Macau and the Church of Japan", in *Religion and Culture, An International Symposium Commemorating the Fourth Centenary of the University College of St. Paul*, p.294.
② Michael Cooper, *The Japanese Mission to Europe, 1582–1598, The Journey of Four Samurai Boys through Portugal, Spain and Italy*, p.182.
③ Ibid, pp.182–183.

255

南蛮贸易时代：近代早期日本与欧洲交流史（1542—1650）

附录：

米额尔（千千石）、利奥以及利诺的对话
——"天正使团"与世界地理知识传入日本[①]

利　诺：米额尔，直到现在，你已经告诉我世界上不同的地方，今天，我们来到这里，想听你讲一讲作为一个整体的世界是什么样子。

米额尔：首先，正如你知道的那样，从印度来到这里需要一年的时间，因为从印度到澳门港口就需要三个月，当船抵达澳门的时候，（季风）合适的时间已经过去，要等待十个月，直到来年南风吹拂的时候才能启航。而我们在澳门多待一年，是因为八十九年（1589年）的时候没有航船，那是由几个原因造成的。首先，前一年准备运载我们的船到澳门的时间就已经晚了，它没有充分的时间去当地购买商品；其次，葡萄牙人没有得到这一年出售商品所获得的利润，他们也不想在下一年航行，因为所获利润的前景十分有限。结果是他们延迟了去广州集市购买货物以及与中国商人的会面，错过了出航的时间和机会。那时日本还发生了政治上的纷争，许多天主教的神父遭到流放。对于葡萄牙人来说，这是非常痛苦的事情。由于上述原因，当年去日本的航行被取消了。但是对于我们来说，只是推迟了一年，并没有造成太大的麻烦。

利　诺：（在日本的）神父和教友们很难接受你们推迟回来的事，但是有一件事情使我们感到安慰，那就是我们知道上一年在海上发生了许多风暴，如果你们航行来日本，你们就要冒很大的风险。因此，我们将那年没有航船来日本的事视为天主的恩典。

[①] 以下附录部分的对话译自：J.F. Moran translated, edited and annotated by Derek Massarella, *Japanese Travellers in Sixteenth-Century Europe, A Dialogue Concerning the Mission of the Japanese Ambassadors to the Roman Curia (1590)*, pp.438—449。

第三章 "天正使团"访问葡萄牙、西班牙、意大利、教宗国以及文艺复兴时期的欧洲文化输入日本(1582—1590)

米额尔： 我们也是这样想的。那年年底,我们从中国人的船上带来的信件得知,在日本周围的海上有着极为严重和狂烈的风暴。尽管视察员神父尽一切可能要让我们航行去日本,但是航行仍然被取消。我们毫不怀疑这是由于神的恩典,这也就是为什么在整个朝圣的过程中我们一直很幸运和成功,避开了如此之多的风险,这是属于天主的恩典。

利　诺： 但是,你们在澳门港口的这两年也一定很沮丧,因为你们心中怀有激情要回到自己的祖国,那是你们的目的地。

米额尔： 只要我们的旅行还没有结束,特别是当回到祖国还发生问题的时候,作为一个旅行者自然地会感到沮丧。但是我们有一些权宜之计能够减轻甚至去除我们的不满足,那就是我们有一些与艺术学习有关的练习,还有我们居住的地方很好。

利　奥： 现在你们回到了这里,你们航行的辛劳和困难都已经结束了,它留在你们眼前的是一幅关于整个世界的图景。在第一次讨论的时候,你就答应将世界各个部分的不同之处讲给我们听。

米额尔： 这就是我将《世界概览》地图带回来的原因。你们可以很高兴地在这本书中学习不同的地图。首先,请看这张图画,它包含和展现了整个世界,你们可以清晰地辨认出其中五个主要的部分,正如我开始的时候就讲到的,整个地球可以分为：欧洲,这是我们航行的目的地；亚洲,我们已经到过了；非洲,我们去过一个港口；美洲,我提到过好几次；最后是未知的南方的土地,我曾经说这片土地经常被航行经过的葡萄牙海员见到。

利　诺： 我很高兴地看到世界的图画,但告诉我,哪里是日本的图画？

米额尔： 我们经常将你能够见到的以"日本"命名的所有的岛屿放在中国旁边的位置上,它们一同组成亚洲的一部分。

利　奥： 哦！难道我们日本的地方就这么小吗？这实在让我明白那些

257

门外汉是如何轻易地对于他们不熟悉的事胡说八道的。当我看到这幅地图时,我也认为它是错误的。

米额尔:不要说这幅地图是错误的,利奥,那就是我们所在的地方。第一次看到这幅地图的日本人总是犯这样的错误,因为他们不知道如何科学地估量它。你也应该知道,当我们第一次以自己的方式展示世界的时候也发生了同样的事情。但是,当你将目光投向那些并不比日本小的岛屿的时候,你就会去除那些错误的观念,日本只是一片很有限的区域。例如,这就是其中一个很小的地方,它叫作马达加斯加(Madagascar),现在叫作圣劳伦佐(São Lourenço)。它看上去很小,但是大约有300里格长,几乎要与Taprobane,即通常人们所说的苏门答腊一样大。还有,不列颠和爱尔兰,它们完全是王国,但是在地图上看只是一个非常小的岛屿。同样小的还有被称作西西里的地方,它是一个贵族的王国。即便是意大利本身,如此著名的地方,里面还有许多不同的省份,然而在地图上画出来也就是一块小小的地方。这样你就能够理解在地图上显示出的日本是大的而不是小的。

利 诺:这些例子的确去除了我们的一些疑虑,但是我并不认为它们能够使我们完全满意。日本比你提到的那些岛屿大得多,它延伸超过500里格。

米额尔:但是,利诺,我们的里格,就像我曾经提到过一次,比欧洲的里格要短,150欧洲里格相当于我们的500里格。为了更好地理解这一点,你必须记住在第六次讨论中我们曾经谈到的,为了便于测量,世界是以度数来划分的,从南到北的纬度每一度以17.5里格计算。现在这个里格的长度已经绝对地确定下来,所以不管你画的地图的大小,测量的方法总是一样的。尽管在大的地图或海图上度数之间的空间较大,在小的上面度数之间的空间较小,但是这个空间总是被理解为17.5里格。因此,在下一幅所画的欧洲地图上,同样的度数之间空间和整个世界地图上所代表的意义是一样的。这样就不会产生错误。在两张地图上度数之间空间的不同只是意味着分配给它们的空间有所不同，度数本身（代表的意义）是相同的，这两张地图上度数的名称和标志总是代表着我所具体说明的同样的里格数。

利　奥：从你的解释中我理解了，尽管地图上度数之间的空间各有不同，但是测量的精确度总是一样的。有时整个世界可以展现在一张大的地图上面，有时可以展现在一张小地图上面。

米额尔：现在你懂了。你以前是在一条错误的路线上，你想到的是图画上的错误而非你自己的错误，因为你不熟悉这些事情。如果你想从这本书的学习中获益的话，这是一个你必须理解的基本点。你经常会看到一个很大的地区被画成一片很小的区域，就像整个世界可以在一张地图上表现出来一样，但是它在度数测量上的意义是绝对一样的。它仅仅表示图画的大小有时大，有时小，并不意味着事物的本身有任何变动和变化。然后，我们回到日本，尽管它在这里表现出来的空间非常小，然而你看到纬度度数清楚地表明它直接从三十一度延伸到四十度，而在经度上，从西到东，它超过了300欧洲里格或者500日本里格。

利　诺：米额尔，接下去你还要与我们讲什么，是否还要让我们听更多关于日本的事情。

米额尔：我想到了从大熊星座的位置上将日本、中国的一部分以及欧洲作比较。从日本、中国的一部分以及意大利或者西班牙都可以看到大熊星座最高的位置，所以在这些地区的某些事情上它们之间有相似之处并不令人感到惊讶。

利　诺：然而在财富和行为方式上欧洲人与我们有如此之大的差别，你如何能够断言欧洲、日本和中国的一个地区与我们是相似的呢？

米额尔：我是说"相似的"，不是说"一样的"。如果你考虑的是庄稼、肉类、鱼等对于人类身体的滋养,以及我们的人民在智慧、教养以及高贵的程度等方面,那么,我们日本人和欧洲人是一样的。

利奥:我很高兴地听到你如此说。现在请告诉我有关中国的更多的情况,它就紧邻日本,是否有更多关于中国的事情可以讲的呢?

米额尔:这里就是中国,看上去要大过日本,它确实比日本要大得多。……而它的经度也很容易读出,就像我以前所说的……

利奥:但是如果从地图上它的大小来看,你不能够想象它有如此之大。

米额尔:这是真的,中国人考虑的是国家面积的大小,而不是在度数上的测量。他们向与他们在一起的神父们抱怨说,他们的国家在地图上被画得太小了。他们一直被教导说他们生活着的国度是世界上最大的那部分。但是如果考虑到度数测量的话,事实上他们就会发现在这幅地图上有更大的空间留给中国,要比整个西班牙、法兰西、意大利和日耳曼加起来更大。这是一个十分引人注目的事情,因为欧洲地区包含着如此多的王国,有如此多的不同的统治者,诸如那些教宗、皇帝以及西班牙和法兰西的国王。

利诺:从这个理由以及其他我们在以前讨论中遇到的事情来看,中国的国王和世界上其他各国的国王相比似乎是最强大的。

米额尔:如果仅仅考虑到王国的幅员,那就很容易得出错误的结论,我们举一个例子来说明。美洲是一片广袤的土地,在面积上西班牙不能够与之匹敌,但是没有人可以说美洲在价值上是与西班牙相等的。同样的,非洲也不能够与意大利相比。尽管我们以前说过中国比任何一个王国都大,但是不能说它是最强大的。这是因为另外一些国家,尽管不是在同一个王国里,但它们的土地更大更广阔;同样还因为国王们的权力是建立在士兵的勇敢、军备的精良、舰队的数量、军事的计

第三章 "天正使团"访问葡萄牙、西班牙、意大利、教宗国以及文艺复兴时期的欧洲文化输入日本(1582—1590)

划、城市的防卫以及其他事情上。在这些方面,中国远较欧洲弱。但是,我们不要在这个问题上谈得过多,还是转到关于我们远航的事情上来吧。我们离开长崎的港口(你们已经在这里看到了这个港口),进入了澳门的海湾。你们看到它位于中国,周围有许多岛屿。我们从这个港口出发,经过交趾、柬埔寨、占婆和暹罗等地区,然后来到你所看到的马六甲岛屿的中间,穿过这里著名的新加坡海峡,到达了马六甲。从这里我们再乘船出发,越过宽阔的大海,抵达锡兰岛,然后绕过印度的科摩林角,到达印度的科钦,在那里我们度过了冬天。过了冬天以后,我们来到葡萄牙人统治印度的首府果阿。从果阿我们又回到了科钦,然后我们开始了去葡萄牙的航程。我们被带往巨大的洋面,在从北到南穿过赤道线以后,又经过了马达加斯加岛又叫圣劳伦佐岛的边缘。我们继续前进,在圣海伦娜岛小住,该岛给予我们热情的庇护。从这里我们再穿过赤道线,这次我们是从南向北走,终于见到了欧洲。我们是如此渴望见到和进入里斯本,这是著名的葡萄牙港口,当时是西班牙的一部分。从这里我们登陆,穿过西班牙,再从阿利坎特乘船去罗马。从罗马我们再回到葡萄牙,并在里斯本登船,再次穿越巨大的洋面绕过好望角,在非洲和圣劳伦佐岛之间航行。在这里,正如我以前所说的,我们被拖入索法拉岛的极端危险之中。但是后来我们到达莫桑比克港口,然后抵达果阿。从果阿我们按原路去马六甲,接着到了中国,从那里,我们很高兴地回到了自己的祖国。

利　奥:亲爱的主人,这是多么漫长的航行啊!你们从事的是环球航行,可以说你们走遍了整个世界。

米额尔:如果我们走另外一条路线,那才叫作完全的环球航行。这条航线是经过新西班牙回到我们的国家。不过我们这次巡回的航行的确非常漫长,因为我们在去欧洲的路上经过了亚洲和

261

非洲的许多地方，在我们来回的路上四次穿越赤道线。以同样的方式我们旅行经过了两条回归线，即北回归线和南回归线。在赤道上我们必须与烈日搏斗，在赤道以外的三十六度的南方和北方我们又经历了严酷的寒冷，因此我们经历了完全不同的气候条件。

利　奥：米额尔，我们现在看到你放在我们面前的世界五大部分的地图，我看到欧洲是它们中最小的部分。这使我联想到欧洲是否如你所说的资源和产出丰富，世界另外地方同样的物资是否也是丰富的。

米额尔：以一个国家面积的大小来说明它土地的肥沃和资源的丰沛是没有意义的，因为这两件事情取决于土地的性质和人民的能力而不是国家面积的大小。

利　奥：这一点我是承认的。不过，就你而言，你与你的同伴到过世界的三大部分，你一定听说过其他两部分的许多事情，你也一定能够判断哪个部分是最为杰出的，并能够向我们解释你的结论。如你所知，如果让我们选择一个地方居住的话，我们一定首选日本或者中国，但是现在我看到世界展现在我的面前，我看到了非洲位于其他两个部分之间，我怀疑首选应该是哪里了。

米额尔：尽管非洲位于这两部分的中间位置，但是它并不比其他两部分更好，也许还是这三个部分中最差的。因为它的大部分土地位于赤道圈里，基本上处于太阳的极端照耀之下，绝大部分地区是由沙漠里的原始古人所统治的。即便不是如此，那些在世界上赤道线以下或者极地以下的地方，也是不适合人们居住的。非洲极端炎热、干旱、多沙漠，缺乏很多生活必需的资源。因此它的居民大部分都是野蛮人，他们的皮肤是黑色的，对于所有有教养的人类来说，他们是陌生人，特别是那些居住在非洲内陆的人更是如此。在某种程度上，那些生活在接近欧洲人到达的沿海地区的人，由于他们接触到欧洲精致的文化——我们知道前些时候基督教在这些地方十分繁荣——他们中出现了许多杰出的人物。但是,你想让我做出判断,说世界上哪个地方是最为杰出的,我不是很乐意这样做。

如果我放下自己的日本人身份,假设自己是一个四海为家的世界主义者,就像欧洲哲学家苏格拉底引以为豪的世界公民,对于任何特定的地区没有特别的眷恋和过度的热爱,然后,我坐在一边,不带有对于自己国家的那种源于本土的感情,并以不偏不倚的态度加以平等的估量,我会做出判断并声称欧洲是世界上最为杰出卓越的地方,这是天主以其慷慨之手赐予最多和最好事物的地方。由此,它在气候、技能、工艺、民族的高贵性、生活和社会的组织以及艺术的多样性方面都超过了世界上其他的地区。还有一些其他的考量可以列举出来证实这个看法。

首先,欧洲位于所谓的赤道圈以外,并不暴露在太阳曝晒之下;更有甚者,欧洲的大部分地区,除了那些边远的岛屿之外,都在北极圈以外,没有极端严酷的寒冬,总是气温适宜,冷和热的变化都是在可以忍受的程度。其他的地方就不能够这样说了。南方未知的土地因为酷热而难以忍受,而那些纬度更南的地方,有时因为极度寒冷而饱受折磨。还可以肯定的是,当地的在任何方面都不能与欧洲人相提并论。似乎可以肯定的是,他们几乎完全没有文明开化,他们在自己的土地上尚未兴起,也没有表现出任何能力、坚毅或技艺的迹象,而欧洲人在这方面已经达到了令人敬佩的程度,由于他们的辉煌业绩,为他们自己在整个世界赢得了名声。

其次,如果我们将欧洲与亚洲和非洲相比,我们会发现欧洲居民的肤色是白色的,包括脸也是白色的,眉清目秀;然而非洲人几乎完全是黑色的;亚洲人少一点黑色,但是总体上看来有点黑。这就意味着那些被赋予白肤色的人可以被称为聪明的，其他的人，他们几乎都是黑色的，在本质上是粗野的和没有教养的。

再次，那里有真诚的人们和基督教。基督教在欧洲繁荣昌盛，对于欧洲人的教养和文明贡献极大。人类有别于动物之处就是他们有理性和智慧，他们在智慧上越是敏锐和明辨，他们的文明和教养就越高。很明显，基督教以真理之光最能够照亮人类的心灵、促进人类的理解，以永恒的事物知识浸润人类的心灵，极大地有助于人类的教养和文明。从这个源头，流出丰沛的泉水，给予人们以正义的政府，人们遵守法律与正义，践行和平、仁慈，并有其他所有的美德和我们以前在讨论过的种种善举。然而，在世界的其他地方，很少有人追随基督教，大部分的人浸淫在错误的迷信之中。毫无疑问，罪恶流行猖獗，那就是颠覆法律、非正义地占领王国、觊觎他人的财产、仇恨、歹毒和其他事情会将人类的心灵扔向一种不正常的状态，使得他们更像残忍的野兽。因此，偶像崇拜和错误的宗教是谬误和罪恶的母亲，那些离弃基督教的人是不人道的、野蛮的和迷信的；他们经常是毒害他人的人，将不正义的法律强加于他人的人，侵扰民众的人，他们放纵自己的不加约束的野心，以一种盲目的冲动去攻击任何他们想要攻击的人和事物。

我列举这些理由的目的是什么？我们的整个讨论是不是清晰地表明相同的事情？如果你们心中注意到以前的讨论，并将你们心灵的眼睛再次放到我已经讲过的教宗和皇帝、神圣的和世俗的亲王，以及他们宣战和统治人民的方式、臣仆的供给，城市的庄严伟大、艺术的丰富多彩以及其他欧洲的装饰，你们就会发现没有什么更能够证明和见证我已经告诉你们的事情了。直到现在，你们已经慷慨地给予我你们的关注，在这一点和其他事情上你们也要信任我。还要增加一点作为证明的是，全能的天主将首都设在意大利和欧洲，它以

第三章 "天正使团"访问葡萄牙、西班牙、意大利、教宗国以及文艺复兴时期的欧洲文化输入日本(1582—1590)

前曾经是一个世俗帝国的都城,现在是神圣的城市罗马,尽管在过去的时代世界上的好地方被从这里出发的罗马人征服并统治,而在我们这个时代整个世界范围的基督教共和国都承认罗马教宗为至高无上的仲裁者和君主,我们应该相信,最伟大的和最卓越的天主指定教宗来统治世界上这片最好的和最合宜的地方。

利　奥：你赢了,米额尔,我自己完全相信你列举的理由。如果说以前我们不情愿地相信中国是最好的国度,现在应该完全让位给欧洲,没有任何其他可以怀疑的理由,特别是考虑到你所列举的基督教。

利　诺：这也正是我的看法,我想坦率地说,没有基督教真理之光照耀的国度,就不会真正地和完全地繁荣富强,也不可能有正义的统治、美德和其他良善的事物。

米额尔：现在我们都接受了这个真理。我想以更加简明的方式向你们解释世界的其他各个部分。你们看到这里是美洲,它的面积很大,但是居住在此地的居民是最有奴性的,他们的肤色是黑的,他们被数量很少的欧洲人征服了,生活在欧洲人的统治之下。在这里的第二部分是非洲,大部分的内陆和沿海地区都居住着黑人,他们是野蛮的,没有经过文明教化的。第三部分是亚洲,从马六甲海峡到交趾再到印度,他们的民众长得又黑又矮,没有什么文化,这些地方不属于高贵的地方;波斯、阿拉伯以及其他与之接壤的地方,他们的民众是白种人,但是没有完全接受过文化以及开明知识的教育。在交趾以外的广大地区,你们可以看到中国巨大的地域以及日本列岛,我说中国人只在其国土面积、维持和平、享有安宁、国家治理、财富和物资的丰富方面超过我们;而我们则在军事科学、精神的伟大性、遵守礼仪的谦恭以及维持贵族阶层方面超过了他们。

　　　　再让我们回到欧洲,你们可以看到许多高贵的地方,那里是西班牙，在西班牙里面的则是葡萄牙。最强大的西班牙国王菲律普还拥有许多其他的王国。这里还有法兰西，是另一个很繁荣富强的王国，日耳曼则由皇帝统治，意大利则由教宗坐镇。在日耳曼的周围还有波兰、匈牙利，现在叫作波希米亚，这个地方以前属于萨尔马蒂亚（Sarmatia，东部欧洲维斯瓦河和伏尔加河之间的古代地名）和潘诺尼亚（Pannonia）。在海洋上还有一些著名的岛屿：英格兰、爱尔兰，它们都是卓越的王国。除此以外你们还可以看到一些北方的地域，那就是辛布兰半岛（Cimbrian peninsula），即现在的丹麦、挪威和其他我们所忽略的地方。如果我们再往下朝着地中海那边看，还可以看到许多辉煌壮丽的地方，那就是伊利里亚（Illyria，古代亚得里亚海东岸区）、达尔马提亚（Dalmatia，今沿亚得里亚海的克罗地亚西南部地区）、伊比鲁斯（Epirus，希腊北部沿海地区，向北延伸至伊利里亚，向东延伸至马其顿、伯罗奔尼撒半岛、希腊东北部）、安托利亚（Aetolia）、福西斯（Phocis）、皮奥夏（Boeotia，即希腊东部的维奥蒂亚 Voiotial）以及阿卡那尼亚（Acarnania）和色雷斯等其他相同的地方。

　　我已经说了有关欧洲的总的情况，不过在谈到有关我们航行的海路的时候。我将向你们展示西班牙和意大利的详细地图，以及我们在陆路访问的主要城市。现在让我们来看一看。这是西班牙，它包括了葡萄牙。你们可以看到这里是王家的城市里斯本，从这里，我们开始了陆路的旅程。我们首先穿过埃武拉，然后经过维索萨、埃尔瓦什、巴大霍斯、梅里达、托雷多、马德里即西班牙国王菲律普朝廷所在地、埃纳雷斯堡（Alcalá de Heares）、穆尔西亚（Murcia）以及许多其他的城镇，我们已经说过，我们穿越了西班牙中部，如你们所看到的，我们来到了埃罗（Alo）或称为阿利坎特的地方。我不想说这个著名的国家的其他许多城市，尽管它

第三章 "天正使团"访问葡萄牙、西班牙、意大利、教宗国以及文艺复兴时期的欧洲文化输入日本(1582—1590)

们人口众多、高贵显赫,以前这里的一个地方就可以居住许多强大的国王,就像你们在这幅地图上看到的那样,这里标示出许多不同的王国。然而,正如我所说的,尽管这些事情都值得一提,但是我还是要放下它们,现在我要向你们展示我们是如何从陆路走的。在阿利坎特,我们登上了一艘装备精良的船只,越过了广阔而幽深的地中海,抵达了意大利的里窝那。你可以在这里的另一张地图上看到这个城市,这是一张意大利的地图。从这里我们穿过比萨、佛罗伦萨、锡耶纳以及伊特鲁里亚的其他地方,还有其他教宗国的领地,最后我们来到罗马。这是我们如此渴望来到的教宗所居住的地方。我们在回程中也经过了许多高贵的城市如纳尔尼(Narni)、特尔尼(Terni)、斯博雷托(Spoleto)、佛里诺(Foligno)、阿西西、佩鲁贾、卡梅里诺、马切拉塔、雷卡纳提(Recanati),并在最令人尊敬的罗雷托圣母所在地罗雷托停留了一段时间。

从那里出发我们前往安科纳、塞内加利亚(Senigaglia)、法诺(Fano)、佩萨罗(Pesaro)、里米尼(Rimini)、切塞拉(Cesena)、费利(Forli)、伊莫纳(Ímola)、博洛尼那和费拉拉,这些也都是著名的城市,然后我们到了威尼斯,这是在这些城市中最为著名的。你们可以到,它坐落于大海的中间。从那里离开以后我们又旅行前往帕多瓦、维琴察、维诺拉、曼图亚、克里蒙那(Cremona)、罗蒂(Lodi)、米兰、帕维阿和德托那(Dertona),然后在尊贵的城市热那亚,我们登上了一艘大船航回西班牙,抵达巴塞罗那。到了西班牙以后,我们又去参观了蒙塞拉特、蒙松、萨拉戈撒、达罗卡(Daroca),在回马德里和葡萄牙的路上我们又访问了许多城镇,这里,除了我们已经提到的以外,还有葡萄牙的圣塔伦、托马尔、科英布拉、雷利亚、塞图巴尔以及其他地方。从这里我们登上回国的航程,最后终于回到渴望已久的想要拥抱的最亲爱的母亲怀里——就是这里，我们的祖国日本。这就是我们航程的终点，也是我们讨论的终点。我还要请求你们原谅，一方面是因为我喋喋不休的冗长的谈话，另一方面我是如此的无趣和不能胜任。但是，你们要知道我主要希望的是我们的谈话是有用的而不是富于雄辩的或者是以华丽的修辞取胜的。

利　奥：米额尔，我不能告诉你，对于你为我们做的一切我是如此心怀感恩。别的不说，就说你在这许多天中如此热忱地和专心致志地为我们讲解。就如你所说的，这是给予我们关于欧洲的不同事物的丰富的报道。

利　诺：我发自内心地感谢米额尔，而且，只要我活着，我就会继续感谢他，我相信我不能够回报他。我从他的谈话里学习到的东西超过其他老师教给我的东西。我希望我能够见识广阔地从这里走出去，并将这些如此必要的知识传递给那些对于欧洲不了解的人。

第四章
"南蛮艺术"的光与影：
耶稣会与欧洲艺术在日本

　　从16世纪下半叶至17世纪20年代，耶稣会远东视察员范礼安神父出于促进日本的天主教传教事业的需要，在日本九州设立的神学院中附设了艺术学校。在意大利耶稣会士艺术家乔瓦尼·尼格劳（Giovanni Niccolò，1563—1626）的指导下，日本本地的学生们学习临摹欧洲的铜版画（蚀刻画），为教堂和基督徒家庭绘制油画，制作钟表、乐器，木质漆器的小型祭坛等宗教礼仪用具，他们还从事印刷图书的工作。耶稣会士在日本的艺术活动，是地理大发现时代耶稣会全球性的传教区艺术在亚洲的一部分，并且与耶稣会在印度以及中国传教区的艺术以及传教活动有着密切的关联。在耶稣会艺术学校里产生的融汇东西方文化传统的艺术作品，也是近代早期日本与欧洲文化交流的重要组成部分。

南蛮贸易时代：近代早期日本与欧洲交流史（1542—1650）

一、日本耶稣会的艺术学校

最初来到日本的圣像画 耶稣会在进入日本传教之始，就将艺术作为传教的一种有效手段。沙勿略于1549年8月15日圣母升天节（the Feast of Assumption Day）在九州的鹿儿岛登陆时，就带来了一幅《天使报喜》和一幅《圣母与圣婴像》，他将这两幅画出示给萨摩的大名岛津贵久（Shimazu Takahisa，1514—1571）和他年迈的母亲观看，岛津贵久将这两幅画挂在府邸中敬拜，他的母亲则请求得到其中一幅画的复制品。① 耶稣会历史学家乔治·苏哈马（George Schurhammer, S.J.）指出这两幅画可能是16世纪在葡萄牙非常流行的佛兰德斯风格的画作。② 沙勿略后来还将另一幅《圣母像》赠送给市来（Ichiku）的第一个日本天主教团体。沙勿略的那种以圣像画作为传教手段的方法为后来去日本的耶稣会传教士树立了榜样。岛津贵久一度允许沙勿略在他的领地从事传教活动，但是不久因为佛教僧侣的反对，沙勿略离开了那里，将传教的中心移到了一些葡萄牙商人经常与当地的日本人通商的地方。

因为葡萄牙人和中国人经常去平户从事贸易活动，它逐渐发展成为另一个传教中心。由于当地的大名松浦隆信（Matsuura Takanobu，1529—1599）鼓励与外国人的贸易，所以对于传教士的活动也采取了友好的态度。据记载，那里有些基督徒复制圣像画。根据另外一些西方的和日本的记载，沙勿略还将《圣经》中的一些色彩绚丽的插图展示给山口的大内义隆（Ōuchi Yoshitaka）观看，并将一幅美丽的圣母玛利亚的圣像出示给大友宗麟（1530—1587）观看。路易斯·德·阿尔梅达在成为耶稣会修士以后，为丰后的一所教会医院的小教堂绘制了一幅圣母玛利亚像。1556年在山口发生的内战中有一所教堂里的祭

---

① M. Joseph Costelloe, S.J., ed. *The Letters and Instructions of Francis Xavier*, p.306.
② Grace A. H., Vlam, "Kings and Heroes: Western-Style Painting in Momoyama Japan", in *Artibus Asiae*, Vol.39, No.3/4, 1977, p.221.

坛画被毁。①1563 年 5 月下旬，耶稣会士托雷斯神父在横濑浦初次与后来成为日本第一位基督徒大名的大村纯忠见面的时候，就引导他进入当地耶稣会士所建立的小教堂，让他观摩在祭坛之上供奉的一幅圣母像，这也是所知的很早由耶稣会士带到日本的欧洲绘画作品。大概是大村纯忠对于圣像画感动的缘故，托雷斯将宫古的一位日本基督徒画家绘制的一面金色的扇子赠送给他，这面扇子上写着"耶稣之名"的字样，还画着一个十字架和三颗钉子。大村纯忠询问了扇子上面所写字的含义，耶稣会修士费尔南德斯（Juan Fernandes）向他做了耐心的解释。这也是所知日本本地基督徒艺术家最早创作的天主教艺术作品。②1565 年，耶稣会士将一幅圣母圣像带到了平户，这幅圣像后来落入加藤清正（Katō Kiyomasa，1562—1611）的手中，此人后来极力禁止天主教的传播。③当时从海外带到日本的宗教绘画大部分属于 16 世纪安特卫普画派的佛兰德斯风格的画作，在葡萄牙的耶稣会大量地从安特卫普定制蚀刻画和油画运往海外。葡萄牙以及尼德兰（在当地人民反抗西班牙人统治之前）的一些教堂也委托佛兰德斯的画家绘制祭坛版画以及壁画。④

随着天主教会在日本的迅速发展和信徒人数的急剧增加，用于教堂装饰的以及分发给信徒的圣像画需求也日益增加，但是在相当长的一段时间内，传教士只能够将一些产自欧洲的油画或者在安特卫普印刷的复制品从海船上运到日本，以满足教会和信徒的不时之需。但是这些画数量有限，并不能满足日益增长的信徒们在宗教生活上的需要。根据葡萄牙耶稣会士弗洛伊斯神父在 1584 年写的信件可知，当

---

① Tomon Miki, "The Influence of Western Culture on Japanese Art", in *Monumenta Nipponica*, Vol.19, No.3/4, 1964, p.147.
② Reinier H. Hesselink, *The Dream of Christian Nagasaki, World Trade and the Clash of Cultures, 1560–1640*, North Carolina: McFarland & Company, Inc., Publishers, 2016, p.22.
③ Tomon Miki, "The Influence of Western Culture on Japanese Art", in *Monumenta Nipponica*, Vol.19, No.3/4, 1964, p.147.
④ Joseph Jennes, *A History of the Catholic Church in Japan, From its Beginning to the Early Meiji Era(1549–1873)*, Tokyo: Oriens Institute for Religious Research, 1973, p.82.

时的日本教会至少需要 5 万张用于敬拜的圣像以满足日益增长的教会团体的需要。他还提到，当日本的基督徒们无法以新的圣像来装饰或替代旧的时，他们会感到特别沮丧。① 在 1587 年 1 月 1 日写的信中，他又说一位神父从欧洲出发时大约要带 1 000 幅用于敬拜的圣像印刷品，但是大部分都在长途旅行中分发给各地信徒了，当他们抵达日本时，已经所剩无几。② 同年，日本耶稣会士再度写信到罗马总会，要求运送更多的圣像画来日本。

早在 1576 年，日本耶稣会省会长卡布拉尔神父就认为应该从欧洲派遣掌握绘画技艺的传教士来到日本。③ 他进而要求从印度派到日本的传教士应该带有充足的传教用具和装备，印度的耶稣会当局应该为他们提供宗教的用品如祭披和圣爵等必需的用品，否则就不应该派遣他们来到日本。他特别提到在印度有一名叫马科斯·罗德里格斯（Marcos Rodrigues）的传教士画家，呼吁印度的耶稣会当局派他来日本，因为当时日本许多教堂里的十字架都是简单的木质十字架，上面没有耶稣蒙难像，他认为应该让这位艺术家为日本教堂制作一些耶稣像的雕刻或雕塑。④ 根据记载，马库斯（Markus）原来出生于佛兰德斯的布鲁日。葡萄牙人称他为马科斯·罗德里格斯，他的真实姓名应该是马库斯·巴赫（Markus Bach）。他于 1556 年在罗马加入耶稣会，1563 年在里斯本晋升为神父，同年就来到印度，此后终身居住在果阿，于 1601 年在果阿的耶稣会会院里去世。他主要从事绘画与雕塑，但是他的长上并不理解他的志向和才华，竟然剥夺了他的绘画用具。他后来没有来日本工作。当时，在日本的耶稣会士们普遍认识到运用圣像画对于信徒传播信仰的重要性，他们觉得在日本当地制作和印刷

---

① Gauvin Alexander Bailey, *Art on the Jesuit Missions in Asia and Latin America*, University of Toronto Press, 2001. *1542–1773*, p.66.
② Grace A, H, Vlam, "Kings and Heroes: Western-Style Painting in Momoyama Japan", in *Artibus Asiae*, Vol.39, No.3/4, 1977, p.221.
③ Ibid. p.221.
④ Josef Franz Schutte, S.J., translated by John J. Goyne, S.J., *Valignano's Mission Principles for Japan, Part I (The Problem, 1573–1580)*, pp.236–237.

圣像画，在价格上也比较便宜，可以免去从欧洲运输到远东的遥远路途上的麻烦，还可以满足日本以外其他各地如中国、菲律宾以及印度等传教区的需要，所以希望在日本本土设立一个专门的艺术学校。

耶稣会艺术学校的建立　最初的日本耶稣会艺术学校，是设在当时耶稣会神学院下面的附属机构。耶稣会远东视察员范礼安决定设立艺术学校的想法是与他在日本开设神学院的计划联系在一起的。大约在1580年，他为了培养日本本地的神职人员，决定设立三个神学院，分别隶属于耶稣会在日本的三个传教区。京都传教区开办的神学院于1580年3月22日在安土成立，学院有两所毗邻的房子、一座教堂和一所会院；1580年10月，设在九州南部的有马神学院在一所由基督徒大名有马晴信捐赠的古旧的佛教寺院里开办，有22名神学生在那里学习；第三所神学院本来准备建立在丰后，但是一直没有正式建立起来，1581年，耶稣会只在当地成立了一个培养见习修士的训练所。①

1583年，范礼安决定在现有的耶稣会日本神学院的体制下设立一个艺术学校或者画坊。范礼安做出这个决定，是因为他自担任视察员的职务起，就认识到绘画艺术在整个耶稣会东方传教事业中具有举足轻重的作用。当他还在果阿的时候，他就亲自过问耶稣会的艺术事业，他向总会长写信要求从欧洲和印度派遣懂得绘画、建筑和手工艺的修士以及匠人前往日本服务。他于1581年抵达日本京都以后，向织田信长以及其他日本贵族赠送的礼物中就有许多"祭服以及教堂礼仪的用品、小型的油画以及大型的祭坛版画，还有乐器、书籍和其他物品"。② 根据美国艺术史家高文·亚历山大·巴莱（Gauvin Alexander Bailey）的研究，范礼安急切地想要建立艺术学校的原因，

---

① Joseph Jennes, *A History of the Catholic Church in Japan, From its Beginning to the Early Meiji Era, 1549–1873*, pp.48–49. Josef Franz Schutte, S.J., translated by John J. Goyne, S.J., *Valignano's Mission Principles for Japan, Part I (The Problem, 1573–1580)*, p.326, p.341.

② Josef Franz Schutte, S.J., translated by John J. Goyne, S.J., *Valignano's Mission Principles for Japan, Part II: The Solution, 1573–1582*, Gujarat: Gujarat Sahitya Prakash Anand, 1985, p.93.

南蛮贸易时代：近代早期日本与欧洲交流史（1542—1650）

是他认识到日本与西方在艺术审美观念上存在差异，而此种差异已经成为传教的障碍。他在一封信中谈到日本与欧洲在生活方式上几乎完全不同；在艺术上，日本人与欧洲人的感受也不一样，"吸引我们眼帘的色彩和物体，他们完全不喜欢；对于我们而言没有价值的东西，他们见了则欣喜若狂。例如，白色对于我们是一种象征幸福和节庆的颜色，对于他们则是悲哀和伤感的颜色；黑色和紫色对于他们象征着幸福，而于我们则代表着哀伤"。在同一份文件中，范礼安提及日本人对于水墨画的喜爱，"他们喜爱在一张纸上用黑墨画上小鸟或者树林。如果是某些古代著名画家的作品，他们会不惜重金以三四千甚至一万达克特的价格买下它们，在我们看来这些画都是没有价值的"。①耶稣会士陆若汉也曾经谈到日本的绘画既具有写实的特征，同时也有想象的特征："日本人最重要的机械性的艺术就是绘画，他们在描绘自然事物方面显得非常娴熟，能够以很大的精确性来模仿这些事物。同时他们也能够在自己的绘画作品中创造出许多他们热衷的和想象中的东西，如一些不同的和想象中的花卉和人物，并将它们与同类的其他事物融汇、组合在一起。"②陆若汉还特别谈到日本人以具有标志性的颜色来描绘四季不同的景物。例如，他们总是用白色来描绘冬天的雪、树林以及冷飕飕的景象，如冬季从鞑靼飞来的各种不同的鸟——天鹅和仙鹤等；绿色总是与春天有关，因为此时薄雾降临，在树林以及田野中的植物、蔬菜以及花卉都发芽了；红色用来描绘夏天的炎热，树上的水果逐渐变得成熟，树荫繁密；蓝色被用来描绘秋天，此时天朗气清，水果完全成熟了，树叶也掉了下来，它们的活力都聚集到根部并储藏起来过冬。日本人将这样的图画画在墙上以及房间的装饰板上，他们对于不同季节的自然的生动的描绘令人愉悦和感动。有时他们也画一些在田野、山谷、树林、河流以及大海边上的隐居所和

---

① Gauvin Alexander Bailey, *Art on the Jesuit Missions in Asia and Latin America, 1542–1773*, pp.65–66.
② Michael Cooper, *They Came to Japan, An Anthology of European Reports on Japan, 1543–1614*, pp.252–254.

远方大海中航行的船只。他们画得最多的就是具有中国以及日本风格的被称为"八景"的图画。

由于范礼安等人十分尊重包括视觉艺术在内的日本文化，所以他觉得在以艺术作为传教手段布道的时候，应当照顾到日本人在视觉艺术上的感受，这也是为了更有效地推进传教事业。因此，在耶稣会领导人看来，培养日本本地的艺术人才势在必行，这与范礼安主张培养日本本地神职人员的想法也是一致的。

耶稣会日本艺术学校建立之初，范礼安指定刚刚从欧洲来到日本的意大利耶稣会士、艺术家乔瓦尼·尼格劳担任耶稣会艺术学校的负责人，指导日本当地年轻的神学生从事绘画创作。尼格劳于1560年（一说1563年）出生于那不勒斯王国的诺拉（Nola），早年就显示出卓越的绘画才能，在那不勒斯教区学习绘画，他跟随何人学画已经无从查考。不过，人们都知道16世纪70年代在那不勒斯有一些著名的活跃的画家，其中有乔瓦尼·菲律普·克里斯库利（Giovanni Flippo Criscuoli, 1510—1584）、方济各·桑塔费德（Francesco Santafede c.1558）、方济各·库拉（Francesco Curia, 1538—1610）等人。1577年9月，尼格劳进入耶稣会成为一名见习修士，当时他十七岁。很可能他最初两年见习修士的生涯是在诺拉的修道院里度过的。他在1579年12月通过了最后的考试成为一名神学家。在随后的岁月里，他在罗马度过，可能跟随科奈利乌斯·考特（Cornelius Cort, d.1578）的学生学习蚀刻画的技法，也可能跟随父亲或者家族中一名亲密的成员学习油画技法；另外，他可能还学习过一些金属浅浮雕的技艺。[①] 不久，他来到里斯本，但是当地发生瘟疫，他去埃武拉躲了一年。1581年4月8日，他就被耶稣会派往东方，从里斯本乘船来到葡属印度殖民地，10月抵达科钦。不久，就来到果阿外港的里斯马果斯（Reis Magos）要塞。1582年4月6日，他动身前往马六甲，同行的还有一

[①] John E. McCall, "The Early Jesuit Art in the Far East, I, The Pioneers", in *Artibus Asiae*, Vol.10, No.2, 1947, pp.126–127.

南蛮贸易时代：近代早期日本与欧洲交流史（1542—1650）

位来自意大利北方的耶稣会传教士巴范济（Francisco Pasio, 1553—1612），此人1578年在葡萄牙升为神父，在后来的五年里他一直是尼格劳的长上。7月14日，他们的船只抵达马六甲当地。

1582年8月7日尼格劳抵达澳门。此时，他们必须等待下一次季风的来临才能够乘船出发去日本。于是，他利用在澳门的时间，为当地的教堂画了一幅很大的《基督救世主像》。也就在此时，尼格劳遇到了这年2月第一次离开日本来到澳门的范礼安神父（他一直在澳门待到这一年的年底），还遇到了戈梅斯（Pedro Gomez, 1535—1600）神父。范礼安将他们召集起来，讨论了关于在日本传教的诸多问题，很可能包括传教区的艺术教育问题。1583年7月14日，他与戈梅斯神父和巴范济神父乘船去了日本，7月25日抵达长崎。① 在长崎的时候，他很可能又画了一幅《基督救世主像》。后来，人们发现他的名字出现在1584年耶稣会安土会院的名单上。

根据1584年耶稣会的年报，弗洛伊斯神父是这样写的："画家乔瓦尼·尼格劳兄弟，已经从印度来到这里两年了。他除了绘制了两幅祭坛画以外（一幅在长崎，另一幅在有马）没有画其他什么东西。这里的日本基督徒家庭需要5万张圣像画，我们所有人恳求圣父能够派遣一些修士兄弟来日本，并且携带一些已经制作好的铜版、绘画的材料和器具，这样我们就可以印制图画分送给我们的羊群了。此时此地，最有用的圣像画应该是基督救世主像、基督变容像、基督复活像、基督在黑夜里祈祷像、圣母玛利亚像、三王来朝像、诸圣像，最好都是单张的，基督徒们能够从这些圣像中得到很大的安慰。"②

很明显，弗洛伊斯似乎对尼格劳有一点不满，因为他画得太少了，而教会对于圣像画的需求又太大了。不过，尼格劳似乎不为所动，仍然走自己的道路。像许多意大利文艺复兴时期的画家一样，他

---

① Yoshitomo Okamoto, translated by Ronald K. Jones, *The Namban Art of Japan*, Weatherhill/Heibonsha, 1974, pp.99–100.
② Reiner H. Hesselink, *The Dream of Christian Nagasaki, World Trade and the Clash of Cultures, 1560–1640*, p.118.

画得很认真，注重的是绘画的质量而不是数量。根据约翰·麦考尔（John McCall）的说法，其实从 1585 年开始，尼格劳在有马已经从事绘画和教授学生的工作，也就是说他在有马设立了一所小小的艺术学校。但是，1587 年 1 月 1 日弗洛伊斯写的信中说他抵达日本三年半以来就一直没有从事过绘画的教学工作。很可能弗洛伊斯对尼格劳有一点偏见，也可能尼格劳的学校规模太小，不能引起人们的注意。1586 年，有记载说他画了 6 幅尺幅很小的画，这些画可以随身携带，可能是让神父们做旅行布道的时候使用的。当时有许多神父带着旅行用的木盒子式样的小祭坛，里面安放着小圣像，打开以后就可以在乡间或是信徒的家里设立祭坛，举行小规模的仪式。同年，尼格劳被派往畿内，他的名字也出现在大坂的耶稣会会院的名单上。

根据约翰·麦考尔的说法，尼格劳在有马的小型艺术学校成立以后，师生们在本地画出的作品主要就是为了满足日本教会以及信徒的需要。除了宗教题材的作品以外，他们也创作一些世俗题材的画作。在耶稣会的书信中，他们很少提到世俗题材的绘画，不过他们赠送给高级官员的礼物中有这方面的画作。这所新成立的艺术学校是附属于耶稣会有马神学院的一个系科，有学者称它为"圣路加学园"（Academy of St. Luke），[①] 在当时，这是耶稣会在从印度果阿到日本九州间广大的亚洲传教区中唯一的艺术学校。

由于局势动荡不安，该小型艺术学校和画家们跟随着神学院的迁移也几经搬迁。1587 年，丰臣秀吉关闭了京畿附近所有的耶稣会机构，

---

① 关于"圣路加学园"（the Academy of St. Luke）的说法，可以见（1）John E. McCall, "Early Jesuit Art in the Far East, I, The Pioneers", in *Artibus Asiae*, No.10, 1947, pp.124–130;（2）Paul Pelliot, "La peinture et la gravure européenes en Chine au temps de Mathieu Ricci", *T'owg pao*, Vol.20, series 2, 1921, p.208;（3）Michael Sullivan, *The Meeting of Eastern and Western Art*, Berkeley and Los Angeles, 1989, p.8; 根据伯希和的说法，日本的"圣路加学园"（Accademia di San Luca of Rome）是欧洲佛罗伦萨学园"Accademia del Disegno of Florence"或是 1577 年成立于罗马的"圣路加学园"在东方的延续或后继者。高文·亚历山大·巴莱则认为其实应该称为"画派"（school）或者"画家的神学院"（seminary of painters）。Gauvin Alexander Bailey, *Art on the Jesuit Missions in Asia and Latin America, 1542–1773*, p.66.

尼格劳与其他耶稣会士一样前往西南方向，流落到九州各地，神学院先是搬到长崎附近的浦上（Urakami），1588年，当丰臣秀吉的军队占领该地区以后，它又搬到了岛原半岛的八良尾（Hachirao）。1589年1月，尼格劳的名字出现在岛原半岛的有家地方的耶稣会会院的名单上。不久，耶稣会神学院又迁到了胜浦（Katsura），这时，一批在有家的神学生以及见习修士也来到这个地方。1591年，神学院又搬迁到河内浦（Kawachinoura）附近。此时，由天正使团从欧洲带回来的印刷机被运到此地，尼格劳开始用这台印刷机印刷铜版的蚀刻画。1592年11月，长崎奉行捣毁当地的大教堂，尼格劳将他的画坊搬移到九州东部外海的天草，这是一个岛屿，便于藏身，此时，学院也被称为"天草学院"（College of Amakusa），画坊就是学院的一部分。大约就在此时，尼格劳感觉有进一步接受学生扩大教学的必要，印刷机也被搬运到了这个地方。1593年，尼格劳又跟随神学院搬回到了八良尾的一片隐秘的树林里面。1595年，弗洛伊斯在年报中对尼格劳付出的努力有了一些正面的评价，他给罗马的长上这样写道："那些在学习如何画油画以及水彩画圣像的学生，以及在学习如何制作铜版画的学生每天都有进步。您可能已经见到过去几年送到欧洲的他们的一些画作。由于他们的努力，日本现在有了他们画的以及印刷出来的圣像。这对于基督徒团体是不小的帮助。"[1] 同年，学院遭遇火灾，他们又不得不搬回有家。1600年，学院中的画家们又迁回天草，但是神学院本身则搬回长崎。由于当时大规模禁教，神学院的学生只能够半公开地学习和从事宗教活动。1601年，在有家居住了短短一年的画家和从事绘画的学生又再次回到长崎。这次，他们在长崎居住了近十四年，并在长崎的圣母升天教堂外面建起一所小房子，这是画家和学生们相对常住的安定的家，一直到1614年日本德川幕府全面禁止天主教活动为止。

---

[1] Reiner H. Hesselink, *The Dream of Christian Nagasaki, World Trade and the Clash of Cultures, 1560–1640*, p.119.

二、尼格劳及其学生的绘画

尼格劳教授学生 从艺术学校开始设立的时候起,尼格劳就一直负责指导学生从事绘画。他是一名来自意大利的具有天赋的能干的油画家、蚀刻画家和雕刻家,由他来领导这个门类齐全的小型艺术学校是再合适不过了。初到日本的时候,由于长途旅行的劳顿,他的健康受到损害,没有精神全力投入绘画创作。尽管如此,他还是在史料中留下了一些绘画的记录。据说他在 1584 年为长崎和有马的基督徒家庭绘制圣像,1584 年,他为有马的教堂画了一幅耶稣基督像。同年,他还在基督徒大名大友宗麟的领地臼杵的一座教堂的祭坛板上画了一幅圣母玛利亚像,但是该画作在同年岛津的军队入侵丰后国的战争中被毁了。日本耶稣会副省会长科埃略还委托他画了一张尺幅很大而且光彩夺目的救世主耶稣基督像。他还亲自制作了一批铜版画以及表现殉道者斯蒂凡(Stephen the Apostle)的油画,可惜这些作品都没有保留下来。[①]

尼格劳并没有任何签名的画作保存至今。不过,艺术史家们猜测有一幅作品可能是他的画作,即今天保存在大阪南蛮文化馆的《圣母与圣婴》(Madonna and Child),它高 58 厘米,宽 36 厘米,是一幅画在木板上面的油画素描,作于 16 世纪末叶至 17 世纪初。它原先是在福井县一所佛教寺院的天井里被人发现的,后保存在尺田美喜氏家中。[②] 在那个时代,意大利的画家一般不在木板上面作画,也不可能将此木板从欧洲带到日本,因此这极有可能是未完成的画作,画家只用赭色勾勒了人物的轮廓,还没有上色,这也说明这幅画是在日本而非欧洲绘制。现在人们不清楚这幅画是单幅的油画,还是教堂中大祭坛装饰板的一部分。有人推测,由于画家使用的材料十分昂贵,因此它不像是祭坛板上面的图画,而可能是独立的画作。这幅画的下半

[①] Yoshitomo Okamoto, *The Namban Art of Japan*, Weathehill 1972, p.100.
[②] 坂本满、菅濑正、成濑不二雄:《南蛮美术与洋风画》,小学馆出版,昭和 51 年版,第 44 页。

部分可以清楚地看到用黑色粉炭笔打上格子的痕迹，表明这幅圣像是从原作上面临摹下来的。很可能它临摹的原本是一幅蚀刻画，这是海外传教区耶稣会画家最常用的一种临摹方法。在画中，长度等身的圣母玛利亚正在敬拜躺在她膝上的圣婴，表现出一种古典式样的沉静和优美，很像拉斐尔画的圣母与圣婴像，也使人想起达·芬奇在《岩间圣母》中的构图，从人物的表情、姿态、衣褶、远处山岩上的树木石头以及建筑物上都可以看到这是非常典型的文艺复兴时期的意大利绘画风格，与早期输入日本的那种佛兰德斯画派的蚀刻画有着明显的不同。这幅画的构图虽然有点程式化，但是在描绘圣母和圣婴流畅优美的线条上仍然可以看出画家的才华。①

耶稣会在日本开设的艺术学校直到1590年还没有真正大规模地运作。但是，尼格劳在到达日本之日起，就已经开始培养和训练年轻的日本本地画家。1590年，他最早培养的三位年轻的日本籍修士幡野·曼西奥（Watano Mancio, b.1573）、曼西奥·若奥（Mancio João, b.1571）和佩德罗·若奥（Pedro João 1566—1620）就已经与他一同作画了。1601年，艺术学校里的学生从有家迁回长崎的时候，尼格劳已经晋升为一名神父了。此时，他主持的艺术学校规模逐渐扩大，其中有耶稣会的修士、神学院的学生以及神学院中年幼的孩子。他们在铜板、木板和画布上作画，在纸上作水彩画和水墨画，还制作青铜的铭板和雕刻。除此以外，他们还制作乐器如用竹子做管乐器，做座钟，为基督徒刻制墓石以及制作建筑物的构件。在1992年和1993年，长崎原耶稣会学院旧址旁边的街道两边出土了1601年大火以后的建筑构件——一些教会建筑房屋的瓦当，上面雕刻着花卉形状的十字架，这是在尼格劳的画作中经常出现的要素。② 至于在绘画方面，

---

① Gauvin Alexander Bailey, "Jesuit Art and Architecture in Asia", in John W.O'Malley, S.J., Gauvin Alexander Bailey, and Giovanni Sale, S, J., edt. *The Jesuits and the Arts, 1540–1773*, Saint Joseph's University Press, 2003, p.316.

② Diego Yuuki, "The College of St. Paul of Macau and the Church of Japan", in John W. Witek, S.J., ed., *Religion and Culture, An International Symposium Commemorating The Fourth Centenary of the University College of St. Paul*, p.291.

学生临摹的原本主要根据的是1590年日本天正使团从欧洲带回来的油画和印刷品，以及由耶稣会委托安特卫普制作的蚀刻画。1592年，耶稣会士弗洛伊斯向耶稣会的长上描述这些年轻的日本学生，他们"学习绘画、使用雕刻刀在蚀刻板上画画。看到他们技艺是如此娴熟，能够使用学习到的绘画用具进行创作，我们由衷地感到敬佩；当神父阁下您看到他们的一些作品，并意识到这只是那些作为初学者的孩子的画作时，您也会感到由衷的宽慰"。1594年，另外两位耶稣会士戈梅斯和巴范济神父正在天草，他们的所见所闻已经是在弗洛伊斯叙述的以后两年的事情，耶稣会的绘画事业有了更新的发展。据他们的记载，当时的艺术学校中有约20名学生。戈梅斯写到，尼格劳手下有8名已经是传教员身份的学生正在从事水彩绘画，还有更多的人在画油画，还有5名学生在制作蚀刻画：

> 一些男孩在绘画上有不小的进步，例如，他们能够制作用于印刷的蚀刻画板，他们中有8人能够以水彩画来画圣像，另一些男孩则能够画油画，其中有5人正在制作蚀刻板。这些学生们表现出如此的才能与颖悟，引发了我们的钦佩，因为他们中的一些人以最自然的画法临摹日本的贵族们（天正使团）从罗马带回来的那些质量最高的画作，他们临摹的画作在色彩和形体方面都达到了完美的境地，以至于我们的神父兄弟们都分不清楚哪些是孩子们临摹的，哪些是罗马的原作。既然它们是如此相似，副省会长决定将一些画作呈送给您——神父阁下，还有日本的主教以及视察员神父。①

在同年晚些时候的一封信中，戈梅斯写道："在神学院中有许多唱歌、演奏乐器和绘画活动。"但是，他的叙述带有某些欧洲人的偏

---

① Gauvin Alexander Bailey, *Art on the Jesuit Missions in Asia and Latin America, 1542–1773*, p.68.

见。他说，日本的艺术家缺乏原创性，说他们只是能够完全地临摹欧洲的原作而已。① 巴范济则说，那些已经是传教员的学生们整年都忙于为当地众多的教堂安装祭坛板。

学生的画作 1594年3月的耶稣会年报写到，学院中的一些学生在绘画以及制作令人印象深刻的蚀刻画方面取得了进步，他们已经能够很自然地将那些从罗马运来的画进行蚀刻了。许多这样的画被印制出来，基督徒们从这些画作中得到极大的愉悦和满足。在1595年的年度报告中，弗洛伊斯也证实了艺术学校中的学生们在忙忙碌碌地从事绘画工作。他说："有时，那些学生在学习用水彩和油画画圣像，一天还没有过去，他们又得去学习蚀刻画了，他们没有办法完善他们的技艺，正如神父阁下您已经看到的我们送过来的那些画。"② 1596年，弗洛伊斯在信中谈到神学院的艺术学校已经有很大的规模了：

> 神学院划分为四个班以及一所教读写的学校。在其中的一个班里，那些已经开始学习拉丁文的学生也学习一些日本的事情。还有一件很重要的事情就是他们准备去向那些认得日本文字的外国人传教。另外三个班的学生则以油画、水彩画以及水墨画展现圣像，或者他们忙于用雕刻刀制作铜版画，他们从事绘画和临摹的原画是从欧洲带来的各种各样的印刷品。③

同一年，日本的主教佩德罗·马丁斯（Dom Pedro Martins，1591—1598年在任）访问了当时设在有家的神学院。学院中有93名学生，还有一些人在根据罗耀拉的《神操》规程进行灵修训练。据弗洛伊斯的信，神学院中的绘画学校是学院中人文学科的一个重要附属单位，很可能绘画是每一个神学生都要接受教育的一部分。当马丁斯

---

① Gauvin Alexander Bailey, *Art on the Jesuit Missions in Asia and Latin America, 1542–1773*, p.86.
② Ibid., p.69.
③ Ibid.

第四章 "南蛮艺术"的光与影：耶稣会与欧洲艺术在日本

主教第一次访问这所学院的时候，学院当局在一间人文课室里布置了一个画展，向主教展示了学生的画作以及他们用葡萄牙文写的十四行诗和警句格言。就在这间课室里，主教还观赏了学生们用拉丁语演出的戏剧和他们朗读的颂词。不久以后，主教与一些葡萄牙贵族又回到了神学院，主教先查看了印刷所，学生们正在印刷书籍，主教亲自将这些书籍分送给他的同伴。在另一个地方，他们看到其他一些学生正忙于用雕刻刀制作铜版画，最后，他们在一座房子里看到里面都是画画的学生，他们正在用油画表现圣像。

澳门，路加圣母像 1

马丁斯主教等人看到，在这座建筑物的前面放置了一幅由一名十九岁的日本学生画的《路加圣母像》（The Image of Our Lady of St. Luke）。这名学生可能是路易斯·塩津（Luís Shiozuka, 1577—1615），他临摹的是《路加圣母像》，其原作就是供奉在罗马圣母大殿（the Church of Santa Maria Maggiore）里的那幅据说具有行神迹力量的《路加圣母像》（the Virgin of Saint Luke），在欧洲它又被称为《罗马人民健康的保护神》（Salus Populi Romani），这是一幅公元 4 世纪的意大利-拜占庭风格（Italo-Byzatine style）的圣像画，据说使徒路加行神迹，最后将此画完成。最初的时候，此画保存在克里特岛。从很早的时候起，那里就是绘制拜占庭圣像画的中心，有许多拜占庭的艺术家在那里活动。此画描绘了戴有褶纹头巾的圣母左手抱着小耶稣；后者则以

283

南蛮贸易时代：近代早期日本与欧洲交流史（1542—1650）

澳门，路加圣母像（局部）1

澳门，路加圣母像（局部）2

左手抱着福音书，右手做出指路的样子。公元6世纪，罗马主教大格里高利主持罗马教会事务，当时罗马城因洪水泛滥而瘟疫流行，格里高利就将此圣像从克里特岛迎到罗马，据说此后瘟疫就渐渐地平息下来，由此得到"罗马人民健康的保护神"的称号。在中世纪瘟疫流行的时代，这幅圣像一再被人们抬出来游行与敬拜祈祷。在反宗教改革时代与耶稣会崛起的岁月里，它再度受到人们的重视。耶稣会第三任总会长波尔杰亚对于此画推崇有加，并将它用于布道事业，他得到教宗庇护五世的允许，请了一名"杰出的画家"以当时流行的晚期文艺复兴的风格临摹了这幅画，再以这幅临摹的作品为蓝本，委托佛兰德斯的蚀刻家制作了许多复制品运送到耶稣会各个海外传教区，先于1569年至1570年抵达巴西，不久又送抵西班牙和布拉格，在16世纪70年代的晚期，先后抵达中国的澳门和大陆，日本和菲律宾。路易斯·塩津临摹的就是这幅作品。当时，来访者都很难相信如此完美的画作竟然是由年幼的孩子们绘制的。耶稣会的副省会长经常将他们的画作赠送给那些日本的基督徒大名。①

马丁斯主教本人十分重视绘画学校的事业，他可能在早些时候要求另一名欧洲的画家来学校工作，现在人们只知道这名画家是一个葡萄牙人，在 1595 年曾经到印度北方的莫卧儿帝国从事绘画事业，由于他不是耶稣会士，所以他的名字没有出现在耶稣会的名录中，此人是否来到日本不得而知。还有一位画家就是耶稣会士卡洛·斯皮诺拉（Carlo Spinola，1564—1622）神父，他出身意大利热那亚的贵族世家，曾经在罗马学院（Collegio Romano）师从耶稣会士数学家科拉维斯（Christopher Clavius，1538—1612）学习数学，他曾经为澳门的"天主之母"教堂的正立面做过设计。他后来去了日本，于 1611 年至 1612 年在京都的一所耶稣会学校里从事教学。②17 世纪初，在长崎的耶稣会的绘画学校继续发展。1601 年耶稣会的年报说该学校出产了大量的圣像画供应本城的教堂以及基督徒家庭，它这样描绘尼格劳及其学生

澳门"天主之母"教堂（大三巴）上的被认为可能是斯皮诺拉的雕像

① Gauvin Alexander Bailey, *Art on the Jesuit Missions in Asia and Latin America, 1542–1773*, p.71.
② John E. MaCall, "Early Jesuit Art in the Far East, I, The Pioneers", in *Artibus Asiae*, Vol.10, No.2, 1947, p.135.

们的工作:

在这座城市里,学生们学习绘画,他们居住在一幢在神学院里的独立分开的房子里,在我们的两位耶稣会士指导下从事绘画。其中的一人是几年以前从罗马来的,现在他已经是一名神父了。他培养了如此能干的从事绘画的学徒,以如此富丽堂皇和高质量的装饰板来装饰教堂,这些教堂装饰板堪与欧洲的相媲美。他们还印刷了大量的圣像画分发给基督徒,用于祈祷和敬拜,这些圣像画流传甚广。感谢这位神父的技艺,他们还为主要的教堂制作了许多管风琴和乐器,还有许多机械钟表,其中一些非常奇特,能够演示太阳和月亮的运动。①

1603年,神学院的院长梅斯基塔神父报告说,艺术学校里的学生们制作大量的油画、水彩画和蚀刻画,"供应日本所有的教堂以及基督教王国(似指整个葡萄牙在东方的殖民地)所有的教堂,神父们将他们的作品作为礼物赠送给基督徒。他们还将画作供应给他们在中国的基地"。马丁斯主教的后任塞凯拉主教也指出,这些教堂"用他们画得很好的油画和水彩画加以装饰,他们中的一些人是很好的画家。神父们分发大

斯皮诺拉的衣服布片遗物,澳门大三巴天主教艺术博物馆

---

① Gauvin Alexander Bailey, *Art on the Jesuit Missions in Asia and Latin America, 1542–1773*, pp.69–71.

量的图画，有些是画出来的，有些则是印刷的，基督徒们以极大的虔敬对待这些图画"。① 当时，神学院的艺术学校制作的图画数量之多，足以供应日本的教堂和基督徒团体，以及中国和印度的传教站；在1606年长崎举行的隆重庄严的圣体节游行中，人们大量地使用这些图画。② 画坊出产的大量画作还供应出口市场，其中包括绘画。

日本的画家 尼格劳的学生们主要都是日本籍的耶稣会修士以及传教员，他们主要是一些在教会中协助传教的平信徒。其作品散见于当时的日本、中国、印度、菲律宾甚至南美洲的秘鲁的教堂。他们中的一些人见于文献的记录。其中：（1）幡野·曼西奥修士，他是尼格劳培养的最早的三位学生之一，但是在1596年以后的活动记录中就找不到有关他的记载了。（2）佩德罗·若奥修士，又名佩德罗·知久（Pedro Chicuam），他于1585年加入耶稣会，也是尼格劳培养的最早的三位学生之一，后来可能成为耶稣会画坊里的一位教师，从1603年至1614年，他一直居住在长崎，是长崎教会里的一名唱诗班领唱，同时也是画家；1620年以后被流放到澳门。（3）曼西奥·若奥修士。（4）雷奥纳多·木村修士（Leonardo Kimura，1576—1619），他出身长崎的天主教家庭，自幼就被送到耶稣会的学校接受教育。1587年他成为耶稣会的传教员，以后他一直在长崎从事绘画活动，既是油画家，也是蚀刻画家。他曾经用了五年的时间学习拉丁文以及日本的书法，在日本大规模禁止天主教以后，他被逮捕并被关押了四年，最后于1619年被钉在火刑架上殉道。1867年，罗马教廷将他册封为真福品。③（5）路易斯·塩津修士，他在1588年进入有马神学院，1607年加入耶稣会。如前所述，六年以后，在耶稣会的名册上写着他是一位画家、管风琴师以及唱诗班的领唱。后来，据说他用了六年的时间学

---

① Gauvin Alexander Bailey, *Art on the Jesuit Missions in Asia and Latin America, 1542–1773*, p.71.
② Guerreiro, *Relaçam anual das cousas que fezeram os padres da companhia de Iesus nas partes da India Oriental*, Lisbon, 1609, 5ff.
③ Joseph Jennes, *A History of the Catholic Church in Japan, From its Beginningto the Early Meiji Era, 1549–1873*, p.83.

习拉丁文，并且精于日本的书法和诗词。1596年马丁斯主教在有家的神学院看到的那幅美丽的《路加圣母像》就是出自他的手笔，那时他才19岁。(6)曼西奥·大重修士（Mancio Taichiku, 1574—1615），出生于宇土，他于1607年加入耶稣会，是一位负有盛名的画家，尽管他健康欠佳，还是努力完成了教会委托他的为大部分的日本教堂做内部装修以及作画的任务；1615年，他被流放到澳门，不久就在当地去世了。(7)达太修士（Thaddeus, 1568—1620），1590年加入耶稣会，在1603年长崎的耶稣会名录以及1613年宫古的耶稣会名录中记载他是一名画家。1613年的时候他在京都，不过以后的数年里他又回到了长崎。他在1616年因为日本当局镇压天主教而逃亡菲律宾，在菲律宾一个专门收容流亡的日本基督徒的避难所服务，1619年最后来到澳门。[1] (8)生岛三郎佐（Kijima Saburosuke, ?），其生平不详。(9)信方（Nobukata, ?），其生平不详。[2] 还有一位知名的画家山田右卫门作（Yamada Emonsako, 1570—1655/1657），他早年出生于长崎，是基督徒大名有马晴信的家臣，以后又是有马晴信之子的家臣。1588年的耶稣会名册上记录山田右卫门作是本会的传教员，当时他才十八岁，因此可以推断出他是1570年出生的。由于他已经是耶稣会名册上有记录的人员，所以也可以推断出他一定在尼格劳的艺术学校里接受过欧洲风格的绘画教育。根据传说，他在二十岁的时候已经在准备为近江国的大名蒲生氏郎（Gamo Ujisato, 1556—1595）绘制屏风，这些屏风是这位大名的妹妹嫁妆之一部分。1612年，山田右卫门作调任为岛原的大名松仓重政服务。此时形势已经发生了很大的变化，山田右卫门作退隐到附近的一个小山村里继续绘制欧洲风格的油画，松仓重政也每月支付他一定的俸禄。1637年，松仓重政去世，他的儿子

---

[1] George Schurhammer, S.J., "Die Jesuitenmissionare des 16 und 17. Jahrhunderts und Einfluss auf die Japaniche Malerei", in *Orientalia*, 1963, pp.769–779. John E. MaCall, "Early Jesuit Art in the Far East, I, The Pioneers", in *Artibus Asiae*, Vol.10, No.2, 1947, pp.130–132.

[2] Tomon Miki, "The Influence of Western Culture on Japanese Art", in *Monumenta Nipponica*, Vol.19, No.3/4, 1964, pp.150–151.

松仓胜家成为岛原的大名，由于他推行暴政，终于激发了民变。1637 年 10 月 28 日至 1638 年 2 月 14 日，在岛原和天草一带爆发信奉天主教的农民起义（史称"岛原之乱"），山田右卫门作被卷入到起义军最后固守的岛原城中。博克塞认为他在"岛原之乱"之前已经背叛基督教，是不自觉地卷入到这场战乱中去的。官军攻入岛原城以后，二万余信奉天主教的起义

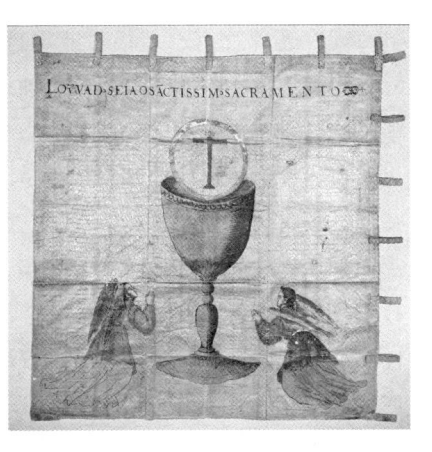

据传可能是日本画家山田右卫门作所画的岛原之乱起义军的旗帜，上绘制有两位天使在崇拜圣体

民众几乎全部遇难，他是唯一的幸存者。[①] 官军缴获了起义军的旗帜，上面绘有两位天使在崇拜圣体（圣杯和圣饼）。这很可能是出于山田右卫门作的手笔。[②] 据说官军的统帅松平信刚因为山田右卫门作卓越的绘画技能饶了他的性命（更可能的是他已经事先背叛基督教成为一名内应），他被带到了江户，并在松平信刚的庇护之下度过余生。一说他于 1655 年在长崎去世，另一说他在 1657 年江户大火以后去世。[③] 山田后来一直绘制佛教题材的作品，笔下出现的人物多半是达摩等佛教人物而非耶稣基督，不过，他是以西洋绘画的笔法绘制佛教的人物画像的。目前存世的几幅深目高鼻的佛教禅宗僧侣人物画像，可以明显地看出某些西洋绘画技法的痕迹，可能出自他的手笔。[④]

---

① C.R. Boxer, *The Christian Century in Japan, 1549–1650*, p.382；西村贞：《"岛原之乱"中的切支丹阵中旗与山田右卫门作》，载《日本初期洋画之研究》，全国书房 1971 年版，第 230—236 页。
② Hubert Cieslik, S.J., "Kirishitan-Kunst", in *Neue Zeitschrift fur Missionswissenchaft-Nouvelle Revue de Science Missionnaire*, Schoneck-Beckenried, Vol.1. VIII, 1952, p.165.
③ John E. MaCall, "Early Jesuit Art in the Far East, II, Nobukata and Yamada Emosaku", in *Artibus Asiae*, Vol.10, No.3, 1947, pp.232–233.
④ Kang Duk-Hee, *Western Style Painting in Japan: Adaptation and Assimilation*, Sophia University Press, 2008, pp.15–16.

现在还保存有一些极可能出自上述这些年轻画家的作品，如耶稣会绘画学校的油画、水彩画、蚀刻画以及宗教书籍的封面画，从这些画中可以看出他们的一些画作出自临摹。他们临摹的原作是耶稣会士从欧洲带到东方的，其中不少是耶稣会委托安特卫普当地的艺术家在蚀刻画坊制作和印刷的铜版画。以上这些由耶稣会培养的日本画家都很少在自己的作品上签名或者盖上印章，但是有少量的画作上有一枚刻有老虎和狮子在一起的印章，还有一枚印章上刻有"信方"的字样。刻有"信方"字样的印章不仅出现在欧洲风格的绘画上，也出现在一些带有日本与欧洲风格融汇在一起的画作当中。比如《读书的老人》《日教上人图》以及《达摩图》等。① 后人可以说当时有相当数量的日本画家在耶稣会士的指导下以西方的风格和技法作画，但是由于后来的禁教以及其他原因，他们的画作能保留下来的并不多。②

三、圣母像、耶稣像以及圣徒像

圣母像 圣母的崇拜与日本传教史有着密不可分的联系，沙勿略就是在圣母升天节的那天来到日本的，在当时日本教会中，圣母的崇拜有着特别崇高的地位。在日本本州西部沿海的越前国（今天的福井县）的一个天主教家族中保存了一幅著名的《多勒罗撒圣母像》（*Dolorosa*，即《受苦的圣母像》）。此像是与一些古代的平板印刷像保存在一起的，在教堂的神父教授教理问答的时候一起使用。在当时的日本，许多《受苦的圣母像》都是按照这幅画像复制的，而且都是很

---

① 《日教上人图》的右下方有"信方"的签名，绘制于17世纪的上半叶，纸本着色，长117.0厘米，宽60厘米，画中的"日教上人"（1552—1608）乃当时日莲宗的名僧。该画具有西洋画的风格，目前藏兵库的青莲寺。坂本满、菅濑正、成濑不二雄：《南蛮美术与洋风画》，第40页。

② Tomon Miki, "The Influence of Western Culture on Japanese Art", in *Monumenta Nipponica*, Vol.19, No.3/4, 1964, p.151.

精确的复制品，也有一些艺术家在原作的基础上再增加了一些素材。

还有一幅非常著名的《亲指圣母像》(Virgin of the Thumb)，此画可能是由意大利的著名画家卡洛·多尔契（Carlo Dolci, 1616—1686）所作，由著名的冒险来到日本的意大利传教士乔瓦尼·巴蒂斯塔·希多蒂（Giovanni Battista Sidotti, 1668—1714）带入日本。希多蒂是意大利传信部的传教士，出生于西西里，他早年听说日本殉道者的故事，就有心冒险到日本传教，在得到罗马教宗克莱门十一世（Clement XI, 1700—1721年在位）的允许以后，航海前往远东。他先到了马尼拉，当时没有人敢将他带到日本来，因为幕府已经严厉地禁教许多年了。后来他终于找到一艘愿意让他搭乘的船只，于1708年9月或者10月在日本外海大隅诸岛的屋久岛登陆。当时他化装成为一名武士，但是不久即被人认出是外国人而被逮捕，先被带往长崎，1709年被带往江户，由当时日本著名的儒家学者新井白石主持审讯，然后被送到东京都文京区关押基督徒的房子里。由于他试图皈化羁押他的人员，最后被关在地牢里，于1714年去世。2014年人们发现了他的遗骨。他带来的这幅《亲指圣母像》中，圣母的脸上透露出一种深刻的宗教感情：她身披蓝紫色的长袍，有一个手指微微地显露在外面，微侧的脸上的表情带有忧郁又甜美的色彩。这幅作品长期以来一直由长崎市政府保管，后来被移交东京国立博物馆收藏。

还有一幅《受苦的圣母像》由奥田家族收藏，是在庆长时代（1596—1615）末期传入日本的，圣母被刻画成双手拥抱在胸前，有一把剑插在她的胸膛上，在画的上方有飞翔的天使基路伯将幕布拉开。这幅画是从西班牙教堂的祭坛板上

《亲指圣母像》，18世纪初年作
图源：ColBase（https://colbase.nich.go.jp/）

临摹的，带有明显的西班牙绘画的特征，表现出一种非常真实的现实主义和深刻的理想主义精神的结合。圣母的脸看上去显得年轻、纯洁与柔和。这种富于人性的忧伤与感情，在日本传统的佛教艺术中是很少见的。①

沙勿略与罗耀拉的画像 1920年9月，人们在大阪府北部高槻市（Takatsuki）附近的东氏家府邸（Higashi's house）发现了一幅水墨画《圣方济各沙勿略像》(the Image of St. Francis Xavier)。这幅著名的沙勿略像先前由专门收藏南蛮艺术品的池长孟先生的"南蛮堂"（南蛮美术馆）保存，目前则保存在神户市立博物馆的南蛮艺术馆。② 此画作原先被发现的东氏家位于京都和大阪之间的山区，地处前往京畿的交通要冲。在1573年至1585年间，它是著名的基督教大名、被称为日本初期天主教会柱石的高山右近（Takayama Ukon, 1552—1615）辖地的中心，天主教在当地流波甚广，有大量的信徒。但是此画制作的时间要比高山右近的时代更晚一些。

这幅水墨画高61厘米，宽48.7厘米，可以看出它模仿的是佛拉芒艺术家杰罗姆·威尔克斯（Jerome Wierx, 1553—1620）的蚀刻画作品。画中的沙勿略身穿耶稣会神父的黑色袍服，两手交叉在胸前，他以一种虔敬和迷狂的眼神注视着手中斜握的一个有苦像的十字架，该十字架的底部是一颗红色的心脏，上面还有燃烧着的火焰，象征着耶稣会士热忱传教的心火。在十字架的中间有耶稣会的会徽"HIS"的标记，在耶稣的身体和耶稣会的标记四周发出金黄色的光芒，有两位天使基路伯飘浮在带有蔚蓝色的天空，在白云之上，可能是寓意传达天主的旨意或是将耶稣会士的祈祷带到天国。在沙勿略的头上有一圈单线画成的光环，背景则是深蓝色的，几乎与沙勿略的黑色袍服很

---

① Fernando G. Gutiérrez, S.J., "A Survey of Nanban Art", in Michael Cooper edited, *The Southern Barbarians, The First European in Japan*, Kodarsha International/Sophia University, 1971, pp.150–151.

② 坂本满等：《南蛮美术的光与影：泰西王侯骑马图屏风之谜》，神户市立博物馆2012年版，第155页。

难分辨。在沙勿略的头顶有一圈光环，他的嘴边吐出一行字"SATIS EST DNE SATIS EST"（十分满足，主啊，十分满足）。[1] 在画的右下方写着文字的地方，有一个长方形的印章，上面隐隐约约刻有耶稣会会徽"HIS"，还有一个花瓶或是陶罐形状的印章，这是狩野派画家经常使用的标记。[2] 此画充分地融合了欧洲与日本的绘画技艺，它是模仿欧洲的蚀刻画制作的，但又是画在可以悬挂的日本式样的立轴上面，并以本地的水彩颜料画在纸上。[3]

还有两幅描绘耶稣会创立者罗耀拉、沙勿略与圣母、圣婴在一起的图画，也被认为出自尼格劳及其学生之手。这两幅画为《圣母与圣婴和罗耀拉及沙勿略在一起》(Virgin and Child with St. Ignatius Loyola and St. Francis Xavier)或者是《玫瑰经的十五个奥秘》(Fifteen Mysteries of Rosary)，日本人则称为《玛利亚十五玄义图》。这两幅画中的一幅画面已经有些脱落，特别是圣母像以及左上角的玫瑰经的奥秘的画面已经模糊不清。但是另一幅则保存完好，先前由原田辰次朗收藏，目前保存在京都大学自然历史博物馆（Kyoto University Natural History Museum），该画作为 31.9 英寸长，25.3 英寸宽。这两幅画的周围都环绕着玫瑰经上有关圣母的十五个奥秘的图像，是耶稣会艺术中将本会的创立者或是圣徒的形象与圣母崇拜联系起来的典范之作，寓意圣母对于耶稣会的庇佑。

保存在京都大学的那幅画作中除了罗耀拉以及沙勿略的图像以外，还有圣露西娅（St. Lucia）和圣马太（St. Matthias）分别侧身站在两位身披耶稣会黑袍的本会创立者身边。有人认为圣露西娅和圣马太被描绘出来可能是因为赞助此画作的基督徒是以这两位圣徒的名字作为自己的圣名的，在西方艺术传统中，赞助者经常出现在画面中，

---

[1] Grace A.H. Vlam, "The Portrait of S. Francis Xavier in Kobe", in *Zeitschrift Fur Kunstgeschichte*, 42 Bd., H.1, 1979, pp.48–52.
[2] Ibid. p.49.
[3] Gauvin Alexander Bailey, "Jesuit Art and Architecture in Asia", in John W. O'Malley, Gauvin Alexander Bailey and Giovanni Sale, S.J., *The Jesuits and the Art, 1540–1773*, p.318.

所以在日本的基督教美术作品中艺术家就以这两位与赞助者同名的圣徒来表现这层含义了。①

《沙勿略像》(局部) 1

这两幅画作中罗耀拉被描绘成双手合一作祈祷状，此画临摹的原作可能是保存在马德里耶稣会会院里由阿隆索·桑切斯·科埃略（Alonzo Sanchez Coelho）所作的罗耀拉肖像画，尽管两者的姿势相反，前者也没有拿着一串念珠。而沙勿略的像与上述那幅保存在神户市立博物馆的不同，他没有被描绘成双手交叉放在胸前，而是被描绘成两手紧紧抓住胸前的袍服。而两位耶稣会创立者的眼光炯炯有神，注视着上方，可能寓意仰望天堂的意思。在他们两位的肖像之间偏上部的地方，则画着一只圣爵和发出光芒的圣体（圣饼），这又与耶稣会倡导的圣体崇拜有着密切的关系。在圣体的下面则是耶稣会的会徽。总之，从这两幅画作中可以看到耶稣会一贯提倡的圣母崇拜、圣徒崇拜以及圣体崇拜的宗旨。

这两幅画的中间偏上部分是圣母右手中抱着坐着的小耶稣，小耶稣的左手中抱着一个地球，并向世人作降福状，表示他是世界的救世主。他的右手则指向天国，这是欧洲基督教艺术中标准的"指路的小耶稣"的形象。圣母穿着蓝色的斗篷，她披的头巾的褶皱非常像罗马圣母大殿中的圣像《罗马人民健康的保护神》中的意大利—拜占庭风格的圣母像。圣母贴身的衣服则是红色的，与外面的蓝色斗篷形成鲜明的对比。圣母左手的拇指和食指捏着一朵粉红色的玫瑰花，头

---

① John E. MacCall, "Early Jesuits Art in the Far East, III, The Japanese Christian Painters", in *Artibus Asiae*, Vol.10, No.4, 1974, p.288.

顶上还有一轮光环。圣母抱圣婴的画面两边和上方有着带皱的幕布作为装饰，以黑色的轮廓作为画的边框。在圣母抱圣婴背后的黑色背景中有幕布陪衬，在16世纪意大利的绘画中也有过。意大利画家费莱拉（Gaudenzio Ferrari，1471—1546）在米兰的祭坛板画中就有类似的表现。① 圣母抱圣婴像的下方有一行字："LOWADO SEIA SANCTISSO SACRAMETO"（赞美圣体圣事）。上文提及的在岛原起义的基督徒军队的旗帜上面也有一样的字体。② 日本学者西村贞指出此幅《圣母抱圣婴》与当时（20世纪40年代）保存在池长孟美术馆（南蛮堂）的一幅由欧洲带来的铜版画《圣母抱圣婴》有着惊人的相似之处。在此幅铜版画中，圣母的手势（包括拇指和食指捏着玫瑰的样子）和衣褶几乎与上述画中一模一样，小耶稣右手指路的模样也是完全一样，只是小耶稣的右手中没有地球。③

《沙勿略像》（局部）2

两位耶稣会创立者像的下方则是拉丁文的铭文"S.P. IGNATIVS. SOCIETATVS IESVS, S.P. FRANCISCUS XAVERIVS."；在中央的圣母和圣婴及两位耶稣会创立者周围是十五幅小画，环绕在圣母、圣婴，罗耀拉及沙勿略像的周围成为一条边框，这十五幅小型的画，画的是关于玫瑰经的十五个奥秘：《天使报喜》《圣母往见伊萨贝拉》《圣诞》《耶稣在圣殿》《耶稣与文士辩论》《喀西玛尼亚园的祈祷》《耶稣被鞭打》《耶稣戴上荆冠》《耶稣背上十字架》《耶稣蒙难》《耶稣复活》《耶稣

---

① John E. MacCall, "Early Jesuits Art in the Far East, III, The Japanese Christian Painters", in *Artibus Asiae*, Vol.10, No.4, 1974, p.289.
② Yoshitomo Okamoto, translated by Ronald K. Jones, *The Namban Art of Japan*, p.67.
③ 西村贞：《玛利亚十五玄义图之研究》，《日本初期洋画之研究》，全国书房版，昭和四十六年，第136页。此幅《铜版圣母抱圣婴图》原先由林若吉氏收藏。

南蛮贸易时代：近代早期日本与欧洲交流史（1542—1650）

《圣母抱圣婴》（全图）也被称为《玛利亚十五玄义图》，作于 16 世纪末至 17 世纪初

升天》《圣灵的降临》《圣母的升天》《圣母的加冕》。这是在 16 世纪意大利的绘画作品中按照传统方式排列玫瑰经里阐述的十五个奥秘的规定的程式。

但是，就画面展示的构图来看，日本的基督教艺术家在任何一幅图画中都没有照搬当时威尼斯著名的宗教绘画艺术家罗伦佐·洛托（Lorenzo Lotto，1480—1556/1557）或其他人的同类画作。保存在京都大学的那幅画作的左边自上而下的第四幅是《圣诞》，约瑟没有以通常描绘的那样倚在桌边默想，而是以一种更加古老的基督教艺术的圣像画所描绘的姿势出现——他跪在小耶稣的面前，呈现崇拜的姿态。这是早期基督教艺术以及拜占庭基督教艺术中经常出现的画面，14 世纪以后又再度出现，[1] 并在日本的基督教绘画中重现。在另外一些画中，西方绘画技法的影响随处可见。例如所有的人物都有明暗的凸显，连衣褶也有明暗之分，在《天使报喜》以及《圣母往见伊萨贝拉》两幅画中，可以看见带有透视画法的西洋建筑，如圆形的拱门或者拱窗，人物的服饰也是欧洲基督教艺术的传统风格。[2] 有的学者认为，这两

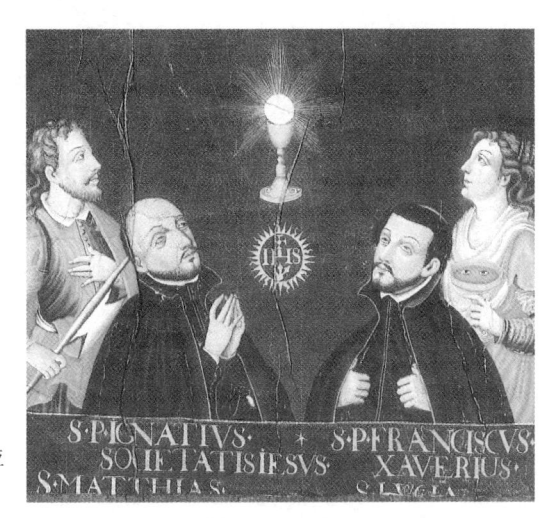

《圣母抱圣婴》或《玛利亚十五玄义图》（局部）

---

[1] C.R. Morey, *Early Christian Art*, Princeton University Press, 1942, fig.129.
[2] 西村贞：《玛利亚十五玄义图之研究》，《日本初期洋画之研究》，第 132 页。

幅画作以及上述保存在神户市立博物馆南蛮艺术馆的沙勿略单独的画像属于一种风格，画像的下方都有日本的书法铭文以及拉丁文铭文，也都有狩野派的印章，可能出于同一位日本耶稣会士画家之手。①

关于以上两幅罗耀拉、沙勿略与圣母、圣婴在一起的画创作的时间和绘制的地点，现在还没有定论。有学者认为它们是由1623年被驱逐到澳门的日本画家画的，因为1622年罗耀拉和沙勿略才被教廷正式地册封为圣徒，日本本地人得知两位耶稣会创立者被教廷册封为圣徒的消息是在1624年和1625年之间。而这两幅画上的文字都写明了罗耀拉以及沙勿略是圣徒，因此画作的年代应该在1623年或者以后。当时日本的幕府已经严厉地禁止天主教活动，在日本教会中不大可能有人画出如此精美的作品，特别是早前一批耶稣会艺术家被驱逐到澳门以后更是如此。耶稣会历史学家苏哈马指出，当时日本的耶稣会为因迫害而处于地下状态的日本传教区准备一部沙勿略的传记并制作了一些绘画，这两幅日本艺术家的画作就是其中的作品。虽然这两幅画可能是在澳门绘制的，然而在日本德川幕府禁教日趋严厉的情况之下如何将这些画从澳门偷运到日本中部的高槻也是一个问题。还有一种可能是这些画是在德川幕府镇压基督教以前由尼格劳及其学生在日本画的，为的是祝贺沙勿略在1616年被教廷册封为真福品。最初画上写的是"真福品"（B.代表Beato）。1623年以后，高槻当地的天主教徒在得到两位耶稣会创立者被封为圣徒的消息以后让画家将原先画上的B.（真福品）改写成为S.（圣品）。另外，还有一个证据说明这两幅画是在日本绘制的，那就是在作品上仍然可以看到狩野画派的陶罐形状的印章。②

根据格雷斯的研究，沙勿略的圣像画有两种摹本，一个是沙勿略的双手交叉在胸前的，另一个是他的双手紧紧抓住胸前袍服的。两种

---

① Grace A.H. Vlam, "The Portrait of S. Francis Xavier in Kobe", in *Zeitschrift Fur Kunstgeschichte*, Vol.42, No.1, 1979, p.53.

② John E. McCAll, "Early Jesuit Art in the Far East, III, The Japanese Christian Paintings", in *Artibus Asiae*, Vol.10, No.4, 1947, pp.291–292.

摹本中主人公的双眼都是朝着天上望。这两种画像同时在欧洲绘制，为回应当时日本天主教徒特别是天主教大名大友宗麟吁请教廷将沙勿略册封为圣徒而制作。早在 1578 年，当时还是孩童的大友宗麟即由沙勿略付洗入教，并取圣名方济各。为纪念这位日本天主教的开教者，在日本天正使团赴欧洲的时候，大友宗麟特别托使团带了一封信去教廷，呼吁教廷册封沙勿略为圣徒。他的建议得到范礼安的特别认同，为推进沙勿略册封为"真福品"的程序，范礼安于 1583 年下令耶稣会的画家以保存在果阿的沙勿略遗体为临摹对象，画出一幅"具有权威性的"沙勿略标准像。根据耶稣会的记载，当时的画家画了两幅沙勿略画像，一幅留在果阿，另一幅则被带到了罗马。这两幅画的原作已经散佚了，但是它们的摹本还都保存在罗马。

1613 年，高迪尼奥·德·埃里达（Godinho de Eredia）临摹了一幅素描，画中的沙勿略穿着印度的服装，双手紧紧地握着胸前的衣服，不过他的眼睛是平视的，并没有看着天堂。不过，另一位画家西奥多·盖勒（Theodore Galle，1517—1633/1634）于 1596 年出版了他临摹的画作，被放置在罗马出版的、由霍拉提奥（Horatio Tursellino）所作的《沙勿略传》的封面上。此画作完全与范礼安要求的一致，是一幅更加接近果阿的耶稣会士画家的作品。画家没有画出光环，不过描绘了一道从天而降的光芒，而沙勿略的两眼紧紧盯着这道光芒。就在同年，沙勿略的另外一本传记在安特卫普出版，在封面上有安特卫普的著名蚀刻画家杰罗尼姆·威立克斯（Hieronymus Wierix，1553—1619）制作的一幅蚀刻的沙勿略画像。这幅画中，沙勿略被描绘成双手交叉在胸前，稍稍地向左面倾斜，双眼望着天上些许下射的光芒。他穿着正式的耶稣会士的袍服。后来，威立克斯还发行了这幅肖像的单页。[1]

研究耶稣会艺术史的学者巴莱指出他个人最喜爱的一幅日本基督教艺术作品是《雪地圣母》（*Madonna of the Snows*），它在长崎的一个

---

[1] Grace A.H. Vlam, "The Portrait of S. Francis Xavier in Kobe", in *Zeitschrift Fur Kunstgeschichte*, Vol.42, No.1, 1979, pp.53–54.

南蛮贸易时代：近代早期日本与欧洲交流史（1542—1650）

《雪地圣母》，17世纪初，保存在长崎二十六圣徒纪念馆

第四章 "南蛮艺术"的光与影：耶稣会与欧洲艺术在日本

隐秘的基督徒家庭里藏了数个世纪，在20世纪60年代被曾经担任"长崎二十六圣徒纪念馆"馆长的结城了悟（Diogo Yuuki）神父发现，此画目前保存在长崎"二十六圣徒纪念馆"。[1] 巴莱认为这幅作品是融汇东西方两种艺术传统的杰作：它用日本的颜料画在日本的纸张上面，有点像尼格劳画的《圣母与圣婴》的油画，圣母的双臂部分已经脱落；同时，它也非常像1591年在长崎出版的《十字架的故事》（Cruz no Monogatari or The Story of the Cross）中的《圣母敬拜圣婴》（The Virgin Adoring the Child）。结城了悟指出，比对这两张圣母像后，甚至可以看到圣母左边脸颊上面的一颗痣都是一模一样的。然而，尽管此画中的圣母与欧洲的原型十分相似，画家还是采用了一些方法将日本传统艺术的元素融合进了画作。首先，该作品画在金色的背景之上，色彩艳丽，与桃山时代绘画的主流吻合，圣母的眉毛是高挑的拱形，细细的眼睛，双下巴，嘴唇殷红，犹如刚刚生下婴儿的产妇。圣母的形象体现出一种日本文化观念上的美感，十分接近那个时代日本妇女的肖像。她美丽的脸庞因为优美的发束而得以强调，她的脸颊和前额闪耀出一种类似象牙白的光辉。最具有日本艺术特色的是此画的装裱采用的是立轴形式，传统的日本立轴将画装裱在丝织品或者锦缎上，在画的上层或底部配有用毛笔写的题款，最底部则有一根暗装的木轴，以便将画卷起来。《雪地圣母》的装裱部分已经十分残破，但是仍然可以看出它采用了最典型的日本装裱形式。巴莱本人非常喜欢这幅杰作，认为是东西方艺术融汇的典型，甚至把它作为自己专著的封面。[2]

《雪地圣母》（局部）

---

[1] *Catalogue of Twenty Six Martyrs Museum*, Nishizaka-Cho, 4th Edition, 1996, p.31.
[2] Gauvin Alexander Bailey, *Art on the Jesuit Mission in Asia and Latin American, 1542–1773*, pp.75–76.

耶稣会士殉道者画像　在罗马耶稣会总堂右侧的走廊里以及澳门教区的主教府邸中保存着三幅有关日本早期天主教传教士以及信徒殉道主题的油画。2013年12月笔者访问罗马耶稣会总堂的时候，在教堂圣器室的回廊里面看到其中的两幅油画悬挂在那里。关于这几幅油画的确切作者现在已经不可考了，但是，大多数的研究者都认为出自尼格劳或者是他的学生。

第一幅《元和五年长崎殉教图》，画作的年代已经不可考证，应该在1619年以后至1650年之间，它展示了1619年木村修士（Fr. Leonardo Kimura）与他的四名同伴在长崎殉道的事迹，描绘他们在长崎海边的沙滩围栏之内被烧死的场景，在围栏的右边有一批跪着的观众。①

第二幅描绘的是1622年9月10日德川幕府将52位基督徒和传教士在长崎的西坂山丘上被杀害的《元和八年大殉教》，画作的确切年代已经不可考证，应该在1622年至1650年之间。画面中央描绘的是在长崎的西坂山坡上执行对传教士和基督徒死刑的场面。在画面的左上角有一位站着的官员，他的脚下铺着红色的地毯，应当是长崎奉行长谷川权六的副官。他手持一根长杆，其左右分别站着14位士兵共28人。他们中有8个人手持有装饰的长矛，象征长崎奉行的权力。前面的围栏竹竿画得很疏松，这样就可以看见画家要画的里面的内容——一排25个火刑架，前面有火柴堆起来，传教士和基督徒被绑在火刑架上将被烧死，他们被绑在架柱上，头被绳子吊起，为了延长受刑时的痛苦，他们不是被直接焚烧，而是在他们的周围挖沟，点燃柴火，让浓烟呛入鼻孔，绳子也绑得很松，以便他们随时可以弃教。画作底部的左边靠近海岸的高台上，有数具尸体被弃置一旁，一位日本的武士把血淋淋的头颅摆放在木制平台的尖刺上进行固定，以展示他们的死状。其余的一根根空的尖刺则预示着后面的殉道者。画家还

---

① 神户市立博物馆编：《南蛮艺术的光与影：泰西王侯骑马图屏风之谜》，神户市立博物馆，2012年，第148页。

罗马耶稣会总堂所藏《耶稣会士殉教图》原件

画出两名即将遇害的小孩——长崎的一个葡萄牙人家庭因为藏匿神父而被处决,连他们家四岁的孩子也没有幸免。周围的高地上密密麻麻站满观看的人群,在执行火刑之前,长崎的官员通知家家户户要准备好一捆捆火柴,作为处刑之用。这些民众表情冷漠,肃杀的气氛弥漫着整个画面,作品强烈地表达了这些面无表情的人们内心深处无法言喻的困惑。人群当中还有一些外国人,他们的头发看上去是红的,可能是荷兰人。他们身穿艳丽的服装,凝视着行刑的地方。两名日本仆人抬着沉甸甸的木箱,可能是贸易中获利的金钱。这些人物可能暗喻禁教背后复杂的国际背景。①

第三幅是一张将1597年、1617至1623年耶稣会殉道者与沙勿略的像三个主题列为三排放在一个画面的油画,在这些人物上面还写了

---

① 神户市立博物馆编:《南蛮艺术的光与影:泰西王侯骑马图屏风之谜》,第149页;Reinier H. Hesselink, *The Dream of Christian Nagasaki, World Trade and the Clash of Culture, 1560–1640*, pp.202–203.

303

《耶稣会士殉教图》
局部

字。画的最上端为沙勿略的像,在沙勿略下方的则是三名于1597年长崎二十六殉道者中的三位耶稣会士。他们被倒吊处死,画中描绘有天使飞翔下界接纳他们的灵魂。①

第四幅有关16世纪日本殉道者的油画《殉教图》保存在澳门,它记录了1597年长崎"二十六圣徒"事件,此画2.54米长,1.76米宽,最初安置在澳门圣若瑟修道院里,后来又被移到澳门贾梅士博物馆（Museum Luis de Camõs at Macuo）展出,现在其原作保存在澳门主教公署二楼的墙壁上。它展示了1597年2月5日在面向长崎港口的山坡上被钉在十字架上殉道的26位传教士以及日本基督徒,他们被钉在十字架上遇难的景象主宰了整个天际线,士兵将长矛刺入殉道者的腋下穿过胸膛,这是当时最残暴的处刑。有3个骑在马上的日本武士监督行刑,在画面的右下方则有一些长崎的市民跪着或站着观看,有妇女用枕垫收集殉道者的鲜血,寓示殉道者的血将受到景仰和敬拜。画的右下方,有一群跪着的外国人,仰望着行刑的过程。遇害者的前方,还有两个空着的十字架。一个小孩将头埋在母亲的怀

---

① John E. McCall, "Early Jesuit Art in the Far East, IV, in China and Macao before 1635", in *Artibus Asiae*, Vol.11, No.1–2, 1948, p.55；坂本满、菅濑正、成濑不二雄：《南蛮美术与洋风画》,第53页、第57页。

第四章 "南蛮艺术"的光与影：耶稣会与欧洲艺术在日本

澳门的《殉教图》，约1640年左右由日本来到澳门避难的艺术家所绘，藏澳门主教公署

里，母亲低头看着他。最前面的地方，跪坐着一位妇女，面对畏缩在旁的孩子，竟然勇敢地用手指向殉道者。天际深褐色的乌云表示行刑时刻的暴力，蓝天则象征着暴风雨后的平静。云端是耶稣蒙难十字架以及两位天使基路伯，象征耶稣给殉道者以鼓励，为他们打开天国之门并为他们加冕。这幅画与前面几幅的视角有所不同，不再采用鸟瞰式，而是欧洲油画中通常采用的水平线在画的中间偏上的视角，勾画人物的线条也比前面的几幅更加明确，显示出某种装饰的意味。画作右边房子的窗口上，描绘了马丁斯主教和两名仆人目睹他们遇害的场景。就在他们遇害以后不久，主教就前往现场探视，他跪在地上，口中诵念经文，按照十字架钉立的顺序，一一记录了他们的名字和籍贯。后来，他写了一封信给马尼拉方济各会省的省会长，报告了事件的经过。也有一些基督徒事后把亡者的遗骨收集起来。后来它们被马尼拉方面的使节带回马尼拉。画的左侧是一艘葡萄牙帆船"桑

305

澳门主教公署所藏
《殉教图》的局部

托·安东尼奥号"（Santo António），漂浮在长崎的海湾中，船长是费格雷多（Fregredo），他也是这一事件的目击者。上文提到的第一幅和第二幅画，将长崎的地形和地貌描画得非常清楚，显示出画家对于长崎是有视觉上的了解和记忆的，而最后的那幅画中描绘的地貌则没有显示画家是了解长崎市貌的。此画绘于1640年左右，耗费33帕度卡（patacas），由当时的澳门议事会支付。由于画作年代久远，损坏严重，1981年被送往伦敦，由阿兰·布兰德福（Alan Bradford）修复，耗资45万港币，这笔费用是由澳门的何鸿燊先生支付的。[1]

除了殉道者的题材以外，还有其他圣徒的画像。有一幅可能与西班牙画风有关，是画在帆布上的油画《圣彼得像》（Saint Peter），高119厘米，宽69厘米，目前保存在大阪南蛮文化馆。它此前一直保存在千叶县岛桥市的鸟取寺中，被当地的佛教信众当成佛教的罗汉加以崇拜。按照基督教圣像画的原则，彼得被描绘成左手拿着耶稣授予他的进入天国之门的钥匙，右手则拿着经卷在阅读。他的身体显得修长，手也被描绘得孱弱与细长，他的斗篷以及长袍的样子和修长

---

[1] Fr. Manuel Teixeira, *The Japanese in Macao*, Institute Cultural de Macau, 1990, pp.19–26；关于这幅油画背景的详细讨论，可见戚印平教授所著《殉教图》，载《耶稣会士与晚明海上贸易》，社会科学文献出版社2017年版，第65—100页。

的身材使人想起 16 世纪西班牙风格主义的大画家埃尔·格列柯（El Greco，1541—1614）的作品。这幅画应该不是著名的画家所画的，而是一位不知名的或是日本耶稣会艺术学校里的学生所作。圣徒彼得修长的身材以及所表达的强烈的灵修精神是东方的艺术传统中少见和不熟悉的，可能与奈良法隆寺的百济观音的雕塑有某种相似的地方。这幅圣像与其他一些保存在东京国立博物馆的圣徒画如《圣劳伦佐像》《圣斯提反像》和《圣维森特像》在画风上非常接近。[1]

四、南蛮漆器、金属器、"踏绘"以及陶瓷器皿

"**南蛮漆器**" "南蛮时代"的日本艺术家还制作一些具有南蛮风格的宗教漆器。漆器的制作在东方和日本有悠久的历史。在"南蛮时代"的日本出现一些具有南蛮风格的漆器并不令人感到奇怪。当时这类宗教礼仪用漆器需求量很大，它们主要在教堂以及基督徒家庭中被神职人员和基督徒使用。同时，很可能在一段时间里使用这种南蛮风格的漆器成为一种时尚。

这些漆器都使用了日本传统的"莳绘"（maki-e）方法制作。"莳绘"是日本传统的漆工技法，产生于奈良时代，工匠们将金银屑加入漆液当中，涂在器具表面，等表面风干以后，再仔细地抛光磨平，显示出金银的色泽，极尽华贵。有时它也以螺钿、银丝镶嵌出花鸟草虫或者吉祥的图案；有时则并不拘泥于自然景色或者具体的物像，展示出各种不同类型的纹样；有时这些漆器也具有淡雅优美的表现风格。日本漆器由于这种莳绘的制作方法在当时广受东亚地区各国人民的欢迎。南蛮式样的漆器与日本传统的漆器一样，不过带有明显的欧洲文

---

[1] Fernando G. Gutiérrez, S.J., "A Survey of Nanban Art", in Michael Cooper edited, *The Southern Barbarians, The First European in Japan*, p.151, p.157.

化的印记。有许多漆器是在表面用银粉、金粉以及珠贝作为装饰，其中有安放《圣经》的读经台或者安放弥撒礼仪用书的小型书架以及扁扁的圆柱形的放置圣体（圣饼）的盒子。它们通常被放在教堂祭坛前的桌子上，由神父在主持弥撒的时候使用。这些耶稣会士用于宗教礼仪的漆器都是由耶稣会艺术学校的学生或者是与耶稣会有密切关系的日本当地的漆器手艺人制作，带有一种明显的欧洲艺术或者说耶稣会艺术的风格。

为了加快制作礼仪用漆器的速度（很可能是为了满足日益增长的信徒在宗教上的需要）以及降低制作成本，许多小型的礼仪漆器都免去了传统的日本漆器通常都有的在底层镶嵌一层锦缎的工艺，上漆的工艺也相对简单。这些黑色漆器图案上都渗有金粉或银粉的漆层，并镶嵌有薄薄的贝壳片。

有小部分的耶稣会士使用的移动祭坛和放置经书的书架保留了下来，上面椭圆形的徽记中间带有耶稣会最重要的符号"HIS"合体字，在它的周围往往刻画着四射的光芒，有时还会有象征耶稣蒙难的徽号——十字架以及刺入圣心的三根钉子（这些记号经常出现在当时耶稣会的出版物上），还有从"H"的符号以及圣心中生长出来的带有树叶的茎干等。这些耶稣会特别标记和徽号的周围则是一些典型的日本式样的装饰主题，如象征日本家族的羽毛冠冕的纹章或者是基督徒大名使用的个人纹章，或是一些抽象的日本式样的装饰题材。它们的形式及风格与日本传统的漆器有所不同，有可能是基督徒大名或者是家族特别委托耶稣会艺术家制作的。拥有这些小祭坛的基督徒，经常会要求工匠镶嵌一些有关基督教的装饰题材，如葡萄和圣体等。

放置《圣经》的南蛮书架。作于16世纪末年至17世纪初年，藏里斯本国立古代艺术博物馆

在后来日本的禁教时代，这些耶稣会士使用的大量宗教礼仪用品都被收缴销毁了。但还是有一些没有耶稣会徽号标记的物品如读经台、小书架或带有瓶盖的小瓶子以及圣体盒被保存了下来，上面没有宗教的圣像或是图案，但是明显地带有欧洲的和以果阿为代表的葡萄牙海外殖民地艺术中特有的"印度-葡萄牙艺术风格"（Indo-Portuguese Art Style）特征。也有学者认为这些可以折叠的宗教用具与伊斯兰风格的宗教用品在制作风格上也可能有一定的联系，因为果阿葡萄牙人的宗教艺术是受到穆斯林艺术的影响的。果阿的耶稣会士也曾经不断地前往北方信奉伊斯兰教的莫卧儿帝国进行传教。[1]

从耶稣会士的书信中也可以看到：16世纪，日本的耶稣会当局也将一些这样的在日本制作的漆器作为外交使节的礼物赠送给欧洲的王室成员以及高级神职人员，他们还定制这些漆器作为礼物赠送给在罗马的耶稣会总会代表。17世纪20年代，日本的漆器出现在葡萄牙，在科因布拉大学的耶稣会学院中就有一个带有耶稣会徽号（HIS）以及圣母玛利亚崇拜徽号（Ave Maria）的讲经台，在这两个徽号的周围则是日本"莳绘"式样的装饰花纹。在山口县的萩市（Hagi）曾经发现过一个圣体盒，目前保存在大阪，它的上面有耶稣会的标记，周围则有圆形的光环以及火焰的纹饰。圣体盒的两边都装饰以"莳绘"方法镶嵌的金色的常春藤花纹。

还有一些同样的圣体盒保存在东京国立博物馆、茨城县水户市的德川家族、冈山县池田市（Ikeda）的逸翁美术馆（Itsuõ Museum）。[2]在日本全面禁止天主教以后，日本的一些佛教寺庙里的僧侣经常用一些没有宗教徽号的圆柱形的圣体盒放置乳香。[3]

---

[1] Teresa Canepa, *Silk, Porcelain and Lacquer, China and Japan and their Tradewith Western Europe and New World, 1500–1644*, Paul Holberton Publishing, 2016, pp.329–333.

[2] Fernando G. Gutiérrez, S.J., "A Survey of Nanban Art", in Michael Cooper edited, *The Southern Barbarians, The First European in Japan*, pp.196–205.

[3] Maria Manuela d'Oliveira Martins(ed.), *Encomendas Namban, Os Portuguese no Japão da Idade Moderna-Nambam Commissions, The Portuguese in Modern* Age Japan, exhibition catalogue, Museu do Oriente, 2010, p.81.

比较特别的漆器是一些小型的铜版画或者木版画，镶嵌在一种能够三折叠的精致的木框漆器中间，成为一种可以随身携带的小型祭坛或是小型的祈祷室（Oratories or seigan），它们可以被称为"悬挂的"或"用于旅行的神龛"。神父们带着这些祈祷室可以旅行到任何地方，随处为信徒施行圣事。

这些小型祈祷室也被制成日本传统漆器的模样，表面用渗入银粉、金粉以及镶嵌珠贝的漆层作为装饰。其形状是一个浅浅的长方形盒子，有一扇门，其长度是盒子的一半，拉开门闩就可以打开门。盒子的上方有一个三角楣装饰，往往刻有一个发光的太阳或者是日本式样的花草和几何图形，中间就是耶稣会的会徽。它们是模仿15世纪和16世纪欧洲流行的可以携带移动的三联式祈祷室（台）制作的，这种艺术式样最早可以追溯到拜占庭基督教艺术。不过它们的比例（一般长69.5厘米、宽37厘米）则与16世纪至17世纪的印度-葡萄牙风格的同类器物基本一致。在门上则是具有自然风格的构图，如花草、树木、鸟类和昆虫；在鸟类中往往可以见到来自异域的孔雀，这是葡萄牙的商人经常从印度和巴西带来的礼物（当时的南蛮屏风中也有所表现）；在那些黑色的漆器上也有涡卷形的自然风格的装饰图案。在门后面的祈祷室中供奉着的总是圣母抱圣婴、耶稣蒙难以及诸圣徒题材的小型圣像画，它们都是由耶稣会长崎神学院中的画家在木板或是铜板上绘制的。一些现存的小祈祷室还保有可以移动的漆器木框，这样就可以用来固定或者拆卸里面的圣像画，有利于圣像画的保护。在葡萄牙萨多阿尔（Sardoal）的仁慈堂教堂、里斯本的"圣灵基金会"（Ricardo Espirito Santo Foundation）、荷兰的乌德勒支博物馆（Museum Catherijineconvent）和日本名古屋市立博物馆都保存有这类小型祈祷室。[1] 还有一些定制的南蛮风格的小型祈祷室在上部的三角楣上也有基督教的图像，不过不太明显，这样德川幕府的官员们就不太容易认出来。目前有四个这种类型的作品保留下来，其中有两个刻

---

[1] Teresa Canepa, *Silk, Porcelain and Lacquer, China and Japan and their Tradewith Western Europe and New World, 1500–1644*, pp.336–337.

有鱼形手臂的基督教十字架。众所周知，鱼的形状是早期教会处于被迫害状态的基督徒们使用的暗喻［在早期教会时代，希腊文 ICHIHYS（鱼）的开头字母组成的离合体字分别代表耶稣基督、天父圣子和救世主，因此在基督教艺术中鱼即成为基督的暗喻，在罗马帝国迫害基督教时代，信徒经常以鱼喻指基督］。另外两个分别是一只或者一对鸽子，它们是圣灵的象征。另外，还有少量的小型祈祷室，里面没有圣像，它们可能是用来放置圣体和圣油的。在京都国立博物馆以及津久见市立博物馆中保存的两件小型祈祷室，在门的内部，装饰有缠绕着的繁复的葡萄藤，很可能象征着圣体。这些属于基督教的不过耶稣会特征不太明显的宗教礼仪漆器很可能是 1597 年幕府查禁天主教以后人们向耶稣会艺术学校特别定制的。①

保存在大阪南蛮文化馆的还有两个南蛮风格的印笼（Inrõ，印盒）漆器，其中一个上面有 Tsuchia Sõetusu 的签名，8.5 厘米高，5 厘米宽。这两个小小的印盒上面有精美的雕刻，它们是挂在主人腰带上的。还有一个漆器做成的栓扣，印笼与栓扣之间用两根绳子系住，有一颗小珠子将绳子扣紧。

在其中的一个印笼上面有两个南蛮人像，栓扣上面则雕刻有龙的图案。在京都大学博物馆有一个马鞍漆器，明显地带有"南蛮时代"的风格，上面刻有 FRCO 的字样以及金色的"莳绘"花纹，FRCO 是大友宗麟的徽号，因为他在 1578 年受洗的时候使用了"方济各"的圣名，这个马鞍可能就是他个人专用的。在 16 世纪最后 25 年，欧洲的纸牌由葡萄牙人带入日本，这些纸牌的图案在南蛮风格的漆器上也有所反映。在纽约帕瓦斯基金会（Powers Collection）收藏了一个南蛮时代的纸牌盒。另外在大阪南蛮文化馆也藏有一个漆器的鼓，高 25.5 厘米，直径为 10.2 厘米，鼓身有金色的"莳绘"纸牌图案，这种鼓在当时是被用作乐器的。当时的英国船长库克（Richard Cook）曾经记载说："他们有一种小鼓乐器，两头大，中间小，就像一个酒杯，他

---

① Luísa Vinhais and Jorge Welsh, eds., *After the Barbarians II. Namban Works of Arts for the Japanese, Portuguese and Dutch Markets, exhibitions catalogue*, Jorge Welsh Books, 2008, p.16.

们用手击鼓，用绳子系着另一头走路，他们根据自己编的曲子发出或大或小的声音。"①

除了漆器以外，还有金属的南蛮艺术品，其中比较重要的是蚀刻画。所谓的蚀刻画就是刻在铜板上的画，可以用于多次重复印刷。由于当时日本基督徒人数众多，所以对于宗教绘画的需要量很大，蚀刻画的印制成本很便宜，印制速度也非常快，能够满足当时教会的需要。尼格劳的艺术学校中特别教授蚀刻画技术。耶稣会士的书信中特别提到过这件事情，并对于学生的蚀刻画技术表示了高度赞扬。当时长崎的耶稣会艺术学校中有意大利籍耶稣会修士乔瓦尼·巴蒂斯塔·佩塞（Giovanni Battista Pesce），他负责监督耶稣会印刷所的印刷事业，同时也管理神学院的医务室。1607年，他死于澳门。该印刷所第一部出版的书籍是于1591年在春日（Kasuga）印行的《圣徒行实》（Sanctos no Gosagueo no Uchi Nuquigaqi, or Acts of the Saints），其中就有蚀刻画。还有一些蚀刻画保存至今，展示了当时日本很高的蚀刻画技术水平。

有一幅著名的《圣母和圣婴》，是刻在铜板上的，可能是当时日本最好的蚀刻画作品的样板。此画下面的拉丁文标出这幅画制作于1597年的日本耶稣会神学院，当时神学院设在岛原半岛的有家。这幅很特别的铜版画是19世纪在菲律宾被人发现的，后来被带回日本，目前保存在长崎的主教座堂。此画长22厘米，宽14.5厘米，画的中央绘有穿着斗篷和披肩的圣母，她右手抱着圣婴，左手指间握着玫瑰，圣婴的右手为指路的样子，圣母的头上有三位长着翅膀飞翔的天使，圣母的长袍上有伊比利亚式样的纹饰。下面的铭文还指出，这幅画是西班牙塞维利亚的主教座堂中的著名壁画《远古圣母像》（Nuestra Señora de Antigua）的摹本。

另一幅铜版画则是《耶稣与圣若瑟》（Christ and Saint Joseph），虽然此画不能确定是否一定出自日本艺术家之手。但是，在当时耶稣

---

① Fernando G. Gutiérrez, S.J., "A Survey of Nanban Art", in Michael Cooper edited, *The Southern Barbarians, The First European in Japan*, pp.196–205.

会学院印刷所出版的图书扉页中同名的蚀刻画插图则一定是出自日本艺术家之手。① 那时，有一位日本籍修士志功（Shiko Miguel）不仅协助印刷拉丁文的书信，而且创制了日本铅字，还有一位日本籍修士佩德罗（Pedro）也能够使用日本铅字进行印刷。②

金属器 在南蛮时代，有许多日本的武士阶层皈依了基督教并接受了洗礼。在为他们制作的盔甲以及武器上也出现了许多基督教的或西方的纹章。一些金匠和铁匠用各种方法和图案来装饰武士宝剑的柄或镡或锷（tsuba），这种对于刀剑的柄或镡（锷）艺术的处理手法在日本各个时代都有所不同。室町时代（1333—1573）晚期的日本人很重视对于刀剑的柄以及锷的处理，这个时期与基督教传入日本的初期相吻合。现在保存的不少宝剑的镡（锷）上面雕刻有基督教的如十字架或其他一些西方的图案，被称为"南蛮镡"。十字架当然是基督教最为重要的标志，不过这些十字架的图案出现在刀剑的镡或者锷的上面，到底是仅仅作为装饰还是有特殊的宗教含义，目前还不能完全地确定。在另外一些武士的装备上也出现过基督教的纹章，有些盔甲上就有这样的标志。有一位武士名字叫伽莫·根门·萨托尼（Gamõ Genzaimon Satonari），他是信奉基督教的大名蒲生氏乡（Gamõ Ujisato，1556—1595）的家臣，他的一套南蛮盔甲目前保存在大阪南蛮文化馆，上面用红漆画着两个很

南蛮镡。藏长崎二十六圣徒纪念馆

---

① Fernando G. Gutiérrez, S.J., "A Survey of Nanban Art", in Michael Cooper edited, *The Southern Barbarians, The First European in Japan*, p.205.
② Gauvin Alexander Bailey, *Arts on the Jesuit Mission in Asia and Latin America, 1542–1773*, p.72.

大的十字架，一个在头盔上，另一个在铁甲护胸的背面。在大阪南蛮文化馆中还有一双金属制成的马镫，高 23 厘米、长 27 厘米，表面有艺术家以青铜和黄金娴熟地刻画出的基督蒙难的象征物：耶稣被捆绑鞭打的柱子、荆冠、钉子、榔头，还有圣维罗妮卡的头巾。这是一件很有意义的艺术作品，艺术家将强烈的宗教感情与艺术表现手法有机地结合起来。还有一件同类的作品，在一柄产自同一时期的日本火绳枪的枪柄上刻有基督蒙难的艺术主题。①

在金属制品中还有一类"南蛮钟"，这是教堂里使用的青铜制成的钟，目前还有三口这样的铜钟，并且保存状况完好。其中有一口钟铸于 1612 年，上面的铭文清楚地指出是以前长崎的圣詹姆斯教会医院的教堂使用的。另一口铜钟保存在京都的妙心寺，上面刻有耶稣会的会徽 HIS 以及铸造的时间即 1577 年，据说这口青铜钟是属于耶稣会在京都的教堂的，上面刻的铭文的时间也与这个传说相吻合，但是更加确切的传说是这口钟当时是在鹿儿岛西部的萨摩铸造的，后来被转移到仙台的一座佛教寺庙里。第三口钟是属于细川家族的，钟的形制属于欧洲风格，与教堂使用的钟类似，高 80 厘米、直径 70 厘米，上面刻有细川家族的由九个球组成一朵花卉形状的族徽，在钟的下部边框上有卷曲的植物花边，这口钟属于晨钟（asagao or "morning glory"）类型，看上去像花卉的形状，目前保存在大阪南蛮文化馆。此钟由细川家族在 1616 年赠送给另一位大名森忠政（Mori Tadamasa, 1570—1634），当时后者位于冈山县中部的津山城堡刚刚完工。不过后来森忠政又把它赠送给了德川家族。②

踏绘　另一类金属艺术制品与南蛮文化有关的就是"踏绘"或"蹈绘"（fumi-e）。在禁教时期，德川幕府为排查基督徒，强迫人们踏在耶稣基督和圣母玛利亚的圣像上面，凡武士阶级以下的日本人不分男女老幼，都要被迫踩踏此中图像。此法最初在九州地方实行，后来

---

① Fernando G. Gutìérrez, S.J., "A Survey of Nanban Art", in Michael Cooper edited, *The Southern Barbarians, The First European in Japan*, p.204.

② Ibid., p.204.

也在江户地区实行，专门为此行动制作的基督教图像被称为"踏绘"。《增订切支丹史料集》对于"踏绘"的沿革以及日本现存的"踏绘"叙述甚详。

　　制作"踏绘"大致材料是如下几种：在金属板上绘制的油画，在金属板上雕刻的圣像，将在金属板上雕刻的圣像镶嵌入木板，由黄铜刻制的圣像等；其他的则有在纸、绢、布、木板上的或是在旗帜上的圣像，还有十字架和经书亦可供踩踏。方豪先生引证日本史料《增订切支丹史料集》第四十、四十一、四十二、四十三、四十四各节，都描绘了"踏绘"的形状、质料等，甚为详细。其中四十节如此描述：在东京帝室博物馆的"踏绘"，计有木板镶嵌的"踏绘"40枚，黄铜"踏绘"19枚，共计59枚。此外，根据《长崎志》所载，也有绘于纸上的"踏绘"，以供踩踏。其中一幅木板镶嵌的"踏绘"，是耶稣基督或者圣母玛利亚的铜质圣像镶嵌在木板上。这些圣像是从各个教徒家庭没收的物品。40枚中最大的一幅，是将长6.42寸、宽4.2寸的铜质圣像镶嵌入长8.35寸、宽6.3寸的木板之中。圣像的图案，是圣母抱着耶稣的尸体，后面配有耶路撒冷的远景。

　　另一批黄铜的"踏绘"是1669年（宽永九年）由长崎市本古川町的铜匠制作的，专供踩踏使用。最初共有五种20枚，现存于东京帝室博物馆者为五种19枚。这五种的图案各不相同，而其形状、大小并无多大区别。每一枚高6.2寸、宽4.55寸、厚3厘米，四角各有一脚，每脚各高3分，全部都是以铜制作的。其图案有耶稣基督、圣母玛利亚以及四周环绕有圣徒或者信徒手持圣母玫瑰念珠图。[①]《增订

踏绘。作于17世纪上半叶，藏长崎历史与文化博物馆

---

① 方豪：《清代禁抑天主教所受日本之影响》，《方豪六十自定稿》（上册），中国台湾学生书局1969年版，第165—166页。

315

南蛮贸易时代：近代早期日本与欧洲交流史（1542—1650）

切支丹史料集》第四十一节，列举 4 枚 "踏绘"，也是宽永九年制作的，长 6.2 寸、宽 4.5 寸，黄铜制成，每一枚有四个脚，脚高 3 分。第四十二节的数块 "踏绘" 板是：（1）长 7.8 寸、宽 6.7 寸，木质不详。（2）镶嵌的椭圆形的铜质圣牌，长 3.58 寸、宽 2.5 寸，是圣母抱着圣婴的图像，圣母手持念珠，四周环绕有礼敬的数人。（3）长约 8.2 寸、宽约 6.2 寸、厚 1.25 厘米，所镶嵌的方形铜质圣像，图案是圣母玛利亚像，头上有七颗星，足踏新月。板口上端有铁环，上有一附笺，写有 "邪宗门之佛"；（4）长 8.1 寸、宽 6.2 寸、厚 1.3 寸，木质不详。所镶嵌的方形铜质圣牌，长 3.1 寸、宽 2.1 寸，图案为头戴荆冠，两手被缚，手持芦苇杖的耶稣基督像。① 在东京国立博物馆、长崎二十六圣徒纪念馆、长崎历史文化博物馆和长崎主教座堂的博物馆都保存有这样的 "踏绘"，有些 "踏绘" 的表面由于长时期被人踩踏已经被磨平了。"踏绘" 的表面有戴着荆冠的耶稣像、玛利亚悲痛地抱着耶稣遗体像以及玫瑰像等。这些像当然显示了制作者一定的艺术能力，但是更加主要的是它们在历史的和宗教上的价值。②

陶器 在陶瓷器中也有一些南蛮主题的作品。基督教在日本传播的时代与桃山时代相吻合，当时日本社会极其推崇茶道。范礼安强调传教士要懂得日本社会的这一习俗，并要求主要的耶稣会会院都要备有茶室，在尊贵的客人来访时要以茶道招待客人。一些有经验的传教士精通茶道。耶稣会士陆若汉在其《日本教会史》(História da Igreja do Japão) 中记载了许多茶道礼仪方面的知识。更有甚者，一些主要的基督徒以对于茶道的鉴赏和知识闻名于世。高山又近就是对于茶道的美学价值深有研究而著称的。在当时著名的茶道大师利休（Sen no Rikyû, 1520—1591）的学生中至少有七人是基督徒。在这一时期有一些不同的茶具上刻画有基督教的象征物。在大阪南蛮文化馆中一个美浓窑风格的陶瓷茶碗上有一个白色的正方形十字架印在黑色的底子上

---

① 方豪：《清代禁抑天主教所受日本之影响》，《方豪六十自定稿》，第 166 页。
② Fernando G. Gutièrrez, S.J., "A Survey of Nanban Art", in Michael Cooper edited, *The Southern Barbarians, The First European in Japan*, p.205.

第四章 "南蛮艺术"的光与影：耶稣会与欧洲艺术在日本

（该茶碗高 8.6 厘米，边口直径 11.2 厘米）。另一个为"乐烧"（raku-yaki）风格的陶瓷茶杯，这是当时日本最流行的饮茶瓷杯。所谓"乐烧"就是在规模较小的窑炉中以单件的方式烧制的瓷器。这种瓷器非常个人化，以手捏和蓖削的方式做成陶胎，然后上釉，最后再多烧一次。由于它们都是一个个地制作和烧制的，所以难以大批量复制。这件"乐烧"上面刻有一个拉长的十字架，它看上去有一种庄重的美感，符合当时流行的"乐烧"的审美趣味。

南蛮神父形状的烛台 1。作于 16 世纪末年至 17 世纪初年，藏岛原城堡

不过西方的装饰物并不仅仅出现在茶具上，还有一些瓷器上也有基督教的装饰物。有一个带有十字架的碗是在山口县的萩市的一个窑里出土的，高 20 厘米，碗口直径 31.5 厘米。萩市是当时专门烧制朝鲜式样陶瓷器皿的地方。大部分的瓷器带有灰白色的特征。这个特别的陶瓷碗是在京都被人发现的。还有一个瓷碗高 9.5 厘米，碗口直径 20 厘米，碗边很厚，上面刻有一个明显的十字架，周围有放射状的光芒。这两个瓷碗保存在大阪南蛮文化馆。在陶瓷器中

南蛮神父形状的烛台 2。藏岛原城堡

还有南蛮人形状的烛台，有些南蛮人的形象看上去非常滑稽，穿着灯笼裤，这种穿灯笼裤的葡萄牙人形象在南蛮屏风上经常可以看到。也有一些南蛮人的陶瓷烛台做成南蛮神父的模样，脸上可以明显地看到葡萄牙人的样子，穿着神父的长袍，有紫色的，也有褐色的，头戴神父的四角帽，胸前还有十字架。

317

五、"南蛮寺"以及教会住院建筑

最初的时候,耶稣会士是把教堂建立在佛教庙宇原址上的,比如,1575年,耶稣会士在长崎大村纯忠的支持下,推倒了佛教寺庙与宝塔,付之一炬,然后在上面建立基督教堂和十字架。在大村等地,传教士们也这样做。当然,他们也沿用了以前佛教寺庙的建筑材料,基本的建筑方法也是日本传统的,比如榫卯结构、木材、柱子、木梁、斜屋顶等。当时,日本一些主张中央集权的重要政治人物都采取了打击佛教势力的做法,比如织田信长压制佛教的势力,1751年摧毁比睿山的天台宗;同样,丰臣秀吉也镇压被称为根来众的真言宗僧侣。为了逃避镇压,佛教僧侣也出售一些房产给天主教的传教士。[1] 有时,他们也通过基督徒的捐赠或购买房地产获得土地或寺庙,建立教堂或者会院。也有耶稣会士在建造教堂的时候,在去除佛教的神像以后,基本保留了原来寺庙的结构和样式,重新使用它们作为教堂。比如1576年的一位耶稣会士在信中提到,有马义贞曾经捐赠了一座寺庙,传教士没有做任何结构上的改动,就将它用作教堂。而沙勿略就是在萨摩町的一座曹洞宗的福昌寺前进行布道活动的。耶稣会士觉得佛教寺庙很适合传教和布道,因为它们往往地处繁华闹市,也因为在这里布道象征着基督教对于"异教"的胜利。

当地的基督教大名、来日本做生意的葡萄牙商人以及日本本地的基督徒也经常捐赠金钱和地皮让传教士建筑教堂和房屋。同时,他们也在基督徒大名筑有围墙的要塞里面建立小教堂。从沙勿略的时候开始,就有不少教堂是建在围着壁垒的城堡里面的,比如在市来鹤丸城、大和国的茨城以及高山友照的居住地等,就有这样的小教堂。早在1555年,大友宗麟在丰后的府内,就给了传教士一块地皮,让他

---

[1] Rie Arimura, "The Catholic Architecture of Early Modern Japan: Between Adaptation and Christian Identity", in *Japan Review*, No.27, 2014, pp.59–60.

们建一所带有小教堂的房子，既可以用作敬拜，也可以让传教士居住。大友宗麟还每年给传教士一些钱，让他们积攒起来买一座大的房产，后来他们在当地基督徒的帮助之下建立了一座新的教堂，他们可以居住在那里，从事退省和灵修。

1573年，著名的基督徒大名高山右近成为高槻城的主人，收入有两万石，他的父亲高山友照也来到这座城堡，他们一起在原来庙宇的地基上建造了"一座很大的价值300克鲁扎多的教堂。为此，他的朋友们提供了大量优质的木板和材料，这些木材本来是留作别的用途的。高山右近极力避免用那些不新的木料来建造教堂。他在教堂的周围还建造了一个很大的花园，种植了许多美丽的花卉和绿树。可以肯定，这个花园必然是葱翠繁茂，极其适合在复活节的时候举行宗教游行的。在广场的一块有着小树的地基上，他安放了三个叠起的十字架，那里看上去就好像有一片树林环绕着这三个十字架，旁边还有无数花卉。他还将清水从远处引到十字架附近，创造出一个池塘，放了鱼在里面，让基督徒感到赏心悦目。由于他对这项工作怀有热情，所以他觉得自己必须亲力亲为"。[①] 高山右近还为神父们建造了一座小屋，弗洛伊斯写道："他在小屋房间的前面还造了一所特别的花园，这是日本寺庙前面专门作为装饰之用的，在每一块自然的地里都种植了许多小树，它们看上去自然、纯洁，与欧洲完全不一样，的确令人感到愉悦和美好。"[②] 这种造园的风格受到中世纪以来日本佛教禅宗思想的影响，讲究崇尚自然和具有精神上的象征意义。陆若汉在其《日本历史》里面谈到日本人喜欢将屋宇建造在自然中间："（日本人）在客厅的前面种植了许多树和花，它们都是模仿自然栽种的，这些花卉都按照不同的季节绽放。他们都小心地看护这些花卉，许多珍贵的花卉以

[①] Fróis, História, II, pp.198–208; in Ignatia Rumiko Kataoka, "The Adaptation of the Sacraments to Japanese Culture during the Christian Era", in M. Antoni J. Uçerler, S.J., *Christianity and Cultures, Japan & China in Comparison*, Institutum Historicum Societatis Iesu, 2009, pp.115–116.

[②] Ibid.

及石头从远方被运到这个花园里,这真像是眼睛的盛宴"。①

从沙勿略开始,耶稣会士就想在京都建立教堂,因为局势动乱一直没有如愿。直到 1561 年,耶稣会士才在京都建立了第一所教堂。他们在姥柳町的下京四条这个地方买下一所阴暗狭小的旧房子。后来,耶稣会士想从佛教僧侣那里买下京都城外的一所寺庙。他们想将寺庙拆除获取建筑材料,但是这个计划没有成功。最后,在 1575 年至 1578 年,耶稣会士在姥柳区建造了"圣母升天教堂"(the Church of Our Lady of the Assumption),当地的基督徒捐资,雇用了木匠和工人完成了这座教堂的建造。它的设计者可能是意大利耶稣会士奥干蒂诺神父(Padre Organtino Grechi-Soldi),他的艺术才能是备受称道的,建筑物的木工活由京都地方的手艺人和工匠承担。弗洛伊斯曾经提到过这座教堂,他说它既不是按照日本宗教建筑的式样,也不是按照欧洲教堂的建筑法建造的。事实上,这座教堂有三层楼,楼上有六间传

南蛮寺图之一

---

① João Rodrigues, translated by Michael Cooper, *João Rodrigues's Account of Sixteenth—Century Japan, Hakluyt Series III, 7*, London: The Hakluyt Society, 2001, pp.146–147.

第四章 "南蛮艺术"的光与影：耶稣会与欧洲艺术在日本

南蛮寺图之二

教士居住的房间。人字形的屋顶，上面矗立着一个十字架，好像飞翔在高空一般。当时著名的画家狩野宗秀（1551—1601）曾经在一幅扇面上描绘了这座教堂，此画称为《京都南蛮寺》。这座建筑物不同寻常，在当时就引起人们的争议：有人认为它超过了织田信长时代规定的城市中庙宇以及房子的高度，暗含对这座城市的轻蔑；有人说它把神父们居住的屋子建在了敬拜空间的上面，不符合日本人的习俗；还有人从这座房子的第三层上面看出去，看到邻近房子的内院和人家的妻女，以致她们不敢或者不愿意外出了。按照弗洛伊斯的说法，耶稣会就是要把教堂建得很高，这样可以主宰城市的天际线，吸引人们到教堂里参加敬拜。[①] 开堂的第一天，奥干蒂诺主持了第一场弥撒。他还雄心勃勃，想要仿造罗马的七大圣殿，在京都建立七座这样的教堂。为了做到风格上的尽善尽美，他写信给罗马的总会长要求派遣受过训练的建筑师、雕刻家、画家以及音乐家和乐器制作者来到日本；

[①] Rie Arimura, "The Catholic Architecture of Early Modern Japan: Between Adaptation and Christian Identity", in *Japan Review*, No.27, 2014, pp.65–66.

南蛮贸易时代：近代早期日本与欧洲交流史（1542—1650）

他还想通过总会长影响罗马教宗做出这样的决定，让罗马的一些教堂将一些搁置不用的旧锦缎和天鹅绒制成的祭披运到东方来，他还要求范礼安让一些富有的葡萄牙舰长将锦缎以及祭披从海上带到日本来，以供教堂的神父举行仪式用。①

在安土桃山时代，基督教在九州和京畿发展顺利，许多新的建筑物出现了。许多建筑材料也被循环反复地使用。比如，在萨摩藩的京泊，多明我会的教堂因为当地出现反对基督教会的趋势，就被拆除了，所有的建筑材料分装三艘船运到了长崎。1609 年，他们在长崎重新安装了这些建筑材料，建造了新的多明我教堂（the Church of Santo Domingo）。在府内与丰后，耶稣会士在大友宗麟的支持下，使用旧建筑物上的杉木来建造新的教堂。榻榻米也被大量地使用在教堂的建筑物中。

上述大部分的教堂在范礼安抵达日本并召集第一次教务会议的时候已经存在。换句话说，当范礼安于 1579 年第一次巡查日本各地教会的时候，他一定在不同的地方看到许多这样的教堂。由于范礼安在各个方面大力推进耶稣会在日本的本地化，所以在教堂的建筑方面他受到已有的日本教堂的影响，也相应地做出了一些重要的指示。他的传教策略体现在他所写的于 1581 年出版的名为《日本的房屋和教堂的建筑法》(*Advertimentos e avisos acerca dos costumes e catangues de Jappão or the way of proceeding in building our house and churches in Japan*) 手册当中。此书中，范礼安主张对在日本的外国传教士的日常行为方式加以改革。他劝说在日本的耶稣会士应该有清洁的生活习惯和文雅的行为举止，应该保持尊严和庄重的仪态。他强调耶稣会士应该采取日本人的日常生活方式，如吃日本人的日常食物、穿日本式样的衣服以及学习日本人的行为举止和礼仪。他还希望传教士们在某种程度上以奢华庄严的方式行事，这在当时对于赢得日本人的尊敬是

---

① Josef Franz Schutte, S.J., translated by John J. Coyne, S.J., *Valignano's Mission Principles for Japan, Vol.2, From His Appointment as Visitor until His First Departure from Japan(1573–1582), Part II: Solution (1580–1582)*, pp.111–112.

至关重要的。他甚至想把当时日本禅宗的一支临济宗的教阶制引入基督教会当中。这种理念非常接近于在印度婆罗门中进行传教活动的意大利耶稣会士德·诺比利（Roberto de Nobili, 1577—1656）的思想。这本手册的第七章和最后一章特别谈到了建筑艺术的问题。范礼安认为，耶稣会在日本的所有建筑，包括教堂、修道院以及会院，都要采用日本本地的风格，也要由日本本地的建筑师设计和建造。这些建筑物应该适应日本本地的礼仪，如在其中表演茶道以及适当地将不同的社会阶层以及不同性别的人们区分开来。1583年，耶稣会将日本技艺高超的建筑师尤斯托（Justino Kazariya）从坂井邀请到长崎，为当地的基督徒建造许多日本式样的教堂和当地称为"仁慈堂"的房屋。[①]

范礼安对于将来日本教会的建筑做出了规划。他希望将来在建造教堂的时候应该事先提交规划，首先教堂应该建造得合乎日本人在其中举行宗教仪式的规范，尤其是具有日本天主教特色的仪式，这一点以前没有进行认真考虑，因为神父们对日本本地人的需求还不够了解。很明显，教堂的建筑不应该以同样的方式建造，应该根据学院、见习修院、神学院和大大小小的会院不同的功能建造。他提出了以下十点原则：

一，房子应该可以用来接待客人，根据日本人的礼仪，无论是男子或是妇女，都各有自己不同的阶级，接待他们的时候要根据不同的社会阶层采取不同的方式；神父们则应当持守自己的独立性。

二，除了接待客人的客厅以外，还要为一些住户家庭和不容易接触的陌生人建造一些房间，这个原则适合于所有的教堂建筑，但是对于见习修院以及神学院则特别重要，因为那里有许多耶稣会士以及传教员居住，常来常往的访客很容易打扰他们的默想和学习。因此，要建造专门供教会人士居住的房间，而且这些房间不能轻易地被别人打扰。

[①] Gauvin Alexander Bailey, *Art on the Jesuit Missions in Asia and Latin America, 1542–1773*, pp.63–64.

三，侍者工作的厨房、备餐室和作坊应该安排在客厅以及神父、学生住房都容易到达的地方；另一方面，应该小心的是在大的教堂和神学院里，仆人不应该被安排走过神父和学生的起居室以及作坊。相应地，房间的厢房以及院子应当隔开，修士以及神学生应该有自己进入的大门。在建造教堂的时候，厨房和备餐室应该与教堂的主体建筑物分开，在两者中间设立一个中庭，还要设置一个别的出入口。厨房应该被设计成日本的式样。

四，所有的客厅，至少是那些接待陌生访客的客厅，按照日本人的习俗，应该有可以滑动的移门，在需要的情况下它们可以打开通向一个更大的房间。在建造两层楼的石头房子时，里面应该建有走廊以及客房，以便发生火灾时可以逃生。

五，在建造会院的时候应该尽量避免建两层楼的房子，这样，钱就可以节省下来用于建造在平地上的日本风格的客房。小的会院建造的花费不多，两层楼的房子不宜用本地的风格建造，除非有足够的经费。

六，所有的房子都至少要有两间建在平地上的客房，它们的周围要有走廊；其中的一间要用作茶室，另一间则由神父和修士用来接待客人。在客房和走廊的前面要有维护良好的花园。根据日本的礼节，走廊是用来让来访者从一边而神父们从另一边进入会客室的。

七，在所有的房子入口处，距离花园有一点距离，都设有一个门卫室，不同的人如信差、陪同主人来访的仆人都可以在这里停留、稍息。所有的会院，即便是小的会院，都有门房和接待室。在大城市里驻有领主和诸侯的地方，有许多社会阶层很高的人会访问会院，因而有必要保留两间客房，里面必须特别干净并备有精致的家具。在一般的接待室接待大人物是很不礼貌的。这种时候，耶稣会士会在特别的茶室里面接待他们，茶室中备有精致的柜子，里面有茶道礼仪所需要的一切用具，有的时候还备有甜点以及特别的餐桌，冬天还设有火炉。在比较大的会院或是神学院里，这种地方一般设在比较远的地方，这样就不会干扰神父和学生的默想与学习。

八，在建造教堂的时候，应该遵循欧洲教堂的建筑方法，教堂的中堂要建造成长方形，主祭坛以及高祭坛设在比较长或宽阔的一边，而不像日本的寺庙放在狭长的一边。基督教的教堂在设立祭坛的重大事情上不必向异教徒学习，也绝对不要颠覆教会的传统。另一方面，在唱诗台的左边和右边，则可以合理地借鉴日本的样式。特别是在那些接待社会阶层比较高的贵妇或绅士的时候，这类特别接待室可以用滑动的移门与教堂连接起来，在弥撒的时候可以打开，在平时可以让他们休息。

九，根据日本的习俗，所有的教堂在走廊的前面都要有开阔的空间，在走廊向外的一边，要有防雨和防太阳曝晒的屋顶，可以是日本式样的，还要有一个水盆，如果有需要的话，在下雨泥泞时客人可以清洗他们的脚，在更远的地方要设立一个干净的厕所。

十，在教堂附近还要有一些接待室是专门留给妇女休息的，使她们不需要经过传教士的居所，无关的人们也不能够随便地窥视她们。[1]

从1581年至1614年，日本天主教会大致按照范礼安确立的这个教堂的建筑原则来从事教会的建筑事业。这是总结了日本天主教三十余年发展经验和财力所作出的规定。根据其原则，在建造教堂的主体建筑时，应当尊重欧洲教堂的建筑法，至于附属的建筑则特别注意吸收日本的建筑以及文化传统，由此适应日本的文化和社会，在尽量不触犯日本文化习俗的前提之下传播天主教的教义。1593年，耶稣会的年报说，长崎建造了一座新的基督教堂，虽然它不是很大，但是日本与欧洲风格合一的教堂建筑物。它的走廊上一共有十间房间，其中五间房间用于神父的个人祈祷，另外五间房间用于接待客人等，都是日本式样的平房，铺着榻榻米。其中还有一间是配有餐具的食堂，建造有另外的走廊。这座教堂的建设过程中，加津佐的教堂给予了资助，也捐助了木材；长崎的葡萄牙人则资助了三百两黄金。

---

[1] Gauvin Alexander Bailey, *Art on the Jesuit Missions in Asia and Latin America, 1542–1773*, pp.187–189.

除了耶稣会士，当时来自马尼拉的托钵僧修会如方济各会士也在日本建立了一些教会建筑物。方济各会士主要在京都地区活动。1593年，佩德罗·包蒂斯塔神父获得丰臣秀吉的准许，在京都得到一片土地，为方济各会士建立了会院。丰臣秀吉手下的长官玄以法印（又名前田玄以，1539—1602）让方济各会士在城内选了一片麦田，让他们先租赁下来而不是买下来。玄以法印关照这些传教士，不要在他们自己的房子里传教，也不要聚众祈祷，但是方济各会士们并不理会，他们就在这个地点建立了一座小修道院和一座教堂，其外观、风格很像是新西班牙的建筑，不过采用的建筑材料完全是当地的普通"木材、竹子和黏土"。1595 年 2 月，包蒂斯塔与方济各会士在京都建立了一座更大、更宽敞华丽的教堂，它拥有一座唱诗台、三座祭坛以及附属修道院，人们可以在这里礼拜或学习教理。此建筑群建立在京都城一旁的一条河边，还拥有一座果园，周边没有其他的邻居，所以看起来很高大也很惹眼，许多日本人赞叹不已，他们从来也没有见到过这样的建筑物。教堂附属的修道院还有两层的回廊和房屋，下层供信徒学习教理，上层则是用来给神父居住的；此外还有办公室和单人房间，是以欧洲卡斯蒂尔修道院的方式加以管理的。耶稣会士弗洛伊斯在年报中说这座教堂和修道院建筑群占地 1.6 万平方米。根据另一位方济各会编年历史学家的记载，教堂的中堂是长方形的拉丁十字架样式，有一道屏障将至圣所与中堂隔开，与 16 世纪欧洲的方济各会大部分的教堂样式（即单一的无间隔的中堂）是不一样的。教堂的祭坛上供奉着圣方济各的雕像。中堂底端的上方就是唱诗台。除附属的修道院以外，还有两所附属的医院即圣若瑟和圣安娜医院，建筑在教堂的两边，就像是两座钟楼。[①] 方济各会在京都建立的教堂富丽堂皇、高大雄伟，与该会倡导的不同于耶稣会的迂回曲折的传教路线有关，方济各会士更喜欢以比较高调的直截了当的方式去传播宗教。

[①] Rie Arimura, "The Catholic Architecture of Early Modern Japan: Between Adaptation and Christian Identity", in *Japan Review, No.27*, 2014, pp.68–70.

六、日本耶稣会艺术家在澳门、北京等地的活动

流落到澳门的日本艺术家 从 1592 年开始，德川幕府当局开始驱逐外国传教士和日本的基督徒，除非后者放弃自己的宗教信仰。许多被放逐的传教士和基督徒去了菲律宾。[①] 还有一些日本的基督徒被放逐到澳门。

1614 年 2 月 27 日，德川家康发布禁教令，同年 11 月 7 日和 8 日，有许多传教士和基督徒离开日本，他们分乘五艘船，其中两艘驶往马尼拉，三艘驶往暹罗和中国的澳门。尼格劳和他的日本学生乘船来到澳门避难。1636 年，与葡萄牙男人结婚的日本妇女以及她们的混血子女也被勒令离开日本，他们共有 278 人，被流放到了澳门。在这段特殊时期，澳门成为日本基督徒的避难所。[②] 葡萄牙历史学家文德泉神父（Fr. Manuel Teixeira）指出：在澳门"天主之母"神学院即圣保禄学院的死亡人士名册中有 25 名日本人。他还指出当时耶稣会用了日本基督徒和艺术家来建造"天主之母"教堂："当时教会传说耶稣会用了一些从日本来到澳门避难的基督徒来建造教堂。这种做法比现代的那种光给救济而不给工作的制度更好。"[③]

有迹象表明，尼格劳和他的学生们来到澳门以后继续在当地从事绘画。当时的澳门，正处在对日本贸易的全盛时代末期，"天主之母"教堂（即著名的"大三巴"教堂）主体建筑已经完成，这座教堂是耶稣会圣保禄神学院的教堂（故它被称为"大三巴"即"圣保

[①] 1592 年，有 300 名日本基督徒去了马尼拉；1606 年，有 1 600 名日本人去了马尼拉，到 1628 年，在菲律宾的日本基督徒达到 3 000 名之众，他们在当地巴石河畔建立了两座城镇。1592 年建立了迪劳（Dilao），1615 年则建立了圣弥额尔（San Miguel）。Fr. Manuel Teixeira, *The Japanese in Macao*, Institute Cultural de Macau, 1990, p.27.
[②] C.R. Boxer, *The Christian Century in Japan, 1549–1650*, pp.364–367.
[③] Fr. Manuel Teixeria, *The Japanese in Macao*, p.9. 有关日本基督徒与澳门圣保禄学院的关系，可以见 Diego Yuuki, S.J., *The College of* St. Paul of Macau and The Church of Japan, in *Religion and Culture, An International Symposium Commemorating the Fourth Century of The University College of St. Paul*, pp.277–297.

禄"的音译）。教堂本身是奉献给圣母玛利亚的，教堂的门楣上清楚地刻着"天主的母亲"字样。当时，教堂的主体结构已经完成，不过，它壮丽辉煌的正立面还在建筑和装修，其内部也在装修之中。现在澳门"大三巴天主教艺术博物馆"中存有一幅《天使长圣米额尔》（St. Michael the Archangel）的画作，据说是原先位于"天主之母"教堂中央至圣所旁边的圣米额尔祭坛上（the altar of St. Michale）供奉的画作，可能是出自尼格劳或者他学生的手笔。众所周知，天使长米额尔在基督教艺术中被表现为天军的领袖，率领天军与撒旦及其徒众战斗。他名字的意思就是"像上帝的人"（Who is like God）。文德泉神父指出日本的画家将天使长米额尔画得有点像日本的武士，身披的盔甲是日本的样式，手中握的是日本武士用的弯刀，眼睛也是东方人的样子。[1] 耶稣会艺术史学者胡纪伦（César Guillén Nuñez）也认为尼格劳和他的学生参与了"天主之母"教堂的装修工程，这幅可能是供奉于天使长米额尔祭坛前的油画是出自前来澳门避难的日本艺术家之手。天使长米额尔的图像是经常出现在长崎的日本教会的。沙勿略经常要求日本的信徒在上床睡觉以前向米额尔祈祷。胡纪伦指出这幅天使长的特别之处是他手中所握的圣杯发光，即含有圣体（饼），圣饼上还画了一个十字架。这个不寻常的图像表明耶稣会在艺术、灵修以及日常的圣事中对于圣体圣事的强调。由于圣米额尔的祭坛就在至圣所的旁边，而至圣所是供奉圣体的地方，因此，对于圣米额尔的崇拜可以被视为圣体崇拜的预示。[2]

现代学者中许多人都认为来到澳门的日本艺术家参加了"天主之母"教堂正立面的建筑装饰工程。他们在1614年以及1638年以后从长崎等地来到这里避难，同一时期也是"大三巴"正立面最重要的建设时期，他们的工作在"大三巴"上留下了不可磨灭的印记。在正立面一条长楣上有装饰性的菊花图案，菊花象征着日本，是日本的皇族

---

[1] Fr. Manuel Teixeira, *The Japanese in Macau*, p.29.
[2] César Guillén Nuñez, *Macao's Church of Saint Paul, A Glimmer of the Baroque in China*, Hong Kong University Press, 2009, pp.115–116.

第四章 "南蛮艺术"的光与影：耶稣会与欧洲艺术在日本

《米额尔天使长像》。可能是17世纪上半叶从日本来澳门避难的日本艺术家所绘制。今藏澳门大三巴天主教艺术博物馆

澳门"大三巴"教堂正立面的《升天圣母像》,旁边有六位天使环绕

使用的图案。郑秒冰博士更指出在表现圣母的那层立面上,有"圣母踏龙头"字样,在其上方那层由灰泥抹成的旋涡形山楣上,又有"念死者无为罪"以及"鬼是诱人为恶"的汉字题刻,既不押韵,也不对仗,字体简陋,并无文人的雅致,很可能是在澳门寻求宗教庇护的日本人所刻写的。①

在"大三巴"正立面自上而下的第三层,除了中央的"圣母升天"(Assumption of the Virgin)以外,两边还有"圣母引导葡萄牙大帆船"以及"圣母踏龙头"两幅浮雕,前者寓意为圣母庇佑葡萄牙人的航海活动,也可以解释为圣母在庇佑教会。因为在早期基督教的艺术当中,"船"也可以寓意为教会。至于圣母踏在龙头之上,更可以解释为基督教对于东方异教徒文化的征服与凯旋。可以说,整个第三层是以圣母为中心的艺术作品,也是"大三巴"正立面艺术的最高潮部分。胡纪伦指出:第三层中央最大的一尊圣母像为《升天圣母像》。

---

① 郑妙冰:《澳门—殖民文化中的双面神》,(香港)明报出版社2004年版,第97—98页。

第四章 "南蛮艺术"的光与影：耶稣会与欧洲艺术在日本

澳门"大三巴"教堂正立面的圣母站立在航船之上的雕刻

圣母的周围有六位在祈祷、吹奏乐器和摇摆香炉的天使像，体现了日本基督徒强烈的宗教感情。与正立面相对应的，教堂的主祭坛上同样也供奉着《升天圣母像》。在16世纪，日本基督徒推崇"升天圣母"崇拜的原因与沙勿略于1549年抵达日本的那天正是"圣母升天节"有关，后来在16世纪70年代耶稣会将他们在日本京都所建的一座极其重要的教堂奉献给"升天圣母"。在澳门的耶稣会善会团体中也有"升天圣母善会"，可能也是受到了日本教会的影响。[1] 当沙勿略在日本传教的时候，他要求信徒在晚上睡觉以前向升天圣母以及天使长米额尔祈祷，这样可以免除魔鬼的侵扰。[2] 在"大三巴"正立面自上而下的第二层，表现的是耶稣战胜死亡，也就是对于殉道精神的赞颂，其中央部分是手握地球球体的小耶稣，两边则是刻画着钉死或者折磨耶稣的刑具，如钉子、鞭子、荆冠、柱子、海绵、梯子、榔头，还有松

---

[1] Fr. Manuel Teixeira, *Macau e a sua Diocese, III*, do Orfanato Salesiano, 1957, p.178.
[2] George Schurhammer, S.J., *Francis Xavier, His Life, His Times*, translated by M. Joseph Costelloe S.J., Vol.II., Rome: The Jesuit Historical Institute, 1977, pp.200–201.

澳门"大三巴"教堂正立面的圣母站立在七首龙之上的雕刻。正立面上的雕刻对于圣母的突出很可能是因为参加教堂雕刻的日本艺术家特别崇敬圣母

了绑的绳子以及无头的麦穗等,均寓意赞美耶稣的蒙难以及战胜死亡以后的复活。这些主题均与特兰托大公会议以后罗马教会倡导的正统教义有关,也与同一时期日本与东亚天主教会所遭遇的特殊境遇有关。对于圣母的崇拜以及对于耶稣蒙难之殉道象征意义的强调是日本教会最重要的仪式和艺术的特征,这在"大三巴"的正立面上也有很明显的反映。

1626年3月16日,尼格劳在澳门去世,他被安葬在"天主之母"教堂中的"圣灵小教堂"(the Holy Spirit Chapel)祭坛边上。尼格劳的几位日本学生也在澳门度过了他们的余生。大重修士于1614年随同尼格劳一同来到澳门避难,他于1615年1月20日去世,葬在"天主之母"教堂的圣米额尔大天使祭坛附近。达太修士于1627年11月16日在澳门去世,他被安葬在圣米额尔大天使祭坛的前面一处,在品托(André Pinto)和知久修士的坟墓之间。①

游文辉与倪雅谷 在尼格劳的学生中还有两位与中国传教区

---

① Fr. Manuel Teixeira, *The Japanese in Macau*, p.15.

第四章 "南蛮艺术"的光与影：耶稣会与欧洲艺术在日本

的绘画事业有关。第一位名叫游文辉，其葡萄牙名为佩雷拉（Fr. Emmanuel Pereira, 1575—1630），他出生于澳门，早年就显示出绘画的才能，于1593年至1598年之间被耶稣会送往日本，在尼格劳的指导下从事绘画。1598年，他回到中国，去了南京，在利玛窦手下工作。据记载，他的第一幅作品是临摹一幅墨西哥版的《圣母与圣婴》，旁边还有圣约翰，据称他画得十分精致。在1600年利玛窦北上的时候，传教士们将这幅画赠送给了山东济宁府总督的夫人。不过，一些传教士认为他的绘画才能十分平常。1603年，他在北京成为初学修士以后就回到南京，在南京加入了一个善会团体。很可能他后来又回到了北京，因为在1610年利玛窦去世以后，他应传教士的要求，为利玛窦画了一张著名的纪念性肖像。这幅画于1614年被带回罗马，至今仍然保留在罗马耶稣会会院。画的是蓄须的利玛窦身穿儒服的半身像，右上方有一个耶稣会的会徽。[①]1617年圣诞节，他成为教理讲解员，大概在此时回到澳门，但是五年后情况有了转机，他又回到了北京。1628年时他还在世，1630年他在杭州去世。[②]

另一名尼格劳的学生名叫倪雅谷（Jacob Neva, or Jacob Nuia, 1579—1638），或称倪一诚。他于1579年出生于日本，是一名混血儿，父亲是中国人，母亲是日本人。青年时期，当耶稣会神学院还在矶城和天草等地搬迁的时候，他已经入校学习，跟随尼格劳学画。1601年，刚到北京的利玛窦神父向范礼安视察员写信，告诉他对于身边的游文辉修士的绘画能力有些不太满意，希望范礼安向中国传教区派出更有绘画才能的传教士。不久，倪雅谷被指派前往耶稣会中国传教区工作，同年来到澳门。不过，他没有去北京，而是留在澳门为"天主之母"教堂创作《圣母升天像》以及《一万一千童贞女》（Eleven Thousand Martyr Virgin），在该教堂第二次失火以后，他为新

[①] 此画的细部见：《海崎儒宗：利玛窦逝世四百周年文物特集》，澳门艺术博物馆，2010年，第178—179页。
[②] John E. McCall, "Early Jesuit Art in the Far East, IV in China and Macao before 1635", in *Artibus Asiae*, Vol.11, No.1–2, 1948, pp.49-51.

333

的教堂画了这两张新作以替代被焚毁的作品。1602 年 7 月或者 8 月，他作为见习修士前往北京。抵达北京以后，他就画了一张《圣家族》（the Holy Family）。画中耶稣在中间，两边分别是圣母和约瑟，圣母和约瑟脖子上挂着圣物盒、手中握着念珠。此画完成以后，耶稣会就将它赠送给当年 9 月 21 日受洗的一位教名为路加的中国信徒。[1] 此外，他还为北京的教堂画了一张《圣母与圣婴》。据记载，当时还有两人协助他作画，其中一人可能是游文辉。[2] 1604 年，倪雅谷似乎回过澳门，他为澳门耶稣会画了《圣母与圣婴》。同年圣诞节，北京的耶稣会士将此画以及倪雅谷的其他画作向公众展示，前来观看的中国人感到十分惊异。范礼安 1606 年 1 月去世前，有意接纳倪雅谷为耶稣会士。但是这年 8 月，利玛窦神父中断了他的见习修士生涯并将他送回澳门。他又为澳门的"天主之母"教堂画了一些画，其中包括 1670 年所画的《救世主耶稣基督》。后来在回北京的路上，他在南昌停留，为当地教会画了《救世主耶稣基督》的彩色木刻画，他还为南昌的两座小教堂画了《救世主耶稣》以及《圣母像》。在 1610 年利玛窦去世以后几个月，他回到了北京。不久，他为利玛窦墓地的小教堂画了一幅庄严华丽的壁画，画中耶稣坐在王座上，上面是众天使，下方是使徒和赤足的圣人。这幅画原作可能毁于 1900 年的"庚子事变"，但是有一名不知名的临摹者将它临摹了下来，摹本保存在纽约自然历史博物馆（Museum of Natural History in New York）。[3] 1612 年，他还画了一幅有镀金装饰的由四块版面拼接而成的地图，耶稣会士庞迪我（P.J. de Pantoja, 1571—1618）为这幅地图写了说明，解释了世界的历史、地理以及各个国家的物产。倪雅谷可能在 1617 年又回到澳门，以后则一直留在澳门。1623 年耶稣会名录上记载他身体虚弱、健康不佳，

---

[1] John E. McCall, "Early Jesuit Art in the Far East, IV in China and Macao before 1635", in *Artibus Asiae*, Vol.11, No.1–2, 1948, pp.49–51.

[2] Ibid., p.51.

[3] W.L. Harris, "Early Western Influences in the Art of East", in *Good Furniture*, vi, April, 1916, p.222.

但是他又活了十五年，直到1638年10月26日在澳门去世，享年60岁。他被安葬在"天主之母"教堂的圣米额尔祭坛附近。

16世纪至17世纪20年代耶稣会在日本开办的艺术学校培养了一代亚洲本地的艺术人才。他们的作品以欧洲的绘画风格为主要特征，也融合了亚洲本地绘画的因素。从1583年至1614年不过三十一年的时间里，前十七年日本耶稣会艺术学校在不同的地方搬来搬去，学生的生活很不稳定，后十四年才在长崎安定下来，尼格劳只培养了一代日本本地的学生。所以，他们没有像在中国的耶稣会艺术家那样在18世纪仍然活跃于宫廷等地，因而也就没有更多时间和机会在艺术上作本地化的探索。即便如此，日本耶稣会的画家们仍然坚持将东方的艺术形式加入到作品中去，如金色的云彩、峻峭的远山以及东方绘画中优美的线条。对于外国人物，他们也能够刻画出动人的表情。[1] 同时，这个艺术学校还是当时亚洲最大的和最早的耶稣会艺术团体，其所具有的开创意义是毋庸置疑的。另外，由于当时中国耶稣会传教区与日本的密切关系，在1614年日本禁教以后，许多日本艺术家都转移到了澳门，所以他们在澳门的活动，以及游文辉、倪一诚等人在北京、江西等地的艺术活动，又成为耶稣会中国传教区艺术活动的一部分。

七、玛利亚观音像

自1614年，尤其是1638年爆发的"岛原之乱"被镇压以后，德川幕府严厉查禁基督徒团体的活动，葡萄牙人和外国传教士都已经被驱逐出境。1643年，最后一名日本本地的神父也遇害了，他是小西行长的孙子。1657年，在大村地区有608名基督徒被捕遇害。当时的基

---

[1] （日）秋山光和：《日本绘画史》，常任侠、袁音译，人民美术出版社1978年版，第132页。

督徒被迫转入地下活动，有许多人避入偏远海岛林木茂密的深山，他们被称为"隐秘的基督徒"（hiding Christian）。在这段时期，有几种与基督教有关的图像出现或者说在民间流传，它们可以被看成"南蛮艺术"的余绪：第一种是上文提及的所谓的"踏绘"，一般是用木头或者黄铜做成的，有时是用木头和黄铜两种材料合并做成的。这些图像是幕府的官吏为了检验日本基督徒心里是否还存有基督教的信仰，强迫命令他们践踏在图像上，如果他们有所犹豫，就要被带走关押或者处刑。德川幕府从1626年开始例行这种"踏绘"仪式，这也表明当局完全明白这些宗教圣像在基督徒心中的神圣地位。在德川幕府1868年垮台后不久的1871年，持续了二百四十五年的"踏绘"仪式在日本完全被废止。① 在这些"踏绘"上的有耶稣被钉在十字架上的蒙难像，更多的是圣母像，有圣母抱着小耶稣，也有圣母抱着从十字架上放下来的耶稣像。第二种是所谓的"纳户神"像，这是一种由日本当地一些业余艺术家用简单的材料如纸张制作的女神像。从圣像学的角度来说，"隐秘的基督徒"可以将这些女神像当作西方基督教的圣像特别是圣母像来崇拜。有些这样的"纳户神"还隐隐约约带有基督教的象征物如十字架以及象征玛利亚贞洁的新月符号。除此以外，还有第三种是以陶土制作的人像以及神像，还有些是石头的雕塑，有些则是用黏土塑造的。这些神像主要是由生月岛、平户以及岛原半岛的当地人制作的，当地一直有一些隐秘的基督徒团体。在岛原城堡的博物馆以及长崎的二十六圣徒纪念馆里保存着一些这样的陶土像，其又被称为"土偶"。这些"土偶"形制上比较粗糙，有些仅仅可以看到粗略

"土偶"

---

① Wakakuwa Midori, "Iconography of the Virgin Mary in Japan and Its Transformation: Chinese Buddhist Sculpture and Maria Kannon", in M. Antoni J. Uçerler, S.J., ed., *Christianity and Cultures: Japan & China in Comparison, 1543–1644*, Institutum historicum Societatis Iesu, 2009, p.233.

的样子。第四种就是主要在长崎、大分、天草、岛原以及日本其他地区非常流行的由陶瓷做成的"玛利亚观音"像——这些观音像都被刻画成抱着婴儿,就像是玛利亚抱着耶稣圣婴的样子。

"纳户神""土偶"以及"玛利亚观音"原来都是日本本土的产物,所以不容易被幕府的官员发现,大多数人将其视为佛教的神像,尤其是玛利亚被伪装成观音,可以被隐秘的基督徒当作敬拜的神像。这些崇拜活动一般都是秘密地在室内进行的。① 在这些玛利亚观音像中,不乏从当时的中国商人那里进口的观世音瓷像。在中国人的心目中,观世音是大慈大悲关怀世人以及庇佑怀孕妇女的菩萨,中国人用瓷或者金属制作的这些神像,被称为"送子观音像"。这些瓷像大概产自德化窑,日本基督徒也将其当作圣母像来敬拜。笔者在 2012 年2 月访问岛原历史博物馆时目睹有十数尊这类精美的瓷像。在 1972年出版的《东京国立博物馆所藏基督教艺术品目录》(*Tokyo National Museum Catalogue of Illustrations of Christian artifact*) 中收录了 37 尊白瓷的"玛利亚观音像"以及 2 片白瓷残片的照片,它们大部分都是长崎奉行在 1856 年以及 1867 年的第三和第四次大搜查中,从长崎的

在日本的玛利亚观音。作于 17 世纪初年,藏岛原城堡

---

① C.R. Boxer, *The Christian Century in Japan, 1549–1651*, pp.368–369.

浦上地区隐秘的基督徒家中没收充公的物品。据称浦上的隐秘的基督徒"全身心地虔诚地敬拜这些玛利亚观音像"。据1857年"长崎奉行所"保留的搜查记录，浦上村山里隐秘的基督徒农民说："有两尊白瓷烧焙而成的玛利亚观音像是从祖上传下来的，一直被我们敬拜；重要的是，在禁教时期，基督徒并不把这些神像视为玛利亚观音，在他们的眼中，这些神像就是圣母玛利亚。"[1] 日本近代早期研究隐秘的基督徒的历史学家永见德太郎（Nagami Tokutarõ, b.1890）在1926年编撰的《长崎南蛮铜像》（Nanban Nagasaki-gusa or Nanban Nagasaki Grass）中只是简单地指出"这些神像是用来崇拜'南蛮佛'（外国神）的"；还有一位早期历史学家永山时英（Nagayama Tokihide, 1867—1935）在1925年编撰了著名的《切支丹文献集》（Kirishitan shiryõ-shù or Collection of Kirishitan Documents），其中收录了"东京帝室博物馆"（Tokyo Teishitsu Museum）中的玛利亚观音像藏品，并指出最初可能在"天正"时代已经出现了"玛利亚观音"这个词汇。

在以上几种与基督教有关的禁教时代的艺术品中，由白瓷制作的玛利亚观音像的艺术品质是最高的。它融合了亚洲各地如印度、中国、日本和欧洲的宗教艺术传统。

有关这一时期日本的一些从中国进口的玛利亚观音像，人们一直有所探讨和猜测。从瓷土、形制以及制作技术来说，相当多的一部分作品可以看到中国的痕迹。（笔者在长崎二十六圣徒纪念馆、长崎主教座堂博

玛利亚观音。17世纪初年，藏岛原城堡

---

[1] Uçerler, S.J., ed., *Christianity and Cultures: Japan & China in Comparison, 1543–1644*, pp.234–235.

物馆以及岛原城堡的基督教文物博物馆中看到过这些玛利亚观音的神像）。这些作品与明末清初的福建南部地区制作和流行的观音像是十分相似的。不过，人们并没有足够的证据来说明是谁以及在什么时候让这些瓷像流入日本的。从 17

玛利亚观音怀抱婴儿（局部）

世纪初叶开始，中国的船只越来越多地来到长崎通商，它们主要来自福建省和广东省。据说意大利耶稣会士艾儒略（Giulio Aleni, 1582—1649）在福建传教的时候，当地的基督徒已经把送子观音像与玛利亚像混合起来敬拜，艾儒略在福建传教的年代，大约与日本禁教的年代相吻合。福建可能是这些"玛利亚观音"像被出口到九州最多的地方。九州的基督徒使用这些神像的主要目的是在禁教的背景之下隐藏和坚持他们自己的宗教信仰。另外，由于日本的普通民众对于外部世界的不了解，许多人把耶稣会士看成从印度来的，也把玛利亚当作来自印度的神祇，由此产生的混乱认识也难以避免。另外，来自中国的送子观音像胸前往往还有佛教的万（卍）字图案，日本的底层民众和基督徒也很容易将其误会成基督教的十字架。在禁教日趋严厉的时候，由于日本本土制作的玛利亚观音像有时把玛利亚抱着的圣婴形象也去除了，只留下玛利亚，这使圣母玛利亚像与观音像更难区分。①

不过，玛利亚观音像主要还是从中国进口的，在日本本土制作的比较少。除了福建的中国商人以外，郑芝龙和郑成功也派遣过不少船只来到日本。当时驶往日本的中国船只主要是从厦门、潮州以及广州等港口城市开出的。这些地方都是中国的海商聚集地，同时也是佛教非常兴盛的地方。厦门有一些著名的佛教庙宇如万福寺、开

---

① Junhyoung Michael Shin, "Avalokitesvara's Manifestation as the Virgin Mary: The Jesuits Adaptation and Visual Conflation in Japanese Catholicism after 1614", in *Church History*, March 2011, American Society of Church History, 2011, pp.12–13.

元寺和龙泉寺，是日本佛教禅宗中黄檗宗的本家，一些佛教和尚如隐元隆琦（1592—1673，俗名林曾炳）、木庵性瑫（1611—1684）、即非（1616—1671）等都在长崎建立过中式寺庙。在晚明战乱动荡时期，郑成功一度拥有强大的海运船队，黄檗宗的创始人隐元隆琦等就是在这个时候乘坐郑氏家族的船只来到日本的。有一些日本学者认为中国白瓷玛利亚观音像大约就是在这个时候被运到日本来的，因为当时有不少中国和尚带着许多宗教艺术品来到日本。如果这种假设可以成立的话，那么白色的玛利亚观音瓷像更多的应该是在1645年以后出现在日本的，因为那一年正是隐元隆琦来到日本的时间。1666年，幕府为了防止白银过多地外流，明令禁止一些"不必要"的进口，白瓷观音像在禁止进口物品之列，但是事实上似乎还是有进口，因为1697年的禁止进口物品单子上再次出现白瓷观音像。当时中国另一个重要的瓷器出口地就是泉州，自宋元以来，泉州一直是最大的海外通商港口。在明清时期，这里出口大量的陶器和瓷器，在数量以及技术上都达到一个新的高峰，特别是德化的由制瓷业大师何朝中（1522—1600）及其门徒主持制作的乳白色瓷器广受海内外欢迎，甚至赢得国际声誉。当时德化制作各种类型佛教雕像，德化瓷器特有的风格持续了很长时间。在明清时期，德化的瓷器已经被称为促进中国与外部世界友谊的桥梁。白瓷观音像最初可能是在黄檗宗和尚来到日本的时候被带入九州等地的，在幕府禁令颁布以后仍然屡禁不止，于是泉州一带中国船主有因应日本人的需求再将它们源源不绝地运到日本，最后被隐秘的基督徒所拥有。1680年日本幕府收缴的一批玛利亚观音像几乎都是中国风格的艺术品。

　　1877年，在明治维新开始以后数年，所有以前禁教时期被收缴在长崎市"长崎奉行宗门藏"（Nagasaki Magistrate's Storehouse for Religious Objects）库房里的日本基督教艺术品以及相关物品都被转移到内务部的"寺庙以及神社管理处"（the Shrine and Temple Division of the Ministry of Internal Affairs）保管；到1879年以后，它们又被转移到不同的博物馆里作为展品向公众展出。

第五章
南蛮绘画屏风和地图屏风
（1568—1650）

在日本战国时期的安土桃山时代，[①] 丰臣秀吉和日本各地的大名非常热衷于建筑雄伟壮丽的要塞和城堡，都市里的富有的商人则喜爱建造奢华的宅邸，他们热衷于用大块面的华丽的屏风作为装饰或隔开房间的空间。这些屏风上以印度和日本出产的墨或颜料画上了传统的风景、静物或是动物。在一段时间里，日本的艺术家们突然喜爱以一种新的方式——以"深湛蓝（kompeki-ga）"，即用浓浓的青色加上明亮的红色和绿色为主色调，并以金箔为底色在屏风上描绘人物和风景——这种风格融汇了"大和绘"（yamato-e）的技法以及中国传统绘画（唐绘）的画法。所谓的"大和绘"开始是指受到唐代绘画影响的日本绘画，在平

---

① 安土桃山时代又称为织丰时代，是在1573年至1603年之间织田信长（1534—1582）与丰臣秀吉（1537—1598）称霸日本的时代，起于织田信长驱逐最后一个室町幕府将军足利义昭，终于德川家康建立江户幕府，以织田信长建立的安土城和丰臣秀吉建立的桃山城（又称伏见城）为名。

安时代（794—1192）晚期得到充分发展。从室町时代（1136—1573）开始，"大和绘"逐步形成，它有自己的风格，是一种摆脱了中国唐代绘画风格，受到宋元水墨画的影响，并形成自己独立风格的日本画种。"大和绘"的特点是：一，人物较小，建筑物和其他器物的描绘十分细致；二，所选的绘画对象都得到细腻描绘，但是其余部分都被忽略，有时都以"浮云"遮盖；三，总是以斜剖面描绘建筑物内部的人物和器物；四，风景的描绘非常程式化。"大和绘"有时以画面描述一个故事，有时描绘自然风光和名胜古迹（meisho-e，名所绘），或是四季的变化（shiki-e，四季绘）。"大和绘"的形式有挂轴、绘卷、屏风或是障子（shōji）。

安土桃山时代最著名的画师们都属于以京都为活动中心的狩野画派（Kanõ school）艺术家，他们是当时日本画坛上最大的画派，从室町时期至江户时期（15 世纪至 19 世纪）雄踞日本艺术的中心。该职业画家集团以亲子、兄弟等血缘关系为主轴组成，以室町幕府时代（1336—1573）的御用画家狩野正信（1434—1530）为始祖。在室町幕府结束以后，他们又成为织田信长、丰臣秀吉等权贵的职业绘画师，在日本美术界影响极大。特别是狩野永德（1543—1590），他曾经受命于织田信长作《洛中洛外图》，承担过安土城的装潢工作，也在丰臣秀吉所筑的大坂城以及聚乐第承担装潢工作，并作《唐狮子屏风》《会图屏风》《洛中洛外图屏风》等作品，其画风一改 16 世纪初年该画派确立的线条明快、轮廓清晰的狩野派画风，开拓了兼具动感力度与宏大规模且华丽的新绘画样式，成为桃山时代日本美术的代表人物。他的作品符合日本当权者织田信长、丰臣秀吉的喜好，于是他本人便成为时代的宠儿。

狩野家族的画家还主持着许多日本贵族大名以及民间的画坊，以传统技艺作画，王公贵族和富有的商人都喜爱他们的绘画，购买他们绘制的屏风和画作，所以他们家族财富日积月累，在城市和乡村有很大影响。① 狩野画派还热衷于将大和绘和唐绘两种技法融合起来，以自己独特的才艺来表现普通人民的生活。在这种风俗画中，画家们以一种综合性的构图将人物、建筑物和风景以现实主义的画法展现出来。这些画家大多是狩野画派中的町市画家（machi-eshi，or town painters），他们以特别华丽和浓郁的色彩即"深湛蓝"来表现绘画主题，要在有权势的大名以及富有的商人中间找到最大的市场。

狩野画派的屏风作为一种艺术的形式早就为欧洲人所知晓。耶稣会远东视察员范礼安曾经非常高兴地接受了织田信长赠送的一幅由狩野永德绘制的名为《安土城之图》的屏风，该屏风上的画作气势恢宏，有七层楼高的安土城天守阁与安土城的街景。范礼安托天正使团成员将它作为礼物带到欧洲，1585年4月3日，使团成员在觐见罗马教宗格里高利十三世的时候将此屏风画进呈给教宗。② 据说此幅屏风画曾经被安置在梵蒂冈地图厅展出，但是后来不知所终，被称为"虚幻的屏风"。③ 范礼安在澳门的时候也曾经下令耶稣会士画家们将中国的地理形貌绘制成屏风，并把它们作为礼物进呈罗马教廷。耶稣会1612年公布的耶稣会士的守则（Obediencias）禁止耶稣会士用不必要的屏风装饰他们自己的单人房间。由此可以看到，这种艺术品在当时多么受人们的欢迎。1608年，葡萄牙人用一幅日本的屏风作为礼物献给波斯的大汗阿拔斯（Shah Abbas）。④ 1637年，英国的旅行家彼得·蒙迪（Peter Mundy）在他的《游记》中提到澳门当地人用日本的屏风来装饰自己的家庭。

南蛮绘画屏风（为便于行文，以下简称"南蛮屏风"）(Nanban

---

① Victoria Weston, "Unfolding the Screen: Depicting the Foreign in Japanese Nanban Byōbu", in Victoria Westen ed, *Portugal, Jesuits, and Japan, SpiritualBeliefs and Earthly Goods*, Mcumullen Museum of Art, Boston College, Chicago University Press, 2013, p.80.
② Michael Cooper, *João Rodrigues's Account of Sixteenth-Century Japan*, The Hakluyt Society, 2001, p.317.
③ 羽田正（编），小岛毅（监修）：《从海洋看历史》，张雅婷译，第152页。
④ C.R. Boxer, *The Christian Century in Japan, 1549–1650*, pp.201–202.

byōbu，or Nanban Screen）就是主要由狩野画派的画家们绘制的一种屏风，它属于安土桃山时代的一种特别的充满域外气息的艺术品，是以葡萄牙人来到日本九州（特别是长崎）通商与传教为主题的风俗画屏。除了狩野画派以外，四国的土佐画派（Tosa school）以及大坂府的住吉画派（Sumiyoshi school）也有一些南蛮屏风画的作品。① 由于其主题是表现葡萄牙人（当时的日本人称呼他们是"南蛮人"，Nambanjin or Southern Barbarians）来到日本的情景，所以这类作品也就被称为"南蛮屏风"。

有关南蛮屏风的研究，日本学者中最为著名的是冈本良知教授，他著有《南蛮艺术》以及《南蛮屏风考》，② 日本名古屋南山宗教文化研究所的日冲直子在她的博士论文以及其他的论文中提出了一些新的解释。③ 西方学者也有一些论述。④ 中国的学术界除了一些日本美术史中有比较简单的介绍以外，似乎没有系统的讨论，特别是没有将南蛮屏风与地理大发现时代的东西方关系联系起来加以考察。本章从全球史的观点以近代早期葡萄牙与日本的贸易与宗教联系为背景对南蛮屏风的内容和意义作出了初步研究和探索。

---

① C.R. Boxer, *The Christian Century in Japan, 1549–1650*, Carcaner Press Limited, 1993, p.200.
② 冈本良知：《南蛮美术》，平凡社，昭和40年；此书有英译本：Yoshitomo Okamoto, translated by Ronald K. Jones, *The Namban Art*, Weatherhill/Heibonsha, 1974, pp.114–152；冈本良知：《南蛮屏风考》，昭森社，1955年。神户市立博物馆编：《南蛮美术的光与影：泰西王侯骑马图屏风之谜》，神户市立博物馆，2012年；神户市立博物馆编：《南蛮美术选粹》，神户市立博物馆，1998年。
③ Naoko Frances Hioki, "The Shape of Conversation: The Aesthetic of Jesuit Folding Screens in Momoyama and Early Tokugawa Japan, (1549–1639)", Proquest. Dissertations, 2009. Naoko Frances Hioki, "Visual Bilingualism and Mission Art: A Reconsideration of Early Western-Style Paintings in Japan", in *Japan Review*, 23, 2011, pp.23–44.
④ C.R. Boxer, "Some Aspects of Portuguese Influence in Japan, 1542–1640", in *The Transactions and Proceedings of the Japan*, Society of London XXXIII, 1936; pp.28–34; C.R. Boxer, *The Christian Century in Japan, 1549–1650*, p.122, pp.200–202. Victoria Weston, ed., *Portugal, Jesuits and Japan, Spiritual Beliefsand Earthly Goods*, University of Chicago Press, 2013, pp.71–78, pp.79–89.

第五章　南蛮绘画屏风和地图屏风（1568—1650）

一、南蛮屏风

南蛮屏风通常画在八面、六面、四面或两面的屏风上，最常见的是六面，两面的则十分稀少。根据日本学者坂元三留（Sakamoto Mitsuru）和其他人的研究，在日本和世界各地目前存留的南蛮屏风约有91幅。[①] 在制作时间上，从安土桃山晚期（16世纪下半叶）至江户时代早期（17世纪上半叶）都有，而以江户时代早期的作品为多，反映了那个时代人们对于南蛮文化和南蛮贸易的兴趣的增加。安土桃山时代少量的早期南蛮屏风基本上已经确立了构图、风格和色调，大量的江户时代的画作只是追随其后。在狩野画派从事南蛮屏风绘制的画家中，以狩野内膳（Kanõ Naizen，1570—1616）最为著名，他一直为军人大名服务，特别得到丰臣秀吉的青睐，在丰臣秀吉去世以后，他继续为丰臣家族服务。从他的早期作品中可以看到在船舶和建筑物的描绘上有清晰的笔触以及复杂的金箔组合使用。其晚期作品在笔触运用上不太明显，人物的描绘更加个性化，更注重社会风俗场景的表现。[②]

南蛮屏风主要是为了那些新加入天主教的日本基督徒、富有的贵族大名以及喜爱异国情调的鉴赏家绘制的。南蛮屏风绘制使用的材料是极为昂贵的，它们不仅使用金箔做底，并且慷慨地使用极为贵重的孔雀石粉、天青石粉、金箔勾画人物和其他的细节。

博克塞就曾指出，从事南蛮屏风绘制的狩野画派、土佐画派以及住吉画派的画家们在他们的绘画技法上并没有受到西方的影响，其画作的特征是画家们大量使用金箔叶以及由孔雀石和天青石制成的颜料

[①] Sakamoto Mitsuru and Izumi Mari, ed, *Nanban byõbu Shusei(A Catalogueraisonñe of the Nanban Screen)*, Chuõ Kõron Bijustsu Shuppan, 2008, 该目录还收录了南蛮屏风的碎片。
[②] Victoria Weston, "Unfolding the Screen: Depicting the Foreign in Japanese Nanban Byõbu", in Victoria Weston ed, *Portugal, Jesuits, and Japan, Spiritual Beliefs and Earthly Goods*, University of Chicago Press, 2013, p.80.

南蛮屏风所绘南蛮船驶抵长崎

作画，而画作的主题则都是与欧洲的事物有关的。[①] 他对于南蛮屏风的构图布局有一个总体的描绘。最典型和最普遍的南蛮屏风构图是：一艘葡萄牙船抵达日本，乘客和船员下船，日本人和传教士在陆地上迎接。画面几乎完全一样。在观者面对屏风的左面，是葡萄牙船只正在从外国的港口如印度的果阿与中国的澳门启航；右边则是葡萄牙船只到达日本的港口或者已经在港湾下锚；中间往往是葡萄牙船长率领几位绅士由一大群奴隶和侍从簇拥着朝右边的一伙传教士走去，前者被称为"南蛮队"。庆长年间（1596—1615）的南蛮屏风绘制上最重要的主题就是葡萄牙的大船来到日本，这些在1 200吨至1 600吨的巨大而笨拙的在四大洋航行的葡萄牙船只被当时的日本人认为是世界上最神奇的事物，以至于画家们不约而同地将"大船的到来"作为画作的主题。屏风右边是宗教的或是半宗教的内容，一般有神父和各修会的修士，最引人注目的是身穿黑色教服的耶稣会士，"南蛮队"走向表示欢迎的耶稣会士们。其背景一般是一座教堂或是修道院，可以

[①] C.R. Boxer, *The Christian Century in Japan, 1549–1650*, p.200.

第五章　南蛮绘画屏风和地图屏风（1568—1650）

南蛮屏风所绘之南蛮船

看见一位神父在主持弥撒。比较显眼的还有日本基督徒，他们身穿半欧化的和服，脖子上戴着或手中握着念珠，有时还有用简单的线条勾勒出来的一位日本母亲或者父亲抱着孩子的场景，指着"南蛮人"给孩子们看。几乎所有这类屏风上都有的典型的细节是黑人或者印度水手在做杂技表演，有时他们在葡萄牙人驶往日本港口的大船的桅杆和桅索上做令人惊心动魄的杂技动作。南蛮屏风上还常常有葡萄牙人带来的取悦丰臣秀吉等日本权贵的域外珍禽异兽，如来自果阿的阿拉伯良马，装在笼子里的鹦鸟、孔雀、虎、宠物狗、羚羊和其他来自印度的动物。

综上所述，南蛮屏风可以分为三大部分：世俗的题材在左边，主要由来到日本的葡萄牙人的海船、舰长、贵族绅士、商人和他们的印度或非洲黑人仆役组成，宗教的以及神奇的内容在右边，由教会神职人员以及教堂或修道院的建筑物组成，有时还有一些日本的基督徒；中间部分连接左右两边的是"南蛮人"行进的队伍。

如果以另一种方式来看，则左边为南蛮、右边为日本。云层将屏风画面的上下部分隔开，在云层的间隙往往描绘有日本式样的建筑物，有时则是日本建筑式样的教堂。有时这类屏风成双成对，就像上面所说的，一边表现葡萄牙人的船只从港口拔锚启航，驶向大海，可以想象这边的场景是果阿或者澳门；另一边则表现葡萄牙人抵达日本时的情景，在绝大多数情况下是长崎的港口的风景，传教士们和日本

347

的基督徒以及仆人走向岸边迎接登岸的同胞。京都大学以及其他地方就都保存着这一类屏风。①

最典型的例子就是狩野内膳的一幅著名的南蛮屏风，它的具体创作时间已经不可考，约在1597年至1611年间，共有六屏，画在金箔纸上，每屏长363.3厘米，宽154.4厘米，它画了两个港口，左边是葡萄牙船只扬起风帆离开果阿或者澳门，右边是它落下风帆抵达日本的口岸。在左边的港口中，有两个造型奇异的半球形的教堂，分别供奉着耶稣圣体以及耶稣的画像，后者一旁还有十字架。这两个造型奇异的教堂建筑和基督教题材的物品似乎在强调画家所未知的外部世界，画家想要着重说明这是域外而不是强调其宗教上的意义。画上除骑在马上的葡萄牙贵族以外，还有骑在大象上的葡萄牙贵族。地面上还可以看见欧洲的天主教传教士。在右边屏风中葡萄牙人带到日本港口的动物中，除了阿拉伯良马，还有灵猫和猎狗。在抵达日本的葡萄牙舰长身后，有侍从为他撑伞。也有耶稣会士（身穿黑色教服）以及其他不同修会的传教士（身穿灰色教服）前来迎接抵达港口的葡萄牙人。在迎接的队伍之后，还可以看到日本人的商铺。在金色的云层上面，则是一座日本风格的教堂，有一名身穿华丽祭披的传教士在手握十字架的耶稣画像前举起圣体举行弥撒。②

博克塞还认为这些南蛮屏风并不刻意表现特定的历史事件。他认为有些人指出这些屏风描绘的是葡萄牙人旅行家平托（Fernão Mendes Pinto, c.1503—1583）以及沙勿略来到日本时所见的场景，但是仔细推敲以后就会觉得不符合实际。平托以及沙勿略并没有带来阿拉伯的良马，当时在日本的耶稣会士也没有那么多的名副其实的教堂，在日本

---

① C.R. Boxer, "Some Aspects of Portuguese Influence in Japan, 1542–1640", in *The Transactions and Proceedings of the Japan Society*, Society of London, 1936. XXXIII, pp.29–30；博克塞：《葡萄牙在日本影响面面观：1542—1640》，范维信译，《文化杂志》第17期，1993年，第52—53页。

② Yukiko Shirahara, *Japan Envisions the West, 16th–19th Century Japanese Art from Kobe City Museum*, pp.68–69. 神户市立博物馆：《南蛮美术选粹》，神户市立博物馆，1998年，第8—13页。

第五章　南蛮绘画屏风和地图屏风（1568—1650）

也没有画中那么多的耶稣会士。还有人认为这幅狩野内膳所画的南蛮屏风是 1590 年耶稣会视察员范礼安带领天正使团成员回到长崎时的场景，因为南蛮人中有一位耶稣会士个子非常高大，而范礼安身材就很高大，但是在画面中，这位个子高高的耶稣会士是在迎接人士的队伍中，而不是在抵达的人群队伍中。右边的画面上也有一匹白马和一匹灰马，果阿总督的确通过范礼安和天正使团向丰臣秀吉赠送了两匹阿拉伯良马，不过其中一匹死在了澳门。范礼安和天正使团从澳门回到长崎时乘的也并不是画中的葡萄牙大帆船，而是普通的木帆船。可能有些事物有事实的根据，如 1591 年天正使团在回到日本以后又作为果阿总督的使团前往京都觐见丰臣秀吉，他们带了一匹阿拉伯良马。又如，屏风上出现的葡萄牙人带来的大象，1597 年，从马尼拉出发来日本京都的西班牙使团在觐见丰臣秀吉时的确进呈了大象以及轿子。画家只是将这些事物和不同的场景综合起来加以表现罢了。所以，南蛮屏风只是表现葡萄牙与日本文化交流中典型的引人入胜的场景。博克塞还认为最好的南蛮屏风作品产生于 1590 年至 1614 年之间。[1]

冈本良知教授指出，南蛮屏风大部分都是狩野画派画家们的作品。他们运用娴熟的技巧和构图来表现葡萄牙人及其船只、天主教的教堂和耶稣会的传教士。他们的灵感应该不都出于想象，还得自长崎的葡萄牙人贸易和传教活动，他们中应该有不少人去过长崎或其他与葡萄牙人通商的港口，并与葡萄牙人有不同程度的交往。还有一些人可能与葡萄牙人有良好的友谊，他们将此融入到他们的日常生活中去，并理解他们的生活方式和宗教信仰。[2] 博克塞则认为，尽管南蛮屏风所描绘的主题最多的是葡萄牙船只和人员来到日本长崎的景象，但是大多数的画家并不居住在长崎，当时狩野画派的大多数画家主要居住在京都或是别的地方。不过他们与西方传教士是有交往的，有些

---

[1] 博克塞：《葡萄牙在日本影响面面观：1542—1640》，范维信译，《文化杂志》第 17 期，1993 年，第 55—56 页。C.R. Boxer, "Some Aspects of Portuguese Influence in Japan, 1542–1640", in *The Transactions and Proceedings of the Japan*, p.33.
[2] Yoshitomo Okamoto, translated by Ronald K. Jones, *The Namban Art of Japan*, p.114.

南蛮贸易时代：近代早期日本与欧洲交流史（1542—1650）

从南蛮船上下来的南蛮人，
他们带着域外的禽鸟与狗

狩野画派的画家甚至卷入西方传教士内部的纷争，如曾经有四名狩野派画家联名写信，说耶稣会士的坏话，他们的信件在1602年被送到马尼拉的方济各会、多明我会以及奥斯定会的长上手里，被这些人利用为攻击耶稣会的证据。这件事情间接地说明当时一些日本画家与欧洲传教士有着密切的联系。①

南蛮屏风有独特的构图和技法，它们不按照西方绘画的技法，如全景式的鸟瞰、光线的明暗变化以及透视法的运用。相反，日本画家们采用"深湛蓝"的画法，色彩艳丽，对比强烈，表现人物、建筑物以及器皿的细节非常细腻并且引人入胜。画家仔细地将它们安排在屏风画面的各个特定的部位，具有一定的程式感。有时，这些葡萄牙人的形象也会出现在日本艺术家塑造的葡萄牙人物像或者描金的漆器上面，或者刻在由铜或铁做成的船模上。

南蛮屏风画是一种根植于日本本土的艺术潮流，即便这些艺术家在订购其作品的赞助人的资助下来到长崎，与葡萄牙人和外国事务打交道，理解了外国文化和趣味，他们仍然按照选择的主题以及构图方式来作画。因为这是日本人初次以这种独特的方式和风格作画，所以

---

① C.R. Boxer, *The Christian Century in Japan, 1549–1650*, p.202.

第五章　南蛮绘画屏风和地图屏风（1568—1650）

南蛮人从南蛮船上卸货

即便按照狩野画派很高的标准来看可能是平庸之作，也会由于其独特性受到人们的欢迎。可惜的是，当时画家在作屏风画时没有在画作上签名的习惯，后世的人们没有办法确定它们的作者。

一些富有的买主对这些南蛮屏风很有兴趣，便向狩野画派订购同样主题的画作。正是在这种情形之下，南蛮屏风或者类似主题的画作一代又一代地被复制出来。最极端的例子是，有些画家对葡萄牙人没有任何的接触或了解，就模仿以前画家的作品或者完全按照自己的想象作画。其中一幅曾经由坂户家族（Shaka-do）收藏的屏风就是其中的典型（后来放置在冈崎图书馆并毁于1945年的战火）。随着时间的推移，复制品越来越多，画家的才艺也越来越退步，艺术的创造性也越来越少，最终完全成为技法的复制，这个过程一直持续到17世纪50年代。

冈本良知教授将南蛮屏风的总体特征归纳为：一，一般都用"深湛蓝"风格画成，显示出桃山时代屏风的那种绚烂华丽的色彩；[①]二，葡萄牙船只、南蛮人物、建筑物、动物和器物都有固定的绘制程式；三，一些个体的因素如人物的仪态或人数、建筑物的大小以及式样、

---

① Yoshitomo Okamoto, *The Namban Art of Japan*, p.133.

351

器皿的放置、色彩细节的运用，都按照画家个人的观察以及观点作出自己的安排，并不完全按照自然的准则；四，南蛮屏风艺术中人物的仪态以及建筑物的式样也出现在一些手工艺品中，其中有的是人像，有的是器皿。[1]

二、地图以及地志画屏风

在南蛮屏风中有一种特别的类型是以世界或日本地图为主题的，称为南蛮地图屏风，其画法与前文所说的绘画屏风有所不同，且几乎都是以欧洲的商人和传教士带回的地理讯息或是地图作为原型绘制的。在此过程中，耶稣会士发挥了重要作用，其中主要的原因是他们得到的关于东方的讯息不仅来自葡萄牙和西班牙，还有来自罗马和意大利本会的书信和档案。在 1550 年代和 1560 年代，已经有一些意大利地图制作家如保罗·弗拉尼（Paolo Forlani, ca.1560—1571）和加科莫·加斯塔尔第（Giacomo Gastaldi）在制作地图的时候，参考的资料不是基于《马可波罗游记》，而是耶稣会士沙勿略的书信记录以及耶稣会在亚洲殖民地的会士通讯。[2] 当范礼安在 1591 年率领已经回到日本的天正使团成员代表葡属印度果阿的总督访问京都的时候，有 12 名葡萄牙人陪同他一起前往，其中有一位懂得制图和测绘的葡萄牙人依纳爵·莫雷拉（Inácio Moreira）。

关于此人的情况，在葡萄牙里斯本阿茹达的档案馆中保存的多卷本《耶稣会士在亚洲》（Jesuítas na Asia）中有一份耶稣会士写于 1585 年 11 月的级别标志为"Cod.49-IV-56"的文件中有这样的记录："去年有一名重要的葡萄牙人与我一同从中国来到日本，他的名字叫依纳

---

[1] Yoshitomo Okamoto, *The Namban Art of Japan*, p.114.
[2] Alfredo Pinheiro Marques, *The Portuguese Cartography of Japan, (16th–17th Centuries)*, Imprensa Nacional-Casa da Moeda, 1996, p.41.

爵·蒙特罗（Inácio Montero），他对于描绘这片新的土地有着强烈的好奇心，他与我一起去了宫古城，由于他已经在日本待过两年的时间，他能够很勤奋地寻找出数据的真相以及日本的长度和宽度。"这份文件提到的蒙特罗就是莫雷拉，文件里还提到他是懂得占星术和宇宙学知识的。文件还指出其实日本人也对本国所有的岛屿都进行过地图绘制，但是由于他们不懂星座知识、宇宙学以及经纬度的知识，因此所绘制的地图并不精确。还有一种说法是早在1582年日本天正使团从长崎出发前往欧洲以前，莫雷拉就可能已经在日本了，甚至他在1581年或者1582年的时候是从中国回到日本的。[①] 从1590年7月到1592年10月，他又在日本进行了地图的绘制工作，尤其在第一年，他在跟随天正使团成员从九州到京都来回的途中，测绘了日本西半部海岸，搜集了大量的有关日本地理的资料，其中还有日本九州以及四国东海岸的资料，根据这些资料，他又画了一张日本的地图。

1592年初，当范礼安和他的耶稣会同伴居住在京都的时候，莫雷拉结识了居住在北海道松前町的第一代藩主松前庆广（Matsumae Yoshihiro，1548—1618）的家臣们，当时松前庆广正在京都访问。[②] 有一本题名为《虾夷列岛》（Ezo no Shima, The Island of Ezo）的书也提到范礼安的使团在京都的时候，莫雷拉从侍奉丰臣秀吉的"本地的"日本家臣那里获得有关日本地理方面的知识。该书的成书时间要稍早一些。莫雷拉画的日本地图现在已经散佚了，但是拉丁文专辑《虾夷列岛》仍然保存在耶稣会的档案馆里，它于1909年正式公开出版，从中可以窥见许多当时地图学方面的知识。莫雷拉还有一本拉丁文的专辑《日本地图纪录》（Record of Japanese Maps），附在《莫雷拉日本地图研究》（Studies of Moreira's Map of Japan）之后，长期封存在耶

[①] Armando Cortesão and Avelino Teixeira da Mota, *Portugaliae Monvmenta Cartographica, Vol. II*, Imprensa Nacional-Casa da Moeda, 1987, pp.127–128.

[②] 松前庆广（Matsumae Yoshihiro，1548—1618），虾夷地（北海道）的松前藩的第一代藩主，曾经于1593年随丰臣秀吉远征朝鲜。1598年，丰臣秀吉去世以后，他向德川家康献上虾夷地的地图以及家谱表示臣服。

稣会档案馆里，后来被耶稣会专门研究日本的历史学家法郎兹·舒特（Franz Schutte）发现。①

《日本地图纪录》是当时在澳门的耶稣会士孟三德（Duarte de Sande）撰写的，该书的许多地方与范礼安的报告是相似的，不过更加详细而已。舒特测量了日本的纬度以及南北之间的距离，并且讨论了欧洲人所画的日本地图存在的一些相似的错误和问题，但是孟三德神父没有得出明确的结论。另外一位著名的研究日本历史的耶稣会士历史学家乔治·苏哈玛认为这些地图在1614年由吉纳罗（Bernardo Ginnaro）编的书以及1646年由卡丁（Francisco Cardim）神父编的书中已经收录进去，是莫雷拉所画的地图的修订版。由于1592年10月莫雷拉已经随同范礼安航行离开日本，他没有从侵略朝鲜的日本军队中得到任何有关朝鲜半岛的地理知识，所以他与后来的那些将亚洲东北部朝鲜半岛的轮廓线画出来的地图是无关的。有一种可能是当时有耶稣会士跟随侵略朝鲜的日本军队进入了朝鲜半岛，他们知道了亚洲东北部海岸线的轮廓，再用这些新得到的知识补充和修正了莫雷拉留下的地图，并根据日本、朝鲜和中国的位置制定了新的比例，画出了新的陆地的形状，即将亚洲大陆与日本的本州北部以及北海道分开，中间隔以大海。从那时起，日本和欧洲的地图都按照这些新的地理知识制作和绘画。在16世纪下半叶，耶稣会士积累了更多的有关日本的知识，他们对先前的地图作了更多的修订，最后制作出一种新的地图，这就是由卡丁于1646年编撰的书中的地图。在冈本良知著作中的图114中，记录了1593年由耶稣会士艺术家所画的一幅地图，它是根据朝鲜的地图制作的，展现了朝鲜半岛的地貌，其海岸线一直延伸到东北方，修正了以前日本人不太准确的东北亚地图。②

由耶稣会士和其他天主教修会的会士所画的新的地图产生于日本入侵朝鲜时期，这些地图对于当时日本和欧洲的地图制作产生了重

---

① Yoshitomo Okamoto, *The Namban Art of Japan*, pp.133–134.
② Ibid., p.139.

要而深远的影响，甚至对现代的日本地图也产生了影响。西班牙船只"圣菲律普号"（San Felipe）上的船员所画的海图（San Feilip Chart）以及狩野画派的南蛮地图屏风都表现出这种明显的特征。^①1596年10月，西班牙船只"圣菲律普号"遇到风暴在浦户停泊，日本人在船上缴获了这幅海图，丰臣秀吉命令将这幅海图交给一个名叫增田长盛（Nagamori Masuda）的人，他画了这幅海图的抄本并送到了京都。但是，目前人们在高知县图书馆里看到的抄本应该不是原件，因为它的南北方向都倒转过来了，在那个时代，欧洲的地图以及海图都不是这样制作的；同时，它的上面也没有标明纬度，在当时，传统的地图都是标明纬度的，这是一个普遍的特征；还有，这幅抄本将日本画在图的中央，明显不是欧洲人制作地图或是海图的式样；最后，这幅海图没有标明从马尼拉到中国澳门、九州、墨西哥再到西班牙的航线。冈本良知认为，很可能是抄本制作者根据西班牙领航员口述的讯息加上他自己的一些想象和创造绘制的，他勾勒出日本沿海从大坂经过濑户内海（Inland Sea）再到四国岛和九州的海上贸易航线。此图还有一个特别的地方就是"布尺"（Fuzankai）这个地名，这是朝鲜釜山的一个日本名称，亚洲大陆东部海岸的轮廓线上标明"小良浜"（Orankai）的名字，它将朝鲜半岛画到最东面的地方，并与日本的本州分开，中间隔以一条狭长的海峡，并以"虾夷"的名称（Ezo）标明。^②

1585年，当天正使团成员离开威尼斯往西穿过伦巴第平原来到帕度瓦的时候，在欧洲的一个最古老的植物园里受到主人米歇尔·古兰蒂诺（Melchior Ghilandino，1520—1586）^③的接待，主人赠送给他

---

① "圣菲律普"号（San Felipe）船员制作的海图"抄本"保存在日本高知县图书馆（Kochi Prefectural Library），该图将原图的方向倒转过来，南方在顶端，北方在底部，东方在左边，西方在右边，中间的底部是北海道，右边的底部是朝鲜的釜山。
② Yoshitomo Okamoto, *The Namban Art of Japan*, p.139.
③ 古兰蒂诺，日耳曼物理学家和植物学家，自1561年开始负责帕度瓦植物园（Orto Botanico or botanical gardens in Padua）的管理，该植物园建于1545年。Derek Massarella, ed., translated by J.F. Moran, *Japanese Travellers in Sixteenth-Century Europe, A Dialogue Concerning the Mission of the Japanese Ambassadors to the Roman Curia, 1590*, p.363.

们两种世界地图书，第一种在《天正使团遣欧记》中提到是由著名的安特卫普制图学家阿伯拉罕·奥特里乌斯（Abraham Ortelius，1527—1598）编撰的著作《世界概览》，后一种共三卷书根据专门研究日本耶稣会史的历史学家库伯（Micheal Cooper）的研究应该是佛朗兹·洪根贝格与乔治·布劳的《世界城市概览》，该著作的第一卷于1572年在科隆出版，该著作最后共有六卷，其第二卷和第三卷分别于1575年和1581年出版，其余的三卷是在天正使团离开欧洲以后出版的，最后一卷直到1617年才出版。[①]

如上所述，在天正使团访问欧洲以前的四十年里，已经有少量世界地图流入日本，但是天正使团带入日本的大部头的世界地理书籍以及地图使得日本人对于世界的观念有了系统的认知。这在日本的南蛮屏风上也充分地反映了出来，在16世纪末期至17世纪早期，日本人在地图绘制方面更加准确，很可能他们是以奥特里乌斯的著作作为参考依据的。

保存在神户市立美术馆中南蛮艺术馆的著名的《西方伟大的四城市（里斯本、塞维利亚、罗马和君士坦丁堡）屏风图》（The Screen of Great Cities of the West, Lisbon, Seville, Rome and Constantinople）就是其中的代表作品，[②]它共有八面，宽158.7厘米、长477.7厘米，以华丽炫目的色彩绘制而成，有光线的明暗处理，城市、港口、人物、船舶以及山川具有三维空间的立体感，从左至右分别为里斯本、塞维利亚、罗马和君士坦丁堡。根据1955年池长孟（Hajime Ikenage，1891—1955）[③]出版的艺术品目录，这幅屏风原来属于一位西班牙贵

---

① Michael Cooper, *The Japanese Mission to Europe, 1582–1590, The Journey of Four Samurai Boys Through Portugal, Spain and Italy*, p.209.
② 在冈本良知的《南蛮美术》一书中，也提及了这四座城市。Yoshitomo Okamoto, *The Namban Art of Japan*, p.137.
③ 池长孟（Hajime Ikenage, 1891—1955），出生于长崎的日本教育家和艺术品收藏家，旧姓井上。他特别钟爱南蛮艺术品，1940年在神户建立池长美术馆，专门收藏南蛮屏风、南蛮绘画以及其他南蛮艺术品。1944年美术馆因为战争关闭。1951年，他将收藏品捐赠给神户市立博物馆。神户市立博物馆编：《南蛮堂的创立者池长孟》，神户市立博物馆，2003年，第4—5页。

族，有一位日本商人富田熊崎（Tomita Kumasaku）于 1931 年在巴黎将它购买下来，并运回日本。1932 年，池长孟将它买下。① 这幅八面作品中每两面描绘一座城市；每幅城市图上还绘有两幅表现城市风情人物的图画，在这些城市人物风情画中，有两个人一组的，也有三个人一组的；在人物画的右边总是有一个骑在马上的骑士，根据冈本良知的研究，这些人物非常像富井家族收藏（Fujii Collection）和福岛家族收藏（Fukushima Collection）中的南蛮屏风中的人物，在罗马城市图景中的上方绘有一位女骑士，在任何其他南蛮屏风中找不到相似的人物可以匹配。② 整幅屏风的四角还配有以明亮华丽的色彩描绘的世界地图。③ 该屏风很可能受到布劳的《世界城市概览》的影响，因为该著作中有关世界各个城市的图景都是以布劳书中的铜版画为摹本，以立体的形式绘制而成的，在有纪子白浜（Yukiko Shirahara）所编的《日本对于西方的想象：神户美术馆 16 至 19 世纪的日本艺术》（*Japan Envisions the West, 16ᵗʰ–19ᵗʰ Century Japanese Art from Kobe City Museum*）一书中列出的布劳书中相对应的四幅铜版画，由此即可以清晰地看出来。④

在罗马一图中，耶稣会的罗马总堂被放在一个特别显著的位置，艺术史家认为这个教堂的图像很可能参考了约 1610 年在安特卫普出版的耶稣会艺术家佩德罗（Pedro de Ribadeneira，1526—1611）在《真福依纳爵·罗耀拉生平》(*Vita Beati Patris Ignatii Loyolae*) 一书中的插图。⑤ 里斯本、塞维利亚和罗马都是地中海地区尤其是南欧天主教国家的政治、经济和宗教中心；君士坦丁堡即伊斯坦布尔，是土耳其奥

---

① Yukiko Shirahara, *Japan Envisions the West, 16ᵗʰ–19ᵗʰ Century Japanese Art from Kobe City Museum*, Seattle Art Museum, 2007, p.65.
② Yoshitomo Okamoto, *The Namban Art of Japan*, p.138.
③ Ibid., p.89, p.91, p.136；神户市立博物馆：《南蛮美术的光与影：泰西王侯骑马图屏风之谜》，神户市立博物馆，2012 年，第 64 页。
④ Yukiku Shirahara, *Japan Envisions the West, 16ᵗʰ–19ᵗʰ Century Japanese Artfrom Kobe City Museum*, p.64.
⑤ Sakamoto Mitsuru, "Namban bijustsu sōmokuroku", in *Kokuritsu Rekishi Minzoku Hakubutsukan Kenkyū Hōkoku*, 75, 1997, p.62.

斯曼帝国的首都。它表现了天主教国家和奥斯曼土耳其之间的对立和斗争，与罗马教会反宗教改革运动中提倡的对抗异端和异教的主题和精神是一致的。

库伯在比较了《西方伟大的四城市屏风图》和其他同类的屏风图以后指出，尽管这些城市的图景都是以完美的和理想化的形式绘制而成的，但是仍极大地丰富了日本人对外部世界的认识，所以那时日本的屏风上出现了四个、十二个甚至二十八个城市的图景。[①] 库伯还指出，在这些地图屏风中有关巴黎以及威尼斯等城市的图景大部分是根据布劳著作第一卷的插图绘制的，尽管伦敦、科隆和阿姆斯特丹的城市图景与原图有些不同。《西方伟大的四城市屏风图》中里斯本和罗马的立体图非常详细，但是里斯本的图景是在布劳的后几卷著作中出现的，不可能由天正使团带回；另外，天正使团带回的布劳的第一卷著作中有罗马的图景，但是与屏风中的图景相比有很大的不同，屏风中罗马的图景显得更加详细：圣彼得大教堂、天使堡、斗兽场以及横跨在台伯河上的桥梁被描绘得非常细腻和逼真，对那些从来没有到过意大利的日本艺术家来说，要绘制如此精确的屏风画，实属不易。另外，这些屏风受到布劳著作影响的另一个特征就是：在不同的城市图景的前面一块地方，常常画有穿着本地服装的男女人物，有些男子还戴着刀剑和长矛，在南蛮地图屏风以及绘画屏风中同样有这些以西洋绘画风格绘制的人物。[②]

在《西方伟大的四城市屏风图》的背面则是一幅世界地图，它是根据1610年荷兰蚀刻画家、出版家和地球仪制作家科里（Pieter van den Keere，1571—1646）的世界地图描绘的。在该图的两端和四角有六幅方形的小画，日蚀、月蚀、南极、北极、一个以日本为中心的半

[①] 这些屏风保存在神户市立博物馆、大阪南蛮艺术美术馆（Namban Bunka-Kan, Osaka）以及东京皇家艺术收藏馆（Imperial Household Collection, Tokyo）。Yoshitomo Okamoto, *The Namban Art of Japan*, fig.67 & 120, p.94, p.136.

[②] Michael Cooper, *The Japanese Mission to Europe, 1582–1590, The Journey of Four Samurai Boys Through Portugal, Spain and Italy*, pp.210–211.

球和另一个以巴西为中心的半球——这可能是为了说明地球是球体的理论。此外，除了使用了一些得自西方人的理论外，画家还使用了一些西方人不了解的关于日本国内的较为详细的地理知识。《西方伟大的四城市屏风图》可以被认为当时极为卓越的日本地图之一，因为它将并不相关的东西方的地理知识融会贯通地运用于其中，画家将地图的两端以半椭圆形扩大，把日本放置在最右面的位置，十分显眼，即便与其他大洲和大国相比，也相当突出。这可能是画家为表达自己的民族情操而要吸引观众注意力的一种方法。可以想象，观者坐在榻榻米上从日本放眼全球的景象。[1]

布劳著作中描绘的城市与南蛮屏风中的城市图景有相似之处，也有不同之处，但是，由天正使团带回的奥特里乌斯和布劳的著作以及后来流入日本的西方地理观念无疑扩大了日本人对于世界的认识。葡萄牙地图历史学家阿尔弗雷多·皮涅埃洛·马奎士（Alfredo Pinheiro Marques）认为，奥特里乌斯的地图采用投影术的方法制作而成，更加有助于说明地球是椭圆的球体的本质，当时耶稣会士在日本与当地佛教人士的神学争论中，后者认为世界是四方形的；其次，在当时欧洲的地图上还出现了在南部大西洋上的一大片属于想象中的"南方的大地"（Southern Land），虽然那时在葡萄牙人的海图上那片土地已经不见了，但是在投影图上，那片位于非洲大陆南端的大地仍然被表现出来，后来的葡萄牙航海家根据他们的航海经验对这片大陆的海岸线做了若干修正，这对后来日本人对于世界的认识也产生了影响；再次，从近代的地理政治学角度来看，这些地图展现了近代早期基督教世界的广大以及日本国土面积的狭小，即便与邻国相比，日本也是相当狭小的，这使得当时看到这些地图的日本人相当震惊。[2] 在此以前，日本人除他们熟悉的周边地区外，对于世界的其他地方都是陌生的。

这一时期日本人也开始撇开欧洲地图的原型，自己在屏风上描绘

---

[1] Yukiko Shirahara, *Japan Envisions the West, 16th–19th Century Japanese Art from Kobe City Museum*, p.65.
[2] Alfredo Pinheiro Marques, *The Portuguese Cartography of Japan, (16–17 Centuries)* p.46.

359

自己国家的地图，初期，他们主要根据的是以前传统的"行基风格"（Gyogi-type）而不是欧洲的风格。行基（668—749）是奈良时代著名的佛教僧侣，他奠定了日本古代地图绘制的基础。不过，到了16世纪，日本的制图已经在一定程度上受到了欧洲制图学以及日本人从欧洲带来的新知识的影响，他们对以前的地图描绘传统作出了很大的改进。当时出现的一些世界地图的屏风上经常在一旁并列着一幅日本地图。最为典型的是保存在北海道西南端上国町上国寺（Jōtoku-ji）的几幅屏风地图，有人认为它是日本伟大的画家狩野永德的作品。如果这种假设成立的话，这些屏风应该是1590年狩野永德去世以前的作品，但是这些地图屏风中有1592年和1597年丰臣秀吉远征朝鲜以后日本人获得的地理知识。例如，它们标明了从九州经对马岛至朝鲜的远征路线，九州也比以前传统的日本地图画得更加准确，北海道顶端的虾夷地、关东半岛的房总半岛、富士山和东北山脉以及整个日本的海岸线也比以前传统的日本地图画得更准确，因此，可以肯定，这些屏风是16世纪末年的作品。①

还有一些地图也显示出在西方地理观念影响之下的一些变化。如保存在大阪南蛮文化馆（Namban Bunkakan, Osaka）中的《南瞻部州大日本正统图》（Authorized Map of Great Japan and World），这是一幅作于17世纪初年的六面地图屏风，上有"用明天皇御宇定五畿七道也，文武天皇御宇分六十六个国也"字样，长226.2厘米，宽104.3厘米，上面共有二十四幅各国人物图。在大阪南蛮艺术博物馆还保存着另一幅制作于17世纪早期的基于《奥特里世界地图》（Typus Orbis Terrarum）一书内容所作的屏风，共六面，长226.2厘米，宽104.3厘米，比较精确地展示了当时世界的图景，今天世界的五大洲已经被标示得非常清楚，欧洲、西部亚洲、阿拉伯半岛都与今天的地图相近。在地图屏风的四周有地球上各大洲的图画。其中有一幅为托勒密的九

---

① Hogh Cortazzi, *Isles of Gold: Antique Maps of Japan*, New York and Tokyo: Weatherhill Inc, Second Printing, 1992, p.27.

重天的描绘。中国、朝鲜和日本的大体位置也相当准确，朝鲜被描绘为一个半岛，日本列岛的四个部分北海道、本州、四国和九州已经清楚地展现。中南半岛和马六甲海峡也相当清楚地被描绘出来，只是南极洲画得相当大，并且与今天的澳大利亚只隔着一条狭长的海峡，明显地与今天的地图不同。中央地图的周围还有十六幅世界各地的穿着不同民族服装的人物图。①

三、南蛮时代日欧交流的忠实记录

　　南蛮屏风是日本在 16 世纪下半叶至 17 世纪早期的一种特有的艺术形式，它有着非常鲜明的特点，极易辨认。尽管绘制南蛮屏风的狩野画派主要的活动地点在京都，但是此种屏风的流行反映了 16 世纪末叶至 17 世纪初叶以长崎为中心的日本九州地区的人们对于南蛮趣味的热衷。②当时，模仿葡萄牙人的服饰、习俗、语言甚至饮食都成为一种时尚。有人认为富丽堂皇的南蛮屏风固然是为富有的商人和大名制作的，而有些不太豪华的、价格便宜的可能是为下级武士或是官吏制作的。这不能完全肯定，因为经过德川幕府几代将军对天主教严厉的迫害之后幸存下来的南蛮屏风都是富裕的教徒家族珍藏起来的。博克塞曾经保存了一个"玩具南蛮屏风"，比真正的南蛮屏风小得多。他曾经询问其他日本历史学家是否看见过类似的袖珍屏风，答案是否定的，可能当时民间有类似的需求。③

　　葡萄牙人和欧洲其他国家的传教士将地图书籍和地理知识带入

---

① Hogh Cortazzi, *Isles of Gold:Antique Maps of Japan*, Weatherhill Inc, Second Printing, 1992, pp.32–33.
② C.R. Boxer, *The Christian Century in Japan, 1549–1650*, p.202.
③ 博克塞著：《葡萄牙在日本影响面面观：1542—1640》，范维信译，《文化杂志》第 17 期，1993 年，第 56 页。C.R. Boxer, "Some Aspects of Portuguese Influence in Japan, 1542–1642", in The Transactions and Proceedings of Japan, 1936, p.33.

南蛮贸易时代：近代早期日本与欧洲交流史（1542—1650）

日本，丰富了日本人对世界的认识；同时，日本人根据欧洲的地理书籍和地理知识所画的南蛮屏风将这种新的知识通过艺术的形式再扩大到日本的统治阶层和一般百姓中间。一个典型的例子：《骏府史》(Sunpuki, History of Tokugawa Ieyasu at Sunpu)是一部有关日本德川幕府创立者德川家康在骏府的历史书，它记载了一段有关南蛮屏风的史料，在1611年9月的第十一天，德川家康在观看了南蛮屏风以后向幕府负责铸币的官员以及长崎的奉行提出了许多问题，他们两人是德川家康对外交涉事务的重要顾问。此时，德川家康已经产生了经由墨西哥（新西班牙）与欧洲西班牙建立贸易航线的想法。这个例子说明当时日本的统治者是通过南蛮屏风了解世界知识的。[1]

南蛮屏风是16世纪下半叶至17世纪上半叶南蛮贸易及其给日本带来的社会影响的真实而形象的记录。在威斯顿（Victoria Weston）所主编的《葡萄牙、耶稣会士与日本：精神信仰与尘世物品》(Portugal, Jesuits, and Japan: Spiritual Beliefs and Earthly Goods)一书中，展现有一幅南蛮屏风，上面画着日本人正在从葡萄牙人的船只上搬运来自澳门的中国丝绸，日本人肩上扛着的中国丝绸呈卷筒状，有红黄蓝绿各种斑斓的色彩。众所周知，中国丝绸是当时葡萄牙人从澳门带到日本的大宗物品。当葡萄牙人结束在日本的贸易、带着日本的白银再回到澳门的时候，他们再度购买中国丝绸带到果阿。该书的插图展现了在日本的中国丝绸，上面有丝线和金线织成的花纹图案，还有黑色、白色的中国棉布，它们是由丝线和棉线混合织成的。这些丝布和棉布既可以制成和服，也可以用于装饰家庭。[2]

根据当时的历史记录，从16世纪下半叶开始，葡萄牙人除了香料以外，也从印度和马六甲等地向日本输入大量的纺织品，他们是在马六甲听到一些泰米尔商人的指点以后知道印度布料的商业价值的。

---

[1] Prasannan Parthasarathi, "The Portuguese Textile Trade in Asia", in Yukiko Shirahara, *Japan Envisions the West, 16th–19th Century Japanese Art from Kobe City Museum*, p.65.

[2] Ibid., p.66, p.144.

第五章　南蛮绘画屏风和地图屏风（1568—1650）

从果阿和科钦出发的葡萄牙舰队将古吉拉特以及孟加拉地区所产的棉布与其他物品如铜器、干货以及小装饰品带到摩鹿加群岛以及万丹岛换取当地出产的香料。1570 年以后，葡萄牙人再将坎贝的亚麻布以及科罗曼德尔的棉织品、棉线以及布匹带到东南亚的爪哇、摩鹿加群岛以及马六甲，最后它们中的一部分也被运到了日本。① 从南蛮屏风上也可以看到从印度运来的布料是当时日本外来物品的一个大宗。至少有三幅 16

南蛮人与他们带来的骆驼

世纪末叶至 17 世纪早期的南蛮屏风上还描绘着有身穿不同颜色带格子的印度织布衣服的葡萄牙人以及日本人在从来自葡萄牙的大船上搬运来自印度的纺织品；还有一些黑人仆人也穿着印度布料的灯笼裤，这些灯笼裤有红色的、白色的、黑色的、蓝色的和绿色的，上面印有格子纹、斜的和直的条纹以及富有印度风格的花纹；有一名背负着瓦罐的黑人仆从身穿绿色的印度格子布上衣，还有穿着金色锦缎的葡萄牙人。② 在 16 和 17 世纪，在印度西部如古吉拉特和西北部，也有一些产丝的地方（到 19 世纪的时候，丝织品的产业已经从西部和北部遍及整个南亚次大陆了）。他们身穿的印度布料被描绘得非常细腻和清晰，从中可以看到印度织布工的技艺以及这些布料的质量。在一些南蛮屏风上描绘的人们挑着的箱子里的生丝很可能是产自印度东北部孟加拉湾地区的，这些纺织品则是在西部和西北部加工出产的。那些

---

① A.J.R. Russell-Wood, *The Portuguese Empire, 1415–1808, A World on the Move*, Johns Hopkirs University Press, 1998, p.133.
② 坂本满、管濑正和成濑不二雄：《南蛮美术与洋风画》，小学馆 1970 年版，第 64 页。

363

带有不同颜色的格子、印有斜纹以及几何图形的布料一般都混有丝和棉的成分。这些图形、颜色以及制作工艺都具有印度的特色。这种布可以用作围巾、肩布以及各种不同的装饰目的（今天的印度也有同类图案的布料）。整块的没有花纹的布料一般也都是在苏拉特城加工而成的，这个城市是当时古吉拉特重要的贸易、加工中心。[①]

在南蛮屏风上还可以看到一种来自印度的布料即锦缎。在 16 世纪和 17 世纪，世界上加工锦缎的地方主要在古吉拉特以及印度北方，那里出产图案最为华丽丰富的锦缎。人们用不同颜色的纬纱以及金银线编织各种不同的图案，这些布料的编织工艺非常讲究。日本人对于中国和印度的丝绸和纺织品的喜爱在葡萄牙人与日本的贸易衰落以后仍然不减，荷兰人接手葡萄牙人的贸易以后，继续将大宗的丝绸以及纺织品输入日本。

在南蛮屏风上，还可以看到一些来自域外的动物和植物，反映了地理大发现时代由葡萄牙人主宰的航海事业中物种（作物、植物和动物）交流的历史事实。它们都是由葡萄牙人的大船带到日本（特别是长崎）来的。

首先是动物，画面上的加比丹·莫尔率领的葡萄牙人以及日本人的游行队伍中有阿拉伯良马、猎狗、孔雀、骆驼、非洲猎豹、骡子和大象。

来自印度的大象是非常引人注目的域外动物，日本画家所画的大象以及它们身上的装备非常接近真实。大象的身体是灰色的，有两条长长的白色象牙与大大的耳朵，尾巴像流苏一样拖在身体的后面，四条圆腿的底部都有圆形的指甲，显示出他们要么直接对它们作了写生要么亲眼看见过这些从葡萄牙船只上运抵日本的大象，而且他们对于葡萄牙人在南亚次大陆拥有大象的事情是非常了解的。从画面上看，大象被运上葡萄牙船只或者运抵日本海岸边上并从船上与乘客一同下

[①] Prasannan Parthasarathi, "The Portuguese Textile Trade in Asia", in Yukiko Shirahara, *Japan Envisions the West, 16th–19th Century Japanese Art from Kobe City Museum*, pp.58–59.

第五章　南蛮绘画屏风和地图屏风（1568—1650）

南蛮人骑着印度大象

船的仪式是非常庄重的——在一幅南蛮屏风上展示了葡萄牙人与大象即将从果阿出发时的场景，这头大象跟在一群仆役的后面，这群仆役则抬着肩舆或轿子，上面坐着一位头戴黑色冠冕身穿明亮华丽的长袍的气度不凡的人物——很可能是一位天主教会的主教。在大象的背上载有一个印度风格的象轿，上面也相应地坐着一位葡萄牙贵族，他身穿红黑相间的毛料服装，很可能是一名舰长。为主教抬轿舆的共有六名仆役，另有一名是为主教打伞的，这种大伞当时被称为"南蛮伞"（在今天的长崎二十六圣徒纪念馆中保存有这样一把南蛮伞）。引导大象前行的共有两名仆役，他们一个在大象的前面，另一个则走在后面，两位仆役每人手里都握着一种头上有细而尖的金属钩的赶大象用的长杆。还有一名仆役好像是专门侍候舰长的，他手里握着一柄收拢的南蛮伞。所有的仆役不是深色皮肤的印度人就是黑人，他们都穿着印度出产的格子布或者条纹布上衣和灯笼裤，也都赤着脚在走路。[①]大象在比例上被描绘得比较小，可能是为了凸显主教和舰长的重要性，而这种前呼后拥的行进方式更显示出那两位大人物的尊贵。[②]

---

① Kobe City Museum, *Namban Arts Selection*, Kobe City Museum, 1998, p.14.
② Ibid., p.9, p.14.

365

南蛮贸易时代：近代早期日本与欧洲交流史（1542—1650）

南蛮人带来域外的珍禽

除了大象以外，在南蛮屏风上还出现了其他一些热带地区的动物。有一幅南蛮屏风上画着一名在前排行进的年轻的欧洲人，其右手的拳头上停着一只鸟。从那只鸟的姿势和它光滑的外形、脚上挂着的红色鹰带来看，可能是一只小小的猎鹰；不过，从它绿色的羽毛，可能是红色的喙，年轻的欧洲人并没有戴手套以及那鸟也没有戴头套等细节来看，它又像是一只鹦鹉。[①] 鹦鹉是葡萄牙人在初次到达南美洲的巴西以后见到的最多的鸟类之一。最初葡萄牙人从巴西带出的大宗物品是巴西红木以及蔗糖，同时他们也很喜欢将鹦鹉和猴子带在大船上航行去欧洲和印度等地。[②]

还有两种被关在笼子里抬到岸上的动物，人们很难辨认出它们所属的种类，有人认为其中有一头最难辨认的是神话中的而不是真实的动物，还有一种则被认为是灵猫。有记载说葡萄牙人将非洲的灵猫带回欧洲，把它当成宠物，也从它身上提取香腺作为香料。葡萄牙人

---

① Pory Browne, "Priests, Pachyderms, and Portuguese: Animal Exchange in the Age of Exploration", in Victoria Weston, ed., *Portugal, Jesuits, and Japan, Spiritual Beliefs and Earthly Goods*; p.65.
② A.J.R. Russell-Wood, *The Portuguese Empire, 1415–1808, A World on the Move*, p.128.

366

相信灵猫的香气有催情的作用。在里斯本港口人们经常可以看到这种动物。[1] 也有记载说在东南亚各地有人捕抓亚洲的灵猫（它们与非洲的同类相比体形更长，脸上也有更多的斑点）以获取它们身体里的香腺。日本的画家在南蛮屏风上描绘灵猫似乎是因为它们代表了葡萄牙人身上的那种异国情调。

从大船上下来的葡萄牙人还带来其他的动物，比如有一幅屏风上画着一个年轻的欧洲人抱着一只白色的小公鸡，从衣着上看这名年轻人应该是葡萄牙绅士而不是仆役，那只小公鸡似乎也是人工饲养的。当时从印度到东南亚一带民间有斗鸡的风俗，葡萄牙人可能是将好斗的小公鸡带到日本作为礼物取悦日本当地的大名或者武士。

狩野派的艺术家还喜欢在南蛮屏风上绘画的另一种来自异国的动物就是马匹。虽然日本本地是产马匹的，但是葡萄牙人仍然喜欢将来自葡属印度的阿拉伯良马从海上运往日本，并作为一种重要的外交礼物赠送给日本的达官贵人。葡属印度的首府果阿位于东西方交汇处，葡萄牙人将从欧洲带来的货物与印度的香料、中国的丝绸进行交易，将香料与丝绸装船运往霍尔木兹换取产自波斯的马匹，然后再回到果阿，再将波斯的马匹卖到南部印度各地[2]，或将它们运往日本。在一幅南蛮屏风上从印度运来的乳白色的良马和两名马夫被描绘在海岸边上的水里，马夫们正在为马洗澡，在马和马夫的一旁停着一艘小艇，人们正用它从大船上卸货。另一幅中则有两名马夫为良马牵着辔头和缰绳，马的鞍鞯和马镫则非常华丽。在南蛮屏风中出现的动物还有狗，有些狗的耳朵是下垂的、穿着华丽的狗衣以及带着期待的神情，使人想起它们是地中海地区的宠物。在另外一些场合，还出现过山羊，葡萄牙人带着它们可能是为了在旅途中食用或者喝羊奶。

最后，就是最具有异国风情的动物——孔雀。在一幅南蛮屏风中描绘了一群坐在海岸边的南蛮人正在欣赏孔雀开屏。孔雀这种美丽的

---

[1] A.J.R. Russell-Wood, *The Portuguese Empire, 1415–1808, A World on the Move*, p.126.
[2] Ibid., p.133.

南蛮人带来印度的孔雀

大鸟原产于非洲西部、印度次大陆和东南亚，早在15世纪末叶，当葡萄牙人在非洲西部海岸的圣多美岛进行贸易的时候，就将孔雀和其他鸟的漂亮羽毛列为重要的商品，并由王室垄断。葡萄牙人通过海船将它们带到欧洲，运往纺织业发达的布鲁日以及佛罗伦萨，用作贵族特别是贵族妇女服装的装饰物。[1] 日耳曼商人富格尔家族出于商业目的饲养这种鸟类，它们的羽毛成为文艺复兴时期欧洲贵族妇女奢华的象征物。葡萄牙人也将此种动物带到了日本，在另一幅南蛮屏风中可以看到在出售南蛮物品的商店里挂着孔雀羽毛，它们应该是用于服装的装饰的。[2]

这些南蛮屏风还是后人研究那个时代在东方的葡萄牙人的服饰以及他们带入日本的异域风俗的重要的，甚至唯一的来源。日本的画家们在屏风上仔细地描绘葡萄牙人的服饰，很可能是1590年范礼安引领日本天正使团成员觐见丰臣秀吉引起轰动的原因。当时的使节衣着华丽，甚至黑人奴仆也穿着天鹅绒的制服并戴着金链。这类服装在南

---

[1] 雅依梅·科尔特桑（J. Cortesão）：《葡萄牙的发现》，王庆祝等译，第三卷，中国对外翻译出版公司1997年版，第779页。

[2] Pory Browne, "Priests, Pachyderms, and Portuguese: Animal Exchange in the Age of Exploration", in Victoria Weston, ed., *Portugal, Jesuits, and Japan, Spiritual Beliefs and Earthly Goods*, pp.58–59, pp.65–69.

蛮屏风中一再出现,其中比较特别的就是葡萄牙人以及他们的仆人所穿的灯笼裤。葡萄牙人的服饰比较鲜明,他们的服装是黑色、绿色、深蓝色或是带有花纹的;他们来自印度的仆人则穿淡绿或淡蓝的灯笼裤,上面有格子或条纹。葡萄牙人穿鞋子或短靴,这些鞋子与靴子的颜色也非常鲜明,有红色、黑色和深蓝色;他们的印度仆人则常常是赤脚的。在重要的南蛮人物如加比丹·莫尔的身后,都有仆人为他们打着一把华丽的南蛮伞,伞的色彩也非常鲜艳,看上去像是由厚重的锦缎做成,伞边往往有花纹装饰。①

南蛮屏风上描绘的南蛮伞

真正的南蛮伞,保存在长崎二十六圣徒纪念馆

南蛮伞花纹(局部)

在南蛮屏风中还有对长崎与京都的一些专门出售南蛮物品的商店的描绘,它们摆在店铺里出售的物品有中国南方出产的丝绸及纺织品、中国的瓷器和陶器等有"唐物趣味"的物品;还有来自印度的布料、孔雀的羽毛、南蛮的服装和帽子、虎皮和豹皮、鲸鱼的皮、日本带柄的刀具、出口的漆器

---

① 神户市立博物馆编:《南蛮美术选粹》,神户市立博物馆,1998年,第15—17页。

等。一家商店的大门上还挂着弯曲成圆圈的蒲草作为辟邪之用,可能这是从中国传入日本的风俗,反映了中国人的传统文化对于长崎等地日本人的影响。另外,在狩野宗秀(1551—1601)所作的著名的《京都南蛮寺图》中,在日本风格的天主教教堂(南蛮寺)用木头筑成的外墙边开着一排店铺出售南蛮物品,在转角处可以清楚地看到有一个店铺是专门出售南蛮帽子的。①

在江户时代早期的《观能图》中,也可以看到域外风物的蛛丝马迹。此图描绘的是1588年丰臣秀吉在京都的"聚乐第"接驾、宴请后阳成天皇的华丽场面,后阳成天皇被描绘在右上方挂着御帘的府邸里面,府邸的廊中坐着达官贵人,他们都在观看画面中央戏台上的能剧表演。在戏台的右边有三个南蛮人坐在红色的地毯上,其中一位右手托着长长的烟管在吸烟。左边红色的地毯上则有一个日本人也托着烟管在吸烟,形成一个遥遥相对的画面。② 烟草是葡萄牙人从南美洲带出的重要物品之一,后来通过葡萄牙在非洲的殖民地安哥拉等地输入葡属印度,一直广受欢迎,直到1624年葡萄牙王室宣布对印度的烟草实行垄断和专利。③ 南蛮屏风上表现的葡萄牙人以及日本人吸烟的场面反映了葡萄牙人在16世纪末叶或17世纪初叶已经将烟草带到日本的情况。现存的两面带柄的南蛮铜镜均制作于江户时代初期,第一面的背面是一个坐着的穿灯笼裤的南蛮人,左手托着一柄烟具,嘴里吐出缕缕长烟,头上则画着五片烟叶;在另一面铜镜的背面,刻画着两个站着的一老一少南蛮人,那位高个子南蛮人右手也握着一柄烟具,左手拿着扇子;小个子南蛮人左手拿着烟缸,右手也握着一柄扇子。这两件器物也可以作为烟叶传入日本的印证。④

还有几幅特别的南蛮屏风具有很强烈的风俗画的特征,它们展现了南蛮贸易时代日本民族与葡萄牙人融洽相处的场景。江户时代初期

---

① 神户市立博物馆编:《南蛮美术选粹》,神户市立博物馆,1998年,第17—19页。
② 神户市立博物馆编:《南蛮美术选粹》,第30—32页。
③ A.J.R. Russell-Wood, *The Portuguese Empire, 1415–1808, A World on the Move*, p.141.
④ 神户市立博物馆编:《南蛮美术选粹》,第83页。

的《南蛮人交易图》，描绘的是在一个日本式样的有松树的大庭院里，日本人与葡萄牙人在房子和院子里和平贸易的场面。有的南蛮人在搬运货物，有的则在打开箱子，展示他们从域外带来的布匹和锦缎，有的日本人则将布匹和锦缎展开观看，有一些南蛮人进入内院觐见当地的大名，还有的南蛮人在观看日本人下围棋，或者坐在椅子上饮酒，或倚在矮凳上惬意地与日本人聊天。①

还有两幅同时期的《南蛮人交易图》，因为下方都有"探幽笔"字样，所以被断定为狩野派画家狩野探幽（1602—1674）的作品。它们都描绘了南蛮大船上的小艇驶入港口时的场景。南蛮人从船上运下布匹等货物以及笼子里的动物，放置到岸边的店铺里出售；有一家布店的旁边是银子兑换店，可以看到有银师在称银两，还有比较特别的是有日本人高举南蛮伞与南蛮人一起跳舞。②

不过，这几幅南蛮屏风有一个共同的特点，就是一切有关天主教的痕迹如教士、南蛮寺、十字架、圣母、念珠等都消失不见了。在1614年德川幕府彻底禁止天主教以后，南蛮屏风并没有立即绝迹。不过，它们的格局出现了很大的变化。屏风的右半部分不再出现天主教神父、教堂或是十字架以及念珠等，而变成了纯粹的日本景观。原来的神父以及修士迎接葡萄牙舰长和船员的场景，代之以日本主人在旅店款待葡萄牙商人的画面。教堂屋顶上的十字架、教堂内祭坛上的圣体发光盘等明显带有基督教特征的宗教艺术品不见了，代之以佛教的象征物。相应的，日本基督徒身上佩戴的十字架以及念珠也不见了，他们也被佛教的各种象征物所取代。

南蛮屏风在幕府取缔天主教以后没有存在很久，可能在1639年至1640年"岛原之乱"以后日本禁绝一切与葡萄牙人有关的事物之前，就没有人再制作这种屏风了。在17世纪末至18世纪初，又有一种从南蛮屏风蜕变出来的屏风画出现，它们可能出于堺市住吉画派的

---

① 神户市立博物馆编：《南蛮美术选粹》，第24—25页。
② 同上，第26—29页。

画家之手,原来衣着华丽的葡萄牙贵族变成了中国的商人,欧洲的商船被画得粗糙不堪,半宗教的题材也完全消失。这些拙劣艺术品的出现是当时的人们对于荷兰人带来的"兰学"感兴趣的缘故。

第六章
近代早期长崎城市的开港以及闭关的始末
（1570—1640）

在 16 至 17 世纪中叶地理大发现时代，葡萄牙人在从好望角至日本的广大区域中建立了一系列以贸易和传教活动为中心的港口城市，长崎是最东边的一个港口。从 1570 年至 1640 年，它一直是葡萄牙人从果阿到澳门再到日本的贸易航线的终点站。这条航线是葡萄牙海洋帝国全盛时代在东方最重要的航线。1580 年，长崎由日本的基督教大名大村纯忠正式割让给耶稣会，耶稣会掌管长崎达七年之久，因此它又与耶稣会东方的传教事业有着密不可分的关系。日本当局鉴于地方大名与海外的通商会加剧地方的离心倾向，同时也担心天主教会的传教士在日本的活动会威胁到日本本土的宗教信仰和文化习俗，从 1587 年以后就想禁教和限制葡萄牙人的活动，但是当局也考虑到与葡萄牙人的通商之利，在很长的一段时间里并没有停止与果阿、澳门的葡萄牙人通商。长崎一直保持着它独特的贸易地位，葡萄牙人与耶稣会士仍然在这座城市中以各种方式持续活动了很长一段时间。在 17 世纪 40

年代德川幕府正式闭关锁国以后,长崎仍然是日本唯一的对外交流的窗口,保持着与荷兰和中国等国家的海上贸易。

本章就长崎的兴起、割让、被日本当局收归以及城市的结构、人员的流动、南蛮文化的影响乃至最后对外港口的关闭作一叙述,以期从一个侧面帮助读者了解这个城市在地理大发现时代日本对外交往中的地位,以及它在葡萄牙人、耶稣会士与日本通商和耶稣会士的传教事务上的独特作用。

一、大村纯忠的皈依和捐赠

葡萄牙人寻找口岸 早在1542年,有三名葡萄牙逃兵搭乘中国福建的平底船来到日本九州南部的种子岛,以后,陆续有葡萄牙人带来火枪、烟草和肥皂等物品来与日本人贸易,其中火枪特别受日本战国时代大名的喜爱,这是葡萄牙与日本贸易的开始。①16世纪50年代后半叶,葡萄牙建立了澳门居留地,并以此作为从果阿到日本漫长的贸易线路的中转站,从澳门来到日本九州的船只渐渐增多。② 这条贸易航线的全盛时期是16世纪的最后二十五年,对此,一位在1585年至1591年访问过东印度的英格兰商人富歇(Ralph Fitch)有过一段经典性的描述。他说,当来自印度的葡萄牙人从中国抵达日本的时候,他们带去许多丝绸、黄金、麝香和瓷器,他们从日本带回去的只有白银;每年都有一艘大的葡萄牙武装商船到达那里,它带去的商品价值60万克鲁扎多,带出的全是日本的银子;葡萄牙人每年还从印度带出20万克鲁扎多的银子,他们用这些银子在中国购买黄金、麝

---

① C.R. Boxer, "Notes on Early European Military Influence in Japan, 1543–1583", in *Transaction of the Asia Society in Japan*, 1931, pp.68–72.
② C.R. Boxer, *Fidalgos in Far East, 1550–1770, Facts and Fancy in the History of Macao*, p.2, pp.5–6.

第六章 近代早期长崎城市的开港以及闭关的始末（1570—1640）

香、丝绸、铜和瓷器，由此获得大利。①

在葡萄牙人抵达日本最初的几十年中，他们一直在九州的西南部和东部寻找理想的港口。最初，葡萄牙人想在种子岛、鹿儿岛以及臼杵建立他们的贸易基地，但是都没有成功。从 1555 年开始，葡萄牙人的船只先后抵达平户、丰后、萨摩、岛原等地。② 在开始的时候，他们企图在平户站住脚跟，那时当地已经有 90 名葡萄牙商人和海员了。但是耶稣会士受到当地佛教僧侣的激烈反对，1559 年，平户的藩主下令将葡萄牙的耶稣会士加斯帕·维莱拉（Gaspar Vilela, 1526—1572）赶出自己的封地，耶稣会士在当地的小教堂、住房都被烧毁了。

当时，原是一名富裕的有犹太人血统的葡萄牙人外科医生路易斯·德·阿尔梅达已经加入耶稣会，因为当局还不知道他是传教士，所以他能继续回到平户，在没有教堂的海边为当地的葡萄牙人以及日本信徒举行主日的弥撒。这位熟悉日本事务的传教士开始与葡萄牙的加比丹·莫尔讨论改变葡萄牙船只停泊地的计划。③ 从那时起，日本耶稣会早期的负责人科斯莫·德·托雷斯神父就与阿尔梅达商量，他们另找一名能够庇护葡萄牙人和日本基督徒的大名，与他建立贸易与通商的关系，将他领地作为葡萄牙人船只的下锚地点，然后再徐图发展。托雷斯神父是被沙勿略选中的首批去日本的传教士之一，负责日本耶稣会早期传教事务长达十九年，一直在长崎附近的大村从事传教工作。1570 年他因病在长崎退休，又到了志岐，同年 10 月 2 日在当地去世。他是早期日本基督教史上的重要人物，按照范礼安的说法，他的工作贯穿着耶稣会在日本传教历史的第一阶段。

不久，耶稣会士就开始考虑将横濑浦作为另一个葡萄牙人泊船和

---

① C.R. Boxer, *The Christian Century in Japan, 1549–1650*, pp.100–105.
② C.R. Boxer, *The Great Ship from Amacon, Annals of Macao and the Old Japan Trade, 1555–1640*, pp.21–24.
③ Reinier H. Hesselink, *The Dream of Christian Nagasaki, World Trade and the Clash of Cultures, 1560–1640*, pp.19–20.

驻扎的地点。这个地方离大村很近，位于彼杵宿半岛（peninsula）的尽头，当地的一些渔民和他们的家人有时可以撑着有篷的船只掩护葡萄牙人来到这个港口。①1562年初，葡萄牙舰长佩德罗·巴雷多·罗林（Don Pedro Barreto Rolín）本来准备将大帆船开往平户，但是他在海上就听到消息说横濑浦是一个更加安全的港口，于是就将船只开往那里。

大村纯忠与葡萄牙人建立交往 1562年7月初，阿尔梅达在一些日本基督徒的陪同之下，来到横濑浦。然后，他们从这里乘小船前往大村湾。7月17日，他们来到当地的大名大村纯忠的据点。大村纯忠出生于有马的日野江城（Hinoe, Arima），原本是有马晴纯仙岩（Arima Haruzumi Sengan）的次子。1538年，他被过继给大村的大名大村纯前（Omura Sumiaki），因为后者没有合法的子嗣。1551年，大村纯前去世，大村纯忠就成为大村的大名。他第一次见到葡萄牙人的时候对他们印象甚佳。在阿尔梅达等人的斡旋之下，托雷斯神父与大村纯忠达成了一项协议，后者将横濑浦一半的村庄转让给耶稣会，葡萄牙商人在十年之中可以使用这个港口，并且免税在当地经商。葡萄牙人与当地的基督徒于是定居下来，并在一座废弃的佛寺基础上建立了一座教堂。于是在日本，第一个正式的基督徒团体出现了。

1563年2月24日，那一天是圣灰星期三即基督教大斋节的第一天，来自丰后、博多、山口、宫古等地的基督徒纷纷赶到这里，参加耶稣会士举行的弥撒，接受传教士在他们的前额上抹上圣灰。葡萄牙的基督徒商人都明白要在神父的指导之下将中国生丝和其他外国货物引入当地进行贸易。不久，人们在教堂前的小山坡上树立了一个高高的十字架。②

---

① Reinier H. Hesselink, *The Dream of Christian Nagasaki, World Trade and the Clash of Cultures, 1560–1640*, p.20.

② C.R. Boxer, *The Great Ship from Amacon, Annals of Macao and the Old Japan Trade, 1555–1640*, pp.27–28. Reinier H. Hesselink, *The Dream of Christian Nagasaki, World Trade and the Clash of Cultures, 1560–1640*, p.21.

1563年3月下旬的一天，大村纯忠带领一批随从来到这里，还带着鱼、几桶米酒、一头猪和一些白银作为礼物赠送给托雷斯。托雷斯也带着五名葡萄牙人回访，并邀请大村纯忠到传教士的居所举行宴会招待他们。耶稣会士开始时没有向他们传教，而是领他们到小教堂里看了《圣宠圣母像》，并赠送给大村纯忠一柄金色的扇子，上面写有"耶稣之名"的字，画着一个十字架和三颗钉子。第二天晚上，大村纯忠带领随从来到小教堂，参加了耶稣会士的弥撒。耶稣会士在弥撒中谈到世界的创造、三位一体的奥秘、魔鬼与堕落、亚当的原罪、人类的补赎以及最后的审判。大村纯忠则要求耶稣会士向他讲解耶稣之名和十字架的奥秘。他还向修士们要了一张纸，要他们写下一个星期中每一天的名称，询问在哪一天基督徒是不吃肉的，还有圣徒的节日和一年中的圣日。他本人还亲自做了记录，很晚才回到自己的家。后来几天，每天的日落时分，他总是来到耶稣会士的驻地，特别谦恭地聆听基督教的教义。由于托雷斯的助手费尔南德斯修士的日语特别好，所以大村纯忠听得非常清楚，尽管他对教义还不是十分理解。这位修士还特别向他提到公元312年君士坦丁大帝在罗马于神秘的基督象征符号引导下取得胜利的故事。大村纯忠则询问了费尔南德斯修士如何理解十字架的意义、《主祷文》和《圣母经》。这位修士一一将这些基本的教义写下来讲给他听。在以后的几天里，大村纯忠表现得十分谦卑，他总是在日落以后来听神父讲道。

1563年5月21日，托雷斯决定带领几名葡萄牙人去筑有堡垒的大村探访大村纯忠。他们在堡垒里面受到热情的欢迎和盛情款待。托雷斯住了两三天就走了。又过了五六天，大村纯忠突然带了二十到三十名家臣来到横濑浦，他向神父表示自己心中要接受洗礼的愿望与日俱增。托雷斯派了一名博学的日本基督徒与大村纯忠谈了大半夜，那天的后半夜，大村纯忠与他的家臣都听了弥撒，直到第二天的拂晓。此人回去告诉神父如果神父允许，大村纯忠愿意立即接受洗礼。本来托雷斯神父要为他举行一个规模盛大的受洗弥撒，但是大村纯忠坚持只要一个小规模的洗礼仪式就可以了，他希望托雷斯神父就做他的教父。于是,第二天的清晨,大村纯忠与他所有的家臣都接受了洗礼。在神父为他付洗之前,他与所有的家臣"都以响亮的语调背诵了基督教的基本教义,他们想以此告诉神父托雷斯,他们中没有任何一个人不配接受洗礼"。大村纯忠在接受基督教信仰以后取名圣名堂·巴托洛米欧。有关他接受洗礼具体是在哪一天则没有明文记载。①

不久以后,横濑浦在当时大名之间的内战中被毁,成为不适合人们居住以及通商的地方。从1565年开始,葡萄牙船只开始使用福田(Fukuda)港口,它位于长崎湾的入口处,在当地有福田的基督徒大名大和守忠谦建立的城堡。1567年,葡萄牙舰长特里斯托·瓦兹·德·维加(Tristão Vaz de Veiga)率领舰队去往有马的口之津町,口之津町在九州的东面,当时耶稣会士托雷斯已经移居在那里。无论是葡萄牙人有意或无意这样做,这种贸易上的转移对于大村纯忠的经济收入都是一种打击,他对此并不乐见。

1568年9月,托雷斯神父在从口之津町去大村的途中,在一个风景如画的名叫长崎的渔村停留。1569年底,托雷斯的助手维莱拉神父在大村纯忠的一个名叫长崎甚左卫门纯景(Bernardo Nagasaki Jinzaemon)的家臣邀请下来到长崎。长崎甚左卫门纯景出生于1554年,是大村纯忠的一位年老而忠诚的家臣与其妾所生的孩子,当时他非常年轻,大约十五岁。他是与大村纯忠一起领洗入教的,所以也是一名基督徒。后来他与大村纯忠的第三个女儿、虔诚的基督徒鸟井结婚,成为大村的女婿。②维莱拉来到当地以后,不久就将封邑里的居民1500余人均皈化为基督徒。他还烧掉了一间空的佛教庙宇,并在原址上建立了诸圣教堂(All Saints Church, Todos os Santos)。也就在这一年,葡萄牙的加比丹·莫尔曼努埃尔·特拉瓦索斯(Manuel Travassos)指挥他的大帆船来到九州的西海岸,他将船只驶往福田,

---

① Reinier H. Hesselink, *The Dream of Christian Nagasaki, World Trade and the Clash of Cultures, 1560–1640*, pp.26–27.
② Ibid., p.35.

第六章　近代早期长崎城市的开港以及闭关的始末（1570—1640）

长崎的大埔天主堂

但是一些日本人告诉他临近的长崎湾更加适合葡萄牙大帆船的碇泊，这是葡萄牙人初次听到这个消息。

这一年，来到长崎当地的基督徒人数众多，此地非常偏僻安静，大村纯忠的大部分领地都处于战乱之中，天草等地的基督徒都来到此地避难。①1570年4月，托雷斯来到长崎，此时他已经病重。也就在这一年，大村纯忠的妻子、儿子以及两个女儿也一同受洗入教。② 维莱拉神父则搭乘葡萄牙人的船只回印度去了。7月，在弥留之际的托雷斯神父终于等到葡萄牙人卡布拉尔神父前来接手他的教务。③ 这一年，在临近地区仍然有不少人陆续来到这里，因为九州各地仍然不断爆发内战，长崎的人口有增无减。这些居民开始清理周围的树林，并

---

① C.R. Boxer, *The Great Ship from Amacon, Annals of Macao and the Old Japan Trade, 1555–1640*, pp.34–35.
② Ibid., p.207.
③ Reinier H. Hesselink, *The Dream of Christian Nagasaki, World Trade and the Clash of Cultures, 1560–1640*, p.209.

长崎大埔天主堂附属建筑物

在窝棚的四周种植小麦和大麦,当地已经出现街市。①

长崎的开港与"捐赠" 1571年春天的时候,葡萄牙人加比丹·莫尔特里斯托·瓦兹·德·维加率领来自澳门的大船抵达长崎,这是维加第二次指挥大帆船来到日本,也是长崎第一次有葡萄牙人的大帆船停靠。很可能以前来到福田的曼努埃尔·特拉瓦索斯指挥的大帆船在上一年是从长崎出发驶回印度的,但是,人们公认的是,从这一年开始,长崎成为从澳门驶出的葡萄牙大帆船在日本停泊的终点站。葡萄牙的领航员和耶稣会士梅尔希奥·德·菲格雷多(P. Melchior de Figueiredo)仔细勘察了这个港口。他们发现蔚蓝色的大海中的长崎港湾海水很深而且长达四英里,极其适合停泊葡萄牙人的大船,是他们所期待的最理想的港湾。长崎名Nagasaki,"naga"就是"长"的意思,"saki"就是"海角,海岬"的意思。直到今天它仍

---

① C.R. Boxer, *The Great Ship from Amacon, Annals of Macao and the Old Japan Trade, 1555–1640*, p.35.

第六章 近代早期长崎城市的开港以及闭关的始末（1570—1640）

长崎港口鸟瞰图

然是日本九州最重要和最理想的贸易港湾。在长崎湾海岬的尽头，有一个名叫深江（Fukae-ura）的地方，还设有镰仓幕府的一个机构"长崎屋"。无论如何，从1571年葡萄牙人的大帆船第一次停靠在长崎起，葡萄牙人再也没有试图寻找别的港湾了，因为长崎湾作为一个深水港是最适合葡萄牙船只碇泊的。[①]

当时的长崎在大村纯忠的领地之内，他是基督徒，本身也非常愿意葡萄牙人来到这个地方通商和传教。从利益的角度考虑，他也急于获得葡萄牙船只来到当地贸易以后所缴纳的税收，这有利于巩固他在当地的统治。于是，长崎就顺理成章地成为葡萄牙人在日本九州最重

---

① C.R. Boxer, *The Great Ship from Amacon, Annals of Macao and the Old Japan Trade, 1555–1640*, p.36.

长崎港口的景色

要的贸易港口了。①

不久以后，武雄的贵族、大村纯前的私生子后藤贵明（Gotō Takaaki）在一批不满大村纯忠的武士的支持之下与大村纯忠发生争战，使得大村的领地内战纷起，一直很不安宁。1574年3月13日，另一位临近的大名率领军队进攻大村的领地，企图夺取这片土地。虽然大村纯忠猝不及防，但是凭借着人多势众，还是抵御住了敌人的攻击。不久，敌人还想卷土重来，但是由于暴风雨的天气而作罢。当时，停泊在长崎港口的四艘葡萄牙船只为大村纯忠提供了物资上的帮助。大概是出于感激、利益的考量或是宗教的信仰，抑或三者兼而有之，此时大村纯忠做出了一个重要的决定：将基督教全面地引入他统治的领地大村。不久葡萄牙耶稣会士加斯帕·科埃略（Gaspar Coelho）与米额尔·瓦兹（Miguel Vaz）一同来到大村的领地。1574年11月1日，那天是诸圣节，大村纯忠决定将当地的一座主要的佛教庙宇改为教堂，并让当地原来信奉外教的居民前来听传教士们讲解基督教的教义。一些不愿意接受基督教教义的僧侣和俗人，被迫离开

---

① C.R. Boxer, *The Christian Century in Japan, 1549–1650*, pp.99–100.

第六章　近代早期长崎城市的开港以及闭关的始末（1570—1640）

了这片领地。其他的佛教寺庙，不是改为基督教教堂，就是被推倒焚毁。11月，葡萄牙的耶稣会士在大村的领地上为当地民众举行了集体的弥撒和受洗仪式。在大村，除了普通百姓以外，还有五十名贵族以及四名僧侣在圣诞节的时候接受了基督教。大村纯忠委托瓦斯科·佩雷拉神父加固了长崎原有的建筑工事，来到当地的葡萄牙船只也为他带来了枪炮。8月，大村纯忠特意来到港口向葡萄牙舰长表示感谢。此时，长崎的要塞已经非常坚固了。当地大约有四百名民兵，每一个家庭至少出一人当兵。卡布拉尔估计当地已经有两万名基督徒，其中有许多原先是临近寺庙里的佛教僧侣。[①] 但是，过了一年以后，大村纯忠就遇到了麻烦，临近的一位拥有强大兵力的大名竜造寺隆信（Ryuzoji Takanobu，1530—1584），对大村的领地虎视眈眈，并将大村纯忠的儿子作为人质，联合另一位大名从三面包围长崎，他们距离大村纯忠的要塞不过五公里。这一阶段，大村纯忠时时感到竜造寺隆信等迫在眉睫的威胁。以后，这个地区的战争一直没有停止过，大村纯忠始终有很大的不安全感，这也是后来他决定将长崎和茂木捐赠给耶稣会的原因之一。[②]

有关长崎开港以及后来捐赠给耶稣会的许多文献已经不存在了。历史学家迪奥戈·帕切科（Diego Pacheco）引证1891年出版的耶稣会士路易斯·德·古兹曼（Luis de Guzman, S.J.）的著作以及其他日本史籍指出：

> 1570年春天，南蛮人（葡萄牙人）派了一艘小船来到长崎湾，他们探测了海水的深度以及海湾的地理，看到这个地方的地理位置十分优越，他们请求允许在这个地方建立港口。但是，由于一些原因，大村纯忠没有答应他们的请求。南蛮人转而向大村

[①] C.R. Boxer, *The Christian Century in Japan, 1549–1650*, pp.224–226. Reiner H. Hesselink, *The Dream of Christian Nagasaki, World Trade and the Clash of Cultures, 1560–1640*, pp.63–64.

[②] Otis Cary, D.D., *A History of Christianity in Japan, Roman Catholic, Greek Orthodox and Protestant Missions*, Vol.1, Charles E. Tuttle Company, 1976, pp.67–69.

纯忠的兄长有马修理大夫义贞（Arima Shuri Taiyu Yoshisada）请托，后者派了一名使者送了一封信向大村纯忠求情，大村不能拒绝。1571年3月，大村命令他的封臣朝长对马画了一张长崎城镇的地图，他将城市划分出岛原町、大村町、文知町、外浦町、平户町和横濑浦町。这六个城镇区被称为内町。这些地方被选作与南蛮人贸易的地方。①

葡萄牙耶稣会士路易斯·弗洛伊斯指出：

在大村纯忠皈依天主教以后的四至五年，托雷斯命令费格雷多神父前往一个叫作福冈的港口，并居住在那里。他这样做有两个理由。第一，便于为那些乘中国船只来到当地的葡萄牙人布道和听告解；第二，他要照顾当地的基督徒的宗教生活，当地基督徒的人数相当多。福冈随着外来的船只到来、停泊，已经建立了一个港口。但是福冈不是一个良港，那里的船只暴露在外，处于不同的危险之中。这个神父希望找到一个更加安全的港口以便葡萄牙人的船只能够来到大村纯忠统治下的诸个岛屿，这样，这里的基督徒团体也可以得到照顾和帮助。这位神父带着一名领航员和一些同伴，仔细地探测了沿海和港湾。他发现长崎是一个非常适用且方便的港口，有必要与大村纯忠达成一项协议，以便于神父和跟着船只来到这里的基督徒可以建立一个固定的城镇和居留地。②

1579年7月7日，耶稣会远东视察员范礼安搭乘葡萄牙人加比

---

① Diego Pacheco, "The Founding of the Port of Nagasaki and its Cession to the Society of Jesus", in *Monumenta Nipponica*, Vol.25, No.3/4, 1970, p.306.

② Luis Frois, S.J., *História de Japan*, MS. 49-IV-45, p.356, in Diego Pacheco, "The Founding of the Port of Nagasaki and its Cession to the Society of Jesus", in *Monumenta Nipponica*, Vol.25, No.3–4, p.307.

丹·莫尔莱昂内尔·德·布里托（Leonel de Brito）的大帆船第一次来到日本，他登陆的地方就是长崎。当时耶稣会士还试图皈化的另一位大名是有马誉纯（Arima Shigezumi），他对于耶稣会的神父甚表尊敬，并试图将葡萄牙人的大帆船引入口之津与其领地的居民贸易。葡萄牙的船只在这一年的 7 月 25 日访问了这个港口。根据罗伦佐·梅希亚神父（Fr. Lorenzo Mexia）写的报告，当时日本九州的大名虽然拥有土地，但是在税收方面仍然非常短缺，因此缺乏现金，所以当地人对于葡萄牙大帆船的到来感到难以形容的由衷的高兴，因为这些船只会带来利润。

博克塞认为，大村纯忠对于有马氏吸引葡萄牙人去他的领地感到恼怒，同时也感到临近的一些大名的威胁，这是他想与耶稣会士达成协议将长崎捐赠给耶稣会士的原因。[①] 范礼安在 1580 年 6 月 9 日与大村纯忠正式达成协议，大村纯忠正式将长崎捐赠给耶稣会。协议的文本用西班牙语写成。大村纯忠表示他的官员只会收取船税，不会干预长崎的日常管理事务。除了长崎以外，他捐赠的地方还有邻近的港口茂木。协议上有大村纯忠与他的儿子大村喜前（Omura Yoshiiaki，教名桑舒，Sancho，1568—1616）的签字。该协议这样写道："大村的领主堂·巴托洛缪（大村纯忠的教名）和他的儿子桑舒，出于对耶稣会神父的感谢，将长崎城镇及其领地上的地产、土地都永久地赠予耶稣会士，现在就将这笔财产赠给他们。上述耶稣会神父可以经过深思熟虑选择任何他们选中的舰长来管理这个地方或是辞退他们，我赋予这些被选中的人以生杀大权，这种在管理上公正的权威对于（城市的）良好管制和惩罚那些违反现存法律的人都是必须的。同样地，我也给予和捐出当葡萄牙船只停泊在上述港口时所付出的钱，仅保留向上述船只和其他所有船只进入上述港口时所征收的海关税收，我通过我自己委派的官员征收这笔税金，这些官员不会去干预上述地方的司

[①] C.R. Boxer, *The Great Ship from Amacon, Annals of Macao and the Old Japan Trade, 1555–1640*, p.40.

法以及管制。同样地，我也将茂木这片区域及其地产和土地永久地赠予神父们。为证明这笔赠予将不会反悔，具有永久的效力，我起草这项文件并由我和我的儿子桑舒签字。天正八年四月二十四日（1580年6月9日）。"①

范礼安后来更为详细地谈到大村纯忠将长崎交给耶稣会的理由：

> 我刚刚来到这里的时候就遇到了大村的领主大村纯忠，他很坚持地征询我，要将这个港口交给教会。他要将长崎交给我们，希望我们接受它，并列举了三个理由。第一，他十分害怕龙造寺隆信（他是一名异教徒，现在是备濑的领主）会向他索要这个港口，因为他十分想要这个港口。如果大村纯忠将长崎给了他，他就会丧失船税，而这是他的经济支柱。但是如果他拒绝，他就要与龙造寺隆信发生战争，这是他最害怕的事情。因此为了避免这种进退两难的困境，他想出了一个好主意，那就是将长崎交给教会，因为这样他就可以保住船税的收入，而龙造寺隆信就不会向他索要这个地方了。其次，他想永远保住船税收入，因为如果这个港口属于葡萄牙神父的话，他们就会一直不停地来到这里。第三，他想如果这个港口属于教会的话，他的人员和领地都能够得到保证，他也一直能够有一个地方作为庇护所，在任何紧急情况之下都能够来此地避难，以此明智之举他就永远不会失去他的领地了。②

1580年10月20日，梅希亚神父的信件证实了范礼安的说法：

> 一部分是由于害怕龙造寺隆信会来夺取上述他的港口（长

---

① Josef Franz Schütte, S.J., Translated by John J.Coyne, S.J., *Valignano's Mission Principles for Japan, Vol.1, From His Appointment as Visitor until His First Departure from Japan, 1573–1582*, p.328.

② Ibid., p.314, pp.327–334.

崎），一部分是由于神父们向他缴纳的大量黄金以及提供的侍奉，大村纯忠决定将上述港口和另一处邻近的地方交给耶稣会，这样他就可以保住那些平底船和葡萄牙船只提供的船税。有马晴信的皈依极大地有助于促成所有这些事情，因为大村纯忠看到视察员神父对有马产生如此之大的影响，他害怕重复上一年发生的事情，那就是在神父们的坚持之下葡萄牙船只去了口之津町。这样的话，他就会失去所有从这个港口获得的船税。于是，他向神父做出如此之多的让步和屈从，以至于他表示愿意做任何他可以做的事情。他觉得如果神父们接受了上述港口就是他的好运。①

范礼安还提到了促使他本人和耶稣会接受大村纯忠捐赠长崎的几点理由：第一，大村纯忠是很急迫的，如果这个港口落入龙造寺隆信的手中，他的势力会变得很强大，并会严重地危害到这个地区的基督教团体，而教会也不愿意看到这一幕，因此，由教会接收这个港口，对于它就是安全的。第二，以此方式，不仅大村纯忠的领地，而且整个该地区的基督教会也变得安全了，这里可以成为一个基督徒庇护所，因为他们可以离开自己的家，来到此地并生活在这个港口里。第三，耶稣会士自身有了一个安全的地方，因为自耶稣会进入日本以后，他们的人身安全一直没有可靠的保障。如果耶稣会士失去了由贸易带来的财政收入，就没有办法维持日本的传教事业。第四，以此方式，耶稣会士每年还可以有足够的收入去维护在大村纯忠领地上的会院和居所。葡萄牙人在这个港口每年居住六个月，在他们支付的费用中提供给耶稣会1 000达克特。这笔钱分为三个部分，其一用于港口和要塞的维修；其二用于分给与耶稣会士有交往的基督徒和异教徒的领主，这样他们可以善待耶稣会士，并且不会干预和妨碍耶稣会的传教工作；其三就是用于维修上述会院和居所。耶稣会在日本的花费是很多的，在目前能接受这样的帮助应当视为天主赐予耶稣会士的恩

---

① 梅希亚神父是范礼安神父的秘书，由于他的特殊地位他能够知道事情的真相。

典。第五，日本需要一名主教，这个港口对于他来说可能是极为有用的。为了这些理由他决定将长崎接收过来。而事实上耶稣会已经拥有了它。①

对于耶稣会的传教士来说拥有长崎首先遇到的是管理上的合法性的问题。范礼安作为教会法的博士，他当然明白这一点。同时，耶稣会拥有长崎又是时势所必需的。他希望找到一个办法，一方面符合日本的习俗，另一方面又不违反基督教的理念和教会法。现在人们并不知道大村纯忠与耶稣会达成协议的细节，但是从范礼安的书信中人们大致可以推断出城市管理在犯罪案件以及民事案件、在宗教事务和世俗事务之间的一些区别和特点。在长崎被捐献给耶稣会以后，范礼安仍然称大村纯忠为"地主"，并承认所有属于他的权利。1364年教宗乌尔班五世（Pope Urban V，1362—1370年在位）发布通谕，它宣布对于劫夺教会财产的人处以绝罚，该通谕在当时仍然有效。根据范礼安的看法，当时日本的基督教会尚处于"初早期教会"阶段，耶稣会一直没有公布许多在欧洲教会中已经非常明确的和成熟的教会法规，范礼安认为这些教会法规必须到日本基督徒们能够熟悉基督徒生活且真正成熟的教会得以建立以后才能公布和实行。

范礼安还指出：一，大村纯忠自觉地将它捐赠给耶稣会，并没有强迫耶稣会接受任何条件。当时日本时局多变，一旦发生对于基督教不利的情况，远东视察员在来不及请示印度方面和罗马总会长的情况下，可以自行决定让耶稣会离开。二，日本人的捐赠与西方人是不同的。他们本人或他们的儿子们在想要的时候都可以拿回去，这是日本的习俗。尽管大村纯忠已经将这片土地以及葡萄牙船只所付的费用赠送给耶稣会，每年葡萄牙船只向他支付税收3 000余达克特（对于他这样的领主来说是相当大的一笔收入），尽管他的领土由于葡萄牙商人前来买卖或者消费而变得富有和繁荣，但是随着时间的推移，他可

---

① Diego Pacheco, "The Founding of the Port of Nagasaki and its Cession to the Society of Jesus", in *Monumenta Nipponica*, Vol.25, No.3/4, 1970, pp.316–317.

以改变他的心意从耶稣会手中拿回这个港口，或者拿回一部分他现在给我们的费用。在此情形之下耶稣会是不能够与他争辩的。日本基督徒对于罗马教宗发布的通谕不会感到任何良心上的不安。三，维护这座城市和港口以及税收，都要依赖于来到这里的葡萄牙船只，因为当地人的生活和利润完全依赖于这些船只，如果这些船只在两至三年中一直不来，人们就不得不离开这里。如果葡萄牙船只不来，（长崎的）捐赠就不能够被当成一项肯定或稳定的事情。①

当时在任的耶稣会总会长阿奎维瓦开始的时候对于范礼安接受长崎的决定感到十分突然，觉得这一决定易被人指责有世俗野心。但是他经过仔细考虑以后同意了范礼安的看法。他向范礼安强调，接受捐赠的长崎和茂木只能被看成权宜之计，耶稣会占据这两个地方的目的仅限于推广基督教，而不是为了保护耶稣会士的生命和财产。博克塞指出："虽然这种说法显得有些诡辩，但这是推想耶稣会实际占有长崎实在的理由。"②

1596年，曾经有人指责耶稣会士攫取了长崎。范礼安在其著作《申辩》（Apologia）中为耶稣会和大村纯忠作了辩护。他指出大村纯忠献给耶稣会士的是长崎的港口，他自己保留了对于长崎城市的统治权和贸易的税收。耶稣会士和所有长崎城镇、港口的百姓如同以前一样服从他的统治。人们既无能力反对他，也没有必要对他造成危害。大村纯忠向神父们保证出于对耶稣会的感激，对来航船只的税收不会很多，他还试图以某种方式按照圣保禄的教诲完成他的宗教义务，支持在他的领地上传播福音的传教士。范礼安还指出，如果耶稣会士要将长崎交给伊比利亚的国王，那么大村纯忠一定会像丰臣秀吉一样执行反基督教的政策。③

---

① Diego Pacheco, "The Founding of the Port of Nagasaki and its Cession to the Society of Jesus", in *Monumenta Nipponica*, Vol.25, No.3/4, 1970, pp.319–320.
② C.R. Boxer, *The Christian Century in Japan, 1549–1650*, p.102.
③ Diego Pacheco, "The Founding of the Port of Nagasaki and its Cession to the Society of Jesus", in *Monumenta Nipponica*, Vol.25, No.3/4, 1970. pp.322–323.

南蛮屏风所绘葡萄牙舰长拜访耶稣会士，后面是日本式样的教堂

葡日通商初期的长崎　从一开始，长崎就是一个拥有很多基督徒团体的城市。1569 年，长崎还是一个很小的地方，只有 1 500 名居民。他们分属于 200 个左右的户主，大部分居民都来自大村，是一些受过洗礼的基督徒。从那时起，维莱拉神父已经每星期五在新建成的小教堂即诸圣堂里举行弥撒。这些信徒非常虔诚，经常要进行"自我鞭身"的仪式，以至于神父们不得不在他们住家的门上贴上小帖子禁止他们这样做。每逢大斋节或者复活节，维莱拉神父自己就要举行"自我鞭身"和宗教游行。第一次的游行总是在棕枝主日举行，第二次则是在涤足节（Maundy Thursday，为复活节前的星期四，纪念耶稣最后的晚餐后为门徒洗脚的事迹），第三次"自我鞭身"的游行则在圣周五即耶稣蒙难日（Good Friday），第四次则在复活节的子夜时分。从此，在复活节期间的宗教游行成为后来长崎基督徒身份的标志，就像当时全世界的罗马天主教会团体一样。举行游行的时候，这些基督徒一边"自我鞭身"，一边唱着圣歌，离开诸圣教堂步行到面对长崎湾的立山（Mt. Tateyama）山坡上的一片地方，那里树立着一个巨大的

第六章　近代早期长崎城市的开港以及闭关的始末（1570—1640）

十字架。当时从外海来到长崎港口的船只远远地就可以看到这个十字架。①

从 1570 年夏天至 1571 年 3 月，长崎已经形成了最初的六个町（machi，街区），很早的时候，人们就已经在这些町中营建房屋了。在这六个町中，岛原町是最早建立的，也是最为重要的，最初的居民都居住在这里及其周围地区。负责该町管理的是大村纯忠的侄子。大村町是由大村纯忠的一名仆人建立的，这个街区也居住着最早来到长崎定居的居民。此外，还有平户町、横濑町、保恒町和分田町等。在早期长崎城市发展的历史上，从有马地区来的基督徒商人发挥了重要的作用。直到后来的江户时代，岛原町的管理官员乙名在每年阴历八月初一举行的庆贺谷物丰收的典礼上，仍然比其他町的乙名拥有优先主持仪式的特权。这个由六个町组成的新的长崎的居留地共有三条平行的街道将相邻的两个街区隔开。在岛原町的主要街道面对面的街区里居住着说不同方言的居民，町里还有一片面对中岛河（Nakajima River）河口的沼泽地，在房屋的后面还有一片土地。分田町一直往外延伸到森崎（Morisaki），这是一片尖尖的地块，从立山一直延伸到长崎海湾的尽头。另一条向森崎延伸的街道则是保恒町。岛原町和大村町是平行的，两边的房屋也是平行的，从面积上看，这两个町也是最大的，它们占据了长崎城市的主要地块。这很可能是出于大村纯忠与他的部下需要有较大的空间建造兵营的缘故。这些士兵很可能参加建设了长崎的城市。平户町位于一片叫船杉（Fanazu）的土地上，它一直延伸到横濑町，这里面积甚小，已经没有什么空余的土地了，可能是这里的人口没有岛原町和大村町那么多导致的。该町的街道上只有沿街面的一排房子，从这些房子里可以看到长崎海湾，浦上河（Urakami river）的入海口也在这里。此地风景甚佳，从澳门远航来到日本的葡萄牙海船就停泊在这个地方。从长崎城市建设的开始直

---

① Reiner H. Hesselink, *The Dream of Christian Nagasaki, World Trade and the Clash of Cultures, 1560–1640*, p.49.

南蛮贸易时代：近代早期日本与欧洲交流史（1542—1650）

到17世纪30年代的中期，每年来到长崎的葡萄牙商人总是居住在这条街道上的房子里长达三个月至六个月。这条街道上的客栈老板以及户主，最初都是从平户以及横濑等地来的，他们在管理各个町的工作方面发挥着重要作用，因为他们有着丰富的与葡萄牙人打交道的经验。①

由于九州的基督徒多聚会于长崎，1574年，耶稣会的神父菲格雷多就在这个地方建立教堂，以取代以前另一个不太方便的港口福冈。耶稣会士总是选择城市中最重要和显眼的地方建立教堂。最初他们建立的小教堂就在长崎尽头一块突出的地方，这座教堂后来不断地增建，规模越来越大，是原先的四至五倍，最后成为近代早期日本最大的基督教堂。在最初的教堂建成以后，按照日本人的风俗，他们在教堂周围建起了有屋顶的回廊，并且在周围的广场上建起另外一些建筑物，还种植了一些古老的冷杉树以及其他的小植物。耶稣会士还精心布置和装饰教堂，鼓励人们前来参观访问。此地的地势非常优越，风从周围几个山谷轻轻地吹拂而来，空气清新，环境优美。从这里还可以眺望附近的长崎港湾。1565年，阿尔梅达第一次访问这里踏上这片高地的时候，他感受到一种精神和灵性上的超越的美感。②从那时起，一批又一批邻近受到迫害的基督徒就划着船来到这里避难。开始的时候他们也不知道长崎这个地方，后来听说此地是最适合下锚的港口，而且当地有葡萄牙人和信奉基督教的大名，于是便拥入这里。③这些基督徒人数众多，分别来自岛原、志歧、平户、五岛、博多以及山口等地。他们或者因被领主驱逐出境，或者因需离群索居隐修，或者因为躲避战争来到长崎。于是长崎逐渐成为基督徒聚居地。他们中的许多人来到长崎以后都从事与海外葡萄牙人有关的贸易活动。大村纯忠

---

① Reiner H. Hesselink, *The Dream of Christian Nagasaki, World Trade and the Clash of Cultures, 1560–1640*, pp.55–56.
② Ibid., p.57.
③ Josef Franz Schütte, S.J., Translated by John J. Coyne, S.J., *Valignano's Mission Principles for Japan, Vol.1 From His Appointment as Visitor until, His First Departure from Japan*, p.330.

还在其领地驱逐日本本土的宗教团体，拆毁他们的神龛，驱逐和尚与神道教的神师，将长崎变成一个纯粹的基督教城市。耶稣会当然支持他的这种行为，从澳门来到长崎的船只不时地带来枪炮，给予大村纯忠军事上的帮助。16世纪80年代，在大村纯忠将长崎奉献给耶稣会以后，此种趋势更是有增无减。① 在耶稣会拥有长崎以后仅仅七个月，就有两万名信徒接受洗礼。有耶稣会士写道："以前就是那些佛教僧侣视我们为比奴隶更为低下的可怜人，现在他们来到我们面前，伸出手来，以首叩地，表示顺服。"② 1583年，从堺市来到长崎的日本基督徒在城外建造了一座新的教堂。这个地方位于两条街道之间，在街上居住的日本人许多是从九州北方来到这里的富有商人，而从邻近街道来到这座教堂的基督徒则更多。③

长崎的天主教会和基督徒为了阻止西北方以及各地的反基督教大名的军队，还在长崎以及茂木两个港口建立了城墙和要塞。出于防卫的目的，要塞中储存了充足的军火、武器以及枪炮，这些军火也是从长崎葡萄牙人的码头和茂木运来的。要塞就坐落在从南部九州各地、大村和有马通往长崎的交通要道上。耶稣会的领袖们认为，除了警戒以外，这两个要塞的维持需要从长崎港口的税收中每年拨出150达克特。这两个要塞都修建得非常坚固，足以抵抗那些怀有敌意的大名军队的进攻。为了更好地保卫长崎，许多已经结婚的葡萄牙男子（户主）被安排到长崎安家落户，在长崎受到围困的时候，他们可以拿起武器与要塞里的守军一同保卫城市——这是葡萄牙人在所有东方殖民地的一贯做法。由此，长崎的人口在不断地增长，几乎所有成年人都

---

① Jurgis S.A. Elisonas, "Conversions and Contradictions: Symbolic Trade in the Jesuit Colony of Nagasaki", in Alexander Curvelo, Jorge Manuel and Dos Santos Alves, edited by, *Portugal e a China: Conferéncias nos Encontros de Histôria Luso-chinesa: Convento da Arrábida, Fevereiro-Dezembro, 2000*, Fundação Oriente, 2001, pp.105–126.
② Giles Milton, *Samurai William, The Adventurer Who Unlocked Japan*, Hodder and Stoughton, 2005, p.33.
③ Reiner H. Hesselink, *The Dream of Christian Nagasaki, World Trade and the Clash of Cultures, 1560–1640*, p.106.

配备了武器。[1]

1583年10月,范礼安在其报告中指出,当时的长崎是一座由要塞和城墙包围着的城市,里面有400座房子和一所建筑得非常坚固的耶稣会的会院。[2]范礼安还描绘这座要塞说:"它的四周各个方向都被海水包围,连接着陆地的这一面是修筑得很好的堡垒,其上有城垛,还有护城河围绕。这个地方的最高点就是我们耶稣会的会院,它就像被这个居留地的其他地方所包围的城堡。"[3]到1587年,仅耶稣会一个修会在日本就有20万信徒,而且大部分集中在长崎及其附近,其后人数还在不断增长。[4]1596年,根据范礼安的估计,长崎的葡萄牙"户主"已经从400户增加到1 000户。[5]耶稣会士科埃略曾经这样描绘当时的长崎:"筑有要塞的长崎港口是属于教会的,它有一条长长的由泥土筑成的坚固的城墙环绕,城墙的上面还加筑有棱堡,城防工程的费用是以港口的税收支付的。现在葡萄牙人和日本居民又在募集钱款建造一座新的教堂,它既不宽敞也不吸引人,大家都希望等葡萄牙人的大船再次来到的时候工程可以完工。当葡萄牙人的大船下锚的时候,日本各地的商人,包括许多非基督徒商人,都聚集到长崎的交易市场。一座漂亮的教堂以及在教堂里举行的教会仪式就会成为传播福音的有效手段,对于基督教的尊敬就会在这个岛屿王国里广为增长,许多来访的商人就会拥抱基督教信仰。长崎本身处在一个偏僻的区域,教会已经赢得它。在城市里驻扎的传教士还有艰巨的工作要做,他们还要照顾散布在附近五十多个村庄里的基督徒。"[6]科埃略还记载了耶稣会士们在要塞的内部建立了美丽的寓所用以招待

---

[1] Josef Franz Schütte, S.J., Translated by John J. Coyne, S.J., *Valignano's Mission Principles for Japan, Vol.1. From His Appointment as Visitor until, His First Departure from Japan*, p.344.

[2] C.R. Boxer, *The Christian Century in Japan, 1549–1650*, p.101.

[3] Reiner H. Hesselink, *The Dream of Christian Nagasaki, World Trade and the Clash of Cultures, 1560–1640*, p.68.

[4] C.R. Boxer, *The Christian Century in Japan, 1549–1650*, p.153.

[5] Josef Franz Schütte, S.J., Translated by John J.Coyne, S.J., *Valignano's Mission Principles for Japan, Vol.1 From His Appointment as Visitor until, His First Departure from Japan*, p.330.

[6] Ibid., p.196.

客人。① 耶稣会士还在长崎周围沿海地区建立了一些小小的长廊或走道，人员可以沿着这些长廊或走道为要塞输送淡水以及新鲜食物。他们还在要塞的下面建造了一个突出的码头，那里有一道石阶一直通向海滩。②

耶稣会接管长崎数年后，它已经发展成为一座典型的类似于葡萄牙海洋帝国其他殖民城市的港口。历史学家J.S.A.埃利森（J.S.A. Elison）指出：葡萄牙人按照自己想要的形象塑造了长崎。典型的日本城市从来不会在海边山坡前的台地周围形成，日本的许多城市都是按照中国的城市模型建造的，它们一般都是方形的，建在平地之上。长崎则是向海边的山坡自然地延伸，它的形制也是不规整的，这是一种典型的葡萄牙海外殖民城市的特征。长崎创建于16世纪，但是直到今天它仍然带有这种不同于其他日本城市的特征。③ 当时的人们这样记载他们看到的长崎城市景观："从海面上并不能看到长崎，它的两边都是高耸的令人目眩的群山和覆盖着它的杉树林，在船的甲板上看不到它那迷津般的街道，直到船只进入优美的自然港口以后人们才能看见这座城市。自1580年耶稣会占据它的农庄和木屋以后，其乡村已经相当繁荣昌盛。长崎现在已经是十分繁荣的港口，它从与中国的丝绸贸易中得到丰厚的报酬，它的街道上排列着色彩丰富的教堂、宗教学院和民居。（葡萄牙）商人们的宅邸上覆盖着装饰华美的凹形的日本式屋顶，还有一些低矮的民居有着可以滑动的竹子加半透明纸屏的拉门。耶稣会的教堂是最特别的景观，它的地边是六角形的，上面则是多层的塔楼，看上去就像是佛教的寺庙而非基督徒礼拜的场所。"④

不过，耶稣会拥有长崎港口及其城市的历史只有七年，到1587年，情况就发生了根本的转变。

---

① Reiner H. Hesselink, *The Dream of Christian Nagasaki, World Trade and the Clash of Cultures, 1560–1640*, p.69.
② Ibid., p.71.
③ J.S.A. Elison, "Nagasaki: The Early Years of an Early Modern Japanese City", in Liam Matthew Brockey, edited by, *Portuguese Colonial Cities in the Early Modern World*, Ashgate Publishing Company, 1988, p.63.
④ Giles Milton, *Samurai William, The Adventure Who Unlocked Japan*, p.136.

二、从丰臣秀吉统一九州至德川家康时代的长崎（1587—1614）

丰臣秀吉统一九州及"禁教令"颁布　1587年在日本与欧洲关系史、日本国内史以及长崎城市史上都是重要的一年。丰臣秀吉在丰后的大名要求之下，击败了萨摩的军队，征服和统一了整个九州。这年2月，丰臣秀吉的麾下小西行长（也是一名信奉基督教的大名）率领军队进入长崎湾。同时，大村纯忠也将他的部队从岛原半岛撤回到九州的西部，小西行长的部队不久就对九州南方大村纯忠的据点发动了攻击。5月14日，丰臣秀吉的军队已经抵达八代，就在这个地方，他的军队驻扎了下来。5月25日，大村纯忠在长崎去世。[1] 5月28日，耶稣会的副省会长科埃略带着三名穿着盛装的葡萄牙商人在八代觐见了丰臣秀吉，这是后者第一次见到来自域外的、面容和服饰都非常奇异的葡萄牙人。科埃略赠送给丰臣秀吉葡萄牙人的火枪，后者非常感兴趣。科埃略还要求释放关押在八代的一些基督徒囚犯，丰臣秀吉也答应了。7月初，科埃略、弗洛伊斯和另外三名修士搭乘大帆船前往博多，要再次觐见丰臣秀吉，途中他们在平户逗留了八天。7月15日，丰臣秀吉突然到访葡萄牙人居住的大船，这对于葡萄牙人似乎是一种殊荣。科埃略就在甲板上设宴招待这位九州的征服者，并谈了很长时间，双方的关系似乎十分融洽。[2] 但是没过几天，就在7月24日，丰臣秀吉突然发布了禁教令《伴天连追放令》，下令外国传教士在二十天内离开日本。[3] 葡萄牙的耶稣会士按命令被集中到平户，并被要求登上葡萄牙的大帆船回澳门或者印度。

---

[1] Michael Cooper, *The Japanese Mission to Europe, 1582–1590, The Journey of Four Samurai Boys through Portugal, Spain and Italy*, p.152.

[2] Reiner H. Hesselink, *The Dream of Christian Nagasaki, World Trade and the Clash of Cultures, 1560–1640*, p.78.

[3] C.R. Boxer, "Portuguese Commercial Voyages to Japan Three Hundred Years Ago (1630–1639)", in C.R. Boxer, *Portuguese Merchants and Missionaries in Feudal Japan*, IV, p.83.

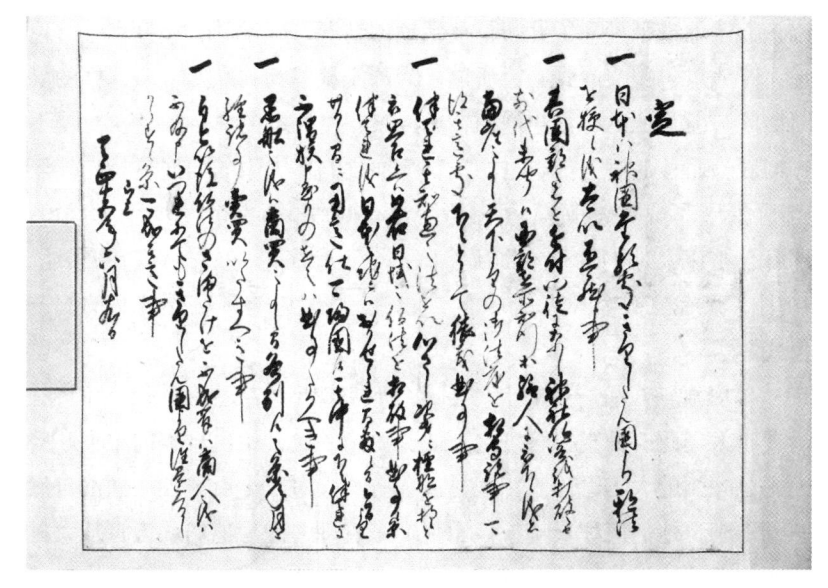

第六章 近代早期长崎城市的开港以及闭关的始末（1570—1640）

1587年7月24日丰臣秀吉公布的《伴天连追放令》

　　关于丰臣秀吉为什么要这样做，历史学家有过不同的解释。大概最主要的原因是，丰臣秀吉要在织田信长称霸的基础之上统一日本全国，并要掌握日本与海外的贸易。同时，他在统一九州以后也认识到基督教的广泛传播可能助长地方大名的分离倾向。事实上，丰臣秀吉在统一九州以后颁布了一系列有利于集权的强势政策，包括对全国的土地进行调查（太阁检地）、解除农民的武装和实行兵农分离（刀狩令）、禁止私人发动武力或者战争、镇压国内外的海贼势力、将原先各地分离的势力整合到统一的集中的秩序之下管理，等等，所有这一切都是与地方分离倾向背道而驰的。在这种情形之下，当丰臣秀吉看到九州全境的各个大名拥有私人武装并与海外的葡萄牙人有密切的通商联系，九州各地还满布与日本传统的佛教徒和神道教徒完全不同的基督教徒的时候，理所当然地感到不安。禁教令应该是在这种心态和背景之下颁发的。日本历史学家坂本太郎指出："这一命令（禁教令）是他（丰臣秀吉）在征讨九州的归途中发布的，因此可

397

以认为，他亲眼见到了九州信徒活动的情况，察觉其有违日本纲常伦理，背地里包藏政治野心，所以才为国家统一和独立而采取这样的果断措施。但是他没有禁止通商，所以禁止基督教的命令未免执行得不够彻底，而且他对于传教士的迫害反而提高了大家的信仰热情，甚至出现了新领洗者的事例。"[1] 禁教令没有得到不折不扣的执行，大量的耶稣会士以及他们的日本助手隐蔽潜入九州各地基督教大名的领地。10 月，只有三四个人离开日本，他们去澳门是为了接受神父的祝圣仪式。[2]

幕府直辖长崎 1588 年 1 月 11 日，丰臣秀吉还签署命令，将长崎置于太阁政府的直接管理之下。长崎第一次开始由日本的中央政府而不是九州的大名管理。[3] 大村氏和有马氏对于丰臣秀吉的做法自然感到不满，他们声称长崎应该由他们来管理，因为他们认为自从大村纯忠将长崎赠送给耶稣会以后，耶稣会是以他们的名义来管理这座城市和港口的，在耶稣会管理长崎结束以后，现在应该归由他们来接管了。但是丰臣秀吉对于大村氏以及有马氏的诉求完全不予理会，他径直派遣基督徒大名小西行长来到长崎执行他的命令。当时长崎的地方政府是由一些选举出来的社会名流组成的，他们中的许多人与耶稣会士的关系非常密切。不过，如前所述，丰臣秀吉虽然禁止基督教，却没有禁止长崎与澳门的葡萄牙人进行通商，因为他要发动更大规模的海外战争，需要金钱的支持。由于无法彻底隔绝海外贸易、拒绝与葡萄牙人贸易带来的利润，禁教令实际上也得不到彻底的执行。

同年 8 月 16 日至 18 日，葡萄牙舰长杰罗尼姆·佩雷拉（Jerónimo Pereira）率领葡萄牙大帆船来到长崎贸易。在次年 1 月底离开长崎之前，他派遣了一名使者带着许多礼物前往觐见丰臣秀吉。丰臣秀吉对

---

[1] 坂本太郎：《日本史》，汪向荣、武寅和韩铁英译，第 264 页。
[2] C.R. Boxer, *The Great Ship from Amacon, Annals of Macao and the Old Japan Trade, 1555–1640*, p.51.
[3] Birgit Tremml-Werner, *Spain, China, and Japan in Manila, 1571–1644, Local Comparisons and Global Connections*, p.80.

第六章 近代早期长崎城市的开港以及闭关的始末（1570—1640）

这名使节表现出和蔼可亲的态度，同时也向这位使节坦率地表明，他个人对耶稣会的神父并无恶感，基督教很可能适合别的国家，但是在日本传播基督教会威胁到日本本土的佛教和神道教，而神道教和佛教则是日本文明的根基。耶稣会士完全明白丰臣秀吉的间谍系统非常发达，他可能已经知道在禁止基督教的命令发布以后，只有三四名传教士离开日本的事情。① 同时，丰臣秀吉向葡萄牙人表示，要继续推进长崎与澳门的海上贸易活动。他派遣当时著名的基督徒商人小西隆佐（Konish Ryúsa or Joaquin, 1533—1592）作为代理人以二十万克鲁扎多购买九百皮科的生丝。当时的耶稣会士对于丰臣秀吉的做法感到十分困惑，因为小西隆佐也是一位基督徒商人，也是著名的基督徒大名小西行长的父亲。② 同时丰臣秀吉还宣布，他的代理人在长崎购买葡萄牙人的货物（最主要的是生丝）是拥有优先权的。如1589年，他购买了九万斤，占葡萄牙人运到长崎的生丝的三分之二。他还让在长崎的官员采取单方面定价以及一次性购买的方式，杜绝葡萄牙人抬高货价的可能性。丰臣秀吉在长崎以外的港口也采取这样的办法，如在1589年，他向萨摩藩主岛津氏下令，在他派遣的官员抵达当地以前，不得开启买卖。这一年，他在萨摩藩一下子买下价值两万两银子的货物。可见在对外关系上，丰臣秀吉的策略与其后继者德川家康一样，就是将葡萄牙人的贸易活动与传教士的传教活动分开，保留通商，禁止传教。这样，日本当局就觉得可以通过贸易获取利润，同时也杜绝了教会带给日本人民在信仰上的混乱与离心倾向。

在此复杂情形之下，以长崎为中心的耶稣会士利用丰臣秀吉想要维持与葡萄牙人贸易的心态，极力维持与他的良好关系。1590年，由耶稣会士策划，九州的基督教大名大村纯忠、有马晴信和大友宗麟派出的前往葡萄牙、西班牙和罗马教廷朝觐的天正使团在经历八年多的

---

① Birgit Tremml-Werner, *Spain, China, and Japan in Manila, 1571–1644, Local Comparisons and Global Connections*, pp.51–52.
② Reiner H. Hesselink, *The Dream of Christian Nagasaki, World Trade and the Clash of Cultures, 1560–1640*, p.87.

南蛮贸易时代：近代早期日本与欧洲交流史（1542—1650）

葡属印度果阿总督杜亚尔特·德·梅内塞斯于1588年4月致丰臣秀吉的信

漫长旅程之后回到长崎。天正使团由伊东祐益、千千石、中浦和原氏等四位少年组成，此时他们已经成长为青年。耶稣会远东视察员范礼安随同他们一起从果阿经澳门回到长崎。[1] 当使团还在果阿的时候，果阿总督杜亚尔特·德·梅内塞斯（Duarte de Meneses，1584—1588年在任）以及耶稣会当局特别策划让将回到长崎的使团成员再以果阿总督代表的名义前往京都觐见丰臣秀吉。范礼安让葡萄牙耶稣会士陆若汉和费尔南德斯充当译员。使团成员在范礼安的率领下带着果阿总督的礼物于同年12月底从长崎出发前往京都。丰臣秀吉得到消息以后特别派小西行长在半途迎迓。次年3月3日，使团在京都的"聚乐第"宫殿觐见了丰臣秀吉，后者对葡萄牙人的使团发表了友好的谈话，并默认不会强制性地执行以前颁布的反传教的法令；他也要求耶稣会士保持克制和慎重，不要激进行事，特别不要发动反对佛教的或是摧毁"偶像"的活动；丰臣秀吉还赏赐给葡萄牙人与耶稣会士丰厚的回礼。谈话期间，葡萄牙耶稣会士陆若汉精湛的日语翻译获得丰

---

[1] Michael Cooper, *The Japanese Mission to Europe, 1582–1590, The Journey of Four Samurai Boys through Portugal, Spain and Italy*, p.151.

臣秀吉和全体参加谈话人士的极大好感，由此赢得"译员（Tçuzz）"的绰号。①

但是不久以后，日本人与葡萄牙人的关系就发生了重要转变。1591年，有一位日本浪人原田孙七郎（Harada Magoshichiro）猜到丰臣秀吉的扩张野心，他劝说后者向西班牙统治下的菲律宾派遣使团。这个使团的领头就是他的侄子。抵达菲律宾以后，原田孙七郎向当地的西班牙殖民地总督坦陈丰臣秀吉想在菲律宾与日本之间建立直接的贸易关系，并表示欢迎西班牙的托钵僧侣到日本。菲律宾的西班牙当局虽然对于这位日本人的使命抱有怀疑的态度，但是也觉得这是一个与日本当局建立联系的机会。于是，他们派遣西班牙多明我会士高母羡（June Cobo, ?—1592）作为菲律宾使团的团长回访日本。②虽然高母羡是从墨西哥来到马尼拉的传教士，但在当时菲律宾的欧洲人中他算是一个有才华的汉学家，他认识超过三千个汉字，并且将几种教理的小册子翻译成中文。1592年6月，他在萨摩登陆，与另一位从秘鲁来的商人会合以后一起去往丰臣秀吉当时的驻扎地名古屋。他们两人对于在长崎的葡萄牙人都是持敌视态度的，丰臣秀吉让高母羡在一个地球仪上为他讲解了西班牙海洋帝国在当时世界上的范围和地位。③他们讲完向丰臣秀吉指出，长崎实际上是由葡萄牙人和耶稣会士控制的。

丰臣秀吉决定派巡视大臣前往长崎，并命令葡萄牙人拆毁当地的教堂和其他宗教设施，将木料送到名古屋。同年9月，丰臣秀吉指派"奉行"（bugyó）直接管理长崎，由此结束了耶稣会士管理长崎城市的历史。长崎也在继京都、大坂以及堺市之后成为幕府直辖的城市，这四个城市的市政独立于毗邻的大名管辖地，直接向幕府负责。④长崎

---

① Michael Cooper, *Rodrigues the Interpreter, An Early Jesuit in Japan and China*, p.76, pp.79–80. C.R. Boxer, *The Christian Century in Japan, 1549–1650*, p.153.
② H. de la Costa, S.J., *The Jesuits in the Philippines, 1581–1768*, Harvard University Press, 1967, p.130.
③ C.R. Boxer, *The Christian Century in Japan, 1549–1650*, pp.160–161.
④ C.R. Boxer, *The Great Ship from Amacon, The Annals of Macao and the Old Japan Trade, 1555–1640*, p.57.

奉行成为代表幕府管理长崎的最高官员。① 从字面上看，长崎奉行可以译为"长崎总督"（governor of Nagasaki），但是实际上其职权远远超过对于城市的管理，更确切地可以译为"长崎的长官"（Nagasaki commissioner）。"长崎奉行"最初是由大名出任的，但是从1624年至1644年，其作为"老中"（rōjú, elders）管辖之下的"远国奉行"之一，要从"旗本"当中挑选人员，人数也会随着时间的推移而有所不同，基本上是由两位旗本各自轮流担任一年，在江户（在府）和长崎（在藩）任职，他们各自向"老中会议"负责。"旗本"是将军的直属家臣，地位较低，但是与将军的关系密切，是将军的"近侧"，能够直接面见将军。"老中会议"由四至五位"老中"负责，协助将军处理最高的国务。长崎奉行是当地最高的长官，其下辖具有武士身份的

原长崎奉行所，现为长崎历史与文化博物馆

---

① J.S.A. Elisonas, "Nagasaki: The Early Years of an Early Modern Japanese City", in Liam Matthew Brocky, Edited by, *Portuguese Colonial Cities in the Early Modern World*, Ashgate Publishing, 2008, p.80.

第六章　近代早期长崎城市的开港以及闭关的始末（1570—1640）

官吏约 50 人，实际上的贸易事务和市政庶务是由町人身份的地方官吏（地役人）负责的。后来，这个职务可以同时由几个人担任。长崎奉行的驻地有时在长崎，有时在江户。在漫长的历史中，共有 127 人担任过这个职务。第一任长崎奉行为寺泽志摩（Terazawa Hirotaka，1592—1602 年在任），在以后历任长崎奉行中只有两个人和寺泽志摩一样是出身大名的官员，其他人都是德川幕府将军的"旗本"。由"旗本"担任长崎奉行说明将军对于长崎的直接控制的加强。除了长崎奉行以外，也有其他城市设立奉行，他们负责管理一些重要城市如江户、京都和大坂的事务，但是他们的职责不涉及对外通商和传教事务，所以不如长崎奉行履行的职务那样复杂。①

　　第一任长崎奉行寺泽志摩原本是唐津的大名，他到任以后的第一件事情就是将毗邻耶稣会会院的升天圣母教堂拆毁了。但是此后直到 1597 年，他再也没拆教堂。他还调查了一名秘鲁商人索里斯以及人们对于葡萄牙人不满的控告。不过，他没有得出在长崎的葡萄牙人有非法活动的结论。寺泽志摩与长崎代官村山等安（Murayama Toan，1565—1619）向幕府报告说葡萄牙人遭到西班牙人的诽谤，在长崎的葡萄牙人和耶稣会士基本上奉公守法。村山等安出身于名古屋的一个贫寒的农民家庭，他在青年时代就来到长崎，后来在长崎加入基督教会，取圣名安东尼奥（Antonio）。他不仅是一名集聚了大量财富的头脑聪明的商人，而且是一名厨艺精湛的厨师和美食家，特别擅长"南蛮料理"。他拥有财富，为人和善，善于交际，由此成为长崎城市里的一位头面人物。1592 年，他作为长崎市民的代表之一觐见丰臣秀吉。在谈话中他以诙谐的插科打诨博得了丰臣秀吉的欢心，后者为他取名"等安"，这个名字与"安东尼奥"的发音相近。丰臣秀吉还任命他为长崎的税款包收人。② 不过，村山等安后来大概出于对耶稣会士陆若汉的妒忌、不满或是其他原因，对长崎的葡萄牙人和耶稣会士抱敌视

---

① J.S.A. Elisonas, "Nagasaki: The Early Years of an Early Modern Japanese City", in Liam Matthew Brockey, edited by, *Portuguese Colonial City in the Early Modern World*, p.80.
② C.R. Boxer, *The Christian Century in Japan, 1549–1640*, p.273.

403

的态度。

　　1592年以后，丰臣秀吉忙于入侵朝鲜的战争，对于长崎的处置就搁置了下来。在这一段时间里，长崎的耶稣会士没有受到太多的打扰，可以继续传教。在整个丰臣秀吉时代，长崎奉行似乎只将注意力集中在捞取每年澳门与长崎的丝绸贸易利润上（这也是以往耶稣会士最感兴趣的），长崎实际上仍然是葡萄牙人能够控制的地方。通过长崎奉行的报告，丰臣秀吉对于葡萄牙人和耶稣会士在长崎的行为基本上感到满意，并不想把事情推到极端。1593年，他正式同意让少量耶稣会士永久地居住在长崎，以便他们担任译员，协助奉行与从澳门来的葡萄牙船只进行贸易谈判。1596年10月19日，发生了"圣菲律普号"事件，从马尼拉驶向新西班牙（墨西哥）的"圣菲律普号"因风暴停泊在日本土佐，船长的口不择言、夸大其词引起了日本当局的警觉。①12月8日，丰臣秀吉再度发布禁教令，幕府在大坂和京都逮捕了以鲍蒂斯塔（Fray Pedro Bautista，1542—1597）神父为首的一批方济各会士、三名耶稣会士以及日本天主教徒，并将他们从京都押解到长崎。1597年2月5日在长崎的西坂，他们被杀害。后世称为

长崎的禁教

---

①　C.R. Boxer, *The Christian Century in Japan, 1549–1640*, pp.163–167.

"二十六圣徒事件"。① 此一事件是丰臣秀吉对以菲律宾为基地的西班牙势力的警惕以及对日本天主教会发出的警告。但是,丰臣秀吉并没有改变他对长崎的管理方式,至死也没有动摇对他的译员葡萄牙耶稣会士陆若汉的信赖。②

长崎奉行的职责之一是代表幕府监督九州的大名。除此以外,他们还要代表幕府为前往海外贸易的"朱印船"颁发执照。"朱印船"制度于1592年丰臣秀吉治下开始实行,这些带有朱印执照的日本船只在法理上是正常普通的船只,不是海盗船,它们得到日本幕府的保护,去往中国台湾地区、菲律宾群岛、

长崎二十六殉道者纪念像。由日本现代雕塑家舟越保武(1912—2002)创作,竖立在长崎"二十六圣徒纪念馆"前面

以及更远的东南亚的安南、暹罗贸易。③ 后来德川家康进一步发展"朱印船"贸易,鼓励海外通商。从1604年到1610年,幕府共发出194张"朱印状";从1617年至1635年,共发出353张,都是由长崎奉行签发的。④ 当时日本40%的进出口海外贸易都由"朱印船"担任,其贸易额一时间超过了从澳门到长崎的葡萄牙人的贸易额。在1635年以前的约四十年时间里,幕府视"朱印船"以外的日本船只去海外为非法,并禁止海外的日本人回国定居。这些禁令都由长崎奉行执行。长崎奉行的其他重要职责是监督来到日本贸易的外国人的行为举止;要

---

① Diego Yuuki, S.J., *The Twenty-Six Martyrs of Nagasaki*, Nagasaki: Enderle Book Co. Ltd, 1998, pp.72–82.
② C.R. Boxer, *The Christian Century in Japan, 1549–1650*, pp.178–179.
③ Birgit Tremml-Werner, *Spain, China, and Japan in Manila, 1571–1644, Local Comparisons and Global Connections*, p.81.
④ (日)坂本太郎:《日本史》,汪向荣、武寅与韩铁英译,第286页。

南蛮贸易时代：近代早期日本与欧洲交流史（1542—1650）

向外国人一再重申禁止传教的禁令；不仅要与葡萄牙人和西班牙人谈判，而且要与英国人与荷兰人谈判。长崎奉行有许多时候并不居住在长崎，从1605年至1625年，长谷川家族的成员长期担任长崎奉行，他们自己也从事海上贸易，也为将军照顾幕府在长崎的贸易利益，还要平衡幕府将军和地方商人的利益。从1636年开始，长崎的奉行至少要由两名日本官员担任，这些官员多来自江户和大坂，他们有时住在长崎，但许多时候住在别的地方如江户等地，有时在贸易季节则须来到长崎。随着时间的推移，长崎奉行的职权范围越来越大，除管理长崎本地以外，还要查禁九州各地的天主教以及拦截秘密来到日本的外国传教士。最后，到1681年时，长崎奉行雇佣的人员多达1041人，到1724年时多了一倍，成为那个时代日本最大的官僚机构。①

德川家康委派新的"长崎奉行" 1598年9月，丰臣秀吉病逝于伏见城。1600年9月，德川家康在关原决战中击败了他众多的敌手，成为当时日本实际上的政治领袖。他改变了丰臣秀吉对外的肆意扩张，采取了相对稳健的对外政策，调整了与中国、朝鲜等的关系，鼓励与这些国家和地区建立睦邻友好关系以及和平通商。他同时也鼓励日本与所有西方国家展开海上贸易。1600年4月1日，荷兰船只漂流到了日本，他终于从亚当斯那里得知荷兰等新教国家在海外贸易的事情。同时，德川家康对于葡萄牙和西班牙与日本的通商贸易，也表示友好与欢迎，在其统治的初期阶段，对于天主教也有意无意地加以宽容，没有采取特别严厉的禁止措施，这是长崎以及天主教会在17世纪初年仍然得以发展的原因。

虽然德川家康没有取消1587年和1596年丰臣秀吉关于天主教的禁令，也没有放宽日本大名不得信仰天主教的规定，但是在1601年，他颁布两道谕令，允许天主教的传教士在京都、大坂和长崎居住。②

---

① L.M. Cullen, *A History of Japan, 1582–1941, Internal and External World*, Cambridge in UK and New York in U.S.A.: Cambridge University Press, 2003, pp.37-38.
② James Murdoch and Isoh Yamagata, *A History of Japan: During the Century of Early Foreign Intercourse, 1542–1651*, p.472.

鉴于他在长崎的代表与澳门来的葡萄牙舰长的谈判并不成功，1602年，德川家康派陆若汉神父作为他的商务代理人前往长崎，陆若汉直接对德川家康本人负责。早在1593年，德川家康在名古屋的肥前已经认识陆若汉神父，当时陆若汉还是丰臣秀吉太阁政府的译员，德川家康对他甚有好感。陆若汉被丰臣秀吉指派为代理人前往长崎处理通商事务后，当时长崎奉行寺泽广高派他的下属去长崎与葡萄牙人进行贸易谈判，这位下属指责葡萄牙人与耶稣会的陆若汉神父擅作主张，德川家康经过调查以后，严词谴责了那位官员，重申陆若汉神父是无辜的，并再次申明以后与葡萄牙人的贸易必须由耶稣会神父作为中介人谈判，无须长崎奉行的协助。①

1603年2月，德川家康就任"征夷大将军"，并且设立幕府。3月，他就派遣其密友小笠原一庵（Ogasawara Ichian, 1603—1605年在任）来到长崎担任新任的奉行，以取代原先的奉行寺泽广高。此次任命不是单纯的人事调动。寺泽广高是肥前唐津十二万石的城主。1592年被丰臣秀吉任命为长崎的奉行。关原之战以后，长崎变成了寺泽氏的代管之地，德川家康很难插手加以管辖。小笠原一庵原为僧人，自三河时代就与德川家康关系密切，从很早起就充当德川家康在京都的密探。任命小笠原一庵为长崎奉行，是德川家康夺取长崎管辖权的第一步。小笠原一庵上任以后，当地人就向这位新的奉行抱怨说长崎周围一些大名企图削弱德川家康的权力以及城市的面积过于狭小，于是，德川家康将长崎周围的一些地方再划归新的奉行管理。在撤换了寺泽广高以后，德川家康还委托四名代官组成的议会协助小笠原一庵，这四人都是本地基督徒或至少是他们的同情者，领头的是上述那位能言善辩的基督徒长崎代官村山等安。也就是在这个时候，村山等安与耶稣会士发生了矛盾，部分原因是他妒忌陆若汉的才能，不满德川幕府对长崎的控制。他虽然并不公开反对欧洲人，但是

---

① James Murdoch and Isoh Yamagata, *A History of Japan: During the Century of Early Foreign Intercourse, 1542–1651*, p.472.

对欧洲人的态度是冷淡和傲慢的。他到处说葡萄牙人在长崎拥有特权，举止行动就像是这片土地上的主人，他还散布谣言说来到马尼拉和澳门的葡萄牙人都是被伊比利亚当局处罚流放的触犯法律的人。他说耶稣会士没有将最好的生丝卖给幕府，而是待价而沽，将它们藏起来等以后在黑市上高价出售。最后，他甚至建议幕府断绝与澳门的贸易。① 不过，德川家康并没有动摇对于葡萄牙人在贸易方面的信任，当他得知从澳门来的船只在1603年7月被荷兰人拦截，长崎的耶稣会士丧失了当年度生丝贸易的投资以后，主动给了他们一笔价值350克鲁扎多的捐款，"此事举朝震惊，因为将军从来不给任何人任何东西"②。

德川家康在派出自己信任的小笠原一庵为长崎奉行以后，其控制长崎对外贸易的第二步就是设立丝割符（符契）制度，即对于进口的大宗商品生丝实行专营。1604年，幕府委托老中本多正纯和京都所司代板仓胜重联名指示长崎奉行小笠原一庵执行立丝割符（符契）制度。其主要内容如下：（1）由京都、堺、长崎三个城市的商人组成丝割符仲间（生丝专营公会），称为"三所丝割符仲间"，由有势力的大商人担任仲间的年寄（会长）来管理仲间；（2）由年寄与来航的葡萄牙商人商定统一的生丝价格，然后由仲间一次性买下；（3）买下的生丝一部分归幕府的将军（5万斤，占总额的25%—30%），其余的按比例分配给三个城市的商人，再由他们在国内出卖，具体的比例是将所购入的生丝按照20∶100∶100的比例分配给堺、京都和长崎三个城市，再由这三个城市的商人最终分卖给日本全国的商人；（4）在生丝的价格确定以前，其他的商品一律不准买卖，其他地方的日本商人也不准去长崎；（5）生丝统一定价的办法不适用于西班牙、荷兰和中国（后来才适用）；（6）生丝以外的其他商品可以以自由商定的价格买卖，但是因为生丝是最大宗的商品，生丝的价格一定，其他商品事

---

① C.R. Boxer, *The Christian Century in Japan, 1549–1650*, pp.274–275.
② Ibid., p.182.

实上也以生丝的价格为定价的标准。① 在引入丝割符制度的时候，正值来航的葡萄牙商人遭遇舶来的生丝卖不掉的尴尬局面，幕府统购大量的生丝，是葡萄牙商人乐意看到的，所以没有任何葡萄牙人表示不满。

幕府严格地执行丝割符制度。荷兰商馆的人员记载说：葡萄牙的商船抵达长崎以后，长崎的代官先封存其所有的商品，然后上报幕府，等两三个月以后，幕府才会批准，再由代官定价分配于各个城市，不可以随便买卖。例如，在 1609 年，葡萄牙人要价一斤生丝为 30 文，但是收购价压低至 25 文。日本官员对葡萄牙人说，这个价格是"日本皇帝"定的，任何人都不可以拒绝。②

日本学者举出的关于幕府执行丝割符制度的缘由是多种多样的，主要是为了避免如下情况：由于日本人与葡萄牙人语言不通，在交易的时候会引发混乱、纠纷与口角；日本国内的商人云集长崎，造成秩序混乱；葡萄牙人采取招投标的方式与日本商人贸易，由此掌握贸易的主导权；个体的日本商人资金有限，组织起来势力就比较强大，可以与幕府竞争；日-葡贸易的中介和翻译者是天主教的传教士，幕府担心他们会借机向日本人传播天主教；幕府担心葡萄牙人把武器输入日本，支持地方基督教大名反对幕府的中央集权。最主要的是幕府以丝割符制度利用国内的商人力量压制葡萄牙人，以这些指定的商人帮助幕府压低葡萄牙人生丝的价格，最后使幕府掌握与葡萄牙人贸易的主导权。事实上，幕府通过垄断取得生丝的大宗，成为幕府财政收入的主要来源之一。③

1606 年，德川家康再度提高长崎奉行的地位，进一步直接控制长崎，他派自己的亲信也是大名出身的长谷川藤广（Hasegawa Sahioye

---

① 沈仁安：《德川时代史论》，河北人民出版社 2003 年版，第 102 页；藤井让治：《江户开幕》，刘晨译，第 134 页。Birgit Tremml-Werner, *Spain, China, and Japan in Manila, Local Comparisons and Global Connections, 1571–1644*, p.82。
② 沈仁安：《德川时代史论》，河北人民出版社 2003 年版，第 102 页。
③ 同上，第 103 页。

409

Fujihiro，1606—1615年在任）为长崎奉行。这位新的奉行在陆若汉以及村山等安之间，更加倚重后者。此时，村山等安已经是长崎著名的商人，拥有很大的财富并且富于魅力和才干。他是基督徒，不过喜欢寻芳猎艳，拥有许多女人，与妻子不和睦。他的家族中有为数不少的基督徒。作为长崎的代官，他控制着当时城市中46条街道上的商业活动，与这些街道上的长老私人关系也很好，他对于长崎的基督徒民众以及教会也有一定的影响。虽然耶稣会士因为某些原因不喜欢他，但是多明我会士则视他为亲密可靠的朋友。长谷川藤广来到此地是代表德川家康处理当地事务的，其最主要的职责是代表幕府的利益行事，他不是基督徒，所以需要与村山等安合作。村山等安懂一点葡萄牙语，也拥有较为丰富的关于海外事物的知识，也愿意与新来的奉行合作。村山等安以其聪明判断出幕府以及长谷川藤广不太愿意过分地依赖耶稣会士，他乐于充当让幕府拉开与耶稣会距离的中间角色。德川家康当时正在开拓与葡萄牙人以外的欧洲人如荷兰人、西班牙人贸易的渠道。这些就是长谷川藤广来到长崎时的背景。①

当时的长崎为葡萄牙船只进入日本的主要港口，"朱印船"出港也须经过长崎奉行检验"朱印状"，因此又是"朱印船"出海的主要港口。控制了长崎也就控制了日本对外贸易的主要港口。幕府还赋予长崎的奉行以掌管与其他地方贸易的权力，如规定明朝的船只抵达萨摩以后，要向长崎的奉行报告，并且列举出货物的清单。

在1609年底至1610年初发生的著名的葡萄牙大帆船"恩宠圣母号"事件中，长谷川藤广以严厉的态度对待葡萄牙舰长安德烈·比索阿。在该船只爆炸自沉以后，他得到德川家康的允许，将陆若汉驱逐流放。陆若汉在1610年3月和一些曾经与长谷川藤广合作过的葡萄牙商人乘坐一艘平底帆船去了澳门。这件事情说明德川家康已经知道长崎有许多懂得葡萄牙知识的可靠的本国人士，再也不需要通过耶稣

---

① Reiner H. Hesselink, *The Dream of Christian Nagasaki, World Trade and the Clash of Cultures, 1560–1640*, pp.135–137.

第六章　近代早期长崎城市的开港以及闭关的始末（1570—1640）

会的神父来充当葡萄牙—日本贸易的中介人了。①长谷川藤广从那时起直接与葡萄牙人展开贸易谈判与周旋，日本人开始直接控制贸易的利润。1612 年，日本人第一次用日本政府铸造的官银支付购买丝绸的资金，其花费要比以前的银子低 20%。长谷川藤广担任长崎奉行的时间很长，直至 1617 年去世为止。他深得德川家康的信任。②

在丰臣秀吉和德川家康统治时期，由于海外贸易的繁荣，长崎的人口继续增加。日本其他各地有志于海外贸易的人们纷纷来到长崎。16 世纪 90 年代以后，日本的海外贸易不仅包括与果阿、澳门的通商，还包括与马尼拉甚至整个东南亚的"朱印船"贸易。在 16 世纪 90 年代下半叶，幕府以所谓"朱印船"的方式规范对外贸易活动。长崎也是"朱印船"贸易的中心。长崎城市的范围，也从原先的平地上靠海边的港口，逐渐地拥有里面的山坡市镇，"港市"（harbor city）慢慢地背靠一个"筑有要塞的市镇"（castle town）。在 17 世纪开始的时候，这两片区域连接了起来。还有一片区域是东北方向发展起来的市镇，称为"内町"（inner wards），它就是原先大村纯忠的领地，这片市镇位于"港市"以及"筑有要塞的市镇"之间。这几片区域的分治引起了管理上的问题，德川幕府根据自己的利益，经过考量于 1605 年秋天建立了一个直属幕府管辖的市镇，称为"外町"（outer wards），并将原先大村纯忠的部分领地合并了进去，这样，幕府对于长崎的管辖权大大增加了，同时，幕府将这片地区作为它主要的税收来源。③由此形成的一个幕府意想不到的结果就是这几片区域里的基督徒团体也连成了一片。幕府将位于东北方向的原先大村纯忠领地里的片渊（Katafuchi）、马场（Baba）以及御代田（Myotogo）等几处山村纳入其管辖的范围。事态的发展对于耶稣会有不利的一面。大村纯忠的儿

---

① Reiner H. Hesselink, *The Dream of Christian Nagasaki, World Trade and the Clash of Cultures, 1560–1640*, p.141.
② Ibid., p.142.
③ James Murdoch and Isoh Yamagata, *A History of Japan: During the Century of Foreign Intercourse, 1542–1651*, p.473.

子大村喜前认为幕府对于他的家族管辖地的划分是极不公平的。同时，他还怀疑这种处理是耶稣会士与幕府阴谋串通的结果。数十年前，他的父亲大村纯忠将长崎捐赠给耶稣会的时候，他曾经也在文件上附署签名。而现在，他对于耶稣会满怀怨恨，1606年春天，大村喜前背弃了天主教信仰，改信佛教，并在他毗邻长崎港口的领地积极驱逐传教士。①

1600 年至 1614 年的长崎　尽管长崎发生了种种变迁，在 1614年德川幕府全面禁止天主教以前，由于耶稣会士的小心谨慎以及苦心经营，长崎的基督徒人数以及教堂数量还是一直在增长的。有迹象表明，在 17 世纪的初年，长崎的基督教会相当繁荣，教堂的数量以及教会的机构有了显著的增长。1601 年，第一批日本籍神父被教会祝圣。1603 年，葡萄牙耶稣会士梅斯基塔在耶稣会学院的旁边加建了日本建筑风格的客房，在毗邻教堂的地方还建造了一座钟楼，里面有三座铜钟以及一座设计精密的报时钟。在同一年，其他四座教堂也安装了铜钟，这些教堂的钟很可能是在长崎铸造的。这一年 10 月 6 日，耶稣会年度报告记录了在长崎刚刚建立的圣地亚哥医院（Santiago Hospital）的情况："这所医院照顾非传染性的病人，他们人数众多，因为在长崎有大量来自不同地方的人们。通过我们的努力，医院在一个非常合宜方便的地方建立了起来。它拥有我们的房间和办公室，这些房间被安排得很好，十分宽敞，可以住超过 50 人。在医院的前面建造了一座十分吸引人和设备良好的教堂。"② 这所医院的发展非常稳定，到 1606 年，医院的教堂已经太小，不敷使用，必须扩建。耶稣会士还在教堂的边上建立了自己的会院。这所医院还设立了两个善会，一所是男子的，一所是妇女的，它们是支持和维持医院的慈善团体。这两所善会肩负的任务与仁慈堂的不同：会员的首要任务是照顾

---

① J.S.A. Elisonas, "Nagasaki: The Early Years of an Early Modern Japanese City", in Liam Matthew Brockey, ed., *Portuguese Colonial Cities in the Early Modern World*, p.71.

② Diego Pacheco, "Diogo de Mesquita, S.J., and the Jesuits Press", in *Monumenta Nipponica*, XXVI, 3–4, pp.432–436.

穷人和生麻风病的病人，用善款维持他们的生活；他们还以体力的工作以及精神上的安慰帮助他们的邻居，并照顾医院里的病人。梅斯基塔有一次在信中写道，与葡萄牙本国和印度的葡属殖民地相比，日本医院的工作做得更好。1612 年，该医院又建立了一个病室。这一年有两艘葡萄牙的船只来到长崎，医院除了接受日本的病人以外，还接受了葡萄牙的病人和来自菲律宾的西班牙大帆船上的西班牙病人。许多人为了这个新建的病室捐款。根据梅斯基塔神父在 1613 年的报告，在此期间每年有 700 至 800 人在这所医院接受洗礼，1613 年有 800 人在这所医院居住过。尽管长崎奉行对于基督教抱有敌意，但是他也没有阻止这所医院的任何活动，也没有阻止教堂里在宗教节日举行的弥撒和圣事。[1] 到 1612 年，长崎已经有十二座天主教的教堂，它们分别是属于耶稣会学院的圣母升天教堂（The Collegial Church of Assumption）、圣伊丽莎白教堂（the Church of St. Elizabeth's）、仁慈堂附属教堂（the Church of Misericódia）、圣地亚哥教堂（The Church of Santiago）及其附属医院；还有四所由教区神父管理的教堂，它们是圣玛利亚山教堂（The Church of St. Mary of the Mountain）、施洗约翰教堂（The Church of St. John Baptist）、圣彼得教堂（The Church of St. Peter）、圣安东尼教堂（The Church of St. Anthony）；以及三所分别属于托钵僧修会如方济各会士、多明我会士和奥斯定会士的教堂等。其中最著名的就是耶稣会的圣母升天教堂，它位于长崎港口的岬角，船只驶入的时候就能远远地看到。[2]

在此期间，基督徒的人数有明显的增长，不过具体的数据则说法不同。1611 年 1 月，长崎的耶稣会省会长卡瓦略神父（Padre Valentim de Carvalho，1560—1631）估计当时日本约有 300 000 名基督徒，大部分集中在九州，特别是长崎及其周围地区；1614 年耶稣会年度报告的

---

[1] Diego Pacheco, "Diogo de Mesquita, S.J., and the Jesuits Press", in *Monumenta Nipponica*, XXVI, 3–4, pp.435–436.
[2] J.S.A. Elisonas, "Nagasaki: The Early Years of an Early Modern Japanese City", in Liam Matthew Brockey, ed., *Portuguese Colonial Cities in the Early Modern World*, p.76.

估计则比较持平，它指出当时基督徒的人数约 250 000 名。1612 年耶稣会在给罗马总会长的报告中指出长崎以及周围地区有耶稣会学院 1 所、会院 6 所、神父 28 名、修士 18 名以及本地传教员 103 名（当时耶稣会在全日本共有 250 名本地传教员）。①1618 年，日本耶稣会的副省会长马特乌斯·德·库罗斯（Mateus de Couros）在给总会长的报告里说："在长崎，由于整个城市都是基督徒，地主允许他们居住在那里，我们在这里比任何别的地方都享有更多的自由。"②

从长崎建立港口的时代开始，纯粹的欧洲人居住在长崎的并不多，他们不会超过 100 人，主要是耶稣会士、方济各会士、多明我会士以及奥斯定会士，而最主要的则是耶稣会士。1580 年，范礼安代表耶稣会接收长崎的时候，下令在长崎周边建立城墙和要塞。他希望许多"已婚的葡萄牙人来到这里居住"，他相信这些人会保卫长崎，使这座城市变得更加坚固。③但是，范礼安让已婚的葡萄牙人基督徒"户主"在长崎定居的想法并没有得以完全实现。一些来到长崎经商的葡萄牙人还给当地带来消极的社会问题，他们与当地的女孩厮混同居，肆意享乐，造成浮靡的社会风气，这也是当时许多葡萄牙殖民地城市的普遍现象。1597 年至 1598 年，一位环游世界专门从事奴隶贸易的意大利佛罗伦萨人法兰西斯科·卡莱蒂（Francesco Carletti）来到长崎，根据他的观察，葡萄牙商人跟着他们的船只来来去去，他们只愿意与当地的日本妇女短期同居，而不愿意选择与她们结婚并长期扎根在这里，这些葡萄牙人视长崎为"乐土"（Land of Cockaigne, questa cuccagna）④，只知道寻欢作乐，由此产生的社会问题就是使长崎成为近代早期远东的性交易非常活跃的城市，这种情况与果阿和澳门非常

---

① C.R. Boxer, *The Christian Century in Japan, 1549–1650*, pp.320–322.
② J.S.A. Elisonas, "Nagasaki: The Early Years of an Early Modern Japanese City", in Liam Matthew Brockey, ed., *Portuguese Colonial Cities in the Early Modern World*, pp.93–94.
③ Alexandro Valignano, Regimen for the Japan Superior, 24, June, 1580, J.S.A. Elisonas, *Deus Destroyed: The Image of Christianity in Early Modern Japan*, Harvard: Harvard University Press,1988, p.98.
④ Francesco Carletti, Adele Dei, ed., *Regionamenti del mio viggio intorno al mondo*, Milan: Ugo Mursia Editore, 2008, pp.119–120.

第六章　近代早期长崎城市的开港以及闭关的始末（1570—1640）

相似。卡莱蒂这样写道：葡萄牙的商人随着船只一抵达长崎的港口，那些拉皮条的中介人就来到他们居住的地方，"他们询问葡萄牙的商人是否需要买下一个处女或者以其他能够让他们更加愉悦的方法得到她，他们（葡萄牙人）可以在他们待在长崎的时候拥有这些女孩，也可以和她们过上几个晚上、几天甚至几个小时，她们可以取悦葡萄牙人"。这些女孩本人或者她们的父母可以与葡萄牙人定约并获得金钱："如果男人们需要她们，中介人就可以将女孩带到他们居住的房子里来让他们初次见面，或者有时，这些男人也可以去中介人的房子见这些女孩。"他总结说："许多葡萄牙人发现这是一片比他们想象中更加快乐的'乐土'，更好的是，花出去的少，得到的多。他们得到的女孩常常是14岁或者15岁的美丽的处女，只需要3至4个斯库多（scudos）就够了；或者根据与她们待在一起的时间、他们的癖好，有时付得多一点，有时少一点。最终葡萄牙人也会将这些女孩送回她们自己的家庭。"有些慷慨大方的葡萄牙商人在与那些与他们同居7个月至8个月的女孩分手时会付给她们"30至40斯库多"，没有这些所谓的"嫁妆钱"，这些女子以后就不可能与任何日本男子结婚了。① 在长崎的教会人士当然批评这些葡萄牙商人和日本的皮条客以及出卖肉体的女子，耶稣会士弗洛伊斯写道："这个城市中有一些女孩子的灵魂处于危险的边缘，因为她们陷于那些狂热的恋爱事件中。奥加蒂诺神父（Padre Organtino）正在努力地促成其中约30人的婚配，他这样做使得她们的父母和亲戚感到极大的安慰，他们因为贫困，无力让自己的女儿结婚成家。"② 贫穷是导致许多长崎的日本女孩沦为风尘女子的原因，另一个原因就是东方传统社会中固有的对于妇女的轻视。卡莱蒂这样写道："他们不以女儿以及姐妹为荣，也不尊敬她们，甚至视她们毫无价值。女孩的父亲、母亲和兄弟在她们结婚以前就与别人讨论卖出她们的价格了，为了钱就可以把她们卖掉，毫无羞耻感可

---

① Reiner H. Hesselink, *The Dream of Christian Nagasaki, World Trade and the Clash of Cultures, 1560–1640*, pp.106–107.
② Ibid., p.106.

言。整个地区的极端贫穷也是导致这些情况的原因。"①

有一位西班牙人贝尔纳多·德·阿维拉·吉隆（Bernardino de Avila Girón），于1594年8月从马尼拉来到长崎，以后四年一直居住在当地。他曾经居住在马尼拉，在当地是一位有影响力的商人。1598年秋天，他在东南亚和南亚旅行。1607年6月，他回到长崎。以后的十二年间，他一直居住在长崎。他的最后一份报告写于1619年3月15日，指出有许多与日本妇女同居或者结婚的葡萄牙人居住在长崎。1594年至1619年，他写了《来自日本王国的报导》(Report on the Kingdom of Nippon Mistakenly Called Japan)，以一名世俗的外国人的眼光记录了当时长崎的城市生活。在他看来，日本的良家妇女是非常善良淳朴的，"如果一名妇女已经结婚了，那么她是完全可以信赖的，在这世界上再也没有别的妇女比她们更加诚实和忠诚了。在日本，如果她犯了错，可以付出自己的头颅作为代价"。同时，作者也记录了日本男子的自大和专横："如果一个日本人发现自己的妻子与其他任何男人单独在一起，即便他们只是在说话，他就可以把她杀死，不需要任何证明或理由。"②

在16世纪末年至17世纪初年，长崎与澳门之间的海上贸易继续繁荣昌盛，澳门的葡萄牙船只陆续到来。1610年，一个荷兰人以羡慕的口吻描绘了长崎的葡萄牙商人富裕的生活："当载着200名或者更多商人的来自澳门的船只靠岸以后，这些商人立即下船登岸，每个人都住进一幢房子，里面有他的仆人和奴隶。他们完全不在意花钱，似乎没有什么东西对于他们来说是昂贵的。有时他们在长崎要住七至八个月，需要花费两三万银两。当地人从中获利颇丰，这就是日本人对于他们如此客气的原因。"③

像许多葡萄牙殖民地城市一样，长崎也有带着葡萄牙色彩的市政

---

① Reiner H. Hesselink, *The Dream of Christian Nagasaki, World Trade and the Clash of Cultures, 1560–1640*, p.106.
② Ibid., p.104.
③ C.R. Boxer, *The Portuguese Seaborne Empire, 1415–1825*, pp.63–64.

原长崎仁慈堂旧址，原建筑物已经不存在了

机构，其中最著名和最典型的就是仁慈堂（Santa Casa de Misericórdia, the House of Mercy）。仁慈堂是葡萄牙海外殖民地的重要市政机构，具有慈善事业的性质。1498年8月，葡萄牙王后莱昂诺尔（Dom Leonor，1498—1558）在里斯本正式成立"仁慈堂"机构。当时的葡萄牙正值海外扩张的盛期，许多海员和战士死在去往印度的路上，留下孤儿寡妇需要照顾。仁慈堂正是在此背景之下产生的。仁慈堂的成员需要做七种精神上的和身体上的慈善工作。前者是（1）教育无知者；（2）向人们提供良好的咨询；（3）以慈善的方式教导有过错的人；（4）安慰痛苦者和悲伤者；（5）原谅有过错的人；（6）耐心忍受别人的辱骂；（7）为所有生者与亡者祈祷。后者是（1）给饥饿的人以食物；（2）给口渴的人饮水；（3）给裸露无衣的人衣服；（4）去医院探访并治疗病人，到监狱探访囚徒；（5）给远游者和贫困者提供住处；（6）赎出被掳的人；（7）安葬死者。[①] 葡萄牙人在海外扩张的过程中，将仁慈堂机构的形式带到了各个殖民地。长崎仁慈堂由本地的基督徒领

---

① C.R. Boxer, *The Portuguese Seaborne Empire, 1415–1825*, pp.287–288.

袖组成，这一点不同于其他的葡萄牙殖民地城市。他们于 1602 年 3 月 10 日向罗马的耶稣会总会长写信，希望他们这个善会机构能够成为葡萄牙海洋帝国仁慈堂的分支机构，并且享有葡萄牙其他城市仁慈堂的特权。他们的请求由仁慈堂的会长龙野（Dioguo Riúfa o prouedor）、利刚（Luis Rióca）、添田（Thome Sõin）、曾我（João Sõca）、副岛（Liam Sõxey）和瓦井（Andre Caxiuara）附署，这些人都是长崎日本基督徒的头面人物，其中添田的名字出现在耶稣会士于 1600 年出版的著名的《基督教教义》（Doctrina Christam）一书中。之所以他的名字被刻印在书上，很可能是因为他曾捐资帮助耶稣会的出版事业。① 长崎的仁慈堂十分特别，一般来说，仁慈堂是属于葡萄牙王室的市政机构，所以它们属于世俗机构而非宗教机构。但是长崎的仁慈堂与罗马的耶稣会总会保持联系，所以很可能它是耶稣会组织的机构，实际上由耶稣会的神父在幕后操纵。像葡萄牙海外殖民地所有的仁慈堂一样，安葬亡者并为他们的灵魂祈祷是仁慈堂成员特殊的工作。在每年的 11 月 1 日诸圣节，长崎的仁慈堂成员都要游行去西坂，这是长崎处决犯人的刑场，他们要收集上一年被处死的犯人的骨骸，然后以基督教的葬礼将这些骨骸安葬在仁慈堂的坟地里。此外，他们还要为当地去世的基督徒举行公开的基督教葬礼。② 在长崎仁慈堂的低级成员中，居然还有朝鲜人在服务。有一名接受了日本耶稣会士付洗并取了葡萄牙文名字安东尼奥的朝鲜人，在被俘以后又被释放，因为他工作认真和性格诚实，后来他被接纳为长崎仁慈堂的会员。③ 长崎的仁慈堂还拥有三个墓地，即圣十字架墓地、圣玛利亚墓地以及圣米额尔墓地。这三座墓地都是埋葬日本基督徒的。"仁慈堂"的会员经常主持和参加基督徒葬礼。在长崎城外，还有一座专门用来照顾麻风病人的麻风病院。④

---

① J.S.A. Elison, "Nagasaki: The Early Years of an Early Modern Japanese City", in Liam Matthew Brockey, ed., Portuguese Colonial Cities in the Early Modern World, pp.82–83.
② Reiner H. Hesselink, The Dream of Christian Nagasaki, World Trade and the Clash of Cultures, 1560–1640, p.157.
③ Ibid., p.193.
④ Ibid., p.186.

第六章　近代早期长崎城市的开港以及闭关的始末（1570—1640）

根据西方人和日本人的记载，除了长崎以外，京都也有类似的仁慈堂机构，他们的领袖也向罗马耶稣会总会提出要求获得与葡萄牙仁慈堂同样的特权。在 1614 年 10 月官府公布禁教措施前夕，仁慈堂的会员以及其他传教士和基督徒在夜间赶紧将一些埋在基督徒墓地里的殉道者的遗骨挖出来，埋葬到一个秘密的地方。这一年，长崎有许多教堂和神父居住的会院被拆毁，但是仁慈堂与另外两座小的教会房屋暂时幸免于难。①

还有一些朝鲜人居住在长崎。从 1592 年至 1598 年间，丰臣秀吉发动侵略朝鲜的战争，许多朝鲜人成为俘虏被带到日本，充当奴仆或者苦力，其中一些朝鲜人皈依了基督教，并于 1610 年来到长崎居住。在长崎的耶稣会士考虑到他们人数不少，专门为他们组织了一个善会，还保留了一座奉献给圣劳楞佐的小教堂为他们服务，这个善会一直照顾那些离乡背井的朝鲜人，并且关心他们在宗教信仰上的需要。②多年以来，有一位圣名叫安东尼奥（Antonio Korea，? —1622）的朝鲜人在该市商店云集的地方也开设了一家小店。他最初是丰臣秀吉侵略朝鲜的时候被俘的朝鲜人，被日本军队当成奴隶带到日本。葡萄牙神父巴莱多给他付洗，使他成为一名基督徒。安东尼奥后来被卖给了长崎的一位新入教的基督徒当仆人，最后他被主人释放成为自由人，并且与另一位奴隶出身的圣名叫作玛利亚的日本女子结婚成为夫妇，玛利亚是在丰臣秀吉发动征服九州战争的时候于 1583 年或 1584 年的战乱中沦为奴隶的。成为自由人后，他们的原主人还给了他们一小笔钱让他们自立。依靠着忠诚和勤劳，安东尼奥成为长崎仁慈堂中的一名兄弟。根据传教士的记载，安东尼奥夫妇极端虔诚和诚实，工作勤奋，特别体贴穷苦的人，因为他们自己也出身贫寒。③

---

① C.R. Boxer, *The Christian Century in Japan, 1549–1650*, p.327.
② Berger Lois, "The Overseas Chinese Community in Seventeenth Century Nagasaki", Ph.D. dissertation, Harvard University, 2003, p.79.
③ Reiner H. Hesselink, *The Dream of Christian Nagasaki, World Trade and the Clash of Cultures, 1560–1640*, p.193.

在早期的长崎还有一座铸造青铜大炮的工厂,由于当时九州各地的大名醉心于葡萄牙人的火器,于是葡萄牙人在长崎就地教授日本人学习铸造火炮的技术。不过这座铸造火炮的兵工厂规模很小,在当时及以后一个世纪里,日本人还是比较喜欢从澳门和欧洲进口的大炮而非本国铸造的大炮。1584年,有马的大名在岛原战役中使用了两门从长崎兵工厂铸造的青铜大炮,日本人把这两尊大炮安置在船头之上。1578年,丰后的大友宗麟也使用了这种大炮进攻萨摩藩主,结果并没有取得胜利。[1]

三、"南蛮文化"的氛围

宗教节日与习俗　长崎的城市中弥漫着一种特殊的罗马天主教会的文化氛围。长崎的基督徒中既有外国传教士和商人,也有日本本地的基督徒团体,这个城市在社会文化的各个方面都不同于当时日本的其他地方。

由于基督徒人数众多,长崎的节日也带有浓厚的"南蛮"的色彩。日本的天主教会逐渐地将一些基督徒圣徒的节日介绍到日本,取代了日本传统的神道教以及佛教的节日。在长崎及其周围的地区可以看到这种影响。从1598年至1614年的十六年间,由于塞凯拉主教以及其他传教士们的努力,长崎传统的日本新年的第一天被改成了在教会中流行的基督徒的节日,名为"圣母玛利亚庇佑吾等"(the feast of On-mamori no Santa Maria or Saint Mary Who Protect Us)之节,这是日本教会中最重要的一个节日。[2] 长崎的主教按例要在教堂举行庄严

---

[1] C.R. Boxer, "Note on Early European Military Influence in Japan" in C.R. Boxer, *Dutch Merchants and Mariners in Asia, 1602–1795*, VI, pp.70–71.
[2] C.R. Boxer, *The Christian Century in Japan, 1549–1650*, p.229.

的弥撒，祈求圣母玛利亚庇佑日本的基督徒。① 接着的一个星期中有圣灰星期三，是大斋期的开始，基督徒因为纪念耶稣的蒙难要保持哀伤和坚忍的心态，他们不举行公共的娱乐或是节庆活动。他们穿着深色的或是表示哀伤的色彩的衣服，赤足步行去教堂礼拜。他们要赤脚踩踏焚烧后的棕榈树叶的灰烬，这些棕榈树叶是上一年棕枝主日使用过的。他们以此方式向天主以及公众展示自己的忏悔之意。大斋期人们不仅要在每个星期六禁食以及以其他方式表示自我克制，而且也要为新的入教者举行洗礼做准备。②

按照当时耶稣会的记录，所有的神父每星期要主持四次弥撒，修士们要念诵四次玫瑰经。他们还被要求禁食以及念诵特殊的经文。不仅传教士如此，整个长崎的基督徒也都是按照教会的要求各尽所能。在长崎的每一条街道上人们都将一幢最大的房子设立为接待所，接待来访的或有特殊需要的人。在重大的节日，他们自己也分成许多组，轮流持续不断地念经，每次要不间断地念诵四十小时，这还不是念诵一次，而是许多次。他们还要聚集在一起研习经文和教义，并且为了应对将来可能发生的迫害和殉道而练习"神操"和默想。每天都有六七名或是更多的布道者从耶稣会学院出发在长崎的市民中间游行布道。③

早在 1605 年，就有记载说在长崎有许多市民举行规模宏大的"基督圣体节"（the Feast of Corpus Christi）的宗教游行。在葡萄牙本国以及海外殖民地，"圣体节"是除了圣诞节和复活节以外最重要的宗教节日。葡萄牙教会和民事当局贯彻特兰托大公会议的决议，彰显罗马教会关于"变体论"（即经由神职人员祝圣以后的圣饼已经神秘地转化为耶稣的身体）的教会训导。（特兰托大公会议于 1551 年 10 月 11 日通过决议，倡导将"圣体节"作为特别的宗教节日，其目的就是要反对新教的"异端"对于圣体的新的神学解释。）自 1605 年以

---

① Reiner H. Hesselink, *The Dream of Christian Nagasaki, World Trade and the Clash of Cultures, 1560–1640*, p.145.

② Ibid., p.145.

③ Ibid., p.147.

来，每一年长崎的教会当局都要发起和组织盛大的"圣体节"宗教游行，由于耶稣会在长崎的重要地位，耶稣会士是游行的主要发起者和组织者。

就在1614年1月31日，在德川幕府下达严厉的禁教令之后，整个长崎城市的基督徒民众仍然没有放弃他们的宗教生活。这一年的5月9日（"圣母升天节"）至29日（"基督圣体节"）的三个星期中，有无数的人参加了多次宗教游行。在游行队伍中，人们高举圣体（圣饼）。圣体安放在一种华丽的镀金的名叫"圣体发光"的教会礼仪器皿中，这是当时罗马教会在欧洲和海外的圣体节宗教游行时特别使用的教会礼仪用品，为的是向公众展示圣体的神力。这个华丽的"圣体发光"由教会中最高级的神职人员托举，簇拥在他周围的还有其他的神职人员。在6位举着华盖的人中有一位是最重要的平信徒。这些华盖的寓意是保护圣体。参加游行的还有各级的官员、神学院的学生、行会的成员以及其他各色人等，他们还要举着代表各自团体的旗帜。在举行宗教游行的时候，长崎的每个大教堂都要敲钟；游行队伍经过的街道，人们还要用百里香以及玫瑰花来熏香。使用最多的是玫瑰，因为圣体节的宗教礼仪规定使用的颜色是红色。有时候孩子们也参加游行，人们还举着天使的圣像，因为孩子和天使都代表着纯洁。

1614年5月的游行是长崎最后一次圣体节游行。贝尔纳多·德·阿维拉·吉隆记录了此次游行的盛况："在游行队伍的前面有50名日本孩子做先导，他们身穿华丽的服装，手举蜡烛。在他们的后面则是216名修士和传教员（"同宿"），这些人是在学习准备成为神父的。他们也手举着蜡烛，身穿白色的短套装。后面则是4位身穿华服的小天使。再后面跟着的是一副镀金的轿舆，上面挂着许多由琥珀珠子做成的链子、安放圣徒骨骸的盒子，还有许多珠宝、一个挂着许多链子和琥珀以及珠子的香炉，在这副轿舆上立着精美的小耶稣的雕像；在轿舆的前面点着8根大的蜡烛，后面则是教会的唱诗班。再后面有50位身穿白色祭披佩戴圣带的耶稣会神父跟着行走，他们中有20人戴着帽子。……后面还有许多人举着旗子，旗子上画着圣杯和圣体；还有一面旗子上画着阿伯拉罕在堆着火柴的祭坛前在他谦逊的儿子伊萨克的头上挥舞着刀剑的场景，一位虔诚的身穿深红锦缎祭披的葡萄牙人举着这面旗帜。在他的后面则是教会的唱诗班成员。在这名葡萄牙人的身后则是四名化装成天使并举着蜡烛的人，这些蜡烛插在上有彩漆的烛台上。每一个烛台上有一朵镀金的铜质玫瑰花。这朵玫瑰大约有一掌宽，上面都有一座黄金制成的耶稣像，这些举着烛台的人身穿深紫色的祭披……在游行队伍最后则是最神圣的'圣体发光'牌，里面供奉着圣体，它的外面是由制作精美的装饰着黄金的华丽的牌护卫着。身穿锦缎祭披的耶稣会日本省会的会长瓦伦丁·卡瓦略神父（Padre Valentim Carvalho）举着这个有着小小的托盘的圣体牌，两边由执事和小执事襄助，他们步态庄重，慢慢地行走。圣体牌上有一顶美丽华贵的织着金线的天鹅绒华盖，由8根杆子支撑，由身穿红色或深色衣服的城里最高阶层的人士高举着。"[1] 这些城市里高阶层人士就是指町年寄、代官以及仁慈堂的会长。

由于当局镇压基督教的形势日益严峻，以后再也没有举行过正式的耶稣圣体节的游行了。但是，这种风俗以另外一种形式继续存在下去，成为日本民间的一种风俗。1634年，长崎的奉行再度命令举行类似的游行，但是已经没有任何基督教色彩了，因为城市里大部分的日本居民已经放弃基督教信仰了。

1614年6月23日，当幕府官员来到长崎的时候，他们发现整个城市非常安静与和平。当地所有的虔诚的基督徒都在施洗约翰生日的前一天晚上自觉地禁食，他们还在6月29日和30日的圣彼得以及圣保禄的圣日禁食。[2] 尽管禁教的形势越来越严重，但是在1617年11月，日本耶稣会副省会长杰罗尼莫·罗德里格斯（Jeronimo Rodrigues）仍然这样写道："在长崎，所有的人在自己的屋子里都挂着圣像，挂在让所有的人都看得见的地方；他们的脖子上还挂念珠，

---

[1] Reiner H. Hesselink, *The Dream of Christian Nagasaki, World Trade and the Clash of Cultures, 1560–1640*, pp.151–152.
[2] Ibid., p.153.

手持有十字架的旗帜,上面绣着代表耶稣基督的小羊的像;他们还在屋子里念诵基督教的教义和吟唱圣诗;他们还在公共的墓地里自由地举行基督教的葬礼,就像他们以前在小教堂里做的一样。信奉异教的长崎的总督仍然让仁慈堂及其附属的教堂存在着,仁慈堂仍然像以前一样从事慈善事业。总之,他们做基督徒应该做的一切事情。"①

像所有的基督徒一样,长崎的日本基督徒也在星期日停止一切的工作,在教堂参加礼拜。耶稣会士为了让信徒养成既守星期日礼拜也不妨碍工作的习惯,经常利用星期日的中午时分举行礼拜的集会。那些反对基督教的人们则指责基督徒懒惰成性,说他们每年有八十天不奉公事,男男女女都游手好闲。过圣诞节则是基督徒每年中的大事情。圣诞夜教堂要举行通宵的大型弥撒,人们要演出圣剧、唱赞美诗以及朗诵《圣经》,许多非基督徒都要挤在教堂前驻足观看,或者由人们引进教堂参加圣礼。

当时欧洲天主教国家中流行的"自我鞭身"仪式在日本的基督徒中也是经常举行的。这种源自欧洲中世纪的宗教仪式旨在通过自虐的方式克制情欲,提醒自己经常观照耶稣的苦行与蒙难,在灵性上与耶稣合二为一。"自我鞭身"在中世纪已经流传于欧洲的教会与社会生活中,在17世纪的欧洲反宗教改革运动中得到罗马天主教会以及耶稣会的再度提倡,并且随着耶稣会来到东方传到葡萄牙在东方的许多殖民地。日本的基督徒经常在星期五耶稣蒙难日举行个人或者集体的"自我鞭身"仪式,他们在基督的苦像面前熄灭蜡烛,脱去上衣,用鞭子抽打自己的背部,一直到教堂敲钟时结束。有的人自我鞭打得鲜血淋漓。当时,耶稣会要求所有的会士每星期要有两次"自我鞭身",一次是个人自己的"自我鞭身",另一次是在教会举行圣事的时候会士要公开地脱去上衣用鞭子抽打自己的背部。② 西班牙人贝尔

---

① J.S.A. Elisonas, "Nagasaki: The Early Years of an Early Modern Japanese City", in Liam Matthew Brockey, ed., *Portuguese Colonial Cities in the Early Modern World*, p.93.

② Reiner H. Hesselink, *The Dream of Christian Nagasaki, World Trade and the Clash of Cultures, 1560–1640*, p.147.

纳多·德·阿维拉·吉隆这样描绘他所看到的长崎基督徒的"自我鞭身"游行:"一些人走在街上,身披麻布袋,上面系着许多绳子,就像日本其他许多地方的基督徒自我惩罚一样。其他一些人走在街上,效法耶稣蒙难的样子,身上背负着巨大的十字架,他们不仅把十字架握在手上,而且绑在整个身体的躯干上;还有一些人带着火枪,用它们敲打自己的双腿;还有一群人走在街上,把自己用粗绳绑在一起,这些粗绳绑在他们的脖子上,好像他们就要被勒死一样。许多游行者赤身裸体用带刺的藤鞭抽打自己,鞭子的头上打了一个结,结上有细细的金属片,这样鞭子就可以打进自己的肉体里面;还有一些人用贝壳串在一起,代替带刺的鞭子,以此方式受苦。"[1]他又记载了1614年5月12日长崎的游行,那一天,人们从托多斯·奥斯·桑托斯教堂(the Church of Todos os Santos)出发,有3 000人参加,人们用绳子、缆线和铁的锁链捆绑着自己,还有一些人双手伸出,肩上背负着一根木梁在行走。男人和女人用竹棍抽打自己的身体,直到鲜血淋漓为止。他们似乎在说,"如果你们要让我们基督徒受苦,那么这里就是我们受苦的刑具。我们亲吻它们、拥抱它们和敬爱它们"[2]。在这些游行中,以托钵僧修会如多明我会、方济各会组织的游行规模更大,因为他们对于日本的情况不如耶稣会那样了解,因此也不像耶稣会那样谨慎小心。

另一位多明我会士雅辛托·奥法内尔(Jacinto Orfanel,1578—1622)记载了长崎的名人村山等安的个人忏悔及其家庭参加苦行游行的事情。他这样写道:村山等安在长崎附近的茂木拥有很大的房子,也不缺乏女人围着他,他过得就像后宫里的土耳其苏丹一样。不过,当他听到长崎的奉行要驱逐和流放传教士,他和长崎所有的基督徒一样,从内心深处希望官府不要这样做。使这位多明我会士感到吃惊的是,尽管村山等安的个人生活有如此多的缺点,但是他仍然不希望自

---

[1] Reiner H. Hesselink, *The Dream of Christian Nagasaki, World Trade and the Clash of Cultures, 1560–1640*, p.148.
[2] Ibid., p.149.

己的灵魂堕落,也希望帮助神父们免于流放。他把自己房子里的那些使他感到良心不安的情妇送走,也解雇了在那所房子里服务的仆人,给了他们比应得的更多的金钱。然后,他开始做自我的反省和忏悔。"他回到家里与太太和孩子们和好,他和经理们计算了自己拥有的银子、珠宝和其他有价值的东西。他准备好按照天主要求的那样行事,准备付出自己拥有的一切甚至生命。在反省与忏悔的第一阶段,他做了许多反省与坚忍的功夫,然后他前往托多斯·奥斯·桑托斯教堂背负了一个很重的十字架,这个十字架是如此沉重以至于深深地割入他肩膀上的肌肉,鲜血也流了下来。他的太太和儿子们也以虔敬与补赎的精神或是公开地或是隐秘地在另一组苦行的游行队伍中行走。"① 在另一次游行中,村山等安及其家庭成员赤脚在地上行走,头上还戴着荆冠,双手反绑还握着小十字架,"他们声称自己是软弱与有罪的人,请求万能的天主的祝福,原谅他们的罪过"②。

忏悔是信徒的七件圣事之一。信奉基督教的武士在上阵作战以前,都要到教堂向神父告解。在战场上以及平时也要抽时间反省或忏悔。在长崎以及其他天主教流行的地区,信教的武士在战场上使用的军旗、铠甲、插在铠甲上的小旗子上面都画着十字架以及耶稣的名字,或者绣上《圣经》里的名句,他们认为这样就可以在出征的时候得到神的庇佑。信教的农民则在田头竖立起十字架,他们养的牛马的脖子上也挂着十字架,以此期望丰收和家畜平安。一般的城市里的信徒则佩戴十字架和念珠作为护身符。在信徒中还流行以圣水(即由神父祝圣过的用于洗礼的水)治病的风俗,他们相信它有治病的功能。

日本传统民间盛行符契,为消灾降福,家家户户门口都张贴符契。信徒则以画着十字架的纸条代替了符契,试图以此庇佑家庭的平安。日本传统的渔民和水手出海,船舱里都要安置佛像以求海上的平安。信教的渔民则在船上挂起画有十字架的旗帜。不仅一般的渔船,

---

① Reiner H. Hesselink, *The Dream of Christian Nagasaki, World Trade and the Clash of Cultures, 1560–1640*, pp.148–149.
② Ibid., p.149.

第六章　近代早期长崎城市的开港以及闭关的始末（1570—1640）

即便是奉教的大名如大友宗麟以及小西行长的兵船，也挂上了十字架旗。如果在海上遇到险情，信徒也会通过画十字架和念诵天主的圣名，或者将圣水以及圣物抛入海中，以求平安无事。

信徒的葬礼也带有欧洲的风格，遗体以白布包扎放入棺木内，再盖以黑布。棺木安放在有脚的棺架上，由四人抬着运送去墓地安葬。棺架上竖立着十字架，四隅有银质的烛台，点着金色的蜡烛。在送葬队伍的最前面，由信徒高举画着十字架、荆冠以及耶稣蒙难等图案的旗帜开道，后面是手持蜡烛的信徒追随，接着是举着十字架的修士和神父，最后是日本的儿童基督徒殿后。送葬的时候，教堂会敲钟。基督徒墓地的墓碑有两种，一种是日本式样的石碑，另一种是欧洲式样的墓碑。

在长崎等地的教会中，由日本儿童组成的唱诗班在弥撒和圣礼中唱圣诗，用欧洲中世纪传统的格里高利咏叹调咏唱，这种圣乐适合东方人的单音和短音阶的歌调，适合日本人演唱。一般在咏唱信经、主祷文、圣母颂的时候以拉丁文演唱，在咏唱天主十诫、教会制令和慈善活动中以日语演唱。唱诗班不仅在教堂里演唱，而且在葬礼时也在墓地等地方演唱。唱赞美诗是非常受年轻的信徒喜欢的，神学院的学生们也经常唱赞美诗。

服饰　除了宗教生活以外，人们在日常生活的方方面面都可以看到浓厚的"南蛮文化"的影响，这些"南蛮风俗"也从长崎传到别的地方（当然也有从别的地方传入长崎并发展起来的）。

首先，在衣着方面，一些武士甚至是大名喜欢穿南蛮的服装，丰臣秀吉的非基督徒的部将也佩戴念珠、十字架和画有圣像的垂饰，他们认为这些物品具有护身符的作用。这些武将还互相赠送呢绒或者毡帽（称为"南蛮笠"）。如织田信长曾经将一顶红色的

南蛮念珠，保存在长崎"二十六圣徒纪念馆"

427

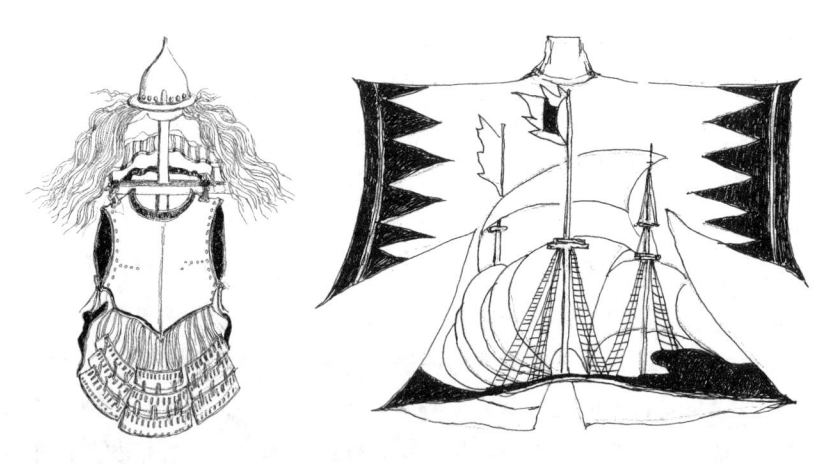

南蛮贸易时代：近代早期日本与欧洲交流史（1542—1650）

南蛮风格的武士盔甲（17世纪）和有西洋帆船纹饰的披衣（18世纪）

"南蛮笠"赠送给武田信玄。欧洲式样的铠甲被称为"南蛮甲"，受到武士的青睐，也被认为具有护身的功效。这些武士甚至是大名还喜欢穿戴长袍雨衣（Capa）、灯笼裤或裙裤（Calcão）和无边帽（Chapeau）等。帕西奥神父在1594年的一封信里说：丰臣秀吉也很喜欢南蛮的服饰和风俗，他和他的家臣经常穿南蛮的衣服，其他的日本贵族也这样做，即便是异教徒也喜欢在胸前挂念珠甚至十字架，或者将这些饰物挂在手臂上，有时手上还握着手帕（此前日本人不会这样做）。甚至有些人走在街上的时候也学着背诵《主祷文》和《圣母经》，他们这样做不是为了嘲笑或是对基督徒表示轻蔑，而仅仅是为了表示他们的勤勉，因为他们深信这样做对自己是有益的，有助于他们身体健康和发财致富，完全是出于世俗的考虑。他们还特别订做了一些椭圆形的坠饰，里面放着画在玻璃上的耶稣基督和圣母玛利亚肖像。这些饰物的价格是很贵的。[①] 据说丰臣秀吉从肥前的名护屋出征结束回到京都的时候，许多部将和家臣穿着"南蛮甲"随行。据说有一些长崎的裁缝也跟着一起来到京都。武士们还喜欢在衣服上系琥珀球、佩戴金锁和纽扣，在熊本的本妙寺还保留着加藤清正穿的系纽扣的南蛮衬

① C.R. Boxer, *The Christian Century in Japan, 1549–1650*, pp.207–208.

衣。如上所述，使用手帕的欧洲风俗也流传到了日本，一些大名将绣花的高级手帕当作礼物互相赠送。钟表、眼镜、玻璃器皿也受到武士们的喜爱。在一段时间里，在长崎和京都的上层社会，如果不拥有南蛮物品，甚至会被人瞧不起。①

  人们在室内装饰上也使用南蛮的物品。传统的日本房子的室内采光一般使用纸糊的拉门和拉窗，不会使用玻璃。玻璃在欧洲早在罗马帝国时代就已经发明和使用了，12—13世纪的时候已经普遍使用在教堂的窗花上。15世纪的时候，葡萄牙船只的后舱上也使用玻璃（当然也使用螺钿）。长崎一带的日本人最早使用玻璃窗户，显然是跟着葡萄牙人学习的。当时，已经有少量的玻璃板和玻璃窗从葡萄牙人的船只上运来，十分贵重。沙勿略献给山口的领主大内义隆的礼物中就有玻璃镜。1565年，弗洛伊斯觐见足利义辉的时候，将玻璃镜、南蛮帽子以及琥珀作为礼物一同呈献。当时的日本人只知道铜镜，对于玻璃镜感觉十分惊异和好奇，觉得是稀奇之物。长崎等地的日本人在家具的使用上也受到南蛮风的影响，如他们使用西式的镀金的床，上面铺着天鹅绒枕头、毛毯、丝绸的被子，床边还有圆的靠背椅、折凳、座钟，室内还使用天主教会使用的那些烛台和蜡烛。大坂城内丰臣秀吉的卧室就有两张镀金的床。当时不少大名和富裕商人用镀金的床。传统的日本人除了在宫殿与寺院以外，都习惯在榻榻米上坐卧，没有使用靠背椅的习惯。葡萄牙人在国内习惯使用椅子，来到日本以后也使用椅子，并且把椅子当作礼物赠送给大名。千千石在《天正遣欧使团记》中记载说："欧洲人并不直接坐在地板上，他们是坐椅子的，所以那里人家的客厅里和卧室里摆放着漂亮的镶嵌着象牙的椅子。椅子上一般都披上了绘着美丽图案的软皮、丝绸或者天鹅绒。我们经常看到过，来日本的葡萄牙船主也使用那种椅子。前几年范礼安视察员献给织田信长阁下的也是这种椅子。"这是指1581年范礼安在京都觐见织田信长的时候呈献的有着黄金装饰的铺着天鹅绒的椅子，后者非常

---

① 郑彭年：《日本崛起的历史考察》，人民出版社2008年版，第184—187页。

喜欢。他为了显示自己的权势，命令四位武士抬着这把椅子到驯马场，让他坐着观看驯马。日本人在室内也没有床，一般都睡在草席上，葡萄牙人还把睡床的习惯带到了日本，大名和武士也开始用起了镀金的床。①

南蛮食物 长崎等与葡萄牙人通商的地方的风俗和日本其他地方就有所不同。在长崎，欧洲人带来了一种在当时日本人看来是比较"精致的"饮食习惯。1612年，耶稣会作出的会规中对会士的饮食有比较明确的规定：通常一餐饭要包括米饭、汤和足够的鱼和肉，以欧洲的或者日本的方式烹调做成。除此以外还要有蔬菜、水果和蛋糕。在星期三和星期天还要添加另外一些吃的东西。在重要的日子或是节日，还可以加鱼和肉。在当时耶稣会的会院中，雇用了一些非常懂得"南蛮料理"的日本仆人。②

由于佛教在日本的长期影响（五戒中的首戒即不杀生），皇室贵族中一直流行禁食牛、马、犬、鸡等肉类的传统（山林中的野生动物以及海湖中的水产品似乎不在禁食之列），虽然民间不完全遵守，但是王公贵族的饮食中，四脚类的哺乳动物基本绝迹。民间虽然也会捕杀山野中的野猪或者山鹿，偷偷食用，作为滋补身体的药膳，但是耕牛是绝不食用的，家畜的饲养也不发达。这是日本饮食的一个基本特征，也不同于东亚其他国家或世界上的其他地方。③葡萄牙人和传教士来了以后，将欧洲人食用牛肉的习惯带到了他们影响所及的地方，长崎以及其他地方的日本人也开始食用牛肉了。他们称呼牛肉为"瓦加"（Vaca）。根据弗洛伊斯的《日本史》记载，丰臣秀吉在南蛮人的影响之下也喜爱吃牛肉了："我们的食物深得他们的欣赏，过去日本人讨厌的鸡蛋以及牛肉等成了食品。太阁（丰臣秀吉）本人就很喜欢吃这些东西。"过去的日本人把牛奶也看成动物血一样的东西，不会

---

① 冈田章雄：《南蛮随想》，思文阁1984年版，第117页。转引自郑彭年：《日本崛起的历史考察》，人民出版社2008年版，第186—188页。
② C.R. Boxer, *The Christian Century in Japan, 1549–1651*, p.216.
③ 徐静波：《和食的飨宴》，香港中和出版有限公司2021年版，第9页。

食用。在 1555 年，丰后教会的育婴堂曾经饲养过三头奶牛，供日本的婴儿食用，增强他们的体格，这完全是欧洲人的概念。饮用牛奶的习惯与教会提倡的育婴以及拯救弃儿的观念结合起来，推广到了民间。① 来自西班牙的商人贝尔纳多·德·阿维拉·吉隆记录道，当他于 1594 年刚刚抵达日本的时候，很少有人吃不带骨头的牛肉，但是到了 1613 年的时候，长崎城里的每一个人都吃牛肉了。②

最具有葡萄牙特征且被日本人接受的食物还有"天妇罗"：它源于葡萄牙语 tempero 的日本式发音，这是一种由 16 世纪葡萄牙阿连特茹省的传教士和商人带入长崎的食物，即以面粉和鸡蛋糊裹在食物的外面再加以油炸。当时的葡萄牙人在大斋（Lent，天主教徒在复活节以前的六个半星期里节食或禁食）期间，一般不食用兽肉，代之以海鲜，即以鱼代替。拉丁文"ad tempora quadragesima"就是"守大斋"的意思；传入日本以后，一般的"天妇罗"是指以鱼类、贝类、虾、墨鱼、香菇、番薯、南瓜、菜豆、蔬菜花、牛蒡、茄子、胡萝卜、节瓜等裹以小麦粉面浆与鸡蛋糊，放入油锅内炸，炸成金黄色捞起，沥干油以后，放入垫有白纸的竹编容器内，蘸着调料吃。这调料是专门为"天妇罗"做的，成分是甜酒三分之一、酱油三分之一、"出汁"三分之一。"出汁"是用海产品熬出的高汤，食用时放入萝卜泥即可。③ 据说 1616 年新年期间，德川家康食用了鲷鱼"天妇罗"，后来感觉不适，从此卧病不起，不久就去世了。这道"天妇罗"是随他参加猎鹰的富裕商人茶屋四郎推荐的，由葡萄牙人带来的沉香木油炸制。还有一种有名的南蛮风味食物就是"长崎蜂蜜蛋糕"（Nagasaki Castella），它作为古代葡萄牙人敬献贵族的礼物，随着葡萄牙商人和传教士于 16 世纪传入日本长崎。葡萄牙传教士经常用它来招待信徒，

---

① 冈田章雄：《南蛮随想》，第 117 页。转引自郑彭年：《日本崛起的历史考察》，第 188—189 页。
② Reiner H. Hesselink, *The Dream of Christian Nagasaki, World Trade and the Clash of Cultures, 1560–1640*, p.103.
③ 徐静波：《和食的飨宴》，第 74—75 页。

南蛮贸易时代：近代早期日本与欧洲交流史（1542—1650）

深受民众的欢迎。它以面粉、砂糖和黄油制成，但是日本民众不喜欢黄油，所以后来多加蜂蜜和砂糖，变得很甜。当时葡萄牙传教士向日本达官显贵赠送葡萄酒，向一般平民赠送西式糕点。除南蛮糕点以外，葡萄牙人还教授日本人制作面包和饼干，长崎等地的日本人很早就从葡萄牙人那里学会了制作它们。1584年来到日本的西班牙方济各会士方济各·曼立克（Francisco Manrique）在给西班牙本国的报告中说："日本的物价很便宜，面包雪白，每个重半斤。"不过，日本人不经常吃面包，偶尔作为糕点来品尝。①

葡萄酒在天主教圣礼中代表耶稣的圣血，最初也是由葡萄牙的传教士带入日本的。葡萄牙的葡萄酒大部分是著名的波特酒（Vinho do Porto）。葡萄牙南部在罗马帝国时代就出产葡萄酒，北部的杜罗河谷以及皮库岛至今仍然为葡萄酒产地。杜罗河谷在葡萄牙北方，发源于西班牙，自东向西，从波尔图流入大西洋，流域面积9万多平方公里，多为农业区，大多种植粮食与葡萄。在杜罗河对岸的加亚新城（Vila Nova de Gaia）产出的葡萄酒，在装瓶以前，要将酒存放在木桶中，放在山洞里面，此时才能称为波特酒。17世纪后半叶，波尔图成为它主要的出口地。中世纪时代，葡萄的种植范围不断扩大，12世纪开始，英国人从葡萄牙进口波特酒，从此波特酒在英国普及开来。波特酒是甜度很高的葡萄酒，它在所有的糖分转化以前中止发酵，加入经过蒸馏的葡萄烈酒（aguardente），加以强化，浓度为18%—20%，经常作为甜点酒，配以奶酪一起享用。沙勿略在16世纪中叶初次踏足日本的时候，向山口的领主大内义隆进呈了"珍陀酒"（vinho-tinto，即红葡萄酒之称谓），这可能是最早进口到日本的葡萄酒。以后，随着南蛮贸易的展开，更多的葡萄酒传入日本。② 当时长崎一带的日本人喜欢饮用葡萄酒，并且把它作为礼物互相赠送。当时在长崎不乏葡萄酒，所有的欧洲人（商人和传教士）每一餐饭都要配上一小杯葡萄

---

① 藤井让治：《江户开幕》，刘晨译，第189页。
② 徐静波：《和食的飨宴》，第258页。

第六章　近代早期长崎城市的开港以及闭关的始末（1570—1640）

酒，如果需要的话还可以添加。在重要的日子或是节日，还可以添加一大壶甚至两大壶葡萄酒。① 有记载说战国后期九州与葡萄牙通商以后，诸大名经常喝葡萄酒，茶人神谷宗湛在1597年（庆长二年）2月的日记中写道："九日夜晚，由石田成三大人主办茶会，受邀请者是宇喜多秀家大人、伊达政宗大人、小西行长大人和我。点茶结束，大家聊得很愉快并且欣赏了各式各样的茶具。其中有一瓶葡萄酒，石田大人说，这是从长崎进口的舶来品。"藤堂高虎于1607年12月寄给家臣藤堂采女的信中特别关照："命又兵卫和太郎兵卫注意一下，如果有南蛮酒，务必储存起来。"②

"甘薯"在日语中称为"芋"，17世纪末叶从美洲、东南亚以及中国华南一带传至九州南部的鹿儿岛一带。鹿儿岛当时的萨摩藩主引进种植"甘薯"，日本人称之为"萨摩芋"或者"唐芋"，主要种植于被火山灰覆盖的鹿儿岛以及宫崎县的南部。后来日本人利用番薯制作烧酒，具有独特的番薯香味，其中以萨摩藩生产的"萨摩白波"最为著名。③

烟草也传入了日本，它原产地是中美洲。1492年，哥伦布的船队中就有人见到当地的印第安人抽烟叶，于是将它带回到欧洲。16世纪初年，烟草传到了葡萄牙，葡萄牙人认为它是具有药用价值的，所以称它为"神草"。后来，葡萄牙人借从巴西带回的烟草培养出新的品种。葡萄牙人还将烟草带到了非洲的殖民地，后来，葡萄牙人与西班牙人分别从印度洋的海路和太平洋的海路将烟草带到了东方。他们在亚洲各地不种植这些作物，只是运载和交易这些植物，引导当地人种植。从菲律宾来到日本的西班牙人将烟草作为一种药品传入当地，后来吸烟的风气传到了许多地方。在长崎的南蛮艺术品中也有南蛮人抽烟的图像。1615年，幕府曾经发布过禁烟令，但是无效。纸牌也在这一时期流入日本，并且很快地带有日本本土的风格，流行于町人与

---

① C.R. Boxer, *The Christian Century in Japan, 1549–1650*, p.216.
② 茂吕美耶：《战国日本》，广西师范大学出版社2010年版，第123页。
③ 徐静波：《和食的飨宴》，第252页。

433

武士之间。早在庆长年间，日本当局就下令禁止玩纸牌了。

语言 在当时的长崎，拉丁语和葡萄牙语也一度流行。首先，耶稣会的神学院里就教授拉丁语和葡萄牙语，有天主教家庭背景的孩子从小就被教授学习拉丁语和葡萄牙语。天正使团成员中的四个孩子都不同程度地会说拉丁语或者葡萄牙语，耶稣会的神父在旅途中一直没有停止过教授他们学习欧洲的语言。1594年9月16日，有一位葡萄牙传教士在一封信中特别提到设在有马的耶稣会神学院里的学生学习拉丁语的情景："这一年，神学院里的大约一百名学生分成三个学习拉丁语的班级，他们要学习写作以及口语，还要学习唱诗以及演奏乐器。第一班的同学已经会作文和背诵，也能够以理解透彻的精湛技艺朗读课文，他们还能够以拉丁文表演有对话的戏剧。本年已经有二十名学生毕业了……"[1] 1596年，另一位访问这所神学院的人也观看了同学们表演的戏剧，他说其中有一位日本年轻人讲的葡萄牙语已经到了完美的程度，以至于人们很难相信他不是卢济塔尼亚人。这样的戏剧也是从巴西到澳门的所有耶稣会办的神学院中都要排练表演的。[2] 早在1549年沙勿略以及1582年科埃略等耶稣会士来到日本的时候，他们已经发现日本的孩子比同龄欧洲的孩子更加愿意学习，在学习上取得的进步也更快。范礼安开始时不这么想，但是到后来改变了想法，同意沙勿略等人的看法。至于在九州以及长崎的商业活动和日常生活中，葡萄牙语就更加普及。

葡萄牙语也渗入到日语中，产生了一些日语化的外来语。在服饰方面，有斗篷、汗衫、裙裤、线衣、雨衣、背心、内衣、纽扣等，纺织品方面有呢绒、天鹅绒、锦缎、细棉布、印花布等，器具中有玻璃、酒杯、长颈瓶和唢呐，食物中有棒棒糖、糖豆、蛋糕、泡泡糖、圆点心、面包、油豆腐、柚子、木瓜、天妇罗等，其他的有纸牌、肥皂、烟草等，还有一些如伴天连（神父）、切支丹（基督徒）、基督、

---

[1] C.R. Boxer, *The Christian Century in Japan, 1549–1650*, p.205.
[2] Ibid.

第六章　近代早期长崎城市的开港以及闭关的始末（1570—1640）

有十字纹的南蛮香炉。保存在岛原城堡 　　有十字纹的南蛮瓷碗。保存在岛原城堡

十字架、玫瑰经以及甲比丹（舰长）、木乃伊、英格兰与荷兰等都是从葡萄牙语转化过来的。

　　坂本太郎在他所著的《日本史》中写道："表达这些具体东西的语言，是随着这些东西传入的。由于这些东西已经在民间广泛地普及，所以这些语言不只是某一阶层的用语，而是广泛流行于上层和下层阶级。直到今天，它仍然在日语中占有牢固的地位。当时来日的西方人，一律被称为南蛮人，东西被称为南蛮物。南蛮物不单是珍奇的物产，而且普遍被认为能够触发对基督教的信仰，具有护身符一般看不见的威力。南蛮斗笠是武将的吉祥物，

有南蛮纹饰的皮质送信筒和箱子。保存在岛原城堡

有十字纹饰的陶碗。保存在岛原城堡

435

南蛮衣和南蛮铁甲也是一样。"①

在德川家康统治的后期，特别是在 1613 年以后，幕府对于基督教的禁止越来越严厉，生活在长崎的基督徒经常冒险犯难，掩护传教士以及日本的传教员转入地下活动，"每一位生活在长崎的人都想把神父藏匿在自己的家里，他们坚定地向耶稣会的长上请求这样做，说这是他们的荣耀。一些人计划驾着自己的小船跟着流放神父的大船驶出外海，希望能够把神父弄到自己的船上。他们这样做是把自己置于巨大的危险之中，不仅因为附近有无数的探子和士兵，而且因为他们将自己暴露在冬天的风高浪急的海面之上。一些人在许多天以后才把神父弄回家，自己也因为饥饿不堪或者风雨交加使得手上的皮肤都已经剥落下来，处于半死不活的状态。"②

西班牙人贝尔纳多·德·阿维拉·吉隆在 1613 年的时候写道，长崎城市以前有 3 万名居民，现在则有 2.5 万名居民，③ 可能是禁教等原因，往后的人口有所减少。1615 年，葡萄牙籍耶稣会士若奥·罗德里格斯·吉郎（João Rodriguez Girão）写道，这一年长崎的人口与两年前相比已经减少到 2 万人或者更少，同时也没有大规模基督徒背教的记录，这说明他们中有许多人已经逃离这座城市，特别是逃到北方各地。在这一时期，日本隐秘的基督徒团体分布在从南方茫茫海外的五岛列岛直到北方松本城的广大地区，欧洲的传教士也在同一地区潜伏或出没，尽管躲在北方的一些地区比较安全，大部分的基督徒仍然留在九州。欧洲的传教士没有放弃他们的信徒，在秘密状态之下他们又继续秘密地在日本活动了二十余年。④

---

① 坂本太郎：《日本史》，汪向荣、武寅、韩铁英译，中国社会科学出版社 2008 年版，第 269 页。
② Reiner H. Hesselink, *The Dream of Christian Nagasaki, World Trade and the Clash of Cultures, 1560–1640*, p.159.
③ Ibid., p.103.
④ C.R. Boxer, *The Christian Century in Japan, 1549–1650*, p.335.

四、从禁教迈向锁国（1613—1637）

德川家康晚年禁教 从17世纪初年开始，日本各地已经出现了禁止基督教的趋势。1602年，从平户上岸的奥斯定会的传教士托人找到了加藤清正，请求他允许该会的传教士在肥后从事传教事业，但遭到了拒绝。他们转而前往丰后传教，以后又到了日向和延冈。

1605年，拥有长崎外町（郊外）土地的大村纯忠的儿子大村喜前，因为土地置换的问题与教会发生了矛盾，宣布放弃基督教的信仰，驱逐当地的耶稣会士，并且开始迫害领地内的基督徒。在德川家康统治时期，这种驱逐传教士和迫害基督徒的行为只有大村氏单独采取过。

在耶稣会士离开以后，多明我会士乘机进入大村喜前的领地并且扩展自身的势力。多明我会士以前曾经在1602年乘船航行至萨摩，但是没有得到当地领主让他们自由传教的许可，只得滞留在甄岛上。直到1606年，他们才获得准许在川内川的入海口京泊建立天主堂，开始在萨摩藩的领地内传教。

1605年7月，毛利辉元将信奉基督教的老臣熊谷元直及其一族全部都处死。毛利辉元举出的理由是他们毁谤主公、不服从主公的命令等，其中一条是毛利辉元曾经多次私下劝说熊谷元直放弃基督教的信仰，后者不仅置若罔闻，而且还将其一族的亲戚全部都发展成为基督徒。

在幕府方面，虽然在1605年的秋天驱逐了方济各会的传教士，但是就在第二年，塞凯拉主教就在伏见城拜会了德川家康。1607年，耶稣会的副省会长巴范济也被允许前往骏府拜见德川家康，随后又在江户拜见了德川秀忠。教会人士认为获得允许拜访德川家康和德川秀忠父子是幕府决定废除丰臣秀吉《伴天连追放令》的信号。

虽然德川家康统治时期幕府出于维持与葡萄牙人贸易的考虑，允许教会在当地的存在，但是在德川家康去世之前的1612年3月，这

437

位强有力的日本统治者终于下令禁止基督教的传播。导致此次禁教的直接原因，是发生在基督徒大名有马晴信与德川家康的近臣本多正纯的家臣冈本大八之间的行贿受贿事件。冈本大八曾经向有马晴信提出，作为击沉葡萄牙人的"恩宠圣母号"的战功奖赏，自己可以与幕府斡旋以使有马晴信重新获得肥前三郡的旧领地，并以此为契机欲从有马晴信那里获得大量的贿赂。然而，有马晴信后来没有得到半点领地的奖赏，他便向本多正纯询问，贿赂之事因此败露。两人在骏府对质，负责主审的官员大久保长安判决罪在冈本大八。可是，被关押在狱中的冈本大八告发有马晴信曾经密谋暗杀长崎奉行长谷川藤广，于是两人再公开对质，有马晴信当场理屈词穷，随后被判处流放甲斐，不久以后自杀身亡。冈本大八后来也被幕府判处死刑。由于当事的双方都是基督徒，幕府觉得基督教是外来的不稳定的势力，而且内部的关系也错综复杂，会牵动日本的政局。3月，幕府颁布了在骏府、江户、京都、长崎等地取缔基督教并且捣毁教堂的命令。不过，这项禁教令在执行的时候各地的做法很不一样，在有些地方并没有被彻底执行。6月，德川家康在给西班牙人统治下的墨西哥当局写信的时候，宣布了日本幕府禁止基督教传播和只允许贸易往来的决定，表明幕府当局明确的禁教态度。关东地区也在8月实施了禁教令。[①]

1613年12月，德川家康在江户任命了板仓重昌为"伴天连追放"的总奉行，接着又改任其子德川秀忠手下的重臣大久保忠邻担任这个职务，将他派往京都执行命令。在大久保忠邻出发以前，德川家康委托金地院崇起草了《伴天连追放之文》，并以将军德川秀忠的名义昭告天下。此文首先宣示日本乃神国与佛国，然后说到"切支丹（基督教）之党徒"不仅行贸易之事，更推广邪法并想以此颠覆日本的政体，若不即刻制止则"后世必为国家之患"，因此必须宣布驱逐传教士。此文还特别指出，德川家康要求日本国中所有的人都要了解和认可禁止基督教流行一事。不过，此文没有作为法令下达给诸大名，在

---

① 藤井让治：《江户开幕》，刘晨译，第149—150页。

第六章　近代早期长崎城市的开港以及闭关的始末（1570—1640）

形式上也只是作为京都周围地区驱逐外国传教士的一个法理依据。①

　　1614年，德川家康的幕府再度恢复严格的禁教令，驱逐所有的外国以及日本的天主教会神职人员，德川家康做出这个决定已经酝酿了很长的时间，主要原因有两个方面：第一，还是有许多日本人仍然怀疑远道而来的耶稣会士以及托钵僧侣待在日本的真实动机，他们不能理解这些神职人员的目的仅仅是单纯的传播福音，佛教的僧侣们则更坚持认为传教士们就是埋伏在日本的从果阿即将驶来日本的葡萄牙军舰的先遣队，目的是颠覆日本，人们从未忘记1596年"圣菲律普号"上的领航员说的那番话，而荷兰人与英国人特别是威廉·亚当斯的挑拨离间也起到了作用。第二，人们普遍相信日本的基督徒服从他们的外国神父并视其为精神导师，他们在内心不服从自己合法的领主，所以基督教在本质上是一种颠覆性的宗教。正如1616年10月威廉·亚当斯给荷兰商馆馆长的信中所写的："所有的麻烦都是由葡萄牙的神父们引发的，日本的皇帝并不担心外国人在上国的贸易，他只是担心他的人民会变成基督徒。我们所有的麻烦都是那些效忠罗马教宗的人激发的。"②

　　1614年1月，大久保忠邻抵达京都，立即开始拆毁当地的教堂，将传教士驱逐到长崎。不仅如此，还强迫日本的基督徒弃教，若不遵从命令就会被送往陆奥津轻。除了京都地区以外，驱逐传教士并强迫信徒弃教的行动也开始在原丰臣氏的大本营大坂和堺市等地展开。当时，有大量的外国传教士从京都周边和西国各地被押送前往长崎。此外，细川氏和大村氏等西国大名的领地内也开始了驱逐传教士和强迫信徒弃教的行动。

　　10月初，长崎奉行接到幕府命令，所有的耶稣会神父、托钵僧侣以及日本的传教员都要在月底乘船离开日本，或是去澳门，或是去马尼拉。尽管有一些传教士企图潜伏下来留在日本，但是幕府警告日

---

① 藤井让治：《江户开幕》，刘晨译，第150—151页。
② C.R. Boxer, *The Christian Century in Japan, 1549–1650*, p.328.

439

本人不得协助传教士这样做，否则将受到严厉的惩罚。有一艘船载着55名传教士和日本基督徒去了马尼拉。他们中间有耶稣会士、多明我会士以及方济各会士。①从日本流亡到菲律宾的船上有两位著名的基督教大名即内藤如安和高山右近，德川家康禁教以后，他们都不愿意背弃自己的信仰，选择了自我流放，与家人一同登上去马尼拉的大帆船。12月底，他们的船只抵达马尼拉，受到了马尼拉总督席尔瓦（Juan de Silva）以及马尼拉主教的热忱欢迎，被安置在圣米格尔（San Miguel）居住。②这一年的秋天，长崎的奉行以死刑和充公家族财产威胁每一条街道上的居民，要求他们宣誓放弃基督教的信仰，要求任何人都不得隐藏天主教的神父、托钵僧侣、修士以及传教员。11月7日至8日，一艘葡萄牙大帆船与一艘平底船载着一百一十名欧洲传教士和日本基督徒前往中国澳门。这一事件后来被称为"大追放"。③

德川秀忠的禁教　　1616年7月，德川家康去世，其子德川秀忠（Tokugawa Hidetade，1616—1623年在任）继任为德川幕府第二代将军。博克塞对于他的评论是："在迫害基督教方面他比他的父亲更为坚决，在维持与外国贸易方面又不热心"。④同年9月，德川秀忠向萨摩藩主岛津家久发出一封老中奉书——即由幕府的重臣（老中）受将军委托写出的文书——向各地大名传达将军的指示。该奉书的命令包括：一，严格取缔天主教会的活动，任何窝藏传教士的日本人，即便是妇孺，一旦发现，也将被处死；二，严禁不在平户与长崎的各地大名私自与荷兰人以及葡萄牙人进行贸易，即日本所有的对外贸易都必须有幕府中央政府加以控制和管理；三，允许在各地大名领地里面停靠的中国船只根据船主本人的意愿与各大名进行贸易。所有的对外贸

---

① C.R. Boxer, *The Great Ship From Amacon, Annals of Macao and the Old Japan Trade, 1555–1640*, pp.83–85.
② Brigit Tremml-Werner, *Spain, China, and Japan in Manila, 1571–1644, Local Comparisons and Global Connections*, p.303.
③ C.R. Boxer, *The Great Ship from Amacon, Annals of Macao and the Old Japan Trade, 1555–1640*, p.85.
④ C.R. Boxer, *The Christian Century in Japan, 1549–1650*, p.331.

易都被集中在平户和长崎两个港口。①

当时，英国的舰长理查·考克斯（Richard Cocks）为了更新来航的"朱印状"，正与幕府的重臣进行交涉。后者反复询问考克斯"英国人是否与耶稣会士一样是基督徒"，考克斯表示英国人虽然也是基督徒，但是不受罗马教宗的支配，并且与西班牙是敌对关系，同时他希望得到新的"朱印状"。后来他得到了"朱印状"，但是与1613年的那一份不同，幕府禁止英国人在平户以外的地方与日本人贸易。以前，英国人是可以与任何地方的日本人进行贸易的。考克斯没有仔细看新的"朱印状"，后来，在京都的英国人发来急报说京都、大坂、堺都禁止日本人与外国人贸易，考克斯惊讶之余重新确认新的"朱印状"的内容，然后他再次向幕府陈情，希望幕府收回成命，但是遭到拒绝。

日本学者藤井让治将德川秀忠与幕府的态度归纳为三点：第一，幕府命令岛津氏在领地内取缔基督教；第二，幕府要求所有欧洲的航船前往长崎和平户贸易，不准去别的地方，原因是他们属于"同一宗门"即都是基督教信徒；第三，幕府官员在江户反复询问考克斯的核心是要弄清楚"英国人是不是基督徒"。这些都说明德川秀忠和幕府在对外关系上的态度是更加重视禁教而不是发展贸易。这与德川家康在践行禁教令的同时也注重对外贸易的政策有所不同。②

1616年9月，长崎当局再度贴出查禁基督教的告示，要求市民采取十家连坐的办法，如果有任何一家隐藏外国神父，相邻十家都要被问罪。③ 同年，又有一批耶稣会士以及许多不愿意放弃信仰的日本基督徒从长崎来到马尼拉避难。④

---

① 藤井让治：《江户开幕》，刘晨译，第154页。James Murdoch and Isoh Yamagata, *A History of Japan, During the Century of Foreign Intercourse, 1542–1651*, p.347。
② 藤井让治：《江户开幕》，刘晨译，第155—156页。
③ Reiner H. Hesselink, *The Dream of Christian Nagasaki, World Trade and the Clash of Cultures, 1560–1640*, p.178.
④ Brigit Tremml-Werner, *Spain, China, and Japan in Manila, 1571–1644, Local Comparisons and Global Connections*, p.303.

1617年，葡萄牙舰长洛波·萨门托·德·卡瓦略（Lopo Sarmento de Carvalho）要求幕府允许在长崎建立一个货舱，以囤积尚未售罄的货物。但是幕府担心葡萄牙人的用意是窝藏潜入日本的天主教传教士，所以拒绝了舰长的请求。那时葡萄牙人一直将神父伪装成商人或者士兵带入日本，他们进入日本（主要是长崎）以后，隐匿到在长崎结婚并定居下来的葡萄牙人家中，过一段时间以后，他们再进入九州的内地。从1615年至1618年，大约有二十名传教士以此秘密的方式潜入日本。①

1617年11月24日，担任长崎奉行长达十一年之久的长谷川藤广在京都病逝，他的侄子长谷川藤正或称长谷川权六（Hasegawa Gonroku，1617—1625年在任）担任代理长崎奉行，以后又被任命为正式的奉行。他开始严厉地执行取缔基督教的政策。他并不一直居住在长崎，不过在7月份的贸易季节他会来到长崎，12月回到江户。同时，他是直接从"老中会议"接受命令的，所以享有很高的权威。②

从1618年开始，长崎奉行长谷川权六就加紧对传教士以及基督徒的压制和搜捕。他向全长崎市民发出的告示指出将以最严厉的措施镇压基督教，对于藏匿传教士以及修士的民众将处以极刑，即将他们烧死；在墓地或废弃的教堂原址举行祈祷或者持有念珠和经书的基督徒一旦被捕也要被处死。长谷川权六还颁布了新的奖励告密的办法，告发1名神父可以得到30枚银子，这对于长崎基督徒中那些心志不坚定的人颇有诱惑力，由此被捕的传教士以及修士的人数突然增加了。③这一年的11月至12月，长崎的奉行下令士兵挨家挨户在全城搜查隐藏的外国传教士，再次重申十家连坐法，并且要求每个"户主"都要在保证书上签字，如果任何一家有人犯法，相邻十家必须连坐问罪；如果有任何人藏匿神父，户主以及整个家庭都要被烧死，其

---

① C.R. Boxer, *The Christian Century in Japan, 1549–1650*, pp.366–367.
② Reiner H. Hesselink, *The Dream of Christian Nagasaki, World Trade and the Clash of Cultures, 1560–1640*, p.177.
③ Ibid., p.178.

第六章 近代早期长崎城市的开港以及闭关的始末（1570—1640）

他十家的户主则要被砍头。

12月25日，长崎奉行在城中举行了第一次火刑仪式，有分属于三个家庭的十二位船民（其中包括妇女与儿童）被活活烧死，其罪名是他们曾经在先前的1614年协助长崎代官村山等安的次子日本籍传教士方济各乘船回到长崎。据说，当时长崎街道上密布着当局派出的探子，到处明察暗访和搜寻隐秘的传教士以及基督徒。当时，还有四十余名神父和修士不顾当局严格的搜捕，仍然躲藏在长崎及其周围地区。①

1619年12月13日晚上，有一位居住在内町的葡萄牙商人多明戈斯·若热（Domingos Jorge，1576—1619）和他的日本太太伊萨贝尔（Isabel）被捕，他们因为两位耶稣会的传教士司库卡洛·斯皮诺拉（Padre Carlo Spinola，1565—1622）以及安布罗西奥·费尔南德斯（Ambrósio Fernandes）提供庇护而被当局逮捕。多明戈斯·若热被活活烧死，他是当时欧洲在日本的平信徒中第一个殉道者。若热被处死的时候，坚持要模仿耶稣蒙难的榜样，赤足走向刑场；他的妻子以及四岁的儿子则被砍头。② 安布罗西奥·费尔南德斯后来死于监狱，司库卡洛·斯皮诺拉则于1622年被烧死，这位斯皮诺拉也就是澳门大三巴教堂正立面的建筑设计师。在同一天的晚上，长崎代官派出的士兵搜查了中岛河左岸的一个朝鲜人家庭，逮捕了户主以及两名躲藏在他家里的多明我会传教士意大利人安格尔·费雷尔·奥苏奇（Angel Ferrer Orsucci，1575—1622）以及西班牙人胡安·德·桑托·多明戈（Juan de Santo Domingo，1587—1619），这两名西班牙的多明我会士化装成从马尼拉来的西班牙商人，是在被捕前四个月进入日本的。③

---

① Reiner H. Hesselink, *The Dream of Christian Nagasaki, World Trade and the Clash of Cultures, 1560–1640*, p.178.
② J.S.A. Elisonas, "Nagasaki: The Early Years of an Early Modern Japanese City", in Liam Matthew Brockey, ed., *Portuguese Colonial Cities in the Early Modern World*, p.76. C.R. Boxer, *The Christian Century in Japan, 1549–1650*, p.345.
③ Reiner H. Hesselink, *The Dream of Christian Nagasaki, World Trade and the Clash of Cultures, 1560–1640*, p.179.

443

南蛮贸易时代：近代早期日本与欧洲交流史（1542—1650）

1619年，曾经是基督徒的长崎代官村山等安与另一位基督徒商人末次平藏（Suetsugu Heizo）相互告发，前者说后者隐藏耶稣会士，后者立即回敬，告发前者隐瞒自己的儿子是神父的身份，并且掩护来自菲律宾的西班牙的托钵僧侣。村山等安被捕以后并没有否认自己的信仰（尽管耶稣会士指责他是"日本最大的犹大"）。幕府奖励了末次平藏的告发，任命他为长崎的代官。村山等安和他家庭中的大部分成员都被捕并被判处死刑。在耶稣会的记录中，村山等安是一名背教者，但是多明我会的编年史则称他为殉道者。此次事件加剧幕府对于长崎基督教会的镇压，以前没有被完全拆毁的教堂以及仁慈堂等建筑物在此事件以后被完全拆除，并在原址上建立了佛教的寺庙。长谷川权六还下令挖掘仁慈堂所拥有的圣十字架、圣母玛利亚以及圣米额尔三个教会墓地的基督徒遗骨，将它们抛到荒郊野外。①

幕府当局一直怀疑葡萄牙船只偷运耶稣会士进入日本，所以对于来长崎通商的葡萄牙舰长以及商人加以严密的监视。直到1621年至1622年，葡萄牙舰长杰罗尼莫·德·马塞多（Jeronimo de Macedo）企图营救被关押在平户的一名奥斯定会士以及一名多明我会士的事情暴露，他本人和另外四名葡萄牙人被捕。他一直被关押在大村的监狱里，直到十年以后去世。从那时起，澳门议事会再也不敢也绝不鼓励利用商船偷运耶稣会士到日本了。②

1620年4月，马尼拉奥斯定会和多明我会的会长根据日本天主教徒的请求，派遣两名本会的会士，搭乘由日本舰长平山常成指挥驾驶的"朱印船"回到日本。这艘船可能是葡萄牙人或是西班牙人的，也可能是日本人的，情况不明。根据当时日本的法令，船只搭乘外国传教士，如被发现，舰长要被处刑。或许这两名外国传教士打扮成商人的模样，没有被平山常成发觉。这艘船从马尼拉出发以后，因为遇到风暴，到澳门停泊。同年7月2日离开澳门，22日在中国台湾附近的

---

① C.R. Boxer, *The Christian Century in Japan, 1549–1650*, pp.333–334.
② Ibid., p.367.

第六章　近代早期长崎城市的开港以及闭关的始末（1570—1640）

海域被英国船只"伊丽莎白号"拦截。当时，荷兰与英国联合舰队的目标是拦截、袭击葡萄牙人和西班牙人的船队，封锁他们的港口，阻止澳门与马尼拉之间的贸易。两国约定，舰队的捕获物要在他们的商站所在地平户瓜分。所以，平山常成的船只被拖到了平户。

船只在抵达平户以后，英国人与荷兰人从船上两名外国人严肃的表情和朴素的衣着上发现他们是天主教会的神职人员，并且从他们的身上搜出奥斯定会和多明我会的书信。这两名传教士被交给了当地的藩主松浦隆信，他们相继受到松浦隆信和长崎奉行长谷川权六的严刑拷问，但是没有轻易招供。不过，面对英国与荷兰方面提供的证据、日本背教者的供词以及在无法以语言形容的残酷刑讯下，两人最终还是在被捕两年以后被迫承认自己是传教士。

1622 年 7 月 13 日，幕府将这两名传教士以及船长平山常成处以火刑，将同行的 12 位商人和水手全部斩首。9 月 10 日，在长崎的西坂，幕府将此前抓获的 21 名传教士（西班牙人 7 名、意大利人 1 名、日本人 13 名）以及为他们提供住所的屋主及其家人 34 人，合计 55 人全部处刑，这就是所谓"元和大殉教"事件。三天以后，长崎奉行下令，将被处死者的遗骸以及被查抄出来的圣像、念珠以及所有被捕者身上搜出的宗教用品集中到一个大坑里，放进木炭，点火焚烧，大火整整烧了两天两夜。然后，幕府的士兵把这些灰烬连同地上沾血的泥土，装入草包，运上木船撒入大海。完事以后，那些船工脱光衣服洗澡，连木船也清洗干净，就像没有发生过任何事情一样，一点痕迹也没有留下。同年，有超过 120 名传教士和基督徒被杀，其中有 16 名外国传教士（8 名多明我会士、4 名耶稣会士、3 名方济各会士、1 名奥斯定会士）以及 20 名不同修会的修士。[①] 次年 10 月，幕府在江户还处决了包括耶稣会传教士以及德川家康原家臣在内的 50 人。

从 1622 年末到次年春天，幕府强化了对于进入长崎的外国船只

---

① James Murdoch and Isoh Yamagata, *A History of Japan, During the Century of Foreign Intercourse, 1542–1651*, pp.622–623.

445

南蛮贸易时代：近代早期日本与欧洲交流史（1542—1650）

的监视。1623年，幕府禁止葡萄牙人担任日本船只的领航员，也禁止日本人前往菲律宾，并且禁止日本基督徒出国。再过一年，幕府禁止西班牙船只来日本，要求来航的葡萄牙船只提供全部乘客的名单。1624年以后，幕府发给日本船只的"朱印状"也越来越少，反映了幕府日益增强的减少与外部世界接触的意愿。由于幕府的禁令异常严格，从1623年至1628年之间，没有任何一名传教士成功地潜入日本。

德川家光与"锁国令" 1623年，德川幕府第三代将军德川家光（Tokugawa Iemitus，1623—1651年在任）就任。耶稣会方面的记载证实他对于基督教的态度非常严厉。德川家光就任当年，江户就发现有活跃的天主教徒团体，他感到十分震怒。[1]这年12月4日，就有两名外国传教士以及48名江户的基督徒被处死；12月9日，又有37名教徒遇害；1624年8月25日，在长崎附近的大村和平户，有4名外国传教士以及38名信徒被杀；以后，在长崎、五岛、丰后、大坂、备前等地都连续发生类似的事件。从1627年至1634年，幕府以最严厉的手段对付天主教会。[2]1623年，有更多的日本人被迫移民马尼拉，他们的人数已经超过3 000名，其中大部分都是基督徒。[3]

1626年，新任长崎奉行水野守信（Mizuno Kawachi-no-Kami，1626—1629年在任）在向长崎居民发出弃教命令的同时，通过将传教士以及日本信徒押送到"云仙地狱"进行严刑拷问的方式，严厉镇压天主教。云仙位于今长崎县岛原半岛的东南部，那里有许多灼热的温泉，因温泉以及硫磺等烟雾喷发剧烈，常年烟雾缭绕，故被称为地狱。幕府的士兵将传教士与基督徒带到这里，将他们捆绑在十字架上，以灼热的温泉水烫他们，逼迫他们弃教。不从者就被推入深山峡

---

[1] C.R. Boxer, *The Christian Century in Japan, 1549–1650*, p.362.
[2] Joseph Jennes, C.I.C.M., *A History of Catholic Church in Japan, From its Beginning to Early Meiji Era, 1549–1873*, Tokyo: Oriens Institute for Religious Research, 1973, pp.138–141.
[3] Brigit Tremml-Werner, *Spain, China, and Japan in Manila, 1571–1644, Local Comparisons and Global Connections*, p.303.

谷之中。

1629 年，新任长崎奉行竹中重义（Takenaka Uneme-no-sho，1629—1633 年在任）多次秘密放行没有"朱印状"的船只，长崎町中有人向幕府举报他的违法行为。同时，肥前的岛原城主松仓重政也向幕府举报前一年死在赴吕宋侦查船上的本藩家臣是被竹中重义毒死的。竹中重义使尽各种手段把这些报告都压下，没有引起老中们的注意。但是到了 1632 年 5 月底，此事终于渐渐为外人所知，传出竹中重义"自身难保"的消息。9 月，澳门当局又向幕府投诉说从长崎抵达澳门的船只在购买当地货物的时候使用假的银两，日本方面也传出竹中重义在自己控制的丰后府内制造假银两的传闻。

1633 年 2 月 11 日，竹中重义被幕府免职。接任他担任长崎奉行的是曾经担任过下田奉行的今村正长（Imamura Denshiro）和曾经担任过目付的曾我古祐（Soga Matazayemon）二人。他们除了要履行长崎奉行的职责以外，还要调查包括竹中重义等官员的行为。曾我古祐和竹中重义曾经在江户城西老中办公的地方互相对质。1634 年 2 月，幕府以竹中重义违法而命他切腹自尽。这一事件反映了幕府中央政府对于长崎奉行以及其他地方官员的控制日益收紧，也表明幕府对于海外贸易的态度越来越趋向收紧。[①]

1633 年年初，就在今村正长和曾我古祐出发就任长崎奉行之前，德川家光召见了他们，向他们交代了长崎奉行职务规定的条例，其中有十七条内容，通过官员发给他们两人，也以此形式颁行。有学者称该条例为第一次锁国令，当然，也有学者认为这是给长崎奉行的命令，并非广泛地颁发给所有的大名和普通的民众。该条例分为三大部分：第一部分是关于日本人的海外往来的；第二部分是取缔基督教的；第三部分是关于外国商船的贸易的。

第一条和第二条禁止"朱印船"以外的任何船只以及日本人出航海外；第三条申明居住在海外的日本人归国的话将被判处死刑，但

---

① 井藤让治：《江户开幕》，刘晨译，第 256—257 页。

是出国以后五年内回到国内并且心怀久居日本之决心的人，则可以在充分调查以后获得居留的准许；第四条要求长崎奉行下令对于基督徒所居住的地方进行搜查；第五条是对于举报基督徒的人予以奖励；第六条规定当外国船只申请前往江户的时候，应由大村的藩主提供往返江户的船只；第七条，任何宣扬基督教教义的人都要被投入大村的监狱；第八条提醒长崎奉行要严厉搜查混迹于葡萄牙船只潜入日本的传教士，甚至于要奉行和官员进入船舱进行搜查；第九条禁止囤积任何商品货物；第十条禁止任何官员和在官府服役的人（奉公人）从中国人的手中购买外国船上的货物；第十一条要求将入港货物的清单先送往江户，在得到江户的回信之后才能够展开贸易活动；第十二条要求外国船只上所载的白丝，在商议好价格以后全部交给五个地方的丝割符商人；第十三条要求生丝以外的商品应该在生丝价格确定以后进行交易；第十四条要求外国商船离港的日期不得晚于 9 月 20 日；第十五条禁止在本地寄存或者保管外国船只卖剩的货物；第十六条规定五个地方的商人抵达长崎的日期应该以 7 月 20 日为限；最后的第十七条规定，在萨摩和平户进港的船只出售的白丝价格须等同于长崎的价格，在长崎的价格没有制定出以前严禁交易。[1]

第十四条中关于葡萄牙船只回航的规定，实际上是为了避免从平户出发的荷兰船只袭击它们。第十七条针对的是那些因 1631 年丝割符制度开始适用于中国人的船只因而避开长崎前往萨摩进行交易的船只。可见，幕府还是试图以长崎作为中心将对外贸易统括于自己的管理之下。

1634 年 5 月 18 日，德川家光任命书院番头榊原职直（Sakakibara Hida-no-Kami）与作事奉行神尾元胜（Kamio Naiki）二人替代今村正长和曾我古祐为长崎奉行。同月 28 日，两位新的奉行前往长崎，德川家光交给他们与 1633 年几乎同样内容的条例，同时又附加如下的禁令：

---

[1] 井藤让治：《江户开幕》，刘晨译，第 257—259 页。

> 禁令　　　肥前
> 　　　　　长崎
> 一、伴天连（神父）窜航日本之事
> 一、日本之武具输往外国之事
> 一、奉书船以外，日本人渡海外国之事
> 另附，居于日本之外国人行如前之事
> 如上诸条，若有违反之人，则应速速科以严惩也，依之执达如此。
> 　　宽永十一年五月二十八日　　奉行[①]

该禁令的第一条是禁止基督教的，第二条是禁止武器出口的，第三条是禁止日本人出国的。这些内容具备近代日本"锁国"的最基本的一些要素。不仅如此，该禁令还在长崎公示，也有告知于民众的性质，所以可以说它是一个正式的锁国令。禁令的第二条是对1621年（元和二年）幕府向荷兰和英国商馆以及诸大名发出的第三条命令中的第二条武器输出禁令的再次确认，其实也是对三条命令当中的第一条禁止日本奴隶出海的再次确认。

6月，两位新上任的长崎奉行见到了前往京都的长崎大名岛津家久，他们提出岛津家久停止在领地内与中国商船进行贸易的要求。岛津家久同意不让中国船只进入领地内的港口。由此，幕府对于九州对外贸易的控制进一步得到了强化，地方大名再也没有人单独从事海外贸易活动了。

德川家光还听说前往安南东部（今越南河内）的"朱印船"从日本携带武器出售给当地人，前往交趾的"朱印船"在返航期间途经马尼拉和澳门的时候有一些日本人加入基督教，而且，这些"朱印船"可能还为隐藏在日本的传教士带来给养。虽然其中有不少是传闻，德

---

① 井藤让治：《江户开幕》，刘晨译，第260页。

川家光还是在 1635 年年初，要求前一年已经获得"朱印状"在长崎等待出航的日本商人停止出航。这实际上等于结束了"朱印船"的海外贸易。

同年 5 月，德川家光派遣已经回到江户的长崎奉行榊原职直和另一名官员仙石久隆（Sengoku Yamato-no-Kami）再度去往长崎，又交给他们一份包含十七条禁令的条例，其内容与 1633 年和 1634 年的条款并无很大的差异，但是第一条就是禁止"朱印船"的出航。在第三条中，此前的给海外日本人的五年的归国期限也被废除了，从此，凡是出国去海外的日本人完全不能回国。第十六条中将五个地方的商人前往长崎的时间提前到 7 月 5 日。第十七条中关于在萨摩领地内可以进行交易的内容被完全删除了。这份禁令明令禁止日本人出国，也禁止日本人归国，这是日本近世锁国政策的最重要的支柱之一。①

随着时间的推移，幕府越来越倾向将葡萄牙人一劳永逸地驱逐出日本，但是他们又贪图与葡萄牙人通商带来的商业利润。他们看到从澳门运来的大宗丝绸的价值高于荷兰人带来的，也高于少数仍然被允许去南洋各地的"朱印船"带来的，所以迟迟没有跨出禁止与葡萄牙人贸易的最后一步。同时，长崎城市中还有葡萄牙人居住，里面有天主教神父混居潜伏颇难发觉，正因为如此，幕府不能彻底地禁绝天主教传教士的活动。但是，禁教的措施却是越来越趋向严酷：1632 年，有 9 名被捕的传教士在长崎被处死；1633 年，又有 16 名传教士以及 19 名为他们提供住宿的日本人遭到处决；1634 年，又有 7 名传教士以及 3 名为他们提供住宿的日本人被处决。这些事实说明还是有传教士冒险犯难从海船上秘密地潜入日本。1633 年以来，德川家光下达给长崎奉行的条例中包含的仔细搜查天主教神父的条款，正是针对这种情况作出的。

1635 年，长崎的奉行派出一些间谍和探子到长崎的葡萄牙商人

---

① 井藤让治：《江户开幕》，刘晨译，第 262 页。

第六章　近代早期长崎城市的开港以及闭关的始末（1570—1640）

团体中去打探葡萄牙人的真实想法。这些探子与长崎主要的一些葡萄牙商人私下谈话：长崎的地方当局想让这些商人剃去头发和胡子，并穿上日本人的衣服。这些意图使得葡萄牙人感到非常惊讶、困惑和沮丧，但是最后他们回答说，为了维持与日本的贸易，他们可以屈从这样做。不过，当这些探子进一步问到如果将来日本人要求他们在天主教信仰和与日本人贸易之间作出选择时他们将如何处置，这些葡萄牙人则异口同声地回答，他们宁愿放弃的是贸易而不是宗教信仰。这使得幕府更感到担心。一方面，尽管幕府执行如此严厉的禁教措施，葡萄牙人与日本人之间的贸易活动仍然十分活跃，交易量很大，葡萄牙人从中获利甚丰。1635 年，仅 1 艘葡萄牙船只带来的丝绸就有 700 至 940 大包，每包相当于中国的一司马担（picul），1 包在日本出售的价格根据丝绸的质量是 600 至 1 000 银两。这年 10 月底，3 艘葡萄牙船只离开长崎时带了 1 500 箱银条。①

另一方面，幕府取缔基督教的法令已经在日本九州全境颁布。1635 年 8 月，德川家光通过"老中会议"颁令，指示九州以及京畿各大名须彻底取缔境内的基督教。9 月，幕府还向谱代大名和旗本下同样的命令。在京畿，取缔的行动由京都所司代板仓重宗、伏见的奉行小堀政一以及大坂町奉行等人负责。这是京都地区在 1613 年以及 1619 年两次取缔基督教的行动以后又一次大规模的取缔行动。京都当局在 9 月下令要求寺院出具所有佛教信徒的身份证明书，务必不能造假。10 月 10 日，板仓重宗下令鼓励人们告发基督徒：凡举报"伴天连"者每名赏银 100 枚、举报南蛮修士和日本传教士者每名赏银 50 枚、举报基督徒者每名赏银 30 枚，基督徒的房屋没收归举报者所有。除此以外，又新增所谓"南蛮誓纸"，强迫基督教信徒放弃自己的信仰，其格式和内容如下：

---

① C.R. Boxer, *The Great Ship from Amacon, Annals of Macao and the Old Japan Trade, 1555–1640*, pp.143–144.

上申吉利支丹（即切支丹）改宗誓文之事

一、我等虽自某年至某年为基督徒，但依某年之御法度转而改宗，请诉所愿，今已改为某宗也。

一、沦为基督徒，此前所愿之事，至今甚悔恨也，故此后代代绝不为基督徒，亦将规劝妻子眷族以至于他人皆不可为之，自然更不至于劝勉其参见伴天连、行忏悔（告解）之事也。谨以此书判上申之，宣言绝无再行妄念，同心于基督徒之事，故以起文立誓改基督徒之宗也。

一、此誓请天公德乌斯、圣母玛利亚，若有违背则受罚于诸天使，死后堕于名曰地狱之所，为诸天狗所驱使，永受五衰三热之苦，受罚轮回重返现世，则比为白癞黑癞者也。依次誓谨申改宗如此。

宽永十二年十月①

根据上述命令，各地领主在主要的市、町以及各郡都分别任命了主要的官员，町、村以五人一组为单位展开取缔基督教的行动，人们要从五人处领取保证书，所有的佛教信徒也要从寺院领取保证书——由寺院提供保证书的"寺请制度"由此产生。

1636年5月，德川家光向回到江户的长崎奉行榊原职直和马场利重（Baba Saburozayemon）下达了包括此前十七条并追加两条的律令，命令他们两人全权处理长崎的政务和司法。新条例的变化是对告发南蛮神父者的奖赏从100枚增加到200枚，甚至最高可以达到300枚。其中追加的两条律令中，其一是禁止葡萄牙人的子孙留在日本，如有留在日本的，被捕之后将被处以死刑；其二是收留葡萄牙人子孙为养子的日本父母，本应全部处死，现改为免于一死，但葡萄牙人子孙应与葡萄牙人一起被驱逐出日本。所有这些条款都以阻断信奉基督教的

---

① 井藤让治：《江户开幕》，刘晨译，第263—264页。

葡萄牙人与日本人之间的接触为目的。①根据这一命令，同年9月，在日本的葡萄牙人子女（含日本人与葡萄牙人混血儿）共计287人被送上4艘葡萄牙大帆船离开长崎前往澳门。

1636年6月22日，幕府再次通过"老中会议"签字发布正式的"锁国令"。该命令有如下规定：(1) 日本船只不可以离开本国去海外；(2) 日本人不能秘密去海外，如有发现，将被处死，船主也要被逮捕收监；(3) 任何目前在海外并企图回国的日本人也要被处死；(4) 一旦发现有任何基督徒，长崎奉行将彻查；(5) 举报一名神父将奖赏200至300枚银币，举报一名基督徒则由长崎奉行斟酌奖赏；(6) 外国船只一到港口，大村家族即派船只护卫并加以监督；(7) 任何帮助神父或者其他外国罪犯的外国人一经逮捕，要送到在大村的监狱关押；(8) 严厉搜查外国神父以及运载他们的船只；(9) 葡萄牙人（南蛮人）的后代不可以居留在长崎或其他地方，违者处死，窝藏他们的亲戚也将被严惩；(10) 任何收养葡萄牙人后裔的日本人将被处死；(11) 任何被流放的葡萄牙人后代如果回到日本，一经发现，将被处死，窝藏他们的亲戚将受到严惩；(12) 任何大名不得私自与碇泊在长崎的外国船只进行贸易；(13) 除了江户、京都、大坂、堺市以及长崎五个幕府直辖的城市以外，其他人都不得参与丝绸贸易以及商议贸易价格；(14) 只有在大宗丝绸贸易价格确定以后，买卖才可以进行；(15) 第九个月以后的二十天，外国船只必须离开，迟到的外国船只允许在抵达以后五十天里逗留，中国人的船只在其他外国船只离开以后不久可以回航；(16) 没有售罄的货物由日本人妥善储存和保管；(17) 上述五个幕府直辖城市的代表必须在外国船只抵达五天之内来到长崎，迟到者不得参加丝绸贸易；(18) 在长崎的贸易价格议定以前，到平户的外国船只不得将贸易转到长崎。②

---

① 井藤让治：《江户开幕》，刘晨译，第264—266页。
② C.R. Boxer, *The Christian Century in Japan, 1549–1650*, pp.439–440.

南蛮贸易时代：近代早期日本与欧洲交流史（1542—1650）

博克塞指出，幕府的禁令主要是针对在暹罗和中南半岛的日本商人团体的，因为这些人中大部分是基督徒，或者曾经是基督徒。这是锁国政策的重要一步。幕府还规定，葡萄牙船只启程回澳门的时候，舰长必须留下，等待下一艘葡萄牙人船只到来方可离开。从那时起，舰长就像是人质，他保证待在长崎的葡萄牙人遵守日本人定出的规矩。不过，贸易活动仍然进行，在1636年7月底，有3艘葡萄牙船只从长崎回到澳门，10月，则有4艘葡萄牙船只回到澳门，带回2 350箱银条，荷兰人估计价值6 697 500弗罗林（florin）。①

1637年10月，有一名日本籍的奥斯定会士在乡间传教时被捕，严刑拷问之下供出有4名葡萄牙商人暗中资助他，他还说出了他们的名字，其中一人是葡萄牙人杜亚尔特·科雷亚（Duarte Correia）舰长。长崎奉行派人去见在长崎港口准备离开的另外两名葡萄牙舰长贡萨洛·达·西瓦拉（Gonçalo da Silveira）和方济各·德·卡斯特尔布兰科（Francisco de Castelbranco）以及葡萄牙商馆馆长西蒙·瓦兹·德·派瓦（Simão Vaz de Paiva），要求他们立即交出科雷亚。长崎奉行说要将他处死，因为他违反了禁教令。两位舰长开始时极力抗拒这样做，但是他们最后不得不屈从长崎奉行的压力，达成妥协，长崎奉行将科雷亚改为关押而不是处死，三个葡萄牙人则交出科雷亚。最后，科雷亚被长崎奉行下令关押在大村的监狱里。②

1636—1638年，担任长崎奉行的是榊原职直和马场利重，1639年的长崎奉行是马场利重和大和内正胜（Okawachi Zenbei），1640年至1641年的长崎奉行是马场利重和拓植正时（Tsuge Heiyemon），1641年至1649年的长崎奉行是马场利重和山崎正信（Yamazaki Gompachiro），所有这些长崎奉行都极力贯彻幕府既定的严厉的"锁国"政策。

---

① C.R. Boxer, *The Great Ship from Amacon, Annals of Macao and the old Japan Trade, 1555–1640*, pp.146–147.
② Ibid., p.152.

五、"岛原之乱"与最后的闭关(1638—1640)

岛原藩主压榨农民 1637 年 12 月 11 日至 1638 年 4 月 12 日,终于爆发了由德川幕府禁教政策以及九州大名的残酷剥削与压迫所引发的日本农民(他们中绝大部分是天主教徒)的规模巨大的"岛原之乱"。

位于九州长崎半岛东部的岛原和天草原来分别是基督教大名有马晴信以及小西行长的领地,农民基督徒人数本来就很多。九州距离京畿腹地很远,在战国群雄争霸的时代,统治阶级并没有注意老百姓的宗教信仰问题。一直到丰臣秀吉来到九州以后,才发现此地外来宗教流行,便开始取缔基督教。但是农民基督徒们的信仰非常坚定,他们逆来顺受,以殉道的精神对待迫害。在二十五年的时间中,被烧死、钉死和扔到海里的基督徒不计其数。

岛原本来的藩主是有马晴信,是一名虔诚的基督徒,如上文所

如今岛原市的街景

述,他曾经派使节访问罗马教廷。在他去世以后,藩主由松仓重政递补。天草本来是另一位基督徒大名小西行长的领地,他在参加石田三成反对德川家康的战争失败以后被擒。由于他是教徒,不能自裁,被拖去游街以后,枭首示众。他的领地由寺泽坚高接管。

松仓重政和寺泽坚高都不是基督徒,接受幕府委任来到岛原和天草两地以后,勒令当地的基督徒都要放弃信仰改宗日本本土的宗教。由于当地的老百姓都是清一色的教徒,要他们全部放弃信仰,谈何容易。这两位新领主就以踏绘、焚身、扔入大海等残酷的方式对待他们,由此在百姓中引发极为敌对的反抗情绪。另外一些信徒虽然在强大的压力之下表面上被迫弃教,但是私底下仍然以被称为"念珠组"的讲社(信佛教的人的团体)的形式暗中维持基督教的信仰。许多弃教的人在外面风声稍微宽松一点的时候又复归到自己原来的信仰当中,而秘密潜入日本的传教士则帮助他们复教。

岛原的藩主松仓重政于1621年修筑岛原城,重敛百姓,其子松仓胜家更是极为残暴地榨取百姓的赋税。在岛原藩实行检地的过程中,

岛原城。1637年"岛原之乱"最初发生的地方

第六章 近代早期长崎城市的开港以及闭关的始末（1570—1640）

第一次检地将原来账面上的四万石提高到十万石，第二次更是提高到三十万石。对于未能按时缴纳年贡的百姓，领主会下令用草包住其身体并燃火焚烧，或者用倒吊的刑罚惩处。在这重税之下，老百姓仍然不愿意改宗。这几年，九州地方连年歉收，饥馑蔓延、饿殍遍野、民不聊生，以上这些暴政实为逼迫民众起义的主因。

天草的小西行长的旧部都是基督徒，他们没有办法追随小西行长自杀，因为基督教的信仰不允许自杀，但是他们都是置生死于度外的武士，这些没有主人的武士被称为"牢人"，四处流浪，心怀义愤，于是便酝酿起义。在此以前，有一位被驱逐出境的天主教神父马可斯曾经在离开当地的时候预言："将来会有一个十六岁的少年在此地出现。他生有凛义，通晓教义，能显奇迹。天上的飞云红得像烧焦一样，地上会发出巨响。这时每个人的额头上都出现了十字，山野里飘扬着白旗，基督教吞噬了所有的异教，天主来拯救万民了。"这段奇特的预言，在信徒中间流传了十几年。这一天，一名17岁的信仰基督教的少年天草四郎时贞（1621—1638年），教名热罗尼莫（Jerome or Hironemo），宣称自己得到天主的异象，据说他是小西行长的旧部益田甚兵卫之子。益田是虔诚的天主教徒，时贞也是虔诚的天主教徒，据说他还去过长崎学习天主教的教义。时贞昼伏夜出，潜行于乡间，跟百姓说：近时因无法实行天主教的葬礼，人死后不能升天，成为孤魂野鬼。天主愤怒，派天使迎接众人升天。据说不久以后，大海之中果然出现火光，十字架慢慢地从中显现出来，于是民众跪而拜之。时贞和父亲还去过天草一带布教。小西行长的部下推举时贞为领导起义的总大将，总大将之下设侍大将、铁炮大将、武者奉行、笼奉行、枪奉行、军师、总务、百姓头、牢人众等职位，都由善于作战的小西行长的旧部担任，俨然是一支有组织、有战斗力的军队。[①]

天草四郎与岛原起义 1637年（宽永十四年）10月左右，在肥

---

① 汪公纪：《日本史话》，广西师范大学出版社2006年版，第556—557页。沈仁安：《岛原天草起义试论》，《德川时代史论》，河北人民出版社2003年版，第161—162页。

457

后的天草四郎处重新皈依基督教的三吉和角内两人将耶稣基督的像带回到了有马村，他们开始重新劝化那一带已经放弃信仰的人重新皈依基督教。当时，每天晚上都有人从周边的村落赶来，重新入教。岛原藩主在收到紧急报告以后，派遣三名武士抓捕了三吉和角内，连同他们的家人一起押送至岛原。

大约在22日，百姓们聚集起来，杀死了有马村的代官林兵左卫门并收集火枪等武器向岛原城下出发，沿途还烧毁了不肯加入他们起义的村落。26日，起义军在与岛原藩主的军队作战时，放火烧毁了岛原城下的一些房屋和防卫设施，并向城郭发起进攻，但是因为岛原城池高大，没有攻下，两军进入胶着状态。27日松仓氏在给佐贺藩的求援信中说造反的农民多达五六千人，可见起义的声势浩大。在此期间，起义军开始修复位于岛原半岛南部面向有明海蔚蓝波涛的古城原城。原城距离岛原的中心二十英里，位于一片高高的平地之上，地势高耸，三面环海，风急浪大，下面是高约一百英尺的悬崖，不可能从下面仰攻登陆。这片高地的前方是一片沼泽地，还有两道壕沟，易守难攻。原城建于1599年至1604年，原是有马家族的要塞，有宅第、城楼和弹药库。1614年，有马晴信之子有马直纯转封为日向国的领主以后，这里逐渐变成一座废城。起义军占据此地以后，将这座已经废弃的城池加固修葺，作为起义军的大本营，并且加深已有的壕沟。

最初的时候，起义军只是七八个村庄的村民，但是不久就有大量的民众加入，其军势以岛原半岛的南部为中心迅速扩张。布津、堂崎、有马、口之津、加津佐、串山等村庄更是全村人加入，中木场、深江、小浜等村则是大多数百姓加入，总数有4 011家，共计23 880

天草四郎时贞的青铜像。由日本现代雕塑家北村西望（1884—1987）制作竖立在岛原城郭内

第六章　近代早期长崎城市的开港以及闭关的始末（1570—1640）

原城遗址上的天草四郎时贞墓

人。不久，肥后的天草也略迟于岛原爆发了与之呼应的起义，他们渡河来到岛原，与这里的起义军会合。为唐津藩寺泽氏管辖天草而驻扎在富冈城的三宅藤兵卫率领军队与起义军在天草的本渡交战，藤兵卫阵亡。天草四郎于是率领起义军攻打唐津藩军死守的富冈城。攻城战从 19 日持续到 22 日，起义军没有攻下城池，反而因为城内火枪和火箭的袭击损失惨重。从 11 月底至 12 月初，起义军由天草返回到了岛原。为了扭转局势和囤积武器，起义军袭击了松仓氏在口之津的仓库，夺取了大量的火枪、弹药、兵粮并且运回到了他们最后退守的据点原城，坚定了据城死守的决心。

所有参加起义的百姓都有着坚定的基督教信仰，以此作为强大的凝聚力与核心精神。如在 11 月 8 日加入起义的村长、乙名以及百姓在向天草四郎提交的誓纸中，都起誓复归基督教宗门绝不为虚、为信仰不惜流血甚至抛却生命、绝对听从天草四郎的命令等内容。另外，根据熊本藩士井口少左卫门查探天草叛乱形势作出的报告，各村的百姓都宣誓"如为基督徒，则应为我伴；如非基督徒，则必讨死期"。[①]

---

① 井藤让治：《江户开幕》，刘晨译，第 276—277 页。

南蛮贸易时代：近代早期日本与欧洲交流史（1542—1650）

从原城发掘出来的子弹。保存在长崎二十六圣徒纪念馆

从原城发掘出来的炮弹。保存在长崎二十六圣徒纪念馆

根据 1846 年岛原藩士川北喜右卫门编辑的《原城纪事》正月十五条记载《草莽之臣时贞谨复元帅伊豆守松平阁下》云："世人周知，天主教一旦皈依不可变更，而邦家之禁何以太严……方今舆情动摇，物论訩訩，臣谓此乃天主持世之秋。臣闻，泰西之俗，美风淳，门户不闭，路不拾遗，此乃耶稣基督死生为一，明辨善恶，斥释氏轮回之虚诞，效儒家忠信之实理也。城内一心尊崇此法，复无他志，唯欲奉正教排邪说。生者浴耶稣之浩恩，死则享天堂之快乐，人间斧钺之诛本所甘心，此岂能与蟊贼蠹国偷生，图非分之荣同日而语。乃辱征讨之大命，远劳元帅之玉趾，岂知再三责呵，谨在此陈述鄙衷，敢谢不辱之命，伏愿合寨死亡之后，少弛禁令，使其民知天主之实义。草莽之臣时贞，不堪至屏营，顿首奉复。"① 荷兰人方面在起义爆发之初得到的报告这样写道："在起义爆发以后不久，有马的基督徒就加入了他们的农民起义者的行列，后者友好地接纳了他们。他们一起焚毁了所有日本人和异教徒的庙宇，建立了一座新的教堂。他们高举圣母玛利亚的圣像，他们的军队中有各种各样色彩的十字架。他们说无论自己是胜利了或是失败了，他们都是光荣的，因为他们在侍奉属于自己的天主。他们的呼喊

---

① 海老泽有道：《天主教的镇压与反抗》，第 205 页。转引自郑彭年：《日本崛起的历史考察》，人民出版社 2008 年版，第 142 页。

第六章　近代早期长崎城市的开港以及闭关的始末（1570—1640）

声响彻了整个国家，他们要为如此众多的无辜的基督徒和传教士所流淌的鲜血复仇，他们准备为自己的信仰赴死。"[1] 起义军还在原城树立起一面巨大的白色大旗，旗帜上画了一只巨大的圣爵，上有圆形的中间刻有十字架的圣饼，它们是耶稣基督圣体的象征。高举耶稣的圣体正是特兰托大公会议以后罗马教会所要强调的核心教义之一。在圣爵和圣饼的两边，有两位跪着祈祷的有翼天使，象征他们将天上的音讯带给人间，也将人们在尘世的苦难和祈祷代达天听。这面巨大的旗帜反映了反宗教改革时代非常典型的天主教思想，但是在普通的日本人看来极为奇特与怪异。[2]

幕府军队的镇压　在岛原的起义爆发的时候，除了因为生病而免于出勤的鹿儿岛藩主岛津家久一人以外，包括岛原藩主松仓胜家和肥前的唐津藩主寺泽坚高在内的其他九名大名都没有身在自己的领地。在起义军进攻岛原城的次日即10月27日，岛原的守军将消息报告给了幕府设在丰后的官员，同时向临近的藩主发出求援的信号。但是，当时幕府已经公布了《武家诸法度》，根据此法令，领主在幕府没有同意之下出兵去领地外面是被禁止的，所以他们不敢轻举妄动。德川家光则对于诸大名如此遵守《武家诸法度》感到高兴。

幕府在丰后的官员将报告在11月4日送抵大坂，大坂当局立即组织京都所司代、大坂城代协商对策，并且在三天以后作出指示，命令细川、锅岛、有马、立花、寺泽、松浦、大村等各藩封锁通往岛原的道路，禁止买卖和运输武器。送往江户的报告在11月9日抵达，各藩的报告几乎同时抵达。德川家光当天就决定派遣板仓重昌和石谷贞清为上使前往岛原。同时，幕府命令九州各地在外的藩主一律返回自己的领地。

11月26日，上使板仓重昌和石谷贞清抵达丰前的小仓，他们向诸大名发出进攻的命令。12月5日，他们进驻岛原城。10日，岛原、

---

[1] James Murdoch and Isoh Yamagata, *A History of Japan, During the Century of Early Foreign Intercourse, 1542–1651*, p.651.
[2] 五野井隆史：《岛原之乱》，京都，吉川弘文馆2014年版，第1页。

461

佐贺、久留米、柳川诸藩军队合计5万人马从各地赶来，合围进攻起义军死守的原城。在这次激烈的战斗中，起义军的射击命中率极高，官府军伤亡500余人，幕府感到非常意外。20日，佐贺、柳川的军队再次进攻原城，结果再次失败，而且伤亡惨重。

尽管攻城战相继失败，板仓重昌仍然决定于12月30日至次年的元旦对原城发起总攻。当时，德川家光新派遣的上使松平信刚和户田氏铁已经抵达附近的小仓，板仓重昌想要在他们到来以前一鼓作气攻下原城。元旦黎明早上四点，官军在石火弩的信号之下全军发起总攻。久留米的有马军从正门、佐贺藩的锅岛军从后门、松仓军主力部队从后门攻击，另外还有熊本藩的军队辅助攻击。虽然官军气势汹汹，似乎以泰山压顶之势要力破原城，但是遭到起义军的弓箭以及火枪的猛烈回击，攻城的军队被滚木落石所伤，进入城中的部队也遭到伏击。特别是在后门指挥攻击的上使板仓重昌被起义军的火枪击中眉心当场阵亡，石谷贞清也身负重伤，他们二人的不幸成为此次攻城失败的开始。战斗持续了两个小时，有马军死亡94名武士，锅岛军死亡383名武士，板仓军死亡17名武士，加上阵亡的无名小卒，死伤人数达到近4000名。起义军方面死伤甚少。[①] 此次攻城战失败的原因，主要是总指挥板仓重昌一意孤行，过于轻敌，同时也源于德川家光和幕府的阁僚低估了起义军的力量和决心。

新的上使与副使松平信刚、户田氏铁于12月29日抵达丰前的小仓，他们本来是被幕府派来处理岛原和天草的善后事宜的。但是，他们在赶往九州的路上已经发觉岛原的事态很难被轻易地解决。现在，他们的职责变成了指挥镇压起义。

1638年（宽永十五年）1月3日，德川家光在得知前两次攻城失败以后，再次派大目付井上政重为上使前往岛原，叮嘱官府军在攻击的时候要避免重大伤亡。

4日，松平信刚和户田氏铁抵达有马，他们召开军事会议，决定

---

① 藤井让治：《江户开幕》，刘晨译，第270—272页。

第六章　近代早期长崎城市的开港以及闭关的始末（1570—1640）

采用围城的战术打持久战，并且动员九州诸大名。此时德川家光允许松平信刚开封西国诸大名的军事报告而不必上报江户，也可以视需要征发九州的人力。11日，松平信刚向平户的荷兰商馆馆长库克巴克尔（Coeckbacker）下达指令，要求荷兰人派出正在平户的荷兰船只"德·莱普号"（De Rijp）驶进原城外的有明海，从海面上发炮轰击原城。荷兰的船只从海面上以火枪和一门原来安装在陆地上的大炮向原城打了400多发炮弹，但是隆隆的炮声并没有摧毁起义者的抵抗意志，也没有摧毁城池。荷兰人从海上炮轰原城的行动从1月12日持续到1月27日，共15天。起义者从城中射出了绑着"日本既有崇尚名誉之武士，却又为何借力荷兰"文书的箭矢，明显是在嘲讽官军。曾经有学者认为荷兰人是在幕府的强烈要求之下勉强进攻原城叛乱者的。但是新近的研究表明，荷兰商馆的馆长库克巴克尔在这件事情上的表现非常主动，他在1638年1月17日致信上使说："如果您需要任何东西，只要在我们的能力范围之内，就请下令，因为我们准备好做忠实的服务。"几天以后，他向幕府的军队提供了6桶火药。2月5日，他在写给长崎奉行的信中说："我们带着敬意给阁下写信，我们已经准备好供应大炮和射手，如果阁下认为有必要的话。不论阁下何时下令，我们都将供应，荷兰人完全有能力向阁下提供服务，请命令我们。"几天以后，他向集结在原城周围的幕府军队提供了追加的火药和5门大炮。①

当时，在幕府军队的各大名之间对于求助于荷兰人也持有不同的看法，因此荷兰人的攻击最后被叫停了。不过，荷兰人协助幕府进行炮击一事，对于后来他们能够在日本"锁国"以后仍留在日本并与日本人贸易有很大的影响，荷兰人的忠心（所谓"御忠节"）给幕府留下了深刻的印象。

就在11日，元旦攻城失利的消息传到了江户。德川家光终于明

---

① 亚当·克卢洛（Adam Clulow）：《公司与将军：荷兰人与德川时代日本的相遇》，朱新屋、董丽琼译，第145—146页。

463

白乱事不易解决，他在当天下令细川忠利、锅岛胜茂、有马丰氏、立花宗茂、黑田忠之、稻叶一通、木下延俊、中川久盛、有马直纯诸大名立即回到各自的领地，火速集合军队讨伐叛乱者。官府总攻集结了12万大军。

上述九州各大名的军队陆续从江户出发，在1638年1月末至2月初抵达有马参战。在此期间，各大名的军队在松平信刚的指挥之下从海陆两面向原城不断发起炮击，并且为最后的总攻制作了井式楼塔，还居高临下从楼塔上向城内发起炮击。在原城内，起义军在1月末的时候已经出现粮食和弹药短缺的情况，进入2月以后，城中已经有人逃亡。在2月中旬，兵粮已经全部吃完，在无可奈何之下，21日晚上，3 000名起义军从城中夜袭黑田和锅岛军的阵地，双方都有许多死伤，官军剖开起义军战士的肚子时，发现里面已经没有一粒米了。

松平信刚在看到这种情况以后，决定在26日发动总攻。不过，当天大雨如注，进攻被迫延期。总攻的日期最终定为27日。但是在27日的下午，锅岛军发现起义军正在撤出第二道城墙，于是他们就率先发起攻击。其他的大名发现锅岛军已经发动攻击，突入城内，便纷纷指挥军队入城战斗。剧烈和残酷的战斗从当天黄昏一直持续到第二天（28日）清晨，饥寒交迫的起义军宁死不屈，在弹尽粮绝的情况下，他们以石块、木棒和饭锅为武器顽强抵抗，最后全部被杀，被捕的老弱妇孺，也悉数遇害，只留下105人被关押进大牢。起义军的3.7万人中有2万多是战斗人员，全部战死沙场。当时在军营的松平信刚之子松平辉纲在其日记中写道："攻克原城之后，次日，不论妇女、小孩、老人皆被杀害。如有人愿意放弃信仰，也可以免死。但无放弃信仰者。他们反而高兴地愿意接受死亡。此非普通人的心理，恐怕是他们信仰的结果。"官军以首级论功行赏，连已死者也被砍下头颅。砍下的首级排列在原城外的田野上，达10 809颗。另外还有3 000颗在长崎的西坂即处死"二十六圣徒"的地方展示。天草四郎时贞的首级也悬挂于长崎示众。战后的岛原半岛气氛肃杀、一片荒芜。有的小村只剩下一成人口。①

官军方面也伤亡惨重，有不同的记录，荷兰商馆的馆长说有4万人阵亡，不过各地大名送往江户的伤亡报告最后统计伤亡人数超过1.3万人。有一位被关押在大村监狱的葡萄牙人看到，在通往原城的道路上挤满了哀号的仆人，他们牵着没有主人骑坐的马，许多人把辫子割去，表示哀痛悼念，还有无数受伤的人，被抬在轿子里，一路走去。②幕府对于近二十年中基本手无寸铁的民众能对官军造成如此重大的伤亡深感震惊，由此不得不取消长期以来一直在计划中的对于菲律宾的远征，幕府官员曾对荷兰人说其最主要的原因就是考虑到"岛原之乱"造成的惨重伤亡。③

3月6日至7日，攻克原城的报告抵达江户。9日，德川家光听

通往原城遗址的道路

① 沈仁安：《岛原天草起义试论》，载《德川时代史论》，第164—165页。
② James Murdoch and Isoh Yamagata, *A History of Japan, During the Century of Early Foreign Intercourse, 1542–1651*, p.660.
③ C.R. Boxer, *The Christian Century in Japan, 1549–1650*, p.328.

原城遗址

取了三浦正次报告的原城被攻克的整个经过。4月12日，幕府公布了岛原藩主改易、天草藩被没收的决定。岛原藩主松仓胜家因为重敛百姓引发叛乱，其领地被没收，后来他被处以斩首；寺泽坚高在天草的领地也被没收，后来他也深感耻辱，在流放中自尽。13日，幕府转封原浜松藩主、谱代大名高力忠房为岛原藩主，领四万石；14日，又公布外样大名备中成羽为天草藩主，领四万石。不久以后，天草又被改为由幕府直辖。在"岛原之乱"以前，幕府对于各藩领地内部的事情一般不予过问，但是在此之后则将幕府的政策贯彻于各领地之内。可以说，幕府的统治得到了极大的巩固和增强。

为了镇压"岛原之乱"，幕府动用了12万余大军，但是在平乱以后，却没有给参战的各大名以任何的奖赏，只是由幕府官员传达了德川家光的慰劳之语。对于士兵，也只是按照幕府的军役规定按人头发放了每天五合的禄米。幕府认为，此次战争不是领主之间的战争，而是领主与被统治者农民之间的战争。从此以后，除了在幕府中担任要职，大名的任何奉公行为都不会得到奖赏。此次战争证明了德川家光

第六章 近代早期长崎城市的开港以及闭关的始末（1570—1640）

在调动和指挥军力方面的能力，使得德川氏的世袭将军制度成为一时难以动摇的制度。

原城被幕府军队攻克之后被彻底破坏。1938年，它被指定为日本国家遗产。从1992年持续至2008年的考古发掘中，人们挖出铅弹、十字架与人骨坑等。幕府军队把亡者的尸体扔入深挖的坑中，尸体叠加之后被掩埋，所以在人骨坑中遗骨呈混乱叠放的状态。在此前的1951年，人们还在原城遗址上发现了一

板仓重昌在原城外的墓地。他于1638年1月1日在进攻原城时被起义军击毙

枚精致的用以挂在胸前的黄金十字架，其雕刻非常繁复精美，十字架被雕刻竖立在一个镂空的地球仪上，寓意"基督造福世界"。人们推测它可能是天正使团访问罗马的时候教宗赠送的礼物，让他们带给有马晴信的。在今天岛原城的历史博物馆中，还保存着被挖掘出来的疑似天草四郎胸前佩戴的十字架以及念珠。考古工作者还发掘出带有花卉十字架纹饰图案的瓦片以及各种不同类型的陶器、瓷器的碎片。①

根据詹姆斯·莫多克（James Murdoch）的统计，从1614年至1635年，九州大约有28万名基督徒受到惩罚和流放。在当时大约30万名基督徒中间有许多是底层社会的，他们是乞丐、流浪者、得麻风病的人等，传教士对于他们特别关心。还有许多人是从事生产劳动的，如农民、手工艺者。在大名与武士阶层中也有一些人是基督徒。②

---

① 五野井隆史：《岛原之乱》，京都，吉川弘文馆2014年版，第1—2页，第21—31页。
② James Murdoch and Isoh Yamagata, *A History of Japan, During the Century of Early Foreign Intercourse, 1542–1651*, p.642.

467

在原城遗址上远眺有明海的三个小雕像。自左至右分别为沙勿略、天草四郎和圣母玛利亚

另据博克塞的统计，从1614年至1650年，日本共有2 128名基督徒遇害，其中欧洲人共71名，这只是有文字记录的数字。根据L. 德尔普雷斯（L. Delplace)的统计，从1597年至1660年共有3 125名基督徒以及传教士遇害。[1] 这个统计数字并不包括"岛原之乱"中死亡的基督教信徒人数。

幕府下令关闭葡日贸易 "岛原之乱"是日本历史上重要的事件。它引发了当时日本幕府统治者深深的疑虑，也是最终导致长达95年的葡萄牙—日本贸易终结的直接原因。幕府理所当然地认为岛原信奉天主教的居民是受到某种外国势力（特别是葡萄牙人）支持的。实际上，当时澳门的议事会在此期间已经想尽一切办法严禁天主教的传教士搭乘葡萄牙的商船，以免给日本当局以口实，在岛原城中也没有任

---

[1] C.R. Boxer, *The Christian Century in Japan, 1549–1650*, pp.383–386, p.448. L. Delplace, S.J., *Le Catholicisime au Japan*, Vol.2. Brussels, 1910, pp.181–195, pp.265–275. James Murdoch and Isoh Yamagata, *A History of Japan, Vol.2 During the Century of Early Foreign Intercourse, 1542–1651*, pp.642–662.

何外国传教士。但是在日本当局看来,与马尼拉的贸易在25年前已经被禁止,"朱印船"后来也被取缔,中国人与荷兰人是不可能与葡萄牙人和日本天主教徒合作的,那么剩下的只有长崎与澳门之间的贸易才可能与日本的基督徒以及如此严重的叛乱发生关系。

1638年5月,"老中会议"下达了对于《武家诸法度》第四条的修改命令,要求诸大名在发生严重的违反国法的事情时,即便没有得到幕府下达的相关命令,也应该立即出兵进行镇压。这显然是吸取了"岛原之乱"时诸大名镇压迟缓的教训。同时,幕府还修改了《武家诸法度》中第十七条关于500石大船使用的禁令,这也与"岛原之乱"中诸大名在物资输送上产生的问题有关。

同年9月,德川家光下令在各地大名的领地竖立起被称为"高扎"的法令告示牌,严厉取缔基督教。下达给诸大名的奉书中这样写道:"此前有禁止基督宗门,可是仍未息绝。此番彼又于岛原企行恶逆。故幕府强化取缔基督徒之事,诸君应于领内严厉取缔之。此外,揭发基督宗门之徒者,可由将军赐下褒美。"在另一份附书中还明确了奖金的数额,即举报"伴天连"赏银200枚,举报修士赏银100枚,举报日本基督徒赏银50或30枚,如果告密者也是基督徒,则可以免于追责。① 幕府将上述禁教的内容以"高扎"的方式向普通民众公布。加贺的大名前田氏,还在幕府的赏银之外,另外追加给举报"伴天连"者赏银10枚,举报修士者赏银5枚,举报基督徒者赏银3枚,② 史称"思想狩"。

幕府还强化了镇压基督教的各种措施,主要有三个方面:

"踏绘":"踏绘"既指一种行动,也指一种物品。作为一种行动,它是指被捕的传教士和被怀疑信仰天主教的日本基督徒,必须用脚踩踏耶稣基督或者是圣母玛利亚的画像(一般是木头或者铜质板上的),以表明放弃自己的信仰。作为一种物品,被踩踏的绘画就被称

---

① 井藤让治:《江户开幕》,刘晨译,第281—282页。
② 同上。

为"踏绘"。如果拒绝或者犹豫,就被逮捕和处刑。方豪先生记叙,根据《大村家觉书附录》《长崎记》《长崎实记》等日本文献,这种制度起于1626年(宽永三年),《长崎港草》则主张起于1628年(宽永五年),《长崎缘记略评》《长崎拾芥》《通航一览》等书籍则采1629年(宽永六年)说。莱昂·巴塞斯(Léon Pages)所著《日本基督教史》(Histoire de la religion chrétienne au Japon depius)在1631年条目之下,记载卡瓦略神父被逼迫践踏圣像一事,希加尔多(Cicardo)所著之《日本基督教》(Christ-andad Del Japon)一书也谈到此事,说当时的"踏绘"是画在金属板上的油画耶稣基督像。所以在1631年(宽永八年)的时候,"踏绘"的做法已经明确地被采用了。1633年(宽永十年)晚秋,葡萄牙耶稣会神父克里斯托弗·费莱拉(Christavao Fereira,1580—1650)被捕,在酷刑之下背弃基督教并"踏绘",后来他改信佛教,取名泽野忠庵(亦作忠安、中庵)。"踏绘"的制度应该最后完成于泽野忠庵背叛基督教以后,日本当局大概采纳了他的建议。

1658年7月27日,大村发现有大批隐匿的教徒村民,大村氏从长崎奉行所借了两幅"踏绘",强迫村民踩踏。结果是有406名村民宁愿被处以死刑。[1]"踏绘"制度最初只在长崎一个地方执行,之后被推广到九州各地,并且在每年正月十四日按例在长崎以及附近各乡村进行,成为固定的仪式。届时由长崎奉行代官所中派官员两名、足轻(德川时代最低身份的武士)一名前来,当地的"笼长"(当时各乡分有若干"笼",每"笼"设立一"笼长")率领居民,从清晨起就站立在院中,地上铺草席,放置一"踏绘",官员两名坐青席上,足轻则坐土间(房屋内铺设的青席或木地板),从笼长以下人等都被点名按秩序脱去鞋履木屐,两足并拢进行"踏绘",小孩则由父母抱着"踏绘",完毕之后,从后门出去回家。因病不能来者,官员携带"踏绘"至其家中使他踩踏。这种仪式在九州各地一直保持到幕府

---

[1] 井藤让治:《江户开幕》,刘晨译,第163页。

第六章　近代早期长崎城市的开港以及闭关的始末（1570—1640）

末年。①

寺请檀家（施主）制：基督徒在放弃信仰以后要从属于某一个佛教的寺院，与该寺院建立寺檀关系，由该寺院出具其非基督徒的证明，这种证明书被称为"切支丹转教申请文"。它在德川家康时代已经有了，但是在1635年以后才在全国各地推行。由石本新太郎氏所藏的1637年长崎平户町转证文的样本上，有泽野忠庵等人的签名。1659年，长崎奉行所制作了"人别账"，也是类似身份证明的文本。当地人须持有"人别账"赴寺庙以求该寺庙给予证明，并须"踏绘"。不过，各地执行的方式有所不同，有为每一个檀家出具一张证明的，也有为所有的檀家合具一份证明的。值得注意的是，寺请檀家制度仅仅是为了证明某人非基督徒，而并非一定要此人信仰佛教。

宗门人别改账：即改宗户口登记簿，是寺请檀家制的制度化。寺请檀家制本是证明某人非基督徒，后来为了搜捕基督徒而在全国推行。1640年，幕府设立"切支丹奉行"，后来改称"宗门改役"，在幕府的直辖领地内执行这一制度。1664年，幕府下令1万石以上的大名须设立专门的宗门改人员。1万石以下则由家臣和村役人员负责此事。每年春天，宗门改役要制成宗门人别改账，上报领主。起初其格式并不统一，1670年幕府下令改成统一的格式编制。这样，一个日本人一出生就成为某一个寺院的檀家，在宗门人别改账登记：其结婚、外出旅行、移居、奉公除需要有村役人员的证明以外，还要有寺院的证明书。此外，已经放弃信仰的原基督徒的子孙也要登记造册，称为族类

---

① 方豪：《清代禁抑天主教所受日本的影响》，《方豪六十自定稿》，第162—163页。"踏绘"制度一直持续到幕府末年。1856年8月23日，长崎出岛的荷兰商馆馆长古尔济斯（Curtius）致信长崎奉行，声称为了日本国的利益以及国际声誉和国际关系，应当实行信教自由以及废除"踏绘"制度。不久，长崎的浦上就发现了隐匿的基督徒，他们被捕入狱。当时，各国都很关注此案件的审理。他们都敦请幕府当局废除"踏绘"。次年7月，古尔济斯再度上书长崎奉行，后者以为然，将其建议签注意见以后转呈幕府，声称"踏绘"已经失去原有的效力。幕府准其所请，于1858年（安政五年）下令废除。1868年，德川幕府垮台，1871年，日本正式废除此仪式。

471

改账。①

1638年，幕府下定决心最后关闭葡萄牙与日本之间的贸易，并禁止日本人出洋，驱逐所有在日本的葡萄牙人。日本当局不仅写信给马尼拉和果阿的当局通知幕府禁止任何天主教传教士进入日本的决定，还写信通知了伊比利亚国王菲律普二世以及罗马教宗乌尔班八世（Pope Urban VIII, 1623—1644年在位）。②

1639年7月4日，德川家光将官员太田资中招至御前，将《加莱奥塔御处置之奉书》《各浦御处置之奉书》《交予乘唐船到来之族相传之备忘书》以及《交予阿兰陀（荷兰）人相传备忘书》四份文件交给后者并任命其为使者前往长崎。这四份文件的主要内容如下：（一）《加莱奥塔御处置之奉书》指出，葡萄牙人明知日本禁止基督教传播，但是仍然将该教之人秘密运输进入日本。基督徒结党谋反，葡萄牙也运输物品至藏匿"伴天连"及其同宗之人的地方。因此，自此以后，日本全面禁止"加莱奥塔船"（葡萄牙船）来航，并申明一旦发现再有葡萄牙船只来日本，必将烧毁船只并将乘船来航之人处以斩首。这份文件以下知状也就是命令的形式写成，井伊直孝、土井利胜、酒井忠胜以及老中松平信刚、阿部中秋、阿部重次等人共同署名。（二）《各浦御处置之奉书》是发布给九州各大名的，提到葡萄牙船只秘密运输"伴天连"来航日本，故必须禁止葡萄牙船只来航。要求各大名监视领地内各港口，举报非法登陆者并奖赏告密者。（三）《交予乘唐船到来之族相传之备忘书》是交付给来航长崎的中国船的文书，告诉中国人日本在严禁基督教，故绝不可以让船只搭乘"伴天连"及其信徒，一旦违背上述规定，将对全体船员予以严惩等。（四）《交予阿兰陀（荷兰）人相传备忘书》是交给荷兰人的文书，告诉他们严禁其船只搭乘传教士。在交予中国人的文书中明确写出了"伴天连"及其信徒，但是在给荷兰人的文书中没有写明，由此可以看到幕府对于荷兰

---

① 沈仁安：《德川幕府初期的对外关系与锁国》，《德川时代史论》，河北人民出版社，2003，第126—127页。
② C.R. Boxer, *The Christian Century in Japan, 1549–1650*, p.383.

人也是基督徒这一点是有清晰认识的。①

8月5日,太田资宗率领800名随从浩浩荡荡抵达长崎,他召集葡萄牙人,宣读了《加莱奥塔御处置之奉书》,次日又传唤了荷兰人和中国人,另行通报了禁止葡萄牙人和传教士来航日本的命令。接着,太田资宗又在长崎召见了九州大名的使节,传达了《各浦御处置之奉书》的内容。至此,幕府的一系列锁国令公布完毕。②

同年,当葡萄牙人加比丹·莫尔阿尔梅达率领两艘船只来到长崎的时候,幕府已不再让他贸易。日本人交给他一份谕令的抄本,表示已立即永久地关闭澳门和长崎之间的贸易,如果葡萄牙人再来长崎,即将被处死,并将通知传达到果阿和澳门。③日本幕府列举的理由有三条:(一)葡萄牙船只用于偷运传教士,故意违反禁教令;(二)葡萄牙人的船只用来运输传教士的给养;(三)葡萄牙船只为岛原叛乱中信奉天主教的农民提供人员和金钱的帮助。日本幕府命令葡萄牙船只必须在风顺的情形之下离开,在其停泊港口期间不允许任何人登岸。

"殉道的使团" 1640年3月13日,澳门议事会决定冒极大的风险派使团前往日本,恳请日本当局重新开启对于澳门生死攸关的长崎与澳门的贸易。使团的领袖为四位葡萄牙人市民,他们是:帕切科(Pacheco),他出生于葡属印度的科钦,在马六甲结婚。他曾经于1626年率领六艘三桅船去长崎贸易,时年68岁;罗德里格·桑切斯·德·巴雷德斯(Rodrigo Sanchez de Paredes),出生于葡萄牙的托马尔,在澳门结婚成家,有两个儿子和一个在澳门克拉拉修道院修道的女儿,时年56岁;贡萨洛·蒙特罗(Gonçalo Monteiro),出生于葡萄牙的梅桑佛里乌(Mesão Frio),有三个儿子,其中有一个是耶稣会士,他还育有四个女儿,其中两名是修女,时年51岁;西芒·瓦兹·德·派瓦(Simão Vaz de Paiva),出生于里斯本,在澳门结婚成

---

① 井藤让治:《江户开幕》,刘晨译,第284—286页。
② 同上。
③ C.R Boxer, The Christian Century in Japan, 1549–1650, pp.385–386.

家,育有多名儿女,他曾经多次参加澳门与长崎之间的贸易航行以及1622年澳门的战斗,1630年被派往马尼拉执行任务。此外还有船长多明戈斯·佛朗科(Domingos Franco)等多名葡萄牙人、三名西班牙人以及中国人、印度马拉巴人和孟加拉人等约70人,他们组成一个庞大的使团去往日本长崎,使团没有带任何商品,目的就是要说服日本幕府重新开放对于澳门生死攸关的贸易。他们完全知道此次出使将异常危险,所有使团成员在出使以前都参加了弥撒,并领了圣体。

使团成员于7月6日到长崎港口以后,立即被日本人的船只包围,船帆、船舵、枪炮和弹药立即被卸下,舰长和船员被押往大牢审问。7月11日,长崎奉行派一名信使带上使团的信件前往江户。21日,德川家光幕府的七名老中当天开会并撰写了代表德川家光意见的回信,信使以最快的速度于8月1日夜间回到长崎,德川家光派出处理此事的大目付加加爪忠澄和目付野野山兼刚也随同信使一同抵达长崎。8月2日,幕府官员加加爪忠澄和野野山兼刚以及长崎奉行召集来自澳门的全体使团成员,宣读了老中们的回信。这份文件这样写道:"自庆长初年伟大的主公(德川家康)统治日本以来,民事和军事分立严明、相辅相成、宽严并济、相得益彰。然后日本周边的四夷狄来到这里,要求通商,建立交往。为了管理外国来的船只,日本相应地在肥前的长崎建立官署,所有各等商人,时常来到这个港口,买进卖出,熙来攘往。从澳门来到这里的蛆虫般的夷人,长期以来信仰天堂的教义,并企图在我国传播这一邪恶的宗教,长期以来,他们或者以自己的船只,或者雇佣中国人的船只运送所谓的这些'神父'来到我国,他们企图以这一宗教引诱无知的人民,以此为最后占领我国铺路。主公有鉴于此,变得愤怒并捉拿神父及其信徒,严令禁止此种信仰。任何人被发现还在信仰此种宗教,不仅他们本人,而且他们的父母、孩子以及亲戚都将受到最严厉的惩罚。从那时以后的几代将军,都奉此陈策。但是澳门的夷人继续派遣神父来日本,有时为此目的的还雇佣中国商人的船只,将他们藏在船舱底部运来我国。在牛年(1637)的冬天,这些恶徒聚集在岛原,攻击村庄、烧毁房舍,屠杀

第六章　近代早期长崎城市的开港以及闭关的始末（1570—1640）

民众。他们修复并挖掘了要塞城堡（原城），顽强抵抗，没有被迅速弭平。如果不再彻底镇压，他们就会像张鹿起义（东汉末年）一样，烽火燎原。在虎年（1638年）的春天，叛乱者终于被消灭，约有4万人被砍头。但是我们的马匹和步兵同样伤亡惨重。教唆叛乱的人理应受到最严厉的惩罚。政府的使节被派到长崎，警告你们的人不应该再来这里，如果有任何人再乘船来到这里，将绝对被处以极刑。但是现在，尽管有如此严厉的命令，你们的人还是假借和平谈判的名义来到这片土地，我国政府的官员不能证明你们真实的意图。因此，我们除了服从已经发布的命令以外别无选择，同样也不能宽恕你们。因此我们决定烧毁船只，逮捕船上的人员，砍下几名首犯的头挂在集市上；除一些罪行较轻的海员和医生以外，其他的人，不论老幼，都要被处死。这些没有被处死的人将回去向你们的国家报告这里发生的情况，我们会安排他们乘坐一艘小船将这份文件带回澳门。当澳门的议员及其属下听闻上述事实的时候，他们必定会承认我国的正义并对我国军事力量的强大留下深刻的印象。"[1] 官员还对使团成员讲话如下："你们这些恶徒！你们早已经被禁止回到日本，违者处死。你们违背了命令。前一年你们罪该当死，由于我们的仁慈，你们才得以活命。这次你们除了最悲惨的死亡以外得不到任何东西。但是既然你们没有带商品来又想乞求得到什么，那么我们就给你们换一种便宜的死法！"

据说幕府的官员和译员宣读完毕这份文件以后，大厅里面一片寂静。然后，士兵进入，把使团成员捆绑起来，如对待囚犯一样。他们被押入大牢。幕府宣布将从这些葡萄牙人中选出13人，命他们将消息带回澳门，其他的人则要被处死。[2] 8月3日早上6点至7点之间，使团中有57人被杀害于长崎港口边的山坡上。他们的大船以及堆积

---

[1] C.R. Boxer, *The Great Ship from Amacon, Annals of Macao and the Old Japan Trade, 1555–1640*, pp.331–333.

[2] James Murdoch and Isoh Yamagata, *A History of Japan, During The Century of Early Foreign Intercourse, 1542–1651*, p.666. C.R. Boxer, *The Christian Century in Japan, 1549–1605*, pp.384–385.

在地面上的原先的葡萄牙人的货物也被大村的藩主在港口外焚毁了。死者的尸体被运往山上，安葬在一口井里面，井上竖立起了一个土石坟墓，墓地上插了一根木桩，上面写了他们的死因。这个坟墓一直到明治时期仍然存在，在 1802 年的长崎地图上也有标志。那 13 名留下性命者则按照日本的传统去辨认了死者的头颅，幕府还要求他们回到澳门去讲述他们所看到的一切。然后他们乘一艘小船于 9 月 1 日离开长崎，一路漂流并与风暴搏斗，在约三个星期后的 9 月 20 日回到澳门，报告这一极端不幸的消息。据说，"澳门全城的人以最崇高的敬意和最大的悲伤接受了这个消息，人们说托天主的洪福，这些尘世的使者现在成为天堂的使者。遇害人的家属成为这个城市中最受尊敬的人。所有教堂都敲响嘹亮的钟声，炮兵也开炮致敬，人们唱起了庄严的圣歌，歌声响彻天际，飘荡在天主的脚踵之下，以此方式向遇难者致哀和致敬"。①

葡人最后的使团及其失败　多年以后，澳门的议事会在如此艰难危险的情形之下还做出了最后的一次努力，试图挽回葡萄牙人与日本之间的贸易。1645 年 5 月，葡萄牙贵族和舰长索萨（Souza）来到澳门。此时澳门当局已经知道葡萄牙国王若奥四世（King João IV，1640—1656 年在位）登基以及葡萄牙摆脱西班牙重新获得独立的消息，议事会决定再向日本派遣使团，但是议事会觉得应该对幕府作出妥协，即保证今后只进行通商而不再向日本派传教士。但是，里斯本政府不同意这样做，澳门当局认为在此情形之下派使团去日本只会重蹈 1640 年的悲剧。索萨是一名固执的和有责任心的葡萄牙贵族，他在年底去了果阿，向葡属印度的总督报告了此事。总督菲律普·马士加路也（Felipe Mascarenhas）派给他一艘名叫"圣巴蒂斯塔号"（São Baptista）的大帆船前往日本，并且给了使团一笔经费资助其履行使

---

① C.R. Boxer, *The Great Ship from Amacon, Annals of Macao and the Old Japan Trade, 1550–1640*, pp.163–165. James Murdoch and Isoh Yamagata, *A History of Japan, During The Century of Early Foreign Intercourse, 1542–1651*, p.668. 白尼奥:《澳门历史辞典（样章）》，澳门，澳门大学出版社 2000 年版，第 71—74 页。

第六章　近代早期长崎城市的开港以及闭关的始末（1570—1640）

命。更重要的是果阿的宗教会议在 1646 年 4 月开会，大多数的人士投票通过一项决定，建议澳门的议事会采取反对里斯本王室的不妥协的立场。

1647 年 7 月，西凯拉指挥的两艘葡萄牙船抵达长崎外海。不过，船只在 6 月 24 日就已经被幕府在海岸线上建立的瞭望哨发现，长崎奉行马场利重立即知道了这件事情，并且通报了在江户的幕府。没过几天，锅岛氏的军队就进了长崎港，福冈以及熊本的军队也来到长崎。当时负责指挥驱逐葡萄牙船只的军务官员也抵达当地。长崎奉行要求葡萄牙船只将船舵、船帆、弹药卸下运到陆地，但是遭到拒绝。幕府则用船连成浮桥封锁港口，不让葡萄牙船只进入，也阻断了葡萄牙船只通往港外的路。8 月底，大目付井上政重和当时在江户的另一名长崎奉行山崎正信从江户抵达长崎，让翻译官将德川家光作出的拒绝恢复交往的命令紧急翻译成葡萄牙语，幕府仍然认为天主教的传教士是葡萄牙和西班牙征服者的急先锋，并且引用了一些已经背叛基督教信仰的在押神父的证词以作证明。幕府还向葡萄牙人指出，尽管葡萄牙人的文书中没有提到重新在日本传教的事情，但幕府仍然不能接受与葡萄牙人重开贸易并返还了葡萄牙方面提交的文书，也为葡萄牙船只提供了饮用水和食物。最后幕府决定于 9 月 4 日让葡萄牙人的船离开。于是，葡萄牙人最后的出使没有取得任何结果。[1]

尽管如此，幕府对于葡萄牙人使团的到来还是感到极为震惊，他们调动了 5 万名士兵来应对这两艘葡萄牙的大帆船，还有 2 000 人是从附近的领地里调来的工匠役人。另外，幕府还调动了包括小型快船在内的 1 584 艘船只将葡萄牙的船只包围在长崎的港口。此次幕府虽然没有像 1640 年那样采用铁腕手段处死葡萄牙的使者，但是也同样达到了禁止葡萄牙船只来航的目的。幕府要如此大动干戈地调兵遣将，很可能也是为造成全国总动员的紧张气氛，为幕府的中央集权提供必要的依据。根据荷兰在出岛商馆人员的记载，一些当地的大名似

---

[1]　C.R. Boxer, *The Christian Century in Japan, 1549–1650*, pp.386–387.

乎不愿意与葡萄牙人开战,这大概是此次葡萄牙人能够全身而退的原因之一。①

1685年,有一艘遇到台风的日本沉船上的13名遇难船民漂流来到澳门,他们被澳门当地人救起,葡萄牙人将这些日本人送回长崎。长崎奉行当然怀疑葡萄牙人的动机,不过日本人在彻底检查了葡萄牙人的船只以后,没有发现船上有任何宗教的用品以及书籍,也没有发现用来交易的货品。于是,日本人对葡萄牙人的善举表示感谢,并且赠送了30袋大米作为礼物,同时再一次警告他们在日本禁止基督教的命令仍然有效,绝不可以重蹈覆辙。葡萄牙人也没有提出任何要求,因为他们知道日本人已经不再需要澳门与长崎之间的贸易了。当时日本国内的丝绸生产以及纺织品加工已经在不断改进与繁荣发展,与中国人的贸易也随着1644年中国朝代的更迭而有所增进。每年大约有50艘中国船只以及四五艘荷兰船只来到长崎,它们带来的货物

位于出津的远藤周作文学馆外的石刻铭文。"大海是如此蔚蓝,人性又是如此可悲"

---

① 井藤让治:《江户开幕》,刘晨译,第292—294页。

第六章　近代早期长崎城市的开港以及闭关的始末（1570—1640）

远藤周作在大埔天主堂前写生　　远藤周作所绘的大埔天主堂以及他写生用的蜡笔

已经满足了日本对外贸易的需要，从那时起，日本历史上长达近一个世纪的"南蛮贸易"的篇章终于结束了。①

日本进入了所谓的"锁国"时期。关于日本的"锁国"，历来有不同的看法。日本历史学家坂本太郎指出：有关锁国的利弊，历来议论纷纷。但是它确实是加强和巩固幕府封建统治的有效政策，长达二百余年的江户时代，幕府政权得以维持，锁国无疑是一个有利的因素。在经济方面国内生产得以发展，在文化方面，日本独特的文化得以昌盛等，可以说都是由于锁国的影响。但是，在另一个方面，它缩短了人民刚刚开始的、面向世界的眼光，扼杀了不断探索的精神，妨碍了欧洲近代合理精神（理性主义）在日本的传播和成长。这对于整个日本历史的发展来说，不能算是庆幸的事。然而幕府并没有认识到这一点，所以它难免要受到只是为了维护自己政权而愚弄人民、阻止文化发展等谴责。这毕竟是武家政治发展的必然结果，换言之，它是武力统治对于文化的胜利，是封建统治做到了对于自由思想的彻底压

---

① C.R. Boxer, *The Christian Century in Japan, 1549–1650*, p.389.

迫，进而也开辟了国粹主义压制国际主义的道路。有关见解还可以参见和计哲郎《锁国——日本的悲剧》，作者认为近代日本人民缺乏理性和科学的精神，根源在于锁国。① 西方的学者如布里特（Brigit）则指出锁国在文化上的根源："在这段转型时期，由日本的同质文化构成的政治观念成为合法政权的统一与联合的因素；同时，它也迎战来自西方的陌生的外来者，将近代早期的日本建立为一个以民族主义为原型的国家，由此不同于外部的世界。这个被塑造出来的国家意识形态是建立在'神国'土地的观念上的，它试图建立以日本为中心的观念。"

六、1640年后的出岛、"唐人""唐船"与"唐人屋敷""漂流人"

禁教以后的长崎 由于幕府彻底驱逐葡萄牙人并永久地断绝澳门与长崎之间的贸易，长崎的市面显得非常萧条，城市也濒于衰落的绝境。长崎奉行以及主要的市民和商人请求幕府将荷兰人的贸易转到长崎，以便使这个城市能够继续生存下去。这个建议被幕府所采纳，同时江户、大坂、京都以及堺的商人们也都表示赞成，因为他们都想与外国通商保持的收入，他们与长崎的商人提出了同样的建议。1641年，荷兰人终于被转到了长崎，居住在以前为葡萄牙人修筑的人工岛——出岛（Dejima）的上面。

长崎城市的管理在葡萄牙人离开以后也发生了变化。长崎奉行原来设有两位，一位驻扎在长崎，另一位驻扎在江户，互相辅佐。1688年增加到三位，1700年又增加到四位。在这期间，他们的薪俸不超过

---

① 坂本太郎：《日本史》，汪向容、武寅和韩铁英等译，第288页。有关见解还可以参见和计哲郎：《锁国——日本的悲剧》，筑摩书房1950年版。

第六章　近代早期长崎城市的开港以及闭关的始末(1570—1640)

2 000石,当然他们也会有一些外快,有时还很丰厚——荷兰人以及中国人不时会向他们行贿。长崎奉行的工作常常由"家老"(Karō)协助,这些"家老"相当于秘书的职务,另外有一些出身于武士的低级官员也要协助长崎奉行的工作。① 长崎奉行以下的官员都是从旗本阶层中选拔出来的,在1680年以前,长崎的奉行也是从这个阶层中选拔的。他们的职责是为长崎奉行做许多检查方面的工作,并防止任何人伤害长崎奉行。另外有一种驻扎在长崎的官员,名为"长崎代官",有历史学家称其为"皇室的商馆馆长或代理人"(Imperial Factor),他的官阶要低于长崎奉行,但是又独立于长崎奉行。"代官"是九州和其他地方大名的代理人,他们主要居住在城镇里照顾其主人的商业和其他方面的利益。

在长崎,拥有实权的并非一定是幕府中央政府派来的官吏,长崎市的一些官吏也拥有很大的权力。他们的领袖人物是六名负责治安的市长,被称为"町年寄"(machi-toshiyori)。他们是位于町役人(又称乙名,otona)之上的官员,处理町内的日常事务,拥有很大的实际权力,他们中最高的官员,其实最初也是由幕府的内阁老中会议决定派遣的,他们被赋予佩戴两把刀剑的特权(当时只有武士有此特权)。在"町年寄"的下面则有上文所说的町役人,即乙名。当时的长崎被划分成许许多多的街道,他们就是负责每一条街道的头头,出岛就是其中的一条街道,在乙名的手下还有"组头",他们是一大群更低下的走卒。在乙名中有两位"兰方",意即与荷兰商馆接洽的出岛乙名,还有四名"唐方",意即与中国人接洽的唐人屋敷乙名,负责统筹管理组头以下的各色人等。② "町年寄"的执勤是轮流的,每人负责一年的执勤工作。长崎的市政是通过由这些人组成的在1698年以后被称为"长崎会社"(长崎奉行所又被称为"长崎会所",Nagasaki Kaishō)的机构进行管理和统治的。这个机构的最上层的官员是两名"町年

---

① C.R. Boxer, "Jan Compagnie in Japan, 1672–1674, or Anglo-Dutch Rivalry in Japan and Formosa", in C.R. Boxer, *Dutch Merchants and Mariners in Asia, 1602–1795*, IV, pp.147–148.
② 羽田正(编)、小岛毅(监修):《从海洋看历史》,张雅婷译,第187页。

481

寄",在他们之下有许多官员、译员、看门人、卫兵等。从这个机构又延伸出去许多触角可以通达长崎人民日常生活的方方面面,并且达到社会的最底层。到 18 世纪的时候,"长崎奉行所"的人员已经达到 1 500 名之众。它是一个整合长崎所有对外贸易活动以及审计、核准和分配贸易利益的机构,全权负责向幕府中央机构上缴长崎对外贸易所获得的利润并且汇报整个对外贸易活动的运营情况。从理论上说,这些市政官吏的职位不是世袭的,但是事实上大部分的职位都是世袭的。可以想象,"长崎奉行所"实际上已经控制了所有市政工作的各个方面。① 长崎城市的税收是很轻的,官府只对土地的持有者收税,税收的额度也不高。还有一种是由世袭居住在长崎的市民自愿向各级管理所缴纳的礼金(礼物),每年 8 月 1 日交给官府。外町(外城)的居民每一户缴纳 6 姆米②的白银,内町(内城)的居民每一户缴纳 9 至 10 姆米的白银。同时,城市的低级官吏也向奉行送礼,这些礼金与税收是不同的,它们主要来自对外贸易时产生的利润,被日本人称为"花金"。③

幕府下令杀害了来自澳门使团的大部分成员,当然也担心葡萄牙人会派兵前来报复,于是便准备了种种预防的措施,包括向九州的大名发布命令,要求他们设立远见番所(瞭望哨),发现葡萄牙的帆船从海面上接近日本的时候就要向岛原藩主高力忠房、长崎奉行、大坂以及邻近地方发出通报,按照高力忠房以及长崎奉行的指示处理葡萄牙船只。大坂成为新设立的紧急联络地点,其负责人是町奉行久贝正俊和曾我古祐,他们中间有一位要在发生紧急情况的时候前往当地指挥大名处理军务,还要负责指挥周边小领地的大名防范可能发生的基督教徒的起义。1639 年 3 月,幕府将大和郡的藩主松平忠明转封为姬

---

① C.R. Boxer, "Jan Compagnie in Japan, 1672–1674, or Anglo-Dutch Rivalry in Japan and Formosa", in C.R. Boxer, *Dutch Merchants and Mariners in Asia, 1602–1795*, IV, p.148.
② 姆米(momme):日本词汇,对于生丝的计量单位,简写为 mm,其重量相当于 45 英寸 ×100 码的丝织品。
③ C.R. Boxer, "Jan Compagnie in Japan, 1672–1674, or Anglo-Dutch Rivalry in Japan and Formosa", in C.R. Boxer, *Dutch Merchants and Mariners in Asia, 1602–1795*, IV, p.149.

第六章　近代早期长崎城市的开港以及闭关的始末（1570—1640）

路城的藩主，命令他在葡萄牙船只来航的时候指挥西国诸大名，然后在 1641 年任命福冈的黑田氏负责长崎的警备工作，次年又决定由黑田氏和佐贺的锅岛氏轮流负责长崎的警备工作。①

为了港口安全以及监视前来从事贸易活动的外国人，长崎还需要维持大量的卫兵。这些卫兵分为几种：第一种大部分来自肥前和博多两个地方，这两地每年轮流向长崎奉行所提供兵源。这些士兵都是九州的武士，他们驻守在漫长的长崎湾入口沿海地区的要塞或者孤立的哨所里面。第二种卫兵被称为"船番"，由长崎政府提供给他们给养，专门监视港口里面的外国船只。第三种卫兵则负责在临近的沿海地区巡逻，专门打击海盗并查禁走私者，还要负责海上的捕鲸业。第四种卫兵则驻扎在长崎附近的山头上，他们要管理烽火台的火把和灯火，报告外国船只的出入以及引导外国船只入港。还有一种卫兵是专门看管出岛上的荷兰人的。在荷兰船只停泊在港口从事贸易期间，荷兰人自己也设立一名卫兵，负责看管自己带来的货物，以防那些日本士兵偷窃他们的物品。②

德川家光通过上述方式构筑九州沿岸的防御体系。为了掌握军事讯息，幕府于 1644 年底下令全国各大名绘制"城绘图"和"国绘图"。"城绘图"包括本丸以下各城郭的房间数、壕沟宽度和深度、城郭附近的高地、武士町和铺面房的小巷和房间数、是山城还是平城等内容。以 6 寸比 1 里的比例尺绘制而成的领国地图称为"国绘图"，包括各郡边界的划分、村民以及该村农地和房屋的总数、荒山与青山、干路和辅路、干道是否可以在冬季通行、河川名、山名、船渡口、泅渡口、山中险要之地、从领国通往他国的道路、海边是否可以自由地停泊小船、港湾以及港湾之间的道路、港湾的深浅以及岩石的分布、海岸线的情况等。这些图制成以后都被集中到幕府将军的手中，是将军有能力集中全国军事情报的标志。可见最初防范葡萄牙人

---

① 井藤让治：《江户开幕》，刘晨译，第 287—288 页。
② C.R. Boxer, "Jan Compagnie in Japan, 1672–1674, or Anglo-Dutch Rivalry in Japan and Formosa", in C.R. Boxer, *Dutch Merchants and Mariners in Asia, 1602–1795*, IV, p.148.

入侵的措施已经演变为后来幕府中央集权的重要契机。[①]

出岛与兰日贸易 "岛原之乱"被全力镇压以后,幕府也加强了对于荷兰人的管制。1639年2月,幕府下令禁止荷兰人与日本人通婚、在日本生儿育女。5月又下令将在平户居住的荷兰人与日本人的混血儿以及生母遣送去雅加达。10月,驱逐了32名荷兰人及其子女。1640年,幕府派官员去平户传达命令,要荷兰人去除在平户商馆上的天主教纪年。第二天,荷兰人就非常恭顺地照办了。幕府还规定荷兰商馆的馆长必须每年更换,荷兰人也表示一切遵命。

从17世纪40年代初起,幕府便以长崎港口外面的"出岛"作为全国唯一的与欧洲人通商的地方。设立出岛的最初目的是要将此前一直散居在长崎城市中的葡萄牙人全部移居到此地,隔绝他们与日本

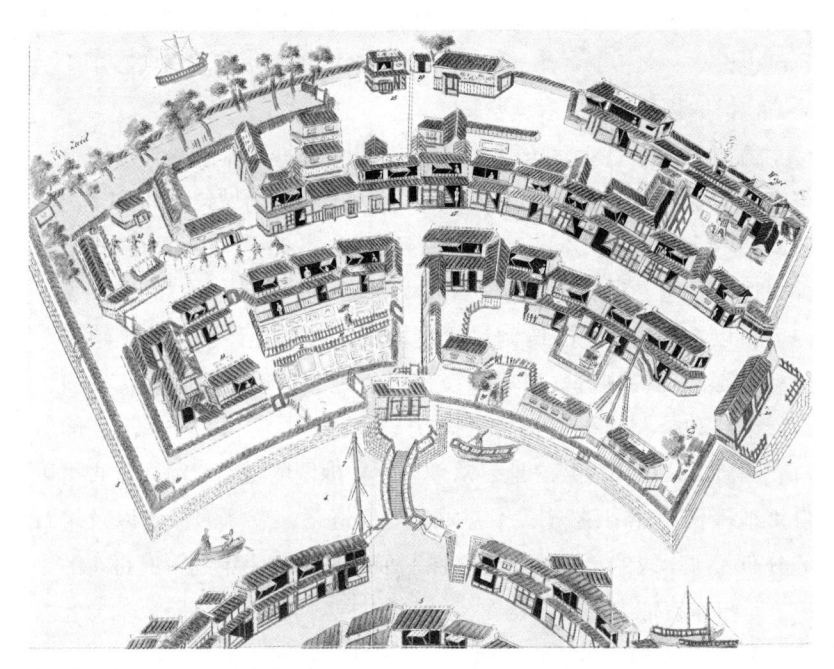

扇形的出岛,1824—1825年绘

[①] 井藤让治:《江户开幕》,刘晨译,第288—289页。

第六章　近代早期长崎城市的开港以及闭关的始末（1570—1640）

居民的日常接触，这样葡萄牙人就不可以随意与日本人通婚或是传播天主教了。出岛是由沙洲填海之后形成的扇形人工岛屿，于 1634 年建设完工。① 该人工岛北侧长达 190 米，南侧长达 233 米，东西宽约 70 米，里面有日本当局的管理设施，还有给外国人居住的屋子以及仓库，每一座建筑物都是单体构造，四周环绕着石墙和土墙，还有一座桥连接到长崎市内。建立出岛的建议最初是由 25 名长崎、京都、大坂、堺、博多等地的富商提出的，这些商人大多从事过"朱印船"的贸易，出岛的建筑费用也是由他们出资的。在幕府彻底断绝与葡萄牙人的关系以前，葡萄牙人已经被圈在这个人工岛内。1636 年 8 月抵达长崎的葡萄牙人在经过严厉的搜查以后就被安置在这个刚刚完工的岛屿上。从那年以后至 1639 年，来到长崎的葡萄牙人都在经过严厉盘

驶入与驶出出岛的"阿兰陀"船（荷兰船）

---

① C.R. Boxer, *The Great Ship from Amacon, the Annals of Macao and the Old Japan Trade, 1555–1640*, p.146.

485

南蛮贸易时代：近代早期日本与欧洲交流史（1542—1650）

复原以后的出岛 1

复原以后的出岛 2

查以后居住在此地，不能够外出。①

"岛原之乱"以后，幕府下令驱逐所有葡萄牙人出境，澳门的葡萄牙人不得已停止了与日本的贸易，原先出资建造出岛的那些豪商，对于资金不能收回感到为难。1641年5月，幕府便强令原先居住在平户商馆从事贸易的荷兰人迁往出岛。荷兰人表示完全接受幕府的安排。②平户原来是松浦氏的领地，不属于幕府直辖，松浦氏对于幕府的这个决定并不乐见，但是幕府不顾松浦氏的反对，以照顾长崎的町人、相关商人的利益以及丝割符制度为名强行贯彻此决定，由此达到将荷兰人在日本的贸易直接置于幕府直辖的长崎奉行管理之下的目的。

由于出岛是"天领"（德川家光的领地），所以荷兰人的身份不过是"店子"（房客）而已。当时，所有的外国人都不允许在日本拥有不

---

① C.R. Boxer, *The Great Ship from Amacon, the Annals of Macao and the Old Japan Trade, 1555–1640*, p.146.
② *Edo-Tokyo Museum Exhibition Catalog*, A Very Unique Collection of Historical Significance: The Kapitan(the Dutch Chief) Collection from the Edo-Period-The Dutch Fascination with Japan, Tokyo, 2000, p.206. Louis-Frêdéric, *Japan Encyclopedia*, New York: Harvard University Press, 2013, pp.628–683.

第六章　近代早期长崎城市的开港以及闭关的始末（1570—1640）

动产，所以荷兰人居住的建筑物由身为"家主"（房东）的商人准备，然后由荷兰东印度公司每年支付55贯目的房租。如果换算成现代的日元，价值近一亿日元。被称为"出岛町人"的"房东"，把"地子银"（地租）缴纳给德川家族以后，剩余的金额就根据出资额进行分配。如果建筑物因为台风等原因被损坏，房东就必须负担起维修的责任。出岛町人作为这些建筑物的所有人，要负责管理这些建筑物和租屋的荷兰商馆人员，这些权利是可以买卖、转让和继承的。岛上的建筑物有商馆长住宅、商馆员住宅、仓库、炊事场、浴室、家畜小屋、菜园和日本官员住屋。出岛的各个建

复原的出岛（微型建筑）

复原的出岛（微型建筑）

筑物中，除了特别许可的让荷兰人自行建造的两栋荷兰风格的仓库以外，所有的建筑物都是日本式样的家屋。荷兰人可以自行改装和装饰房屋的内部，以方便自己使用。① 现在，由长崎市教育委员会主持的出岛建筑物修复计划已经完成，已经复原的建筑物共有10栋，包括商馆馆长居住的加比丹屋舍。复原时尽可能采用当时的建筑工艺和

---

① 羽田正（编）、小岛毅（监修）：《从海洋看历史》，张雅婷译，第213页。羽田正：《东印度公司与亚洲的海洋》，林咏纯译，第182—183页。

487

建筑材料。这些房屋具有日本风格的外貌与结构，搭配上荷兰风格的装潢与家具，重现了当时独具风格的建筑群，使人们充分感受到17世纪的历史风貌和气氛。当时居住在荷兰商馆的荷兰人有加比丹（Kapitan，商馆长）、次席商馆长（Feitor）、仓库长、书记官、医生、厨师、木匠、锻工和召使（黑人）等15人左右。在有船只来到这里停靠期间，停留的荷兰船员至多不过30位，大部分的船员只能被迫在船上生活。荷兰商馆的馆长原则上一年一任，新任的馆长每年会前往江户拜访幕府的将军（后来改为四年一次），此时出岛上的其他荷兰人也可以一起同行，乘机呼吸外面的自由空气并接触日本的景物。新任馆长必须在此时向幕府呈交《荷兰风说书》，幕府也借此了解海外的情况。原则上日本人除商业事务或其他公事以外不能进入该岛，荷兰人也不可以随意走出该岛。日本的工匠师傅或工人的进出需要出岛乙名发行的被称为"门槛"的通行证。①

如前所述，在幕府方面则有长崎奉行所管理出岛，由出岛乙名负责直接与荷兰人交涉，日本人将出岛视为长崎的一条街道来加以管理。乙名是在岛上的日本方面的实际负责人，他要监视荷兰人、荷兰船只商品的卸货、货款的支付、各类日本人的进进出出、荷兰人日用品的购买等事务。在乙名之下则有译员、组头、同行使、笔者、小使、船番、庭番等100余名工作人员。② 同时，幕府还将11名原先在平户的译员调往长崎的出岛。③ 在长崎奉行所中，译员是非常重要的人物，其人数在100名左右，他们自己组成了一个相当于行会的团体。译员是由町人担任的，他们同时也是长崎奉行所管理之下的地方官员，顾名思义是从事翻译的人员。译员是在日本人与外国人交易以及外国人停留在日本时不可或缺的人员，日本当局分别设置了"阿兰陀"（荷兰）通词与唐通事。"阿兰陀"通词的一个重要任务就是监视

---

① 羽田正（编）、小岛毅（监修）：《从海洋看历史》，张雅婷译，第213页。
② Michael North, edited by, *Artistic and Cultural Exchanges between Europe and Asia (1400—1900)*, Burlington: Ashgate Publishing, 2010, pp.143–144.
③ L.M. Cullen, *A History of Japan, 1582–1941, Internal and External World*, p.39.

第六章　近代早期长崎城市的开港以及闭关的始末（1570—1640）

出岛的荷兰人

荷兰人的行动，观察他们是否做违反日本法律的事情。这些译员能说葡萄牙语、汉语、暹罗语和东京语，就是不大能说荷兰语，只有很少的译员能说流利的荷兰语。在出岛让给荷兰人入住的时候，还有不少先前的译员活着，他们会讲葡萄牙语以及流利地书写葡萄牙文，当时他们是以葡萄牙语代表日本当局与荷兰人打交道的。他们除了翻译文件和从事口译之外，还要负责管理外国人出入港口、有关商业贸易的各项业务、取缔停留在日本的外国人的违法活动，甚至还要运用自己的专业知识在行政、贸易、学术上对当局提出各种建议和辅佐等。荷兰人是不能直接雇佣译员的，因此在荷兰商馆停留的外国人将通词视为日本当局对于他们的看护者以及监视者。这些人员的职务常常是世袭的。荷兰通词是从有与葡萄牙人贸易相关经验的家族中遴选出的。在开始阶段，他们大多只会讲葡萄牙语。在17世纪的时候，日本人与荷兰人贸易时使用的语言还是葡萄牙语。日本荷兰语的对话和翻译直到18世纪才定型。与中国人贸易时的唐通事，是由从中国赴日定居的"住宅唐人"与他们的子孙70多户人家中挑选的。

译员的制度在18世纪初的时候最后完备，以"本通事"的"大通事"与"小通事"，以及辅佐性质的"稽古通事"三种职务为主，上面则设有"通事目付"（监察）。每个通事下面另设辅佐、实习等职

489

位。这些通事虽然是地方官员,但是终究是町人的身份,形式上并非政府的"外交",而是民间与"通商"相关的人员。①

从 1640 年开始,荷兰成为欧洲唯一被允许与日本进行通商的国家。在此之前的 1635 年,幕府当局已经禁止日本人离开自己的国家参与同中国、东南亚等国家和地区的贸易。幕府除了掌握来到日本贸易和居住的外国人的动静以外,也建立了一些管理长崎贸易的特殊制度,最初是制定前文所说的"丝割符制度",即让拥有特权的商人垄断丝绸这项最重要的进口商品,接着通过实施"货物市法"与"御定高制度",事先决定对外贸易的总额,并且只允许特权商人在已经限定的总额范围内进行交易。尽管在日本出岛的荷兰人受到严格的限制,但是他们还是利用一切的机会,提供日本社会和市场所需要的一切商品,主要是中国的货物,特别是丝绸。荷兰船只通常在每年 8 月至 9 月的时候乘着季风从巴达维亚来到长崎,到这一年 11 月或者次年 2 月间离开长崎返航。船只在入港口以后会接受检查,宗教(天主教和新教)的书籍和武器不允许携带,岛上禁止举行任何宗教活动。船到以后,帆被没收,直到返航时才发还。从 1641 年至 1847 年间,总共有 606 艘荷兰船只抵达长崎港口。早期荷兰船只抵达的次数比较频密,每年约有 2 至 5 艘船只抵港,1715 年起幕府限制每年只能有 2 艘船来到,1719 年起更限制为 1 艘,1799 年起又恢复为 2 艘。荷兰方面主要输出的商品除了中国货以外,还有产自孟加拉和安南东京地区的丝。荷兰从日本输入的主要还是本国所需要的白银。1622 年,荷兰东印度公司的船只从日本输入的白银价值 410 000 荷兰盾,1627 年为 851 000 荷兰盾,1635 年为 1 403 100 荷兰盾,1638 年为 4 753 800 荷兰盾,1640 年至 1649 年为 1 518 870 荷兰盾,1650 年至 1659 年为 1 315 120 荷兰盾,1660 年至 1669 年为 1 048 000 荷兰盾。② 在荷兰与日本通商的中期以后,荷兰还输出罗纱、天鹅绒、胡椒、砂糖、玻璃

---

① 羽田正(编)、小岛毅(监修):《从海洋看历史》,张雅婷译,第 188 页。
② Jonathan I. Israel, *Dutch Primacy in World Trade, 1585–1740*, Oxford: Clarendon Press, 1989, p.173.

第六章　近代早期长崎城市的开港以及闭关的始末（1570—1640）

制品；日本输出的则有铜、樟脑、瓷器等物品。由荷兰人第一次带入日本的西洋物品有羽毛球、台球、啤酒、咖啡、钢琴、甘蓝、番茄和巧克力等。在 17 世纪荷兰人设在亚洲的各个商站之间，相距遥远的波斯商站以及日本商站显得特别重要，因为能够取得购买印度棉织品所需的黄金、白银、铜等贵金属的只有这两个商站。荷兰东印度公司的船只把砂糖、胡椒、香料运往波斯，再把生丝、丝织品、鹿皮以及鲨鱼皮等货物运往日本，以获取黄金、白银与铜。

在 17 世纪的后六十年，荷兰东印度公司在与英国东印度公司的竞争中获得优势，先是从日本获得大量的白银，后又获得黄金。由于日本的锁国，荷兰人的竞争者也不能进入日本了。荷兰东印度公司从日本获得的这些贵金属也相对地减少了。到了 18 世纪的上半叶，荷兰人也已经渐渐地失去了这种优势，因为日本银矿的出产量在减少，银币也在贬值，德川幕府则严禁贵金属的出口。于是，荷兰人就把主要的精力放在日本出口的铜上，他们戏谑地说"这是我们找到的新的舞伴"。从 18 世纪中叶起，荷兰东印度公司将日本的铜带到欧洲，这些铜的数量可以与瑞典出产的铜量相比，尽管当时铜的主要市场还是在亚洲——印度和波斯。在 18 世纪的最后二十五年，局面发生了变化，瑞典的铜以很高的竞争力进入亚洲市场。①

荷兰东印度公司与日本一度繁荣的贸易在 18 世纪下半叶慢慢地衰落下去了。1697 年以后，幕府采取通过长崎会所直接管理贸易的体制，如此一来，各地的商人与大名再也没有机会插手长崎的对外贸易了。1715 年，新井白石（1657—1725）制定了对外贸易的限制条例：规定每年驶往长崎的唐船（中国船）最多为 30 艘，贸易额最多为白银 6 000 贯，中国的船只必须持有幕府颁发的信牌才可以进入长崎港口；荷兰船只最多为 2 艘，贸易额最高为白银 3 000 贯。1719 年起日本幕府限定每年只允许 1 艘荷兰的船只来到长崎。尽管如此，双方都

---

① Kristof Glamann, *Dutch-Asiatic Trade, 1620–1740*, Danish Science Press, Copenhagen and Martinus Nijhoff, s-Gravenhage, 1958, First edition, pp.167–182.

491

没有彻底断绝贸易的意愿。在荷兰人方面,他们非常紧张,担心一旦被逐出出岛,英国人就紧接着取而代之。虽然荷兰人每年的贸易额有所下降,但是他们留在出岛的职员仍然能够通过贸易获利。从日本方面来看,长崎的官吏以及商人也喜欢与有利可图的人保持贸易联系,即便是在江户的幕府也是如此看待。虽然荷兰与日本的贸易额一直受到限制,但与日本贸易获得的金银对于荷兰人仍然有很大的吸引力,所以,两国的贸易一直持续到幕末时代。

居住在出岛的荷兰人要按照幕府规定的时间前往江户觐见幕府的将军,正如各地的大名要去觐见朝廷的皇室成员一样。随着时间的推移,觐见的时间安排也越来越精确和严格。在锁国以前的1634年,幕府通知荷兰人要在日本年的年底以前到达,这样他们就可以在日本日历上的第一个月觐见将军。在17世纪40年代,觐见经常是在公历的11月或者12月上旬,但是到了17世纪50年代,则被安排到了公历1月。以1656年8月新上任的荷兰商馆馆长瓦赫纳尔(Wagenaer)率领的使团为例,他们是在1657年1月18日离开长崎的,先走海陆抵达大坂,之后走陆路前往江户。荷兰人雇用了46匹马驮运人员以及礼物,还有85位搬运工。途中所有的开销都由荷兰人自己负担,其费用达到15 893荷兰盾。他们在2月16日抵达江户,觐见被安排在2月27日,整个觐见的时间不过几秒钟而已。除了听到一声"荷兰商馆馆长觐见!"的大声呼叫以外,还有乐器的演奏。另据一位三年前觐见将军的商馆馆长的记叙,荷兰人觐见将军时卑躬屈膝:经过三个小时的等待以后,"我们绕着宫殿的外围行走并且转了两个弯,经过一个有许多领主的大厅,来到放置我们呈送的礼物的地方。我奉命去跪拜,将脸贴在木板上(我甚至没有踩到垫子上),穿过大厅,议员们和幕府将军站在那里,安多重长大声喊道:'荷兰加比丹!'我所见到的这位君主,比之前所听过的还要强大"[①]。1691年

[①] 亚当·克卢洛(Adam Clulow):《公司与将军:荷兰人与德川时代日本的相遇》,朱新屋、董丽琼译,第125—128页。

第六章　近代早期长崎城市的开港以及闭关的始末（1570—1640）

从长崎出岛出发前往江户觐见将军的荷兰使节团

至 1692 年荷兰使团去江户觐见将军的时候，"就地等候了一个多小时，皇帝（将军）来到谒见厅之后，摄津守和两位奉行走过来，只把公使一人带到皇帝的面前，而我们只能等待。一等公使走到皇帝的面前，他们便大声叫道，'荷兰加比丹！'这是让公使到皇帝面前行鞠躬礼的指令。这时公使必须下跪，靠手和膝盖爬到按照顺序整齐排放的贡品与皇帝宝座之间指定的位置，然后保持跪拜的姿势将头叩到地板上。接着，公使必须像螃蟹一样退回原地，不能说一句话"。后来，皇帝还命令荷兰的使节们走步、立定、互相打招呼、跳舞、蹦跳，说几句日语、荷兰语，画画、唱歌、穿披风、脱披风，"我们必须勉为其难地表演无数的杂耍，以此博得皇帝和朝臣的欢愉"。1804 年来到长崎通聘的俄国使节以嘲讽的口吻揶揄荷兰人说："因热爱自由而赢得政治独立，依靠各种伟业赢得名声的欧洲文明国度的国民，为获取商业的利益，竟然如此卑贱地顺从一群可憎的奴隶，实在是令人遗憾之至。"[1]

---

[1] 唐纳德·金（Donald Keene）：《日本发现欧洲，1720—1830》，孙建军译，江苏人民出版社 2018 年版，第 3—5 页。

南蛮贸易时代：近代早期日本与欧洲交流史（1542—1650）

对于幕府来说，出岛是当时日本人了解外部世界的唯一窗口，通过这个窗口，幕府的官员可以定期地了解荷兰和外部世界发生了什么。也是这个原因，至少对于后世的人来说，日本人与荷兰人在文化知识上的交流要比那种受到限制的荷兰—长崎贸易更加有趣和重要。不幸的是，并非在出岛受到限制的荷兰人和外国人都有兴趣去利用这个开放给他们的机会，因为他们中的大部分人都是舰长、船员、水手和商人，只有少数的学者是例外。在日本方面，在一些特定的时候，对于西方文化的兴趣似乎更加广泛和迫切，不仅仅是那些官方的译员，尽管他们更加容易接触到外国的文化，甚至是德川幕府的将军也有通过长崎的出岛了解外部世界的愿望。

荷兰与日本的学者　1720年，德川幕府第八代将军德川吉宗（1716—1745年在任）放宽了禁书令，除基督教以外的欧洲其他学术书籍可以进入日本，从那时起，有一些欧洲的自然科学方面的书籍流入日本。[①] 德川吉宗放宽禁书令不仅在于他对域外的学术与文化有着好奇心，还在于他以此作为其倡导的"享保改革"的必要环节，即认为西方的文化是一种有益于国计民生的实学。如奖励对外国天文的研究是为了改善日本传统的历法，西医的引进是为了增加民众的健康，引进甘薯、甘蔗、人参等外来的作物是为了提高日本本国的作物生产能力和增加品种等。在德川吉宗刚刚担任将军的1716年，他任用京都的官吏中根元圭（1662—1733）主持历法的改革，他知道传统的授时历的不足，建议使用明末耶稣会士汤若望等人编写的历法书籍，他建言："本邦严禁基督教，有天主教利玛窦等文字书籍，悉在长崎烧毁，故有助于历法研究之书籍甚少，若欲使本邦历学精确，可先缓和严禁。"从1720年开始，先前被指定严禁的《天学初函》中与天主教教义无关的科技方面的书籍大部分被解禁了。这些汉文书籍中许多涉及天文、数学、地理学、测量以及水利工程技术。1717年，德川

[①] Geert Ooslindie, *Dutch Colonialism, Migration and Cultural Heritage*, Leiden: Royal Netherlands Institute of Southeast Asia and Caribbean Studies, KITLV Press, 2008, pp.66–68.

第六章　近代早期长崎城市的开港以及闭关的始末（1570—1640）

吉宗特地向前来江户拜谒的荷兰人询问了天体观测仪的使用方法，并且在同年 10 月将此仪器送往江户询问相关使用方法，可惜没有人懂得。1722 年，幕府下公文到长崎，希望荷兰人从本国或是巴达维亚带望远镜到日本来，从此，望远镜成为将军的御用品。此后，德川吉宗还命人询问长崎出岛中的荷兰人关于天象与潮汐之间的互动、彗星和其他星球、日食和月食、日本与荷兰的时间差等方面的问题。1716 年，幕府还让一位可能是西川如见的年老学者来到出岛，请荷兰人将他所携带的欧洲地图中的地名译成日文。次年，荷兰商馆的簿记员冯·德·威尔夫（Von der Werff）将地图翻译完毕以后，进呈给将军。以后幕府不断派人来出岛请荷兰人帮助解读世界地图上的地名。1718 年，幕府官员到访出岛，带来欧洲式样的船图，询问荷兰人造船以及航海等事情，以后他们还试图请荷兰东印度公司帮助日本人造船。1721 年，访问江户的荷兰人还为将军表演射击。德川吉宗还重视引进军用马匹以及欧洲的马术，曾经让荷兰人引进马匹约 30 匹，用以改进马种。德川吉宗在任时期，鼓励学习西方医学，设立药园，引进种植域外各种药草以及荷兰人熟悉的各种香料如胡椒树、豆蔻以及丁香等，在荷兰人访问江户的时候还让日本的医官向他们请教西医知识。在此期间，幕府还通过荷兰人进口各种珍禽异兽如虎斑犬、孔雀、鸵鸟、七面鸟、火食鸟、红雀、鹦哥、虎、麝香猫，等等。①

有少数荷兰人成为向日本传播西方学问的学者，他们也把关于日本的种种知识带到荷兰与欧洲其他各国。

恩格尔伯特·肯普费尔（Engelbert Kaempfer, 1651—1716）出生于德意志中部威斯特伐利亚利珀的莱姆戈，父亲是一位牧师，母亲也在教会工作。他早年在哈默尔恩、鲁嫩堡、汉堡、吕贝克和但泽等地接受教育，在克拉科夫毕业以后，去普鲁士的柯尼斯堡，用了四年时间学习了医学和自然科学。1681 年，他前往瑞典。1683 年，他作为瑞典驻波斯帝国使节的秘书前往东方，沿途访问了莫斯科、喀山、里

---

① 郑彭年：《日本崛起的历史考察》，第 219—223 页。

海以及今天的阿塞拜疆，1684年抵达伊斯法罕。一年多以后，瑞典使节准备回国，推荐他担任荷兰东印度公司驻波斯湾舰队的外科医生，1688年他随舰队去往巴达维亚，次年抵达当地。不久，他被任命为荷兰驻日本出岛商馆的副医官，在派往日本途中他还访问了暹罗，1690年9月他抵达长崎的出岛。在日本，他用了许多时间研究当地的植物，1691年2月，他探访了长崎的一些佛教僧侣，了解当地的植物。他是第一位向西方人描绘日本银杏树的学者，并且把树种带回欧洲。后来他写了《日本的花草》（*Flora Japonica*）一书。

肯普费尔对于日本的历史和现状极感兴趣，想加以研究和整理。由于日本方面与荷兰人接触的人员都遵守保密原则，互相监视，并且每年更换，因此获得日本的知识非常不易。他通过耐心地向日本人提供数学、天文以及文学方面的域外知识，赠送日本人葡萄酒等方式，获得了关于日本的历史、宗教、风俗等各方面的知识。他在长崎与一位非常聪明的日本青年保持了友谊，相互学习，此人很可能是志筑孙平（1677—1710），即《红毛火术秘传抄》和《炮术毒药秘密鉴》的作者。[①] 肯普费尔在日本待了两年，两度访问了江户，1692年携带了日本的各种珍本书籍、地图以及货币等回到阿姆斯特丹，莱顿大学授予他医学学位。后来，他回到故乡莱姆戈定居。他在1712年出版了关于植物学的巨著《异域采风记》（*Amoenitatum Exoticarum*），其中有关于日本的各种植物以及茶叶的叙述。不过，直至1716年去世时，他撰写的另外许多手稿仍然没有出版。后来，这些手稿由汉斯·史隆纳爵士（Sir Hans Slone）购得，运到英国。后由约翰·肖希查尔（John Scheucher）将部分手稿从德语译成英语出版，其中关于日本历史的两卷本题名为《日本史》（*History of Japan*）于1727年在伦敦出版，以后又有德语原版，法语、荷兰语译本。《日本史》分为五大部分：日本的地理、种族、语言、物产，政治历史，宗教情况，对外关

[①] Seiho Arima, "The Western Influence on Japanese Military Science, Shipbuilding, and Navigation", *Monumenta Nipponica*, Vol.XLX, 1964, Nos. 3–4. p.122.

第六章 近代早期长崎城市的开港以及闭关的始末（1570—1640）

系与贸易，两次从长崎到江户的旅行。此书在以后一百多年的日本锁国时代，成为西方人了解日本的最主要的知识来源。

查尔斯·皮特·藤贝尔格（Charles Peter Thunberg，1743—1828）出生于瑞典的延雪平，18岁的时候进入乌普萨拉大学读书，直接受教于"近代分类学之父"卡尔·林内（Carl Linnaeus，1707—1778），于1767年毕业。他拥有植物学、医学以及自然历史方面丰富的知识。在导师的鼓励以及启蒙运动思想的激发之下，他于1770年前往巴黎和阿姆斯特丹游学。当时，莱顿市的一名议员鼓励他前往东西印度收集植物以及动物标本，这是莱顿的植物园缺乏的。在这位议员的帮助之下，藤贝尔格进入荷兰东印度公司成为一名船上的外科医生。1771年9月，他出发前往东方。最初的三年，他在非洲西部海岸的科伊科伊人（Khoikho）中活动，也深入非洲的内陆收集动植物的标本。1775年5月18日，他抵达巴达维亚。6月20日，他就出发前往日本，8月，抵达长崎出岛的荷兰商馆。

藤贝尔格在出岛担任商馆的医生，他调查日本当地的人口等其他情况，与日本的译员建立良好的关系，告诉他们西方的相关知识，也从他们那里了解日本的植物知识、收集日本的稀有钱币。他利用机会在长崎地区采集动、植物标本，也于1776年陪同荷兰舰长去江户觐见将军的时候沿途采集动植物标本。在江户的时候，他耐心地解答日本学者如将军的侍医桂川（莆）周和小浜藩主的侍医中川淳庵提出的植物、医学和外科方面的各种问题。这两位医生对他从阿姆斯特丹、巴黎带来的医疗器具特别感兴趣。他也向日本的医生学习针灸的知识。1776年11月，他离开日本回国，先到爪哇，然后在1777年7月抵达锡兰，又在当地收集标本。1778年2月，他离开锡兰返回欧洲，1778年10月返抵阿姆斯特丹。不久以后，他去伦敦做了一次短暂的访问，见到了他的前任肯普费尔的手稿。1779年3月，他回到了阔别已久的祖国瑞典。

1776年，当藤贝尔格还在亚洲的时候，他已经被选举为瑞典皇家学会的会员。1791年，他当选为美国哲学学会的会员。1809年，他成为荷兰皇家学会的通讯会员。1784年,藤贝尔格的《日本的花草》(*Flora Japonica*)出版,1788年他的《游记》出版。1800年他的《日本植物图解》(*Prodromus Plantarum*)完成……1828年8月,他在乌普萨拉去世。

伊萨克·蒂进（Esac Tisingh, 1745—1812）是荷兰的学者、商人和外交使节。他出生于阿姆斯特丹,父亲是一位成功的外科医生,他自小就受到开明的教育,后来也成为一名医生,是阿姆斯特丹外科医生行会的成员,1765年他获得莱顿大学法学博士学位。1766年,他被委派去巴达维亚。

蒂进在1779年至1780年、1781年至1783年以及1784年三度担任长崎出岛的荷兰商馆馆长。他曾经两次率领荷兰商馆成员前往江户觐见德川幕府的将军,在江户认识了众多的幕府官员以及从事兰学研究的日本学者,与丹波福知山的藩主朽木左卫门等大名结为知交,一直保持通信联系。蒂进与具有开明思想的长崎奉行久丹后保持密切往来,后者请他前往巴达维亚招聘造船的技师,因为当时从长崎驶往大坂的运输铜的船只经常沉没。蒂进认为巴达维亚的荷兰技师很多,不如让日本人去那里学习造船。但是当时幕府禁止日本人出海,此事只得作罢。他在长崎断断续续总共待了三年零八个月,1784年11月底离开日本前往巴达维亚,1785年3月抵达当地。

蒂进在他写给欧洲同袍的大量私人通信中经常谈到日本的人文、宗教和社会风俗问题,他不仅是一位老练的商业管理者,也是一位具有丰富学问素养的学者,他懂得荷兰语、拉丁语、法语、德语、葡萄牙语、日语。他在日本收集的资料非常丰富,有图书、手稿、图画、城市地图和古代与当代的钱币,这些资料为后来的欧洲学术界创立日本学奠定了基础。他也敦促荷兰东印度公司派遣有学问的雇员到长崎的出岛来工作,改善欧洲与日本的关系。他还曾经将一些日本的古诗句翻译成拉丁文。设在荷兰的巴达维亚艺术与科学学院（Batavian Academy of Arts and Sciences）曾经出版过七篇由蒂进撰写的关于日本的论文。他在书信中向朋友们表达了一些很重要的价值观,比如对金

第六章　近代早期长崎城市的开港以及闭关的始末（1570—1640）

钱的鄙视、对知识的热切探索与追求以及对生命短暂的感叹，他不希望将时间浪费在一些无益之事上。

在 18 世纪的下半叶，日本也形成了一些所谓的"兰学学者"（Holland scholars or Rangakusha），他们有兴趣研究外国包括荷兰的学问。他们是一个社会成分复杂的群体，其中有医生、天文学家、流浪的武士甚至一些封建的领主。当出岛的荷兰商馆馆长以及随从获准前往江户觐见幕府的将军时，在江户以及京都的"兰学学者"有时被允许与他们见面。在长崎，他们之间见面的机会会更多一点，谈话也更加自由一点。[①] 蒂进曾经注意到他们中有许多人在很短的时间里就能够掌握荷兰的知识和学问，日本的幕府甚至允许一些"兰学学者"在他离开日本以后继续与荷兰人保持通信联系。锁国以后，西方的学术只能通过长崎的荷兰通词零星地介绍到日本。比如西川如见（1648—1724）的《华夷通商考》，就是作者通过长崎的荷兰人吸取西方知识以后的作品。新井白石是一位著名的儒者，但是他很注意西洋的学问，所著的《采览异言》和《西洋纪闻》就是在幕府逮捕意大利传信部的传教士西多蒂以后，他依靠主持审讯时所获得的西方知识写成的。幕府将军德川吉宗允许非基督教的西方书籍进入日本以后，他看到了荷兰出版的天文学书籍，决定派人翻译。他命令青木昆阳（1698—1769）、野吕元丈（1693/1694—1761）学习荷兰语。青木昆阳的门人丰前中津藩的医生前野良泽（1723—1803）在学会了 700 多个荷兰词条以后，就会同若狭小浜藩的医生杉田玄白（1733—1817）和中川淳庵（1739—1786）一起翻译荷兰的解剖书籍，经过四年的努力，在 1779 年出版了《解体新书》。这是日本首次出版的荷兰书籍的译本，在兰学史上是一个划时代的转折点。杉田玄白的门人大槻玄泽(1757—1827)编写了学习荷兰语的入门书《兰学阶梯》，为兰学的昌盛开辟了道路。大槻玄泽的门人稻村三伯与另外三人合作，以弗朗索瓦·海尔玛（François Halma）的《荷法辞典》为蓝本编写出版了《海

---

①　C.R. Boxer, *Jan Compagnie in War and Peace: 1602–1799*, p.89.

尔玛和解》，再次为促进兰学的昌盛作出了贡献。幕府后来还设立了"蕃书和解御用"的译书局，专门从事兰学的翻译工作。[①]

知识的输入带来思想的变化。在"兰学学者"中有一些重要的人物如海保青凌（1755—1817），是江户后期的经济学家，著有《稽古谈》《万屋谈》《升小谈》等书籍，他批评主张锁国的儒家学者，大凡儒家多为经书所蒙蔽、双目毫无所见，只讲蠢话。儒者先生讲礼乐虽滔滔不绝，但一谈政事，则萎缩墙角，默默无言。他非常关心武士阶层的贫困以及改革幕府藩政的财政等社会实际问题。他认为武士阶级只懂得儒家提倡的愚忠，对于自己所处的社会环境并不了解，通晓武士之真情者乃为商人。他认为武士贫困的种种原因是他们拘泥于传统的愚忠而不愿正视社会的现实。他提倡人生的万事都是基于买卖交易，所谓的君臣关系也是一种契约而已。另一位兰学学者山片蟠桃（1746—1821）在他所著的《梦之谈》中提倡无神论和唯物主义，否定不合理的超自然的东西，他批评儒家学者的复古国学，称"奇说古今罕见，其智可及，其愚不可及"，提出"不必怀疑西洋之术"，不过道德方面又觉得"应取之古圣贤"，表现出一种矛盾的态度。[②]

本多利明（1743—1821）是一位有独立思考的兰学家和经世家。他出生于越后国，父亲为武士，据说因为杀人逃匿于当地。他是家中的次子，不需要继承父业，所以有参与公共事务的野心。他家乡的地理位置也促使他很早就关心北海道的情况。18岁时，他来到江户，师从著名数学家关孝和（1642—1708）的弟子今井谦庭（1718—1780），钻研数学、天文以及剑术。后来他周游日本，调查各地的地理、风俗、供需等事情，发现当时的日本社会在锁国之下异常贫困、盗匪横行，杀婴的现象也很普遍，他从此立志于政治、经济以及社会问题的研究。他在思考以后认为解决之道就是发展贸易，不仅是国内的贸易，还要以世界各国为对象。他认为拓展贸易的第一步就是要掌握航

---

① 坂本太郎：《日本史》，汪向荣、武寅、韩铁英译，中国社会科学出版社2008年版，第324—325页。
② 伊文成、马家骏：《明治维新史》，辽宁教育出版社1987年版，第193—194页。

海技术，他自己苦读荷兰语，着手翻译荷兰文的航海技术著作。他的荷兰文水平可能不是很高，但是能够自如地理解航海图中标明的小段文字。他从朋友水户藩修史局的学者翠轩那里得到一些关于基督教的禁书。1801 年，他曾经乘船考察过北方，但是后来觉得那里过于荒凉，没有开发的价值。1809 年，本多利明成为加贺藩藩主的外事顾问，不久离开当地，但是藩主却一直理解和支持他。他后来还是去了江户，有一批来自加贺的武士纷纷前来投靠他。他曾经向幕府建言。其著作颇丰，但是生前没有公开发表，绝大部分作品都作于 1790 年至 1800 年的十年间，如《虾夷拾遗》（1789）、《虾夷土地开发愚存之大概》（1791）、《关于虾夷开发的上书》（1791）、《自然之道之辩》（1795）、《西域物语》（1798）、《经世秘册》（1798）、《经济放言》（1800）、《河道》（1800）、《长器论》（1801）等。

本多利明在《经世秘册》中列举了当时日本需要解决的"四大当务之急"，那就是火药、金属、海运以及殖民。他关注火药，不仅着眼于军事，而是要以此来开矿、修筑运河以改善运输以及治水；金属首先是从海外进口贵金属，同时在国内开采价值较低的金属，以此替代容易腐烂的木材并防止火灾。海运以及殖民则是他一贯主张的重点。他还认为，日本的发展应当充分顾及本国特殊的地理位置，不能照搬中国这样的大陆国家的经验。他极力强调海军的重要性，这样可以保护商船队的运输。他说荷兰与英国的繁荣就是因为这两国强大的海外贸易事业，日本应当建造庞大而坚固的船只以满足远洋贸易的需要。日本的舰长应当掌握复杂的航海技术，能够驾船驶入任何一个外国的港口，这样才能做到"以己之所有换己之所无"。本多利明认为，海运不能完全依赖于商人，因为他们太过于顾及一己之私利，如果让他们掌握江户的粮食命脉，可能会饿死许多人。如果由幕府直接控制粮食等物资的海运，就能够从民众的利益出发加以调整。他注意到有许多地方粮食过剩，但是运不出来，因此要以火药清除河流中淤积的石块，修筑运河，由幕府调度将粮食运输出来，这样饥馑以及粮食过剩的问题都可以解决。他认为一旦解决了粮食的问题，杀婴的社会陋习就会消亡。不过,由于日本国土面积太小以及人口的增加,即便所有的土地都变成耕地,也可能满足不了国内的需求,解决的唯一之道就是从事海外的扩张,增加可以耕作的土地面积。扩张先从日本临近岛屿开始,远的可至北美洲。本多利明认为日本社会应当保留等级制度,但是官员的升迁应当多考虑到能力而不是身份,商人应当置于幕府的监督之下,而不是仅仅教他们懂得儒家的礼义廉耻。他对于农民十分同情,这是来自他早年艰辛的经历。他在经济上非常务实,虽然他并不偏废伦理,但是更加注重政策效果。他认为当政者除了关心儒家伦理道德以外,还必须是手段高明的科学家,应当懂得现代文明带来的新技术。他的著作中没有歌颂中国古代的帝王和圣贤,对俄罗斯叶卡捷琳娜女皇倒是推崇备至。他认为日本应当在对外贸易、人口问题以及海外殖民三个方面效法俄罗斯。他不太关注长崎的贸易,认为幕府将贸易收缩在长崎一个口岸,实际上是一种倒退的行为。①

另一位对后世产生重要影响的著名兰学学者是画家司马江汉(1747—1818)。他早年学习过制作刀和刀柄,后来学习和模仿浮世绘画家铃木春信的作品,以后又学习中国绘画,其画作赢得了声誉。1763年,他遇到了醉心西洋画的平贺源内,开始向他学习西洋的油画。他十分钟情于描绘富士山,希望从各个不同的角度去展示富士山雄伟壮观的风貌。当时,注重中国画风的日本画家或者不关注富士山,或者他们所画的富士山是想象中的而不是真实的。司马江汉则希望描绘真实存在的这座名山,准确表现这座灵山的真实之美。他认为只有荷兰的画法才能够真正画出富士山。他还认为,西方的绘画不是像书法那样属于艺术爱好者修身养性的行为,而是"为国家作出贡献的一门工具"。1780年前后,他追随前野良泽、大槻玄泽学习荷兰语。1783年,司马江汉重新发现了葡萄牙人带来的蚀刻画技术,开始试着学习制作铜版画。他从访问江户的荷兰使节蒂进那里得到了杰

---

① 唐纳德·金(Donald Keene):《日本发现欧洲,1720—1830》,孙建军译,江苏人民出版社2018年版,第100—116页。

第六章 近代早期长崎城市的开港以及闭关的始末（1570—1640）

拉德·雷瑞思（Gérard de Lairesse）的《画家必携》，从此学习油画。1788年，他下定决心到长崎学习油画，当时那里有一批洋画家。回到江户以后，他写了日记体裁的游记。他是第一位在日本自学西方风格的蚀刻画的艺术家。司马江汉主要生活在江户，但是有机会接触到"兰学"。他也是一位致力于将哥白尼和开普勒天文学知识普及给大众的学者。他在1796年编撰的《和兰天说》中，似乎相信天动说，只是在结论部分又说同意哥白尼的地动说。但是，到1808年编撰出版了《刻白尔天文图解》后，他按照哥白尼的学说手绘了一本世界地图和天体图，其中太阳、地球以及月亮的位置都是按照哥白尼的理论安排的。此书在说服日本知识界接受地动说的过程中发挥了重要的作用，而当时日本人中以佛教须弥山的世界观解释世界与宇宙的传统观念仍然非常普遍。①

司马江汉完全意识到，在当时江户幕府提倡"新儒学"的沉闷的社会文化气氛中，他个人所拥有的那种独特的创造性。他不加掩饰地宣传西方文明中技术、艺术的优越性，他承认西方的学问是优秀的，是"中国和日本都没有的学问"。他认为西方各国都能够"学格物穷理，不为天性空言，虚谈妄说……且万巧精妙，为他州所不及"。他的见解部分体现了当时日本商人阶层的要求，反对过度的身份等级制度，提出了人人平等的观念。他说，在西方国家，"贵者天子侯，卑者农夫商工，然若由天定之，同为人也，非禽兽鱼虫"。又说，在日本，"天子与我们都是同样的人"，"上至天子将军，下至农工商、非人、乞丐，皆人也"。②他严厉地谴责传统的日本人没有阳刚之气，偏爱传统宗教虚幻的外表，放弃活生生的生活与科学的真理。他所说的西方各国的"格物穷理"与儒家的不同，这是指他所介绍的哥白尼新说以及欧洲近代的科学和理性探索的精神。他在谈到"格物穷理"在

---

① 神户市立美术馆、町田市立国际版画美术馆、神户新闻社主编：《司马江汉百科事展》，神户市立博物馆出版，1996年，第150—151页。
② 见司马江汉所著《春波楼笔记》等，转引自伊文成、马家骏：《明治维新史》，第194—195页。

制度上的表现时，提及欧洲国家的人才录用制度、教育制度、救济院、孤儿院以及医院等社会设施。他指出欧洲也有社会等级制度即诸侯与庶民之别，但是欧洲人通过"格物穷理"弄清楚了"若有天定则同为人类而非禽兽"的道理。因此，王侯与庶民的差别与日本有所不同。他举例说，荷兰的绘画中就没有轿子，人们行走使用的是马车，御者坐在车前，"可知无使人作牛马之事，人敬人如是"。[①]司马江汉对于基督教有强烈的好奇心，觉得基督教或许弥补了西方科学中欠缺的内容。同时，他也认为基督教或许与佛教是同源的。他不喜欢儒家思想，认为它偏于保守，同时认为日本传统的神道教流于简陋。最终，他陷入了虚无与厌世的精神状态。总之，司马江汉虽然是一位技艺高超的画家（其画风对于葛饰北斋具有重要影响），不过许多人认为其作品的意义远远超过艺术本身，具有深刻的社会内涵。身处极为严厉的锁国时代，他也是一位敏锐和具有宽广胸怀的思想家，堪称明治维新后的思想家们的启蒙者和先行者。[②]

与日本后来明治维新时代提倡学习西方思想以及技术的先驱者不同，"兰学学者"是一个较小的知识群体，他们的受众主要在江户以及京都等大城市，他们的书籍，如司马江汉等人的作品，都要得到幕府的批准才能出版。

兰学的发展在菲律普·弗朗兹·西博尔德（Philipp Franz von Siebold，1796—1866）事件以后遭遇到挫折。西博尔德出生于德意志南部的巴伐利亚州沃尔兹堡的一个知识分子家庭，其祖父、父亲以及叔叔都是沃尔兹堡大学的医学教授。1815 年，他在沃尔兹堡大学学习医学，以后他也学习了动物学、植物学、民族学和人种学，对于东方研究怀有兴趣。1820 年毕业以后他成为荷兰驻东印度陆军的军医。1822 年，他被荷兰王国政府任命为荷兰驻东印度陆军医院的外科军医少佐。1823 年 8 月，他以荷兰在长崎出岛商馆医生的身份抵达长崎，

---

① 杉本勋：《日本科学史》，郑彭年译，商务印书馆，1999 年，第 239 页。
② 唐纳德·金（Donald Keene）著：《日本发现欧洲，1720—1830》，孙建军译，第 69—72 页，第 89—91 页。

第六章　近代早期长崎城市的开港以及闭关的始末（1570—1640）

当时他才 27 岁，风华正茂。由于他精通外科、眼科以及妇产科，来到长崎以后，许多日本的译员以及医生都来登门求教。他治愈了当地一位有影响的官员，获准在出岛以外的地方做一点事情，并且应日本患者的要求上门为他们治病。

一年多以后，西博尔德得到长崎奉行的批准，在长崎郊外的鸣泷开设了一家诊所兼学塾，称为"鸣泷塾"。当时来到这里学习的学生有 57 名，不仅有医学生，还有慕名而来的有为青年。这些学生在西博尔德的指导之下学习荷兰语，并且以欧洲实证科学的方法研究学问，写作论文，比如有美马顺三的《日本产科问答》、高良斋的《日本疾病志》、冈研介的《大和事始》、高野长英的《南岛志》以及石井宗谦翻译的《日本昆虫图说》等。这是近世日本人第一次用欧洲的方法研究日本的历史和现实问题，在日本文化史上具有划时代的意义。当时，他为人治病，并不接受钱款，心怀感激的治愈者们就赠送给他一些物品和文物，他由此收藏了许多日常家用品、版画、工具，以及植物种子、动物等，并且将它们做成标本，这就成为他日后的民族志收藏的基础。后来，他还请了本地的画家将这些动植物以及日常用品的制作方法描绘下来，还付钱给三名职业猎人捕捉珍稀动物并做成标本。他最感兴趣的就是研究日本的动植物。西博尔德本人对于日本的研究，在规模和深度上都超过了以前的肯普费尔与藤贝尔格。他利用一切的机会通过译员、学生以及朋友收集日本的各种资料，他本人也在前往江户觐见将军的时候携带着气压表、温度表、测量仪，收集各种数据，沿途也收集日本的各种动物和植物标本。

1826 年，西博尔德跟随荷兰商馆馆长访问江户觐见幕府将军的时候，从虾夷地的探险家最上德内（1754—1836）处借了虾夷等地的地图加以复制。他还与幕府的天文方兼书物奉行高桥景保有交往，并且秘密交换学术资料。高桥景保是身居高位的学者，当时拥有最高的科技方面的头衔御用天文学学者（天文方笔头），也被公认为日本满语研究的奠基人，同时也具有丰富的兰学知识。他经常访问长崎出岛的荷兰人，荷兰人甚至给他取了荷兰名字——约翰内斯·格罗皮乌斯（Johannes Globius）。就在西博尔德访问江户的这一年，他认识了高桥景保。当时，西博尔德三十岁，高桥景保四十一岁，他们惺惺相惜，乐于向对方学习。高桥景保从西博尔德处得到了 A.J. 克鲁森斯藤（A.J. Krusensten）的《世界环航记》以及《荷兰王国海外领土全图》，西博尔德则从高桥景保处得到伊能忠敬（1745—1818）的《日本舆地图》的缩图以及最新的《虾夷图》。高桥景保知道将地图交给外国人要被幕府处刑，但是为了日本能够得到克鲁森斯藤的作品铤而走险，他将伊能忠敬的地图给了西博尔德，还有一幅他自己绘制的比例尺为1∶432000 的虾夷图等。西博尔德在回到长崎以后，继续与高桥景保通信联系，他们之间的来往引起当局的怀疑，1828 年，有人告密，幕府就对他们侦查。同年，西博尔德任期将满，他将收集到的资料打包放入回国的船只，9 月 17 日，该船在九州沿海遇到台风，在稻佐海岸搁浅。长崎奉行在检查船只时，发现有违禁品（将军的家服、士兵的武器和画像、插图本《源氏物语》、日本的造船工具以及图片和一些日本的图文）。11 月，高桥景保在江户被捕，幕府得知西博尔德收藏有伊能忠敬的地图，勒令西博尔德交出。西博尔德在复制以后交出地图。次年 3 月，高桥景保被囚死在狱中，他的尸体一直被浸泡在盐水中等待判决。一年以后，幕府才宣布他的罪状，将尸体拖出斩首。[①]他的两个儿子被流放孤岛，他的弟子 50 余人以及天文方的一些低级官吏和译员受到不同程度的处分。经此事变，许多兰学的学者噤若寒蝉，兰学的研究也一蹶不振。1829 年 10 月，幕府公布对西博尔德的判决，将他驱逐出境，禁止再来日本。[②]

1831 年，西博尔德在欧洲将他的收藏公之于众，他在荷兰的家中建立了一个小小的博物馆，它成为后来莱顿的国立民族志或文化人类学博物馆的基础和前身。他回国以后出版了《日本动物志》《日本植物志》以及巨著《日本志》，其第一卷中有丰富的关于日本的民族、

[①] 唐纳德·金（Donald Keene）：《日本发现欧洲，1720—1830》，孙建军译，第 162—164 页。
[②] 郑彭年：《日本崛起的历史考察》，人民出版社 2008 年版，第 258—260 页。

第六章　近代早期长崎城市的开港以及闭关的始末（1570—1640）

民俗以及地理知识的插图。《日本志》一书，比肯普费尔的《日本史》所涉及的范围更广，不仅包括日本的动植物，还有日本的自然、风土、地理、历史、民俗等方面，甚至涉及虾夷、朝鲜以及琉球等国家和地区，代表了当时欧洲对于日本介绍的最高成就。

三十年以后的1858年，当时已经开国的日本与荷兰签订友好通商条约，幕府赦免了西博尔德的罪名。1859年，西博尔德作为荷兰贸易公司的顾问再度踏上日本的土地，他受到三十年前的许多故人及其后代的热情款待。可以想见，这些熟悉的故人故事，一定不时唤起他对当时的悲剧事件的回忆。此次他在日本居住了三年多，幕府聘请他为外交顾问。1863年他才回国，1866年他在德意志的慕尼黑病逝。①

长崎绘　在出岛的"红毛人"以及荷兰东印度公司的船只在长崎港口的出现会给一些长崎当地土生土长的画家带来艺术的灵感，他们创作了许多所谓的"长崎绘"（Nagasaki-e）画作，其主题就是描绘来长崎的荷兰船只和中国船只（主要是前者），长崎港口与出岛的风景，还有来出岛经商和工作的荷兰商人与白人妇女、舰长、海员的生活，以及他们与当地日本人（通词、工人以及游女）的交往，还描绘了一些来自域外的动物如大象、骆驼、鸵鸟以及火鸡等。有时也描绘中国的商人与海员的生活，还有就是城市的地形图、港口和山海的风景、古代战役。"长崎绘"最初出现在1720—1750年代，现存最早的"长崎绘"大约是1740年代的作品。这些画作是以木刻版印刷制作的彩色图画，色彩艳丽明亮，带有某种"乡土气"，是当时的一种"流行艺术"，主要出售给来访者与旅行者，产量很大，市场也很大。由于它们是木刻制品，所以可以不断地被重印，题材也不断地重复出现。当时的长崎有许多中国人在活动，也有中国的佛教寺庙的存在，有一些艺术史家也在探讨"长崎绘"与中国的"年画"以及"苏州版画"之间的某种联系。"长崎绘"最主要的表现主题还是"阿兰陀人"与"阿兰陀女人"（也就是荷兰男人和女人）的形象，这些异域的人物

---

① 唐纳德·金（Donald Keene）：《日本发现欧洲，1720—1830》，孙建军译，第161—164页。

形象或是来自画家直接的观察，或是来自进口的图书以及瓷器上刻画的外国人画像。比较特别的是有时"长崎绘"上的外国人物不是全身像而是半身像。从18世纪50年代至19世纪50年代，长崎有几间画坊是专门绘制和出版印刷"长崎绘"的。它们是18世纪40年代中期开设的"针屋"、80年代开设的"丰岛屋"、90年代的"文锦堂"和"大和屋"等。"长崎绘"不仅在长崎，而且也在江户和大坂等地出售。与"浮世绘"相比，"长崎绘"在品质上低一些，在价格上也便宜一点。

最早出现的"长崎绘"是一种全景俯瞰式的长崎地图或者说是地志画，它们可以起到长崎导游图的作用。画中往往有长崎的港口、到港或者离港的荷兰与中国船只；山形和房屋的样子有不同的变化，出岛总是被画在显著的位置。这种画流行的时间很长，一直深受人们喜爱。早期大部分"长崎绘"都没有画家的签名，后期有一些画作是有签名的，其中一位最著名的画家是川原庆贺（1786—1860），他在1823年至1829年间与西博尔德有密切的交往，后者在日记中也记录了他是如何学习西方风格的绘画的。川原庆贺的儿子田口卢谷（1818—1870）也是一位画家，跟随其父亲的画风。其他的"长崎绘"画家还有松尾谷鹏（？—1809）和林子平（1738—1793）等。

锁国时期长崎特殊的地位造就了独特的"长崎绘"的特征，即以描绘日本与荷兰的商贸以及出岛荷兰人的生活为其主要的题材。它们是长达200年的日本与欧洲贸易与文化交往的历史见证。随着日本在19世纪的开国，其他许多向西方国家开放的港口不断地崛起，长崎逐渐失去了它往日的地位，"长崎绘"作为一个独特的画种也就逐渐地衰落下去了。[①]

"唐人""唐船"与"唐人屋敷" 历史上的长崎还是一个有很多中

[①] Matha Chaiklin, "Off the block: A new look at the Origin of Nagasaki print" in *Andon no 66*, Leiden: Society of Japanese Arts, July, 2000, pp.13–17. Cal French, "More Views from the Port: Souvenir Print of Nagasaki", in *Through Closed Doors: Western Influence on Japanese Art, 1639–1853*, Kobe City Museum of Namban Art, 1977, Chapter 3, pp.59–94.

国人聚集的城市。1587 年，丰臣秀吉在统一九州并查禁基督教以后，开始组建舰队沿着海岸线清剿海盗，他将此事委托给自己的家臣，让他们在海上追捕海盗的船只。丰臣秀吉清剿海盗的目的之一就是要让日本与中国的海上贸易变得通畅起来。从 1588 年至 1592 年，有许多中国人的船只（日本人称之为唐船）再次陆陆续续来到长崎贸易，后来日本军队入侵朝鲜破坏了早期中国人在长崎的贸易，因为朝鲜人请求中国明朝的军队援助他们驱逐日本人，明朝派遣了大批的军队进入朝鲜作战，于是中国商人与日本人的贸易再度受到限制，似乎再也无法完全恢复了。

明朝末年以后乃至清朝康熙统一台湾以后，随着中国的海禁政策逐渐地放宽，有一些来自福建（可能来自泉州和漳州）、浙江和江苏等地的沿海中国商人开始来到距离中国不太远的日本经商与定居，他们数以千计，甚至与当地的日本妇女结婚生子。这些人居住的地方被称为"唐市"，载着他们来到日本的中国船只被称为"唐船"。自明末以来渡海来到日本的中国海商开始时主要访问的是日本沿海的三个港口——鹿儿岛的坊津、花旭塔津即福冈县的博多津和三重县的洞津即今天的津市（"津"在日文中就是港口的意思）。其中的博多津是中国海商云集之地，该市的箱崎形成了规模宏大的唐人街，中国人在这里定居、结婚、生子，慢慢地他们也就逐渐与当地的文化融为一体了。①

从 17 世纪初年开始德川幕府逐渐禁止日本人与欧洲人特别是天主教传教士的交往以后，幕府逐渐地将来日本的中国商人限制在长崎定居。但根据 17 世纪长崎本地史料的记载，第一艘来自福建的船只来到长崎湾是在 1562 年。这艘船是由一对吴姓兄弟指挥驾驶的，他们停泊在当地一个无人停泊的地方，后来他们居留了下来，活跃于贸易事务，并且在长崎终老，葬在当地。从中国福建等地来到长崎的走

---

① 松浦章：《清"展海令"的实施与长崎唐馆设置的关系》，徐纯均译，曹婷、刘丽婷校译，《海交史研究》2020 年第 1 期，第 98—99 页。

私商人人数众多，而且是随着季风季节性地来到长崎，他们与当地的地头合作，将中国的货物输入长崎。当时的记载显示，这些来自福建沿海地区的中国走私商人有许多人是当地富族的养子，这些富有的家族一直有收留这些被弃养的穷人家男孩的传统，将他们抚育成人，再让他们出海从事贸易活动，至于他们在海上的死活就只能听天由命了。他们从事贸易所获的利润流入这些家族。至于这些富裕家族自家的孩子是不会去海上冒险的。①

这些来到长崎的中国走私商人后来留居在长崎，一直居住到17世纪30年代以后。他们中有一位名叫欧华玉（音译，Ou Hua-yu）的福建商人，与他的哥哥一起，成为福建人在长崎的领袖人物，他们是在1595年或者1596年来到长崎从事贸易并且居留在当地的。1599年，他们在长崎湾西边沿海的一个村子里为当地的中国人建立了一块墓地。1597年，中国人还在长崎建立了一座净土宗的庙宇慎吾寺（Goshinji）。这是耶稣会士在长崎建立他们的基地以后第一座非基督教的宗教建筑物。后来，人们给这座寺庙起了一个绰号叫"响箭"，象征佛教徒从这里向基督徒发动攻击。这座寺庙后来被奉献给妈祖——中国人的海上保护神。1614年以后，这个寺庙里妈祖的神龛被迁移到长崎城市里面，不过不知道什么原因后来又被迁移到立山的山脚之下。

1604年，日本当局设立了第一位懂得中文的"唐通事"，这是幕府设在长崎的汉语翻译官。"唐通事"有大通事、小通事、稽古通事、内通事等职位，办事机构称为"通事会"，设在后来建立的"唐人屋敷"之内，专门协调中国商人与长崎当局的关系，其职位大多由中国人在当地出生的子孙担任。幕府还专门设立了唐年行司，这是在长崎负责对华贸易中的手工业行会事务的官员。

当时中国商人在沿海的分布范围非常广泛，其贸易活动也十分活

---

① Reiner H. Hesselink, *The Dream of Christian Nagasaki, World Trade and the Clash of Cultures, 1560–1640*, p.42.

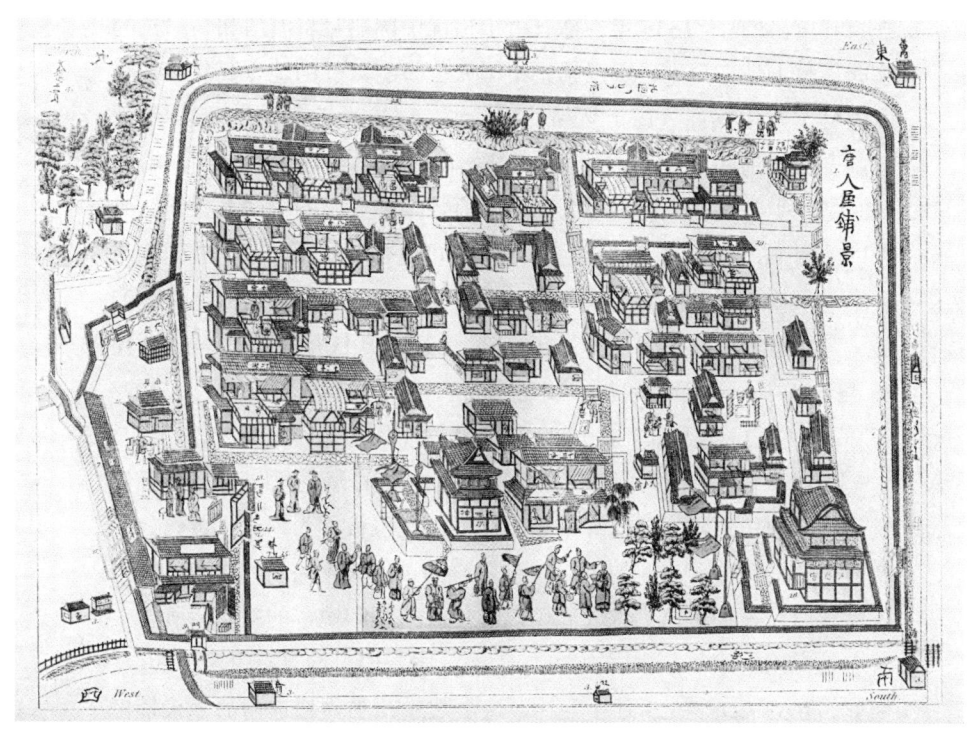

第六章　近代早期长崎城市的开港以及闭关的始末（1570—1640）

唐人屋敷

跃。1609 年，幕府将荷兰人的贸易活动限制在平户，同时也曾命令去九州各地的中国人必须集中到长崎，但是两个月以后撤销了这道禁令。1616 年，幕府将所有欧洲来日本的船只限制在平户和长崎两个港口通商，它们不可以去这两个港口以外的其他地方停泊。关于中国的唐船，据日本历史学家大庭修的记录，其数目大致如下：1612 年抵达平户 70 至 80 艘，1614 年 6 月以前有 60 至 70 艘。[1] 随着幕府禁止欧洲人来日本的意愿逐渐强化，1630 年以后，来自中国的船只数量相对大大增加了，中国人开始更多地出现在九州沿海各地。1631 年，大约有 70 至 80 艘中国的平底船访问长崎、萨摩以及琉球，其中大部分是

---

[1]　大庭修：《江户时代日中秘话》，徐世虹译，中华书局 1997 年版，第 18 页。

去长崎贸易的。①1635 年，幕府由于担忧中国船只将澳门和马尼拉的欧洲传教士带来日本，所以禁止中国人去长崎以外的地方贸易，长崎成为日本与中国商人海上贸易的唯一城市（在此前的 1631 年，丝割符制度已经适用于中国的船只）。开始的时候，中国船只来到长崎的时间是不受限制的，但是不久以后幕府规定来长崎的中国人必须在冬天以前回去，1639 年，又规定中国人不可以带妻子来长崎，中国人与日本的贸易活动由长崎奉行管制。1641 年，来长崎的中国船只为 97 艘（其中郑氏船 6 艘）、1666 年 35 艘（其中郑氏船 11 艘）、1670 年 36 艘（其中郑氏船 18 艘）、1676 年 29 艘（其中郑氏船 7 艘）、1678 年 26 艘（其中郑氏船 7 艘）、1681 年 9 艘（均为郑氏船）。②

当时中国船只带到日本的货物，最主要的是生丝，其品种有白丝、黄丝和仿造丝。浙江省湖州出产的白丝也被称为湖丝；黄丝分别产自广东省和山西省，但是以越南东京的黄丝为上品。日本的丝商购入生丝以后再销售出去，人们用以制作刀条带和铠甲的腿裙，所以生丝也是常用的军需品。以 1630 年为例，中国船只给日本带来 30 万斤生丝，1633 年带来 25 万斤生丝。这个数量几乎要超过葡萄牙人带来的生丝数量。直到 1715 年以后，生丝的进口才逐渐减少。纺织品中最受日本人欢迎的是绢织物、纱绫、丝绸、缎子、纱等。棉织品也是进口的商品，分为有印花的和没有印花的两种。药材是从中国进口到日本的重要商品，最主要的是人参和朝鲜人参，日本人认为它们有治百病的功效。其他进口较多的有山归来、大枫子、槟榔子、大黄、杏仁、甘草、茴香、苍术、没药和乳香。江户时代比较保守的儒家学者提倡节俭，曾经要求减少进口商品，但是他们没有否定进口药材的必要性。砂糖也是比较重要的进口商品，品种有白砂糖、黑砂糖（乌糖）和冰糖。中国的船只经常将砂糖堆积在船舱底部运来日本。矿产进口比较多的是锌以及明矾，明矾是用于对原色木料进行染色的，所

---

① C.R. Boxer, *The Great Ship From Amacon, Annals of Macao and the Old Japan Trade, 1555–1640*, p.126.
② 大庭修：《江户时代日中秘话》，徐世虹译，第 18 页。

第六章　近代早期长崎城市的开港以及闭关的始末（1570—1640）

以也是染料。此外，铝、水银和锡也有输入。染料有苏木、胭脂、涂料和用于瓷器绘画的茶碗药。皮革类有鹿皮和鲸鱼皮。中国纸（唐纸）有竹纸、朱砂纸、白檀纸等。另外还有许多书籍，承担书籍运输的主要是来自南京以及宁波的船只。①

幕府欢迎中国船只的到来，用意不仅在于直接建立与中国商人的贸易，而且也在于希望通过中国的船只进口东南亚的香料、象牙、椰子等货物。"朱印船"被禁止以后，航行于海上的中国船大致上分为三类：口船（来自南京、宁波、厦门），中奥船（来自广东东部与南部），奥船（来自泰国、东京即安南北部、占城、柬埔寨、印度尼西亚等地）。奥船就是从事东南亚转口贸易的，从它们出发的地点又被称为东京船、柬埔寨船，实际上都是中国商人驾驶的船。幕府认为与中国商人维持贸易联系是日本不可或缺的。②他们也要求中国船提供"唐船风说书"，中国船输入的书籍是德川时代日本了解和吸取中国文化的主要途径。到了幕府末年，中国船只带来的汉译西书也使得日本的有识之士从中得到启迪。

1635 年，有 4 888 名中国人来到长崎居住。后来，除了商人以外，还有许多前来皈化的中国人也来到长崎居住。③1641 年抵达长崎的 97 艘中国船只中，有 2 艘来自柬埔寨、3 艘来自南圻、3 艘来自北圻，都是东南亚的海域。随后几年，还有来自暹罗与其他国家、地区的唐船抵达长崎。④1689 年，长崎正式划定了中国人居住区。⑤

唐船在驶进长崎的海面以后，在长崎湾的最前端野母岬，就有专门监视海面的小吏远见番见到唐船驶来，他立即飞马报告，唐船暂时在港外海面的固定位置抛锚等候。长崎奉行在得到报告以后，另引水

---

① 大庭修：《江户时代日中秘话》，徐世虹译，中华书局 1997 年版，第 26 页。
② 井藤让治：《江户开幕》，刘晨译，第 163 页。
③ Rebekah Clements, *A Cultural History of Translation in Early Modern Japan.* Cambridge: Cambridge University Press, 2015, p.18.
④ 亚当·克卢洛（Adam Clulow）：《公司与将军：荷兰人与德川时代日本的相遇》，朱新屋、董丽琼译，第 201 页。
⑤ L.M. Cullen, *A History of Japan, 1582–1941, Internal and External World*, p.40.

513

员随同远见番驾船出迎,然后用绳索牵住唐船,以数十只小船引唐船入港。如果此时是下午四时以前,长崎奉行所的检使便和唐通事、唐年行司、宿町、付町登船。唐通事将书写有禁止基督教的告示挂在桅杆之上,朗读以后让船上所有的中国人知晓。接着,他们要询问乘船者的启航地点,让他们拿出载货目录以及信牌,然后还要一一踩踏"踏绘",以表明他们不是基督徒。第二天开始卸货,此时船头和检使参照目录核对货物以后加以封印,堆藏在别的地方,日本人称之为"丸荷役"。接着,唐船上的中国人再将船上的菩萨、妈祖等神像抬上岸来,排好顺序安放在中国人的寺庙里面,祭拜完毕以后中国人就被安排居住在"唐人屋敷"。空的船只经过检使封印火炮以后,由船番所的官吏看守。入港以后的第三天,开始所谓"精荷役",即有长崎奉行所的役人逐一统计货物的种类、数量,做出账目,这样可以确认货物的总量。接着,长崎奉行过目样货,此称"大改",过目以后就允许交易了,即有有意购货的商人前来"看货"。商人一旦同意交易,长崎奉行会同唐船头就各种货物拟定价格,如拟价不一致,唐船可以将货物载回。拟定价格以后制成拟价账,次日或者数日后就可以正式开始交易了。①

早期中国商人居住在长崎市内,日本当局采取的是"宿町"和"附町"的管理制度。"宿町"是指提供前来日本的中国商人住宿的地方,同时在町里日本当局也协助他们进行生意买卖的中介或者收取手续费等相关事务。1666年以后,宿町与从旁辅助的附町是由各个町来轮流担任的。据《长崎实录大成》第十卷《唐人船宿并町宿附町之事》记载:唐船入港时,长崎市中人将其家作为船员的旅馆,让一船唐人寄宿其中。作为报酬,其屋主能够得到唐船带来的布匹、药材等物。因此这些船宿的主人看到唐船入港的时候,就会乘小船前往迎接,与船上人约定来自家居住。唐人方面也会出具前往某某家居住的字据。这种住宿方式被称为"差宿"。如有入港的船员不知入住船

---

① 大庭修:《江户时代日中秘话》,徐世虹译,第28—29页。

第六章　近代早期长崎城市的开港以及闭关的始末（1570—1640）

宿之人，或是提交字据与住宿地、屋主姓名有异之时，以及有漂来船只时，长崎当局就会在总町中划出一定的区域，令唐人依次居住，这种住宿方式被称为"宿町"。之后，1666 年，"差宿"被废止，所有入港船只的船员均要按照制定好的宿町与附町顺序留宿。船头和有职位的船员住在町长家中，其他船员则分散居在各家。町会收取住宿费用，其余分配给总町。①

明朝政府自 1547 年以后执行的是禁海的政策，后来的清朝政府为了防止华中以及华南沿海地区的居民与明朝残余势力特别是郑成功的反清力量相联系，也执行了迁界令。因此，这段时间来日本的中国商人还不是很多。直到 1684 年以后迁界令废除，才有大量的唐船来到长崎，长崎奉行决定限制中国人居住的地点。

1688 年，长崎当局正式在城市北面的山地上兴建"唐人屋敷"，于 1689 年完成，有 20 多座长屋，可以居住 2 000 至 3 000 人。从那时起，赴日本贸易的中国商人就不再在市中心寄宿和停留了。这些建筑工程都是由长崎当局出资给町来建造的，町再由华商支付租金来偿还建造资金，全部偿还完毕之后，租金就成为町的收入。"唐人屋敷"的面积开始的时候大约 26 400 平方米，1760 年增加到 31 000 平方米，其土地被一种名叫"练坪"（由瓦片和泥土交互层叠后再覆盖瓦片）的墙和壕沟所包围，外墙上还围有竹墙，设有"置藩所"（守卫室），戒备森严。内部有大门与二门双重区隔，从大门到二门之间是日本方面相关人员的驻扎地，其间还有一些交易的设施以及公共的空间。二门里面才是唐人生活的区域。在大门边上有置藩所的管理人员，以保证闲人莫入，仅有"唐通事"以及"游女"（妓女）可以进出此地。1698 年，位于五岛町和大黑町中国商船存放货物的地方被大火烧毁，1702 年，长崎奉行下令将位于"唐人屋敷"前方的海面填成陆地，建立新的仓库来存放货物，此区域被称为"新地"，也是现今的新地町

---

① 松浦章：《清"展海令"的实施与长崎唐馆设置的关系》，徐纯均译，曹婷、刘丽婷校译，《海交史研究》2020 年第 1 期，第 100—101 页。

地区。

设置出岛的目的是防止基督教在日本传播,设置"唐人屋敷"虽然有部分原因是防止基督教通过"唐人"流入日本,但是在日本方面最大的目的是杜绝走私贸易。进入长崎的中国商人原则上都要到"唐人屋敷"居住,他们与居住在出岛的荷兰人一样,也被禁止到外面活动,同时其女性同伴也被禁止上岸。日本人出入"唐人屋敷"也需要出入证,即使是日本的官员也不能任意进入二门。到18世纪30年代,有1 000至2 000名中国商人在长崎停留,人员相当混杂。但是,随着后来从中国来的船只数目的日益减少,停留在长崎的中国商人数量也渐趋稳定。① 来到日本做生意的中国商人并不受到明朝政府的保护,因为当时明朝政府执行的是禁海的政策,这些中国商人大部分在明朝政府眼中都是不守规矩的走私者或所谓的"化外之民"。他们的船只在海上受到欧洲人特别是荷兰人的袭击时,明朝政府是不会提供任何保护的。倒是日本的幕府为了得到中日贸易的利润,屡次三番警告荷兰人绝对不可以攻击来自中国的船只。他们来到长崎,在这个明朝政府鞭长莫及之地,似乎可以无所畏惧地从事贸易活动。

耶稣会士洪若翰神父在1704年1月15日致法国国王忏悔神师拉雪兹神父的信中,描绘了长崎的中国商馆:那时的长崎周围环绕着群山,山顶上覆盖着冷杉,山坡上种有植物,日本人修筑有良好的防御工事与两个炮台,无论是白天或是黑夜,都看管得很严。如有外国船只出现,就会有两只轻巧的小船前去盘查确认。一旦中国船只驶入港口,日本人就会来到船上,对于船员和货物进行严格的登记,并检查各种货物,他们把一块一法尺长、半法尺宽的刻有钉在十字架上的耶稣像的铜板置于甲板之上,强迫每个人光着头、赤着脚在耶稣基督的像上行走,还要求人们阅读一份严禁基督教的告示。最后,日本人将中国人以八人为一小组送往中国人的驻地。根据此信的描述,中国人

---

① 羽田正(编)、小岛毅(监修):《从海洋看历史》,张雅婷译,第187—188页,第214页。

第六章　近代早期长崎城市的开港以及闭关的始末（1570—1640）

的驻地建在一座山坡上，从这里可以看到整个城市。驻地有两个院子和两个门。第一个院子只是一个土台，供日本人向中国人兜售商品，只有获得允许的日本人才可以进入。第二个院子包括九排像小客栈一样的房子，每排房子有七个房间，一般中国人可以住得比较舒适。中国人只能到第一个院子去购买日本的货物，且不可以离开驻地。日本人也不可以进入第二个院子。至于中国人带到日本的商品，人们并不把它们卸在地面上，而是仍然留在船上。货物被托付给一支日本卫队，直至垄断这一地区的将军派他手下的人来取走将军选定的货物。① 据统计，从 1624 年至 1860 年，有 5 887 艘中国船只（日本人称为"唐船"）来到长崎从事贸易活动。②

居住在长崎的中国人，逐渐在此地扎下根来。与西方人一样，中国商人在航海活动中也必须乞求神祇的庇护，他们建立了几座寺庙，每一座寺庙都隶属于一个中国商人社团。1623 年，来自江苏和浙江的中国商人建立了"兴福寺"（Kōfuku-ji，又称"南京寺"）；同年，来自闽北的中国商人建立了"崇福寺"（Sōfuku-ji）；③1629 年，来自闽南的中国福建商人建立了属于他们自己的"福济寺"（Fukusai-ji），他们把妈祖的神龛搬移到这座寺庙里面；1672 年，来自广州的中国商人建立了"圣福寺"；等等。④ 方豪先生的《清代禁抑天主教所受日本之影响》引《日本切支丹史料》指出，长崎的中国寺庙的出现，也与在幕府严厉的禁教政策下，中国商人为自保而自查基督徒有关：德川幕府倾其全力防止基督教的传播，然而乘船前往日本的华人之中，往往混有基督徒。因长崎奉行所奉命严查华人之信仰，故华人行动颇受拘束。来自南京的船主深受其苦，遂倡议自行建立一寺，以为检查

---

① 《1704 年 1 月 15 日耶稣会传教士洪若翰神父致国王的忏悔神师、本会可敬的拉雪兹神父的信》，载杜赫德编：《耶稣会士中国书简集》（一），郑德第、吕一民、沈坚译，大象出版社 2001 年版，第 319—320 页。
② Rebekah Clements, *A Cultural History of Translation in Early Modern Japan*, p.18.
③ Berger, Lois, "The Overseas Chinese Community in Seventeenth Century Nagasaki", Ph. D. dissertation, p.36.
④ Ibid., p.245.

517

南蛮贸易时代：近代早期日本与欧洲交流史（1542—1650）

由闽北的中国商人所建的长崎崇福寺

之机关，借以检查来日华人中有无信仰该教者，并可以之祈祷海上行船之安全，追祭亡故之幽灵。至元和六年，遂各自捐资建立一寺于长崎之寺町，于其旁更建一妈祖堂（即天后宫）以祀天后圣母，以唐僧真圆为开山僧，即今兴福寺是也。此际南京以外之华人等，则以稻佐之悟真寺定为菩提之所。至宽永年中，德川幕府取缔基督教，益行严厉，故华人所受之压迫也因之加重。鉴于南京船主等建立寺院自行严加取缔教徒，故博得长崎奉行所信赖，其待遇也较为宽厚与便利，故福济、崇福二寺，亦相继建立，福济寺之重要僧人系泉州地方之华人，故称为泉州寺。后漳州地方出身的颖川藤佐工门一跃而成为方丈，随又称为漳州寺。崇福寺乃福州地方华人所建，故世称福州寺。①

《日本切支丹史料》又记载了长崎中国人的妈祖信仰的兴起，也与上述幕府禁止基督教的严厉政策有关："兴福、福济、崇福三寺正

---

① 方豪：《清代禁抑天主教所受日本之影响》，《方豪六十自定稿》（上），第161页。

崇福寺供奉妈祖的殿堂

殿之旁，各建有天后宫。内祀海神天后，华船入港时，每次必举行请天后之仪式，即将船中所供之天后像，恭送至各寺，托该寺在船只碇泊时期代为负责保管之责，同时亦可证明其非基督徒，因此有此种关系，幕府遂下上谕，着中国僧侣，自行负责检查乘船前往之华人中，是否混有基督徒。"《长崎市史·风俗篇·序》也记载道："华人乘船而来者，如非基督徒，则必采用一种自己证明之方法，即船入港后，举行盛大的祭奠妈祖仪式，而所谓唐寺亦必举行与佛教仪式相同之妈祖祭。"[1] 当时的日本人和葡萄牙人都记载了，妈祖崇拜是中国南部沿海地区人最重要的宗教信仰，中国的船只一到长崎的港口，中国人就要鸣炮、敲钹和敲鼓。中国商人将货物卸下以后，要将妈祖的神像抬到岸上。在船要启程回国的时候，他们又将妈祖的神像抬回到船上，一路又敲钹和敲鼓表示庆祝和敬拜。此时，在供奉妈祖神像的船的周围，所有的船只都敲钹和敲鼓，一片热闹。随着中国人在长崎居住的

---

[1] 方豪：《清代禁抑天主教所受日本之影响》，《方豪六十自定稿》（上），第 161—162 页。

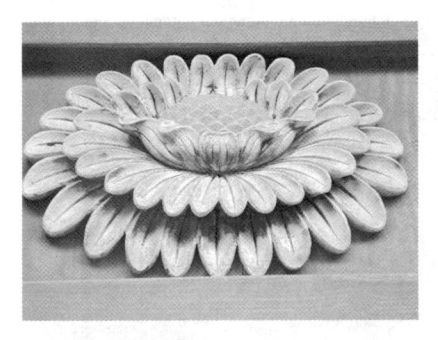

南蛮贸易时代：近代早期日本与欧洲交流史（1542—1650）

崇福寺大门上的向日葵木刻　　　　　　　崇福寺大门上倒挂的蝙蝠木刻

人口越来越多，在中国人的家里和庙里都有了妈祖的神像，后来妈祖神像又被供奉在中国人聚会的"唐人屋敷"的大堂里面，妈祖成为讲不同方言的中国人的共同宗教信仰以及联系的纽带。[①] 居住在长崎的西方人对于中国人的妈祖信仰非常惊讶，因为他们觉得这与西方人对圣母玛利亚的崇拜实在是太相似了。他们说："几乎所有的中国船只在甲板上都有一个开放式的小小的神龛，面向港口的方向，里面供奉着妈祖女神的神像。在清晨和傍晚的时分，他们都要点燃香烛，向她敬拜。当船只出海航行的时候，他们要举行很大的祭奠仪式。他们要向这位神祇奉献节日般热闹的祭祀，海港被各色彩旗以及绿色的树叶装饰，大船还要为妈祖演戏，小船则举行各自的祭奠。所有大大小小的船只都按照船员们各自的意愿奉上自己的祭礼。"[②] 葡萄牙人对于中国人的妈祖一点也不陌生，因为他们总会联想起庇佑他们在波涛汹涌的大海上航行的"海星圣母"，他们相信在前途未卜的茫茫大海中驾驭帆船前行的人们是需要宗教信仰的。

大概是妈祖太像西方人的圣母玛利亚的缘故，在幕府17世纪20年代严厉禁止基督教时，日本官员认为妈祖有伪装成玛利亚崇拜的嫌疑，所以当17世纪20年代中国人开始在长崎建立寺庙的时候，日本

[①] Reiner H. Hesselink, *The Dream of Christian Nagasaki, World Trade and the Clash of Cultures, 1560–1640*, pp.122–123.

[②] Ibid., p.125.

人曾经要求中国人把妈祖的神像隐秘地放在佛教的大殿里面，不要放在太显眼的地方。后来，日本的官府把中国的佛教黄檗宗视为正统的中国人的宗教加以扶植，一直不太提倡妈祖信仰，并且把妈祖的神像移到长崎城外比较偏远的地方，大概也是这个原因。无论如何，妈祖信仰在长崎延续并保留至今。

在锁国时代，日本的德川幕府建立了严格的对外贸易管理体制以限制与海外的交往，并且极为严厉地禁止基督教在日本的传播。那时，日本对外贸易的窗口就集中在长崎、萨摩、对马以及松前四个口岸。长崎是荷兰以及中国船只的进入口岸，萨摩藩主管对琉球的贸易，对马藩主管对朝鲜的贸易，松前藩则负责对"虾夷地"（北方的阿努伊人）的贸易。其中，只有长崎是在幕府中央政府的直接管理之下的。在这种对外关系的体制下面，任何日本平民百姓与外国人的交流和接触都是被严格禁止的，违者要被处以重刑。尽管幕府执行如此严厉的锁国政策，长崎的地位仍然十分特殊，正如大庭修指出的：从暹罗经由雅加达驶抵长崎的荷兰船，和自浙江宁波驶向东南亚然后驶抵长崎的中国船，并不仅仅在启航地和长崎之间往返航行，驶离长崎港的中国船也同样如此。这就是说，无论日本怎样实行锁国体制，由于荷兰船和中国船可以自由航行，长崎事实上就成了位于中国东海及南海沿岸贸易圈中最北端的港口，江户时代的长崎是锁国体制下的日本唯一对外开放的窗口。这一地位的确定，无论从日本史还是世界史的角度看，都是恰如其分的。①

漂流民 即便在如此严酷的锁国令之下，日本的民间与海外仍然有着零零星星的交流，其途径就是偶尔发生的"漂流民"事件。

日本是四面环海、国土狭长的岛国，本来各地之间以及与外国的交通都要依赖船只以及固定的航线进行。同时，日本列岛周围的气候、风向以及洋流都十分复杂，变化也十分剧烈。1635年，幕府颁布禁令，禁止所有的日本人出国，一旦出国以后就不准回国。幕府还禁

---

① 大庭修：《江户时代日中秘话》，徐世虹译，第9页。

止九州以及各地大名建造大型的战船，也禁止民间建造除了货船以外的大型船只，原来的"朱印船"也被官府没收。随着时间的推移，日本人逐渐地忘记了昔日优秀的航海以及造船技术。不过，日本近海仍然有一些航运船，根据本多利明的记载，每天从近海进入江户的运载大米的船只就有90多艘，有更多的船只沿着近海的航道从农耕地区运载各种农产品进出江户或者大坂。不过，这些民间的海船只适合于在近海航行，吨位很小，无法从事远洋航行，它们的船体很小，制造粗劣，船长以及船员的技术低下，他们既不精通从前复杂的航海技术，也没有学习新的航海技能，所以每当在海面上遇到飓风的时候，往往有沉船、触礁或者搁浅的事件发生。那些遇到海难而幸存下来的船员和船客在日本史料中被称为"漂流民"，在中国史料中有时被称为"难番"或者"难夷"。

在偶然的情况之下，会有少数的漂流民或其搭乘的船只漂流到外国如中国、朝鲜、俄罗斯甚至北美洲。

在早期漂流民事件中，最著名的莫过于"鞑靼漂流"一事。1644年，越前藩（今福井县）三国浦新保村的竹内藤右卫门与其子竹内藤藏率领两艘船，和国田兵右卫门率领的三艘船及其船员58名，出海去位于今北海道的松前藩，因为在海中遇到飓风，漂流到了中国东北春晖附近的图们江口一带。他们与当地的居民发生了冲突，因为锁国之下日本人不允许携带武器，许多日本人被杀，只有15人幸免于难。这些幸存者被当地的清朝官吏送到盛京（沈阳）。不久，他们随着浩浩荡荡的清军入关，进入了北京，成为目睹明清鼎革之剧变的外国人。在北京，国田兵右卫门等人受到清朝掌握实权的人物摄政王多尔衮的接见和礼遇，后者答应了这些日本漂流民回国的请求。1645年底，清政府命令册封朝鲜世子的使臣祈充格把这些漂流民先带往朝鲜，1646年，这些日本漂流民被送到朝鲜的东莱府，再移交给驻扎在釜山的对马藩主，最后于6月16日抵达大坂。

国田兵右卫门等人在回到日本以后，被幕府传唤到江户问话，他们所作的口供都被记录下来，就是著名的《鞑靼漂流记》。这本书成

第六章　近代早期长崎城市的开港以及闭关的始末（1570—1640）

为锁国时代日本幕府了解清朝国情的重要资讯来源。①《鞑靼漂流记》记载了鞑靼国的地理位置以及都城的情况，谈到了日本人从漂流地到鞑靼国都城的沿途状况，鞑靼人的外貌，鞑靼国君臣上下、法制武备（弓箭、马匹、铠甲）、骑兵，清军占领下的北京，北京与朝鲜之间的交通等。其中特别谈到鞑靼人的骑兵以及马术的厉害，日本人骑马赶不上他们那样熟练。鞑靼人骑马，在山岭险路上奔跑，也不喘气，从早到晚，不喂水草。到晚间休息的时候，才喂一些谷草和稗子，书中还谈到了鞑靼人的勇敢善战以及对军人士兵的尊重，鞑靼人从祖先那里流传下来的军书，无论大小武官，都要认真去读，如果不读，就要受到告诫和惩罚。他们经常进行军事教育，上上下下的人，都懂得作战。对于那些阵亡者的家族，照常保有领地和那里的人口。对于作战有功的人，即或阵亡了也加官进禄。在战场上，临阵脱逃的胆小鬼不仅给他本人定罪，还要把他的妻子没收入官为奴。这种法律，看来有些严苛，但是时间长了，也就习惯了。日本人到那里的时候，鞑靼和明朝的战争已经结束了。这些情况，是鞑靼人给日本人讲的。② 日本幕府对于《鞑靼漂流记》记载的中国的情况还是感到相当震惊的。当这些漂流民被送返大坂之前不久，南明抗清势力福建的隆武帝派遣他的将军崔芝（此人曾经是郑芝龙的下属）前来日本向德川幕府乞师请兵，希望日本幕府能够派遣三千名士兵以及两百门火炮协助福建的抗清力量。南明方面的信使林皋将请兵的信件提交给长崎奉行山崎权八郎，后者再转交给江户的幕府老中松平信纲。③ 幕府的高级官员在深思熟虑以后决定暂时不出兵。日本学者认为，幕府做出这样决定的原因之一就是参考了漂流民的供词，崛起的清朝崇尚勇武、国人正直、

---

① 孟晓旭：《漂流事件与日本的中国情报——以江户时代为中心》，《福建师范大学学报》2010 年第 5 期，第 139 页。
② 辽宁大学历史系编注：《栅中日录校释·建州闻见录校释》，清初史料丛刊第八、九种，辽宁大学历史系，1987 年 10 月，第 58 页。
③ 白蒂（Patrizia Carioti）：《郑氏政权与德川幕府——以日本乞师为中心》，阮戈译，《海洋史研究》第 15 期，2020 年 8 月，第 116 页。

523

政治严明，^①在此情形之下出兵可能陷日本于不利。

还有一些日本的漂流民海上遇险后来到了北方的俄罗斯。1697年，穿越西伯利亚的俄罗斯征服者弗拉基米尔·阿特拉索夫（Vladimir Atlasov）认识了一位日本的漂流民水手传兵卫，他从日本乘坐一种名叫"布希"（Bussi）的捕鲸船漂流到俄罗斯，在当地的土著科洛埃基人（Koroeiki）中间生活了两年的时间。俄国人在弄清楚了传兵卫的身世以后将他带到了圣彼得堡。在1702年，彼得大帝（Peter the Great，1672—1725）接见了这位日本人，询问了他许多关于日本的事情，并且特意下令让传兵卫接受良好的俄语教育，也让传兵卫给"四五个少年"讲授日语。三年以后，他成立了一所小小的"日语学校"。传兵卫死后，这所"日语学校"面临关闭，俄国政府下令，一旦在堪察加沿岸发现有来自日本的漂流民，就必须送到圣彼得堡。在以后的一个世纪里，断断续续有很少的日本漂流民被发现，这所学校总能维持有一名日语教师。这些日语教师先要接受俄语教育，然后受洗成为俄罗斯东正教的教徒，起一个俄国人名字，与俄罗斯女人结婚，最后才被允许从事日语的教学工作。日本的幕府隐隐约约听说有这样一间"日语学校"，感到不安，生怕把日本的秘密透露给外国人，但实际上这所"学校"的工作效率十分低下。1753年以后，这所所谓的日语学校迁到了位于遥远的西伯利亚的伊尔库斯克。^②

大黑屋光太夫（1751—1825）是另一位很有名的日本漂流民，他在伊势国白子（今三重县领鹿市）担任一艘名叫"神昌丸"的运输船船头。他一直带船沿着日本近海将伊势国的稻米运往江户。1783年1月，他乘坐的前往江户的运粮船，在出海以后的第一天晚上就在远江国外海遭遇了剧烈的风暴，船只在波涛冲击之下远远地偏离了航线，小船在无边的大洋上漂流了七个月，大家都认为再也见不到陆地了。突然有一天，海面上的大雾散去，船员们看到了陆地的影子。那是阿

---

① 孟晓旭：《1644年日本越前国人的"鞑靼漂流"与清初中日关系》，《历史教学》2008年第2期，第12页。

② 唐纳德·金（Donald Keene）：《日本发现欧洲，1720—1830》，孙建军译，第50—52页。

第六章　近代早期长崎城市的开港以及闭关的始末（1570—1640）

留申群岛中的"阿姆奇特卡岛"（island of Amchitka）。当他们登陆以后，发现此地原来是一座无比荒凉的岛屿。他们在该岛生活了四年时间，非常艰辛，岛上只有几个阿留申的原住民以及两名俄罗斯皮毛商人。后来，有一艘俄国的运输毛皮的捕猎船来到当地，俄国人愿意带走活下来的日本人，当时来到该岛的 16 人只剩下 9 人。

大黑屋光太夫等人来到了堪察加半岛，人是安全了，但当地也同样荒

漂流民大黑屋光太夫（左）

凉艰苦，仍要忍饥挨饿。不久以后，他们被俄国人带到那个"日语学校"的所在地伊尔库斯克，此时，又有 3 个日本人离开了人世。光太夫在学校里努力教授日语，获得好评。同时，他也发现这个所谓的"日语学校"的教学水平低下，在其前任所编辑的辞典中，词汇绝大部分是方言，而且是低俗的词汇。学生对于学习没有兴趣，校方还要给以特殊的待遇挽留他们，即便是毕业班同学讲的日语也没有人听得懂。其间，光太夫几次三番提出返回日本的申请，但是只有一次得到回复。俄国人告诉他，俄国政府希望日本人留下来从事贸易活动，当时俄国女皇叶卡捷琳娜二世（Catherine the Great，1729—1796）甚至答应拨出一笔资金作为日本人定居的经费。即便如此，光太夫仍然没有灰心。他与居住在伊尔库斯克的芬兰学者埃里克·拉克斯曼（Erik Laxman）成为好朋友，向他吐露日本人的苦境。此时，活下来的日本人只有 5 个，拉克斯曼决定带他们去圣彼得堡，在那里向女皇陈情。1791 年，光太夫与另外两名同伴（还有两名生病了）跟随拉克斯曼从伊尔库斯克出发，日夜兼程，穿越广袤的西伯利亚，来到俄罗斯帝国的首都圣彼得堡。

1791 年 10 月，大黑屋光太夫等人在圣彼得堡觐见了俄国女皇叶卡捷琳娜二世，参加了女皇在著名的"琥珀宫"举行的茶会，光太夫

525

在此地第一次品尝到了红茶,这一天是当年11月1日,后来日本的红茶协会将这一天定为"红茶日"。就在此次茶会上,大黑屋光太夫向女皇提出请求,希望返回日本。当时,俄国朝廷中有人主张与日本通商,叶卡捷琳娜女皇本人对此持怀疑态度,但是在听取了光太夫以及拉克斯曼的陈述以后,她改变了想法。1792年,女皇向西伯利亚总督发出谕令,命令按照拉克斯曼的建议将光太夫和另外两名同伴遣返日本。女皇还派出数名商人与日本人同行,并且要求西伯利亚总督以总督的名义向日本幕府当局赠送礼品。1792年9月13日,由埃里克·拉克斯曼的儿子亚当·拉克斯曼(Adam Laxman)担任舰长的"叶卡捷琳娜号"从俄国北方沿海出发,10月17日来到北海道(虾夷)的根室。虾夷的地方官员感到恐慌,匆忙向幕府最高当局报告。拉克斯曼受到厚待,被接到奉行家的浴室沐浴。

江户幕府的老中松平定信得到俄国人的信件以后对俄国的通商要求颇为踌躇。在他与俄国人谈判期间,三名日本人回不了家。拉克斯曼不愿意把他们交给幕府,此时三人中又有一人患病去世。最后,俄国人终于放回了光太夫和另一名日本人。德川幕府的第十一任将军德川家齐接见了光太夫,查看了他带回的书籍和礼品。将军对俄罗斯似乎有一点了解,比如他询问光太夫有没有看到莫斯科城塔上的大钟,也问他有没有见到过骆驼。幕府的老中松平定信以及其他一些开明的官员给了拉克斯曼贸易许可证,他们希望俄罗斯人来到日本长崎通商。但是,随着岁月的流逝,俄罗斯人并没有出现。事实上,俄国政府并没有对通商抱很大的期待,法国大革命以及后来的拿破仑战争,都使得俄国无暇顾及东方。直到1804年10月,俄罗斯人带着幕府的贸易许可证乘船来到长崎要求通商,俄国的使节列扎诺夫(Nikolay Petrovich Rezanov)也乘船来到长崎。此时,松平定信已经不在幕府权力的中央,他试图说服幕府与俄国通商,幕府中更加保守的官员则极力反对,后者的意见占据了上风。结果,俄罗斯人无功而返。

光太夫后来在江户被赐予屋敷居留了下来,也有人说他其实是被软禁了起来。他与桂川浦周(1751—1809)、大槻玄泽等人保持交往,致力于发展日本的兰学。桂川浦周是一位博学的医生,曾经跟随瑞士科学家卡尔·彼得·通贝里学习。他在一段时间里每天都与光太夫谈话,将其内容记录下来,最后写下了《北槎闻略》一书。此书记录了许多西洋的事物,比如第九卷第一册就记载了雪橇、椅子、轿子、船只、武器、刀剑、银器、漆器、书籍、印刷技术、沙漏、测量仪、台球、伞、象棋、瓦片、玻璃、肥皂等各种杂物。不过,桂川浦周没有谈及光太夫与他谈到的法国大革命的消息,可能他不愿意在自己的书里出现有可能被认为危险的思想内容。此书是当时日本最主要的关于俄罗斯的基础知识读物,也是幕府制定对俄国政策的重要参考书。

光太夫不久就淡出了人们的视线,他后来结了婚,受雇在将军的药草园里耕作,安静地从事园艺,直到1814年去世,时年七十七岁。①

另一位漂流到俄罗斯的日本人津太夫(1744—1814)的经历也颇为传奇。1793年,津太夫在出海途中遭遇到风暴,也漂流到了阿留申群岛,被当地的俄国人搭救以后,他辗转来到了西伯利亚的伊尔库斯克,成为当地一所学校的日语教师。1803年,当时俄国沙皇亚历山大一世(1777—1825)允许他回国,津太夫等人从喀朗施塔德登船,经过大西洋、麦哲伦海峡、夏威夷群岛回到长崎。他由此成为19世纪第一批环绕地球一周的日本人之一。根据津太夫的见闻记录改编而成的《环海异闻》成为当时日本了解俄国乃至世界的重要参考书籍。

在日本,幕府对于漂流民的主要态度是,首先要查明和辨识他们是不是天主教徒(切支丹),按照惯例如果是天主教徒的话就要被逮捕押送到长崎,如果不是的话就要提供救助,也是送回到长崎。如果漂流民是中国人,就顺便搭乘往来于长崎与中国的"唐船"回国;如果是朝鲜人,就通过对马藩主处理遣送事宜;如果是琉球人,就委托萨摩藩主岛津氏经手处理。救助与保护的费用大多数情况下由漂流地来负担。同时,各地方的大名也有各自处理漂流民的规定。因此,日本处理漂流民的原则,首先主要是确认他们是否天主教徒。这是与当

---

① 唐纳德·金(Donald Keene):《日本发现欧洲,1720—1830》,孙建军译,第55—60页。

时日本沿海各地的警备体制互为表里的。[①]

进入近世以后，日本的漂流民偶尔也到过北美洲。万次郎（1827—1898）出身土佐藩一个贫苦的渔民家庭。1841年，14岁的万次郎与同伴一起出海捕鱼，遭遇风暴，漂流到太平洋小笠原群岛中的一个无人居住的小岛，过了一段鲁滨逊般的日子。后来，他与同伴被路过的美国捕鲸船"约翰·霍德斐尔德号"救起，并且被带到了夏威夷。当时的美国人知道日本的锁国体制，船长霍德斐尔德将年龄较大的漂流者留在了夏威夷，年龄较小的万次郎被他收为养子，跟着船长一起出海捕鱼。同船的美国人昵称他为约翰·蒙（John Mung），所以他后来也被称为约翰·万次郎。在船上，他第一次看到了世界地图，惊讶于世界的广大与日本的渺小。后来，万次郎随同舰长来到美洲大陆，成为第一个来美洲大陆的日本人。从1843年至1844年，他在马萨诸塞的牛津学校和酒馆里学习英文、数学、测量、航海术和造船技术，也触及对于他来说新鲜的民主主义思想和男女平等观念，他的学习成绩在学校中名列前茅。毕业以后，他开始成为一艘美国捕鲸船的船员，在海外结束捕鱼回到檀香山以后，他见到了以前分散了的同伴。由于日本的锁国政策，他们都无法回国。后来，这艘美国捕鲸船的船长病逝，万次郎被推选为船长。1849年，他回到美国马萨诸塞州，但仍然没有放弃回国的念头。为了筹措资金，他搭船前往加利福尼亚赶着当时的"淘金热"挖金矿，由此成为第一个在美国参加"淘金热"的日本人。在积攒了一笔钱以后，他又回到了檀香山，找到当年的渔夫伙伴相约回国（其中一位已死于心脏病，另一位

日本近代航海事业的开创者漂流民约翰·万次郎

[①] 羽田正（编）、小岛毅（监修）：《从海洋看历史》，张雅婷译，第217—218页。

因害怕风险太大而不肯回国）。他们买下了一艘名为"冒险家号"的船只，于1851年到达与萨摩藩有密切关系的琉球，并且被琉球送回到萨摩藩。

当时，日本由于长期锁国，普通人民对于从外洋漂流回来的日本人心怀疑惧。另一方面，日本面临的世界形势也与以前大不相同，中国的清朝在鸦片战争中败给英国，割地赔款。西方列强的势力大举入侵东亚，日本也面临着即将到来的剧变。日本国内的有识之士感受到风雨欲来的世局，开始有意识地了解世界知识以及吸纳西方的先进技术。万次郎先是被萨摩当局送到长崎，接受长崎奉行的审问，1853年被释放。当时，萨摩藩的藩主岛津齐彬（1809—1858）是一位思想开明的人物，对兰学有浓厚的兴趣，与众多的兰学家有密切的交往。当时藩内的保守势力长期不愿让他执政，最后在幕府干预下才让他担任了第十一代藩主。岛津齐彬任内发掘与培养了日后维新事业的重要人才如西乡隆盛、大久保利通等，他对于回到萨摩藩的万次郎礼遇有加、奉为上宾，让他成为萨摩藩洋学堂的讲师。同时，他也用自己学习到的造船知识，协助萨摩藩设计蒸汽船。由此，在美国生活多年、受过西方系统的航海技术教育且擅长英语的万次郎有了用武之地。①

1853年7月，美国海军提督M.C.佩里（M.C. Perry，1794—1858）率领由五艘战舰组成的舰队来到江户湾的浦贺，他携带着当时美国总统费尔默（Millard Fillmore，1800—1874）的国书，要求日本幕府开国通商，史称"黑船来航"。幕府在佩里的武力威胁之下，被迫在久里浜行馆接受了美国总统的国书，并约定第二年答复。1854年2月，佩里再次率领由九艘战舰组成的舰队以武力强迫日本开国。幕府在此情形之下决定对美国的要求做出让步。3月31日，幕府与美国签订《日美亲善条约》，约定在次年批准交换。可是在此之前，日本只通过长崎的荷兰人与西方保持有限的交往，国内并没有英语方面的人

---

① 斋藤秀夫、森哲也、吉村洋人：《幕末志士》，林明峰译，台北枫树林出版事业有限公司2011年版，第30—31页，第114—115页。

才,因此万次郎受到幕府的重用,被赐以"旗本"的身份,并因其出生地而被赐姓"中宾"。同时,他还被邀请到江户,被任命为海军教授所的教授,向学生传授造船、测绘和英语知识,他还主持编译一些英语教材以及航海技术方面的书籍。这些教科书中最著名的莫过于教授英语对话的《英米对话捷径》,他把英语世界耳熟能详的《ABC之歌》介绍到日本,并且根据自己学习英语的经验,自创了一套适合日本人学习英语的方法,如以日本话比合英语发音等。由于他没有受过正式的英语教育,而是直接从听到的英文中学起来的,因此他编撰的英语辞典和现在教科书上记载的差别很大,例如把"cool"念成"Koo-Ru"、"Sunday"念成"San-Lei","New York"念成"Nyu-You"等。不过,如果念得快的话,也非常接近于当时的英文发音。有许多幕末的著名人士不同程度地受到万次郎的影响,如"虾夷共和国"的军事领袖夏本武杨和大岛圭介,著名哲学家西周,"倒幕派"领袖坂本龙马,明治时代政界和商界人物后藤象二郎、岩崎弥太郎等。

1860年2月13日,幕府为交换《日美友好通商条约》的批准

"咸临丸"号船舰

第六章 近代早期长崎城市的开港以及闭关的始末（1570—1640）

书，向美国派出一个规模很大的由 81 名成员组成的使团，以新见正兴为正使、村恒范正为副使。使团从品川登船，乘坐美国军舰"波哈坦号"横渡太平洋去往美国。在此之前的三天，即 2 月 10 日，幕府方面又派出从荷兰购入的船舰"咸临丸"出发去美国。"咸临丸"的舰长是奉行木村喜一以及后来日本近代海军的创立者胜海舟，万次郎作为翻译官也一同随行。在船上，还有近代日本早期留学美国的学生，其中有著名的近世日本启蒙思想家福泽谕吉（1835—1901）。在航行途中，胜海舟因为晕船无法指挥航行，其他日本船员也缺乏航海的经验，万次郎凭借多年在捕鲸船上练就的航行经验，担当指挥重任。"咸临丸"在经历了 37 天太平洋上的惊涛骇浪以后，终于抵达美国西海岸的旧金山，完成了近代日本人首次横渡太平洋的航行。5 月 9 日，该船离开旧金山，穿越太平洋经夏威夷于 6 月 23 日平安回到浦贺。明治维新以后，万次郎被延请为开成学校（东京大学的前身）的教授，他难得的经验以及知识成为走向现代化的日本的重要资产。虽然他周围有许多劝进仕途的声音，但是他仍然坚持走教育家的道路，

1860 年 3 月抵达美国旧金山的第一次由幕府派出的赴美使团成员。中间坐者为胜海舟，右边坐者为日本明治时代著名启蒙思想家福泽谕吉。

从原城遗址眺望外海

直到因为身体原因辞世为止。[①] 万次郎生前受到多次调查，参与的调查者中有一人是土佐的兰学家河田小龙（1824—1898），他把万次郎波澜壮阔、多姿多彩的经历汇成一部《漂流记》，后来的维新志士坂本龙马（1836—1867）阅读了此书，对于美国的知识有了很多的了解，他深感日本的狭小与局促，转而积极地放眼广阔的世界。

据说由于万次郎早年长期生活在各阶层比较平等的美国社会，较少有尊卑观念，待人处事与众不同，在幕府办的海军训练所任教的时候还受到武士的非议。在"咸临丸"访美的时候，他的这种随和的处世方式也使得下级水手感到不知所措。

万次郎虽然通晓英文，但是少年时代没有接受过良好的日文和日本传统教育，因此不擅长翻译和著书立说，由此也无法将明治维新以后的西方学术介绍到日本。

[①] 斋藤秀夫、森哲也、吉村洋人：《幕末志士》，林明峰译，第31页。

在幕府严厉锁国的时代，"漂流人"的行迹以及他们带回的域外见闻和知识，就像是幽暗的天际划过的一道道流星，带给日本人一点光明。他们的事迹，也说明日本民族在本质上并不是排外的，他们对于外部的世界有着强烈的向往以及持久的好奇心。

主要参考书目

中文以及中译本参考书目

坂本太郎:《日本史》,汪向荣、武寅、韩铁英译,中国社会科学出版社,2008年。

博克塞(C.R. Boxer):《葡萄牙在日本影响面面观:1542—1640》,范维信译,《文化杂志》,第17期,1993年。

大庭修:《江户时代中国典籍流播日本之研究》,戚印平、王勇、王宝平译,杭州大学出版社,1998年。

大庭修:《江户时代中日秘话》,徐世虹译,中华书局,1997年。

方豪:《方豪六十自定稿》(上册),台北学生书局,1967年。

菲律浦·鲍灵(Philip Bowring):《风之帝国》,冯奕达译,台湾联经出版股份有限公司,2021年。

冯玮:《日本通史》,上海社会科学院出版社,2019年。

宫崎正胜:《从航海图到世界史:海上道路改变历史》,朱悦玮译,中信出版集团,2019年。

郭丽:《近代日本的对外认识:以幕末遣欧使节为中心》,北京大学出版社,2011年。

洪维杨:《日本战国风云录:归于一统》,台湾远流出版事业股份有限公司,2008年。

洪维杨:《日本战国风云录:群雄纷起》,台湾远流出版事业股份有限公司，2008年。

洪维杨：《日本战国风云录：天下大势》，台湾远流出版事业股份有限公司，2007年。

吉田茂：《激荡的百年史》，李杜译，陕西师范大学出版社，2005年。

麦克·戴许（Mike Dash）：《巴达维亚号之死》，黄中宪译，台北远足文化股份有限公司，2020年。

茂吕美耶：《战国日本》，广西师范大学出版社，2010年。

内藤湖南：《日本历史与日本文化》，刘克申译，商务印书馆，2015年。

戚印平：《澳门圣保禄学院研究》，社会科学文献出版社，2014年。

戚印平：《东亚近世耶稣会史论集》，台湾大学出版中心，2004年。

戚印平：《日本早期耶稣会士研究》，商务印书馆，2003年。

戚印平：《耶稣会士与晚明海上贸易》，社会科学文献出版社，2017年。

戚印平：《远东耶稣会士研究》，中华书局，2007年。

乔治·桑塞姆：《日本史：从南北朝到战国：1334—1615》，苗志娟、张楠、侯鹏图译，北京大学出版社，2021年。

杉本勋：《日本科学史》，郑彭年译，商务印书馆，1999年。

上田信：《海与帝国：明清时代》，叶韦利译，台湾商务印书馆，2017年。

沈仁安：《德川时代史论》，河北人民出版社，2003年。

沈仁安：《日本起源考》，昆仑出版社，2004年。

沈仁安：《日本史研究序说》，香港社会科学出版社，2001年。

唐纳德·金：《日本发现欧洲：1720—1830年》，孙建军译，江苏人民出版社，2018年。

藤井让治：《江户开幕》，刘晨译，社会科学文献出版社，2018年。

滕军等（编著）、沈仁安（审订）：《中日文化交流史：考察与研究》，北京大学出版社，2011年。

汪公纪：《日本史话》（上下卷），广西师范大学出版社，2006年。
汪向荣、汪皓：《中世纪的中日关系》，中国青年出版社，2001年。
汪向荣：《明史·日本传笺注》，巴蜀出版社，1987年。
网野善彦：《日本社会的历史》，饶雪梅、刘军译，社会科学文献出版社，2011年。
吴廷璆主编：《日本史》，南开大学出版社，1994年。
徐静波：《和食的飨宴》，香港中和出版有限公司，2021年。
伊文成、马家骏主编：《明治维新史》，辽宁教育出版社，1987年。
印光任、张汝霖：《澳门记略校注》，赵春晨校注，澳门文化司署，1992年。
羽田正（编）、小岛毅（监修）：《从海洋看历史》，张雅婷译，台湾广场出版社，2017年。
羽田正：《东印度公司与亚洲的海洋》，林咏纯译、陈国栋审订，台湾八旗文化/远足文化有限股份公司，2018年。
远藤周作：《沉默》，林水福译，南海出版公司，2013年。
远藤周作：《深河创作日记：1990—1992年》，林水福译，台湾立绪文化事业有限公司，2014年。
远藤周作：《武士》，林水福译，台湾立绪文化事业有限公司，2014年。
斋藤秀夫、森哲也、吉村洋人：《幕末志士》，林明峰译，台北枫树林出版事业有限公司，2011年。
张天泽：《中葡早期通商史》，姚楠、钱江译，中华书局香港分局，1988年。
郑彭年：《日本崛起的历史考察》，人民出版社，2008年。
郑维中：《海上雇兵：十七世纪东亚海域的战争、贸易与海上劫掠》，蔡耀纬译，台北远足文化股份有限公司，2021年。

日文参考书目

坂本满、菅濑正、成濑不二雄：《南蛮美术与洋风画》，小学馆株式会社，昭和五十一年。

浜田清陵编：《天正遣欧使节记》，东京岩波书店，昭和六年。

村上直次郎、柳谷武夫（编）：《耶稣会日本年报》（上、下），雄松堂，2002年。

大石一久（编）（南岛原市教育委员会）：《日本基督徒墓碑总览》，（南岛原市世界遗产地域调查报告书），长崎文献社，2012年。

冈本良知：《16世纪日欧交通史之研究》（改订增补），原书房刊行，昭和四十九年。

结诚了悟：《日本二十六圣徒纪念馆》，博文社，1996年。

铃木康子：《长崎奉行》，筑摩书房，2012年。

片冈弥吉：《日本基督教殉教史全集》（全二册），智书房株式会社，2010年。

山口美由纪：《长崎出岛》，亚细亚印刷株式会社，2008年。

神户市立博物馆：《南蛮美术的光与影：泰西王侯骑马图屏风之谜》，神户市立博物馆，2012年。

神户市立博物馆编：《南蛮美术》，神户市立博物馆，1998年。

神户市立博物馆编：《南蛮美术的光与影：泰西王侯骑马图屏风之谜》，神户市立博物馆，2011年。

神户市立博物馆编：《南蛮堂的创立者池长孟》，神户市立博物馆，2003年。

松田重雄：《切支丹灯笼研究》，同文馆发行，昭和四十四年三月。

五野井隆史：《岛原之乱》，京都吉川弘文馆，2014年。

西村贞：《日本初期洋画之研究》，全国书房株式会社，昭和四十六年。

原田博二：《长崎历史散步》，河出书房新社，1999年。

原田一敏、内田雅支：《南蛮美术与室町——桃山文化》，热田神宫厅，平成十四年。

杂贺雄一：《天主堂：光的建筑》，淡交社，2004年。

西文参考书目

Akiyama, Terukazu, "First Epoch of European Style Painting in Japan", in *Bulletin of Eastern Art*, no.18, 1941, pp.3–27.

Alden, Dauril, *Charles R. Boxer, An Uncommon Life, Soldier, Historian, Teacher, Collector, Traveller*, Lisboa: Fundação Orient, 2001.

Alden, Dauril, *The Making of an Enterprise, The Society of Jesus in Portugal, Its Empire, and Beyond, 1540–1750*, Stanford: Stanford University Press, 1996.

Aoyama, T. and Fujikawa, Y., "The Development of Medicine in Japan", in Õkuma, Shigenobu(ed), in *Fifty Years of New Japan*, London: Smith Elder, and Co., 1909, Vol.II, pp.285–297.

Arakawa, Hirokazu, *Nanban shikki: Cultural Exchange between East and West through Lacquer Craft*, Sakai, Sakai City Museum, 1983.

Arakawa, Hirokazu, *Nanban shitsugei*, Tokyo: Bijutsu Shippansha, 1971.

Arnold, Lauren., "Folk Goddess or Madonna?— Early Missionary Encounters with the Image of Guanyin", in *Monumenta Serica*, Vol.51, pp.227–237.

Arrupe, Pedro, "Art in Jesuit Life", *Studies in the Spirituality of Jesuits*, 5, pp.83–92, 1973.

Arrupe, Pedro, "On Inculturation", in Pedro Arrupe, *Selected Letters and Address*, edited by Jerome Aixala, Vol.3, pp.171–181, St. Louis: The Institute of Jesuit Sources, 1981.

Bailey, Gauvin Alexander, *Art of Colonial America*, New York: Phaidon Press Inc., 2005.

Bailey, Gauvin Alexander, *Art on the Jesuits Missions in Asia and Latin America, 1542–1773*, Toronto: University of Toronto Press, 1999.

Bailey, Gauvin Alexander, *Baroque and Rococo*, New York: Phaidon

Press Inc., 2012.

Bailey, Gauvin Alexander, *Between Renaissance and Baroque: Jesuit Art in Rome, 1565–1610*, Toronto: University of Toronto Press, 2003.

Bethencourt, Francisco, and Diogo Ramada Curto, *Portuguese Oceanic Expansion, 1400–1800*, Cambridge: Cambridge University Press, 2007.

Bireley, Robert, *The Jesuits and Thirty Years War: Kings, Courts, and Confessor*, Cambridge: Cambridge University Press, 2003.

Boscaro, Adriana, *Sixteenth Century European Printed Works on the First Japanese Mission to Europe*, E.J. Brill, 1973.

Boscaro, Adriana, *Sixteenth Century European Printed Works on the First Japanese Mission to Europe, A Descriptive Bibliography*, Leiden: Brill, 1973.

Boyajiam, James C., *Portuguese Trade in Asia under the Habsburge, 1580–1640*, Baltimore and London: The John Hopkins University Press, 1993.

Braga, J.K., *The Western Pioneers and Their Discovery of Macao*, Imprensa Nacional, 1949.

Breen, John and Mark Williams, eds., *Japan and Christianity: Impacts and Responses*, New York: St. Martin's Press, 1996.

Brockey, Liam Matthew, "Jesuit Pastoral Theater on an Urban Stage: Lisbon, 1588–1593", *Journal of Early Modern History*, Vol.9, No.1–2, 2005.

Brockey, Liam Matthew, eds., *Portuguese Colonial Cities in the Early Modern World*, Cornwall: MPG Books Ltd, 2008.

Brockey, Liam Matthew, *Journey of the East: The Jesuit Mission to China, 1579–1724*, Cambridge and Massachusetts: The Belknap Press of Harvard University Press, 2007.

Brockey, Liam Matthew, *The Visitor, André Palmeiro and the Jesuits in China*, London: The Belknap Press of Harvard University Press, 2014.

Brown, Delmer M., "The Impact of Firearms on Japanese Warfare (1543–1598)", *Far Eastern Quarterly*, VII(1948), pp.236–252.

Brown, Judith C., "Courter and Christian: The First Japanese Emissaries to Europe", *Renaissance Quarterly*, Vol.47, No. 4.

Burke, Peter, and R. Po-Chia Hsia, eds., *Cultural Translation in Early Modern Europe*, Cambridge: Cambridge University Press, 2007.

Buschmann, Rainer F., Edward R. Slack and James B. Tueller, *Navigating the Spanish Lake, The Pacific in the Iberian World, 1521–1898*, Honolulu: University of Hawai' i Press, 2014.

C. R. Boxer, "Notes on Early European Military Influence in Japan,1543–1583", *Transaction of Asia Society in Japan*, Vol.11, 1931.

C. R. Boxer, *Dutch Merchants and Mariners in Asia, 1602–1795*, Aldershot: Ashgate Publishing Limited, 1988.

C. R. Boxer, *Fidalgos in the Far East, 1550–1770, Facts and Fancy in the History of Macao*, The Hague: Martinus Nijhoff, 1948.

C. R. Boxer, *Four Centuries of Portuguese Expansion, 1415–1825: A Succinct Survey*, Johannesburg: Witwatersrand University Press, 1963.

C. R. Boxer, *From Lisbon to Goa, 1500–1700, Studies in Portuguese Maritime Enterprise*, London: Variorum Reprints, 1984.

C. R. Boxer, *João de Barros, Portuguese Humanist and Historian of Asia*, New Delhi: Concept Publishing Company, 1981.

C. R. Boxer, *Macau na Época da Restauração(Macao Three Hundred Years Ago)*, Lisboa: Fundação Oriente, 1993.

C. R. Boxer, *Portuguese India in the Mid-Seventeenth Century*, Delhi: Oxford University Press, 1980.

C. R. Boxer, *South China in the Seventeenth Century*, London: The Hakluyt Society, 1953.

C. R. Boxer, *The Christian Century in Japan, 1549–1650*, Berkeley and Los Angeles: University of California Press, 1967.

C. R. Boxer, *The Church Militant and Iberian Expansion, 1440–1770*, Baltimore and London: The John Hopkins University Press, 1978.

C. R. Boxer, *The Dutch Seaborn Empire: 1600–1800*, New York: Alfred A. Knof. I Inc., 1965.

C. R. Boxer, *The Great Ship From Amacon: Annals of Macao and the Old Japan Trade, 1555–1640*, Lisboa: Centro de Estudos Histórico Ultramarinos, 1959.

C. R. Boxer, *The Portuguese Seaborne Empire, 1415–1825*, New York: Alfred A. Knopf, Inc., 1969.

Canep, Teresa, *Silk, Porcelain and Lacquer, China and Japan and their Trade with Western Europe and New World, 1500–1644*, Bruges: Paul Nolberton Publishing, 2016.

Carletti, Francesco, *My Voyage Around the World*, New York: Random House, 1964.

Cary, Otis, *A History of Christianity in Japan*, Vol.I, Roman Catholic and Greek Orthodox Missions, Surry: Curzon Press, 1994.

Caterino, Aldo, "Transoceanic Navigation in Seventeenth Century, The Portuguese Route to the Indies", in Franco Demarchi and Ricca Scartezzini, ed., *Martino Martini, A Humanist and Scientist in Seventeenth Century China*, Università degli Studi di Trento, 1996, pp.85–87.

Chang, Aloysius, *The Chinese Community of Nagasaki in the First Century of the Tokugawa Period(1603–1688)*, Unpublished PH.D dissertation St. John's University, New York, 1970.

Chang, Tsie-tse, *Sino-Portuguese Trade from 1514 to 1614, A Synthesis of Portuguese and Chinese Sources*, Leiden: Brill, 1934.

Chen, Ta, *Emigrant Communities in South China: A Study of Overseas Migration And Its Influence on Standards of Living and Social Change*, New York: Institute of Pacific Relations, 1940.

Cieslik, Hubert, "The Training of a Japanese Clergy in the Seventeenth Century", In J. Ruggendorf, ed., *Studies in Japanese Culture*, Tokyo: Sophia University, 1963, pp.41–78.

Cocks, Richard, *Diary Kept by the Head of the English Factory, Diary of Richard Cocks, 1615–1622*, 3 Vols. Tokyo: Historiographical Institute, University of Tokyo, 1978–1980.

Cooper, Michael, S.J., "Spiritual Saga: When Four Boys Went to Meet Pope, 400 Years Ago", *Japan Times*, February 21, (10) 1982.

Cooper, Michael, S.J., ed., *João Rodrigues's Account of Sixteenth-Century Japan, Hakluyt Society, third series, No.7*, London: Hakluyt Society, 2001.

Cooper, Michael, S.J., ed., *They Came to Japan, An Anthology of European Reports on Japan, 1543–1640*, London: Thames and Hudson, 1963.

Cooper, Michael, S.J., *Rodrigues the Interpreter, An Early Jesuit in Japan and China*, New York: John Weatherhill Inc, 1974.

Cooper, Michael, S.J., *The Japanese Mission to Europe, 1582–1590: The Journey of Four Samurai Boys through Portugal, Spain and Italy*, Kent: Global Oriental, 2005.

Costa, H. de la, S.J., *The Jesuit in the Philippines, 1581–1768*, Cambridge and Massachusetts: Harvard University Press, 1967.

Costa, João Paulo Oliveira, "A Route Under Pressure: Communication Between Nagasaki and Macao(1597–1617)", in BPJS, Vol.2001, pp.75–95.

Costa, João Paulo Oliveira, "The Misericórdias among Japanese Christian Communities in the 16th and 17th Centuries", in *Bulletin of Portuguese — Japanese Studies*, 5, 2003, pp.67–79.

Costelloe, M. Joseph, "The Letters and Instructions of Francis Xavier", St. Louis, Missouri, *The Institute of Jesuit Sources*, 1992.

Crasset, Jean, *The History of the Church in Japan*, London: Gale

Ecco, 1705–1707.

Curtin, Philip D., *Cross-cultural Trade in World History*, Cambridge: Cambridge University Press, 1984.

Curvelo, Alexander, "An European Artistic City in Early Modern Japan", *Bulletin of Portuguese-Japanese Studies*, nûm, 2 june, 2001, pp.23–35.

Curvelo, Alexander, "Nanban Folding Screens: Between Knowledge and Power", in *Empires éloignés L'Europe et le Japan* (XVI–XIX siècle), directed by Dejanirah Couto ans François Lacharud, Paris: ècole française d'Extrème-Oriente, 2010, pp.201–217.

Curvelo, Alexander, "The Artistic Circulation Between Japan, China, and New Spain in the 16th and 17th Centuries", in *Bulletin of Portuguese Studies*, no.16, 2008, pp.56–69.

Dahlmann, Joseph, "Christianity in Japan Art, Seven Ancient Screen Painting with Commentary", in *Art and Archaeology*, Vol.23, no.4, 1922, pp.169–178.

Dahlmann, Joseph, "The Earliest Intercourse of Japan with the West as Represented by Contemporary Monuments of Japanese Art(1542–1614)", *Shigaku zasshi*, Vol. 34, no.1, 1923, pp.1–27.

Elisons, J.S.A., "The Early Years of an Early Modern Japanese City", in Liam Matthew Brockey, ed., *Portuguese Colonial Cities in the Early Modern World*, Cornwall: MPG Books Ltd., 2008.

Farge, William J., *The Japanese Translations of the Jesuit Mission Press, 1590–1614*, Lewiston, NY: Edwin Mellen Press, 2002.

Fenlon, Iain, *Music and Culture in Renaissance Italy*, Oxford University Press, 2002.

Fenlon, Iain, *Music and Patronage in Sixteenth Century Mantua*, 2Vols, Cambridge: Cambridge University Press, 1980.

Fenlon, Iain, *The Ceremonial City: History, Memory and Myth in*

Renaissance Venice, New Haven, 1981.

Fish, Shirly, *The Manila-Acapulco Galleon: The Treasure Ships of the Pacific, with an Annotated List of the Transpacific Galleons, 1565–1815*, Central Milton Keynes: Author House, 2011.

Flynn, Dennis O., Arturo Giráldez and James Sobredo., *European Entry into the Pacific, Spain and the Acapulco-Manila Galleons*, Burlington: Ashgate Publishing Company, 2001.

Fogel, Josuhua A., *Sagacious Monks and Bloodthirsty Warriors: Chinese Views of Japan in the Ming-Qing Period*, Norwalk, CT: Eastbridge, 2002.

Fujita, Neil S., *Japan's Encounter with Christianity, The Catholic Mission in Pre-Modern Japan*, New York: Paulist Press, 1991.

Giráldez, Arturo, *The Age of Trade, The Manila Galleons and the Dawn of the Global Economy*, Lanham: Rowman & Littlefield, 2015.

Glamann, Kristorf, *Dutch-Asiatic Trade, 1620–1740*, Den Haag: Uitgeverij Martinus Nijhoff's S-Gravenhage, 1981.

Goodwin, Robert, *Spain, the Center of the World, 1519–1628*, Bloomsbury, 2015.

Haneda, Masahi, Mihoko Oka, ed., *A Maritime History of East Asia*, Kyeto University Press, Trans Pacific Press, 2019.

Haring, Clarence Henry, *Trade and Navigation Between Spain and the Indies*, Cambridge: Harvard University Press, 1918.

Hartmann, Arulf, *The Augustinians in Seventeenth Century Japan*, New York: Augustine Historical Institute, 1965.

Hesselink, Reinier H., "An Anti-Christian Register from Nagasaki", in *BPJS*, no.18/19(2009): 9–66.

Hesselink, Reinier H., "I Go Shopping in Christian Nagasaki: Entries from the Diary of a Mito Samurai, Owada Shigekiyo(1593)", in *PBJS*, No.22, 2015.

Hesselink, Reinier H., "The Capitães Mores of Japan Voyage: A Group Portrait", in *International Journal of Asia Studies*, Vol.9.1(2012): 1–41.

Hesselink, Reinier H., "The Tow Faces of Nagasaki: The World of the Suwa Festival Screen", in *MN*, Vol.59, 2(2004), 179–222.

Hesselink, Reinier H., *Prisoner from Nambu, Reality and Make-Believe in Seventeenth-Century Japanese Diplomacy*, Honolulu: University of Hawaii Press, 2002.

Hesselink, Reinier H., *The Dream of Christian Nagasaki, World Trade and the Clash of Cultures, 1560–1640*, North California: McFarland, 2016.

Higashibaba, Ikuo, *Christianity in Early Modern Japan: Kirishitan Belief and Practice*, Leiden/Boston: Brill, 2001.

Hioki, Naoko Francis, *The Shape of Conversation: The Aesthetics of Jesuit Folding Screens in Momoyama and Early Tokugawa Japan, (1549–1639)*, UMI Dissertation Publishing, UMI 3388824, 2010.

Hsia, R. Po-chia., *The World of Catholic Renewal, 1540–1770*, Cambridge: Cambridge University Press, 1998.

Iwao Sei'ichi, "Japanese Gold and Silver in the World History", in Nihon Yunesuko Kokunai Iinkai, ed., *International Symposium on History of Eastern and Westen Cultural Contacts, 28 Oct.–5 Nov.1957*, Tokyo: n.p.1959.

Iwao Sei'ichi, "Nagasaki daikan Murayama Tōan to sono botsuraku", in *Rekishi Chiri*, Vol.47, 2(1926): 7–27(107–127).

Iwao Sei'ichi, *Early Japanese Settlers in the Philippines*, Tokyo: Foreign Affairs Association of Japan, 1943.

Kamba, Nobuyuki, "Research on the 'Painting of the Madonna with the Infant Jesus and Her Fifteen Mysteries' Owned by Kyoto University", in *Bulletin of the National Museum of Japanese History*, No.93, 2002.

Kang, Dok-Hee, *Western-Style Painting in Japan: Adaptation and Assimlation*, Tokyo: Sophia University Press, 2008.

Keene, Donald, *The Japanese Discovery of Europe: Honda Toshiaki and other Discoverers, 1720–1798*, London: Kegan Paul, 1952.

Kitamura, Yoshiró, *Nanban bijutsu*, Vol. 2, Osaka: Nanban Bunkakan, 1968.

Kornicki, Peter, *The Book in Japan: A Cultural History from the Beginning to the Nineteenth Century*, Honolulu, 2001.

Kotani, Noriko, "Studies Jesuits Arts in Japan", PH.D thesis in Art and Archaeology, Princeton University, 2010.

Krieger, C.C., *The Infiltration of European Civilization in Japan during the 18th Century*, Leiden: Brill, 1940.

Laures, Johannes, *Kirishitan Bunko, A Manual of Books and Documents on the Early Christian Mission in Japan*, Tokyo: Sophia University, 1957, reprint Rinsen shoten, 1985.

Lensen, George A., "Early Russo-Japanese Relations", *Far Eastern Quarterly*, 1950.

Lensen, George A., *Russia's Japan Expedition of 1852–1855*, Gainesville: University of Florida Press, 1955.

Levenson, Jay A., *Encompassing the Global, Portugal and the World in the 16th And 17th Centuries*, Smithsoninan Institution, 2007.

Lidin, Olaf G., *Tanegashima: The Arrival of Europeans in Japan*, Copenhagen: Nordic Institute of Asia Studies, 2002.

Marx, Robert, *In the Wake of Galleons*, Best Publishing Company, Arizona, 2001.

Massarella, Derek, *A World Elsewhere: Europe's Encounter with Japan in Sixteenth and Seventeenth Centuries*, New Haven: Yale University Press, 1990.

Maths, W. Michael, "A Quarter Century of Trans-Pacific Diplomacy: New Spain and Japan, 1592–1617", in *Journal of Asia History*, Vol.24, No.1, 1990, pp.1–29.

Matthew, K.M., *History of the Portuguese Navigation in India (1497–1600)*, New Delhi: Mittal, 1988.

McCall, John, "Early Jesuit Art in the Far East, Part I: The Pioneers", "Early Jesuit Art in the Far East, Part II: Nobutaka and Yamada Emosaku", "Early Jesuits Art in the Far East, Part III: The Japanese Christian Painters", "Early Jesuits Art in the Far East, Part V: More Discoveries", in *Aribus Asiae*, 1947, 1954.

Miguel, Jose Ramon de., *Urdanete and His Time*s, San Agustin Museum, Manila, Philippines, 2009.

Miki, Tomo, "The Influence of Western Culture on Japanese Art", in *Monumenta Nipponica*, Vol.19, No.3/4, 1964.

Milton, Giles, *Samurai William, The Englishman Who Opened Japan*, New York: Farrar, Straus and Giroux, 2002.

Moran, Joseph F., *Japanese Travelers in Sixteenth–Century Europe, A Dialogue Concerning the Mission of the Japanese Ambassadors to the Roman Curia, (1590)*, London: Ashgate for The Hakluyt Society, 2012.

Moran, Joseph F., *The Japanese and the Jesuits, Alessandro Valignano in Sixteenth-Century Japan*, London: Routledge, 1993.

Moran, Joseph F., *The Japanese and the Jesuits, Alessandro Valignano in Sixteenth-Century Japan*, London and New York: Routedge, 1993.

Morejon, Pedro, *A Brief Relation of the Persecution Lately Made Against the Catholica Christions, in the Kingdom of Iaponica (1619)*, Transl. By W.W. Gent. N. p.1619, London: Scolar Press, Reprint., 1974.

Morejon, Pedro, *A Brief Relation of the Persecution Lately Made Against the Catholic Christians, in the Kingdome of Iaponica, 1619*, London: Scolar Press, reprint, 1974.

Murdoch, James, and Isoh Yamagate, *A History of Japan, During The Century of Early Foreign Intercourse, 1542–1651*, Kobe: the office of the Chronicle, 1903.

Nagayama, Tokihide, *An Album of Historical Materials Connected with Foreign Intercourse*, Nagasaki: Fujiki Hirohidesha, 1932.

Nagayama, Tokihide, *Collection of Historical Materials Connected with the Roman Catholic Religion in Japan*, Nagasaki: Taigai Shiyō Hōkan Kankōkai, 1925.

Newitt, Malyn, ed., *A History of Portuguese Expansion, 1400–1668*, New York: Routledge, 2005.

Newitt, Malyn, ed., *The First Portuguese Colonial Empire*, Exeter: Exeter University Press, 1986.

Noever, Peter, *Art as Message, Asia and Europe, 1500–1700*, Ostilden: Hatje Cantz Verlag, 2009.

Nosco Peter, "Keeping the Faith: Bakuhan Policy Towards Religious in Seventeenth Century Japan", in P.E. Kornicki and I.J. McMullen ed., *Religions In Japan, Arrows to Heaven and Earth*, Cambridge: Cambridge University Press, 1996.

O'Malley, John W., and Gauvin Alexander Bailey, eds., *The Jesuits II: Cultures Sciences, and the Arts: 1540–1773*, Toronto: University of Toronto Press, 2006.

O'Malley, John W., eds., *The Jesuits: Cultures, Sciences, and Arts: 1540–1773*, Toronto: University of Toronto Press, 1999.

O'Malley, John W., *Four Cultures of West*, Cambridge MA: Harvard University Press, 2000.

O'Malley, John W., Gauvin Alexander Bailey and Giovanni Sale, eds., *The Jesuits and the Arts: 1540–1773*, Philadelphia: St. Joseph's University Press, 2005.

O'Malley, John W., *Saint or Devils Incarnate? Studies in Jesuit History*, Leiden and Boston: Brill, 2013.

O'Malley, John W., *The First Jesuits*, Cambridge MA: Harvard University Press, 1993.

O'Malley, John W., *Trent and All That: Renaming Catholicisim in the Early Modern Era*, Cambridge MA: Harvard University Press, 2000.

Oka Mihoko, "A Great Merchant in Nagasaki in 17th Century: Suetsugu Heizõ II and System of Respondência", in *BPJS*, Vol.2(2001), pp.37–56.

Okamoto, Yoshitomo and Tado Takamizawa, *Namban Byôbu(Namban Screen)*, Tokyo: Kashima Kenkyû-jo Shuppan-kai, 1970.

Okamoto, Yoshitomo, *Momoyama Jidai no Krisuto-Kyô Bunka (Japanese Christian Culture in Momoyama Period)*, Tokyo: Tôyô-dô, 1955.

Okamoto, Yoshitomo, *Namban Byôbu-Ko (On Namban Screen)*, Tokyo: Shorin-sha, 1955.

Okamoto, Yoshitomo, translated by Ronald K. Jones, *The Namban Art of Japan*, New York: Weatherhill, 1972.

Olin, John C., *The Catholic Reformation: Savonarola to Ignatius Loyala*, New York: Haper & Row, 1969.

Oliveira Coasta, e João Paulo, "Tokugawa Ieyasu and the Christian Daimyo during the Crisis of 1600", in *Bulletin of Portuguese-Japanese Studies*, núm. 7, december, 2003, pp.45–71.

Oliveira, Maria Helena, ed., *Museum of São Roque*, Lisboa: Santa Casa da Misericódia de Lisboa, 2008.

Oliveira, Maria Helena, ed., *Oriental Art in the Collections of the Museu de São Roque*, Lisboa: Santa Casa da Misericódia de Lisboa, 2011.

Pacheco, Deigo, "A Present of Arabic Horses", in *Crossroads* No.2, 1994.

Pacheco, Deigo, "Diogo de Mesquita, S.J. and Jesuit Mission Press", in *Monumenta Nipponica*, Vol.26, No.3–4 (1971), pp.431–443.

Pacheco, Diego, "Diogo de Mesquita, S.J. and the Jesuit Mission Press", in *MN*, Vol.25.

Pacheco, Deigo, "Faith of a Christian Daimyo: Takayama Ukon", in

Great Historical Figures of Japan, Murakami Hyoe, and Harper, Thomas J. eds., Tokyo: Japanese Cultures Institute, 1978.

Pacheco, Deigo, "The Founding of the Port of Nagasaki and its Cession to the Society of Jesus", in *Monumenta Nipponica*, Vol.25, No.3–4.

Pacheco, Diego, "The Founding of the Port of Nagasaki and Its Cession to the Society of Jesus", in *MN*, Vol.25, no.3–4, 1970, pp.303–323.

Paine, Robert Treat, and Alexander Soper, *The Art and Architecture of Japan*, Baltimore: Penguin Books, 1955.

Panofsky, Erwin, *Early Netherland Painting: Its Origins and Character*, Vols. 1 and 2, Cambridge MA: Harvard University Press, 1958.

Park, Geoffrey, *Philp II*, Carus Publishing Company, Chicago, 2002.

Pastor, Ludwig von., *The History of the Popes from the Close of the Middle Ages*, London: Kegan Paul, Trench, Trubner, & Co., 1930–1932.

Perez-Mallaina, Pablo, *Spain's Men of the Sea: Daily Life on the Indies Fleet in the Sixteenth Century*, John Hopkins University Press, Baltimore, 1998.

Reed, Robert R., *Colonial Manila: The Context of Hispanic Urbanism and Process of Morphogenesis*, Berkeley and Los Angeles: University of California Press, 1978.

Reis Correra, Pedro Lage, "Father Diogo de Mesquita (1551–1614) and Cultivation of Western Plants in Japan", Bulletin of Portuguese-Japanese Studies, 7, pp.73–91, 2003.

Reis Correra, Pedro Lage, "Rivalries between the Portuguese Padroado and Spanish Patronazgo in Late XVI Century Japan", *Congresso Internacional A Presnça Portuguesa no Japão nos séculos XVII*, Museu Nacional de Arte Antiga, December, 2005.

Reischauer, Edwin O. and Craig, Albert M., *Japan: Tradition and Transformation*, Tokyo: Charles E. Tuttle Company, 1977.

Sakamoto, Mitsuru and Motô Yoshimura, *Namban Bijutsu (Namban*

Art), Tokyo: Shogakkan, 1974.

Sakamoto, Mitsuru and Tadashi Sugas, and Fujio Naruse, eds., *Namban Bijutsu to Yôfû'-ga (Namban Art and Westen — Style Painting)*, 2nd Edition, Genshoku Nihon no Bijutsu, Vol.20, Tokyo: Shogakkan, 1990.

Sakamoto, Mitsuru ed., *Namban Byôbu Shûsei (The Catalogue of Namban Screen)*, Tokyo: Chuô-Kôron Bijutsu Shuppan, 2008.

Sakamoto, Mitsuru, "Shoki Yôfû'-ga(Early Western Style Paintings)", *Nihon no Bijutsu*, no.80, Tokyo: Shibun-dô, 1973.

Sakamoto, Mitsuru, Yôichiro Ide, Yûjiro Ochi, and Kaori Hidaka, eds., "Catalogue Raisonné of Nanban Art, Part one: Japanese Early European-Style Painting", in *Bulletin of the National Museum of Japanese History*, 75, Tokyo: National Museum of Japanese History, 1997.

Sansom, Gorge Baily, *A History of Japan, 1334–1615*, Stanford University Press, Stanford, 1961.

Sansom, Gorge Baily, *A History of Japan, 1615–1867*, Stanford University Press, 1963.

Sansom, Gorge Baily, *Japan: A Short Cultural History*, 2nd rev. Ed., New York: Appleton Century-Crofts, 1952.

Sansom, Gorge Baily, *The Western World and Japan: A Study in the Interaction of Europe and Asiatic Cultures*, Tokyo: Charles E. Tuttle Company, 1950.

Satow, Ernest Mason, *The Jesuits Mission Press in Japan, 1591–1610*, Tokyo: Privately Printed, 1888.

Schurz, William Lytle, *The Manila Galleon*, Reprinted by Historical Conservation Society, Manila, 1985, originally published by E.P. Dutton, New York, 1959.

Schütte, Joseph Franz, *Valignano's Mission Principles for Japan, vol.1, From His Appointment as Visitor until His First Departure from Japan(1573–1582), Part I: Problem (1573–1580)*, Gujarat in India and St.

Louis Missouri in U.S.A.: Gujarat Sahitya Prakash Anand, in Cooperation with The Institute of Jesuit Sources, 1980.

Schütte, Joseph Franz, *Valignano's Mission Principles for Japan, vol.2, From His Appointment as Visitor until His First Departure from Japan(1573–1582), Part II: Solution (1580–1582)*, Gujarat in India and St. Louis Missouri in U.S.A.: Gujarat Sahitya Prakash Anand, in Cooperation with the Institute of Jesuit Sources, 1983.

Shinmura, Izuru, and Kōsaku Hamada, "Tomb-stones of Christians of the Keicho Era, Found in Kyoto and its Neighborhood", in *Kyoto Teikoku Bungakubu Kōkogaku kenkyû hōkoku*, Report upon Archaeological Research in the Department of Literature, Koyto Imperial University, No.7, 1923, pp.53–76.

Shirahara, Yukiko, ed., *Japan Envisions the West: 16th–19th Century Japanese Art from Kobe Museum*, Seattle: Seattle Museum of Art, 2007.

Sousa, Lúcio de., *The Jewish Diaspora, and the Perez Family Case in China, Japan, The Philippines, and the Americas (16th Century)*, Macau: Centro Científico de Macau, I.P. 2015.

Souza, George Bryan, *The Survival of Empire: Portuguese Trade and Society in China and South China Sea, 1630–1754*, Cambridge: Cambridge University Press, 1986.

Swyngedow, Jan., "How the Japanese View Christianity: A Recent Survey", *Japan Christian Quarterly*, XLIII/4, Fall, 1977.

Teather, Rhiannon A., "'The Palme of Chritian Fortitude': Japan's Kirishitan Martyrs in Seventeenth Century Records", *University of Bristol Department of Historical Studies*, Best Undergraduate Dissertations of 2014, 43409/1100702.

Teixeira, Fr. Manuel, *The Japanese in Macau*, Macao: Instituto Cultural de Macau, 1990.

Tracy, James D., ed., *The Rise of Merchant Empire: Long-Distance in the Early-Modern World, 1350–1750*, Cambridge: Cambridge University Press, 1999.

Tremml-Werner, Birgit, *Spain, China, and Japan in Manila, 1571–1644*, Amsterdam University Press, 2015.

Tronu, Carla. Montané, "Sacred Space and Ritual in Early Modern Japan: The Chritian Coummunity of Nagasaki (1596–1643)", PhD Thesis, University of London, 2012.

Tronu, Carla. Montané, "The Rivalry between the Society of Jesus and the Mendicant Orders in Early Modern Nagasaki", in *Journal of International Center For Regional Studies*, No.12, 2013.

Tuge, Hideomi, *Historical Development of Science and Technology in Japan*, Kokusai Bunka Shinkōkai, 1961.

Unstead, R.J., *A Gallenon*, London: Grisewood & Dempsey Ltd., 1986.

Uyttenbroeck, Thomas, and Schneider, Sigfrid, *Early Franciscan in Japan*, Himeji: Committee of Apostolate, 1959.

Uyttenbroeck, Thomas, and Schneider, Sigfrid, *The Twenty—Six Martyrs of Japan*, Tokyo: Catholic Press Center, 1980.

Varona, Esteban A., ed., *Acapulco*, Mexico City, 1956.

Veith, Ilza, "Englishman or Samurai: The Story of William Adams", *Far Eastern Quarterly*, V(1945), pp.52–57.

Vermeer, Edward B., ed., *Development and Decline of Fukien Province in the 17th-18th Centuries*, Leiden: Brill, 1990.

Vlam, Grace A.H., *Western Style Secular Painting in Momoyama Japan*, Ph.D. Dissertation University of Michigan, 1976.

Watanabe, Ichirō and Juníchi Miyata, "Restoration Report: 'Portrait of Christ' by Unknown Painter", in *Institute of Painting Technology, Technical Bulletin*, No.5, 1999–2000, pp.10–13.

Weston, Victoria, ed., *Portugal, Jesuits, and Japan, Spiritual Beliefs and Earthly Goods*, Chicago: University of Chicago Press, 2013.

Whelan, Christal, *The Beginning of Heaven and Earth: The Sacred Book of Japanese Hidden Christians*, Honolulu: University of Hawai Press, 1991.

Xavier, Francis, *The Letters and Instructions of Francis Xavier*, St. Louis: The Institute of Jesuit Sources, 1992.

Yuuki, Diogo, "The College of St. Paul of Macao and the Church of Japan", in *Religion and Culture, AnInternational Symposium Commemorating the Fourth Centenary of the University College of St. Paul*, Instituto Cultural de Macau, 1999.

后　记

  本书在写作过程中得到一些热心人士的帮助，作者不能不在这里记述一笔。2015年初，当复旦大学文史研究院董少新教授得知我即将去日本九州实地勘察相关古迹的时候，热心地给予我支持与帮助。董老师主动为我与东京大学羽田正教授建立了通信联系。在我访问九州之前与之后，羽田正教授多次写信给我，讨论一些学问上的和实际生活上的问题，他特别请长崎大学历史系铃木英明教授在我去当地的时候给我以照顾。在我访问长崎的时候，铃木英明教授不仅向我介绍了当地的许多风土人情，还陪同我访问了出津的远藤周作文学馆以及清津等一些偏远的地方，使我对这段历史有比较深切的感受与体会。长崎二十六圣徒纪念馆馆长S. J. 路科先生热情地接待了我和我的家人。该馆的图书管理员宫田和夫先生一直帮助我查找和复印资料。我们有非常愉快的谈话。感谢京都立命馆大学的村上志保老师给予我日本官职和人物姓名等方面的指教。我不能忘记在寒风中徒步寻找长崎仁慈堂遗址的时候，一位当地的老太太带着我走了许多路，终于抵达我想去的地方。在我写作此书的时候，中外友人的情谊，常常在心中浮现。

  感谢上海社会科学院出版社的编校人员和领导给予此书出版上的大力支持，感谢他们兢兢业业的工作。感谢审稿老师给予我的肯定与鼓励。感谢梁浩同学给予我的帮助。

  书籍中若干黑白线条的插图是作者自己绘制的。

2023年12月

图书在版编目(CIP)数据

南蛮贸易时代：近代早期日本与欧洲交流史：1542—1650 / 顾卫民著. — 上海：上海社会科学院出版社，2024
 ISBN 978-7-5520-4246-7

Ⅰ.①南… Ⅱ.①顾… Ⅲ.①国际贸易—贸易史—研究—日本、欧洲—近代 Ⅳ.①F749

中国国家版本馆 CIP 数据核字(2023)第 191002 号

南蛮贸易时代:近代早期日本与欧洲交流史(1542—1650)

著　　者：顾卫民
责任编辑：王　勤
封面设计：陆红强
出版发行：上海社会科学院出版社
　　　　　上海顺昌路 622 号　邮编 200025
　　　　　电话总机 021-63315947　销售热线 021-53063735
　　　　　https://cbs.sass.org.cn　E-mail:sassp@sassp.cn
照　　排：南京理工出版信息技术有限公司
印　　刷：上海盛通时代印刷有限公司
开　　本：890 毫米×1240 毫米　1/32
印　　张：17.625
插　　页：6
字　　数：508 千
版　　次：2024 年 1 月第 1 版　2024 年 1 月第 1 次印刷

ISBN 978-7-5520-4246-7/F·750　　　　　　　　　定价:98.00 元

版权所有　翻印必究